A NÃO-CUMULATIVIDADE DOS TRIBUTOS

CIP-BRASIL. CATALOGAÇÃO NA PUBLICAÇÃO
SINDICATO NACIONAL DOS EDITORES DE LIVROS, RJ

M837n
4. ed.

Moreira, André Mendes
A não-cumulatividade dos tributos / André Mendes Moreira. - 4. ed., rev. e atual. - São Paulo : Noeses, 2020.

592 p.
ISBN 978-85-8310-139-0

1. Direito tributário - Brasil. 2. Incidência de impostos - Brasil. I. Título.

19-61105   CDU: 34:351.713(81)

Meri Gleice Rodrigues de Souza - Bibliotecária CRB-7/6439

André Mendes Moreira

Professor Adjunto de Direito Tributário dos Cursos de Graduação, Mestrado e Doutorado da Faculdade de Direito da UFMG. Doutor em Direito Tributário pela USP, onde fez Residência Pós-Doutoral. Mestre em Direito Tributário pela UFMG. Diretor da Associação Brasileira de Direito Tributário. Advogado.

A NÃO-CUMULATIVIDADE DOS TRIBUTOS

4ª edição revista e atualizada

Prefácio de Paulo de Barros Carvalho

2020

editora e livraria
NOESES

Copyright © Editora Noeses 2020
Fundador e Editor-chefe: Paulo de Barros Carvalho
Gerente de Produção Editorial: Rosangela Santos
Arte e Diagramação: Renato Castro
Revisão: Georgia Evelyn Franco
Designer de Capa: Aliá3 - Marcos Duarte

Nota do editorial: A pedido do autor, as formas "não-cumulativo(s) e não-cumulatividade" foram mantidas sem a aplicação do Acordo Ortográfico.

TODOS OS DIREITOS RESERVADOS. Proibida a reprodução total ou parcial, por qualquer meio ou processo, especialmente por sistemas gráficos, microfílmicos, fotográficos, reprográficos, fonográficos, videográficos. Vedada a memorização e/ou a recuperação total ou parcial, bem como a inclusão de qualquer parte desta obra em qualquer sistema de processamento de dados. Essas proibições aplicam-se também às características gráficas da obra e à sua editoração. A violação dos direitos autorais é punível como crime (art. 184 e parágrafos, do Código Penal), com pena de prisão e multa, conjuntamente com busca e apreensão e indenizações diversas (arts. 101 a 110 da Lei 9.610, de 19.02.1998, Lei dos Direitos Autorais).

2020

Editora Noeses Ltda.
Tel/fax: 55 11 3666 6055
www.editoranoeses.com.br

Para Maria Eduarda, com todo o meu amor.

NOTA À QUARTA EDIÇÃO

Ao tempo em que se discute no Brasil a reforma dos tributos sobre o consumo, uma premissa remanesce intocável: a de que, seja qual for o modelo adotado (Imposto sobre Bens e Serviços, IVA-dual ou assemelhado), a sistemática não-cumulativa de tributação será a pedra de toque do eventual novo sistema.

Logo, a despeito dos resultados da empreitada reformista e cientes de que as lides consubstanciadas sob a égide das leis atuais tardarão décadas para serem equacionadas, a nova edição desta obra busca repisar os fundamentos da não-cumulatividade do IPI, ICMS e PIS/Cofins, tributos tão relevantes quanto complexos, já ao fim da segunda década do segundo milênio.

Foi conferida ênfase, no processo de revisão, a novos posicionamentos do STF em sede de repercussão geral e do STJ no âmbito de recursos representativos de controvérsia – marcos que, indubitavelmente, representam alteração no ordenamento tributário até então vigente. Não obstante, posicionamentos do CARF, de Tribunais Administrativos Estaduais e do Judiciário de Segunda Instância foram também abordados, quando a matéria tratada por essas Cortes se revelou de interesse teórico ou prático.

O aperfeiçoamento deste trabalho, por certo, é tarefa contínua e coletiva – pelo que rogamos aos leitores que continuem contribuindo para tanto, em contato direto com o autor ou com a editora.

A todos, muito obrigado pelo renovado interesse e uma excelente leitura.

NOTA À TERCEIRA EDIÇÃO

Com o esgotamento da segunda edição da obra preparamos esta nova versão, devidamente atualizada tanto do ponto de vista legislativo como jurisprudencial. Esperamos que o livro continue sendo útil aos estudantes, advogados públicos e privados, magistrados e acadêmicos que se dedicam a desvendar o sentido e o alcance da não-cumulatividade tributária no Brasil.

Registro, outrossim, que no interregno entre a segunda edição e a presente nasceu minha linda filha – Ana – a quem esta obra passa também a ser dedicada.

NOTA À SEGUNDA EDIÇÃO

Para minha satisfação, este livro teve sua primeira edição esgotada, propiciando o lançamento da presente versão, inteiramente revista e atualizada.

As constantes mutações jurisprudenciais em matéria tributária fizeram com que alguns pontos fossem revistos, seja para discordar do atual posicionamento dos Tribunais Superiores (como no caso da negativa, pelo STF, do crédito presumido de IPI nas aquisições de insumos isentos do imposto, tratada no Capítulo VII, item 7.9), seja para louvá-lo (como nas decisões relativas à guerra fiscal do ICMS prolatadas pelo Superior Tribunal de Justiça, referidas no Capítulo XII, item 12.4), dentre outros pontos.

Outrossim, a evolução de algumas discussões, como o conceito de insumos para fins de creditamento do PIS/Cofins, permitiu que o tema fosse desenvolvido com mais vagar.

Desse modo, a edição ora apresentada contém melhorias quanto ao trabalho original, que, obviamente – como todo fruto do esforço humano – será sempre passível de novos aperfeiçoamentos.

Registre-se, outrossim, a ocorrência de um fato relevante no ínterim entre a obra originária e a que ora se apresenta: o nascimento de meu primogênito, Arthur, a quem também dedico esta edição.

Boa leitura.

PREFÁCIO

O livro que o leitor tem em mãos é de André Mendes Moreira, professor e advogado mineiro, com reconhecida e brilhante trajetória acadêmica. O tema da obra é a *não-cumulatividade* dos tributos, matéria instigante, propícia a investigações do mais elevado nível, estimulando o interessado a percorrer amplos setores da ordem jurídica brasileira, especialmente aqueles que envolvem o Texto Constitucional, espaço em que estão cravados os comandos básicos do assunto.

Como o ensejo me caiu a talho, permito-me, em exercício de reflexão, tecer ideias que espero venham a facilitar a boa compreensão das cogitações do Autor, preparando o ingresso nesse domínio tão atraente para os que desejam conhecê-lo mais a fundo.

A expressão *linguagem jurídica*, reduzida semanticamente ao universo do direito positivo, ainda assim pode sugerir outras significações, entre elas: a) o conjunto dos signos normativos; b) a maneira de utilizar tais entidades no processo de positivação; e c) a esfera dos procedimentos próprios dos discursos jurídicos. É a propósito da segunda acepção, vale dizer, do plexo dos modos e expedientes que o legislador utiliza para compor a disciplina das condutas intersubjetivas, que pretendo aduzir considerações, identificando a categoria das chamadas *regras procedimentais (que não deixam de ser regras técnicas)*, tão frequentes nos textos prescritivos do direito. Em outros setores da comunicação social, as regras técnicas são apropriações que o homem promove no território das relações de causalidade física ou natural, fazendo surgir liames de meio e fim. Nos seus ímpetos de dominação, o ser humano, conhecedor dos laços de causa e efeito, emprega-os para obter certos resultados, abrindo espaço ao aparecimento de sequências bem caracterizadas e que são tidas como imprescindíveis para a obtenção das finalidades anunciadas.

A Teoria Geral do Direito tem tratado dessas unidades normativas no quadro das chamadas *regras procedimentais*, como forma de pôr, criar ou constituir as figuras jurídicas que pretende sejam instituídas. Se refletirmos bem, a celebração de um ato qualquer reclama o preenchimento de requisitos, a satisfação de expedientes sem os quais o acontecimento não se verifica no mundo do Direito. A própria configuração do instituto depende do implemento dessas providências, por mais simples que possa parecer a iniciativa. Ninguém realiza ato administrativo sem que satisfaça as condições mínimas para sua expedição. Da mesma forma, é inconcebível pensar no reconhecimento de conduta juridicamente qualificada sem que o agente tenha percorrido o chamado *iter procedimental*, feixe das condições básicas para o surgimento da figura. Tais regras são enunciados prescritivos que operam com o núcleo lógico *ter-que (müssem)*, modalizado pelo operador deôntico, manifestação do comando volitivo de quem insere a norma no sistema.

Assinale-se, contudo, que o *dever-ser (sollen)* atua aqui como conectivo-de-conectivo *(functor de functor)*, pois a regra técnico-procedimental (chamemos assim) está estruturada *internamente com o ter-que*.

Penso ter sido Gregorio Robles Morchón aquele que, com maior profundidade e clareza, discorreu sobre o assunto. O autor espanhol, na sua concepção do Direito como fenômeno comunicacional, oferece sugestiva classificação dos enunciados jurídico-prescritivos, distinguindo-os em *normas indiretas e normas diretas da ação* (entre várias obras, vale a pena conferir *El derecho como texto*, Thomson-Civitas, 2ª edição, págs. 42 e seguintes). As primeiras não tratariam diretamente da ação, limitando-se a instituir elementos do sistema prévios à regulação direta. Estipulam as condições dentro das quais há de ocorrer ou há de ser regulada a ação. Implantam os elementos espaciais e temporais do sistema, assim como os sujeitos e suas capacidades ou competências. O verbo *ser* é seu modo de expressão, daí chamá-las *normas ônticas*. Agrega, a título de exemplo, *Madrid es la capital de España*. As normas desse tipo não regulam diretamente a ação, limitando-se a firmar seus pressupostos.

Já as *normas diretas* contemplam determinada ação, tomada em sua concepção genuína. Convém observar que Robles não equipara *ação* e *conduta*. Esta última será *ação*, sempre que caracterizada pela incidência de um *dever*. Inexistindo *dever*, não há falar-se em *conduta*. O conceito de *ação* é, portanto, semanticamente mais extenso.

As normas diretas diferenciam-se, *funcional e linguisticamente*, em três tipos: a) *normas procedimentais*, marcadas, como foi dito, pela presença do núcleo verbal *ter-que*, exprimem uma *necessidade convencional*, não um imperativo natural ou lógico. Criam todos os tipos de ação relevantes para o sistema, tanto as lícitas, como as ilícitas. Não proíbem nem autorizam as ações, simplesmente dizem em que consistem. Por exemplo, que há de fazer o sujeito para cometer homicídio ou que passos há de seguir o juiz para que sua sentença seja válida; b) *normas potestativas*, expressas mediante o verbo *poder (können)*, não como mera possibilidade de levar a cabo a ação, mas como autorização dada ao sujeito para realizá-la. A norma potestativa determina o campo das ações lícitas que alguém pode efetivar. Transmite o *poder*, em sentido forte, não equivalendo aqui ao *poder* contido nas normas atribuidoras de capacidades ou de competências; c) e por último, as *normas deônticas*, significa dizer, as que estabelecem os *deveres*. São normas diretas que cumprem a função de estipular exigências aos sujeitos da ação, manifestando-se, naturalmente, pelo verbo *dever (sollen)*. Lembra Gregorio Robles que a ação, tomada por esse ângulo, se transforma em *conduta*, motivo pelo qual pode ser definida como aquela que exige determinada *conduta* ou a que estabelece o dever de observá-la.

Tudo isso para justificar a proposição afirmativa segundo a qual as regras jurídicas atinentes à *não-cumulatividade* (tomo aqui "regras" como equivalente nominal de "normas") são da categoria das *normas procedimentais*. E, se quisermos aproximar a lente para aumentar o rigor da análise, podemos referi-las como *metaprocedimentais*, uma vez que instituem medidas para constituir um procedimento. Se a *não cumulatividade* for considerada como sequência procedimental, claro está que as normas que orientam a formação do procedimento serão regras de sobrenível procedimental, quer dizer, normas sobre normas de procedimento ou ainda normas procedimentais de segundo grau. Aliás, fenômeno jurídico semelhante ocorre com as regras que estipulam o *contraditório, a ampla defesa etc.* É preciso assinalar que, na qualidade de regras procedimentais, não parece apropriado aludir-se à *sanção*, tratando-se de mero descumprimento dos requisitos estabelecidos. Simplesmente, o processo não avança, tornando-se impossível a obtenção das finalidades pensadas pelo legislador.

O ser procedimento é estrutura que se organiza para atingir uma finalidade e *fim nada mais é do que um valor, enquanto tomado como razão de ser da conduta* (Miguel Reale). Ora, sabemos que a *não-cumulatividade* se propõe alcançar sérios objetivos concernentes à boa distribuição da carga impositiva, procurando implantar, nesse sentido, ideais de justiça tributária. Entre seus propósitos estão presentes outras consequências (valores), que a recomendam para certos tipos de gravame, porém não para todos. Sendo como for, todavia, ainda que o fim não venha a ser obtido, pois o julgamento dos valores depende de nossa subjetividade, o procedimento se sustenta como figura jurídica do sistema, ocupando a posição de comando constitucional da ordem dos princípios, assim proclamado pela jurisprudência e reconhecido pela doutrina. A *não-cumulatividade* transita com grande frequência nos discursos jurídicos da experiência brasileira, sendo amplamente discutida nos círculos especializados. Eis a forte razão para que se esperasse, com ansiedade, estudo mais alentado sobre o assunto, tal qual nos apresenta André Mendes Moreira.

O Autor elege seu ponto de partida na Teoria Geral da *não-cumulatividade* e, firmado nessa posição epistemológica, passa a analisar seus fundamentos com o objetivo de discorrer sobre as técnicas susceptíveis de serem adotadas pelo legislador. Em seguida, examina a *não-cumulatividade* na forma prevista pelo ordenamento positivo brasileiro. Seguindo avante, ingressa nas figuras do ICMS e do IPI, tributos de longa data submetidos a esse regime, discutindo suas particularidades e procurando enfrentar as controvérsias delas emergentes. Mas, não limita seu trabalho, de cunho crítico-descritivo, à discussão desses dois importantes impostos. Inscreve também, no âmbito de suas cogitações, a análise do PIS e da Cofins, bem como os preceitos inerentes à *não-cumulatividade* dos impostos e contribuições residuais. E o faz abrangendo as normas constitucionais e a legislação infraconstitucional, alcançando as manifestações da jurisprudência, certamente para identificar os temas polêmicos que vêm despertando maior interesse na experiência da sociedade brasileira. Seu estilo de movimentar o pensamento pelos quadrantes do direito posto, associando densa pesquisa doutrinária à determinação firme de enfrentar os casos práticos de maior relevo, favorece o desejo de viver, intensamente, a experiência jurídica de nosso país, já rica o suficiente para suportar investigação desse nível.

Ora, se acrescentarmos a essa maneira de locomover-se no itinerário da pesquisa, a excelente organização mental de André, portador de sólida e esmerada formação nos campos da Teoria Geral e da Filosofia do Direito, o que se percebe no vigor retórico e na impecável correção linguística de seu estilo, veremos que o presente volume está fadado a trazer enorme contribuição à Dogmática do Direito Tributário brasileiro.

Assim, não poderia menos do que aproveitar estas linhas para exprimir a satisfação imensa de haver participado de sua

ANDRÉ MENDES MOREIRA

Banca de mestrado, na Faculdade de Direito da Universidade Federal de Minas Gerais; de sua Banca de doutorado, na Faculdade de Direito da Universidade de São Paulo e, sobretudo, de prefaciar este livro, sério e profundo, que a Editora Noeses, em boa hora, soube reconhecer como texto valioso, fundamentado em consistente teoria, mas com admiráveis efeitos no âmbito da pragmática da comunicação jurídico-tributária. A diplomacia do Autor no trato pessoal reflete-se nas linhas de seu discurso, valorizando essa magnífica contribuição.

Fazenda Santo Antônio de Palmares, 18 de agosto de 2010.

Paulo de Barros Carvalho
Professor Emérito e Titular da PUC/SP e da USP.

SUMÁRIO

NOTA À QUARTA EDIÇÃO... VII

NOTA À TERCEIRA EDIÇÃO....................................... IX

NOTA À SEGUNDA EDIÇÃO.. XI

PREFÁCIO.. XIII

INTRODUÇÃO.. 1

TÍTULO I
TRIBUTAÇÃO INDIRETA E NÃO-CUMULATIVIDADE: OS NECESSÁRIOS DISTÍNGUOS

I. CONSIDERAÇÕES INICIAIS..................................... 7

II. TRIBUTOS DIRETOS E INDIRETOS...................... 9

    2.1 Origem histórica dos conceitos *sub examine*: a tributação indireta e a repercussão econômica. 10

    2.2 As classificações possíveis................................. 14

        2.2.1 Critérios econômico-financeiros.................. 15

    2.2.1.1 Teoria fisiocrática da repercussão econômica 15

    2.2.1.2 Teoria da contabilidade nacional... 16

    2.2.1.3 Teoria da capacidade contributiva.. 18

  2.2.2 Critérios jurídicos... 21

    2.2.2.1 Teoria do rol nominativo................ 21

    2.2.2.2 Teoria do lançamento..................... 24

    2.2.2.3 Teoria da natureza do fato tributável 26

2.3 A definição adotada pelo ordenamento jurídico brasileiro 28

  2.3.1 A tributação indireta à luz da jurisprudência 30

    2.3.1.1 Período anterior ao CTN................ 30

      2.3.1.1.1 Os precedentes que originaram a Súmula nº 71......... 32

      2.3.1.1.2 As origens da Súmula nº 546 34

    2.3.1.2 O art. 166 do Código Tributário Nacional e as cortes superiores 36

      2.3.1.2.1 O posicionamento do STF 38

      2.3.1.2.2 A jurisprudência do Superior Tribunal de Justiça................... 39

  2.3.2 As correntes doutrinárias acerca da tributação direta e indireta no Brasil................ 46

    2.3.2.1 A corrente pela invalidade, no direito brasileiro, da divisão de tributos em diretos e indiretos..................... 47

    2.3.2.2 A corrente que pugna pela validade da classificação diretos/indiretos, desde que moldada pelo critério do art. 166 do CTN (repercussão jurídica) 49

2.3.2.3 A nossa opinião 52

2.3.3 O conceito brasileiro de tributo indireto: teoria da repercussão jurídica 53

III. A NÃO-CUMULATIVIDADE TRIBUTÁRIA...... 59

3.1 Considerações preliminares............................. 59
3.2 Origens 63
3.3 Técnicas.. 72
    3.3.1 Métodos de adição e subtração................. 72
    3.3.2 Número de operações gravadas (plurifasia necessária)..................................... 75
    3.3.3 Direito ao crédito sobre bens do ativo imobilizado 76
    3.3.4 O creditamento sobre insumos................. 79
    3.3.5 A amplitude do direito ao crédito............. 80
    3.3.6 Apuração por produto e por período 83
3.4 Tributação do consumo e neutralidade fiscal.... 84
3.5 Cumulatividade residual do IVA e a problemática das operações não sujeitas ao imposto................. 86
3.6 A não-cumulatividade e a regra-matriz de incidência tributária... 92
    3.6.1 Estrutura formal da norma tributária............ 92
    3.6.2 O instituto da não-cumulatividade em face da norma tributária 95
3.7 Pressupostos da não-cumulatividade: plurifasia e direito ao abatimento 96

IV. RELAÇÕES ENTRE TRIBUTAÇÃO INDIRETA E NÃO-CUMULATIVIDADE 105

V. TRIBUTOS NÃO-CUMULATIVOS NO ORDENAMENTO JURÍDICO BRASILEIRO 109

    5.1 Advertência 109

    5.2 Não-cumulatividade em sentido amplo e estrito 110

VI. NÃO-CUMULATIVIDADE: PRINCÍPIO OU REGRA? 117

    6.1 Princípios e regras: distinções fundamentais 118

    6.2 A não-cumulatividade enquanto princípio constitucional 120

    6.3 O princípio da não-cumulatividade somente atinge plenamente seus fins nas exações plurifásicas, que gravam a circulação de riquezas 123

TÍTULO II
A NÃO-CUMULATIVIDADE NO ALTIPLANO CONSTITUCIONAL

VII. NÃO-CUMULATIVIDADE DO ICMS E DO IPI 129

    7.1 A eficácia plena da não-cumulatividade do IPI e do ICMS: da EC nº 18/65 aos dias atuais 129

    7.2 Crédito sobre imposto "cobrado" na operação anterior: sentido do vocábulo constitucional 133

    7.3 A "compensação" do ICMS e do IPI prescrita pela CR/88 (que substituiu o termo "abatimento", utilizado pelas constituições pretéritas) 135

    7.4 A apuração imposto-contra-imposto 136

A NÃO-CUMULATIVIDADE
DOS TRIBUTOS

7.5   A apuração por período de tempo 137
7.6   O transporte de créditos não utilizados para competências subsequentes 138
7.7   A impossibilidade de redução, por lei, do crédito correspondente ao tributo incidente na etapa anterior 138
7.8   Os efeitos da isenção ou não incidência intercalar no ICMS 140
    7.8.1   Os dispositivos constitucionais em análise   140
    7.8.2   A vedação ao transporte de créditos para as operações e prestações posteriores à etapa isenta ou não tributada 142
        7.8.2.1 As origens da emenda passos porto   142
        7.8.2.2 Os efeitos da passos porto 145
        7.8.2.3 A Constituição de 1988 146
    7.8.3   O dever de estorno dos créditos das operações anteriores à fase isenta ou não tributada..... 147
    7.8.4   O direito à manutenção do crédito das *prestações* anteriores à fase isenta ou não tributada 149
7.9   Não incidência, isenção, alíquota zero e direito ao crédito do IPI 152
    7.9.1   Definição dos institutos 152
        7.9.1.1 Tabela-resumo 154
        7.9.1.2 O direito à manutenção dos créditos de IPI sobre a aquisição de insumos tributados, utilizados no fabrico de bens isentos, não tributados ou sujeitos à alíquota zero 154
            7.9.1.2.1 A *quaestio juris* 154

7.9.1.2.2 O direito à manutenção dos créditos de IPI sobre insumos tributados quando o produto final é isento ou sujeito à alíquota zero 157

7.9.1.2.2.1 O posicionamento do STF: não há direito ao crédito, salvo disposição de lei em sentido contrário ... 157

7.9.1.2.2.2 O nosso entendimento ... 158

7.9.1.2.2.3 A questão do direito à manutenção dos créditos dos insumos gravados pelo IPI quando o produto final é não tributado 161

7.9.2 A concessão de créditos presumidos de IPI aos adquirentes de insumos isentos, não tributados e sujeitos à alíquota zero utilizados na produção de mercadorias sujeitas ao imposto federal... 162

7.9.2.1 A jurisprudência originária da suprema corte: o crédito presumido como condição *sine qua non* para preservação da não-cumulatividade 162

7.9.2.2 A primeira mutação jurisprudencial: fim do creditamento presumido nas aquisições de insumos sujeitos à alíquota zero/não tributados 164

7.9.2.3 A segunda inflexão no entendimento do STF: inexistência do crédito presumido também nos casos de insumos isentos utilizados na produção de bens tributados pelo IPI 168

7.9.2.4 O direito ao crédito presumido de IPI na aquisição de insumos isentos provenientes da zona franca de Manaus... 170

A NÃO-CUMULATIVIDADE
DOS TRIBUTOS

  7.9.2.5 Nossos apontamentos..................... 173

7.10 O diferimento e a não-cumulatividade................ 175

  7.10.1 A ausência do direito a créditos presumidos na aquisição de produtos sujeitos ao diferimento do ICMS.................................. 175

  7.10.2 A manutenção dos créditos nas saídas com tributação diferida e a impossibilidade de transferi-los a terceiros sem lei autorizativa 176

7.11 A vedação ao crédito em caso de perecimento da mercadoria... 177

7.12 A problemática da equiparação dos institutos da isenção e da redução de base de cálculo............. 180

  7.12.1 A Constituição e a interpretação das regras restritivas de direitos.................................. 184

  7.12.2 A inexistência da intitulada "isenção parcial". Definições ontológico-jurídicas de isenção e redução de base de cálculo...................... 185

7.14 A venda de mercadorias a preços inferiores aos de aquisição e o direito ao crédito integral........ 189

7.15 Crédito físico *versus* crédito financeiro............. 192

  7.15.1 As regras aplicáveis ao IPI....................... 193

  7.15.2 ICMS... 194

    7.15.2.1 O crédito físico do convênio ICM Nº 66/88... 194

    7.15.2.2 O crédito financeiro da LC nº 87/96 e o regresso ao crédito físico operado pela LC nº 102/2000........................ 197

  7.15.3 Comentários sobre o crédito físico como o *minimum minimorum* da não-cumulatividade 200

7.16 A importação de mercadorias por não contribuintes: sistemáticas distintas para o IPI e o ICMS. 202

XXV

7.16.1 A evolução jurisprudencial..................... 202

7.16.2 Nossa opinião: necessária incidência de ICMS e IPI nas importações por não contribuintes. Inexistência de ferimento à não-cumulatividade... 206

7.17 A exportação e o direito à manutenção dos créditos escriturais de IPI e ICMS... 209

7.18 A substituição tributária para frente e o direito à restituição do tributo pago a maior.................. 213

7.18.1 As pautas de valores editadas pelos estados: origens da substituição tributária............. 213

7.18.2 Conceito.. 215

7.18.3 A jurisprudência do STF à luz da Constituição de 1988.. 217

7.19 A monofasia do ICMS incidente sobre combustíveis em face da não-cumulatividade: análise da emenda constitucional nº 33/2001...................... 225

7.20 O cálculo "por dentro" do ICMS: ausência de ferimento à não-cumulatividade......................... 228

7.20.1 Cálculo "por fora" *versus* cálculo "por dentro" 228

7.20.2 A forma de cálculo ("por dentro" ou "por fora") do tributo é indiferente para a não-cumulatividade tributária............................. 231

7.21 O diferencial de alíquotas do ICMS e o direito à sua compensação.. 232

VIII. NÃO-CUMULATIVIDADE DO PIS/COFINS .. 241

8.1 A previsão constitucional... 241

8.2 A não-cumulatividade do PIS/COFINS, inclusive quando devidos na importação de mercadorias e serviços.. 242

8.2.1 A eficácia das normas constitucionais: conceito e modalidades 242

8.2.2 A não-cumulatividade do PIS/COFINS: norma de eficácia limitada de princípio institutivo facultativo 245

8.3 A não-cumulatividade do PIS/COFINS que grava as receitas brutas se amolda apenas em parte à do ICMS e IPI 248

8.4 O PIS e a COFINS devidos na importação de bens e serviços 250

8.5 A apuração imposto contra imposto: identidade com o ICMS/IPI, porém decorrente da legislação federal e não de mandamento constitucional 251

IX. NÃO-CUMULATIVIDADE DOS IMPOSTOS E CONTRIBUIÇÕES RESIDUAIS 255

9.1 As normas da lei maior 255

9.2 A jurisprudência 256

9.3 Considerações sobre a plurifasia e o alcance da exigência da não-cumulatividade nos tributos residuais 259

X. O NÚCLEO CONSTITUCIONAL DA NÃO-CUMULATIVIDADE À LUZ DA JURISPRUDÊNCIA DO SUPREMO TRIBUNAL FEDERAL 261

10.1 A exigência de duas etapas gravadas pelo tributo. 261

10.2 Os créditos de IPI, ICMS e PIS/COFINS: natureza escritural, direito ao seu transporte para as competências seguintes e à sua manutenção mesmo quando a saída se der em valor inferior ao da entrada 264

10.3 O crédito físico como núcleo inatacável da não-cumulatividade: a necessidade de definição do seu sentido e alcance 265

TÍTULO III
A NÃO-CUMULATIVIDADE E AS NORMAS INFRACONSTITUCIONAIS

XI. IMPOSTO SOBRE PRODUTOS INDUSTRIALIZADOS 271

11.1 A regra-matriz do IPI 271

11.2 A não-cumulatividade do IPI no Código Tributário Nacional 276

11.3 A não-cumulatividade na legislação ordinária .. 277

    11.3.1 O art. 25 da lei nº 4.502/64 e suas demais disposições sobre o tema 277

    11.3.2 As benesses do art. 11 da Lei nº 9.779/99 . 280

        11.3.2.1 Direito aos créditos do IPI quando os produtos finais forem isentos ou tributados à alíquota zero 281

        11.3.2.2 Direito à compensação dos créditos de IPI acumulados ao longo de um trimestre com outros tributos federais 283

            11.3.2.2.1 A norma em questão 283

            11.3.2.2.2 A correção monetária dos valores a serem compensados com outros tributos federais 284

11.4 A não-cumulatividade no regulamento do IPI... 286

    11.4.1 Disposições preliminares 286

    11.4.2 Espécies de créditos 288

11.4.3 Os créditos básicos do IPI............................ 289

 11.4.3.1 A vedação ao crédito sobre bens do ativo imobilizado............................ 291

 11.4.3.2 Matérias-primas, produtos intermediários e materiais de embalagem. 293

  11.4.3.2.1 Matérias-primas............ 293

  11.4.3.2.2 Produtos intermediários 294

  11.4.3.2.2.1 Origem normativa...... 294

  11.4.3.2.2.2 A jurisprudência das cortes superiores............................ 299

  11.4.3.2.2.3 Conceito de bem intermediário............................ 304

  11.4.3.2.2.4 A energia elétrica e os combustíveis utilizados na produção 306

  11.4.3.2.2.4.1 A impossibilidade de cálculo de créditos do IPI sobre as despesas com energia elétrica e combustíveis: efeitos da imunidade do art. 155, §3º, da CR/88............... 307

  11.4.3.2.3 Material de embalagem. 308

 11.4.3.3 A manutenção do crédito em caso de quebras............................ 309

 11.4.3.4 A manutenção do crédito nas saídas de sucata, resíduos e assemelhados 310

 11.4.3.5 A manutenção do crédito relativo aos insumos tributados utilizados no fabrico de produtos para exportação.................. 310

11.4.4 Créditos por devolução ou retorno de produtos 311

11.4.5 Créditos de outra natureza......................... 312

11.4.6 Casos de anulação do crédito.................... 313

XXIX

11.4.6.1 Saídas não tributadas ou com suspensão do imposto 313

11.4.6.2 O estorno dos créditos de insumos no caso de perecimento dos produtos finais 314

11.4.6.3 A obrigação de estornar os créditos quando da devolução de produtos.. 315

11.4.6.4 Estorno do crédito de IPI-importação quando o bem é remetido diretamente da repartição aduaneira para outro estabelecimento do importador 316

11.4.7 Créditos decorrentes de incentivos fiscais previstos no regulamento do IPI 316

11.4.7.1 Créditos incentivados para as áreas da SUDAM, SUDENE e Amazônia ocidental 316

11.4.7.1.1 Crédito ficto de IPI para empresas inscritas no programa de alimentação do trabalhador que sejam isentas de IRPJ 317

11.4.7.1.2 Isenção de IPI para produtos elaborados a partir de insumos agrícolas e vegetais (exceto fumo e bebidas alcoólicas). Direito a créditos presumidos para o comprador dos produtos isentos 318

11.4.7.2 Créditos presumidos concedidos ao exportador para compensar o PIS/COFINS embutidos no custo dos bens nacionais destinados à exportação (Leis nºs 9.363/96 e 10.276/2001) 318

11.5 O crédito-prêmio de IPI instituído pelo Decreto-lei nº 491/69 321

XXX

XII. O IMPOSTO SOBRE OPERAÇÕES DE CIRCULAÇÃO JURÍDICA DE MERCADORIAS E PRESTAÇÕES DE SERVIÇO DE TRANSPORTE INTERESTADUAL E INTERMUNICIPAL E DE COMUNICAÇÃO 325

12.1 A ampla regra-matriz de incidência do ICMS.... 325

12.2 Disposições gerais sobre a não-cumulatividade 328

    12.2.1 A compensação do montante pago na etapa anterior, em qualquer estado da federação 329

    12.2.2 Período de apuração do imposto: competência mensal 329

    12.2.3 Formas alternativas de apuração do imposto 330

        12.2.3.1 Apuração por produto 330

        12.2.3.2 Apuração por estimativa 331

    12.2.4 Transporte do saldo credor acumulado para as competências subsequentes 332

    12.2.5 Autonomia dos estabelecimentos e apuração centralizada dos créditos e débitos 332

    12.2.6 A transferência do saldo credor a outros contribuintes dentro do mesmo Estado.... 334

        12.2.6.1 A transferência mandatória em decorrência da exportação de mercadorias e serviços 335

        12.2.6.2 A norma especial para o saldo credor decorrente de exportação acumulado até 31 de dezembro de 1999 339

        12.2.6.3 As transferências de saldo credor do ICMS condicionadas pelas leis estaduais 340

    12.2.7 Idoneidade da documentação e escrituração regular: limites formais para o creditamento do ICMS 341

12.2.8 O lustro decadencial para escrituração do crédito de ICMS 344

12.3 Os créditos de ICMS 345

12.3.1 Matérias-primas e bens intermediários 345

12.3.1.1 Origem normativa dos termos em questão 345

12.3.1.1.1 O período do decreto-lei nº 406/68 345

12.3.1.1.2 O convênio ICM nº 66/88 351

12.3.1.1.3 A lei complementar nº 87/96 352

12.3.1.2 A jurisprudência do Superior Tribunal de Justiça 353

12.3.1.3 As definições 356

12.3.1.3.1 Matérias-primas 356

12.3.1.3.2 Produtos intermediários 356

12.3.1.4 A não-cumulatividade e os prestadores de serviço 359

12.3.1.4.1 Os bens intermediários e os serviços tributados pelo ICMS .. 360

12.3.1.4.1.1 O creditamento sobre os insumos utilizados no transporte de mercadorias 360

12.3.1.4.1.2 Os insumos na prestação de serviços de comunicação 365

12.3.1.4.1.2.1 A energia elétrica utilizada na área operacional das empresas 365

12.3.1.4.1.2.2 O crédito sobre os serviços de comunicação utilizados no call center obrigatoriamente mantido pela operadora de telefonia............ 369

12.3.2 Bens de uso e consumo............................... 373

 12.3.2.1 Breve histórico normativo.................. 373

 12.3.2.2 Os julgados do STJ....................... 376

 12.3.2.3 Definição... 380

12.3.3 Bens destinados ao ativo permanente......... 381

 12.3.3.1 Histórico normativo...................... 381

 12.3.3.2 O conceito de ativo permanente.. 383

 12.3.3.3 O cancelamento dos créditos remanescentes após o decurso de quatro (LC nº 102/2000) ou cinco anos (LC nº 87/96) . 387

 12.3.3.4 A alienação do ativo antes de decorrido o prazo legal e o estorno dos créditos remanescentes................. 389

 12.3.3.5 Bens do ativo cedidos em comodato: possibilidade de manutenção do crédito... 389

12.3.4 Bens alheios à atividade-fim do contribuinte 392

 12.3.4.1 A regra geral................................... 392

 12.3.4.2 Crédito sobre materiais utilizados na construção de imóveis............. 394

 12.3.4.3 Veículos destinados ao transporte pessoal.. 398

12.3.5 Crédito sobre serviços de transporte........... 398

 12.3.5.1 Introito.. 398

 12.3.5.2 A inexistência do direito ao crédito sobre o frete de produtos alheios à atividade do estabelecimento ou destinados ao seu uso e consumo 399

12.3.5.3 O necessário creditamento sobre o frete de produtos não tributados ... 400

12.3.6 Os créditos sobre serviços de comunicação ... 401

12.3.6.1 Histórico normativo ... 401

12.3.6.2 A jurisprudência ... 403

12.3.6.3 Conclusões ... 404

12.3.7 Os créditos sobre a energia elétrica consumida pelo estabelecimento empresarial... 405

12.3.7.1 Histórico normativo ... 405

12.3.7.2 A jurisprudência ... 410

12.3.7.3 Conclusões ... 412

12.4 A guerra fiscal do ICMS: o estorno dos créditos incentivados e o art. 8º da Lei Complementar nº 24/75 ... 413

XIII. PIS/COFINS INCIDENTES SOBRE A RECEITA BRUTA ... 421

13.1 Introito ... 421

13.2 Escorço legislativo do PIS e da COFINS ... 422

13.3 A regra-matriz de incidência do PIS/COFINS não-cumulativos ... 428

13.4 A Não-cumulatividade do PIS/COFINS ... 429

13.4.1 Notas gerais ... 429

13.4.1.1 A natureza escritural dos créditos de PIS/COFINS ... 429

13.4.1.2 Apuração imposto-contra-imposto, por período de tempo, com transporte de saldo credor para competências posteriores ... 430

13.4.1.3 O direito do exportador de compensar os créditos de PIS/COFINS com débitos de outros tributos federais ou de pedir o ressarcimento em espécie 431

13.4.1.4 O adquirente de produtos e serviços tributados no regime cumulativo (alíquota de 3,65%) faz jus ao crédito integral (alíquota de 9,25%) sobre as suas despesas............................ 433

13.4.1.5 A exigência de duas "etapas" tributadas e as benesses da não-cumulatividade legal do PIS/COFINS .. 434

13.4.1.5.1 A vedação do crédito sobre aquisições não tributadas pelo PIS/COFINS 435

13.4.1.5.2 Direito aos créditos do PIS/COFINS quando as saídas forem abrigadas pela isenção, suspensão, alíquota zero ou não incidência ... 436

13.4.2 Os contribuintes sujeitos à não-cumulatividade e as exceções à regra............................ 437

13.4.2.1 As disposições legais 437

13.4.2.2 A apuração do IRPJ pelo lucro real como critério para sujeição à não-cumulatividade do PIS/COFINS: violação ao princípio da isonomia 442

13.4.3 A monofasia do PIS/COFINS e a não-cumulatividade tributária... 445

13.4.3.1 O regime monofásico das contribuições.. 445

13.4.3.2 A sujeição dos contribuintes monofásicos à não-cumulatividade do PIS/COFINS 447

13.4.4 Empresas sujeitas ao regime misto (cumulativo e não-cumulativo): apuração direta ou proporcional dos créditos 448

13.4.5 As espécies de créditos do PIS/COFINS.. 451

    13.4.5.1 Os créditos de bens adquiridos para revenda 452

    13.4.5.2 Bens e serviços utilizados como insumos 454

        13.4.5.2.1 Base normativa 454

        13.4.5.2.2 O posicionamento do CARF 462

        13.4.5.2.3 O entendimento do STJ . 466

        13.4.5.2.3.1 Os primeiros precedentes 466

        13.4.5.2.3.2 O recurso repetitivo.... 467

    13.4.5.3 Energia térmica e elétrica............. 473

    13.4.5.4 Aluguéis de prédios, máquinas e equipamentos 475

    13.4.5.5 *Leasing* (arrendamento mercantil) 476

    13.4.5.6 Bens do ativo imobilizado............. 477

    13.4.5.7 Edificações e benfeitorias em imóveis 477

    13.4.5.8 Bens recebidos em devolução....... 478

    13.4.5.9 Armazenagem de mercadoria e frete na operação de venda........... 478

    13.4.5.10 Vale-transporte, vale-alimentação ou refeição, uniformes e fardamentos fornecidos por empresa prestadora de serviços de conservação, limpeza e manutenção aos seus empregados 479

    13.4.5.11 Bens incorporados ao ativo intangível, adquiridos para utilização

    na produção de bens destinados a
    venda ou na prestação de serviços   480

13.4.5.12 Imóveis prontos e em construção:
    forma de creditamento   481

13.4.5.13 Créditos presumidos sobre o estoque de abertura   481

   13.4.5.13.1 A previsão legal..........   481

   13.4.5.13.2 A discussão judicial acerca da alíquota aplicável aos créditos sobre o estoque de abertura............   482

   13.4.5.13.3 O estoque de abertura dos contribuintes sujeitos à apuração monofásica do PIS/COFINS que passaram, a partir da lei nº 10.865/2004, ao regime não-cumulativo   484

13.4.5.14 O crédito presumido nas subcontratações feitas pelas empresas de transporte de cargas   485

13.4.6 O estorno de créditos   486

13.4.7 Créditos expressamente vedados pela legislação   486

13.4.8 As vicissitudes da não-cumulatividade do PIS/COFINS para os prestadores de serviço: uma proposta de *lege ferenda*   487

   13.4.8.1 A Proposta.........................   487

   13.4.8.2 A Justificativa   488

XIV. PIS/COFINS INCIDENTES SOBRE A IMPORTAÇÃO DE BENS E SERVIÇOS 491

14.1 A regra-matriz de incidência do PIS/COFINS-importação 491

14.2 A não-cumulatividade do PIS/COFINS importação ... 496

    14.2.1 O abatimento do PIS/COFINS-importação somente é permitido aos contribuintes sujeitos à não-cumulatividade do PIS/COFINS: restrição que fere a isonomia 496

    14.2.2 Os créditos do PIS/COFINS-importação ... 498

        14.2.2.1 Origem dos créditos 498

        14.2.2.2 O cálculo do crédito 499

        14.2.2.3 O transporte do saldo credor para os períodos subsequentes 500

        14.2.2.4 Importações isentas e direito ao crédito 500

        14.2.2.5 Importações por conta e ordem de terceiros 500

XV. TEMAS COMUNS À NÃO-CUMULATIVIDADE DO IPI, ICMS E PIS/COFINS 503

15.1 Operações com empresas sujeitas ao simples nacional 503

    15.1.1 A regra geral: vedação de aproveitamento e transferência de créditos pelas empresas optantes do simples 503

    15.1.2 Os créditos de PIS/COFINS 506

    15.1.3 A Não-cumulatividade do ICMS 506

    15.1.4 A Problemática do IPI 508

15.2 Restituição do indébito *versus* creditamento escritural: prazos prescricionais............................ 509

   15.2.1 O CTN e a repetição do indébito nos tributos sujeitos a lançamento por homologação... 509

   15.2.2 O Decreto nº 20.910/32 e o creditamento escritural de IPI, ICMS e PIS/COFINS não-cumulativos 513

15.3 Lustro decadencial para escrituração, em conta gráfica, de créditos de IPI, ICMS e PIS/COFINS   514

15.4 A correção monetária dos créditos escriturais.. 515

CONCLUSÕES 519

REFERÊNCIAS 527

INTRODUÇÃO

O presente estudo possui o escopo de delinear as bases da não-cumulatividade tributária, focando nos pontos em que o referido instituto merece ser revisitado:

(a) do ponto de vista doutrinário, para acompanhar a evolução normativa e jurisprudencial; e

(b) sob o prisma da jurisprudência, para sanar suas eventuais incoerências.

Quando de sua criação, por meio das Leis nºs. 2.974/56 e 3.520/58, a não-cumulatividade aplicava-se tão somente ao vetusto Imposto de Consumo (IC), cujos contribuintes eram os industriais e os importadores. Posteriormente, a Lei nº 4.502/64 – último diploma legal regente do IC – consolidou o disposto nas referidas Leis nºs. 2.974/56 e 3.520/58, operando ainda uma pequena ampliação no alcance da não-cumulatividade que, todavia, continuou restrita aos industriais e importadores (contribuintes do IC).

O advento do Imposto sobre Produtos Industrializados (IPI), por meio da EC n. 18/65, modificou de forma pouco sensível o cenário em questão. Afinal, a lei-base do IPI era a mesma do IC (Lei nº 4.502/64), com poucas adaptações pontuais. E a não-cumulatividade, apesar de ter adquirido *status* constitucional, já tinha as suas principais notas delineadas pela referida legislação.

Por conseguinte, quando os primeiros casos envolvendo a não-cumulatividade chegaram aos Tribunais Superiores, as decisões tomadas laboraram sobre a realidade das indústrias, as únicas contribuintes do IC além dos importadores.

Com o advento do IPI, os conceitos sedimentados à luz do IC foram simplesmente transplantados para o novel imposto pela jurisprudência. Afinal, os fundamentos das lides eram praticamente os mesmos em ambas as exações, assim como o eram as questões fáticas.

As consequências desse momento inicial de implantação da não-cumulatividade são perceptíveis até hoje. Apesar de a EC nº 18/65 ter estendido a não-cumulatividade para o Imposto sobre Circulação de Mercadorias (ICM), cujos sujeitos passivos – além dos industriais e importadores – eram também os comerciantes, a jurisprudência que se firmara para o IC foi aplicada para o ICM sem maiores digressões.

Assim, em que pesem as dessemelhanças entre o IPI e o ICM (que possuía maior amplitude), as Cortes Superiores trataram da mesma forma a não-cumulatividade desses impostos (às luzes dos fundamentos assentados sob a égide do Imposto de Consumo!).

A Constituição de 1988 ampliou o espectro de incidência do ICM ao agregar à sua regra-matriz os serviços de comunicação e transporte interestadual e intermunicipal, transformando-o em ICMS. Isso necessariamente implicaria uma readaptação da não-cumulatividade. Afinal, a compensação do imposto pago nas operações e prestações anteriores, tal como pugna a Constituição, não pode ser pautada pelas mesmas amarras que envolviam o Imposto de Consumo, exação menos abrangente que o hodierno ICMS.

Tal mudança no mais importante imposto estadual, contudo, ainda não foi assimilada a contento. As premissas estabelecidas à época do IC, vertidas sem maiores discussões para o IPI e depois para o ICM, continuam a reger o ICMS. O problema se agrava pois os serviços não possuem nenhuma relação com a indústria, em torno da qual os Tribunais construíram, no passado, o conceito de não-cumulatividade tributária.

A NÃO-CUMULATIVIDADE
DOS TRIBUTOS

Outrossim, nos anos de 2002 e 2003 um novo capítulo sobre o tema foi iniciado. Criou-se para o PIS e a Cofins incidentes sobre a receita das empresas um regime não-cumulativo. Como essas contribuições gravam fatos isolados (auferimento de receitas),[1] muito se tem questionado acerca de sua natureza jurídica. Afinal, seria mesmo possível aplicar a não-cumulatividade a tributos que não gravam operações e prestações mercantis? Caso positivo, a não-cumulatividade teria transformado o PIS/Cofins em exações indiretas, aplicando-se-lhes o disposto no art. 166 do Código Tributário Nacional? Tais indagações permanecem em aberto.

Como complemento, em 2004 advém o PIS/Cofins-importação, também dotado do atributo da não-cumulatividade e permeado por questionamentos quanto à legitimidade de sua instituição na forma como foi feita.

Dessarte, apesar de contar mais de meio século de existência no direito positivo brasileiro, a não-cumulatividade possui basicamente as mesmas linhas-mestras que a regiam quando de sua instituição.

Por esses motivos, o presente trabalho tenciona revisitar a não-cumulatividade e, ao fazê-lo, assestar os pontos em que se entende necessária a sua adaptação aos atuais IPI e ICMS e, ainda, ao PIS/Cofins. Sem descurar da jurisprudência do Supremo Tribunal Federal e do Superior Tribunal de Justiça, buscar-se-á propor soluções para os desafios enfrentados pela tributação não-cumulativa no País.

Para tanto, o texto foi estruturado em três partes:

- A primeira, que compreende os capítulos I a VI, cura das distinções entre tributação indireta e não-cumulatividade. Uma análise histórico-evolutiva de ambos os conceitos é realizada, com o intuito de estremar-se um

---

1. O IPI e o ICMS, ao contrário, tributam operações de circulação de riquezas interligadas entre si (*v.g.*: vendas realizadas da fábrica para o distribuidor, deste para o varejista e deste para o consumidor final).

do outro, segregando o objeto de estudo que é a não-cumulatividade tributária propriamente dita;

- A segunda parte, que engloba os capítulos VII a X, bosqueja as normas constitucionais da não-cumulatividade tributária desde os primórdios de sua instituição no País. São analisadas em conjunto as disposições atinentes ao IPI e ao ICMS, dada a proximidade entre ambas. Outrossim, são abordados os aspectos constitucionais do PIS/Cofins incidentes sobre a receita bruta e sobre a importação de bens e serviços. Os impostos e contribuições residuais, mandatoriamente não-cumulativos por força da CR/88, também são analisados. Ao cabo, define-se o conteúdo material do princípio da não-cumulatividade tributária com arrimo na jurisprudência do Supremo Tribunal Federal;

- A terceira e última parte abarca os capítulos XI a XV, nos quais os aspectos infraconstitucionais da não-cumulatividade tributária são analisados com vagar. As normas do IPI, do ICMS, do PIS/Cofins sobre receitas e do PIS/Cofins-importação são tratadas separadamente, com enfoque no posicionamento dos Tribunais Superiores, em especial do STJ. No derradeiro capítulo, temas comuns à não-cumulatividade do IPI, ICMS e PIS/Cofins são examinados.

Com essa abordagem objetiva-se edificar o conceito da não-cumulatividade que, apesar de vetusto, ainda possui diversos questionamentos não respondidos.

TÍTULO I – TRIBUTAÇÃO INDIRETA E NÃO-CUMULATIVIDADE: OS NECESSÁRIOS DISTÍNGUOS

I
CONSIDERAÇÕES INICIAIS

Os conceitos de tributo *direto* e *indireto* sempre sofreram censuras de parcela da doutrina, que os classifica como atécnicos e desprovidos de sustentação científica.[2] Segundo os críticos, o melhor a fazer seria abandonar tal distinção que, nas palavras de BECKER,[3] é "falsa e impraticável".

Todavia, o alerta de BALEEIRO[4] contra tal radicalismo soa adequado, posto que dita categorização não é mais ou menos imperfeita do que outras existentes.

---

2. E. SELIGMAN assim discorre sobre o tema:
"(...) A distinção entre tributos diretos e indiretos foi praticamente relegada à mente do legislador: aquilo que ele pretende seja suportado pelo contribuinte original é denominado tributo direto, aquilo que ele pretende seja suportado por outrem que não o contribuinte original é intitulado tributo indireto. Infelizmente, a intenção do legislador não equivale aos resultados verdadeiros. Nós precisamos, então, revisar a nomenclatura ou declarar que a presente distinção é de pouca valia." (SELIGMAN, Edwin Robert Anderson. *The Shifting and Incidence of Taxation*, 3rd ed. New York: Columbia University Press, 1910, p. 390 – tradução livre do original em inglês).

3. BECKER, Alfredo Augusto. *Teoria Geral do Direito Tributário*, 4ª ed. São Paulo: Noeses, 2007, p. 568.

4. Averba o autor, após criticar o posicionamento dos que condenam a classificação em análise, que ela "não é menos defeituosa do que outras sobre os vários fenômenos financeiros", consistindo em instrumento útil "de comparação e análise." (BALEEIRO, Aliomar. *Uma Introdução à Ciência das Finanças*, 16ª ed. Atualizado por DEJALMA DE CAMPOS. Rio de Janeiro: Forense, 2006, p. 281).

De fato, a expressão "tributação indireta" tornou-se referência e consiste em uma das principais formas de classificação dos tributos em todo o mundo[5] (tendo merecido, em diversas ocasiões, análises aprofundadas das Cortes Superiores brasileiras, dado o alto grau de relevância que as exações *indiretas*, também nominadas *sobre o consumo*, possuem no País).

Para o presente estudo, a análise do conceito de tributação indireta é importante pois, em variadas ocasiões, a *não-cumulatividade* é apontada como característica essencial dessa espécie de exação. Se a assertiva procede, logo:

(a) todo tributo indireto deve, necessariamente, ser não-cumulativo; e

(b) todo tributo não-cumulativo deve, mandatoriamente, ser indireto.

Em que pese a última assertiva ser correta sob o prisma do conceito clássico da não-cumulatividade,[6] a primeira não o é. Em outras palavras, a exação indireta poderá ser ou não ser não-cumulativa. Todavia, sendo não-cumulativa, a exação será, obrigatoriamente, indireta. Veja-se o porquê nos capítulos seguintes.

---

5. FERREIRO LAPATZA, Jose Juan. *Curso de Derecho Financiero Español*, 12ª ed. Madrid: Marcial Pons, 1990, p. 243.

6. A não-cumulatividade aqui referida é a aplicada em impostos sobre a circulação de bens e serviços. Trata-se da não-cumulatividade clássica, que nominamos *stricto sensu*, conforme será explanado no Capítulo V.

II
TRIBUTOS DIRETOS E INDIRETOS

Não são recentes as discussões sobre a divisão dos tributos em diretos e indiretos.[7] Como ocorre em toda e qualquer classificação (que é, *per se*, arbitrária, posto que remanesce ao alvedrio de cada intérprete), há dificuldades em saber:

(a) se ela é necessária (do ponto de vista dogmático); e, ainda,

(b) se é possível estabelecer regras estáveis e rígidas, porém ao mesmo tempo abrangentes o suficiente para abarcar a totalidade dos objetos passíveis de classificação.

No caso *sub examine*, pode-se sustentar que há interesse – para além do meramente didático – em se proceder à dicotomização dos tributos em diretos e indiretos. Isso porque, no Direito pátrio, tal distinção importa para saber se o contribuinte *de jure* é parte legítima para pleitear a compensação ou restituição do indébito. Afinal, em se tratando de exação indireta, o pagante) *rectius*, o que recolhe o tributo às burras estatais) somente poderá proceder à repetição se:

---

[7]. VILLEGAS informa que a categoria diretos/indiretos é a mais antiga no mundo ocidental. (VILLEGAS, Hector Belisario. *Curso de Finanzas, Derecho Financiero y Tributario*, 8ª ed. Buenos Aires: Astrea, 2003, p. 161).

(a) estiver autorizado pelo terceiro que arcou com o ônus da exação; ou

(b) provar que o encargo não foi repassado a outrem, tendo sido suportado pelo próprio contribuinte de direito.

Tais óbices, contudo, inexistirão se o tributo for direto. Neste caso, há uma presunção *juris et de jure* de que o gravame financeiro é, *in totum*, absorvido pelo contribuinte de direito.

Outrossim, a conceituação de tributo indireto é imprescindível para verificar se a não-cumulatividade é:

(a) elemento indissociável e *conditio sine qua non* para a tributação indireta (o que, desde já, adiantamos não ser correto); ou

(b) instituto que, presente na exação, qualifica-a como indireta – porém, se ausente, não impede que o tributo, ainda assim, seja indireto (assertiva com a qual concordamos).

Confira-se.

2.1 ORIGEM HISTÓRICA DOS CONCEITOS *SUB EXAMINE*: A TRIBUTAÇÃO INDIRETA E A REPERCUSSÃO ECONÔMICA

Foram as Ciências da Economia e das Finanças que primeiro postularam a existência de tributos diretos e indiretos.

A difusão dessa diferença, entretanto, é atribuída aos fisiocratas, que, no século XVIII,[8] arrimados no critério da

---

[8]. Os fisiocratas entendiam que a classe agricultora era a verdadeira produtora de riquezas, gravitando a classe urbana (por eles intitulada de classe "estéril") e a dos proprietários de terras em torno da única classe produtiva (a dos agricultores). GARCÍA BELSUNCE atribui aos fisiocratas, liderados por FRANÇOIS QUESNAY, o mérito de ter estudado a Economia como um sistema pela primeira vez na história dessa ciência. (GARCÍA BELSUNCE, Horacio A. *El Concepto de Crédito en la Doctrina y en el Derecho Tributario*. Buenos Aires: Depalma, 1967, p. 10).

repercussão econômica, classificaram os tributos conforme seu ônus financeiro fosse arcado exclusivamente pelo contribuinte ou repassado a terceiros. Segundo essa teoria, existiriam duas espécies exacionais:

(a) tributos diretos: aqueles nos quais o peso fiscal não é economicamente trasladado ao adquirente final de produtos e serviços. O encargo é, nesse caso, suportado exclusivamente pelo próprio contribuinte, obrigado ao recolhimento da quantia para os cofres públicos. Nessa modalidade, o pagante do tributo é a mesma pessoa que, de fato, suporta o seu ônus financeiro;

(b) tributos indiretos: esses têm o seu gravame trasladado para terceiros, posto que integram o preço de mercadorias ou serviços vendidos pelo contribuinte.

A distinção apregoada amparou o surgimento das figuras dos contribuintes *de jure* e *de facto*, que perduram até os dias atuais. O primeiro situa-se no polo passivo da norma jurídico-tributária, que grava um fato ou ato por ele praticado, obrigando-o a fazer a recolha do numerário à burra estatal. Já o *de facto* não se envolve diretamente na relação obrigacional tributária.[9] Ele, ao adquirir bens ou serviços do contribuinte de direito, permite que este lhe repasse o ônus financeiro da exação. Com isso, suporta o peso fiscal, sem, todavia, caracterizar-se como sujeito passivo da norma exacional.

Como se pode inferir, a translação do gravame financeiro do contribuinte de direito para o *de facto* era a pedra de toque da proposta classificatória dos fisiocratas.[10] Dessarte, em

---

9. O alheamento do contribuinte de fato da relação jurídico-tributária fez surgir grande controvérsia jurisprudencial e doutrinária quanto à sua legitimidade para ingressar em juízo contra a exigência de tributo suportado pelo contribuinte *de jure*. Hodiernamente, a jurisprudência do STJ é firme no sentido de que, provado cabalmente o repasse do ônus tributário para o contribuinte de fato, este pode ingressar autonomamente em juízo para pedir a restituição do indébito fiscal, desde que não tenha repassado dito ônus a terceiros. (STJ, Primeira Seção, EREsp nº 648.288/PE, Relator Min. TEORI ALBINO ZAVASCKI, *DJ* 11.09.2006, p. 224).

10. VILLEGAS, Hector Belisario. *Curso de Finanzas, Derecho Financiero e Tributario*, 8ª ed. Buenos Aires: Astrea, 2003, p. 161.

tributos como o imposto sobre a renda e os impostos ditos *reais* (como os que gravam a propriedade imóvel), inexistiria possibilidade de repercussão econômica. Portanto, seriam eles *diretos*, havendo coincidência entre os contribuintes *de jure* e *de facto*. Já os tributos indiretos seriam os que gravam os negócios jurídicos em geral, posto que o contato entre o contribuinte de direito e o de fato (partes no negócio) permitia ao primeiro verter, para o segundo, o peso da exação.

Desde cedo, todavia, os próprios fisiocratas perceberam que o critério utilizado para suportar dita categorização se demonstrava falho. Em certos casos, tributos tidos como diretos eram, por razões de mercado, economicamente transferidos aos contribuintes *de facto*; da mesma forma, tributos indiretos não tinham seu custo repassado ao consumidor final quando a conjuntura econômica assim não permitia.[11]

Realmente, todo e qualquer tributo pode repercutir economicamente, sendo arcado pelo consumidor final e não pelo contribuinte. Essa é a lógica do mercado: os tributos são custos de produção, embutindo-se no preço das mercadorias ou serviços. Indiretamente, portanto, até mesmo o Imposto sobre a Renda, o IPTU do imóvel-sede da empresa e o IPVA dos veículos de sua propriedade são *economicamente* repassados a terceiros. Isso porque o preço cobrado pelo empresário-contribuinte por seus produtos ou serviços deve ser suficiente para fazer face a todos os seus gastos (que incluem os tributários) e, ainda, permitir-lhe o auferimento de lucro. Se assim não fosse, a atividade empresarial não seria autossustentável.

O exemplo do IPTU incidente sobre o imóvel locado[12] calha à fiveleta para demonstrar a insuficiência do critério fisiocrático. Em que pese tratar-se de tributo direto por excelência,

---

11. A doutrina de ATALIBA reforça tal crítica. Segundo o autor, a classificação de impostos em diretos e indiretos com base no critério da translação econômica "nada tem de jurídica". (ATALIBA, Geraldo. *Hipótese de Incidência Tributária*, 6ª ed. São Paulo: Malheiros, 2006, p. 143).

12. COÊLHO, Sacha Calmon Navarro. *Curso de Direito Tributário Brasileiro*, 9ª ed. Rio de Janeiro: Forense, 2007, p. 817.

A NÃO-CUMULATIVIDADE DOS TRIBUTOS

ele será suportado pelo locatário quando o contrato de aluguel contiver tal previsão. Como o locador é necessariamente o contribuinte *de jure*, este irá obter o ressarcimento do ônus fiscal (tendo-se, nesta hipótese, tributo direto com garantia contratual de repasse do ônus econômico, o que subverte a lógica da proposta fisiocrática). Noutro modelo, o contribuinte-empresário poderá, em eventual momento de dificuldades mercadológicas, vender seus produtos com prejuízo. Isso importará na ausência de repasse de tributos, inclusive dos considerados indiretos por natureza (como os que incidem sobre operações mercantis).[13] Aliás, nesta hipótese, as figuras do contribuinte de direito e de fato se confundem, estando ambas consolidadas na pessoa do empresário que chama para si o gravame financeiro da tributação.

Nessa toada, pode-se concluir que a repercussão *econômica* somente é passível de ser verificada no caso concreto, independentemente da natureza da exação (direta ou indireta). Portanto, não se pode tomar a repercussão econômica como base para a dicotomização dos tributos em diretos e indiretos – constatação à qual a doutrina desde cedo chegou.[14] Afinal, como aquela que varia ao sabor do mercado e de cada negócio

---

13. Exemplifiquemos: uma mercadoria é comprada pelo empresário por R$ 100,00 (cem reais). Após seis meses, porém, ela ainda não teve saída. Decide então o empresário aliená-la por R$ 80,00 (oitenta reais), em uma promoção. A venda será concretizada e na nota fiscal será destacado o ICMS de R$ 14,40 (quatorze reais e quarenta centavos) considerando uma alíquota de 18%. Pode-se dizer que o contribuinte *de facto* arcou com o ônus tributário destacado na nota fiscal? Obviamente que não.

14. Neste particular, vale conferir a lição de FONROUGE:
"Os autores antigos, fundando-se nas teorias fisiocráticas, baseavam a distinção [entre tributos diretos e indiretos] na possibilidade de translação do gravame, considerando direto o suportado definitivamente pelo contribuinte *de jure* e indireto o que se traslada sobre outra pessoa; mas os estudos modernos demonstraram a incerteza das regras de incidência e como alguns impostos (...) considerados antes intransferíveis resultam em verdadeiro traslado [do ônus financeiro] para terceiros."
(FONROUGE, Carlos María Giuliani. *Derecho Financiero*, v. I, 8ª ed. Buenos Aires: Depalma, 2003, p. 324 – tradução livre do original em espanhol).
No mesmo sendeiro, mencione-se: COCIVERA, Benedeto. *Principi di Diritto Tributario*, v. I. Milano: Giuffrè, 1959, p. 245.

jurídico praticado, não se pode adotá-la como base para qualquer classificação que se pretenda jurídica.

Em face da insuficiência da teoria fisiocrática, novos critérios foram propostos para fundamentar a bipartição entre tributos diretos e indiretos, originando um extenso rol de teorias que serão vistas nos tópicos seguintes.

2.2 AS CLASSIFICAÇÕES POSSÍVEIS

Sabedora da insuficiência do critério da repercussão econômica, a doutrina – acedendo aos reclames de segurança para ditar-se a natureza do tributo – partiu em busca de novos sustentáculos para a dicotomia diretos/indiretos.

As diversas escolas que se sucederam ao longo do tempo podem ser aglutinadas em duas grandes categorias: as que apregoam um critério econômico-contábil para a divisão diretos/indiretos e as que buscam o respaldo para tanto em sistematizações jurídicas. A nota que as separa é a radicação, em lei, do elemento diferenciador entre as exações diretas e as indiretas: quando se fala em repercussão econômica, a dicotomização será guiada pela Economia; quando se invoca a lei para identificar elementos que permitam ultimar a classificação em tela, está-se diante de critério jurídico. Dentro de cada grupo teórico, podemos apontar as seguintes subcategorias:

Critérios econômico-contábeis	*Critérios jurídicos*
(a) teoria clássica da repercussão econômica (critério dos fisiocratas);	(a) teoria do rol nominativo;
(b) teoria da contabilidade nacional;	(b) teoria do lançamento;
(c) teoria da capacidade contributiva.	(c) teoria da natureza do fato tributável.

Vejamo-las, uma a uma.

2.2.1 CRITÉRIOS ECONÔMICO-FINANCEIROS

2.2.1.1 TEORIA FISIOCRÁTICA DA REPERCUSSÃO ECONÔMICA

Como já foi visto, trata-se da tese que deitou as bases para a classificação das exações em diretas e indiretas. Ao sustentar que toda riqueza provinha da terra, apregoavam os fisiocratas (dentre os quais destacamos QUESNAY)[15] que os tributos diretos seriam aqueles recolhidos pelo proprietário rural. Já os indiretos traduziam-se em três modalidades: os pagos pelos agricultores (não proprietários); os incidentes sobre os lucros obtidos com o capital e a indústria; e, por fim, a tributação sobre as *commodities* vendidas ou consumidas. Assim, o termo *tributo indireto* correspondia a toda incidência fiscal, exceto aquela suportada diretamente pelo dono da terra[16] (de todo modo, o ônus da tributação indireta era sempre trasladado ao proprietário rural, pilar fundante de toda a sociedade).

Assim, para os adeptos desta corrente, tributo indireto era o que repercutia economicamente; já o direto inadmitia o repasse do ônus econômico, posto que gravava diretamente aquele que suportava o peso fiscal (no caso, o senhor da terra).

Não obstante, desde cedo, a teoria foi tida por insuficiente, pois, como alerta SACHA CALMON,[17] todos os tributos são passíveis de repercussão econômica. Nada mais verdadeiro. Por ser um dado da realidade mutável em cada caso concreto – passando, dessarte, ao largo da Ciência do Direito, única hábil a proporcionar um "critério verdadeiramente jurídico para

---

15. QUESNAY, François. *The Economical Table*. Honolulu: University Press of the Pacific, 2004.

16. SELIGMAN, Edwin Robert Anderson. *The Shifting and Incidence of Taxation*, 3rd ed. New York: Columbia University Press, 1910, p. 138.

17. COÊLHO, Sacha Calmon Navarro. *Curso de Direito Tributário Brasileiro*, 9ª ed. Rio de Janeiro: Forense, 2007, p. 817.

classificar as exações fiscais"[18] – a repercussão meramente financeira não se presta, em definitivo, a voos mais altos.[19]

2.2.1.2 TEORIA DA CONTABILIDADE NACIONAL

Este critério apregoa que os impostos indiretos se agregam aos preços das mercadorias e serviços, ao passo que os diretos representam custos suportados pelos próprios agentes econômicos. Em outras palavras: os indiretos são repassados adiante pelo mecanismo dos preços; os diretos, não. Sob essa ótica, o ICMS é indireto (sendo inclusive destacado na nota fiscal para indicar ao adquirente que o ônus do imposto está sendo trasladado no preço do produto ou serviço adquirido); já o IPTU é direto, pois não integra o valor de qualquer bem fabricado ou revendido, sendo devido pelo simples fato de o contribuinte deter a propriedade de bem imóvel.

A denominação "teoria da contabilidade nacional" decorre do fato de a ciência contábil, para calcular o produto nacional[20] dos países, acrescer ao valor dos bens produzidos o montante dos impostos indiretos, por serem tributos que – consoante o critério em análise – se agregam aos preços. Lado outro, os indiretos devem ser excluídos ao se calcular a renda nacional,[21] pois esta corresponde aos valores pagos aos agentes produtores para remunerar as riquezas produzidas em determinado período de tempo. Como os indiretos não

---

18. CARVALHO, Paulo de Barros. *Teoria da Norma Tributária*. São Paulo: Lael, 1974, p. 169.

19. Para ulteriores considerações sobre o critério fisiocrático de distinção dos tributos em diretos e indiretos, remetemos o leitor ao item 2.1, introdutório a este subtópico.

20. O Produto Nacional corresponde ao valor de todos os bens e serviços finais produzidos na economia em determinado período (WONNACOT, Paul e WONNACOT, Ronald. *Introdução à Economia*. Trad. por CRUSIUS, Yeda e CRUSIUS, Carlos Augusto. São Paulo: McGraw-Hill do Brasil, 1985, p. 87).

21. A Renda Nacional equivale ao valor dos pagamentos que foram feitos aos meios de produção para fins de obtenção do Produto Nacional (WONNACOT, Paul e WONNACOT, Ronald. *Introdução à Economia*. Trad. por CRUSIUS, Yeda e CRUSIUS, Carlos Augusto. São Paulo: McGraw-Hill do Brasil, 1985, p. 101).

são suportados pelos contribuintes *de jure*,[22] devem ser, como dito, excluídos do cálculo da renda nacional.[23]

Neste ponto, vale conferir, sob o prisma macroeconômico, como é visualizada a produção de riquezas no âmbito das nações, para melhor compreensão do critério *sub examine*:

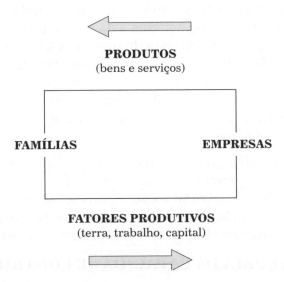

É sob tal ótica, portanto, que a contabilidade diferencia os tributos diretos dos indiretos.[24]

Entretanto, consoante mencionado anteriormente, esta teoria não possui aplicação jurídica, servindo apenas às ciências econômicas e contábeis, em que pesem as suas conclusões coincidirem, *em parte*, com aquelas derivadas de outros critérios classificatórios (como as teorias da natureza do fato tributável e da capacidade contributiva, que, apesar de

---

22. O papel do contribuinte de direito no imposto indireto seria, nessa visão, apenas o de recolher numerário do contribuinte de facto para fins de repasse ao Estado.

23. Para maiores detalhes sobre o critério da contabilidade nacional, confira-se: NABAIS, José Casalta. *Direito Fiscal*, 2ª ed. Coimbra: Almedina, 2004, p. 42.

24. A tributação sobre o consumo de bens e serviços será sempre a *indireta*, ao passo que as propriedades e rendas sofrerão a incidência dos diretos.

fincadas noutras premissas, predicam que a tributação direta grava patrimônio e renda, ao passo que a indireta grava o consumo e, também, as manifestações isoladas de capacidade contributiva, como a transferência da propriedade imóvel).

Não obstante, como dito, a premissa da teoria da contabilidade nacional não se apresenta como válida, posto que guarda estreita semelhança com a da repercussão econômica. Parece-nos, aliás, que se trata do mesmo critério dos fisiocratas, porém formulado em outros termos. Afinal, parte-se do pressuposto da existência de tributos que, pagos pelo agente econômico, não trazem nenhum ônus à mercadoria vendida ou ao serviço prestado; e de outros que, ao contrário, compõem os respectivos preços.

Ora, é cediço que todo tributo suportado pelos agentes produtores é economicamente repassado ao próximo elo da cadeia produtiva, salvo situações excepcionais, como práticas de *dumping* ou dificuldades mercadológicas. Dessarte, o critério *sub examine* perde, por esta razão, serventia jurídica.

2.2.1.3 TEORIA DA CAPACIDADE CONTRIBUTIVA

Segundo este critério (também intitulado *financeiro*),[25] os tributos diretos atingem manifestações imediatas[26] da capacidade contributiva dos cidadãos, a saber: seus patrimônios e suas rendas. Trata-se de uma forma bastante eficaz de se tributar adequadamente quem tem mais posses, alcançando-se, com maior precisão, a riqueza na medida de sua disponibilidade. Apesar de, eventualmente, ocorrer a translação do ônus financeiro nos tributos diretos, a sua verificação no caso concreto é irrelevante para esta proposta classificatória.

Já os indiretos atingem manifestações mediatas da capacidade contributiva, gravando operações de compra e venda

---

25. NABAIS, José Casalta. *Direito Fiscal*, 2ª ed. Coimbra: Almedina, 2004, p. 41.

26. RIBEIRO, José Joaquim Teixeira. *Lições de Finanças Públicas*, 5ª ed. Coimbra: Coimbra Editora, 1995, p. 309.

de bens, prestações de serviços e celebração de negócios jurídicos. São situações, em regra, ligadas ao consumo de riquezas,[27] ou, noutras palavras, à aquisição ou transferência de bens e serviços.[28] Em todas essas hipóteses, está-se diante de manifestações de capacidade contributiva, porém não tão objetivas quanto aquelas gravadas pela tributação direta. Afinal, a aquisição de um bem de consumo, em que pese, *a priori*, ser um signo presuntivo de riqueza, eventualmente falseia a real disponibilidade financeira do contribuinte (cuja capacidade de recolha à burra estatal pode ser bem menor do que a exteriorizada por um ato isolado). De toda forma, quando incidente sobre o consumo de bens e serviços, a tributação é considerada indireta pela teoria em questão – pouco importando se há ou não a translação econômica do ônus fiscal.

Vejamos, para tanto, o seguinte sumário da teoria da capacidade contributiva:

(a) tributos diretos: gravam a riqueza estática (patrimônio) ou o acréscimo patrimonial (renda);

(b) tributos indiretos: incidem sobre a riqueza gasta (consumo de bens e serviços) ou transferida (compra e venda de imóveis, *v.g.*).

NABAIS,[29] contudo, insurge-se contra este critério, tachando-o de superficial e afirmando que ele se encontra em desuso, não sendo observado pelas legislações tributárias hodiernas. Entretanto, não nos parece que o jurista português, nesse particular, esteja com toda a razão. Afinal, esta é a classificação que predomina nos sistemas jurídicos atuais.

---

27. FERREIRO LAPATZA, José Juan. *Direito Tributário – Teoria Geral do Tributo*. Barueri: Manole; Madrid: Marcial Pons, 2007, pp. 164-5.

28. GRIZIOTTI, Benvenuto. *Principios de Ciencia de las Finanzas*. Buenos Aires: Depalma, 1959, p. 161.

29. NABAIS, José Casalta. *Direito Fiscal*, 2ª ed. Coimbra: Almedina, 2004, p. 41.

FERREIRO LAPATZA,[30] analisando o Direito positivo espanhol, conclui que os tributos diretos gravam a riqueza em si mesma, diretamente considerada. O autor enumera como integrantes desta categoria o imposto de renda das pessoas físicas, o imposto sobre sociedades (que, na Europa, grava a renda das pessoas jurídicas), o imposto extraordinário sobre o patrimônio das pessoas físicas e o imposto sobre sucessões e doações. Ainda segundo o jurista catalão,[31] os indiretos atingem manifestações indiretas da capacidade contributiva. O rol pertencente a este quadrante compreende, na Espanha: o imposto sobre transmissões patrimoniais e atos jurídicos documentados, o imposto sobre o valor agregado (IVA), os impostos especiais (que gravam o consumo de bebidas alcoólicas e tabaco em geral), os impostos aduaneiros, das comunidades autônomas e das entidades locais. Ora, se o critério é empregado até os dias de hoje, não se pode dizer que esteja em desuso – ao contrário.

A nosso sentir, a teoria em análise peca por não se pautar em regras jurídicas, mas sim em premissas econômicas. Analisa-se apenas a forma de apreensão da riqueza tributável (mediata ou imediata) e nenhum outro elemento que possa trazer juridicidade ao critério. A referência pura e simples à capacidade contributiva, apesar de indicar o critério extrajurídico que pautou a atuação do legislador, nada diz sobre a origem da obrigação tributária, tampouco sobre o seu objeto e a sua natureza. Apenas versa sobre um escopo do legislador, exógeno à norma tributária.

Ora, a adequada formulação de uma teoria classificatória das espécies de tributos deve passar, necessariamente, pela análise da hipótese de incidência, em especial do seu critério material, que, consoante BARROS CARVALHO,[32] designa o

---

30. FERREIRO LAPATZA, José Juan. *Curso de Derecho Financiero Español*, 12ª ed. Madrid: Marcial Pons, 1990, pp. 286-353.

31. FERREIRO LAPATZA, José Juan. *Curso de Derecho Financiero Español*, 12ª ed. Madrid: Marcial Pons, 1990, pp. 354-392.

32. CARVALHO, Paulo de Barros. *Curso de Direito Tributário*, 17ª ed. São Paulo: Saraiva, 2005, pp. 257-60.

comportamento passível de atrair os efeitos fiscais previstos em abstrato no antecedente da norma.

Dessarte, por não se ocupar do estudo da natureza do fato imponível para concluir pelo caráter direto ou indireto das exações, o critério da capacidade contributiva – arrimado em fundamentos financeiros e extrajurídicos – sucumbe quando contrastado com a necessidade de segurança e método ínsita à Ciência do Direito.[33]

No Brasil, R. B. NOGUEIRA[34] foi um dos únicos autores a sustentar dita classificação, que, todavia, não teve aplicação prática por confrontar-se com a linha adotada pelo CTN (que esposou o critério da repercussão jurídica).

2.2.2 CRITÉRIOS JURÍDICOS

2.2.2.1 TEORIA DO ROL NOMINATIVO

O critério do rol nominativo (também intitulado critério administrativo[35] ou legal[36]) originou-se na Itália em fins do século XIX. Para essa teoria, tributos directos seriam aqueles nos quais os dados do contribuinte e da respectiva riqueza tributável constariam de um cadastro público, que seria acessado pela autoridade administrativa sempre que necessário. Assim, contribuinte da exação direta seria aquele individualmente inscrito, cujo nome constava do *rôle nominatif* (como era referido pelos franceses).[37]

---

33. GIANNINI também compartilha deste entendimento. (GIANNINI, Achille Donato. *I Concetti Fondamentali del Diritto Tributario*. Torino: Torinese, 1956, p. 84).

34. NOGUEIRA, Ruy Barbosa. *Curso de Direito Tributário*, 10ª ed. São Paulo: Saraiva, 1990, p. 163.

35. BALEEIRO, Aliomar. *Uma Introdução à Ciência das Finanças*, 16ª ed. Atualizado por DEJALMA DE CAMPOS. Rio de Janeiro: Forense, 2006, p. 280.

36. BOUCHER, Hércules. *Estudo da Mais-Valia no Direito Tributário Brasileiro*, tomo I. Rio de Janeiro: Freitas Bastos, 1964, p. 86.

37. BALEEIRO, Aliomar. *Uma Introdução à Ciência das Finanças*, 16ª ed. Atualizado por DEJALMA DE CAMPOS. Rio de Janeiro: Forense, 2006, p. 280.

Já os indiretos não seriam cobrados com base em rol constante dos cadastros públicos, mas sim quando verificada a prática, pelo contribuinte, de atos que a Administração tivesse competência para gravar, tais como a prestação de serviços, a compra e venda de mercadorias, *et caterva*.

Os impostos sobre a propriedade eram – e alguns ainda são – exemplos de tributos diretos exigidos com base no cadastro administrativo. A Administração Tributária oficiava os contribuintes cadastrados, notificando-os acerca do valor a pagar. Como os órgãos efetivamente mantinham um cadastro individual dos contribuintes para esse tipo de exação, de fato, o rol nominativo era uma característica formal comum aos impostos sobre a propriedade. Transplantando, para os dias de hoje, a classificação, temos como exemplo dessa modalidade de tributo o IPVA: a Administração Tributária possui, em seu banco de dados, as informações sobre cada um dos veículos automotores em circulação e seus respectivos proprietários; com base no valor venal dos automóveis, o imposto é lançado pelo Executivo e o contribuinte-proprietário é informado do montante que deve pagar – tributo direto, portanto, haja vista ser cobrado com base no *rôle nominatif*.

Apesar da tese não nos convencer, consoante demonstraremos *infra*, é digno de nota que BERLIRI[38] foi um de seus defensores. Para o jurista, a legislação italiana efetivamente havia adotado essa fórmula para distinção dos tributos em diretos e indiretos. Tal posicionamento lhe rendeu críticas por parte de GIANNINI[39] e COCIVERA.[40] O primeiro – em que pese tecer loas a BERLIRI por exercer o mister classificatório com base no Direito positivo (e não na Economia) – sustenta que critérios meramente formais, ainda que escorados na

---

38. BERLIRI, Antonio. *Corso Istituzionale di Diritto Tributario*. Milano: Giuffré, 1965, p. 55 – tradução livre do original em italiano.

39. GIANNINI, Achille Donato. *I Concetti Fondamentali del Diritto Tributario*. Torino: Torinese, 1956, pp. 81-9.

40. COCIVERA, Benedeto. *Principi di Diritto Tributario*, v. I. Milano: Giuffrè, 1959, pp. 244-50.

lei, não são adequados para a diferenciação da natureza dos tributos. Já COCIVERA invalida a teoria do rol nominativo ao expor que diversos impostos de titularidade das comunas italianas – à mesma época em que BERLIRI defendia seu posicionamento – eram tidos como indiretos, porém cobrados com base na inscrição do contribuinte em cadastros públicos (como exemplo, cita os impostos incidentes sobre locações e serviços de transporte prestados por carruagens). Em defesa da tese, LAFERRIÉRE e WALINE[41] chegaram a sustentar que, à época de sua criação, o critério era válido, pois a arrecadação fiscal dos tributos diretos não era possível sem o recurso ao rol nominativo de contribuintes (assertiva que contrasta com a de COCIVERA),[42] dada a forma de organização das Administrações Tributárias italiana e francesa, onde, respectivamente, a teoria surgiu e se desenvolveu.

Todavia, não nos parece que o fundamento de LAFERRIÉRE e WALINE seja apto a confirmar a validade do critério objurgado, pois continua faltando respaldo jurídico à tese. Tomar-se a mera forma administrativa de cobrança das exações como parâmetro para estabelecer a distinção entre tributos diretos e indiretos significa olvidar-se das premissas metodológicas que devem pautar uma classificação científica. Por não se tratar de um critério fundado na natureza do tributo, não é possível atribuir-lhe validade. A categorização em análise exacerba a importância dos elementos burocrático-administrativos e olvida-se da perquirição da *essentialia* dos tributos diretos e indiretos. Um exemplo clarifica a nossa dissonância com a teoria em comento: se, a partir do próximo ano, o IPTU passasse a ser pago por conta e risco do contribuinte, dispensando-se a sua inscrição individual no cadastro da prefeitura e seguindo-se as regras aplicáveis aos demais tributos sujeitos a lançamento por homologação, tal mudança na *forma* de pagamento e cobrança

---

41. LAFERRIÉRE, Julien e WALINE, Marcel. *Traité Élémentaire de Science et de Législation Financiéres*. Paris: Librairie generale de droit et de jurisprudence, 1952, p. 259.

42. COCIVERA, Benedeto. *Principi di Diritto Tributario*, v. I. Milano: Giuffrè, 1959, pp. 244-50.

importaria na sua descaracterização de tributo direto para indireto? A resposta é negativa! A proposta classificatória em xeque possui caráter excessivamente mecânico,[43] não sendo apropriada para o estudo das espécies exacionais.

Atualmente, o critério em tela está superado, pois 95% dos tributos são sujeitos a lançamento por homologação, é dizer, são pagos sem que haja qualquer interferência estatal.[44] Tirante os precitados IPVA e IPTU, a Administração não possui "rol nominativo" (ou individualizado) que informe, ao contribuinte, o valor do débito e a data do vencimento do tributo. O imposto sobre a renda é lançado por homologação, assim como também o são o ITR (típico imposto sobre a propriedade, no caso rural) e as diversas contribuições para financiamento da seguridade social, *inter alii*.

Assim, duplamente superada está a teoria do rol nominativo: pela ação inexorável do tempo, a retirar-lhe as premissas em que se fundava; e pela imperfeição de seu critério, que se baseia nas práticas adotadas pelos agentes fiscais para cobrança dos tributos e não na natureza propriamente dita do tributo.

2.2.2.2 TEORIA DO LANÇAMENTO

Trata-se de critério derivado da teoria do rol nominativo. Tributos diretos seriam aqueles em que o lançamento é essencial para permitir o pagamento, ao passo que os indiretos o dispensariam. Nessa linha, seriam diretos os impostos sobre a propriedade e a renda[45] e indiretos aqueles incidentes sobre atos e negócios jurídicos (circulação e consumo de riqueza), pois estes seriam pagos pelo contribuinte sem o prévio lançamento por parte da autoridade administrativa.

---

43. ZANOBINI, Guido. *Corso di Diritto Amministrativo*, v. IV. Milano: Giuffrè, 1955, p. 359.

44. COÊLHO, Sacha Calmon Navarro. *Liminares e Depósitos antes do Lançamento por Homologação –Decadência e Prescrição*, 2ª ed. São Paulo: Dialética, 2002, p. 2.

45. No século passado, França, Itália e outros países da Europa exigiam o lançamento para a recolha aos cofres públicos do imposto sobre a renda.

A NÃO-CUMULATIVIDADE DOS TRIBUTOS

Entretanto, a teoria – desenvolvida no início do século XX por O. MAYER[46] – não teve longa vida útil, haja vista a constatação de que diversos tributos diretos não reclamam lançamento (caso típico, no Brasil, do imposto sobre a renda), ao passo que vários outros tidos como indiretos muitas vezes o exigem (como, por exemplo, o IPI devido na importação, que somente pode ser pago após o despacho aduaneiro). Mesmo na Europa do início do século XX – contemporânea à criação da teoria – o imposto sobre a renda, quando retido na fonte, dispensava o lançamento, fato que levou O. MAYER a defender seu ponto de vista argumentando que a regra geral por ele proposta comportava algumas exceções.

O caráter estritamente formalista rendeu a O. MAYER as mesmas objeções que a doutrina fizera a BERLIRI e aos demais adeptos do critério do rol nominativo. Se um tributo passasse, por opção do legislador, a ser lançado de ofício, tornar-se-ia uma exação direta? Certamente não.

Outrossim, é notório que na hipótese de não pagamento do imposto indireto, o contribuinte fica sujeito a lançamentos de ofício (que exigirão o tributo acrescido de juros e multa). Exsurge de tal consideração a seguinte dúvida: o ICMS quitado após eventual lançamento de ofício possui natureza distinta do ICMS pago regularmente pelo contribuinte, sem necessidade de lançamento? A aplicação do critério de O. MAYER nos levaria ao absurdo de concluir que o ICMS recolhido espontaneamente seria indireto, ao passo que o mesmo imposto quitado em razão do lançamento de ofício seria direto.

A tais constatações adicione-se o fato de que, nas legislações tributárias hodiernas, o lançamento é figura tributária em extinção, sendo desnecessária inclusive em impostos sobre o patrimônio (caso, em nossas plagas, do ITR) e sobre a renda. Em face disso, a teoria do lançamento encontra-se superada,[47] tal como a do rol nominativo que lhe serviu de inspiração.

---

46. MAYER, Otto. *Deutsches Verwaltungsrecht*, v. I, 3ª ed. Münchén: Duncker & Humblot, 1914, pp. 200-15.

47. COSTA, José Manuel Moreira Cardoso da. *Curso de Direito Fiscal*, 2ª ed. Coimbra: Almedina, 1972, p. 29.

2.2.2.3 TEORIA DA NATUREZA DO FATO TRIBUTÁVEL

Os dois critérios jurídicos analisados até o momento (cadastro administrativo e lançamento), além de inválidos por erro metodológico (prendem-se à forma e não à essência dos tributos), não possuem aplicação prática nos dias atuais.

Já a teoria da natureza do fato tributável, em que pese ter surgido na segunda metade do século XIX, ainda encontra respaldo e aplicabilidade em diversos sistemas jurídicos contemporâneos. Segundo o seu criador, DE FOVILLE,[48] para saber se o tributo é direto ou indireto deve-se analisar o critério material de sua hipótese de incidência.[49] A tributação direta grava fenômenos permanentes no tempo, como a propriedade de um imóvel ou o exercício de indústria ou profissão que gere rendimentos (fatos perenes, que tendem a se perpetuar). A seu turno, a indireta alcança fatos instantâneos, ou seja, que podem ser isoladamente considerados, como a prestação de serviços, a transferência da propriedade, a importação de produtos,[50] *inter alii*. Assim, pode-se sustentar que, sob o prisma classificatório em análise, os verbos *ser* e *ter* vinculam-se à imposição direta e o verbo *fazer* à indireta. Dessarte, o núcleo do critério material da norma tributária (que é um verbo seguido pelo seu complemento),[51] pautará a definição da espécie do tributo.

A teoria em comento conquistou a simpatia da doutrina.[52] Prova disso é que a Liga das Nações, ao fim da I Guerra Mundial,

---

48. DE FOVILLE, Alfred. *La Monnaie*. Charleston: BiblioBazaar, 2008.

49. DE FOVILLE não utiliza a terminologia critério material da hipótese de incidência, que adotamos apenas para melhor esclarecer os fundamentos de sua doutrina.

50. BOUCHER, Hércules. *Estudo da Mais-Valia no Direito Tributário Brasileiro*, tomo I. Rio de Janeiro: Freitas Bastos, 1964, p. 88.

51. Exemplo: ser (verbo) proprietário de bem imóvel (complemento predicativo). Este é o critério material da regra-matriz de incidência do IPTU. (CARVALHO, Paulo de Barros. *Direito Tributário – Fundamentos Jurídicos da Incidência*, 4ª ed. São Paulo: Saraiva, 2006, p. 89).

52. No Brasil, A. FALCÃO foi um dos defensores da tese de DE FOVILLE. (FALCÃO, Amílcar de Araújo. *Fato Gerador da Obrigação Tributária*, 2ª ed. Atualizado por GERALDO ATALIBA. São Paulo: Revista dos Tribunais, 1971, p. 137).

propôs que os impostos a serem adotados pelos países se dividissem em diretos (incidentes sobre propriedade e renda) e indiretos (gravando a produção, a utilização e as transações econômicas) – exatamente nos moldes do que DE FOVILLE propusera meio século antes.[53] Outrossim, o próprio Tratado de Roma, em seus arts. 92 e 93, opera a distinção entre tributos diretos e indiretos com base na teoria do fato tributável.[54]

Nessa toada, juristas do porte de H. VILLEGAS[55] e GIANNINI[56] defenderam – baseados no Direito positivo de seus respectivos países – a prevalência do critério da natureza do fato gerador, sem deixar, contudo, de advertir que a matéria é polêmica.[57]

A força de tal classificação pode ainda ser constatada pela sua utilização por R. G. DE SOUSA no Anteprojeto de Código Tributário Nacional. Este, todavia, cedeu lugar a outro texto final, que resultou no CTN, o qual não perfilhou a teoria em análise, optando pelo critério da repercussão positivada na lei

---

53. BALEEIRO, Aliomar. *Uma Introdução à Ciência das Finanças*, 16ª ed. Atualizado por DEJALMA DE CAMPOS. Rio de Janeiro: Forense, 2006, p. 280.

54. NABAIS, ao analisar o Tratado de Roma (Tratado CE), especificamente seus arts. 92 e 93, conclui que a referência à tributação *indireta* contida nos dispositivos tem sido utilizada pelos Estados-Membros da Comunidade para harmonizar a tributação sobre o *consumo*, notadamente o IVA (Imposto sobre Valor Agregado) e os impostos especiais (típicos dos países europeus, que buscam tributar, de forma diferenciada, bebidas alcoólicas, tabaco e derivados de petróleo). Afirma o Professor de Coimbra que o Tratado da Comunidade Europeia adotou a imposição indireta como sinônimo de tributação sobre o consumo – no que se alinha, vale acrescer, com a classificação predominante em nível mundial. (NABAIS, José Casalta. *Direito Fiscal*, 2ª ed. Coimbra: Almedina, 2004, pp. 42-9).

55. VILLEGAS, Hector Belisario. *Curso de Finanzas, Derecho Financiero y Tributario*, 8ª ed. Buenos Aires: Astrea, 2003, pp. 162-3.

56. Ao cabo, porém, o jurista italiano alerta para a falta de critério jurídico nessa classificação, que é, antes de tudo, financeira. (GIANNINI, Achille Donato. *I Concetti Fondamentali del Diritto Tributario*. Torino: Torinese, 1956, pp. 83-4 – tradução livre do original em italiano).

57. Mas a polêmica é, obviamente, ínsita a todo e qualquer processo classificatório. Vale aqui relembrar EINAUDI que, com propriedade e lucidez, averbou que "toda classificação é arbitrária, e não é preciso exagerar sua importância, atribuindo-lhe mais do que a de corresponder a útil instrumento de estudo e esclarecimento". (*Apud* FONROUGE, Carlos María Giuliani. *Conceitos de Direito Tributário*. Trad. por ATALIBA, Geraldo e GRECO, Marco Aurélio. São Paulo: Lael, 1973, p. 23).

como elemento diferenciador entre a tributação direta (criada para não repercutir) e a indireta (que pressuporia – do ponto de vista legal – a translação do ônus ao adquirente final). É o que se verá nos itens subsequentes.

2.3 A DEFINIÇÃO ADOTADA PELO ORDENAMENTO JURÍDICO BRASILEIRO

Antes do advento do Código Tributário Nacional, a restituição de tributos indevidamente pagos – para a qual a classificação diretos/indiretos é essencial – era, como lembra MISABEL DERZI,[58] regida pelo Código Civil.

Foi por meio do CTN que a restituição de tributos e, via de consequência, a problemática da tributação direta e indireta, recebeu tratamento sistemático e uniforme[59] (arts. 165 a 168, componentes da Seção intitulada "Pagamento Indevido"). Para o que interessa ao presente estudo, basta-nos a análise do art. 166, que vem assim redigido:

> "Art. 166. A restituição de tributos que comportem, *por sua natureza*, transferência do respectivo encargo financeiro somente será feita a quem prove haver assumido o referido encargo, ou, no caso de tê-lo transferido a terceiro, estar por este expressamente autorizado a recebê-la." (destaques nossos)

Uma leitura rápida do texto pode levar o hermeneuta ao equívoco de concluir que o legislador prestigiou a teoria da repercussão econômica (tese clássica dos fisiocratas) ao dispor sobre tributos que comportem "a transferência do respectivo encargo financeiro". Entretanto, a expressão "por sua natureza", constante do dispositivo *sub examine*, alude a algo além

---

58. BALEEIRO, Aliomar. *Direito Tributário Brasileiro*, 11ª ed. Atualizado por MISABEL ABREU MACHADO DERZI. Rio de Janeiro: Forense, 2001, p. 882.

59. SILVEIRA, Lindemberg da Mota. *Repetição do Indébito*. MARTINS, Ives Gandra da Silva (coord.). Caderno de Pesquisas Tributárias, nº 8 – Repetição do Indébito. São Paulo: Resenha Tributária, 1983, p. 67.

do mero critério econômico.[60] A locução do CTN remete-nos à consideração de S. MILL,[61] para quem seriam indiretos os tributos nos quais o legislador tencionasse arrecadar valores do contribuinte de fato. A assertiva é um indicador de que os tributos indiretos seriam aqueles que, *devido à sua conformação legislativa*, possuíssem o escopo de transladar ao contribuinte *de facto* o ônus financeiro. Também HENSEL distinguia os diretos dos indiretos com base na expressão normativa da "intenção do legislador em relação à questão da translação"[62] (no Brasil, SACHA CALMON[63] também versou o tema, perfilhando posicionamento similar ao de HENSEL).

Conforme apregoa o art. 166 do CTN, são indiretos (*rectius*: dotados da característica da repercussão) os tributos que, *por sua natureza*, comportem a transferência do encargo financeiro a terceiro. Como se deve interpretar dita locução? Adoção pura e simples da tese econômica (de resto imprestável, como já salientado alhures) ou uma nova proposta classificatória, que parte de um dado econômico (translação do ônus) e o transforma em instituto jurídico (existência de norma criada para possibilitar a translação – independentemente dela ocorrer do ponto de vista financeiro)? Inclinamo-nos pela segunda opção, porém, antes de ofertar nossas conclusões, vale conferir o que os Tribunais Superiores e a doutrina pátria dispõem sobre o tema.

---

60. Os fisiocratas propugnavam a análise caso a caso da transferência do ônus financeiro – mas não perquiriam se o tributo comportava dita repercussão por características que lhe fossem inerentes (ou "por sua natureza", como quer o CTN). Apenas a constatavam e, por isso, aplicavam a classificação – a qual, justamente por se calcar em dados fático-econômicos (logo, injurídicos e mutáveis ao sabor das condições mercadológicas), não logrou êxito.

61. MILL, John Stuart. *Principles of Political Economy*. New York: Prometheus Books, 2004, p. 764.

62. HENSEL, Albert. *Diritto Tributario*. Trad. para o italiano de DINO JARACH. Milano: Giuffrè, 1956, p. 342 – tradução livre do original em italiano.

63. COÊLHO, Sacha Calmon Navarro. *Liminares e Depósitos antes do Lançamento por Homologação - Decadência e Prescrição*, 2ª ed. São Paulo: Dialética, 2002, pp. 39-42.

2.3.1 A TRIBUTAÇÃO INDIRETA À LUZ DA JURISPRUDÊNCIA

2.3.1.1 PERÍODO ANTERIOR AO CTN

Até o advento do Código Tributário, inexistia, na legislação vigente, dispositivo que autorizasse a devolução de tributos indevidamente pagos. Na ausência de normatização, o Supremo Tribunal Federal aplicava o art. 964[64] do Código Civil de 1916, determinando a restituição dos tributos recolhidos a maior[65] (fossem estes diretos ou indiretos).[66]

Após esse primeiro posicionamento (que era bastante liberal, pois não erigia óbices para a restituição de tributos indiretos), a teoria da repercussão econômica (em sua visão fisiocrática) foi adotada pelo STF, que passou a vedar a devolução de todo e qualquer tributo indireto (conforme deliberação da Sessão Plenária de 13.12.1963, que culminou com a edição da Súmula nº 71/STF).[67] Segundo o Supremo, como a exação indireta pressupunha a translação do ônus econômico, o contribuinte *de jure* nunca estaria legitimado a pleitear a sua devolução. Lado outro, o consumidor final, por não

---

64. Assim dispunha o hoje revogado Código de 1916:
"Art. 964. Todo aquele que recebeu o que lhe não era devido fica obrigado a restituir."

65. BOTTALLO, Eduardo Domingos. *Restituição de Impostos Indiretos*. Revista de Direito Público, nº 22. São Paulo: Revista dos Tribunais, out-dez./1972, p. 316.

66. Esse posicionamento do STF, que autorizava a restituição de todo e qualquer tributo, inclusive os indiretos (sem qualquer tipo de condicionante quanto à legitimidade ativa para pleitear a repetição), não prosperou. O Min. CARLOS MEDEIROS DA SILVA, nos autos do RE nº 58.290/SP, faz breve remissão aos poucos acórdãos nesse sentido:
"Antes mesmo da Súmula 71 e quando a jurisprudência deste egrégio Tribunal ainda era vacilante quanto à restituição do imposto indireto, tive oportunidade de publicar um modesto trabalho na Revista de Direito Administrativo, sustentando a tese que hoje está consagrada.
Recordo-me que existia, anteriormente, somente um acórdão, em caso do Estado do Espírito Santo, relatado pelo saudoso Ministro Ari Franco, que permitia a restituição; depois houve mais um ou dois acórdãos." (STF, Terceira Turma, RE nº 58.290/SP, Relator Min. LUIZ GALLOTTI, DJ 23.11.1966, destaques nossos).

67. "Embora pago indevidamente, não cabe restituição de tributo indireto".

A NÃO-CUMULATIVIDADE DOS TRIBUTOS

integrar a relação jurídico-tributária, tampouco poderia postular a repetição.

Posteriormente, nova modificação no entendimento sumulado – desta vez para favorecer os contribuintes – ocorreu em 03.12.1969. A Súmula nº 71 foi revogada[68] e substituída pela de nº 546.[69] Esta autorizou a devolução do tributo indevidamente pago desde que o contribuinte de direito provasse ter arcado com o ônus financeiro da exação (ou, caso não tivesse suportado o gravame, possuísse autorização do contribuinte de fato para solicitar a repetição).

Mas, afinal, o que era – sob a ótica do STF – *tributo indireto* (cuja restituição chegou a ser totalmente vedada em um período)[70] anteriormente à edição do CTN?[71] O estudo dos acórdãos que pautaram a edição de ambas as Súmulas sobre a restituição do indébito (a de nº 71, utilizando de forma expressa o termo "tributo indireto", e a nº 546, referindo-se às figuras dos contribuintes de direito e de fato, ínsitas à tributação indireta) lança luzes sobre o tema.

Confira-se.

---

68. Para alguns a Súmula nº 71/STF não teria sido revogada, mas apenas "esclarecida" pela de nº 546. Não nos parece que seja assim, posto que a mera leitura de ambas, aliada à análise dos precedentes que as originaram, já denota a contrariedade de suas disposições.

69. "Cabe a restituição do tributo pago indevidamente, quando reconhecido por decisão, que o contribuinte *de jure* não recuperou do contribuinte *de facto* o *quantum* respectivo."

70. Por refugir ao escopo deste trabalho, não adentraremos no mérito do erro ou acerto das decisões judiciais sobre o *direito* do contribuinte à restituição do tributo indireto. Sobre aludido tema, sugerimos as seguintes obras: MARTINS, Ives Gandra da Silva (coord.). *Caderno de Pesquisas Tributárias nº 8 – Repetição do Indébito*. São Paulo: Resenha Tributária, 1983; MACHADO, Brandão. *Repetição do Indébito no Direito Tributário*. MACHADO, Brandão (coord.). *Direito Tributário – Estudos em Homenagem ao Prof. Ruy Barbosa Nogueira*. São Paulo: Saraiva, 1984, pp. 61-106; TORRES, Ricardo Lobo. *Restituição dos Tributos*, 1ª ed. Rio de Janeiro: Forense, 1983; MORSHBACHER, José. *Repetição do Indébito Tributário Indireto*. São Paulo: Revista dos Tribunais, 1984.

71. A Súmula nº 546, em que pese ter vindo a lume em 1969, originou-se de precedentes que curavam de casos anteriores à edição do Código Tributário (logo, ainda regidos pela sistemática do art. 964 do CC/1916).

2.3.1.1.1 Os precedentes que originaram a Súmula nº 71

São quatro os arestos que embasaram a súmula em análise.

No Recurso Extraordinário nº 46.450/RS,[72] julgado em 10 de janeiro de 1961, o Min. Relator VILAS BOAS pugnou que *tributo indireto* é aquele no qual há a *percussão econômica*. O Min. VICTOR NUNES, em voto-vista, acompanhou o raciocínio do Relator, sustentando que, no tributo indireto, o contribuinte *de jure* incorpora o valor da exação ao preço da mercadoria vendida a terceiros. Este foi o primeiro precedente analisado na sessão plenária que erigiu a Súmula nº 71. Dele se denota que o STF, nesta época, adotava puramente o critério econômico[73] para a classificação de tributos em diretos e indiretos.

É interessante notar que tal entendimento padece de uma perversidade singela: na oportunidade em que concluiu pela impossibilidade do contribuinte de direito pleitear, em nome próprio, eventual restituição, o STF também assentou que o contribuinte *de facto*, por não integrar a relação jurídico-tributária, tampouco poderia requerer, em juízo ou fora dele, a repetição do tributo indireto. E a conclusão final, constante do voto do Min. VICTOR NUNES, foi, no mínimo, heterodoxa: entre o locupletamento ilícito do contribuinte *de jure* e o do Estado, é preferível o deste último, que presumivelmente utilizará os recursos em prol do bem comum.[74]

---

72. STF, Segunda Turma, RE nº 46.450/RS, Relator Min. VILAS BOAS, *DJ* 21.08.1961, p. 284.

73. Sobre o aludido critério, vide Capítulo II, item 2.1, *supra*.

74. Para não haver dúvidas de que o STF decidiu exatamente isso, damos à transcrição o voto do Min. VICTOR NUNES, no RE nº 46.450/RS:
"Se o dilema é sancionar um enriquecimento sem causa, quer em favor do Estado (...), quer em favor do contribuinte (...), não há que hesitar: impõe-se a primeira alternativa, pois o Estado representa, por definição, o interesse coletivo, a cuja promoção se destina, no conjunto da receita pública, a importância reclamada pelo particular, para sua fruição pessoal. Esta solução é que corresponde à equidade, fundamento básico da ação proposta." (STF, Segunda Turma, RE nº 46.450/RS, Relator Min. VILAS BOAS, *DJ* 21.08.1961, p. 284).

A NÃO-CUMULATIVIDADE DOS TRIBUTOS

O Estado Robin Hood, que rouba dos ricos (ou melhor, se apropria indevidamente de valores por estes pagos) para dar aos pobres seria até uma consideração jocosa – se não tivesse sido realmente autorizado por nossa Corte Maior. Tal fato não passou despercebido para SCHOUERI,[75] em trabalho publicado na década de 1980 sobre o assunto.

Os outros três arestos que serviram de base à Súmula nº 71 confirmam a utilização pelo Supremo Tribunal da teoria da repercussão criada pelos fisiocratas.

De fato, nos autos dos Recursos Extraordinários nºs 45.678/SP[76] (julgado em 26.06.1961) e 47.069/SP[77] (julgado em 30.06.1961), decididos respectivamente pela Primeira e Segunda Turmas, resta claro a mais não poder que tributo indireto é o que repercute sobre terceiro, ou seja, cujo ônus não é arcado pelo *solvens*, que apenas recolhe o numerário aos cofres públicos. O primeiro aresto mencionado dispôs que "não se restitui tributo indireto, pois que seu montante incorpora--se no custo da produção da mercadoria, ao ser vendida".[78] É dizer: pelo fato de o tributo integrar o custo do produto final, ao contribuinte de direito não seria lídimo pleitear a restituição da exação paga a maior ou indevidamente, posto que lhe faltaria *legitimatio ad causam*. Afinal, como o ônus é trasladado a terceiro, se a restituição fosse deferida ao contribuinte *de jure* este iria enriquecer-se indevidamente.

---

75. SCHOUERI, Luís Eduardo. *A restituição de impostos indiretos no sistema jurídico-tributário brasileiro*. Revista de Administração de Empresas, v. 27. Rio de Janeiro: FGV, jan.-mar./1987, pp. 39-48.

76. STF, Primeira Turma, RE nº 45.678/SP, Relator Min. GONÇALVES DE OLIVEIRA, *DJ* 27.11.1961, p. 431.

77. STF, Segunda Turma, RE nº 47.069/SP, Relator Min. VICTOR NUNES, *DJ* 05.12.1962, p. 63.

78. STF, Primeira Turma, RE nº 45.678/SP, Relator Min. GONÇALVES DE OLIVEIRA, *DJ* 27.11.1961, p. 431.

Por derradeiro, o Pleno do STF assentou no Recurso Extraordinário nº 44.115/ES[79] (julgado em 02.10.1961) que "a restituição dos tributos indiretos, pagos pelo produtor à conta do primeiro consumidor, somente por este ou mediante sua autorização, pode ser reclamada".[80] O Relator, Min. GONÇALVES DE OLIVEIRA, pontuou que os impostos indiretos são aqueles que "se incorporam ao preço da mercadoria", seguindo a linha classificatória dos indiretos como tributos pagos pelo contribuinte *de jure* às expensas do consumidor.

2.3.1.1.2 As origens da Súmula nº 546

A Súmula nº 546, editada quase seis anos após a de nº 71, foi lavrada pelo Plenário do STF com base em três acórdãos pretéritos da Corte.

No Recurso Extraordinário nº 58.290/SP[81] (julgado em 17.06.1966), nenhuma mudança na concepção de tributo indireto ocorreu. A decisão apenas sustentou que, se em determinado caso fosse impossível ao contribuinte de direito repassar o ônus do tributo a terceiro, não haveria que se falar em aplicação da Súmula nº 71 (que vedava a restituição de tributos que repercutissem). Aliás, tanto não houve qualquer mudança na concepção de tributo indireto que o acórdão, referindo-se a outra decisão do STF,[82] qualifica como tal o tributo "de larga e imediata repercussão", em clara invocação do critério classificatório dos fisiocratas (baseado na repercussão financeira).

Foi sob a pena do Min. ALIOMAR BALEEIRO que, no Recurso Extraordinário nº 45.977/ES[83] (julgado em 27.09.1966),

---

79. STF, Pleno, RE nº 44.115/ES, Relator Min. AFRÂNIO COSTA, *DJ* 17.09.1962, p. 421.
80. STF, Pleno, RE nº 44.115/ES, Relator Min. AFRÂNIO COSTA, *DJ* 17.09.1962, p. 421.
81. STF, Terceira Turma, RE nº 58.290/SP, Relator Min. LUIZ GALLOTTI, *DJ* 23.11.1966.
82. STF, Primeira Turma, RE nº 50.892, Relator Min. PEDRO CHAVES, *DJ* 30.05.1963, p. 1.529.
83. STF, Segunda Turma, RE nº 45.977/ES, Relator Min. ALIOMAR BALEEIRO, *DJ* 22.02.1967.

adveio a rediscussão sobre a classificação técnico-jurídica de tributação direta e indireta. A ementa do aresto vale ser lida:

> REPETIÇÃO DE IMPOSTO INCONSTITUCIONAL.
>
> Em princípio, não se concede a do tributo indireto no pressuposto de que ocasionaria o locupletamento indébito do contribuinte *de jure*.
>
> Mas essa regra, consagrada pela Súmula nº 71, deve ser entendida em caso concreto, pois nem sempre há critério científico para diagnosticar-se esse locupletamento.
>
> Financistas e juristas ainda não assentaram um *standard* seguro para distinguir impostos diretos e indiretos, de sorte que, a transferência do ônus, às vezes, é matéria de fato, apreciável em caso concreto.[84]

Como se dessume da última parte da transcrição, por primeira vez passou o STF a questionar a validade da teoria econômica para distinção dos tributos em diretos e indiretos. A lucidez de BALEEIRO sobre a insuficiência do critério até então adotado pelo Supremo pode ser conferida nos seguintes excertos de seu voto:

> O mesmo tributo poderá ser direto ou indireto, conforme a técnica de incidência e até conforme as oscilantes e variáveis circunstâncias do mercado (...).
>
> À falta de um conceito legal, que seria obrigatório ainda que oposto à evidência da realidade dos fatos, o Supremo Tribunal Federal inclina-se a conceitos econômico-financeiros baseados no fenômeno da incidência e da repercussão dos tributos indiretos, no pressuposto errôneo, *data venia*, de que, sempre, eles comportam transferência do ônus do contribuinte *de jure* para o contribuinte *de facto*.[85]

Com base em tais considerações, acolhidas à unanimidade pela Segunda Turma, o STF julgou legítima a repetição de

---

84. STF, Segunda Turma, RE nº 45.977/ES, Relator Min. ALIOMAR BALEEIRO, *DJ* 22.02.1967.

85. STF, Segunda Turma, RE nº 45.977/ES, Relator Min. ALIOMAR BALEEIRO, *DJ* 22.02.1967.

tributo indireto, posto que demonstrado, *naquele caso concreto*, que não houve o repasse do ônus econômico a terceiros.

Seguindo a trilha aberta por BALEEIRO, o terceiro paradigma (Embargos de Divergência no Recurso Extraordinário nº 58.660/SP,[86] julgado em 10.04.1969) utilizado na Sessão Plenária de 03.12.1969 para firmar o novo entendimento sumulado repete as razões expostas acima. Na hipótese, reconheceu-se o direito à restituição de imposto indireto em face das circunstâncias do caso concreto, que impediram a translação econômica da exação.[87]

Com base nesses precedentes, operou-se a reformulação do entendimento do STF acerca da *restituição* de tributos indiretos. Ao fazê-lo, sustentou o Supremo que não há presunção *juris et de jure* de que o seu ônus financeiro é sempre transferido ao consumidor final – tal dependeria de verificação, *in concreto*, das condições econômicas que pautaram a operação tributada.

Dita evolução foi seguida por uma modificação nas premissas classificatórias das exações em diretas e indiretas. Estas passaram a ser qualificadas não mais conforme a existência de transferência econômica, mas sim de acordo com a repercussão juridicamente objetivada pelo legislador. É o que nos demonstra a jurisprudência que sucedeu a Súmula nº 546/STF, consoante se verá a seguir.

2.3.1.2 O ART. 166 DO CÓDIGO TRIBUTÁRIO NACIONAL E AS CORTES SUPERIORES

Após a edição do CTN, a classificação dos tributos em diretos e indiretos, que era feita com base no critério (reconhecidamente

---

86. STF, Pleno, RE-embargos nº 58.660/SP, Relator Min. AMARAL SANTOS, *DJ* 30.05.1969.

87. Do relatório do Min. AMARAL SANTOS, extraímos as seguintes considerações: "Ficou expressamente afirmado nas decisões proferidas na justiça local e nos laudos periciais constantes dos autos que a embargante não incluiu no preço de seus produtos a parcela do tributo que indevidamente pagou." (STF, Pleno, RE-embargos nº 58.660/SP, Relator Min. AMARAL SANTOS, *DJ* 30.05.1969).

falho) da translação do ônus econômico, sofreu mudanças. O referido diploma normativo passou a exigir expressamente a prova do não repasse para a restituição de "tributos que comportem, *por sua natureza*, transferência do respectivo encargo financeiro". Tal disposição, inserta em seu art. 166, modificou sensivelmente a normatização da repetição/compensação do indébito tributário (que, até então, encontrava guarida apenas no Código Civil de 1916, como mencionado alhures).[88]

O comando do CTN assemelha-se ao apregoado pelo STF na Súmula nº 546. Vejam-se ambos os textos:

CÓDIGO TRIBUTÁRIO NACIONAL	SUPREMO TRIBUNAL FEDERAL
Art. 166. A restituição de tributos que comportem, por sua natureza, transferência do respectivo encargo financeiro somente será feita a quem prove haver assumido o referido encargo, ou, no caso de tê-lo transferido a terceiro, estar por este expressamente autorizado a recebê-la.	Súmula 546. Cabe a restituição do tributo pago indevidamente, quando reconhecido por decisão, que o contribuinte *de jure* não recuperou do contribuinte *de facto* o *quantum* respectivo.

Da análise das transcrições, extrai-se que:

(a) nem o CTN nem o STF utilizam o termo "tributo indireto" (ao contrário da extinta Súmula nº 71);

(b) o critério para exigir-se ou não a prova da repercussão é:

(b.1) para o CTN, a *natureza* do tributo (se este viabiliza – ou não – a translação do ônus econômico);

(b.2) para o STF, a existência de duas modalidades de contribuinte: o *de jure* e o *de facto*.

---

88. CC/1916:
"Art. 964. Todo aquele que recebeu o que lhe não era devido fica obrigado a restituir. A mesma obrigação incumbe ao que recebe dívida condicional antes de cumprida a condição."

Diante dessa realidade, pode-se afirmar que houve uma modificação do conceito de tributo indireto, que passou a ser permeado por critérios jurídicos – e não mais puramente econômicos.

O estudo da jurisprudência e da doutrina, pós-CTN, lança luzes sobre a questão. É ver.

2.3.1.2.1 O posicionamento do STF

Em um dos primeiros acórdãos prolatados sob a égide do art. 166 do CTN, o STF tentou repelir a dicotomia diretos/indiretos. Entendeu a Corte que o critério da repercussão jurídica plasmado no Código Tributário seria autônomo e independente da classificação das exações em diretas e indiretas, que não teria mais serventia no Direito brasileiro.[89]

Em julgado posterior, contudo, e em que pese estar ciente de que a distinção diretos/indiretos era doutrinariamente insegura, o Supremo Tribunal Federal demonstrou maior inclinação para reconhecer que, mesmo após o art. 166 do CTN, a classificação dos tributos em uma daquelas duas espécies continuou a importar para o Direito Tributário.[90]

---

89. É o que constou do voto do Min. OSWALDO TRIGUEIRO, ao analisar o argumento da parte interessada de que o conceito de tributo indireto não seria aplicável à taxa de despacho aduaneiro (cobrada, à época, como um adicional do imposto de importação):
"(...) O Código Tributário Nacional, quando trata do pagamento indevido, não faz a distinção entre imposto direto ou indireto. Ele reconhece que a restituição do tributo é cabível 'seja qual for a modalidade de seu pagamento' (art. 165). É certo que o art. 166 condiciona a restituição à prova de que o tributo não foi transferido, mas essa exigência somente tem lugar na restituição de tributos que, por sua natureza, comportem a transferência do respectivo encargo financeiro.
Como ressalta da discussão do presente caso, trata-se de tributo que – seja direto, seja indireto – não comporta a translação prevista na lei." (STF, Pleno, RE-Embargos nº 73.173/SP, Relator p/ o acórdão Min. RODRIGUES ALCKMIN, *DJ* 29.03.1974).

90. Os trechos do voto do Min. Relator RODRIGUES ALCKMIN demonstram o que se está a afirmar:
"Improcedente é a alegação de não tratar-se, no caso, de tributo indireto. A taxa de despacho aduaneiro é adicional de imposto de importação e imposto indireto como tal, sendo a distinção doutrinariamente insegura. Basta, porém, a falta de demonstração de que o encargo fiscal não se transferiu para que a ação devesse ser tida como improcedente." (STF, Primeira Turma, RE nº 76.597/SP, Relator Min. RODRIGUES ALCKMIN, *DJ* 27.09.1974, p. 7.017).

A NÃO-CUMULATIVIDADE DOS TRIBUTOS

Com o tempo, a expressão "tributação indireta" foi definitivamente incorporada pela jurisprudência, passando a designar as exações que, por sua natureza, comportem a transferência do respectivo encargo financeiro. Com isso, foram abandonadas as digressões sobre a invalidade do critério diretos/indiretos.[91]

Dessarte, no âmbito do Supremo Tribunal Federal, sedimentou-se o entendimento de que tributo indireto é aquele que, *por natureza*, tem o seu ônus trasladado para o contribuinte de fato. E a *natureza* referida, por óbvio, é a *jurídica* (qual seja, a existência de lei que ordena a translação) e não a econômica, que em nada importa para o Direito.

2.3.1.2.2 A jurisprudência do Superior Tribunal de Justiça

O STJ, ao aplicar o art. 166 do CTN, sempre observou o posicionamento pós-CTN da Corte Suprema no que tange à definição dos tributos indiretos.

Um dos primeiros julgados nos quais o Superior Tribunal de Justiça discutiu a fundo a problemática da restituição de tributos diretos e indiretos foram os Embargos de Divergência no Recurso Especial nº 168.469/SP. No aludido aresto, assentou-se que a contribuição previdenciária incidente sobre a remuneração paga a autônomos, empregadores e avulsos (e que fora declarada inconstitucional pelo STF)[92] poderia ser compensada pelo contribuinte *de jure*, haja vista tratar-se de tributo direto. Antes de prosseguirmos, vale ofertar, à trans-

---

91. Em voto de Relatoria originária do Min. ALDIR PASSARINHO o conceito de tributo indireto foi equiparado ao de tributo passível de repercussão por sua natureza (art. 166 CTN):
"A questão é (...) saber-se se, em se tratando de imposto indireto, caberia ou não a restituição sem prova de que o contribuinte de fato é que não arcara com o ônus tributário." (STF, Primeira Turma, RE nº 105.340/RJ, Relator p/ o acórdão Min. CORDEIRO GUERRA, *DJ* 14.03.1986, p. 3.390).

92. O Supremo Tribunal Federal, na sessão Plenária de 12.05.1994, julgou inconstitucional, por não ter sido instituída por lei complementar, a contribuição social exigida sobre pagamentos feitos pelas empresas a autônomos e administradores sem vínculo empregatício, que havia sido criada pelo art. 3º, I, da Lei nº 7.787/89 (STF, Pleno, RE nº 166.772/RS, Relator Min. MARCO AURÉLIO, *DJ* 16.12.1994, p. 34.896).

crição, trechos iniciais do relatório do Min. ARI PARGEN-DLER (que, no mérito, restou vencido, pois não reconheceu o direito à compensação.

> A repetição dos tributos indevidamente recolhidos está, no nosso ordenamento jurídico, indelevelmente conformada pela jurisprudência.
>
> Num primeiro momento, o Supremo Tribunal Federal distinguiu entre tributos diretos e indiretos, só admitindo a devolução dos primeiros (Súmula 71). (...).
>
> Depois, o Supremo Tribunal mudou de orientação, admitindo a restituição dos tributos indiretos, desde que "reconhecido por decisão que o contribuinte *de jure* não recuperou do contribuinte de fato o *quantum* respectivo" (Súmula 546).
>
> O *leading case* que inspirou essa modificação foi o RE 45.977/ES, Relator o eminente Ministro ALIOMAR BALEEIRO (...).
>
> Destaquem-se nos julgados:
>
> a) o enfoque econômico, em face da inexistência de critério legal, para distinguir os tributos cuja carga é repassada aos consumidores (...);
>
> b) a irremediabilidade do recolhimento indevido quando o tributo repercute nos consumidores;
>
> c) a irrelevância de o recolhimento resultar de lei mal interpretada ou de lei inconstitucional (...).
>
> Sobreveio a esta construção jurisprudencial o Código Tributário Nacional, cujo artigo 166 dispõe, a propósito, do seguinte modo:
>
> "Art. 166. A restituição de tributos que comportem, por sua natureza, transferência do respectivo encargo financeiro somente será feita a quem prove haver assumido referido encargo, ou, no caso de tê-lo transferido a terceiro, estar por este expressamente autorizado a recebê-la."
>
> Agora havia um critério legal, e seria de esperar que ele prevalecesse sobre o enfoque econômico. Mas "tributos que comportem, por sua natureza, transferência do respectivo encargo financeiro" são, numa análise econômica, todos aqueles que podem ser repassados a terceiros.[93]

---

93. STJ, Primeira Seção, EREsp nº 168.469/SP, Relator p/ acórdão Min. JOSÉ DELGADO, *DJ* 17.12.1999, p. 314.

A NÃO-CUMULATIVIDADE
DOS TRIBUTOS

A perplexidade manifestada pelo Min. PARGENDLER no último parágrafo de seu voto possui razão de ser. Afinal, se visualizado sob o prisma econômico, o comando do art. 166 do CTN manteria a mesma incerteza da classificação dos tributos em diretos e indiretos feita pela Ciência das Finanças.

Neste ponto se apropositam as considerações do Min. JOSÉ DELGADO, em voto-vista no mesmo processo (que logrou êxito perante a maioria da Primeira Seção do STJ):

> O meu entender a respeito é que a contribuição previdenciária ora examinada é de natureza direta. Apresenta-se com essa característica porque a sua exigência se concentra, unicamente, na pessoa de quem a recolhe, no caso, uma empresa que assume a condição de contribuinte de fato e de direito. (...).
>
> Registro, nesta oportunidade, que o então egrégio Tribunal Federal de Recursos, pela sua 5ª Turma, Apelação Cível nº 70.545/MG, firmou a compreensão de que a contribuição previdenciária é tributo que, pela sua própria natureza, apresenta-se com características de direto, tendo em vista não comportar transferência do respectivo encargo financeiro.
>
> Esse entendimento consolidou-se por se considerar que o art. 166, do CTN, só tem aplicação aos tributos indiretos, isto é, que se incorporam explicitamente aos preços, como é o caso do ICMS, do IPI etc. (...).
>
> Verifico, em consequência de tudo o quanto já foi exposto, que o fenômeno da substituição legal no cumprimento da obrigação, do contribuinte de fato pelo contribuinte de direito, não ocorre na exigência do pagamento das contribuições previdenciárias quanto à parte da responsabilidade das empresas.
>
> Destaco, também, o assinalado por Ives Gandra da Silva Martins no sentido de que o art. 166 do CTN tem recebido, por parte dos Tribunais, uma interpretação restritiva, por só se aplicar aos tributos indiretos que, no Sistema Tributário Nacional, são, apenas, o IPI e o ICMS (in 'Repetição de Indébito', Caderno de Pesquisas Tributárias, nº 8, pág. 176, Edit. Resenha Tributária, SP, 1983).[94]

---

94. STJ, Primeira Seção, EREsp nº 168.469/SP, Relator p/ acórdão Min. JOSÉ DELGADO, *DJ* 17.12.1999, p. 314.

Assim é que a dúvida interpretativa do art. 166, apontada anteriormente pelo Min. PARGENDLER, foi solucionada. Consoante se infere do voto vencedor do Min. DELGADO, os tributos mencionados no art. 166 do CTN são apenas os indiretos. É dizer: são tributos que o *legislador* cria com o intuito de ter seu ônus repassado para terceiros. E esses tributos, segundo o STJ no citado aresto, seriam apenas o ICMS e o IPI.[95]

Veja-se, portanto, que a solução conferida pelo STJ à problemática dos impostos diretos/indiretos e do art. 166 do CTN se baseia nas seguintes premissas:

(a) tributos indiretos são aqueles cujo ônus financeiro é suportado pelo contribuinte de fato e não pelo contribuinte de direito;

(b) ao mencionar "tributos que comportem, por sua natureza, transferência do respectivo encargo financeiro", o art. 166 está se referindo apenas aos tributos indiretos;

(c) a repercussão mencionada no art. 166 do CTN é a juridicamente perseguida pelo legislador, ou seja: o ônus tributário somente é passível de translação nas exações cuja lei de instituição assim predique;

---

95. Aqui merece cuidadosa leitura a ementa do multicitado julgado:
"2. Tributos que comportem, por sua natureza, transferência do respectivo encargo financeiro são somente aqueles em relação aos quais a própria lei estabeleça dita transferência.
3. Somente em casos assim aplica-se a regra do art. 166, do Código Tributário Nacional, pois a natureza, a que se reporta tal dispositivo legal, só pode ser a jurídica, que é determinada pela lei correspondente e não por meras circunstâncias econômicas que podem estar, ou não, presentes, sem que se disponha de um critério seguro para saber quando se deu, e quando não se deu, aludida transferência.
4. Na verdade, o art. 166, do CTN, contém referência bem clara ao fato de que deve haver pelo intérprete sempre, em casos de repetição de indébito, identificação se o tributo, por sua natureza, comporta a transferência do respectivo encargo financeiro para terceiro ou não, quando a lei, expressamente, não determina que o pagamento da exação é feito por terceiro, como é o caso do ICMS e do IPI. A prova a ser exigida na primeira situação deve ser aquela possível e que se apresente bem clara, a fim de não se colaborar para o enriquecimento ilícito do poder tributante. Nos casos em que a lei expressamente determina que o terceiro assumiu o encargo, necessidade há, de modo absoluto, que esse terceiro conceda autorização para a repetição de indébito." (STJ, Primeira Seção, EREsp nº 168.469/SP, Relator p/ acórdão Min. JOSÉ DELGADO, *DJ* 17.12.1999, p. 314).

A NÃO-CUMULATIVIDADE
DOS TRIBUTOS

Dessarte, pode-se afirmar que para o STJ a transferência do encargo financeiro somente ocorre na tributação indireta, a qual tem, como elementos essenciais, as figuras dos contribuintes *de jure* e *de facto*,[96] além da previsão, em lei, de mecanismo para o repasse do ônus financeiro do *solvens* ao consumidor final.

Assim é que o critério de classificação dos tributos em diretos e indiretos sobreviveu ao CTN. Outrossim, o conceito de tributo indireto passou a equivaler – via interpretação jurisprudencial – o de "tributo criado para repercutir" posto no art. 166 do CTN.

Em decisões posteriores, o STJ tem reafirmado a importância da distinção de tributos em diretos e indiretos (sendo estes os criados para repercutir),[97] denotando de modo insofismável que a classificação dos tributos em diretos/indiretos passou a ser baseada não mais no antigo critério de repasse econômico, mas sim:

(a) na existência de um contribuinte *de jure* e outro *de facto*, que se relacionam por meio de uma operação ou prestação que envolva ambas as partes;

(b) na previsão, em lei, do repasse econômico do tributo – não mais bastando ou mesmo importando a mera constatação *in concreto*, sob o prisma estritamente financeiro, da repercussão.

Tais critérios continuam gerando repercussões na solução de controvérsias no STJ.

Em relação à assertiva do item "a", *supra*, o Tribunal consolidou, em sede de recurso repetitivo que examinou o pleito do

---

96. Exige-se, portanto, uma dualidade de sujeitos que estarão unidos pela prática da operação ou prestação que consistirá no fato gerador do tributo.

97. STJ, Primeira Seção, EREsp n° 191.402/RS, Relator Min. FRANCISCO PEÇANHA MARTINS, *DJ* 05.03.2001, p. 120.
Nesse mesmo sentido e também da Primeira Seção do STJ, citem-se ainda: EREsp n° 223.853/RS, Relator Min. FRANCISCO PEÇANHA MARTINS, *DJ* 05.02.2001, p. 68; EREsp n° 187.481/RS, Relator Min. LUIZ FUX, *DJ* 03.11.2004, p. 122; EREsp n° 699.292/SP, Relator Min. JOSÉ DELGADO, *DJ* 22.05.2006, p. 143.

Sindicato Interestadual das Empresas Distribuidoras Vinculadas aos Fabricantes de Cerveja, Refrigerante, Água Mineral e Bebidas em Geral nos Estados de Pernambuco, Alagoas e Paraíba – SINEDBEB,[98] a tese segundo a qual as distribuidoras (contribuintes *de facto*) não possuem legitimidade ativa *ad causum* para demandar a restituição do indébito relativo à incidência do IPI sobre descontos incondicionais, por tratar-se de tributo indireto, cujo sujeito passivo (contribuinte *de jure*) é o fabricante. Tratando da dicotomia entre contribuinte de direito e de fato, a Corte Superior de Justiça também decidiu pela inaplicabilidade do art. 166 do CTN para a restituição do ICMS pago indevidamente na transferência de mercadorias entre filiais da mesma empresa – já que, nesse caso, o contribuinte (*de jure* e *de facto*) é o mesmo. Pela sua relevância, vale conferir o seguinte trecho do aresto:

> 2. A condição estabelecida no art. 166 do CTN tem por escopo impedir que o contribuinte pleiteie a devolução de indébito de tributo indireto que, na realidade, foi suportado financeiramente por terceiro, vedação que somente é excepcionada se o terceiro expressamente autorizar o contribuinte a receber tais valores.
>
> 3. Hipótese em que o acórdão recorrido, depois de aplicar o entendimento consolidado no julgamento no Recurso Especial Repetitivo nº 1.125.133/SP e na Súmula 166 do STJ, para reconhecer que não incide o ICMS sobre operações de transferência de mercadorias entre estabelecimentos de mesmo titular, assentou que o direito à repetição desse indébito exige a comprovação de que a empresa assumiu o encargo financeiro do tributo ou de que estava autorizada pelo contribuinte de fato para tal mister, o que não teria ocorrido na espécie.
>
> 4. O ICMS exigido na específica operação de transferência de mercadorias entre estabelecimentos de uma mesma empresa somente pode ser por esta suportado, visto que nesse estágio da cadeia comercial ela continua ostentando a titularidade física e jurídica da mercadoria, não havendo, ainda, a figura de terceira pessoa a quem possa ser transferido o encargo financeiro, sendo certo que a possibilidade de repasse econômico da exação somente ocorrerá em operação posterior, quando da efetiva venda da mercadoria.[99]

---

98. STJ, Primeira Seção, REsp 903.394/AL, Relator Min. LUIZ FUX, *DJe* 26.04.2010.

99. STJ, Primeira Turma, AREsp nº 581.679/RS, Relator Min. GURGEL DE FARIA, *DJe* 04.02.2019.

A NÃO-CUMULATIVIDADE DOS TRIBUTOS

Já no que pertine ao item "b", acima referido, o STJ,[100] privilegiando o critério jurídico de determinação da repercussão econômica, decidiu pela legitimidade de as companhias aéreas que se sujeitaram ao tabelamento de preços por meio do sistema das bandas tarifárias pleitearem a restituição do ICMS pago diante da declaração de sua inconstitucionalidade pelo STF,[101] dispensando-se a aplicação da exigência do art. 166 do CTN. Neste caso, o STJ reproduziu entendimentos anteriormente adotados[102] no sentido de que o preço tabelado afasta a incidência de comprovação do repasse do encargo financeiro do tributo, tendo em vista o regime de tributação diferenciado e o consequente impedimento da cobrança do ICMS de forma destacada do adquirente. Em linha de raciocínio análoga, ao julgar caso envolvendo a incidência de ICMS sobre a demanda contratada e não utilizada de energia elétrica, a Corte decidiu que o consumidor final tem legitimidade ativa para propor ação declaratória e demandar a repetição do indébito, ao argumento de que, por se tratar de atividade objeto de concessão pública, o art. 7º, inciso II, da Lei 8.987/1995 garante ao usuário do serviço público o direito de defender seus interesses diante do concedente e da concessionária, em obediência aos princípios da ampla defesa e do acesso ao Poder Judiciário.[103] Em caso no qual, a despeito de se tratar de ICMS pago a maior, a natureza da operação denota a impossibilidade de repasse do imposto, o STJ já dispensou a autorização do contribuinte *de facto* para repetição. Tratava-se de pleito de repetição do ICMS indevidamente pago sobre mercadorias dadas em bonificação. Considerando que "nessa espécie de operação não há contraprestação financeira que

---

100. STJ, Primeira Turma, REsp nº 1.105.349/RJ, Relator Min. LUIZ FUX, *DJe* 18.05.2010.

101. STF, Pleno, ADI nº 1.600/DF, Relator p/ acórdão Min. NELSON JOBIM, *DJ* 20.06.2003, p. 56.

102. Ver, *inter alli*, STJ, Primeira Turma, REsp nº 943.119/SP, Relator Min. JOSÉ DELGADO, *DJ* 23.08.2007, p. 239.

103. STJ, Primeira Seção, REsp nº 1.129.303/SC, Relator Min. CESAR ASFOR ROCHA, *DJe* 14.08.2012.

possa fazer contar o repasse da exação", o STJ concluiu que as condições para a repetição de indébito de tributo indireto, previstas no art. 166 do CTN, "não são aplicáveis à pretensão voltada a obter a devolução do ICMS recolhido pela circulação de mercadorias dadas em bonificação".[104]

É também certo que o Superior Tribunal de Justiça chegou a tais conclusões amparado pela ampla doutrina que se desenvolveu em torno da tributação direta e indireta e do art. 166 do CTN, como se verá adiante.

2.3.2 AS CORRENTES DOUTRINÁRIAS ACERCA DA TRIBUTAÇÃO DIRETA E INDIRETA NO BRASIL

Da análise das decisões de nossas Cortes Superiores, resta claro que a divisão de tributos em diretos e indiretos subsiste e importa para a definição das regras aplicáveis em caso de restituição do indébito. A dificuldade, portanto, não reside em aceitar-se a existência dessa classificação, mas sim em definir-se o conceito jurídico de tributos diretos e indiretos.

Na doutrina pátria, podem ser divisadas duas correntes acerca do tema:

(a) uma primeira, para a qual a classificação diretos/indiretos é injurídica e, por ser pautada em critérios econômicos, não se aplica ao Direito brasileiro;

(b) uma segunda que, apesar de reconhecer que o critério econômico é inválido, apregoa efetivamente existir a referida divisão. Para esta corrente, o critério de identificação do tributo indireto seria o plasmado no art. 166 do CTN, pelo qual os tributos *indiretos* são aqueles criados para, juridicamente, repercutirem

---

104. STJ, Primeira Turma, AgInt no REsp nº 1.352.948/SC, Relator Min. GURGEL DE FARIA, *DJe* 09.02.2018.

(via de consequência, os diretos seriam aqueles nos quais há repercussão jurídica).

A nosso sentir, a razão assiste à segunda corrente. Todavia, vale conferir o que apregoam alguns expoentes de cada um dos posicionamentos citados.

2.3.2.1 A CORRENTE PELA INVALIDADE, NO DIREITO BRASILEIRO, DA DIVISÃO DE TRIBUTOS EM DIRETOS E INDIRETOS

As mais acerbas críticas na doutrina nacional à propalada diferenciação entre tributos diretos e indiretos foram formuladas por BECKER.[105] O autor rejeitou a classificação por entendê-la "artificial e errada". Para ele, nem mesmo sob outros critérios que não o da repercussão econômica (tido como insuficiente por toda a doutrina, como já foi visto) seria possível conferir sustentação científica à distinção.[106]

ATALIBA[107] seguiu o mesmo sendeiro propugnando que, no Brasil, não há que se falar na aludida diferenciação. Outrossim, alertou para o fato de que, como a classificação possui importância em outros sistemas nos quais há referência expressa à translação do ônus econômico, "a literatura de direito comparado deve ser recebida com cautela", concluindo ao cabo que o critério de distinção entre diretos e indiretos seria puramente econômico, o que o tornaria irrelevante para os juristas brasileiros.

BOTTALLO e MELO[108] assentaram que "o critério da repercussão econômica não conta com respaldo jurídico bastante para determinar a classificação de tributos em diretos

---

105. BECKER, Alfredo Augusto. *Teoria Geral do Direito Tributário*, 4ª ed. São Paulo: Noeses, 2007, p. 569.

106. BECKER, Alfredo Augusto. *Teoria Geral do Direito Tributário*, 4ª ed. São Paulo: Noeses, 2007, pp. 569-70.

107. ATALIBA, Geraldo. *Hipótese de Incidência Tributária*, 6ª ed. São Paulo: Malheiros, 2006, p. 143.

108. BOTTALLO, Eduardo Domingos e MELO, José Eduardo Soares de. *Comentários às Súmulas Tributárias do STF e do STJ*. São Paulo: Quartier Latin, 2007, p. 87.

e indiretos", linha que também foi seguida por NEVIANI[109] e ULHÔA CANTO.[110]

MACHADO,[111] com arrimo em SCHMÖLDERS,[112] propagou a ausência de critério científico na divisão, que, segundo o catedrático alemão, seria "mais desorientadora do que proveitosa para uma exposição séria do imposto."

Em suma, a corrente dos que rejeitam a classificação diretos/indiretos no Direito brasileiro funda-se em uma só premissa: como todo e qualquer tributo pode, em tese, ser financeiramente repassado a terceiros, é inviável dividi-los em diretos e indiretos com base nesse critério. Logo, por tal motivo, seria impossível adotar dita classificação. O CTN, em seu art. 166, teria abandonado essa distinção, para adotar a dos tributos "criados para repercutir", que não guarda correlação com os diretos ou indiretos.

Entretanto, como se viu no item precedente, a jurisprudência – que é também fonte do direito – cuidou de manter a aludida dicotomização mesmo após o advento do CTN. E, ao invés de identificar uma nova classificação dos tributos operada pelo Código, como pretendem os autores supracitados,

---

109. NEVIANI, Tarcísio. *Repetição do Indébito*. MARTINS, Ives Gandra da Silva (coord.). Caderno de Pesquisas Tributárias, nº 8 – Repetição do Indébito. São Paulo: Resenha Tributária, 1983, p. 308.

110. CANTO, Gilberto de Ulhôa. *A Repetição do Indébito*. MARTINS, Ives Gandra da Silva (coord.). Caderno de Pesquisas Tributárias, nº 8 – Repetição do Indébito. São Paulo: Resenha Tributária, 1983, pp. 8-9.

111. MACHADO, Hugo de Brito. *Imposto Indireto, Restituição do Indébito e Imunidade Subjetiva*. Revista Dialética de Direito Tributário, nº 2. São Paulo: Dialética, nov./1995, p. 33. Ainda segundo MACHADO, o CTN teria, propositalmente, não adotado a expressão tributo indireto no seu art. 166, "em face da dubiedade de seu significado". (MACHADO, Hugo de Brito. *Repetição do Indébito Tributário*. MARTINS, Ives Gandra da Silva (coord.). Caderno de Pesquisas Tributárias, nº 8 – Repetição do Indébito. São Paulo: Resenha Tributária, 1983, p. 240).

112. SCHMÖLDERS, Günter. *Teoría General del Impuesto*. Trad. por MERINO, Luiz a. Martin. Madrid: Editorial de Derecho Financiero, 1962, p. 245, *apud* MACHADO, Hugo de Brito. Imposto Indireto, Restituição do Indébito e Imunidade Subjetiva. *Revista Dialética de Direito Tributário*, nº 2. São Paulo: Dialética, nov./1995, p. 33 – tradução livre do original em espanhol.

nossas Cortes Superiores adotaram o critério segundo o qual os tributos indiretos seriam aqueles aos quais o art. 166 se aplicaria, sendo certo que o dispositivo fala em repercussão jurídica – e não puramente econômica como pretendiam os financistas clássicos ao criar a divisão em análise.

Em sendo assim, a linha de raciocínio que prega o abandono da divisão diretos/indiretos pelo CTN e, via de consequência, pelo Direito brasileiro, está em descompasso com a orientação jurisprudencial de decênios, tanto do STF como do STJ. Contudo, um elemento merece ser repisado: em momento algum, os Tribunais adotaram a repercussão *econômica*, critério diferenciador insuficiente e, de resto, injurídico – com o que nos colocamos de acordo com aqueles que refugam a classificação em análise quando feita sob tal prisma. A jurisprudência identificou o art. 166 do CTN como balizador do conceito de tributo indireto *em razão da repercussão jurídica*, a qual, segundo SACHA CALMON,[113] é a única passível de ser adotada, pois todos os tributos, em tese, comportam a repercussão puramente econômica.

Nesse compasso, analisaremos a seguir o posicionamento dos autores que pregam ser o conceito de tributo indireto o mesmo posto no Código Tributário, ou seja: o de tributo que comporte, "por sua natureza", a transferência do ônus econômico a terceiro.

2.3.2.2 A CORRENTE QUE PUGNA PELA VALIDADE DA CLASSIFICAÇÃO DIRETOS/INDIRETOS, DESDE QUE MOLDADA PELO CRITÉRIO DO ART. 166 DO CTN (REPERCUSSÃO JURÍDICA)

Em contraponto à plêiade de juristas mencionada no item precedente, existem aqueles que se posicionam favoravelmente à classificação *sub examine*, porém arrimados no conceito de *tributo indireto* plasmado no art. 166 do Código Tributário. O critério adotado é, então, o da *repercussão jurídica* do tributo, e não o do mero repasse financeiro do ônus fiscal.

---

113. COÊLHO, Sacha Calmon Navarro. *Curso de Direito Tributário Brasileiro*, 9ª ed. Rio de Janeiro: Forense, 2007, p. 816.

É dizer: se o tributo é legalmente criado para repercutir (*rectius*: para ter o seu ônus repassado ao contribuinte de fato), então se faz presente a repercussão jurídica e a exação será indireta. Diz-se jurídica a repercussão, estremando-a da econômica, pois, conforme alerta MISABEL DERZI,[114] "se a repercussão jurídica corresponde à econômica, essa é uma coincidência provável, mas não certa, que, muitas vezes, poderá não ocorrer". Ou seja: para repercutir, nos termos do art. 166 do CTN, a norma legal criadora do tributo deve prever a translação do seu ônus financeiro – que, se ocorrer, atingirá os fins previstos na lei, porém, mesmo não se concretizando, em nada modificará a natureza do tributo.

Nos tributos ditos indiretos, ou seja, criados para repercutir, faz-se presente a dualidade de sujeitos passivos: contribuintes de direito e de fato, sendo este último o que, segundo a determinação legal, deverá suportar o custo da exação.

Esse o posicionamento esposado por MORSHBACHER,[115] um dos pioneiros no estudo dessa matéria no Brasil, para quem nos tributos diretos o "contribuinte legal é, ao mesmo tempo, o contribuinte de fato"; já nos indiretos "o contribuinte de fato, em regra, não corresponde ao contribuinte legal".

A lição de MORSHBACHER identifica-se com a de SAINZ DE BUJANDA.[116] O autor espanhol se refere a tributo *instituído por* método impositivo direto e indireto, refutando a simples adjetivação diretos/indiretos. Segundo ele, pertencem, à primeira categoria, (tributo instituído por *método impositivo direto*) os tributos nos quais a norma jurídica atribua a responsabilidade ao contribuinte sem possibilitar-lhe o repasse do custo a terceiros; já o *método impositivo indireto* caracteriza-se quando

---

114. BALEEIRO, Aliomar. *Direito Tributário Brasileiro*, 11ª ed. Atualizado por MISABEL ABREU MACHADO DERZI. Rio de Janeiro: Forense, 2001, p. 891.

115. MORSHBACHER, José. *Repetição do Indébito Tributário Indireto*, 3ª ed. São Paulo: Dialética, 1998, p. 49.

116. SAINZ DE BUJANDA, Fernando. *Lecciones de Derecho Financiero*, 6ª ed. Madrid: Facultad de Derecho Universidad Complutense, 1998, p. 158.

a norma atribui, ao contribuinte, o direito de ressarcir-se de outrem (um não partícipe da relação jurídico-tributária).

A seu turno, DENARI[117] adota a terminologia tributação direta e indireta – sempre a vinculando, ainda que de forma implícita, à repercussão jurídica (objetivada pela lei), com esforço na precitada lição de SAINZ DE BUJANDA e na jurisprudência dos Tribunais pátrios.

SZLAROWSKY,[118] por sua vez, é taxativo: tributo indireto é aquele enquadrável no art. 166 do CTN; os demais são diretos.

CASSONE[119] utiliza-se das figuras do contribuinte *de jure* e *de facto* para diferençar a exação direta da indireta. Naquela, tais conceitos se confundem, ao passo que nesta se tem, *em regra*,[120] um contribuinte de direito e outro de fato. O autor visualiza a questão a partir da legislação de regência da exação e não sob a ótica econômica, de resto imprestável.

Outros tantos juristas aludem à distinção entre diretos e indiretos sempre com base no art. 166 do CTN.[121]

Por derradeiro, faz-se mister relembrar o posicionamento divergente e isolado (na doutrina pátria) de R. B. NOGUEIRA,[122] que não se enquadra em nenhuma das duas correntes teóricas precitadas. Para o referido autor, tributo direto é

---

117. DENARI, Zelmo. *Curso de Direito Tributário*, 2ª ed. Rio de Janeiro: Forense, 1991, p. 86.

118. SZKLAROWSKY, Leon Frejda. *Repetição do Indébito*. MARTINS, Ives Gandra da Silva (coord.). *Repetição do Indébito – Caderno de Pesquisas Tributárias*, nº 8. São Paulo: Resenha Tributária, 1983, p. 22.

119. CASSONE, Vittorio. *Direito Tributário*, 17ª ed. São Paulo: Atlas, 2006, pp. 82-3.

120. A advertência é necessária, pois, em alguns casos, a figura do contribuinte de direito se confunde com a do contribuinte de fato. A importação de um automóvel para uso próprio, por exemplo, tem um sujeito (importador) que é, ao mesmo tempo, contribuinte *de jure* e *de facto*.

121. *Interplures*, cite-se: VOLKWEISS, Roque Joaquim. *Direito Tributário Nacional*, 2ª ed. Porto Alegre: Livraria do Advogado, 1998, pp. 246-7.

122. NOGUEIRA, Ruy Barbosa. *Curso de Direito Tributário*, 10ª ed. São Paulo: Saraiva, 1990, p. 163.

aquele cuja hipótese de incidência consiste em uma apreensão imediata da capacidade contributiva do pagante, gravando seu patrimônio ou renda. Já a tributação indireta, segundo o mesmo autor, abriga as exações cuja hipótese de incidência alcance manifestações mediatas da capacidade contributiva, como o consumo de riqueza. Trata-se da aplicação do critério financeiro ou da capacidade contributiva.[123] Para nosso Direito positivo, contudo, tal classificação possui apenas valor didático.

2.3.2.3 A NOSSA OPINIÃO

Filiamo-nos à corrente que pugna pela validade da classificação dos tributos em diretos e indiretos mediante utilização do critério da repercussão jurídica. Isso porque:

(a) o entendimento de decênios dos Tribunais Superiores sustenta tal dicotomia. Sendo a jurisprudência fonte do direito – e tendo influenciado parcela considerável da doutrina nacional – parece-nos lícito apregoar que há, sim, no direito brasileiro, as figuras dos *tributos diretos* e *indiretos*;

(b) a dicotomia diretos/indiretos acolhida pela jurisprudência não foi a dos fisiocratas, cuja imperfeição já restou demonstrada à saciedade e com a qual, de fato, não teríamos como concordar. A tese adotada foi a da repercussão jurídica, defendida por HENSEL[124] há mais de cinquenta anos: avalia-se a existência ou não da repercussão *na legislação tributária*, nunca nos fatores econômicos subjacentes à cobrança da exação. Afinal, o tributo é instituto do Direito e não da Economia.[125]

---

123. Vide item 2.2.1.3.

124. HENSEL, Albert. *Diritto Tributario*. Trad. para o italiano de DINO JARACH. Milano: Giuffrè, 1956, p. 342.

125. A advertência é também posta por SACHA CALMON ao tratar da dicotomia em questão e, em seguida, aplaudir o art. 166 do Código Tributário por ter positivado a teoria da repercussão jurídica. (COÊLHO, Sacha Calmon Navarro. *Curso de Direito Tributário Brasileiro*, 9ª ed. Rio de Janeiro: Forense, 2007, p. 816-7).

Assim, com a mudança de premissas do Supremo Tribunal Federal que, desde o advento do CTN, passou a adotar a teoria da repercussão plasmada no art. 166 do *Codex* – mesmo sendeiro perfilhado posteriormente pelo Superior Tribunal de Justiça – a jurisprudência pátria adotou, a nosso sentir, de forma correta e válida, os institutos da tributação direta e indireta, tornando-os elementos integrantes do Direito Tributário brasileiro.

Portanto, somos levados a asseverar que existe, sim, um conceito de tributação direta e indireta no Brasil, que tem o condão de influenciar o direito à restituição do tributo indevidamente pago (exigindo, no caso de tributo indireto, a prova do não-repasse do ônus ou, pelo menos, a autorização do contribuinte *de facto* para legitimar-se o pleito repetitório).

Livres das amarras das teorias há muito superadas, cumpre-nos então identificar os elementos que integram as definições *sub examine*. Afinal, como já alertara COCIVERA,[126] para se chegar a um conceito satisfatório de tributação direta e indireta é necessário levar em consideração não uma, mas sim um rol de premissas.

2.3.3 O CONCEITO BRASILEIRO DE TRIBUTO INDIRETO: TEORIA DA REPERCUSSÃO JURÍDICA

Sem fazer uso de qualquer dos métodos clássicos para tanto, e considerando o art. 166 como sua norma fundante, a doutrina nacional exige, para a caracterização de um tributo indireto, a repercussão jurídica. É dizer: será indireto o tributo cuja lei tributária instituidora possua como objetivo livrar o pagante da exação do peso econômico do tributo, que deverá ser repassado a terceiro.

Pois bem, mas quando haverá repercussão jurídica de um tributo? Baseando-se na lei, na doutrina e na jurisprudência,

---

126. COCIVERA, Benedetto. *Principi di Diritto Tributario*, v. I. Milano: Giuffré, 1959, p. 250.

podem ser extraídas as seguintes características indicativas do interesse do legislador em fazê-lo:

(a) a hipótese de incidência do tributo deverá ser um negócio jurídico bilateral envolvendo diretamente o contribuinte e o terceiro que suportará a carga fiscal. Não se pode presumir que o legislador objetive a translação do ônus financeiro quando a lei não delinear uma situação tributável que una as duas modalidades de contribuintes (*de facto* e *de jure*). Afinal, se assim não for, será impossível dizer que, sob o prisma jurídico (único que interessa ao Direito, como lembra SACHA CALMON),[127] existe possibilidade de o contribuinte de direito ressarcir-se do ônus do tributo.

Recorrendo à analogia, pode-se sustentar que os ditames do art. 128 do CTN[128] são de observância obrigatória quando o legislador pretenda criar um tributo indireto ou, noutro giro verbal, tributo que repercuta juridicamente. Explicamos: o art. 128 do *Codex* trata da responsabilidade tributária, na qual se permite à lei excluir – no todo ou em parte – a obrigação do contribuinte, atribuindo-a a terceiro. Todavia, para que isso ocorra, é essencial que essa terceira pessoa (que assumirá o *munus*) esteja vinculada ao fato gerador da obrigação principal. Afinal, não seria racional, por exemplo, atribuir-se responsabilidade pelo pagamento do IPTU ao vizinho mais próximo do proprietário do imóvel. Inexistiria fundamento lógico e, menos ainda, jurídico para tal imputação. No entanto,

---

127. Antes de explanar o alcance do art. 166 do CTN, discorrendo sobre a necessidade de se compreender a repercussão nele prevista como sendo jurídica e nunca financeira, SACHA CALMON adverte, em boa hora, que "o tributo é uma criação do Direito, e não uma entidade econômica". (COÊLHO, Sacha Calmon Navarro. *Curso de Direito Tributário Brasileiro*, 9ª ed. Rio de Janeiro: Forense, 2007, p. 816).

128. Reza o CTN:
"Art. 128. Sem prejuízo do disposto neste capítulo, a lei pode atribuir de modo expresso a responsabilidade pelo crédito tributário a terceira pessoa, vinculada ao fato gerador da respectiva obrigação, excluindo a responsabilidade do contribuinte ou atribuindo-a a este em caráter supletivo do cumprimento total ou parcial da referida obrigação."

A NÃO-CUMULATIVIDADE DOS TRIBUTOS

quando a lei atribui, ao novo proprietário, o dever de pagar o IPTU dos anos anteriores caso, *não* tenha constado da escritura pública que todo o imposto predial vencido fora quitado pelo antigo dono, existe, nessa hipótese, fundamento para a exigência. A responsabilidade insculpida no art. 128 exige a vinculação do terceiro ao fato gerador, ainda que de forma indireta (*v.g.*, empresas de transporte ficam solidariamente obrigadas ao pagamento do ICMS devido pela compra e venda da mercadoria que está sendo transportada se a documentação fiscal acobertadora da carga estiver irregular).

O Código exige a vinculação do terceiro-responsável ao fato gerador da obrigação tributária exatamente para permitir-lhe o ressarcimento do ônus de ter assumido a responsabilidade. No exemplo da substituição tributária, que se aproposita para o que pretendemos demonstrar, tal ressarcimento ocorre com perfeição, ao menos sob a ótica jurídica: o substituto já prevê que terá que pagar o tributo e reflete esse dever tributário no preço cobrado ou pago pela mercadoria, conforme se trate de substituição para frente ou para trás.

Para nós, a mesma lógica que orienta o art. 128 do CTN é a que deve pautar, por interpretação sistemática, o art. 166 do Código e, consequentemente, o conceito de tributo indireto: somente será jurídica a repercussão se a exação tiver, como fato gerador, uma realidade negocial que permita a vinculação entre o contribuinte de direito e o contribuinte *de facto*, ou melhor, entre o contribuinte e o terceiro para o qual a lei determina a transferência[129] do ônus financeiro. Sem dito liame, que se constrói no momento da eleição do fato tributável pelo legislador, não se pode, a nosso sentir, falar-se em repercussão jurídica.

Dessarte, o primeiro requisito para a caracterização de um tributo indireto é a existência de dois contribuintes (*de*

---

129. O comando legal que determina o repasse do ônus, via de regra, não é expresso. A assertiva de que a lei objetiva a repercussão defluirá do exame, no caso, da existência dos quatro requisitos mencionados, que constituem notas essenciais da tributação indireta.

jure e *de facto*), que estarão conectados por um negócio jurídico no qual ambos sejam partes;

(b) é imprescindível, ainda, que o contribuinte de fato seja passível de identificação. Tal exigência não passou despercebida ao Supremo Tribunal Federal. Em voto prolatado no Recurso Extraordinário n° 105.340/RJ,[130] o Min. FRANCISCO REZEK pontuou:

> (...) Ao contribuinte identificado como de direito só falece a prerrogativa de reaver o que recolheu indevidamente quando um contribuinte de fato, certo e individualizável, pudesse teoricamente entrar em cena, chamando a si o reembolso.

(c) por fim, como requisito formal (ou seja: sua ausência não implica a descaracterização do tributo como indireto, constituindo-se apenas em um *indício* da natureza da exação),[131] pode-se apontar o destaque, em documento fiscal, do valor arrecadado pelo contribuinte de direito e repassado (juridicamente) ao *de facto*. A lei instituidora, em regra, determina a obrigatoriedade do destaque da exação na nota fiscal que acoberta a operação. Em casos onde o tributo pode ou não ser destacado (como ocorre, *v.g.*, com o ISSQN, que ora é recolhido *per capita*, como no caso da prestação de serviços profissionais – não sendo, portanto, destacado

---

130. STF, Segunda Turma, RE n° 105.340/RJ, Relator Min. CORDEIRO GUERRA, *DJ* 14.03.1986, p. 3.390.
Um alerta, todavia, cumpre ser feito. Não compactuamos com a posição dos que sustentam que, na venda de mercadorias em massa, o contribuinte de fato seria indeterminável. Ora, se assim for, um negócio em larga escala, dirigido a uma pluralidade de consumidores, ficará ao abrigo da incidência do art. 166 pelo simples fato de trabalhar com grandes volumes.

131. A assertiva é comprovada pela jurisprudência do Supremo Tribunal Federal, que, desde a época do ICM, assegurava o direito de crédito ao adquirente dos produtos tanto na hipótese de inexistir destaque do imposto na nota fiscal (STF, Primeira Turma, RE n° 78.589/SP, Relator Min. ALIOMAR BALEEIRO, *DJ* 04.11.1974), como nas situações em que o remetente estivesse desobrigado de emitir o documento por ser imune, como no caso do Instituto Brasileiro de Café (STF, Primeira Turma, RE n° 75.439/SP, Relator Min. ANTONIO NEDER, *DJ* 19.09.1975).

A NÃO-CUMULATIVIDADE
DOS TRIBUTOS

em nota – ora incide em um porcentual sobre o valor do serviço contratado, como, *v.g.*, nas atividades de assistência técnica – havendo, nessa hipótese, o destaque), dito elemento auxilia na identificação da espécie de tributo em questão (se direto ou indireto).

A partir do exposto, é interessante notar dois pontos merecedores de destaque.

O primeiro é que a *não-cumulatividade tributária* não é requisito essencial para a caracterização do tributo indireto. É, decerto, um mecanismo que, por ter como escopo não onerar o contribuinte *de jure*, provavelmente estará presente em boa parte dos tributos indiretos (como ocorre no ICMS e no IPI). Mas, frisa-se, não é imprescindível a estes. O exemplo do ISSQN é lapidar: mesmo sendo um imposto cumulativo, não gerando créditos para aproveitamento em eventuais etapas posteriores, é considerado indireto pela jurisprudência remansosa do STJ quando incidente em porcentual sobre o valor do serviço prestado.[132]

A mesma conclusão se aplica ao instituto da *plurifasia*. Tributo indireto não é necessariamente plurifásico. O *retail sales tax* norte-americano é um clássico modelo de exação criada para repercutir (juridicamente), incidindo apenas sobre as operações de venda de mercadorias a consumidor final nos Estados norte-americanos (sendo, por conseguinte, um tributo monofásico).

Lado outro, resta-nos o seguinte questionamento: um tributo não-cumulativo (que, mandatoriamente, deve ser plurifásico) será obrigatoriamente *indireto*? Se assim for, a não-cumulatividade, para existir, deverá ter como pontos imprescindíveis:

---

132. O ISSQN é tido como tributo *indireto* (passível de repercussão jurídica) quando incidente sobre o valor do serviço (hipótese na qual é feito o destaque em nota fiscal). Quando cobrado em valor fixo *per capita* (tributação ínsita às sociedades de prestação de serviços profissionais), por outro lado, o ISSQN é considerado exação *direta*. Confira-se, para tanto: STJ, Segunda Turma, REsp nº 426.179/SP, Relatora Min. ELIANA CALMON, *DJ* 20.09.2004, p. 228; e, ainda, STJ, Primeira Seção, REsp nº 1.131.476/RS, Relator Min. LUIZ FUX, *DJe* 01.02.2010.

(a) o alcance apenas de tributos que incidam sobre negócios jurídicos passíveis de vincular o contribuinte e o terceiro que suportará o ônus da exação;

(b) a existência de dois contribuintes: *de jure* e *de facto*; e

(c) um contribuinte de fato passível de identificação;

Afinal, como visto acima, o tributo será indireto, a ele se aplicando a regra do art. 166 do CTN, se os três requisitos mencionados se fizerem presentes. Dessarte, se para a existência da não-cumulatividade houver uma coincidência de critérios, poder-se-á dizer que todo tributo não-cumulativo é indireto. Contudo, inexistindo referida identidade, a não-cumulatividade não terá o condão, *de per se*, de modificar a natureza do tributo para torná-lo indireto (ou seja, sujeito às regras de restituição do indébito previstas no art. 166 do Código Tributário).

Para logo, cumpre anotar que, a nosso sentir, a não-cumulatividade está indissociavelmente imbricada com o conceito de tributo indireto. De todo modo, para espancar qualquer dúvida, faz-se necessária uma análise daquele instituto. É o que se fará no próximo capítulo.

III
A NÃO-CUMULATIVIDADE TRIBUTÁRIA

3.1 CONSIDERAÇÕES PRELIMINARES

Quando se fala em cumulação de tributos, há três realidades possíveis e distintas, a saber:

(a) exigência de dois ou mais tributos sobre o mesmo fato, que pode consistir em:

(a.1) bitributação; ou

(a.2) *bis in idem*;

(b) inclusão de tributos na base de cálculo de outras exações, majorando artificialmente a riqueza tributável;

(c) incidência do tributo em dois ou mais estádios da cadeia produtiva.

Vejamo-las, uma a uma.

A primeira hipótese – incidência de tributos idênticos sobre o mesmo fato gerador – pode caracterizar a bitributação (se dois entes distintos exigirem gravame idêntico sobre uma só realidade) ou o *bis in idem* (se ambas as exações forem cobradas pelo mesmo ente estatal).

Tem-se bitributação, *verbi gratia*, quando dois Estados soberanos intentam cobrar imposto de renda sobre os mesmos valores (ex.: executivo alemão, residente e domiciliado naquele país, que se desloca temporariamente para o Brasil e aqui aufere rendimentos, prestando consultoria a empresa sediada em solo pátrio). O conflito entre os princípios da fonte e da renda mundial (que orientam a tributação internacional das rendas) faz surgir tais questões, solucionadas, muitas vezes, pelos tratados contra a dupla tributação internacional. À míngua de convenção entre países ou de soluções unilaterais eventualmente adotadas pelos Estados (como isenções, outorga de créditos presumidos, *et caterva*), a bitributação será inevitável. Não obstante, existe orientação mundial no sentido de se evitar essa dupla incidência, criadora de barreiras para o desenvolvimento das nações. Tanto é que a Organização das Nações Unidas (ONU) e a Organização para a Cooperação e Desenvolvimento Econômico (OCDE) possuem modelos de convenção, contra a dupla tributação internacional, destinados a orientar os Estados que pretendam eliminar esse entrave ao livre comércio.

No plano interno de um Estado federado, a bitributação ocorre quando dois Estados ou Municípios intentam gravar a mesma realidade (o exemplo mais característico, no Brasil, é o do ISSQN, no qual existe constante conflito entre as municipalidades na exigência do imposto sobre serviços – cada qual adotando, conforme seus próprios interesses, o critério da situação do estabelecimento prestador ou o do local da prestação dos serviços).

O *bis in idem*, a seu turno, é menos usual. Afinal, o ente federado pode exercer livremente sua competência para gravar determinada situação fática, desde que respeite os princípios constitucionais tributários. Havendo interesse em incrementar a receita, basta ao ente público aumentar a alíquota do tributo existente. Por essa razão, o *bis in idem* ocorre, em regra, quando a carga tributária já é muito elevada sobre certas realidades e, mesmo assim, o Estado pretende majorá-la. Para evitar a caracterização do confisco – mais claramente visualizável quando um único tributo é utilizado com alíquotas excessivas – o ente estatal se utiliza do subterfúgio de criar outra exação para gravar a mesma realidade. Essa situação é repelida pelo Direito Tributário.[133]

A segunda hipótese de superposição contributiva ocorre quando se incluem, na base de cálculo das exações, o valor de outros tributos. Essa prática, pouco comum noutras plagas, tem sido adotada amiúde pelas leis tributárias brasileiras, como ocorre com o "cálculo por dentro" do ICMS.[134] Para além deste, tem-se ainda cumulação de incidências com a inclusão do ICMS nas bases de cálculo do IPI e do PIS/Cofins (ainda que, neste último caso, a jurisprudência do STF tenha corretamente impedido a cumulação, modificando entendimento anteriormente sumulado do STJ); a inclusão da CSLL na base tributável pelo IRPJ, *inter alii*. Com isso, a alíquota real do tributo torna-se superior àquela nominalmente constante da lei, pois a exação passa a gravar uma base majorada. Inobstante os equívocos de tal sistemática, a jurisprudência pátria tem admitido inclusões de valores tributários no cálculo do *quantum debeatur* de outras exações.[135]

---

133. Caso paradigmático, que já foi analisado pelo STF, referia-se à suposta ocorrência de *bis in idem* pela exigência de imposto sobre a renda (cuja alíquota chega a 27,5%), contribuição previdenciária fixa (alíquota de 11%) e um adicional de contribuição previdenciária variável (entre 9% e 14%, a depender do valor do salário) sobre os vencimentos dos servidores públicos federais.
Embora não reconhecendo a existência de *bis in idem*, dado o caráter autônomo e específico das contribuições previdenciárias, o STF afastou a contribuição *progressiva* (entre 9% e 14%) ao argumento de que a soma desta ao IR e à contribuição previdenciária já cobrada (alíquota de 11%) determinaria, em alguns casos, a recolha de quase metade do salário do servidor aos cofres públicos federais.
Em outras palavras: apesar de, em tese, não se ter reconhecido o *bis in idem*, na prática os tributos cobrados pelo mesmo ente foram somados (mesmo sendo de espécies diversas, na visão do STF), autorizando a conclusão pela existência do confisco. (STF, Primeira Turma, RE-AgR nº 414.915/PR, Relatora Min. ELLEN GRACIE, *DJ* 20.04.2006, p. 31).

134. Consoante predica a LC nº 87/96, o ICMS é calculado "por dentro", integrando a sua própria base, em procedimento já legitimado pelo STF (Pleno, RE nº 212.209/RS, Relator p/ acórdão Min. NELSON JOBIM, *DJ* 14.02.2003, p. 60).

135. As Súmulas nºs 258/TFR e 68/STJ admitiam que o ICMS integrasse a base de cálculo do PIS (conclusão extensível à Cofins). Contudo, esse entendimento foi superado quando do julgamento, pelo STF, do RE nº 574.706/PR, Relatora Min. CÁRMEN LÚCIA, *DJE* 22.05.2019 que excluiu o valor do ICMS do conceito de faturamento, impedindo a incidência das contribuições sociais sobre o montante relativo ao imposto estadual.

A terceira e última modalidade de cumulação de tributos consiste na incidência do mesmo gravame em mais de uma etapa da cadeia produtiva, o que é passível de ocorrer apenas nos tributos incidentes sobre a produção e comercialização de bens e serviços. Afinal, somente nesses casos, tem-se um liame lógico-operacional desde a primeira incidência tributária, no início da cadeia, até a aquisição do bem ou serviço pelo consumidor final. Exações cujas hipóteses de incidência sejam fatos estanques, não situados no bojo de um processo de circulação de riquezas, não permitem a visualização desta modalidade de superposição tributária.

Ante o exposto, podemos assim classificar as três hipóteses em que há cumulatividade tributária:

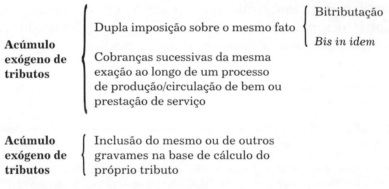

A diferenciação entre formas endógenas e exógenas de cumulatividade tributária se baseia na localização, dentro ou fora da regra-matriz de incidência, da situação que gera o acúmulo impositivo. Quando na base de cálculo (que integra o critério quantitativo do consequente da norma) incluem-se outros tributos, tem-se cumulação endógena. Quando a cumulação é externa à regra-matriz de incidência, ela é exógena. É nesta modalidade de superposição contributiva que se insere a não-cumulatividade *sub examine*. Portanto, em nada importam as normas que determinam a inclusão de tributos na base de cálculo de outros, tampouco as hipóteses de *bis in idem* ou bitributação. Interessam-nos apenas os casos em que houver cumulação decorrente da incidência, da mesma exação, em

A NÃO-CUMULATIVIDADE DOS TRIBUTOS

etapas variadas da cadeia de produção e circulação de riquezas. É contra este acúmulo exacional que se volta a não-cumulatividade objeto desta obra.

A não-cumulatividade pertence à seara do Direito Tributário, em que pese ser também objeto de estudo dos economistas.[136] Sua função é atuar no cálculo do *quantum debeatur*. Trata-se de um mecanismo pelo qual se admitem abatimentos[137] ou compensações[138] no valor do tributo devido ou na sua base de cálculo – conforme se adotem, respectivamente, os métodos de apuração intitulados *tax on tax* (imposto-contra-imposto) ou *basis on basis* (base-contra-base).[139] Com isso, busca-se gravar apenas a riqueza agregada pelo contribuinte ao bem ou serviço. Por essa razão, a não-cumulatividade admite, também, o método da adição (somam-se os dispêndios do contribuinte para a produção ou venda do bem ou serviço e tributa-se a medida exata da adição de valor ao objeto tributável).

A origem da não-cumulatividade está imbricada à dos tributos sobre o valor agregado, sendo a sua nota característica mais importante, consoante se demonstrará a seguir.

3.2 ORIGENS

A não-cumulatividade tributária passou a ganhar contornos de instituto autônomo com o advento dos impostos sobre valor acrescido, os IVAs, a partir da segunda metade do século XX.

Até então, os tributos que gravavam o comércio e a prestação de serviços assemelhavam-se à Alcabala, exigida pela

---

136. Dentre vários, mencione-se o importante estudo do Professor de Economia da Universidade de Princeton, em especial o capítulo 20 do seguinte livro: ROSEN, Harvey S. *Public Finance*, 4ª ed. Chicago: Irwin, 1995, pp. 475-503. No Brasil, a seguinte obra traz considerações – sob o viés econômico – acerca das vantagens e desvantagens dos tributos cumulativos e não-cumulativos: ALBUQUERQUE, Marcos Cintra Cavalcanti. *A Verdade sobre o Imposto Único*. São Paulo: LCTE, 2003, pp. 63-142.

137. Termo utilizado no Direito pátrio desde o advento dos tributos não-cumulativos até a promulgação da Constituição de 1988.

138. Terminologia empregada pela atual Carta Constitucional.

139. Os métodos de apuração do IVA são explanados no item 3.3.1, *infra*.

Espanha medieval em suas colônias, que incidia sobre todas as transações mercantis com alíquotas que chegavam a 14% (quatorze por cento), sem qualquer possibilidade de dedução do tributo pago nas operações anteriores. Tal sistemática elevava os custos dos produtos, que se tornavam mais caros – pela incidência reiterada do imposto – a cada etapa de circulação. Isso fazia com que as mercadorias não circulassem livremente, haja vista que tal implicaria perda de competitividade, dado o maior valor a recolher ao erário quanto mais estádios houvesse entre a produção e a venda ao consumidor final. Essa forma de tributação, intitulada em cascata (à *cascade*, para os franceses), era a utilizada pela maior parte dos países antes do advento do IVA – com todas as vicissitudes inerentes a essa opção.

A problemática da tributação à *cascade* era tão patente que A. SMITH,[140] já no século XVIII, creditou à Alcabala a culpa pelo declínio econômico do império espanhol. De fato, a tributação multifásica cumulativa desencorajava a livre organização dos agentes do mercado (que, para evitar várias incidências sobre o mesmo produto, tendem a se verticalizar) e incitava a sonegação, devido ao seu ônus excessivo.

Entretanto, mesmo em face desses contratempos, a tributação plurifásica cumulativa difundiu-se no mundo moderno, porém com alíquotas bastante reduzidas em comparação com a vetusta Alcabala. É o caso das Filipinas em 1904, do *Umsatzsteuer* alemão em 1918, da França (que a adotou em 1920, eliminou-a em 1936, retomou-a em 1939 e abandonou-a definitivamente em 1954), da Espanha (que retornou à tributação em cascata em 1964),[141] além do Chile,[142] México e Canadá (este, somente entre 1920 e 1923), *inter alii*.[143]

---

140. SMITH, Adam. *Uma Investigação sobre a Natureza e Causas da Riqueza das Nações*, 2ª ed. Trad. por LIMA, Norberto de Paula. São Paulo: Hemus, 1981, p. 475.

141. As alíquotas eram de 1,5% e 3%, conforme a exigência coubesse à nação espanhola ou às províncias.

142. O Chile adotou a tributação plurifásica em cascata sobre bens e serviços em 1954, com alíquota básica de 3%. Entretanto, após sucessivas majorações, em 1969 a alíquota inicial havia quase triplicado.

143. DUE, John F. *Indirect Taxation in Developing Economies*. Baltimore, London:

A NÃO-CUMULATIVIDADE DOS TRIBUTOS

A vantagem da plurifasia cumulativa – que facilitou sua difusão pelo mundo – é a sua simplicidade, haja vista que o *quantum* a ser pago ao Estado é obtido pela mera aplicação do porcentual previsto em lei ao valor da operação ou prestação, sem necessidade de quaisquer adições ou deduções. Outrossim, como há incidência nas várias etapas da cadeia produtiva, a alíquota não precisa ser alta para assegurar-se uma arrecadação satisfatória,[144] o que contribui para a resignação dos contribuintes ao seu pagamento. Entretanto, as desvantagens superaram, ao longo dos anos, os benefícios obtidos com a sua utilização.[145] São elas, em rol enumerado por J. DUE:[146]

(a) a verticalização dos agentes econômicos: afinal, quanto mais etapas do processo produtivo e comercial uma única empresa conseguir abarcar, menor será a carga fiscal sobre o seu produto;

(b) a discriminação tributária, haja vista que as maiores empresas, além do ganho normal pela produção em escala (ínsito a qualquer mercado), também obterão vantagens fiscais por alcançarem vários estádios da produção, refugindo a diversas incidências da exação *à cascade*. Tal discriminação se dá, portanto, em detrimento das pequenas e médias empresas, que nas economias modernas respondem pela maior parte dos empregos gerados;

(c) a impossibilidade de efetiva desoneração das exportações: como o tributo é plurifásico e cumulativo, a mercadoria não exportada diretamente pelo seu produtor sofre uma ou mais incidências na cadeia

---

Johns Hopkins, 1970, pp. 117-20.

144. Idem.

145. No Brasil, a tributação plurifásica cumulativa foi adotada sob a forma dos vetustos impostos sobre vendas e consignações – IVC – e sobre o consumo, substituídos, respectivamente, pelo ICM e IPI.

146. DUE, John F. *Indirect Taxation in Developing Economies*. Baltimore, London: Johns Hopkins, 1970, pp. 120-3.

65

produtiva, sem possibilidade de recuperação ou abatimento deste montante quando da venda ao exterior. Com isso, subverte-se a lógica mundial de não exportar tributos, ocasionando a perda de competitividade dos bens nacionais no mercado global;

(d) o ferimento à isonomia na tributação dos bens importados, que, na maior parte dos casos, estarão sujeitos a uma carga menor que a aplicada ao produto nacional. Este usualmente passa pela cadeia produtor → distribuidor-atacadista → varejista até chegar ao consumidor final, ao passo que os importados, se diretamente adquiridos pelo comprador final, terão incidência única no desembaraço aduaneiro. Com isso, mercadorias advindas do estrangeiro terão menor ônus tributário do que as nacionais;[147]

(e) falta de transparência: não fica claro o peso do tributo no preço final da mercadoria vendida, pois esse dado irá variar conforme o número de etapas da circulação. Assim, o comprador não tem ciência do montante que está sendo destinado ao governo – fato que não se coaduna com a transparência fiscal;

(f) em comparação com impostos como a *retail sales tax* (em que há incidência única na etapa final de venda), nos tributos plurifásicos cumulativos, o número de contribuintes é muito elevado. Estes, ademais, não têm interesse em se autofiscalizar, já que a exação paga por um não é dedutível do valor devido pelo outro. Isso gera dois problemas:

(f.1) incentivo à sonegação: nenhum agente produtor se beneficia do tributo pago anteriormente (ao

---

[147]. E nem se argumente que o Imposto de Importação serviria para mitigar tal diferença. O II é tributo que deve ser utilizado como instrumento de política desenvolvimentista do Estado e não como subterfúgio para reduzir problemas criados em desfavor das empresas nacionais por força de um sistema tributário inadequado.

contrário do que ocorre nos IVAs, em que, havendo destaque da exação na nota fiscal, o adquirente pode abater tal montante do imposto por ele devido);

(f.2) dificuldades na fiscalização: a ampla base de contribuintes tendente a sonegar torna o labor da Administração Fazendária, excessivamente oneroso, fato que levou A. SMITH a sustentar que a sua fiscalização "requer uma multidão de funcionários fazendários";[148]

(g) apesar de ser um tributo aparentemente simples, na prática – com a necessidade de concessão de isenções para algumas mercadorias e de diferenciação das alíquotas conforme a natureza do produto (em atenção à sua essencialidade ou às circunstâncias de mercado) – sua aplicação torna-se complexa. Esse fator acarreta a perda de um de seus poucos atributos.

Em face de tais problemas e à procura de alternativas para dinamizar o crescimento econômico sem prejudicar a arrecadação tributária, os países europeus intentaram, na primeira metade do século XX, buscar uma nova forma de tributação das operações com bens e serviços que não impactasse tão fortemente o consumo e, via de consequência, permitisse o desenvolvimento mais acentuado das economias, então fortemente combalidas pelas duas guerras mundiais. A solução adveio com a adoção de uma proposta do industrial VON SIEMENS, feita inicialmente ao governo alemão em 1918,[149] porém somente implementada em 1948, na França: a tributação sobre o valor acrescido.

---

148. SMITH, Adam. *Uma Investigação sobre a Natureza e Causas da Riqueza das Nações*, 2ª ed. Trad. por LIMA, Norberto de Paula. São Paulo: Hemus, 1981, p. 475.

149. Há controvérsias quanto à paternidade do IVA, sendo ela também reivindicada pelos americanos (TIPKE, Klaus. Über Umsatzsteuer: Gerechtigkeit. *Steuer und Wirtschaft*, v. 69, n. 2, 1992, p. 106, *Apud* TÔRRES, Ricardo Lobo. É Possível a Criação do IVA no Brasil?. SARAIVA FILHO, Oswaldo Othon Pontes de; VASQUES, Sérgio; GUIMARÃES, Vasco Branco (org.). IVA para o Brasil – Contributos para a Reforma da Tributação do Consumo. Belo Horizonte: Fórum, 2007, p. 21).

Quando instituída, em 1948, a *Taxe sur la Valeur Ajoutée* (TVA)[150] se apresentou como um tributo extremamente complexo em comparação com as antigas exações cumulativas que gravavam o consumo de bens e serviços na França.[151] Seu método de apuração era absolutamente distinto de tudo o que fora utilizado até então: calculava-se o imposto devido sobre as transações comerciais realizadas pelo contribuinte em determinado período. No entanto, deduzia-se, do valor a pagar, o imposto suportado na aquisição de mercadorias utilizadas no processo produtivo. Em outras palavras: para cálculo do *quantum debeatur*, lançava-se mão de uma sistemática de débitos e créditos que, abatidos uns dos outros, apontavam o tributo a ser efetivamente recolhido aos cofres públicos.

A TVA, inicialmente, tributava apenas as operações mercantis realizadas pelos atacadistas e varejistas. Foi somente em 1968, com a extinção de dois outros impostos que incidiam sobre os

---

150. Na França, a *Taxe sur la Valeur Ajoutée* (TVA) é classificada por MERCIER e PLAGNET como *La Taxe Unique à Paiements Fractionnés*, denotando pela própria nomenclatura ("tributo único que incide de forma fracionada") o método impositivo que a distingue dos tributos cumulativos. (MERCIER, Jean-Yves e PLAGNET, Bernard. *Les Impôts em France*, 29ª ed. Levallois: Francis Lefebvre, 1997, pp. 298-301).

151. Os tributos indiretos na França dividem-se em dois grandes grupos: as *taxes déterminées*, que gravam produtos ou operações especiais (como a venda de álcool) e as *taxes sur le chiffre d'affaires*, incidentes sobre a venda de mercadorias e serviços em geral. Estas últimas se subdividem em três categorias, pela ordem de adoção na França:
(a) *taxes cumulatives* ou *à cascade*: tributos plurifásicos cumulativos, adotados em 1920 com alíquotas baixas (em torno de 1%), porém abandonados por força de uma reforma levada a cabo por lei publicada em 31 de dezembro de 1936, devido aos problemas que a tributação em cascata apresentou;
(b) *taxes uniques*: adotadas a partir de 1937, com a grande reforma do sistema tributário francês ocorrida no ano anterior. Incidiam uma única vez, na produção, a uma alíquota de 6% (logo, seis vezes maior, em média, que a alíquota da *taxe cumulative*). Entretanto, os altos índices de sonegação dessa espécie de tributo aliados a problemas de orçamento enfrentados pelo Estado francês levaram ao seu abandono em pouco tempo. Com isso, a incidência *à cascade* foi retomada em 1939, por meio da *taxe sur le transactions* e de impostos locais. Estes prevaleceram até 1968, data em que a TVA de larga abrangência foi adotada;
(c) *taxe sur la valeur ajoutée*: adotada de forma parcial em 1948 e, posteriormente, de forma integral em 1954, para vigorar a partir de 1955. Também conhecida como *la taxe unique à paiements fractionnés*, teve o mérito de conciliar as vantagens arrecadatórias do sistema cumulativo com a neutralidade da tributação, que passou a ter mecanismos eficientes para sua transferência ao consumidor final.

serviços e o comércio varejista, que se criou uma TVA de larga incidência, alcançando as operações com bens (inclusive locações e arrendamentos mercantis) e prestações de serviços em geral.

O novel mecanismo tributário tornou-se, desde cedo, um sucesso. Em 1962, o Relatório NEUMARK (um dos maiores influenciadores da tributação europeia)[152] recomendou a adoção do IVA pelos países do Mercado Comum Europeu, o que passou a ocorrer a partir do final da década de 1960. O relatório afirmou que a incidência sobre o valor acrescido viabiliza a liberdade de circulação de mercadorias e serviços, um dos princípios basilares do Tratado de Roma.[153] Assim, apesar de a apuração ser um tanto mais complexa (em comparação com a tributação plurifásica cumulativa, que era o padrão então vigente) e de as alíquotas dos IVAs serem necessariamente mais elevadas que as dos tributos *à cascade*, as vantagens superam os defeitos, tanto sob a ótica dos agentes produtores como sob a do Estado-arrecadador. Afinal:

(a) o mecanismo de abatimento do tributo pago na etapa anterior gera uma fiscalização cruzada entre os próprios contribuintes. Diferentemente do que ocorre na plurifasia cumulativa, em que a sonegação do

---

152. GUIMARÃES, Vasco Branco. *A Tributação do Consumo no Brasil – uma Visão Européia*. SARAIVA FILHO, Oswaldo Othon; VASQUES, Sérgio; GUIMARÃES, Vasco Branco (org.). IVA para o Brasil – Contributos para a Reforma da Tributação do Consumo. São Paulo: Fórum, 2007, p. 51.

153. O Tratado de Roma, primeiro pilar fundante da atual União Europeia, assenta-se sobre quatro liberdades fundamentais, a saber:
(a) liberdade de circulação de pessoas;
(b) liberdade de circulação de bens;
(c) liberdade de circulação de serviços;
(d) liberdade de circulação de capitais.
O IVA permite o alcance dos quatro objetivos, dadas as suas características, o que já foi notado por GUIMARÃES, ao sustentar que o IVA está imbricado com "os pressupostos constitutivos da ideia de unidade europeia. (GUIMARÃES, Vasco Branco. *A Tributação do Consumo no Brasil – uma Visão Européia*. SARAIVA FILHO, Oswaldo Othon; VASQUES, Sérgio; GUIMARÃES, Vasco Branco (org.). IVA para o Brasil – Contributos para a Reforma da Tributação do Consumo. São Paulo: Fórum, 2007, p. 54. [**Nota do editorial**: nome da obra referida foi mantido conforme o original – sem, portanto, aplicação do acordo ortográfico].

vendedor beneficia o adquirente do bem ou serviço (reduzindo os preços cobrados), no IVA, o ônus tributário para o adquirente-contribuinte é maior, caso o produto adquirido não esteja acobertado por nota fiscal (posto que o destaque[154] em nota do imposto pago pelo vendedor legitima o contribuinte-adquirente a compensá-lo com o seu IVA a pagar). Tal fato, *per se*, é um grande aliado das fiscalizações tributárias;

(b) a dedução em cada etapa do tributo pago na anterior, de forma a permitir que o ônus tributário seja equivalente à aplicação da alíquota sobre o preço final, faz com que o número de estádios de circulação da mercadoria ou prestação do serviço não influa no *quantum* devido. Por isso, o IVA é considerado neutro (seu ônus independe do número de operações tributadas);

(c) com a neutralidade fiscal, ganham os agentes econômicos, que não têm que se verticalizar para reduzir os custos tributários, podendo concentrar-se na atividade em que tenham maior aptidão (produção, distribuição ou venda a varejo);

(d) para o comércio internacional, as vantagens são expressivas: a exportação pode ser efetivamente desonerada (o método de apuração em comento permite a devolução ao exportador[155] do imposto que gravou os insumos utilizados na produção das mercadorias vendidas para o exterior – o que não é passível de ser feito

---

154. Obviamente não se imputa ao adquirente o dever de fiscalizar o efetivo pagamento do imposto pelo vendedor, bastando, para se ter direito ao crédito, que a nota fiscal de aquisição seja idônea e contenha o destaque do tributo. Todavia, a simples exigência, pelo adquirente, do documento fiscal, consiste em importante auxílio no combate à evasão fiscal.

155. Sobre as sistemáticas brasileira e europeia de desoneração das exportações, confira-se: TÔRRES, Heleno Taveira. *O IVA na Experiência Estrangeira e a Tributação das Exportações no Direito Brasileiro*. SARAIVA FILHO, Oswaldo Othon Pontes de; VASQUES, Sérgio; GUIMARÃES, Vasco Branco (org.). IVA para o Brasil – Contributos para a Reforma da Tributação do Consumo. Belo Horizonte: Fórum, 2007, pp. 69-88.

em tributos plurifásicos cumulativos, nos quais é bastante difícil determinar o montante exato do gravame que incidiu no processo produtivo). Ademais, os produtos estrangeiros, quando tributados no desembaraço aduaneiro, serão efetivamente equiparados – sob o prisma tributário – ao produto nacional. Isso porque, como a alíquota real do imposto equivalerá à nominal, independentemente do número de operações de circulação da mercadoria, os produtos nacionais sofrerão, sempre, uma incidência definida: o valor da alíquota do IVA prevista em lei. Assim, basta aplicar essa mesma alíquota no desembaraço aduaneiro da mercadoria estrangeira para equipará-la à nacional;

(e) a forma de cobrança confere transparência à exação, eis que em todos os estádios de circulação do bem é possível saber quanto está sendo pago a título de tributo, que vem devidamente destacado na nota fiscal.

Dessarte, em que pesem as suas vicissitudes (apuração complexa e alíquota mais elevada), a experiência francesa difundiu-se na Europa e em praticamente todos os países do globo.[156] Hoje, a TVA é adotada por mais de 160 países,[157] sob a nomenclatura de Imposto sobre o Valor Agregado. E, como se demonstrará a seguir, a técnica mais usual de tributação do IVA não o caracteriza – apesar do nome – como um imposto incidente sobre o valor acrescido. Em verdade, sua base de cálculo é o preço total da operação de venda. Após o cálculo do IVA devido sobre o valor integral da operação é que se tem

---

156. O Brasil adotou-o em 1958, constitucionalizando-o em 1965; a Dinamarca, em 1967; a Alemanha, em 1968; Suécia e Holanda, em 1969; Luxemburgo e Noruega, em 1970; Bélgica em 1971; Itália e Inglaterra, em 1973; Argentina em 1975; Turquia em 1985; Portugal, Nova Zelândia e Espanha em 1986; Grécia em 1987; Hungria em 1988, *et caterva*.

157. Segundo relatório da OCDE publicado em 2016, naquele ano, 167 países e territórios no mundo já haviam implementado a tributação sobre valor acrescido. (*Consumption Tax Trends 2016: VAT/GST and excise rates, trends and policy issues*. Paris: OECD Publishing. Disponível em: <http://dx.doi.org/10.1787/cct-2016-en>). Acesso em: 27 out. 2017.

a redução do *quantum debeatur* pelo mecanismo de abatimento do imposto pago nas operações anteriores (método subtrativo indireto).

É ver.

3.3 TÉCNICAS

3.3.1 MÉTODOS DE ADIÇÃO E SUBTRAÇÃO

Em que pese o nome, o imposto sobre valor acrescido não tributa – em regra – o valor que se agrega ao bem ou serviço em cada etapa de circulação. Em sua técnica de apuração mais comumente utilizada, a incidência do IVA se dá sobre o valor da venda da mercadoria ou do serviço.[158] Em um segundo momento, é que se deduz do *quantum* a ser pago (calculado inicialmente, repise-se, mediante aplicação da alíquota sobre o preço cheio) o montante de imposto que incidiu na operação anterior. É neste ponto que atua a não-cumulatividade. Abatendo-se do IVA devido aquele recolhido na etapa anterior, consagra-se a apuração intitulada *invoice credit*[159] (crédito sobre a fatura) ou *tax on tax* (imposto-contra-imposto). As nomenclaturas são autoexplicativas: na fatura (nota fiscal) o imposto que incidiu na operação vem destacado, sendo abatido do IVA a pagar pelo contribuinte-adquirente quando da realização de suas próprias operações tributadas.

---

158. A essa conclusão chegaram os partícipes do Simpósio de Estudos Tributários realizado pelo Centro de Extensão Universitária em 1978. Ao analisar o fato gerador do ICM, cuja nota essencial é a não-cumulatividade, o Plenário formou opinião de que "o valor acrescido não é circunstância componente da hipótese de incidência do ICM. O princípio constitucional da não-cumulatividade consiste, tão somente, em abater do imposto devido o montante exigível nas operações anteriores, sem qualquer consideração à existência ou não de valor acrescido". (MARTINS, Ives Gandra da Silva (coord). *Caderno de Pesquisas Tributárias nº 4 (nova série) – Sanções Tributárias*. São Paulo: Resenha Tributária/Centro de Extensão Universitária, 1990, p. 642).

159. O método "invoice credit" é adotado no Brasil para o ICMS e o IPI.

A NÃO-CUMULATIVIDADE DOS TRIBUTOS

Uma derivação desse método é o intitulado base-contra-base (*basis on basis*). Neste, deduz-se, da *base de cálculo* do IVA (preço total da operação ou prestação), o valor das mercadorias e serviços adquiridos pelo contribuinte (cujo abatimento seja autorizado pela lei). Sobre a base apurada mediante a subtração, aplica-se a alíquota. Assim é que a não-cumulatividade, nestoutro processo, presta-se a alcançar a base de cálculo do tributo – e não o seu valor devido, que será obtido com a mera incidência da alíquota sobre a base.

Estes dois métodos – *tax on tax* e *basis on basis* – estabelecem critérios de *subtração* para alcance do valor agregado.

A outra técnica utilizada para cálculo do IVA é a da *adição*. Ela operacionaliza a não-cumulatividade de outra forma. O *quantum debeatur* é obtido pela simples soma (do que exsurge o nome adição) dos salários pagos pela empresa e dos lucros obtidos nesse mesmo período. Com isso, obtém-se o valor acrescido em determinada etapa do processo produtivo, que é submetido à tributação (aplicando-se a alíquota sobre a base de cálculo).

Sumariando o exposto, o IVA pode ser apurado mediante:

(a) métodos subtrativos:

(a.1) base-contra-base (*basis on basis*) ou subtração direta;

(a.2) imposto-contra-imposto (*tax on tax* ou *invoice credit*), também nominado subtração indireta;

(b) método de adição: aplicação da alíquota sobre o somatório dos salários e lucros auferidos em dado período.[160]

---

160. Alguns autores subdividem o método da adição em direto e indireto, conforme o quadro esquemático abaixo:

Método direto: alíquota x (salários + lucros)
Método indireto: alíquota x (salários) + alíquota x (lucros)

Como, a nosso sentir, a simples ordem aritmética dos fatores não tem o condão de alterar a forma de incidência do IVA, optamos por não adotar tal subdivisão do critério

73

O valor agregado *stricto sensu* é calculado apenas no método de adição. Assim, pode-se dizer que a forma mais adequada para o cálculo do IVA (do ponto de vista puramente teórico) seria a soma dos dispêndios do contribuinte para a produção de mercadorias ou prestação de serviços – que, aliados ao seu lucro, informarão o montante acrescido à operação ou prestação. Este corresponde ao valor agregado que, então, será submetido à alíquota prevista em lei. Todavia, as dificuldades práticas na implantação do método de adição o tornaram pouco utilizado. Não há IVA de abrangência nacional calculado pela sistemática aditiva (exceto para setores específicos, como é o caso do IVA devido pelas instituições financeiras em Israel e na Argentina). Em nível estadual, podemos apontar os Estados norte-americanos de Michigan e New Hampshire, que o adotam desde 1976 e 1993, respectivamente.[161]

A evolução demonstra terem os métodos subtrativos conquistado a preferência das Administrações Tributárias. PÉREZ DE AYALA[162] sustenta que, dentre as duas opções existentes (subtração direta ou indireta – que, respectivamente, correspondem aos métodos base-contra-base e imposto-contra-imposto), a dedução das *bases* tributáveis é mais adequada a um imposto que pretenda gravar o valor agregado. No entanto, reconhece o jurista que, por ser de mais difícil consecução prática, a técnica *basis on basis* cedeu espaço ao método *tax on tax*, utilizado na Europa, Américas e na maior parte dos países que adotam o IVA.

De fato, apenas o Japão possui um imposto sobre o valor agregado que se utiliza do método subtrativo direto (base-contra-base). No Vietnã, esse sistema também é aplicado, mas

---

da adição. Em sentido contrário, confira-se OGLEY, Adrian. *Principles of Value Added Tax – a European Perspective*. London: Interfisc Publishing, 1998, p. 5. O autor justifica a classificação argumentando que, no método indireto, "a incidência tributária é calculada em relação aos componentes do valor agregado e não diretamente ao valor agregado, em si mesmo considerado" (tradução livre do original em inglês).

161. EBRILL, Liam; KEEN, Michael; BODIN, Jean-Paul; SUMMERS, Victoria. *The Modern VAT*. Washington: International Monetary Fund, 2001, p. 20.

162. PÉREZ DE AYALA, José Luis. *Explicación de la Técnica de los Impuestos*, 3ª ed. Madrid: Editoriales de Derecho Reunidas, 1981, p. 179.

apenas para cálculo do imposto pago pelas firmas individuais. As Filipinas chegaram a adotar o método *basis on basis*, porém o abandonaram em favor do imposto-contra-imposto.[163]

O sistema de subtração indireta (imposto-contra-imposto) prevaleceu por ter-se revelado operacionalmente mais viável (o tributo a creditar é o destacado em nota fiscal, não demandando maiores esforços aritméticos).

No Brasil, o método imposto-contra-imposto foi utilizado desde os primórdios da implantação da não-cumulatividade, quando ainda vigorava o vetusto Imposto de Consumo, no final da década de 1950. Com o advento da contribuição para o PIS e da Cofins não-cumulativas, houve quem sustentasse que o País teria adotado a sistemática base-contra-base. Contudo, considerando que esse método de apuração pressupõe identidade de alíquotas (inexistente no caso do PIS/Cofins), a legislação não prevê a compensação de bases tributáveis para então se chegar ao valor de tributo devido. Ao revés, a lei prescreve a aplicação da alíquota – à qual o contribuinte esteja sujeito – sobre as despesas legalmente autorizadas, para então se chegar ao valor do crédito. Logo, não há subtração de bases, mas sim cálculo de crédito a ser abatido do débito calculado sobre as receitas, o que nos parece mais próximo do tradicional imposto-contra-imposto. Portanto, podemos afirmar que este último método é, desde 1956 e até os dias atuais, o único modelo utilizado pelos tributos não-cumulativos brasileiros, ainda que no caso do PIS/Cofins haja uma peculiaridade na forma de apuração, já que o crédito da etapa anterior é obtido de modo diferenciado do tradicional.

3.3.2 NÚMERO DE OPERAÇÕES GRAVADAS (PLURIFASIA NECESSÁRIA)

O número de estádios do processo produtivo alcançados pelo IVA é um elemento diferenciador das espécies desse

---

163. EBRILL, Liam; KEEN, Michael; BODIN, Jean-Paul; SUMMERS, Victoria. *The Modern VAT*. Washington: International Monetary Fund, 2001, p. 20.

imposto existentes no mundo. A exação pode gravar: a produção, distribuição e comercialização (ciclo completo, como ocorre com o ICMS); apenas a produção e a distribuição (caso do IPI, que pode também ser exigido do distribuidor quando este for equiparado a industrial); ou apenas a distribuição e a venda.

Se o tributo grava uma única etapa em toda a cadeia circulatória (sendo monofásico), não nos parece possível nominá-lo imposto sobre valor agregado, consoante também apregoa J. DUE.[164] Assim, a plurifasia é elemento ínsito e indissociável do imposto sobre valor agregado e, via de consequência, da não-cumulatividade. Afinal, o método de deduções operado por esta última somente é possível se existente mais de uma operação tributável na cadeia produtiva. Para logo, é correto asseverar que, sem plurifasia, inexiste não-cumulatividade e tampouco tributação sobre valor acrescido. Nessa linha de entendimento já se manifestou o STF, decidindo que "não há que se falar em ofensa ao princípio da não-cumulatividade quando a tributação se dá de forma monofásica", haja vista que "a existência do fenômeno cumulativo pressupõe a sobreposição de incidências tributárias".[165]

3.3.3 DIREITO AO CRÉDITO SOBRE BENS DO ATIVO IMOBILIZADO

No que tange ao tratamento dispensado aos bens do ativo imobilizado, utilizados na produção ou prestação de serviços, a técnica da não-cumulatividade também apresenta variações.

A priori, dois caminhos podem ser trilhados pelo legislador:

(a) negar-se a dedução do imposto que grava os investimentos em bens do ativo fixo empregados no

---

164. DUE, John F. *Indirect Taxation in Developing Economies*. Baltimore, London: Johns Hopkins, 1970, p. 126, nota de rodapé nº 16.

165. STF, Primeira Turma, AgR no RE nº 762.892/PE, Relator Min. LUIZ FUX, *DJe* 14.04.2015.

processo produtivo, hipótese na qual se tem o IVA bruto (também nominado IVA tipo produto); ou

(b) autorizar-se a dedução, adotando-se o IVA líquido.[166]

O IVA líquido, a seu turno, poderá assumir duas formas:

(b.1) IVA tipo renda (adotado hoje na China e, no Brasil, em matéria de ICMS[167] e PIS/Cofins):[168] a dedução do imposto incidente sobre bens do ativo é admitida fracionadamente, conforme a sua vida útil;

(b.2) IVA tipo consumo (adotado pela União Europeia[169] e pela maior parte dos países, tendo vigorado no Brasil para o ICMS entre o advento da LC nº 87/96 e sua modificação pela LC nº 102/2000): a compra de bens do ativo imobilizado gera crédito integral e aproveitável à vista.

O IVA bruto ou tipo produto (que nega a dedução do imposto incidente na aquisição de bens do ativo fixo, como ocorre, no Brasil, com o IPI[170]) é assim nominado porque sua base de incidência equivale à soma do valor:

(a) de venda das mercadorias; e

(b) das aquisições de bens de capital.

Portanto, economicamente o gravame recai sobre o produto bruto das vendas (valor destas somado aos gastos com os ativos necessários à produção). Esta modalidade de exação, além de discriminar as empresas que se valem intensivamente de bens de capital, gera dupla incidência do IVA (na aquisição

---

166. PÉREZ DE AYALA, José Luis. *Explicación de la Técnica de los Impuestos*, 3ª ed. Madrid: Editoriales de Derecho Reunidas, 1981, p. 179.

167. Vide Título III, Capítulo XII, item 12.3.3 e seguintes.

168. Vide Título III, Capítulo XIII, item 13.4.5 e seguintes.

169. A UE, como visto alhures, vale-se da sistemática de subtração indireta para cálculo do IVA, ou seja, do método imposto-contra-imposto.

170. Vide Título III, Capítulo XI, item 11.4.3.1.

do bem do ativo e na venda do produto industrializado sem a dedução dos respectivos créditos das máquinas utilizadas em sua fabricação). Assim, por propiciar cumulatividade e, dessarte, laborar em desfavor da neutralidade fiscal, o IVA produto já foi descrito como "um tributo relegado ao reino das curiosidades conceituais, que não deveria receber verdadeira consideração nas discussões de políticas públicas".[171]

Já o IVA tipo renda possui este nome porque o crédito dos bens do ativo é feito na medida em que estes geram rendimentos para o contribuinte (e, por conseguinte, impostos para o Estado). O creditamento fracionado, seja em parcelas fixas (como no ICMS) ou na medida da depreciação do bem (expressamente admitido para o PIS/Cofins), aproxima esse tributo do imposto sobre a renda, no qual a depreciação é elemento importante para se calcular o lucro da pessoa jurídica no ano-calendário.

Por fim, a nomenclatura IVA tipo consumo, mais usual, se deve ao fato de sua base de cálculo equivaler à despesa incorrida pelo consumidor final na aquisição do bem ou serviço. A incidência se dá apenas sobre o valor do consumo, ou seja, sobre o preço das vendas (produto líquido), pois o comerciante poderá creditar-se integralmente dos bens instrumentais por ele adquiridos. Este é o modelo de IVA que mais assegura a obtenção da neutralidade fiscal, razão pela qual é considerado superior às outras modalidades de incidência.[172]

De todo modo, vale salientar que os bens do ativo permanente não afetados à atividade do contribuinte nunca irão gerar direito ao abatimento nos IVAs tipo renda (fracionadamente) ou consumo (à vista).[173] Usualmente, *v.g.*, automóveis adquiridos

---

171. USA, Department of the Treasury. *Tax Reform for Fairness, Simplicity and Economic Growth – the Treasury Department Report to the President*, v. 3 (Value Added Tax). Washington: Office of the Secretary of the Treasury, nov./1984, *Apud* TERRA, Ben; KAJUS, Julie. *A Guide to the European VAT Directives*, v. 1. Amsterdam/Hornbaek: IBFD, 2011, p. 298 (tradução livre do original em inglês).

172. TERRA, Ben; KAJUS, Julie. *A Guide to the European VAT Directives*, v. 1. Amsterdam/Hornbaek: IBFD, 2011, p. 297.

173. No IVA tipo produto, como mencionado anteriormente, veda-se qualquer crédito sobre a compra de bens para o ativo imobilizado, ainda que diretamente destinados à atividade empresarial.

para a frota da empresa são qualificados como bens alheios à atividade-fim (exceto no caso de locadoras de veículos e empresas transportadoras), impedindo o aproveitamento, pelo contribuinte-adquirente, do IVA suportado na aquisição do veículo.[174]

Portanto, a não-cumulatividade terá maior ou menor amplitude conforme a espécie de IVA (produto, renda ou consumo), sendo certo que, em termos mundiais, o tipo consumo é o mais adotado e também o mais indicado para efetivar a não-cumulatividade em toda a sua extensão.

3.3.4 O CREDITAMENTO SOBRE INSUMOS

Diferentemente dos bens adquiridos para revenda, os insumos são comprados pelos produtores ou prestadores de serviços para consumo em suas atividades, viabilizando a venda de uma mercadoria ou serviço tributado pelo IVA. Na indústria, ora servirão para alimentação de máquinas (como no caso de combustíveis), ora para sua manutenção (graxas, peças sobressalentes), ora integrarão o próprio produto final (para produção do aço, por exemplo, são utilizados, além do minério de ferro, centenas de produtos que, fundidos, transformam-se na mercadoria pronta e acabada). Da mesma forma, produtos utilizados na prestação de serviços também geram – nos IVAs em geral – direito ao abatimento. Afinal, é da lógica do imposto que o ônus seja trasladado ao consumidor final. Portanto, se o contribuinte suportou IVA na compra de bens necessários à produção ou prestação de serviço, nada mais correto do que conferir-lhe o direito de crédito.

Todavia, nem toda aquisição de bens não duráveis será caracterizada como compra de insumo. Despesas de executivos com restaurantes, em muitos países, são associadas (em presunção *juris et de jure*) ao lazer, impedindo a tomada do

---

174. No Brasil há, inclusive, disposição expressa neste sentido. A Lei Complementar nº 87/96, ao regular a não-cumulatividade do ICMS, apregoa que "salvo prova em contrário, presumem-se alheios à atividade do estabelecimento os veículos de transporte pessoal" (art. 20, §2º).

crédito. Outro exemplo – bastante pitoresco – vem da Nova Zelândia, onde a atividade de prostituição é legalizada e tributada pelo IVA. As profissionais podem deduzir o imposto incidente na compra de lingeries rendadas e bordadas, pois se presume que estejam ligadas à atividade-fim por elas exercida; contudo, as roupas íntimas cor da pele, sem rendas ou assemelhados, não são consideradas insumos, inexistindo direito ao creditamento pela sua aquisição.[175] Essas restrições ocorrem porque, como já referido, o IVA busca atingir o consumidor final de bens e serviços. Dessarte, quando contribuintes do imposto adquirem bens para utilização *na qualidade de consumidores finais*, como se dá nos exemplos mencionados, a regra é a negativa do creditamento.[176]

Conforme o país, existe maior ou menor restrição para o crédito sobre insumos. No Brasil, tem-se a dicotomia entre o intitulado crédito físico – que permite o abatimento do imposto suportado na aquisição de matérias-primas e bens intermediários consumidos no processo industrial – e o crédito financeiro – que autoriza a compensação do imposto incidente sobre todo e qualquer bem destinado à atividade-fim do contribuinte.

Confira-se, para tanto, o próximo tópico.

3.3.5 A AMPLITUDE DO DIREITO AO CRÉDITO

A doutrina pátria convencionou distinguir o direito ao abatimento dos créditos nos impostos plurifásicos não-cumulativos em duas modalidades:[177]

---

175. EBRILL, Liam; KEEN, Michael; BODIN, Jean-Paul; SUMMERS, Victoria. *The Modern VAT*. Washington: International Monetary Fund, 2001, p. 17.

176. OGLEY ressalta que "a maioria dos países restringe, em graus variados, o direito à recuperação do IVA relacionado a certas categorias de despesas que são automaticamente consideradas como sendo de consumo final, como as incorridas em artigos de luxo, diversões e entretenimento." (OGLEY, Adrian. *Principles of Value Added Tax – a European Perspective*. London: Interfisc Publishing, 1998, p. 8).

177. BALEEIRO, Aliomar. *Direito Tributário Brasileiro*, 11ª ed. Atualizado por MISABEL ABREU MACHADO DERZI. Rio de Janeiro: Forense, 2001, p. 421.

A NÃO-CUMULATIVIDADE DOS TRIBUTOS

(a) crédito financeiro, que permite ampla dedução dos investimentos em ativo imobilizado, insumos e, ainda, em bens de uso e consumo[178] (que são empregados de forma indireta no processo produtivo da empresa, sendo consumidos em suas atividades diárias);

(b) crédito físico, que somente reconhece o crédito das matérias-primas e dos intitulados *bens intermediários* (insumos que se consomem no processo produtivo, mesmo não se agregando fisicamente ao produto final).[179]

Nos países europeus, o modelo é o do crédito financeiro, pois toda aquisição tributada gera direito ao abatimento – exceto se os bens forem alheios à atividade empresarial. A Diretiva 2006/112/CE é expressa ao dispor que "em cada transação, o IVA (...) será devido após a dedução do valor do imposto incidente sobre os componentes do custo".[180] Três princípios decorrem dessa regra, conforme leciona DE LA FERIA:[181]

(a) O princípio da dedução integral, de acordo com o qual o abatimento pleno do IVA é admitido, desde que os bens e serviços adquiridos sejam utilizados nas atividades do contribuinte sujeitas ao pagamento do IVA;

---

178. Exemplos de bens de uso e consumo são papéis e cartuchos de impressoras utilizados no setor administrativo de uma fábrica. Diferenciam-se dos insumos, que são empregados na atividade industrial, mas nem por isso deixam de legitimar o aproveitamento dos créditos incidentes em sua aquisição consoante a teoria do crédito financeiro.

179. Curiosamente, acórdãos recentes do STF têm definido o crédito físico como a permissão de dedução apenas do imposto incidente sobre bens que se agregam fisicamente ao produto final (ou seja, matérias-primas, tão somente). Entre outros, cite-se: STF, Segunda Turma, AgR no RE nº 689.001/RS, Relator Min. DIAS TOFFOLI, DJe 23.02.2018.
Não há manifestação do Plenário da Suprema Corte sobre a questão, pelo que se aguarda tal definição – sobremaneira relevante para a não-cumulatividade.

180. Artigo 1(2) da Diretiva 2006/112/CE, tradução livre do original em inglês.

181. FERIA, Rita Aguiar de Sousa e Melo de La. *The EU VAT System and the Internal Market*. Amsterdam: IBDF, 2009, pp. 142-3.

(b) O princípio da dedução global, de acordo com o direito ao crédito aproveita todas as atividades tributáveis, já que o imposto não é calculado produto-a-produto, mas sim com base no cômputo de todas as entradas e saídas do estabelecimento do contribuinte;

(c) O princípio da dedução imediata, que contrasta com outros sistemas nos quais o direito ao crédito somente passa a existir quando os bens e serviços adquiridos são efetivamente utilizados nas atividades do contribuinte.[182]

Já no Brasil, a legislação de regência do Imposto de Consumo (e, depois, do IPI), bem como do ICM/ICMS, sempre se orientou pelo intitulado crédito físico. Autorizava-se o abatimento do imposto incidente tão somente sobre os insumos que, utilizados no processo industrial, fossem transformados em mercadorias (matérias-primas) ou consumidos no processo em contato direto com o bem fabricado (produtos intermediários). Foi somente com a LC nº 87/96[183] – e apenas para o ICMS – que se reconheceu o direito ao crédito na aquisição de bens para uso e consumo em geral da empresa.[184] Contudo, a própria legislação se encarregou de diferir no tempo o início do aproveitamento desses créditos (sendo que, até o momento, o creditamento amplo ainda não foi implementado, por

---

182. Essa regra permite, na Europa, o direito à restituição do IVA pago na aquisição de bens e serviços durante a fase pré-operacional das empresas, mesmo nas hipóteses em que, por razões alheias à vontade do contribuinte, a operação não chega a ser concretizada. Nesse sentido, cite-se os seguintes casos: C-110/98, Galbafrisa and Others, [2000], ECR I-1577 e C-400/98, Breitsohl, [2000], ECR I-493.

183. As leis de normas gerais do ICM (Decreto-lei nº 406/68) e ICMS (Convênio ICM nº 66/88) que antecederam a Lei Kandir não permitiam o crédito sobre bens do ativo imobilizado. Até então, o ICMS era um IVA tipo produto, tendo, com a LC nº 87/96, passado à categoria de IVA tipo renda. No Direito pátrio, tal evolução é tratada como a passagem do crédito físico para o crédito financeiro (ainda que, por haver restrições ao aproveitamento de crédito de alguns insumos e de bens de uso e consumo, se trate de um creditamento mitigado, posto que não implementado em sua integralidade).

184. Sobre crédito físico e crédito financeiro, vide Título II, Capítulo VII, item 7.15.

sucessivas postergações legais do seu *dies a quo*). Já no presente milênio, as legislações do PIS e da Cofins, por primeira vez no ordenamento jurídico pátrio, reconheceram expressamente o crédito sobre *insumos* (sem qualquer restrição) no âmbito dessas contribuições, o que tem contribuído para uma rediscussão do tema, inclusive no âmbito do IPI/ICMS.[185]

3.3.6 APURAÇÃO POR PRODUTO E POR PERÍODO

O IVA admite duas formas de abatimento do imposto pago nas etapas anteriores: a dedução produto a produto (em que se vincula o crédito à mercadoria adquirida) e a compensação por período (na qual os débitos oriundos das saídas em determinado lapso temporal são cotejados com os créditos das entradas geradoras de crédito ocorridas nesse mesmo período).

Exemplificando: em uma exação apurada por produto, o crédito referente à aquisição de mercadoria para revenda somente será dedutível do débito gerado quando de sua saída do estabelecimento comprador. Inexistirá crédito a aproveitar se o bem não for alienado. Outrossim, ocorrendo a venda, caso o débito na saída seja inferior ao crédito da entrada, o montante deste que sobejar será indedutível (afinal, não haverá com o que se compensar o crédito). São consequências lógicas do sistema de apuração por produto.

Já o cálculo por período de tempo pressupõe a contabilização de todos os créditos oriundos da entrada de bens em determinada competência. E o controle, também de forma unificada, dos débitos gerados pelas saídas tributadas nesse mesmo período.[186] Da operação aritmética (créditos - débitos) obtém-se o *quantum* a ser recolhido aos cofres públicos. Quando tal sistemática é adotada, torna-se desnecessário perquirir se o tributo pago pela saída do bem foi maior ou menor

---

185. Esses temas são analisados com vagar no Título III, Capítulos XI, XII e XIII desta obra.

186. A competência de apuração dos IVAs é, usualmente, mensal, podendo ser também decendial ou quinzenal.

que o crédito lançado quando da entrada da mercadoria no estabelecimento. Por essa razão, o método mais consentâneo com a neutralidade fiscal e a translação do ônus perseguidos pela não-cumulatividade é a apuração por período de tempo. Afinal, como dito, em tal sistema não há margens – ou, pelo menos, não deveria haver – para questionamentos quanto à necessidade de anulação do crédito caso a saída não gere débito em valor pelo menos idêntico ao da entrada. Esse estorno proporcional geraria cumulatividade residual, laborando em desfavor dos objetivos de um imposto sobre valor acrescido. Ademais, o método produto a produto gera dificuldades operacionais, pois seu controle é mais complexo.

Por esses motivos, a maior parte dos países adota a sistemática de apuração por período de tempo. É o caso, *v.g.*, do IVA europeu.[187] No Brasil, a legislação acompanha a regra mundial (com o aval da jurisprudência[188]), porém, alternativamente, permite a opção pelo método produto a produto[189] (o qual, todavia, está em franco desuso).

3.4 TRIBUTAÇÃO DO CONSUMO E NEUTRALIDADE FISCAL

O imposto sobre valor agregado (dotado, como visto, das notas da plurifasia e não-cumulatividade) é qualificado pelos estudiosos como uma exação sobre o consumo. A não-cumulatividade faz com que, do ponto de vista jurídico, o tributo

---

187. Art. 179 da Diretiva 2006/112/CE do Conselho Europeu.

188. STF, Segunda Turma, RE nº 161.257/SP, Relator Min. MARCO AURÉLIO, *DJ* 17.14.1998, p. 16.

189. O art. 4º do Decreto-lei nº 406/68 (que regulamentou o ICM até o advento da Constituição de 1988) permitia aos Estados criar um sistema alternativo de tributação, adotando a apuração por produto para as operações de venda dos vendedores ambulantes, para os estabelecimentos com existência transitória (como as feiras) e para o comércio de produtos agrícolas *in natura*.
Já o art. 29 do Convênio ICM nº 66/88 facultava a apuração por período de tempo; por mercadoria ou serviço dentro de determinado período; e, finalmente, por mercadoria ou serviço em face de cada operação ou prestação. As mesmas alternativas são conferidas pelo art. 26 da LC nº 87/96.

perpasse todas as etapas em que é exigido e, ao cabo, recaia sobre o adquirente final de bens e serviços. Sobre essa característica, aliás, já se anotou que o IVA é um imposto singular, pois o seu verdadeiro contribuinte (consumidor final) não é alcançado pela legislação, suportando o ônus do tributo pelo mero repasse que lhe é feito pelos industriais, empresários e prestadores de serviço (os contribuintes de direito, legalmente sujeitos passivos do IVA).[190] Dentro desse escopo, a não-cumulatividade atua como um *facilitador* para que o ônus financeiro do gravame seja transportado até o consumidor, viabilizando a cobrança fracionada do tributo sobre o valor acrescido em cada etapa, de modo que o agente econômico possa livrar-se do peso fiscal por meio do acréscimo do IVA ao preço de venda do bem ou serviço, transferindo o imposto (destacadamente no documento fiscal, para que não restem dúvidas a respeito dessa translação) ao próximo elo da cadeia produtiva.

Outrossim, apesar de incidir fracionadamente em diversas etapas da cadeia produtiva (diferentemente, por exemplo, da *retail sales tax*, imposto monofásico sobre o consumo que grava apenas a venda para o consumidor final), o imposto pago será sempre o mesmo independentemente da quantidade de etapas de circulação da mercadoria (ou prestação do serviço tributável), propiciando a objetivada *neutralidade fiscal*. A neutralidade possui a vantagem de evitar discriminações tributárias e pode ser vislumbrada tanto sob a perspectiva interna como externa.[191] Internamente, a carga fiscal deverá ser a mesma tanto para o industrial que vende seu produto diretamente ao consumidor final, como para o varejista que realiza suas vendas a partir de aquisições feitas de distribuidores que, a seu turno, adquiriram os respectivos bens das indústrias. Do ponto de vista do comércio internacional, o IVA incidente sobre os

---

190. KOLOZS, Borbála. *Neutrality in VAT*. LANG, Michael; MELZ, Peter; KRISTOFFERSSON, Eleonor (coord.). Value Added Tax and Direct Taxation – Similarities and Differences. Amsterdam: IBDF, 2009, p. 201.

191. NERUDOVÁ, Danuse; SIROKY, Jan. *The Principle of Neutrality: VAT/GST v. Direct Taxation*. LANG, Michael; MELZ, Peter; KRISTOFFERSSON, Eleonor (coord.). Value Added Tax and Direct Taxation – Similarities and Differences. Amsterdam: IBDF, 2009, p. 214.

bens importados (em etapa única, no momento do desembaraço aduaneiro) deverá, igualmente, equivaler ao IVA multifásico incidente na produção interna de bens e serviços (a soma das parcelas pagas pelos agentes econômicos nacionais para a produção de determinado bem ou prestação de serviço deve equivaler, em porcentual, ao imposto pago pelo importador do bem ou serviço estrangeiro similar). Assim, a competitividade no mercado será determinada tão somente pelos fatores eficiência, custo e qualidade, não sendo afetada pela tributação.[192] Trata-se de característica única do IVA, que explica sua ampla aceitação em nível mundial.[193]

Dessarte, pode-se afirmar que a não-cumulatividade viabiliza tanto a transferência do ônus tributário ao consumidor final – transformando o IVA em uma exação sobre o consumo – como a própria neutralidade desse imposto, compreendida esta como o tratamento igualitário conferido aos bens e serviços tributados independentemente da sua origem e do número de etapas existentes entre a produção e a aquisição pelo consumidor final.

3.5 CUMULATIVIDADE RESIDUAL DO IVA E A PROBLEMÁTICA DAS OPERAÇÕES NÃO SUJEITAS AO IMPOSTO

Em que pesem os atributos até aqui mencionados, a prática tem revelado a existência de uma cumulatividade residual do IVA, fazendo com que, em maior ou menor grau, os agentes produtores e comerciantes também arquem com o ônus do imposto, quebrantando a tão desejada neutralidade

---

192. GUIMARÃES, Vasco Branco. *A Tributação do Consumo no Brasil – uma Visão Européia*. SARAIVA FILHO, Oswaldo Othon; VASQUES, Sérgio; GUIMARÃES, Vasco Branco (org.). IVA para o Brasil – Contributos para a Reforma da Tributação do Consumo. São Paulo: Fórum, 2007, p. 52. [**Nota do editorial:** mantivemos o nome da obra referida conforme grafada no seu original, sem aplicação, portanto, do acordo ortográfico].

193. PALMA, Clotilde Celorico. *A Harmonização Comunitária do Imposto sobre o Valor Acrescentado: Quo Vadis*. SARAIVA FILHO, Oswaldo Othon; VASQUES, Sérgio; GUIMARÃES, Vasco Branco (org.). IVA para o Brasil – Contributos para a Reforma da Tributação do Consumo. São Paulo: Fórum, 2007, p. 176.

fiscal. O XIX Relatório do Conselho de Impostos da França informa que, no ano de 1999, 68% da carga total da *Taxe sur la Valeur Ajoutée* foi suportada pelos consumidores finais, tendo as empresas e os órgãos governamentais arcado, cada qual com 16% do todo.[194] O governo e as empresas suportam a TVA quando da aquisição de bens para consumo final e, também, por força dos seguintes mecanismos jurídicos que obstruem a ação plena da não-cumulatividade:

(a) a existência de operações ou agentes que não se submetem ao IVA (seja por norma isencional, seja porque estão fora do campo de aplicação do imposto): nessas hipóteses, a aquisição de mercadorias não tributadas (por terem isenção própria ou serem vendidas por agentes infensos à tributação) implica a indedutibilidade do IVA incidido anteriormente;

(b) a proibição da dedução de créditos oriundos de determinadas categorias de bens e serviços.

O primeiro fator responsável pela cumulatividade residual do IVA denota que a técnica do valor adicionado inadmite – para a manutenção integral da não-cumulatividade – isenções ou não incidências, exceto se estas forem concedidas na última etapa de circulação da mercadoria. Na prática, tal favor fiscal importa em aumento de carga tributária, pois os créditos deixam de ser aproveitáveis quando a operação é não tributada (como o IVA incide sobre o valor integral da saída, o aumento da carga é inexorável). Diferente seria se o tributo em tela fosse plurifásico cumulativo, no qual as isenções (concedidas em qualquer etapa do processo produtivo) sempre reduzem o *quantum* a pagar. Confiram-se, para tanto, os quadros esquemáticos abaixo, que melhor clarificam o que se está a expor:

---

194. CONSELHO DE IMPOSTOS DA FRANÇA. *XIX Relatório ao Presidente da República – Imposto sobre o Valor Agregado*. Trad. por DERZI, Misabel Abreu Machado e LOBATO, Valter de Souza. Revista Internacional de Direito Tributário nº 2. Belo Horizonte: Del Rey, jul.-dez./2004, p. 469.

1. Imposto sobre valor agregado:[195]

1.1 Operação normal

	FABRICANTE	ATACADISTA	VAREJISTA
Valor de venda da mercadoria	100	300	600
IVA incidente na operação (18%)	18	54	108
Valor total da operação	118	354	708
Créditos	0	18	54
Valor do IVA a pagar	18	36	54

IVA TOTAL: 108 (18 + 36 + 54)

1.2 Isenção concedida na última etapa de circulação da mercadoria

	FABRICANTE	ATACADISTA	VAREJISTA
Valor de venda da mercadoria	100	300	600
IVA incidente na operação (18%)	18	54	Isento
Valor total da operação	118	354	600
Créditos	0	18	0
Valor do IVA a pagar	18	36	0

IVA TOTAL: 54 (18 + 36)

---

195. Nos IVAs em geral, o tributo é sempre calculado "por fora", ou seja, não integrando o preço da mercadoria. O ICMS, com a sua forma de cálculo "por dentro", é uma exceção a esta regra.

A NÃO-CUMULATIVIDADE
DOS TRIBUTOS

1.3 Isenção concedida na distribuição por atacado.

	FABRICANTE	**ATACADISTA**	**VAREJISTA**
Valor de venda da mercadoria	100	300	600
IVA incidente na operação (18%)	18	Isento	108
Valor total da operação	118	300	708
Créditos	0	0	0
Valor do IVA a pagar	18	0	108

IVA TOTAL: 126 (18 + 108)

2. Imposto cumulativo

2.1 Operação normal

	FABRICANTE	**ATACADISTA**	**VAREJISTA**
Valor de venda da mercadoria	100	300	600
Imposto incidente na operação (18%)	18	54	108
Valor do imposto a pagar	18	54	108

IMPOSTO (CUMULATIVO) TOTAL: 180 (18 + 54 + 108)

2.2 Isenção concedida na última etapa de circulação da mercadoria

	FABRICANTE	**ATACADISTA**	**VAREJISTA**
Valor de venda da mercadoria	100	300	600
Imposto incidente na operação (18%)	18	54	Isento
Valor do imposto a pagar	18	54	0

IMPOSTO (CUMULATIVO) TOTAL: 72 (18 + 54)

2.3 Isenção concedida na distribuição por atacado.

	FABRICANTE	**ATACADISTA**	**VAREJISTA**
Valor de venda da mercadoria	100	300	600
Imposto incidente na operação (18%)	18	Isento	108
Valor do imposto a pagar	18	0	108

IMPOSTO (CUMULATIVO) TOTAL: 126 (18 + 108)

Como se dessume dos quadros, o IVA não se coaduna com regimes de isenções, alíquota zero ou não incidência ao longo da cadeia. Somente haverá vantagem para o contribuinte, se o favor fiscal ocorrer na última etapa da circulação. Do contrário, ter-se-á aumento de carga tributária – realidade distinta da encontrada nos impostos cumulativos plurifásicos que, pela sua natureza, aceitam a isenção em qualquer momento da cadeia de produção.

A NÃO-CUMULATIVIDADE DOS TRIBUTOS

Outrossim – e adentrando no segundo fator que labora em desfavor da não-cumulatividade plena – quanto maiores as restrições ao aproveitamento de créditos (seja de bens do ativo, seja de insumos utilizados na atividade-fim da empresa), maior será a cumulatividade residual do imposto. Um IVA tipo produto, por exemplo – como é o IPI e era o ICMS no Brasil até o advento da Lei Complementar n° 87/96 – gera cumulatividade ao vedar o crédito sobre aquisições para o ativo imobilizado das sociedades. Esses bens passam a ser tratados como se fossem de consumo final. Da mesma forma, restrições ao aproveitamento de créditos relativos ao IVA incidente sobre determinados insumos (como se tem, no Brasil, com a energia elétrica e os serviços de comunicação, cujo creditamento do ICMS é autorizado apenas em tópicas exceções previstas na legislação),[196] também contribuem para que o contribuinte *de jure* seja onerado com a exação, contrariando a lógica da não-cumulatividade.

De toda sorte, em que pese a cumulatividade residual encontradiça nos IVAs em geral, tal imposto continua sendo neutro[197] (em que pese não completamente) e atingindo a ponta final (consumidor) do processo produtivo. Os recolhimentos fracionados realizados ao longo do percurso pelos contribuintes *de jure* apenas antecipam, aos cofres estatais, o imposto que será suportado pelo adquirente final.[198]

---

196. A LC n° 87/96 inicialmente assegurava amplo direito ao crédito sobre tais insumos. Todavia, após alteração pela LC n° 102/2000, passou a permitir o abatimento apenas em hipóteses específicas, tais como o consumo da energia em processo de industrialização.

197. A neutralidade está diretamente imbricada com o princípio da isonomia. Uma vez que a carga tributária global sobre a operação será sempre a mesma independente do número de operações, os diferentes competidores no mercado passam a atuar – sob o prisma tributário – em condições de igualdade (ao contrário dos impostos cumulativos, nos quais quanto maior o número de operações abarcado pela mesma empresa – desde a produção até a venda ao consumidor final – menor será o seu custo tributário).

198. Note-se que se fala aqui em repercussão jurídica, nunca econômica. Em outros termos: a não-cumulatividade é um instrumento que, juridicamente, viabiliza a translação do ônus financeiro da exação. Entretanto, sob a ótica econômica, tal

3.6 A NÃO-CUMULATIVIDADE E A REGRA-MATRIZ DE INCIDÊNCIA TRIBUTÁRIA

Foi visto que a não-cumulatividade consiste em técnica de apuração do *quantum debeatur* que viabiliza a translação do ônus fiscal ao contribuinte *de facto*. Nesse sendeiro, cumpre-nos agora perquirir se essa técnica reside dentro ou fora da regra-matriz de incidência tributária. A resposta, adiante-se, dependerá tão somente do modelo de regra-matriz adotado. Confira-se, para tanto, a evolução doutrinária acerca da estrutura da norma de tributação.

3.6.1 ESTRUTURA FORMAL DA NORMA TRIBUTÁRIA

A norma tributária tem sido objeto de candentes discussões na doutrina. As escolas de A. FALCÃO,[199] D. JARACH[200] e ATALIBA[201] estudaram-na apenas sob o prisma da hipótese de incidência (nomenclatura adotada por A. FALCÃO e ATALIBA, que se contrapunham à expressão "fato gerador") ou fato imponível (termo utilizado por JARACH). Desse modo, não curavam da diferenciação entre o antecedente e o consequente normativos, pelo que sofreram críticas por "glorificarem" o fato gerador tributário.

Foi BARROS CARVALHO[202] e, em seguida, SACHA CALMON,[203] que deram à norma tributária a conformação estrutural hoje vigente.

---

assertiva é impossível de ser feita, haja vista que depende da análise pontual de cada caso concreto, como já demonstrado no Capítulo I.

199. FALCÃO, Amílcar de Araújo. *O Fato Gerador da Obrigação Tributária*. São Paulo: Revista dos Tribunais, 1971.

200. JARACH, Dino. *El Hecho Imponible*, 2ª ed. Buenos Aires: Abeledo-Perrot, 1971.

201. ATALIBA, Geraldo. *Hipótese de Incidência Tributária*, 6ª ed. São Paulo: Malheiros, 2006.

202. CARVALHO, Paulo de Barros. *Teoria da Norma Tributária*. São Paulo: Lael, 1974.

203. COÊLHO, Sacha Calmon Navarro. *Teoria Geral do Tributo e da Exoneração Tributária*. São Paulo: Revista dos Tribunais, 1982.

Propondo uma primeira evolução, BARROS CARVALHO, com esforço em COSSIO e L. VILANOVA, dividiu a norma tributária (à qual intitulou *endonorma*) em hipótese endonormativa (antecedente) e consequência endonormativa (consequente). Situou, o jurista, na hipótese de incidência (previsão em abstrato do fato tributável), os critérios material, temporal e espacial, que descrevem, respectivamente: o fato tributável em si (verbo + complemento), as condições de tempo dentro das quais a norma atua e a delimitação territorial do fato. Já no consequente, BARROS CARVALHO inseriu os elementos que permitem a quantificação do tributo devido (critério quantitativo, composto por base de cálculo e alíquota) e a identificação dos sujeitos ativo e passivo (critério pessoal).

O descritivo abaixo, que retrata a norma de incidência do IPTU à luz da teoria Carvalheana é, nas palavras de SACHA CALMON,[204] "a mais aguda percepção da estrutura da norma tributária":

Hipótese de incidência (hipótese endonormativa)	Consequência ou comando (consequência endonormativa)
1) critério material: ser (verbo) proprietário de bem imóvel (complemento predicativo);	1) critério pessoal: sujeito ativo é o Município e o sujeito passivo o proprietário;
2) critério espacial: no perímetro urbano do Município;	2) critério quantitativo: a base de cálculo é o valor venal do bem imóvel, sobre o qual se aplicará a alíquota de 1%.
3) critério temporal: computado o acontecimento no dia 1º de janeiro do ano civil.	

O modelo proposto por BARROS CARVALHO foi objeto de estudo por SACHA CALMON que, adotando-o, propôs algumas modificações. A par de utilizar a nomenclatura "aspectos" em vez de "critérios", acresceu o aspecto pessoal

---

204. COÊLHO, Sacha Calmon Navarro. *Curso de Direito Tributário Brasileiro*, 9ª ed. Rio de Janeiro: Forense, 2007, p. 425.

no antecedente, ao lado do material, espacial e temporal.[205] Outrossim – e este ponto é primordial para a análise da não--cumulatividade em face da norma de tributação – SACHA CALMON apregoou a inserção, no consequente endonormativo, de outros elementos que se prestam para a apuração do *quantum debeatur*. Além da base de cálculo e alíquota (que já compunham o critério quantitativo da endonorma Carvalheana), foram incluídos no consequente: adições e subtrações (as primeiras necessárias, *v.g.*, à apuração do imposto sobre a renda, e as últimas à apuração do ICMS e IPI); valores fixos (para o caso de taxas como a cobrada pela emissão de passaporte, fixada sem base de cálculo ou alíquota, inaplicáveis à espécie); dados sobre *como* pagar, *quando* pagar e *onde* pagar. Vale conferir este modelo normativo:

Hipótese de incidência	Consequência jurídica
Aspecto material: o fato em si	A quem pagar (sujeito ativo)
Aspecto temporal: condições de tempo	Quem deve pagar (sujeito passivo)
Aspecto espacial: condições de lugar	Quanto se deve pagar (base de cálculo e alíquotas ou valor fixo, adições e subtrações)
Aspecto pessoal: condições e qualificações relativas às pessoas envolvidas com o fato	Como pagar
	Quando pagar
	Onde pagar

---

205. Eis os fundamentos de SACHA CALMON para inserção do aspecto pessoal na hipótese endonormativa:
"(...) O fato jurígeno (um 'ser', 'ter', 'estar' ou 'fazer') está sempre ligado a uma pessoa e, às vezes, os atributos ou qualificações dessa pessoa são importantes para a delimitação da hipótese de incidência. Exemplo marcante da importância do aspecto pessoal constante das hipóteses de incidência nos oferta o 'fato gerador' do ICM. Com efeito, não basta haver circulação. É mister que a pessoa promotora da circulação seja industrial, comerciante, produtor agropecuário ou equiparado." (COÊLHO, Sacha Calmon Navarro. *Teoria Geral do Tributo e da Exoneração Tributária*. São Paulo: Revista dos Tribunais, 1982, p. 91).

Assim, a não-cumulatividade poderá integrar ou não a estrutura da norma tributária em função do modelo de regra-matriz adotado pelo exegeta. É o que se demonstrará a seguir.

3.6.2 O INSTITUTO DA NÃO-CUMULATIVIDADE EM FACE DA NORMA TRIBUTÁRIA

Quando da análise da regra-matriz do ICM, BARROS CARVALHO situou a não-cumulatividade fora da norma de tributação. Em que pesem opiniões contrárias,[206] para o jurista, o critério quantitativo não comportaria o mecanismo de dedução do imposto a pagar. A base de cálculo seria, no caso do ICM, o valor da operação, sobre a qual a alíquota deveria ser aplicada. Posteriormente, no momento de apuração do *quantum debeatur*, o mecanismo da não-cumulatividade atuaria, reduzindo a dívida do contribuinte. Assim, o instituto em comento seria exógeno à regra-matriz de incidência tributária.

Por outro lado, se adotada a teoria da norma tributária de SACHA CALMON, chega-se à conclusão de que a não-cumulatividade integra o consequente endonormativo. Isso porque, ao lado da base de cálculo e da alíquota, SACHA CALMON inclui as deduções – estas, típicas dos impostos não-cumulativos. Dessa forma, é possível sustentar que a não-cumulatividade faz parte da regra-matriz de incidência.[207]

Em qualquer teoria, contudo, resta claro que a não-cumulatividade mantém incólume a base de cálculo da exação, não lhe operando qualquer modificação. A consideração importa porque, apesar da nomenclatura, a incidência do IVA (em sua sistemática

---

206. *Interplures*, vale citar R. G. DE SOUSA, que visualiza a não-cumulatividade integrando o consequente endonormativo por considerá-la parte da própria base de cálculo do tributo. (SOUSA, Rubens Gomes de. Revista de Direito Público, v. 11, p. 18, *Apud* CARVALHO, Paulo de Barros. *A Regra-Matriz do ICM*. Tese de Livre Docência. São Paulo: PUC, 1981, pp. 364-5).

207. O próprio SACHA CALMON invoca a não-cumulatividade tributária para justificar a inclusão das "deduções" no consequente da norma. (COÊLHO, Sacha Calmon Navarro. *Curso de Direito Tributário Brasileiro*, 9ª ed. Rio de Janeiro: Forense, 2007, p. 429).

mais usual, que é a da subtração indireta) não se dá sobre o valor agregado, mas sim sobre a operação cheia.[208] *A posteriori* é que se tem a dedução, operada pela não-cumulatividade, do tributo pago na etapa anterior. Em sendo assim, como a base de cálculo é o valor da operação, não podemos concordar com a tese dos que sustentam que a não-cumulatividade integra a base de cálculo-[209]do ICM (ou de qualquer imposto sobre valor agregado).

Dessarte, pode-se concluir que:

(a) a não-cumulatividade tributária não afeta a base de cálculo do tributo. Nos IVAs em geral, a alíquota é aplicada sobre o valor da operação ou prestação. Calculado o imposto, passa-se, em um segundo momento, às deduções – que, por serem realizadas *a posteriori*, não dilapidam a base tributável;

(b) em face disso, se considerarmos que o consequente da norma tributária abriga, em seu aspecto quantitativo, tão somente a base de cálculo e a alíquota, a conclusão inexorável é de que a não-cumulatividade constitui elemento exógeno à norma de tributação; por outro lado, se visualizarmos na consequência outros elementos como adições, deduções e demais informações relativas ao pagamento da exação, a não-cumulatividade estará inserida na norma tributária.

3.7 PRESSUPOSTOS DA NÃO-CUMULATIVIDADE: PLURIFASIA E DIREITO AO ABATIMENTO

Como foi visto, a não-cumulatividade é forma de apuração do *quantum* devido, que se situa dentro (conforme SACHA

---

208. BERLIRI, Antonio. *L'Imposta sul Valore Aggiunto*. Milano: Giuffrè, 1971, p. 61.

209. Esta é a tese defendida por R. B. NOGUEIRA, para quem "(...) se a própria configuração do imposto estabelece que ele é sobre o valor acrescido, a lei há de ser a primeira a impedir que possa entrar na base de cálculo o *quantum* pago na operação anterior". (NOGUEIRA, Ruy Barbosa. *Direito Tributário Comparado*. São Paulo: Saraiva, 1971, pp. 126-7).

A NÃO-CUMULATIVIDADE DOS TRIBUTOS

CALMON)[210] ou fora (sob a ótica de BARROS CARVALHO)[211] do consequente da norma tributária. Nota típica dos impostos sobre valor agregado, o instituto em questão é utilizado em mais de 120 países – acompanhando o que a doutrina intitula de "fenômeno IVA", dada a larga aceitação desta espécie exacional.

A não-cumulatividade se perfaz por quaisquer dos métodos de cálculo do IVA, cujas formas de apuração, como visto anteriormente,[212] são:

(a) método da adição (muito pouco utilizado, dadas as dificuldades operacionais), no qual se somam os custos de produção e salários para obtenção do valor acrescido, sobre o qual se aplica a alíquota;

(b) métodos de subtração, que admitem duas variantes:

(b.1) base-contra-base (*basis on basis*), ou seja, deduz-se do preço de venda o custo de aquisição, obtendo-se com isso a base tributável; e

(b.2) imposto-contra-imposto (*tax on tax*), no qual o valor do tributo devido na saída é descontado daquele incidente nas etapas anteriores do processo produtivo.

O sistema mais comumente adotado é o imposto-contra-imposto. Nessa hipótese, não se tem uma incidência sobre o valor acrescido propriamente dito. Tributa-se o valor integral da operação e, em momento subsequente, compensa-se o valor do IVA suportado na aquisição de mercadorias para revenda, insumos e bens do ativo imobilizado (desde que estes não sejam alheios à atividade do contribuinte-empresário).[213]

---

210. COÊLHO, Sacha Calmon Navarro. *Curso de Direito Tributário Brasileiro*, 9ª ed. Rio de Janeiro: Forense, 2007, p. 429.

211. CARVALHO, Paulo de Barros. *A Regra-Matriz do ICM*. Tese de Livre Docência. São Paulo: PUC, 1981, p. 370.

212. Item 3.3.1, *supra*.

213. É certo que a autorização para crédito relativamente a determinadas

A compensação se dá, em regra, por período de tempo (débitos de um mês contra créditos do mesmo mês ou do anterior), não havendo vinculação produto a produto. Outrossim, para controle tanto dos contribuintes como do Fisco, a legislação exige o destaque[214] do imposto em nota fiscal (razão pela qual o método de apuração em comento é também nominado *invoice credit*).

Dentre as vantagens da não-cumulatividade destaca-se a de permitir a neutralidade fiscal. Noutro giro verbal, o ônus tributário independerá do número de operações gravadas pelo imposto. Este será equivalente, em regra, à aplicação da alíquota sobre o preço final da mercadoria ou serviço.

Outrossim, o ônus da exação será transferido ao longo da cadeia de produção até chegar ao consumidor final, que arcará de fato com o tributo.[215]

São essas, em síntese, as características básicas do instituto *sub examine*, que vimos de ver nos itens precedentes. Isto posto, cumpre-nos perquirir quais são os pressupostos para que uma exação seja considerada não-cumulativa.

A não-cumulatividade foi criada para atuar nos impostos plurifásicos. Dessarte, pode-se afirmar que a plurifasia é imprescindível para a sua existência. Deve haver um número

---

aquisições pode variar, haja vista que alguns países adotam o IVA tipo produto (que não reconhece direito ao abatimento do imposto que grava as aquisições para o ativo fixo), o IVA tipo renda (que permite a dedução do ativo de forma fracionada, caso do ICMS no Brasil) ou o IVA tipo consumo (que confere integral direito à compensação do tributo suportado na aquisição do imobilizado).

214. Na Europa, o IVA é calculado "por fora": em uma operação de R$ 100,00, o imposto (alíquota de 12%, *v.g.*) será cobrado no montante de R$ 12,00, totalizando um valor devido de R$ 112,00. No Brasil, o IPI segue a mesma sistemática, ao passo que o ICMS é calculado "por dentro" (uma venda interestadual de R$ 100,00 importará no pagamento, *v.g.*, de R$ 12,00 a título de ICMS, porém o preço final do produto continuará sendo de R$ 100,00).

215. Como já dito e repisado, tal consideração deve ser lida do ponto de vista jurídico, pois economicamente não é possível sustentar-se que a não-cumulatividade transfere o peso fiscal ao consumidor final. Tal constatação depende de variáveis de mercado, alheias ao Direito Tributário.

A NÃO-CUMULATIVIDADE DOS TRIBUTOS

mínimo[216] de operações encadeadas que permita a incidência do gravame e a atuação do mecanismo de abatimento do ônus fiscal. Outrossim, o tributo deve efetivamente incidir sobre mais de um estádio do processo produtivo. Dessarte, a plurifasia se concretiza pela existência de várias operações passíveis de tributação, sobre as quais se tem a efetiva incidência do IVA.[217] Presentes ambas as premissas, restam assentadas as bases para que a não-cumulatividade opere em sua forma tradicional.

A antítese da plurifasia é a monofasia. Nesta, o tributo é cobrado em uma só etapa do processo produtivo. É o caso da *retail sales tax*: por incidir tão somente na venda a varejo para consumidor final, caracteriza-se como tributo monofásico por excelência. Os vetustos impostos únicos federais sobre energia elétrica, combustíveis, lubrificantes e minerais são, também, exemplos de exações monofásicas. A Constituição permitia a escolha, dentre os vários estádios da produção e comercialização desses produtos e serviços, de uma única etapa a ser gravada. Daí a nomenclatura de impostos "únicos"[218] – logo, monofásicos.

É imperioso gizar que a monofasia não se confunde com a intitulada substituição tributária para frente ou progressiva, típica do ICMS. Esta pressupõe a existência de tributação plurifásica, é dizer, incidência do gravame sobre mais de uma etapa de circulação da mercadoria. O substituto concentra em si o dever tributário correspondente a duas ou mais fases – porém, o fato de ser recolhido em um só momento não significa que o tributo seja monofásico. Monofasia equivale a incidência única; plurifasia, em todas as etapas; substituição tributária progressiva é a concentração do dever fiscal em um

---

216. Para haver plurifasia são necessárias, pelo menos, *duas* operações sucessivas sobre as quais o IVA possa recair.

217. Essa a lição de SACHA CALMON, para quem o princípio da não-cumulatividade pressupõe a incidência "sobre um ciclo completo de negócios (plurifasia impositiva)". (COÊLHO, Sacha Calmon Navarro. *Comentários à Constituição de 1988 – Sistema Tributário*, 6ª ed. Rio de Janeiro: Forense, 1996, p. 224).

218. Outrossim, apenas o imposto único podia incidir sobre a energia elétrica, combustíveis, lubrificantes e minerais, sendo vedada qualquer outra forma de tributação.

sujeito passivo, que fará as vezes, para o Fisco, dos demais contribuintes (os quais, se houvesse regular incidência do gravame plurifásico, teriam que fazer a recolha da exação).[219]

Sendo plurifásica (ainda que haja substituição tributária a ensejar o pagamento do tributo em um só momento), a exação poderá ser cumulativa ou não-cumulativa, conforme a lei de instituição preveja (ou não) o abatimento do tributo recolhido nas etapas anteriores.

São plurifásicos por excelência os gravames que incidem sobre operações de circulação de bens e serviços. Afinal, apenas nesses casos é possível visualizar todo o processo de produção da mercadoria ou prestação do serviço, viabilizando-se a efetiva compensação do tributo pago nas etapas anteriores. Tal é inaferível noutras modalidades impositivas. Tome-se o exemplo da extinta CPMF, que incidia sempre que havia lançamento a débito, por instituição financeira, em conta-corrente de pessoa natural ou jurídica.[220] O fato de o mesmo valor ser gravado várias vezes pela contribuição a tornava plurifásica (e, portanto, cumulativa, haja vista que inexistia sistema de compensação da CPMF)? Temos que não. Em verdade, as assertivas de que a exação onerava a mesma riqueza por

---

219. A diferença entre os institutos foi apontada por MANEIRA, em trecho que merece transcrição:
"Em primeiro lugar, vamos distinguir monofasia da 'substituição tributária para a frente plena', cuja aplicação somente é possível nos casos de tributos plurifásicos submetidos à não-cumulatividade. Na substituição tributária para a frente haverá, como ocorre com a monofasia e daí a possibilidade de serem confundidas, um único recolhimento. É o caso da refinaria substituir a distribuidora e o posto de gasolina no ICMS, nas operações com combustível. O recolhimento é único na base, na refinaria, mas o cálculo deste imposto levou em consideração a ocorrência de todas as operações. A refinaria recolhe na condição de contribuinte pela primeira operação, da sua venda para a distribuidora e depois recolhe na condição de substituta tributária sobre as outras operações. Na monofasia, ao contrário, tributa-se apenas uma operação. Monofasia significa incidência única. A tributação monofásica é antagônica à plurifasia e por via de consequência à substituição tributária." (MANEIRA, Eduardo. *Considerações sobre o art. 166 do CTN e a Não-cumulatividade das Contribuições ao PIS e à Cofins. Revista Dialética de Direito Tributário*, nº 124. São Paulo: Dialética, jan./2006, pp. 43-4).

220. Hipótese de incidência plasmada no art. 2º, I, da Lei nº 9.311/96.

diversas vezes[221] partiam sempre de modelos baseados em operações com bens ou serviços.

Um desses exemplos, citados à exaustão quando das discussões acerca da extinção da CPMF, era o seguinte: um veículo é comprado da fábrica pelo concessionário; ao fazer o pagamento, o concessionário tem um lançamento a débito de CPMF em sua conta bancária; quando o automóvel é revendido, nova CPMF incide, desta vez na conta-corrente do consumidor, que sacou os valores para quitar o bem; como não havia abatimento, a alíquota de 0,38% era aplicada duas vezes. Diante de tal realidade, alguns sustentavam que a CPMF era cumulativa (o que pressuporia, dessarte, que ela fosse plurifásica, pois a cumulatividade não é compatível com tributos monofásicos).[222] Contudo, não nos parece que tal assertiva seja correta. A hipótese de incidência da CPMF era um ato isolado, que não podia ser vislumbrado como um estádio de um processo de produção ou prestação de serviço. A CPMF gravava lançamentos a débito em contas bancárias – e só. Não havia qualquer vinculação entre a razão do saque (ex.: para adquirir uma mercadoria; para fazer uma doação; para quitar um financiamento de imóvel) e a incidência da norma tributária. Esta gravava o simples ato de se debitar um montante da conta-corrente. Todos os exemplos acerca de sua cumulatividade estavam ligados a um processo de circulação da riqueza por meio de negócios jurídicos. Tal recurso já denota, *per se*, a insuficiência dos elementos constantes da CPMF para permitir a sua qualificação como exação cumulativa – que pressuporia, como dito, a sua plurifasia.

Para nós, plurifasia – e, portanto, cumulatividade ou não-cumulatividade – exige, além da incidência plúrima, que os fatos alcançados pela norma sejam de alguma forma encadeados entre si. Tal ocorre nos tributos que gravam a circulação

---

221. O que resultava em uma alíquota real (efetiva) superior à nominal (prevista em lei).

222. MANEIRA, Eduardo. Considerações sobre o art. 166 do CTN e a Não-cumulatividade das Contribuições ao PIS e à Cofins. *Revista Dialética de Direito Tributário*, n° 124. São Paulo: Dialética, jan./2006, p. 43.

de riquezas, ou seja, nos impostos sobre o consumo de bens e serviços. Nestes, os interessados estão ligados por um negócio jurídico que, a seu turno, é pressuposto para a ocorrência de outro negócio em torno da mesma mercadoria ou serviço. Vista de fora, a operação é uma só, com seus vários estádios concatenados, possibilitando a circulação do bem desde a extração da matéria-prima (quando necessário) até a entrega do produto ou serviço ao consumidor final. Somente se atendidos esses pressupostos é possível falar-se em plurifasia. Do contrário, ter-se-á gravames incidindo sobre realidades autônomas, que se esgotam em si mesmas, inexistindo o encadeamento lógico e factual necessário para a tributação plurifásica. É o caso da extinta CPMF e das contribuições sobre a receita ou faturamento das empresas. Auferida a receita, realiza-se a hipótese de incidência abstratamente prevista no critério material da norma.

Dir-se-á, em contraponto, que também nos impostos sobre circulação de riquezas, a incidência se esgota na venda do bem ou serviço. Sim, a afirmativa é correta. Entretanto, é possível traçar um liame lógico-operacional entre a venda (ou prestação) e as operações anteriores que possibilitam a sua efetivação. Com isso, se pode visualizar toda a cadeia e fazer sobre ela incidir, fracionadamente, a exação plurifásica não-cumulativa. Esse tipo de constatação é impossível de ser feita nos tributos não relacionados ao consumo de bens e serviços. Tome-se outro exemplo, o do imposto sobre a renda: seu fato imponível se esgota na percepção do rendimento. É impróprio, neste caso, falar-se em operação anterior para fins de abatimento.

Um julgado do Supremo Tribunal da década de 1980, que tratou do direito ao crédito do ICM em produtos adquiridos pelo empresário e não revendidos porque destruídos em incêndio,[223]

---

223. Saliente-se que, no mérito, parece-nos que a decisão do STF foi errônea, pois negou o direito ao crédito. Ousamos divergir do posicionamento do Excelso Pretório porque a apuração do imposto é feita não por produto, mas sim por período de tempo. Sendo assim, uma vez que a mercadoria ingressa no estabelecimento, o empresário já pode compensar o crédito de ICMS destacado na nota fiscal de aquisição (inclusive com possibilidade de transporte do saldo credor para períodos subsequentes, caso os débitos não fossem suficientes para eliminá-los por completo). O

abordou, com propriedade, o conceito de plurifasia como requisito essencial da não-cumulatividade. Os excertos do voto do Relator, Min. OCTAVIO GALLOTTI, lançam luzes sobre o tema:

> (...) O direito, constitucionalmente garantido, da não-cumulatividade, para repartição ideal da carga tributária, só existe ao se considerar presente o trato sucessivo das operações realizadas pelo contribuinte com a mesma mercadoria. (...).
>
> Daí concluir-se que a não-cumulatividade só tem razão de ser se ocorrente a multiplicidade de operações tributáveis, realizadas por comerciantes, industriais ou produtores. É essa a presunção constitucional, que não surte efeitos quando o processo econômico se exaure numa só operação."[224]

Tributos plurifásicos exigem, portanto, incidência sobre negócios jurídicos que viabilizem a circulação de riquezas, desde o produtor até o consumidor final. Assim, estão fora dessa classificação:

(a) as exações caracteristicamente monofásicas, como a *retail sales tax* norte-americana, que apenas incide na venda a consumidor final, ou mesmo o PIS/Cofins, quando devidos no regime monofásico, em que somente o industrial ou o importador pagam contribuições sobre receitas de venda de certas mercadorias;

(b) as que, apesar de gravarem um negócio jurídico translativo do patrimônio (impostos sobre heranças, doações e transmissão de propriedade imóvel), têm por premissa incidir sobre um fato não enquadrado no processo empresarial de produção, circulação e consumo de riquezas. Afinal, o recebimento de uma herança e a aquisição de um terreno, *v.g.*, são atos alheios ao processo circulatório tradicional de mercadorias e serviços, consistindo em fatos estanques.

---

fato de o bem ter sido destruído em incêndio não poderia, portanto, obstar o lançamento do crédito do imposto na escrita fiscal do contribuinte.

224. STF, Primeira Turma, RE nº 105.666/SP, Relator Min. OCTAVIO GALLOTTI, *DJ* 06.12.1985, p. 22.585.

Dessarte, podemos afirmar que a plurifasia é nota típica dos impostos sobre o consumo de bens e serviços, caracterizando-se pela incidência do gravame sobre dois ou mais estádios da cadeia produtiva. Sendo plurifásico, o tributo poderá ser cumulativo ou não-cumulativo. No primeiro caso (exação cumulativa), a incidência se dá sobre o valor de cada operação, sem permitir-se qualquer abatimento. Assim operava o vetusto Imposto sobre Vendas e Consignações (IVC), que mereceu pungentes críticas da doutrina pátria exatamente por ser cumulativo. Na segunda hipótese (gravame não-cumulativo), também há tributação do valor integral da operação, porém se admite o abatimento do imposto que tenha incidido nas etapas pretéritas. Essa a lógica do IVA, cujo pilar fundante é exatamente a não-cumulatividade tributária.

Em síntese, para ser qualificado como não-cumulativo, o tributo deve:

(a) ser plurifásico, o que implica a múltipla incidência sobre negócios jurídicos que objetivem a circulação de riquezas desde a fonte produtora até o adquirente final;

(b) conferir ao contribuinte direito de crédito sobre o mesmo imposto recolhido em fases anteriores do processo de produção.

O destaque em nota fiscal do tributo é nota típica da não--cumulatividade, mas por se tratar de mera formalidade não pode ser invocado como um dos elementos caracterizadores do instituto em comento. Tanto é que o STF, em diversas ocasiões, já assegurou o direito ao crédito do antigo ICM mesmo na ausência de destaque do imposto na nota.[225]

---

225. Em oportunidades distintas, garantiu o Supremo o crédito ao adquirente de mercadorias cujas notas fiscais não continham o destaque do ICM. Uma delas foi no julgamento da aquisição de bens cuja venda se fazia ao abrigo de liminar obtida pelo vendedor para não submetê-los à tributação pelo ICM, mas sim pelo imposto único sobre minerais (que vigorava anteriormente à CR/88). Sustentando que tais liminares seriam posteriormente cassadas, haja vista a consolidação da jurisprudência em sentido contrário à pretensão dos alienantes, assegurou a Suprema Corte o direito de crédito do ICM para o adquirente, mesmo à míngua de destaque na nota fiscal (STF, Primeira Turma, RE nº 78.589/SP, Relator Min. ALIOMAR BALEEIRO, *DJ* 04.11.1974). Outra

IV
RELAÇÕES ENTRE TRIBUTAÇÃO INDIRETA E NÃO-CUMULATIVIDADE

A tributação indireta pressupõe a transferência *jurídica* do ônus tributário para o adquirente final. O tributo indireto pode ser monofásico ou plurifásico; sendo plurifásico, poderá ser cumulativo ou não-cumulativo.

É exemplo de tributo monofásico indireto a *retail sales tax* norte-americana, devida pelo comerciante na venda para consumidor final de mercadorias. No Brasil, tem-se o PIS/Cofins monofásicos para os produtos de higiene pessoal, medicamentos e cosméticos. As contribuições são devidas pelos industriais ou importadores nas vendas para distribuidores ou varejistas – que, a seu turno, não terão que pagar PIS/Cofins sobre as receitas de vendas desses produtos.[226] Sendo monofásicas as exações, não há que se falar em direito ao crédito,

---

decisão no mesmo sentido refere-se à aquisição de café do IBC (autarquia imune a impostos), tendo inclusive ensejado a edição da Súmula nº 571:
"O comprador de café ao IBC, ainda que sem expedição de nota fiscal, habilita-se, quando da comercialização do produto, ao crédito do ICM que incidiu sobre a operação anterior."
Nota-se que, no caso do IBC, sequer havia nota fiscal de aquisição, vez que a autarquia era dispensada da sua emissão.

226. Vide Lei 10.147/2000.

como inclusive já decidiu o STJ para o PIS/Cofins quando tais exações seguem a monofasia.[227]

Em ambas as hipóteses, a alíquota é aplicada sobre o valor da transação, sendo o contribuinte *de facto* o adquirente da mercadoria.

A seu turno, a tributação plurifásica cumulativa de mercadorias e serviços (representada no Brasil pelo vetusto Imposto sobre Vendas e Consignações)[228] consubstancia típico tributo indireto cumulativo.[229] Todavia, mesmo sendo

---

227. Confira-se a seguinte ementa, que aclara o posicionamento do STJ:
"TRIBUTÁRIO. RECURSO ESPECIAL. PIS E COFINS. LEI 11.033/2004, ARTIGO 17. REGIME MONOFÁSICO. CREDITAMENTO. IMPOSSIBILIDADE. (...).
2. O Tribunal *a quo*, ao analisar a controvérsia, reiterou sentença de piso que disse: '(...) Assim, sendo a tributação monofásica, não se justifica o alegado direito a crédito em relação às mercadorias adquiridas para revenda, uma vez que comerciantes atacadistas ou varejistas não são onerados com o pagamento dos tributos. Conclui-se, portanto, inexistir fundamento jurídico para que, nas fases seguintes, o contribuinte se aproveite de crédito decorrente de tributação monofásica – ocorrida no início da cadeia (fls. 128-129, e-STJ)'.
3. O entendimento alhures encontra-se pacificado na jurisprudência da Segunda Turma do STJ, segundo o qual inexiste direito a creditamento, por aplicação do princípio da não-cumulatividade, na hipótese de incidência monofásica do PIS e da Cofins, porquanto inocorrente, nesse caso, o pressuposto lógico da cumulação." (STJ, Segunda Turma, REsp nº 1.788.367/RS, Relator Min. HERMAN BENJAMIN, *DJe* 31.05.2019)

228. O histórico da tributação cumulativa sobre o consumo no Brasil foi resenhado por COELHO:
"O Brasil adotou o imposto de circulação em 1924. Naquele ano o imposto era arrecadado pelo governo federal e as alíquotas variavam entre 2% e 3%, usando-se selos colados às faturas. Inicialmente, o objetivo principal não era arrecadar receitas tributárias, mas promover o uso de faturas como título comercial no mercado monetário. Somente em 1934 o imposto foi transferido para os governos estaduais como parte do novo sistema incorporado à Constituição de 1934, eliminando-se simultaneamente a tributação sobre o comércio interestadual e este imposto, denominado Imposto sobre Vendas e Consignações (IVC), foi a principal fonte de receita estadual. Com o tempo, tornou-se o principal imposto do país.
(...)
Com o tempo e à medida em que os orçamentos estaduais se tornavam mais dependentes do IVC, a alíquota subiu rapidamente. De 0,3% a 0,5% durante a década de 30, em 1940 a alíquota passou para 1,25% em quase todos os Estados.
Em 1950 a alíquota normal girava em torno de 2,5% e em 1966 a alíquota média do IVC aumentara para 5,8% (...)." (COELHO, Carlos Nayro de Azevedo. *Uma Análise Econômica do Imposto sobre o Valor Adicionado no Brasil*. Brasília: Comissão de Financiamento da Produção, 1980, p. 60).

229. Vale repisar que tanto a cumulatividade como a sua antípoda somente são

A NÃO-CUMULATIVIDADE
DOS TRIBUTOS

indireto, por se tratar de exação multifásica *cumulativa*, substancial parcela do ônus tributário recairá sobre o próprio contribuinte *de jure*. Afinal, somente o valor do imposto incidente na última etapa da cadeia de circulação será *juridicamente* trasladado ao contribuinte *de facto*.

Já as exações não-cumulativas *stricto sensu*[230] serão, sempre, indiretas. Consoante assentado alhures, a repercussão jurídica é nota típica da não-cumulatividade. A neutralidade, enquanto efeito da não-cumulatividade, impede a oneração do contribuinte de direito, criando mecanismos para que este traslade o imposto para o consumidor final. Por essa razão, o IVA é considerado um típico imposto sobre o consumo, assim como o ICMS e o IPI.

Dessarte, um tributo não-cumulativo preenche requisitos que também o tornam indireto. Isso porque as notas necessárias à caracterização da não-cumulatividade *stricto sensu*[231] coincidem com aquelas que denotam a natureza *indireta* de determinada exação (em que pese a recíproca não ser verdadeira, já que o tributo indireto pode ser monofásico ou mesmo plurifásico e cumulativo).

Em suma: tributos indiretos (também nominados sobre o consumo) são aqueles nos quais a lei permite a transferência do ônus fiscal. A incidência indireta pode ser monofásica ou

---

possíveis em tributos plurifásicos. Estes, consoante visto no item precedente, incidem sobre negócios jurídicos que permitem a circulação de riquezas na sociedade – noutras palavras, sobre as operações com bens e serviços.

230. A qualificação aqui proposta para a não-cumulatividade clássica se deve ao fato de que, a partir da EC nº 42/2003, a Constituição passou a predicar a aplicação desse instituto às contribuições sobre a receita bruta. Como estas não são exações plurifásicas, porém ao mesmo tempo passaram a ser não-cumulativas por imposição da CR/88 e de suas leis de regência, criou-se uma nova modalidade de não-cumulatividade no País, aplicada a exações que não gravam o consumo de bens e serviços. Sendo assim, propomos a distinção entre não-cumulatividade *stricto sensu*, que é o instituto clássico e aplicado a tributos plurifásicos, e a não-cumulatividade *lato sensu*, que consiste em mera técnica de apuração do *quantum debeatur*, sem o condão de alcançar a neutralidade tributária ou mesmo de permitir a translação jurídica do ônus do gravame ao adquirente final. Para maiores detalhes, confira-se o próximo capítulo.

231. Vide nota de rodapé anterior.

plurifásica. Sendo plurifásica, poderá ser cumulativa ou não. Fazendo o caminho inverso, podemos afirmar que a não-cumulatividade, *enquanto atributo de impostos plurifásicos sobre o consumo de bens e serviços*, é nota típica dos tributos indiretos. Assim, toda exação não-cumulativa é indireta (*rectius*: criada para, juridicamente, ter o seu ônus transportado para o contribuinte de fato), desde que incida sobre operações de circulação de riquezas. Ao revés, se a não-cumulatividade for aplicada a gravames que incidem sobre outras materialidades (como a receita ou faturamento, caso do PIS/Cofins) não se poderá concluir da mesma forma. Nesse caso, a não-cumulatividade não terá sido utilizada em sua função original e, consequentemente, não terá o condão de tornar indireta, *per se*, a exação.

V
TRIBUTOS NÃO-CUMULATIVOS NO ORDENAMENTO JURÍDICO BRASILEIRO

5.1 ADVERTÊNCIA

Ab initio, é imperioso alertar que o simples fato de um tributo ser intitulado "não-cumulativo" não o torna, por si só, integrante desta categoria, ao menos com todas as notas características que vimos de ver. O *nomen juris*, afinal, é irrelevante para definir a natureza da exação, como predica o próprio CTN:

> Art. 4º. A natureza jurídica específica do tributo é determinada pelo fato gerador da respectiva obrigação, sendo irrelevantes para qualificá-la:
>
> I – a denominação e demais características formais adotadas pela lei;
>
> [...].

Será não-cumulativo o tributo que for ao mesmo tempo plurifásico (gravando, portanto, operações de circulação de bens e serviços) e que permitir ao contribuinte o abatimento da exação paga nas etapas anteriores.

Todavia, acedendo ao fato de que a Constituição de um país é soberana (o Constituinte originário tudo pode, desde que não fira os direitos humanos fundamentais; e o derivado idem, exceto violar as cláusulas pétreas postas na Lei Maior), entendemos que, desde o ano de 2003 (quando foi editada a Emenda Constitucional nº 42), existem duas espécies de não-cumulatividade no Direito Tributário brasileiro. A primeira, que intitulamos "em sentido estrito", corresponde à concretização de todo o arcabouço teórico que vimos de ver. Trata-se da não-cumulatividade propriamente dita, *stricto sensu*, como forma de obtenção da neutralidade fiscal, aplicável aos tributos plurifásicos (que gravam o consumo de mercadorias e serviços). Já a outra é a não-cumulatividade em sentido amplo, que corresponde a uma forma de cálculo do *quantum debeatur* aplicada aos tributos que não atingem o consumo de bens e serviços (não sendo, por tal razão, plurifásicos). Nesses casos, dá-se o transporte da noção geral de não-cumulatividade (sistema de compensação de créditos e débitos) para tributos que não se prestam à consecução dos objetivos da tributação sobre o valor acrescido. Não obstante, por se tratar do mesmo instituto, as características da não--cumulatividade do IPI/ICMS deverão, sempre que possível, informar a não-cumulatividade do PIS/Cofins.

Portanto, com o advento da EC nº 42/2003, passaram a existir duas espécies de não-cumulatividade no sistema tributário pátrio:

(a) a não-cumulatividade *stricto sensu*, presente em tributos similares ao IVA;

(b) a não-cumulatividade *lato sensu*, aplicável a exações que gravam o faturamento ou a receita das empresas.

Feita esta advertência, passemos ao detalhamento dos tributos não-cumulativos no Brasil.

5.2 NÃO-CUMULATIVIDADE EM SENTIDO AMPLO E ESTRITO

A Constituição da República de 1988 refere-se à não-cumulatividade ao tratar dos seguintes tributos:

A NÃO-CUMULATIVIDADE
DOS TRIBUTOS

(a) Imposto sobre Produtos Industrializados, que incide sobre operações realizadas por importador, industrial ou a este equiparado (art. 153, IV e §3º, II);

(b) Impostos residuais, que somente podem ser criados pela União sobre fatos geradores que não estejam previstos na Constituição (art. 154, I);

(c) Imposto sobre Operações de Circulação Jurídica de Mercadorias e Prestação de Serviços de Transporte Interestadual e Intermunicipal e de Comunicação, ainda que as operações e as prestações se iniciem no exterior, no qual o imposto cobrado anteriormente em qualquer Estado ou no Distrito Federal é obrigatoriamente deduzido do *quantum debeatur* (art. 155, II e §§2º a 5º);

(d) Contribuições para a seguridade social de competência residual da União Federal, que seguem os mesmos ditames dos impostos residuais (art. 195, §4º c/c art. 154, I);

(e) Contribuições para a seguridade social incidentes sobre a receita ou faturamento das empresas, assim como sobre a importação de bens e serviços (art. 195, I, *b*, IV e §§ 9º, 11 e 12).

Apesar de nominados não-cumulativos pela própria Carta Magna, o sentido do termo não é o mesmo em todos os casos. Afinal, como é cediço, o sistema de abatimento de créditos e débitos difundido no mundo por meio do IVA somente se opera em impostos plurifásicos sobre o consumo. Sendo assim, dos tributos previstos na Constituição, apenas o IPI e o ICMS podem ser qualificados como não-cumulativos em sentido estrito. Nessas exações, o instituto em tela permite o alcance da neutralidade fiscal e a translação (jurídica) do ônus tributário para o adquirente final dos bens ou serviços.

Nas contribuições sociais incidentes sobre a receita ou faturamento, assim como naquela devida quando da importação de mercadorias e serviços, é impróprio falar-se em não-cumulatividade *stricto sensu*. No primeiro caso, o fato tributável (auferimento de receita) é desvinculado de qualquer operação que vise à circulação de riquezas, o que impossibilita a translação *jurídica* do seu peso fiscal para o consumidor final, que é o diferencial obtido pela aplicação da não-cumulatividade em sentido estrito. Já na segunda hipótese (importação de bens e serviços), um ponto essencial impede a concretização da não--cumulatividade clássica: apesar de o tributo gravar uma operação de circulação de riqueza, a incidência na importação é monofásica. Exatamente por essa razão, o legislador nominou de PIS/Cofins as contribuições devidas na importação – permitindo, com isso, o abatimento dos valores pagos no desembaraço aduaneiro com o PIS/Cofins devido pelo auferimento de receita quando da venda no mercado interno. De todo modo, sendo tributos com bases de cálculo completamente distintas, essa "compensação" permitida pela legislação (com esforço na Lei Maior) não se equipara ao abatimento realizado nos impostos plurifásicos, consistindo apenas em uma forma de se mitigar o ônus tributário do importador (e tão somente quando este for sujeito ao pagamento do PIS/Cofins não-cumulativos em suas vendas internas).[232]

Portanto, podemos classificar os tributos, à luz da Constituição, como:

(a) não-cumulativos *stricto sensu*: ICMS e IPI;

(b) não-cumulativos *lato sensu*: PIS/Cofins incidentes sobre receita ou faturamento e sobre a importação de bens e serviços.

Já os impostos e contribuições sociais residuais merecem consideração apartada. Apesar de a Constituição dispor que essas exações serão obrigatoriamente não-cumulativas, se e quando instituídas pelo legislador complementar federal, tal determinação deve ser compreendida *cum grano salis*. Isso porque a não-cumulatividade somente faz sentido – para fins

---

232. Quando o importador for contribuinte do PIS/Cofins cumulativos inexistirá direito ao abatimento das contribuições incidentes na importação.

A NÃO-CUMULATIVIDADE DOS TRIBUTOS

de exercício da competência residual – quando compreendida em seu sentido clássico. É dizer: caso não se trate de um mecanismo proporcionador de neutralidade na tributação e de translação do ônus fiscal ao contribuinte *de facto*, a não-cumulatividade se torna uma mera fórmula de cálculo do tributo devido, sem maior relevância do ponto de vista jurídico.

Nessa toada, os tributos residuais (impostos e contribuições) somente deverão observar a não-cumulatividade quando forem plurifásicos e incidirem sobre operações de circulação de riquezas. Se criado, *v.g.*, um imposto residual sobre a propriedade de embarcações e aeronaves, seria possível dotá-lo da não-cumulatividade? Decerto que não. Impostos sobre o patrimônio são monofásicos por natureza, impedindo, por tal razão, sua coexistência com a não-cumulatividade clássica. Nesta hipótese, por impossibilidade lógica, a exação não seria válida mesmo estando ausente a não-cumulatividade.

Portanto, a não-cumulatividade enquanto requisito de validade do imposto ou contribuição residual é aquela *stricto sensu*, incidente sobre impostos plurifásicos indiretos. Se o critério material da exação não abarcar a incidência sobre operações de circulação de bens e serviços, então resta dispensada a observação desse comando normativo.

Sobre o tema, vale apontar decisão do Supremo Tribunal Federal que, ao analisar a constitucionalidade da contribuição social residual instituída pela Lei Complementar nº 84, de 18 de janeiro de 1996, afastou a necessidade de observância da não-cumulatividade na espécie. Tal exação incide sobre as remunerações pagas por empresas ou cooperativas a trabalhadores autônomos, avulsos e demais pessoas físicas sem vínculo empregatício.[233] Segundo o Plenário do STF, somente

---

233. Eis os termos da LC nº 84/96, na parte analisada pelo STF:
"Art. 1º. Para a manutenção da Seguridade Social, ficam instituídas as seguintes contribuições sociais:
I – a cargo das empresas e pessoas jurídicas, inclusive cooperativas, no valor de quinze por cento do total das remunerações ou retribuições por elas pagas ou creditadas no decorrer do mês, pelos serviços que lhes prestem, sem vínculo empregatício, os segurados empresários, trabalhadores autônomos, avulsos e demais pessoas físicas; (...)."

é possível exigir-se que a competência residual seja pautada pela não-cumulatividade quando o tributo for plurifásico. A ementa é esclarecedora, pelo que a ofertamos à transcrição:

> CONTRIBUIÇÃO SOCIAL. CONSTITUCIONALIDADE DO ARTIGO 1º, I, DA LEI COMPLEMENTAR Nº 84/96.
>
> – O Plenário desta Corte, ao julgar o RE 228.321, deu, por maioria de votos, pela constitucionalidade da contribuição social, a cargo das empresas e pessoas jurídicas, inclusive cooperativas, incidente sobre a remuneração ou retribuição pagas ou creditadas aos segurados empresários, trabalhadores autônomos, avulsos e demais pessoas físicas, objeto do artigo 1º, I, da Lei Complementar nº 84/96, por entender que não se aplica às contribuições sociais novas a segunda parte do inciso I do artigo 154 da Carta Magna, ou seja, que elas não devam ter fato gerador ou base de cálculos próprios dos impostos discriminados na Constituição.
>
> – *Nessa decisão está ínsita a inexistência de violação, pela contribuição social em causa, da exigência da não-cumulatividade, porquanto essa exigência – e é este, aliás, o sentido constitucional da cumulatividade tributária – só pode dizer respeito à técnica de tributação que afasta a cumulatividade em impostos como o ICMS e o IPI – e cumulatividade que, evidentemente, não ocorre em contribuição dessa natureza cujo ciclo de incidência é monofásico –*, uma vez que a não-cumulatividade no sentido de sobreposição de incidências tributárias já está prevista, em caráter exaustivo, na parte final do mesmo dispositivo da Carta Magna, que proíbe nova incidência sobre fato gerador ou base de cálculo próprios dos impostos discriminados nesta Constituição.
>
> – Dessa orientação não divergiu o acórdão recorrido. Recurso extraordinário não conhecido.[234]

Portanto, os impostos e contribuições residuais somente deverão ser não-cumulativos quando forem plurifásicos. Do contrário, tornar-se-ia inócua a regra que obriga à observância da não-cumulatividade em tais espécies exacionais.[235]

---

234. STF, Primeira Turma, RE nº 258.470/RS, Relator Min. MOREIRA ALVES, *DJ* 12.05.2000, p. 32, grifos nossos.

235. O voto do Relator no RE nº 258.470/RS adota o relatório da Corte *a quo*, cujo seguinte trecho merece destaque:
"A referência contida no art. 154, I da CF refere-se à não-cumulatividade interna, que constitui simples técnica de arrecadação, consistente no abatimento ou compensação do que for devido em cada operação com o montante do tributo cobrado nas

A NÃO-CUMULATIVIDADE DOS TRIBUTOS

Do exposto relativamente às modalidades *lato* e *stricto sensu* do instituto *sub examine*, pode-se inferir que o conceito amplo de não-cumulatividade consiste em mera fórmula de cálculo do tributo a pagar, pela qual são deduzidos créditos dos débitos eventualmente apurados. O ônus da exação não é, nessa hipótese, juridicamente trasladado para o contribuinte *de facto*. O que se tem é apenas um *modus operandi* diferenciado para apuração do *quantum debeatur*.

Assim é que a não-cumulatividade só alcança seus fins quando aplicada aos tributos plurifásicos. É com base neste tipo de exação que se poderá construir uma teoria da não-cumulatividade satisfatória, aplicando-se os conceitos que vigoram em todo o mundo acerca da tributação sobre o valor acrescido.

Entrementes, a não-cumulatividade *lato sensu* (aplicada a exações não incidentes sobre o consumo de bens e serviços) merece atenção nos pontos em que há convergência entre os seus institutos próprios e os da não-cumulatividade clássica.[236]

Assentado o conceito de tributo não-cumulativo, bem como as suas duas variantes no ordenamento jurídico pátrio, pode-se passar adiante para verificar se a não-cumulatividade, no Brasil, consiste em um princípio jurídico – do qual efundem valores como a neutralidade tributária e a livre concorrência – ou em uma simples regra de cálculo do *quantum debeatur* de determinadas exações.

---

operações anteriores, tal como se observa no recolhimento do ICMS e no IPI, consoante dispõem os artigos 153, II, §3º e 155, II, §1º da Constituição.

Se o contribuinte tivesse querido tratar da não-cumulatividade externa, ou seja, sobreposição de tributos, não teria referido expressamente a proibição constante na parte final do artigo 154, I, da CF: criação de novos tributos sobre fatos que possuam o mesmo fato gerador ou base de cálculo dos impostos já previstos na Constituição. E não se podendo equiparar a contribuição tratada pela Lei Complementar nº 84/96 ao ICMS e ao IPI, a isso segue-se que, pelo prisma da não-cumulatividade, não há qualquer inconstitucionalidade na sua cobrança." (STF, Primeira Turma, RE nº 258.470/RS, Relator Min. MOREIRA ALVES, *DJ* 12.05.2000, p. 32, grifos nossos).

236. Um exemplo é o alcance do conceito de insumo – bem que não se agrega ao produto final, porém gera crédito para o adquirente. Com o advento da contribuição ao PIS e da Cofins não-cumulativas (*lato sensu*), tal discussão adquiriu novas matizes e elementos – permitindo uma evolução do tema em matéria de ICMS e IPI, haja vista que também, nessas exações, a aludida definição assume papel de relevo.

VI
NÃO-CUMULATIVIDADE: PRINCÍPIO OU REGRA?

Tendo sido explicitadas, nos capítulos precedentes, as principais características da não-cumulatividade, cumpre agora perquirir a natureza do instituto, de modo a definir se ele consiste em:

(a) princípio universal e abstrato que visa à neutralidade fiscal e à translação jurídica do ônus do tributo ao consumidor final; ou

(b) mera regra que predica a compensação do tributo incidente nas operações anteriores, sem que com isso se pretenda o alcance de fins maiores.

O correto enquadramento pressupõe uma digressão sobre os conceitos jurídicos de princípios e regras, que será feita a seguir.

6.1 PRINCÍPIOS E REGRAS: DISTINÇÕES FUNDAMENTAIS

Sob o prisma objetivo,[237] o Direito é formado por um conjunto de normas destinadas a regular as situações sociais.[238] Das normas efundem princípios e regras jurídicas.[239]

Os princípios são extraídos do contexto normativo, podendo estar implícitos ou explícitos, tendo como notas características a generalidade e a abstração. Eles se prestam a orientar não só o exegeta, mas também o legislador, constituindo-se, dessarte, em pilares fundantes do ordenamento jurídico que informam sua elaboração, interpretação e aplicação – do que advém o seu caráter abstrato e geral. Assim, um princípio tem o condão de invalidar normas que com ele conflitem, porquanto paira acima do ordenamento, perpassando-o.

Já as regras consistem em normas com menor grau de abstração, mais próximas dos casos concretos por elas regulados. Dessarte, não são pilares fundantes do sistema e tampouco pairam acima das demais normas. Regras regulam situações específicas e determinadas, devendo pura e simplesmente ser observadas pelo intérprete. Para a hermenêutica das regras, os princípios têm importante valia. Afinal, estes traçam as diretrizes que são por aquelas concretizadas.

Entretanto, os critérios da generalidade e abstração, como bem aponta ALEXY,[240] não são suficientes para a distinção entre princípios e regras, podendo gerar disfunções

---

237. A distinção aqui referida é a clássica diferenciação entre direito objetivo e subjetivo. Este último é considerado do ponto de vista do titular do direito, daquele possui as condições para exercê-lo. Já o Direito objetivo trata do instituto em si, objeto de análise neste tópico.

238. RÁO, Vicente. *O Direito e a Vida dos Direitos*, 6ª ed. São Paulo: Revista dos Tribunais, 2004, p. 215.

239. CANOTILHO, J. J. Gomes. *Direito Constitucional e Teoria da Constituição*, 2ª ed. Coimbra: Almedina, 1998, p. 1034-49.

240. ALEXY, Robert. *Teoria da Argumentação Jurídica: a Teoria do Discurso Racional como Teoria da Justificação Jurídica*, 2ª ed. Trad. por SILVA, Zilda Hutchinson Schild. São Paulo: Landy, 2001, p. 270.

quando de sua aplicação prática. Por tal razão, o citado autor adiciona outro atributo às regras, que é a imperatividade de sua observância: uma regra somente pode ser cumprida ou descumprida. Nelas, inexiste espaço para balanceamentos ou ponderações. Assim, na hipótese de colisão entre regras, apenas uma será observada, aplicando-se, para tanto, os critérios existentes no ordenamento para solução de antinomias (tais como *lex specialis derogat generalis*, *lex posterior derogat priori* e *lex superior derogat inferiori*).[241] Esta característica foi nominada por DWORKIN[242] como o "tudo ou nada" que rege a aplicabilidade das regras. Os princípios, por sua vez, podem ser sopesados em caso de colisão, sem que isso signifique a invalidação daquele de menor envergadura, como registra CANARIS.[243] Assim, os princípios não são determinações objetivas. São "mandados de otimização"[244] que podem ser cumpridos em diferentes graus. A medida do cumprimento dos princípios é determinada não só pelas possibilidades fáticas, mas também pelas jurídicas: exemplificativamente, preceitos constitucionais oriundos de normas que dependam de regulamentação, ainda que embasados por princípios, podem não ser cumpridos de plano (dada a ausência de regras viabilizadoras da efetivação principiológica).

Os princípios, podemos concluir, são axiológicos. Fundam-se em valores maiores, orientando a elaboração e a interpretação das regras. Estas são normas prescritoras de condutas (obrigatórias, permitidas ou proibidas) e impositivas de sanção em caso de seu descumprimento. As regras orientam o agir do homem; os princípios são invocados para evitar que,

---

241. DINIZ, Maria Helena. *Conflito de Normas*, 7ª ed. São Paulo: Saraiva, 2007, pp. 34-41.

242. DWORKIN, Ronald. *Levando os Direitos a Sério*. Trad. por BOEIRA, Nelson. São Paulo: Martins Fontes, 2002, pp. 39-40.

243. CANARIS, Claus-Wilhelm. *Pensamento Sistemático e Conceito de Sistema na Ciência do Direito*, 2ª ed. Trad. por CORDEIRO, Antonio Menezes. Lisboa: Fundação Calouste Gulbenkian, 1996, p. 88.

244. ALEXY, Robert. *Teoria de los Derechos Fundamentales*. Madrid: Centro de Estudios Constitucionales, 1993, pp. 86-7.

em casos concretos, a aplicação da regra se torne desarrazoada, desproporcional ou injusta.

6.2 A NÃO-CUMULATIVIDADE ENQUANTO PRINCÍPIO CONSTITUCIONAL

Quando o comando "abatendo-se o montante cobrado nas operações anteriores" foi constitucionalizado, a Lei Maior passou a efundir mais do que uma simples regra de apuração do *quantum* devido. Plasmou-se na Carta um verdadeiro princípio, dado que a não-cumulatividade possui diversas funções, perseguindo:

(a) a translação jurídica do ônus tributário ao contribuinte *de facto*, não onerando os agentes produtivos;

(b) a neutralidade fiscal, de modo que o número de etapas de circulação da mercadoria não influa na tributação sobre ela incidente;

(c) o desenvolvimento da sociedade, pois a experiência mundial denota que a tributação cumulativa sobre o consumo gera pobreza, pois encarece a circulação de riquezas;

(d) a conquista de mercados internacionais, permitindo-se a efetiva desoneração tributária dos bens e serviços exportados (impraticável no regime cumulativo de tributação);

(e) a isonomia entre produtos nacionais e estrangeiros, pois a não-cumulatividade possibilita a cobrança, na importação, de tributo em montante idêntico ao suportado pelo produtor nacional.[245]

Os nobres fins da não-cumulatividade denotam o seu cariz de princípio, que se exterioriza por meio da regra de abatimento do imposto pago nas operações anteriores. A não-cumulatividade

---

[245]. Em se tratando de gravames cumulativos, os produtos acabados trazidos do estrangeiro não teriam condições de ser equiparados aos brasileiros, que aqui sofrem diversas incidências ao longo dos seus estádios de produção e distribuição até se chegar ao consumidor final.

é, portanto, o princípio constitucional tributário que mais se aproxima de uma regra,[246] pois parte de valores superiores (neutralidade tributária, *v.g.*) para, então, prescrever uma conduta (abatimento do montante cobrado nas operações anteriores) que permitirá o alcance das finalidades propostas.[247]

Comungando desse entendimento, SACHA CALMON,[248] MISABEL DERZI[249] e BARROS CARVALHO,[250] nunca negaram à não-cumulatividade o caráter de técnica arrecadatória, mas sempre reconheceram que tal regra não era um fim em si mesmo, possuindo cariz axiológico – tal como acima explicitado – do qual exsurgiria o seu matiz de princípio, este também defendido por autores do porte de CARRAZZA,[251] MELO e LIPO,[252] G. DE MATTOS,[253] *inter alii*.

Não obstante, impende notar que parte considerável da doutrina sustenta ser a não-cumulatividade uma simples regra

---

246. SILVA, Paulo Roberto Coimbra. *A Substituição Tributária Progressiva nos Impostos Plurifásicos e Não-cumulativos*. Belo Horizonte: Del Rey, 2001, p. 112.

247. BRITO também propugna que a não-cumulatividade é uma técnica tributária que assume, no contexto em que se insere, o caráter de princípio. (BRITO, Edvaldo. *ICMS: Restrições à Compensação do ICMS – Bens do Ativo e Bens Destinados a Consumo do Estabelecimento*. ROCHA, Valdir de Oliveira (coord.). O ICMS e a LC 102. São Paulo: Dialética, 2000, pp. 52-4).

248. COÊLHO, Sacha Calmon Navarro. *Curso de Direito Tributário Brasileiro*, 7ª ed. Rio de Janeiro: Forense, 2004, pp. 384-97.

249. BALEEIRO, Aliomar. *Direito Tributário Brasileiro*, 11ª ed. Rio de Janeiro: Forense, 2001, pp. 419-27.

250. CARVALHO, Paulo de Barros. *A Regra-matriz do ICM*. Tese de Livre-Docência. São Paulo: PUC, 1981, p. 377.

251. CARRAZZA, Roque Antonio. *ICMS*, 10ª ed. São Paulo: Malheiros, 2005, pp. 289-90.

252. Dentre os argumentos invocados por MELO e LIPO, para caracterizar a não-cumulatividade como princípio, está o da potencialidade de abalo na estrutura estatal – se o abalo é mínimo, trata-se de regra; se é grave, está-se diante de princípio. (MELO, José Eduardo Soares de; LIPPO, Luiz Francisco. *A Não-Cumulatividade Tributária (ICMS, IPI, ISS, PIS e Cofins)*, 2ª ed. São Paulo: Dialética, 2004, p. 101).

253. G. DE MATTOS lembra que a técnica imposto-contra-imposto é apenas uma dentre as várias que poderiam ter sido eleitas pelo Constituinte para a operacionalização da incumulatividade. (MATTOS, Aroldo Gomes de. *ICMS – Comentários à Legislação Nacional*. São Paulo: Dialética, 2006, pp. 272-3).

enunciadora de técnica arrecadatória.[254] Os adeptos dessa linha de pensamento buscam estremar os valores perseguidos com a aplicação da não-cumulatividade (neutralidade, translação do ônus, desenvolvimento da nação, *et caterva*) da regra de abatimento propriamente dita. Para essa corrente, podem existir princípios constitucionais que se realizam por intermédio da não-cumulatividade, o que, todavia, não significa que ela seja um princípio.

S. M. BORGES[255] é uma das principais vozes que ecoam em favor dessa tese, sustentando que a não-cumulatividade não permeia as outras normas constitucionais, do que exsurge seu caráter de simples regra técnica. ÁVILA,[256] arrimado na relativização ínsita aos princípios (que permite a sua realização em variados graus), propaga ser a não-cumulatividade uma regra, justamente por não admitir balanceamento. GRECO[257] tampouco vislumbra matriz principiológica na não-cumulatividade, assim como BOTTALLO,[258] que apenas adota a nomenclatura "princípio" por ser expressão de uso consagrado.

A nosso sentir, reduzir a não-cumulatividade a uma regra técnica de apuração do *quantum debeatur* é olvidar-se das premissas que levaram o Constituinte, ainda nos idos de 1965, a positivar a norma em questão. As técnicas que permitem a operacionalização da não-cumulatividade são as do imposto-contra-imposto e base-contra-base (na sistemática de deduções) ou a da adição (em que se soma o valor acrescido à mercadoria ou serviço para, então, sujeitar-se essa parcela à tributação). Técnica não se confunde com princípio. Ao

---

254. MENDONÇA, Christine. *A Não-Cumulatividade do ICMS*. São Paulo: Quartier Latin, 2005, p. 98.

255. BORGES, José Souto Maior. *Crédito do IPI Relativo a Insumo Isento*. Revista Dialética de Direito Tributário, n° 48. São Paulo: Dialética, set./1999, p. 160.

256. ÁVILA, Humberto. *Teoria dos Princípios – da Definição à Aplicação dos Princípios Jurídicos*, 8ª ed. São Paulo: Malheiros, 2008, pp. 89-90.

257. GRECO, Marco Aurélio. *A Não-Cumulatividade das Contribuições Cofins/PIS*. Revista de Estudos Tributários, n° 41. Porto Alegre: Síntese, jan.-fev./2005, pp. 126-7.

258. BOTTALLO, Eduardo Domingos. *IPI – Princípios e Estrutura*. São Paulo: Dialética, 2009, p. 34.

enunciar o princípio da não-cumulatividade, para o ICMS e para o IPI, o Constituinte de 1988 fez opção pela técnica imposto-contra-imposto. É óbvio que princípio e técnica são realidades imbricadas, como aliás reconhecem adeptos de ambas as correntes expostas. Contudo, sustentar-se que o Constituinte pretendeu tão somente enunciar uma simples regra de cálculo não nos parece, *data maxima venia*, adequado.

Ao mesmo tempo, não pretendemos aqui sustentar que a não-cumulatividade consiste em cláusula pétrea da Constituição. Os valores que orientam a inserção desse princípio no Texto Magno são inquestionáveis. Todavia, sua exclusão da Lei Maior não feriria nenhuma norma intangível. A não-cumulatividade vincula-se a uma opção do Estado-Administração para o auferimento de receitas derivadas por meio de tributos. É uma escolha consentânea com diversos valores perseguidos pelas democracias hodiernas. Sua ausência, entretanto, não colidiria frontalmente com nenhum direito ou garantia individual. Seria, por óbvio, um retrocesso indesejável, mas não inconstitucional.

6.3 O PRINCÍPIO DA NÃO-CUMULATIVIDADE SOMENTE ATINGE PLENAMENTE SEUS FINS NAS EXAÇÕES PLURIFÁSICAS, QUE GRAVAM A CIRCULAÇÃO DE RIQUEZAS

Sendo certo que a não-cumulatividade é princípio, para que produza seus efeitos – tais como a transferência do ônus ao consumidor final – faz-se mister a existência das condições necessárias para tanto. Afinal, um princípio somente é eficaz quando, no mundo fenomênico e jurídico, encontra elementos que permitem sua implantação.[259]

A *conditio sine qua non* para eficácia plena da não-cumulatividade é a sua aplicação sobre tributos plurifásicos, que

---

259. Disso decorre a possibilidade de realização, em graus distintos, de um princípio. Havendo todas as condições necessárias à sua observância, o grau será máximo, ao passo que, na inexistência delas, será mínimo.

gravem diversos estádios da circulação de riquezas. Afinal, quando aplicada a tributos cujas hipóteses de incidência são realidades não vinculadas a um negócio jurídico mercantil (caso da receita, que advém das mais diversas fontes), a não-cumulatividade resta impedida de operar a contento seu principal efeito, que é a translação ao contribuinte *de facto* do ônus fiscal. Nesse ambiente adverso, a não-cumulatividade mantém suas características básicas, que deverão ser observadas pelos legisladores. Entretanto, seus fins não serão atingidos por completo, pois ela terá sido aplicada fora da função para a qual foi concebida, que é a atuação sobre as exações plurifásicas de modo a torná-las neutras e indiretas.

Portanto, a não-cumulatividade clássica existe, no ordenamento jurídico brasileiro, no caso do ICMS, do IPI e dos impostos e contribuições residuais (e, nestes dois últimos, apenas quando gravarem operações com bens e serviços em mais de um estádio da cadeia produtiva). Por tal razão, a nominamos não-cumulatividade *stricto sensu*.

Já no caso do PIS/Cofins (incidentes sobre a receita bruta e devidos na importação), o núcleo mínimo do princípio da não-cumulatividade deverá ser observado no que for compatível com as citadas contribuições, mas os seus efeitos clássicos – em especial a translação jurídica do ônus ao consumidor final – não serão alcançados. Afinal, a regra-matriz de incidência das citadas exações é incompatível com os fins perseguidos pela não-cumulatividade.[260]

Vale ainda lembrar que o PIS e a Cofins foram tornados não-cumulativos por leis ordinárias (respectivamente, pela Lei nº 10.637/2002, precedida pela MP nº 66/2002 e pela Lei nº 10.833/2003, precedida pela MP nº 135/2003). A Emenda

---

260. Segundo R. L. TORRES, "não se pode extrapolar a técnica da não-cumulatividade do ICMS e do IPI para o PIS e a Cofins, já que estes últimos não incidem sobre fatos e negócios jurídicos relativos à circulação de bens, mas sobre o faturamento e as receitas das empresas". (TORRES, Ricardo Lobo. *A Não-Cumulatividade no PIS/Cofins*. PEIXOTO, Marcelo Magalhães e FISCHER, Octavio Campos (coord.). PIS-Cofins – Questões Atuais e Polêmicas. São Paulo: Quartier Latin, 2005, p. 72).

A NÃO-CUMULATIVIDADE
DOS TRIBUTOS

Constitucional nº 42/2003 é, dessarte, posterior à criação do regime não-cumulativo dessas exações.[261] Contudo, a partir do momento em que a Constituição passou a determinar expressamente que a não-cumulatividade deve ser aplicada às contribuições sobre a receita bruta, ela ganhou foros de princípio também para o PIS/Cofins.

Assim, faz-se necessária uma análise pormenorizada do princípio da não-cumulatividade no âmbito da Constituição da República, de modo a identificar as características desse instituto ínsitas a cada um dos tributos referidos. É disso que cuidará o Título II deste livro.

---

261. A EC nº 42/2003 apenas antecedeu, em dez dias, a Lei nº 10.833/2003. Todavia, as regras da não-cumulatividade veiculadas pela lei já se encontravam em vigor por força da MP nº 135/2003.

TÍTULO II - A NÃO-CUMULATIVIDADE NO ALTIPLANO CONSTITUCIONAL

VII
NÃO-CUMULATIVIDADE DO ICMS E DO IPI

7.1 A EFICÁCIA PLENA DA NÃO-CUMULATIVIDADE DO IPI E DO ICMS: DA EC Nº 18/65 AOS DIAS ATUAIS

A não-cumulatividade tributária foi trazida à balha no Brasil pelo vetusto Imposto de Consumo (IC) – antecessor do hodierno IPI – por meio da Lei nº 2.974/56. Restrita aos importadores, a norma lhes permitia abater o valor do IC recolhido na importação do imposto devido pela venda de bens no mercado interno.

Quase dois anos depois, adveio a Lei nº 3.520/58, que ampliou o alcance da não-cumulatividade no IC ao permitir que o *industrial* deduzisse do montante a pagar o valor do imposto incidente sobre as matérias-primas utilizadas na produção.

As regras contidas nas Leis nºs 2.974/56 e 3.520/58 foram mantidas na subsequente consolidação da legislação do IC, operada pela Lei nº 4.502/64.

A Emenda Constitucional nº 18/65 extinguiu o Imposto de Consumo, substituindo-o pelo IPI. Ao mesmo tempo, criou o ICM,[262] imposto que, tal como o IPI, nasceu não-cumulativo

---

262. À época da edição da EC nº 18/65, o ICM também podia ser cobrado pelos

por determinação constitucional.[263] Consoante a EC nº 18/65, o *quantum debeatur* dessas exações seria obtido "abatendo--se, em cada operação, o montante cobrado nas anteriores". Entretanto, especificamente no caso do ICM, tal abatimento se daria "nos termos do disposto em lei complementar", previsão inexistente para o IPI.

A Carta de 1967 manteve a não-cumulatividade do IPI[264] e do ICM[265] nos exatos termos da EC nº 18/65, sistemática que permaneceu a mesma com a EC nº 1/69.[266]

Municípios, em alíquota não superior a 30% daquela posta pelos Estados.

263. A Emenda foi fruto da primeira grande reforma tributária no Brasil, que racionalizou e sistematizou a tributação nacional. Vale conferir a seção dos "Impostos sobre a Produção e a Circulação":
"Art. 11. Compete à União o imposto sobre produtos industrializados.
Parágrafo único. O imposto é seletivo em função da essencialidade dos produtos, e não-cumulativo, abatendo-se, em cada operação, o montante cobrado nas anteriores.
Art. 12. Compete aos Estados o imposto sobre operações relativas à circulação de mercadorias, realizadas por comerciantes, industriais e produtores.
(...)
§ 2º. O imposto é não-cumulativo, abatendo-se, em cada operação, nos termos do disposto em lei complementar, o montante cobrado nas anteriores, pelo mesmo ou por outro Estado, e não incidirá sobre a venda a varejo, diretamente ao consumidor, de gêneros de primeira necessidade, definidos como tais por ato do Poder Executivo Estadual." (destaques nossos)

264. Art. 22, §4º, da CR/67.

265. Art. 24, §5º, da CR/67.

266. Assim predicava a EC nº 1/69:
"Art. 21. Compete à União instituir imposto sobre:
(...)
V – produtos industrializados (...);
(...)
§ 3º. O imposto sobre produtos industrializados será seletivo em função da essencialidade dos produtos, e não-cumulativo, abatendo-se, em cada operação, o montante cobrado nas anteriores." (destaques nossos)
"Art. 23. Compete aos Estados e ao Distrito Federal instituir impostos sobre:
(...)
II – operações relativas à circulação de mercadorias, realizadas por produtores, industriais e comerciantes, impostos que não serão cumulativos e dos quais se abaterá, nos termos do disposto em lei complementar, o montante cobrado nas anteriores pelo mesmo ou por outro Estado." (destaques nossos)

A NÃO-CUMULATIVIDADE DOS TRIBUTOS

A previsão, constante de todos os textos constitucionais até então, de que o abatimento do ICM se daria "nos termos do disposto em lei complementar", levou parte da doutrina a sustentar que o legislador teria o poder de restringir o alcance da não-cumulatividade do imposto estadual.[267] Já no caso do IPI, segundo essa mesma corrente, tal medida seria inadmissível, pois inexistia qualquer restrição constitucional à sua não-cumulatividade, que seria norma de eficácia plena; já a do ICM possuiria eficácia contida, admitindo restrições que poderiam ser impostas pela lei complementar.

Com a devida vênia, não nos parece que seja assim. Da leitura das normas constitucionais extrai-se que a não-cumulatividade sempre foi mandatória para o IPI e para o ICM. Todavia, como este último exige lei complementar para manter a unidade da legislação estadual em todo o País (haja vista a competência dos 26 Estados-membros e do Distrito Federal para sua instituição), as Constituições pretéritas atribuíam ao legislador nacional (*rectius*, complementar) a tarefa de disciplinar a não-cumulatividade. Contudo, essa delegação nunca consistiu em uma faculdade para que o legislador implementasse, se e quando quisesse, a não-cumulatividade do imposto. Tratava-se de um comando peremptório, que devia ser obedecido pela lei de normas gerais do ICM, sob pena de inconstitucionalidade.

Corroborando nosso ponto de vista, a jurisprudência do Supremo Tribunal Federal, à luz das Cartas anteriores, equiparou a não-cumulatividade do IPI à do ICM. *Interplures*, na Sessão Plenária de 16 de dezembro de 1977, os Ministros do STF foram unânimes ao afirmar que "o inciso II, do artigo 23 da Constituição [de 1967-69] estabelece, sem qualquer restrição, o princípio

---

267. BALEEIRO sustentava que, para o ICM, "o Congresso é livre de estabelecer o modo e os casos de não-cumulatividade, desde que não o anule", diferentemente do IPI, "que não sofre restrições à não-cumulatividade". (BALEEIRO, Aliomar. *Direito Tributário Brasileiro*, 11ª ed. Atualizado por MISABEL ABREU MACHADO DERZI. Rio de Janeiro: Forense, 2001, p. 418).

de que o ICM é não-cumulativo".²⁶⁸ Dessarte, é lícito afirmar que nunca houve possibilidade de amesquinhamento da não-cumulatividade por parte do legislador complementar do ICM.

Com o advento da hodierna Lei Maior, a não-cumulatividade foi assim positivada para o IPI e para o ICMS:

> Art. 153. (...)
>
> § 3°. O imposto previsto no inciso IV [IPI]:
>
> (...)
>
> II – será não-cumulativo, compensando-se o que for devido em cada operação com o montante cobrado nas anteriores;"
>
> Art. 155. (...).
>
> § 2.° O imposto previsto no inciso II [ICMS] atenderá ao seguinte:
>
> I – será não-cumulativo, compensando-se o que for devido em cada operação relativa à circulação de mercadorias ou prestação de serviços com o montante cobrado nas anteriores pelo mesmo ou outro Estado ou pelo Distrito Federal;
>
> (...).

Diferentemente do que previam as Constituições passadas, a CR/88 não delegou à lei complementar a regulamentação da não-cumulatividade do ICMS. Dispôs a atual Carta apenas que o legislador complementar deveria "disciplinar o regime de compensação do imposto",²⁶⁹ em norma que foi classificada pelo STF como de eficácia plena.²⁷⁰

Assim é que, tanto nas Cartas pretéritas como na atual, a não-cumulatividade do IPI e do ICMS sempre foi norma de eficácia plena,²⁷¹ não sendo passível de restrição por lei.

---

268. STF, Pleno, Rp n° 973/MG, Relator Min. MOREIRA ALVES, RTJ v. 86-3, p. 765.

269. Art. 155, §2°, XII, c, da CR/88.

270. STF, Pleno, RE n° 199.147/RJ, Relator p/ acórdão Min. MARCO AURÉLIO, DJe 13.11.2008. A natureza de eficácia plena da norma da não-cumulatividade é gizada no voto do Min. NELSON JOBIM, vencido no mérito, mas acompanhado, nessa parte, por todos os Ministros.

271. São normas de eficácia plena aquelas que, desde a promulgação da

A NÃO-CUMULATIVIDADE
DOS TRIBUTOS

Dessarte, ao receberem a delegação constitucional, a União e os Estados têm o dever de instituir o IPI e o ICMS sob a forma não-cumulativa. Apenas por razões atinentes à harmonia do sistema tributário, a lei complementar se faz necessária para balizar as leis estaduais sobre o ICMS. Todavia, como já reiteradamente decidido pelo STF, não pode o legislador mitigar a não-cumulatividade plasmada na Lei Maior. Esta predica que o contribuinte faz jus à compensação do imposto cobrado nas operações pretéritas – e esse direito é inatacável.

Cumpre-nos, então, analisar o sentido e o alcance da não-cumulatividade à luz da Lei Maior, consoante interpretada por seu guardião, o Supremo Tribunal Federal.

7.2 CRÉDITO SOBRE IMPOSTO "COBRADO" NA OPERAÇÃO ANTERIOR: SENTIDO DO VOCÁBULO CONSTITUCIONAL

Ao instituir a não-cumulatividade tributária, as Cartas Constitucionais prescrevem o abatimento do imposto *cobrado* nas operações anteriores. O emprego do verbo *cobrar* ensejou divergências interpretativas, posto que alude à necessidade de efetivo pagamento do tributo na operação pretérita, não bastando o mero destaque do imposto em nota fiscal.

A questão foi enfrentada pela Corte Suprema, que aclarou o sentido do termo utilizado pelo Constituinte. O *leading case* envolvia uma contenda entre o Fisco paulista e um contribuinte cujos créditos de ICM não estavam sendo reconhecidos pela Secretaria de Fazenda. O Estado resistia à pretensão da empresa, pois esta não havia apresentado provas de que o vendedor das mercadorias tivesse recolhido o imposto destacado nas notas fiscais, cujos créditos pretendia utilizar.

Constituição, produzem imediatamente seus efeitos, devendo ser obrigatoriamente observadas pelo Estado (*lato sensu*) e seus cidadãos. Dentre essas, são comumente citadas as que atribuem competências (arts. 21 e 23 da CR/88), inclusive para legislar (arts. 22 e 24) e para instituir tributos (arts. 153, 155 e 156 da Constituição). Sobre a eficácia das normas constitucionais, vide Capítulo VIII, item 8.2.1, infra.

Ao decidir o caso, o STF legitimou o creditamento mesmo à míngua da comprovação de pagamento do tributo incidente na etapa pretérita.[272]

O entendimento da Suprema Corte é correto e predomina até os dias atuais.[273] Se assim não fosse, o Estado estaria autorizado a transferir ao particular o dever – indelegável – de fiscalizar o cumprimento das obrigações tributárias (no caso, o pagamento do tributo pelo vendedor das mercadorias). Ora, não cabe ao adquirente assegurar que o imposto devido pelo alienante seja pago. A função do particular se completa com a exigência e recebimento, no ato da aquisição, de nota fiscal idônea, preenchida consoante os predicados legais. A efetiva recolha do tributo pelo alienante, dessarte, não pode ser erigida como *conditio sine qua non* para o exercício do direito ao crédito pelo adquirente.[274]

Como leciona SACHA CALMON,[275] o não pagamento do ICMS "é problema de fiscalização, ônus da Fazenda Pública, e não pode ser atribuído ao contribuinte-adquirente". Todavia, se houver conluio doloso entre vendedor e comprador é pos-

---

272. STF, Segunda Turma, RE nº 111.757/SP, Relator Min. CÉLIO BORJA, DJ 26.02.1988, p. 3.195. No mesmo sendeiro, confira-se: STF, Segunda Turma, RE nº 114.878/SP, Relator Min. CÉLIO BORJA, *DJ* 29.04.1988, p. 9.851.

273. Em 2011, assim se manifestou o STF sobre o tema:
"(...) O acórdão que foi objeto do recurso extraordinário é harmônico com a orientação firmada por esta Corte, que estabelece não ser responsabilidade do adquirente zelar pelo efetivo recolhimento do tributo devido pelo vendedor da mercadoria. Tal dever é da autoridade fiscal." (STF, Segunda Turma, AI-AgR nº 669.544/RS, Relator Min. JOAQUIM BARBOSA, *DJe* 31.03.2011).
No âmbito do STJ, o entendimento é o mesmo, tendo aquele Sodalício assentado diversas vezes, ao tratar do abatimento do ICMS, que o termo "cobrado" deve ser entendido como "apurado", uma vez que o imposto destacado em nota fiscal gera, para o adquirente, uma "presunção de incidência da exação na etapa anterior" (STJ, Primeira Turma, RE-AgR nº 1.065.234/RS, Relator Min. LUIZ FUX, *DJe* 01.07.2010).

274. No mesmo sentido é a opinião de BOTTALLO, para quem a compensação independe da efetiva cobrança do tributo nas operações pretéritas. (BOTTALLO, Eduardo. *IPI – Princípios e Estrutura*. São Paulo: Dialética, 2009, p. 47).

275. COÊLHO, Sacha Calmon Navarro. *Curso de Direito Tributário Brasileiro*, 9ª ed. Rio de Janeiro: Forense, 2007, p. 361.

sível descaracterizar-se o crédito – o que dependerá, todavia, de provas da conduta fraudulenta.

7.3 A "COMPENSAÇÃO" DO ICMS E DO IPI PRESCRITA PELA CR/88 (QUE SUBSTITUIU O TERMO "ABATIMENTO", UTILIZADO PELAS CONSTITUIÇÕES PRETÉRITAS)

Determina a atual Lei Maior que tanto o ICMS como o IPI serão *compensados* com o montante cobrado nas operações anteriores. Contudo, as Constituições pretéritas não se referiam à *compensação* desses tributos, mas sim ao seu *abatimento*.

A modificação terminológica operada pela CR/88, contudo, não gerou impactos na estrutura da não-cumulatividade. Os termos empregados são sinônimos: o *abatimento* pressupõe a *compensação* de créditos e débitos na conta gráfica do contribuinte.

Vale apenas gizar que a aludida compensação não se confunde com a do *indébito tributário* prescrita nos arts. 170 e 170-A do CTN (e regulada pelas leis ordinárias de cada ente federado). A compensação do tributo pago indevidamente é forma de extinção do crédito tributário (CTN, art. 156, II). Já a compensação dos créditos de exações não-cumulativas consiste em operação contábil, realizada pelo próprio contribuinte, com o fito exclusivo de se apurar o *quantum* a pagar.

A distinção é importante, pois o art. 166 do Código Tributário Nacional – que exige a prova do não repasse do tributo para legitimar o contribuinte *de jure* a pleitear a restituição do montante pago a maior – aplica-se a todos os casos de repetição ou compensação do *indébito tributário*. Contudo, o art. 166 do CTN não é invocável em pleitos relativos ao *creditamento escritural* do ICMS e do IPI. A compensação do indébito, dessarte, é inconfundível com a compensação de créditos escriturais de tributos não-cumulativos. O Superior Tribunal de Justiça possui entendimento pacífico nesse sentido,[276] corroborado também pelo STF.[277]

Superada a possível confusão entre os institutos da compensação de créditos escriturais e do indébito tributário, pode-se asseverar que a Constituição de 1988 em nada modificou a não-cumulatividade pelo fato de ter substituído o termo *abatimento* por *compensação* do imposto pago nas etapas anteriores.

7.4 A APURAÇÃO IMPOSTO-CONTRA-IMPOSTO

A CR/88 (assim como as Constituições que lhe antecederam) optou pelo método imposto-contra-imposto (subtração indireta) de apuração do IPI e do ICMS, que é feita mediante compensação do imposto incidente nas operações anteriores, tal como ocorre com o IVA europeu. De fato, o aludido método é expressamente prescrito na Diretiva 2006/112/CE do Conselho Europeu, sendo, portanto, de observância obrigatória por todos os países integrantes da União Europeia.[278]

A vantagem desta técnica de apuração em relação às demais (base-contra-base e adição) reside na sua relativa simplicidade. Na forma eleita, o imposto a compensar já vem destacado na própria nota fiscal de aquisição, sendo necessário tão somente avaliar se o bem adquirido é passível de geração de crédito para o adquirente (o que dependerá do tipo de IVA adotado: Produto, Renda ou Consumo).[279]

---

276. STJ, Primeira Turma, REsp n° 1.110.919/SP, Relator Min. SÉRGIO KUKINA, *DJe* 25.04.2018; STJ, Primeira Turma, REsp n° 665.252/SC, Relator Min. TEORI ZAVASCKI, *DJ* 05.10.2006, p. 241.

277. STF, Segunda Turma, RE n° 106.033/SP, Relator Min. CARLOS MADEIRA, *DJ* 13.06.1986, p. 10.451.

278. Assim dispõe a Diretiva 2006/112/CE:
"Art. 179. O sujeito passivo efetua a dedução subtraindo do montante total do imposto devido relativamente ao período de tributação o montante do IVA em relação ao qual, durante o mesmo período, surgiu e é exercido o direito à dedução por força do disposto no art. 178."

279. Sobre os tipos de IVA e as técnicas de apuração dos impostos não-cumulativos,

7.5 A APURAÇÃO POR PERÍODO DE TEMPO

O STF já averbou que a concretização do princípio da não-cumulatividade é viabilizada pela "existência de uma conta de créditos e débitos, a ensejar acerto em épocas próprias".[280] Essa orientação merece loas, pois, como lembra MISABEL DERZI,[281] o cálculo por período com imputação indiscriminada (dos créditos e débitos) é a forma mundialmente adotada para os IVAs em geral, devido aos seus melhores resultados práticos.[282] Ademais, o cômputo de débitos e créditos por mercadoria costuma ser demasiado complexo, motivo pelo qual a Suprema Corte já decidiu ser "inviável a apuração do ICMS tomando-se cada mercadoria ou serviço e a correspondente cadeia", fato que legitimaria o "sistema de apuração contábil".[283]

Todavia, vale ressaltar que nenhuma Constituição jamais determinou que a apuração dos tributos não-cumulativos fosse feita por período de tempo. Há, portanto, liberdade para que o legislador escolha forma diversa de cálculo, se assim desejar. A opção à contabilização por período de tempo é a apuração produto a produto do imposto devido. Nesse caso, não haverá que se falar em transporte de créditos para períodos subsequentes, pois a imputação de créditos e débitos será feita por produto e não por competência.[284] De todo modo, caso o legislador opte pela apuração por período de tempo – como efetivamente foi feito no IPI e no ICMS – não se poderá vedar o transporte de eventual saldo credor para as competências seguintes, como se verá a seguir.

---

vide Título I, Capítulo III, Itens 3.3.1 e 3.3.3.

280. STF, Segunda Turma, RE n° 161.257/SP, Relator Min. MARCO AURÉLIO, *DJ* 17.04.1998, p. 16.

281. BALEEIRO, Aliomar. *Direito Tributário Brasileiro*, 11ª ed. Atualizado por MISABEL ABREU MACHADO DERZI. Rio de Janeiro: Forense, 2001, p. 436.

282. Na União Europeia a apuração por período de tempo é expressamente determinada pelo art. 179 da Diretiva 2006/112/CE.

283. STF, Pleno, RE n° 574.706/PR, Relatora Min. CÁRMEN LÚCIA, *DJe* 29.09.2017.

284. Vide Título I, Capítulo III, item 3.3.6.

7.6 O TRANSPORTE DE CRÉDITOS NÃO UTILIZADOS PARA COMPETÊNCIAS SUBSEQUENTES

Na apuração dos tributos não-cumulativos por período de tempo, é possível que em determinada competência o valor dos créditos supere o dos débitos. Nessa hipótese, o saldo credor deverá ser transportado para os períodos seguintes, podendo haver acúmulo de créditos ao longo de meses ou anos, até que surjam débitos compensáveis.

Contudo, no passado, alguns Estados baixaram leis e decretos determinando o estorno dos créditos não aproveitados quando do encerramento de cada período de apuração do ICM/ICMS. O STF,[285] corretamente, declarou inconstitucionais essas normas. Com isso, o direito ao transporte de créditos escriturais não utilizados para as competências seguintes passou a integrar o núcleo da não-cumulatividade garantido pela Suprema Corte.

7.7 A IMPOSSIBILIDADE DE REDUÇÃO, POR LEI, DO CRÉDITO CORRESPONDENTE AO TRIBUTO INCIDENTE NA ETAPA ANTERIOR

As inúmeras tentativas dos Estados de mitigar a não-cumulatividade do ICMS pela edição de leis redutoras dos créditos aos quais os contribuintes fazem jus, restringindo o direito ao abatimento do tributo incidente na etapa anterior, sempre encontraram sólida barreira na jurisprudência da Suprema Corte.

Caso paradigmático foi o analisado pelo Plenário do STF em 1971, no qual foi declarada inválida lei de Santa Catarina que limitava o crédito do ICM a 80% do valor ao qual o contribuinte faria jus.[286] Sob a pena do Min. ALIOMAR BALEEIRO, a Corte assentou que a restrição ao crédito violava a não-cumulativida-

---

285. STF, Primeira Turma, RE nº 96.801/RJ, Relator Min. RAFAEL MAYER, *DJ* 18.06.1982, p. 5.989.

286. Art. 25 da Lei nº 3.985/67.

de, porquanto assiste ao contribuinte o direito de transportar integralmente os créditos escriturais para as competências seguintes, até que sejam utilizados. De fato, a se julgar legítima a norma que reduzia o crédito a 80% do seu montante original, nada impediria que, no futuro, esse montante fosse reduzido para 70, 60, 50, 40 ou até 10%, ao alvedrio do legislador, como notou a própria Corte Suprema nesse julgamento.[287]

Em outro aresto, o STF afastou a pretensão do Estado de São Paulo de glosar créditos aproveitados pelas empreiteiras relativamente às sobras de materiais de construção civil adquiridos pela construtora que, não empregados na obra, eram revendidos. O Relator, Min. OSWALDO TRIGUEIRO, averbou que seria impossível "recusar-se ao contribuinte o correspondente crédito do ICM, pela importância já paga pelo vendedor".[288] Trata-se de um caso clássico de aplicação do princípio da não-cumulatividade em sua essência, de modo a resguardar o direito ao abatimento do tributo pago na etapa anterior.

Também o Estado do Maranhão, importante produtor de arroz, pretendeu limitar o direito ao crédito das empresas beneficiadoras do grão sitas em seu território. Arvorando-se em decreto estadual,[289] a fiscalização maranhense determinava o estorno de 4,67% dos créditos oriundos da aquisição de arroz *in natura* pelas indústrias que beneficiavam o produto e o revendiam. O fundamento para a glosa consistia na perda de umidade após a industrialização, que resultava na redução do peso do produto no referido porcentual. Sendo assim, não poderia o estabelecimento beneficiador se creditar do valor equivalente ao da "quebra" do arroz. Com acerto, o STF repeliu o posicionamento do Estado, por ferimento à não-cumulatividade tributária.[290]

---

287. STF, Pleno, RE nº 70.204, Relator Min. ALIOMAR BALEEIRO, *DJ* 30.04.1971.

288. STF, Segunda Turma, RE nº 74.902/SP, Relator Min. OSWALDO TRIGUEIRO, *DJ* 10.11.1972.

289. Art. 5º do Decreto nº 5.891/75.

290. STF, Pleno, RE nº 87.078/MA, Relator Min. DÉCIO MIRANDA, *DJ* 24.08.1979.

Patente, dessarte, que a não-cumulatividade inadmite a estipulação pelo ente federado da quantia a ser compensada pelo contribuinte. A observância da sistemática prevista na Carta Magna é, portanto, mandatória para a validade das leis sobre o tema, que devem sempre preservar o direito ao crédito em sua plenitude, salvo nas exceções autorizadas pela Constituição, que serão analisadas a seguir.

7.8 OS EFEITOS DA ISENÇÃO OU NÃO INCIDÊNCIA INTERCALAR NO ICMS

7.8.1 OS DISPOSITIVOS CONSTITUCIONAIS EM ANÁLISE

Quando o ICM, antecessor do ICMS, foi criado pela EC nº 18/65, a não-cumulatividade não sofria nenhuma limitação no Texto Magno. A Lei Maior assegurava o direito ao abatimento do imposto cobrado nas operações anteriores, sem nenhuma exceção.

Contudo, em 1983, a EC nº 23 (intitulada Emenda Passos Porto) vedou o transporte de créditos do ICM para as etapas subsequentes à isenta ou não tributada. Essa foi a primeira restrição, no plano constitucional, ao alcance da não-cumulatividade tributária. Confira-se a CR/67-69, modificada pela EC nº 23/83:

> Art. 23. Compete aos Estados e ao Distrito Federal instituir impostos sobre:
>
> (...)
>
> II – operações relativas à circulação de mercadorias, realizadas por produtores, industriais e comerciantes, imposto que não será cumulativo e do qual se abaterá, nos termos do disposto em lei complementar, o montante cobrado nas anteriores pelo mesmo ou por outro Estado. *A isenção ou não incidência, salvo determinação em contrário da legislação, não implicará crédito de imposto para abatimento daquele incidente nas operações seguintes.* (destaques nossos)

A NÃO-CUMULATIVIDADE DOS TRIBUTOS

Com essa medida, vedou-se expressamente o aproveitamento de créditos do ICM pelo adquirente de mercadorias isentas ou não tributadas. Outrossim, por força da interpretação conferida pelo STF ao dispositivo, o contribuinte beneficiado pela isenção ou não incidência que procedesse à venda de mercadorias teria ainda que estornar os créditos relativos ao imposto suportado em suas aquisições.

A Constituição de 1988 manteve a proibição do transporte de créditos para as etapas de circulação da mercadoria subsequentes à isenta/não tributada, porém incluiu um novo comando (que, de acordo com o STF, apenas aclarou uma norma que já existia implicitamente desde a EC nº 23/83): a determinação de estorno do crédito relativo às operações anteriores à não tributada. Veja-se:

> Art. 155. (...).
>
> § 2.º O imposto previsto no inciso II [ICMS] atenderá ao seguinte:
>
> (...)
>
> II – a isenção ou não incidência, salvo determinação em contrário da legislação:
>
> a) não implicará crédito para compensação com o montante devido nas operações ou prestações seguintes;
>
> b) acarretará a anulação do crédito relativo às operações anteriores;
>
> (...).

As duas hipóteses (alíneas *a* e *b*, *supra*) nas quais a não-cumulatividade do ICMS é mitigada pelo texto constitucional vigente merecem análise apartada. Afinal, no primeiro caso, a Lei Maior impede o transporte de créditos para as *operações e prestações* seguintes, ao passo que, na segunda proposição, a anulação do crédito escritural se aplica apenas às *operações* anteriores (impedindo, a nosso sentir, a anulação do crédito das *prestações* antecedentes à etapa isenta ou não tributada).

Vejamos, de forma detalhada, a evolução normativa acima descrita.

7.8.2 A VEDAÇÃO AO TRANSPORTE DE CRÉDITOS PARA AS OPERAÇÕES E PRESTAÇÕES POSTERIORES À ETAPA ISENTA OU NÃO TRIBUTADA

7.8.2.1 AS ORIGENS DA EMENDA PASSOS PORTO

Em 1º de dezembro de 1983, a norma constitucional da não-cumulatividade sofreu sua primeira e única modificação antes do advento da atual Lei Maior. Como visto acima, a EC nº 23 acresceu uma parte final ao art. 23, II da Constituição de 1967-69, dispondo que a isenção ou não incidência no ICM impediria o transporte de créditos para a etapa subsequente, salvo se a legislação do Estado-membro dispusesse em sentido contrário.

A Emenda Passos Porto, como lecionam SACHA CALMON[291] e MISABEL DERZI[292], veio contrariar jurisprudência do Supremo Tribunal Federal que concedia crédito presumido de ICM ao contribuinte-adquirente de mercadoria isenta ou não tributada. Até a modificação operada pela EC nº 23/83, a Corte permitia o abatimento dos créditos como se o tributo houvesse incidido na etapa anterior.

Uma das primeiras decisões nesse sendeiro foi relatada pelo Min. ALIOMAR BALEEIRO,[293] assegurando o crédito presumido de ICM ao adquirente de cal virgem quando o vendedor, situado em outro Estado, estivesse amparado por decisão judicial que impedisse a incidência do ICM sobre a mercadoria vendida (não havendo, nesse caso, sequer destaque do imposto na nota fiscal). Um dos fundamentos do acórdão residia no fato de haver enriquecimento ilícito do Estado de destino caso o crédito presumido não fosse concedido. Ade-

---

291. COÊLHO, Sacha Calmon Navarro. *Curso de Direito Tributário Brasileiro*, 7ª ed. Rio de Janeiro: Forense, 2004, p. 390.

292. BALEEIRO, Aliomar. *Direito Tributário Brasileiro*, 11ª ed. Atualizado por MISABEL ABREU MACHADO DERZI. Rio de Janeiro: Forense, 2001, p. 354.

293. STF, Primeira Turma, RE nº 78.589/SP, Relator Min. ALIOMAR BALEEIRO, *DJ* 04.11.1974.

A NÃO-CUMULATIVIDADE
DOS TRIBUTOS

mais, consoante o parecer do Procurador-Geral da República naqueles autos (adotado pelo Min. BALEEIRO em seu voto), "se o imposto é recolhido sem crédito no Estado de destino e o Estado de origem vem a exigi-lo posteriormente sobre a primeira saída (...), ocorrerá bitributação".

Outrossim, o STF também assegurava o crédito do adquirente mesmo quando a aquisição tivesse sido beneficiada por isenção do ICM que dispensasse o vendedor de pagar o imposto. Para a Corte, a negativa do creditamento feriria a não-cumulatividade tributária e, ademais, tornaria inócua a própria isenção concedida, pois o adquirente findaria pagando imposto sobre o produto isento.[294] Outrossim, sustentou o STF que a isenção pressupunha a efetiva incidência da norma de tributação, gerando imposto a pagar em um primeiro momento que, pela atuação da regra isencional, seria dispensado *a posteriori*. Com base nessa interpretação, a isenção equivaleria ao pagamento do imposto, eis que seria forma extintiva do crédito tributário. Por todas essas razões, não se poderia, em atenção à não-cumulatividade, negar-se o crédito presumido de ICM ao adquirente de produtos isentos.[295]

Na mesma toada, o Supremo assegurava ao adquirente de produtos imunes o direito ao crédito do ICM. Entretanto, ao comprador só era permitido o abatimento do imposto que efetivamente incidira sobre o bem quando da aquisição tributada

---

[294]. STF, Primeira Turma, RE nº 94.177/SP, Relator Min. FIRMINO PAZ, DJ 28.08.1981, p. 8.266.
O aresto foi posteriormente levado ao Pleno do Tribunal por meio de Embargos de Divergência os quais, em que pese não conhecidos, reafirmaram, em obter dictum, o entendimento pelo direito ao crédito presumido, de modo a preservar-se a não-cumulatividade.

[295]. Pessoalmente, guardamos ressalva em relação a este entendimento do STF quanto à natureza da norma isencional. Afinal, a isenção, em verdade, impede o nascimento da própria obrigação tributária (em que pese o CTN classificar a isenção como causa de "exclusão" do crédito tributário, em seu art. 175). Entrementes, como o STF a qualifica como dispensa legal de tributo devido (entendimento que permanece até os dias atuais), o raciocínio da Corte, neste particular, solidifica as bases da não-cumulatividade tributária, pois equipara a operação isenta à tributada para fins de concessão de crédito presumido a ser aproveitado na etapa subsequente.

feita pelo ente imune (uma etapa antes, portanto, da realização da venda abrigada pela imunidade). Não era possível, sob a ótica do STF, o cálculo de crédito presumido sobre o preço de venda da mercadoria praticado pelo vendedor beneficiado pela imunidade, já que nessa operação não havia incidência do imposto (ao contrário do que ocorre nas operações isentas que, no entender do STF, pressupõem a incidência da norma tributária e, *a posteriori*, a dispensa do pagamento pela norma isencional).

O caso em que se firmou tal entendimento foi o do Instituto Brasileiro do Café (IBC), autarquia que comprava dos produtores a matéria-prima (café verde) e a revendia aos torrefadores. Estes últimos garantiram no Judiciário o direito ao crédito do imposto que incidira na venda produtor → IBC (não havendo, reitere-se, concessão de crédito presumido nessa hipótese, mas apenas manutenção da não-cumulatividade pelo abatimento do imposto cobrado nas etapas anteriores). Somente poder-se-ia falar em crédito presumido se o valor do imposto a ser abatido pelo adquirente fosse calculado sobre o valor de venda da mercadoria pelo IBC,[296] o que nunca foi autorizado pela Suprema Corte em casos de imunidade.

Como se vê, preocupava-se o STF em assegurar, da forma mais ampla possível, a efetividade da não-cumulatividade tributária. Contudo, tal entendimento passou a gerar prejuízo financeiro aos Estados-membros, razão pela qual a Emenda Passos Porto foi editada visando à recomposição dos caixas estaduais.

---

296. Após a edição da Súmula nº 571, que assegurou ao comprador de café do IBC o crédito do ICM "que incidiu sobre a operação anterior", outra discussão instalou-se no âmbito do STF: a "operação anterior" referida pela Súmula era a venda IBC ® torrefador ou a compra, pelo IBC, do café cru do produtor (venda produtor ® IBC)? Apesar de em alguns arestos ter-se sustentado a necessidade de cálculo de um crédito ficto de ICM sobre o preço pago pelo torrefador ao IBC, o Plenário do STF (nos Embargos de Divergência no RE nº 92.766/RJ, Relator Min. RAFAEL MAYER, DJ 12.03.1982, p. 1.867) solucionou a questão indicando que somente o ICM que incidira na operação produtor ® IBC poderia ser creditado pelo torrefador. Na interpretação do Supremo Tribunal, a garantia da não-cumulatividade na espécie não exigia qualquer concessão de crédito presumido, mas apenas a observância da regra que assegura o abatimento do imposto cobrado nas operações antecedentes. E, não tendo havido incidência na operação IBC ® torrefador, esta não poderia ser tomada como base de cálculo para o creditamento do imposto.

A NÃO-CUMULATIVIDADE
DOS TRIBUTOS

A EC nº 23/83, consoante se verá a seguir, mitigou o alcance da não-cumulatividade ao vedar o transporte de créditos para as operações posteriores à etapa isenta ou não tributada.

7.8.2.2 OS EFEITOS DA PASSOS PORTO

Os quadros esquemáticos a seguir retratam as modificações operadas pela EC nº 23/83 na cadeia débito-crédito do ICM. O primeiro reflete a situação anterior à Passos Porto, enquanto o segundo apresenta a não cumulatividade tributária após as restrições trazidas pela emenda constitucional em análise:

1. *Isenção de ICM concedida em etapa intermediária – antes da EC nº 23/83:*[297-298]

	FABRICANTE	**ATACADISTA**	**VAREJISTA**
Valor de venda da mercadoria[291]	200	400	600
ICM incidente na operação (18%)	36	Isento	108
Débito de ICM	36	0	108
Crédito de ICM[292]	0	0	72 (crédito presumido, calculado pela aplicação da alíquota sobre o valor da operação anterior)
ICM total = 72	36	0	36

---

297. O ICM é calculado "por dentro", diferentemente do IPI que, à semelhança dos IVAs em geral, é calculado "por fora", agregando-se ao preço da mercadoria. Assim, no ICM o valor de venda do produto equivale ao valor total da operação.

298. Visando a simplificar a demonstração, parte-se do pressuposto de que o fabricante não possui créditos compensáveis do ICM (que seriam oriundos, v.g., das matérias-primas por ele adquiridas).

2. *Isenção de ICM concedida em etapa intermediária – após a EC nº 23/83:*

	FABRICANTE	ATACADISTA	VAREJISTA
Valor de venda da mercadoria	200	400	600
ICM incidente na operação (18%)	36	Isento	108
Débito de ICM	36	0	108
Crédito de ICM	0	0	0
ICM total = 144	36	0	108

A majoração do imposto pela quebra da não-cumulatividade operada pela Emenda Passos Porto é patente e foi legitimada pelo STF[299] – como não poderia deixar de ser, dado que somente as cláusulas pétreas (dentre as quais não se inclui a não-cumulatividade) são imodificáveis por emendas constitucionais.

Assim, foi atribuída nova conformação à não-cumulatividade em matéria de ICM, impedindo o transporte de créditos presumidos para as operações subsequentes quando as anteriores fossem isentas ou não tributadas.

7.8.2.3 A CONSTITUIÇÃO DE 1988

No âmbito da CR/88, com a agregação ao ICM dos serviços de comunicação e de transporte interestadual e intermunicipal, transformando-o em ICMS, a manutenção da regra criada pela Passos Porto exigiu ampliação. Nessa linha, também as *prestações de serviço* gravadas pelo imposto estadual foram sujeitadas à norma impeditiva do transporte de créditos para as *prestações subsequentes*. Com isso, o Texto Magno assumiu a seguinte forma:

---

299. Dentre diversos arestos, cite-se: STF, Primeira Turma, AI-AgR nº 546.669/ES, Relator Min. SEPÚLVEDA PERTENCE, *DJ* 03.02.2006, p. 19; STF, Segunda Turma, RE nº 207.354/SP, Relator Min. CARLOS VELLOSO, *DJ* 01.03.2002, p. 52.

Art. 155. (...).

§2º. O [ICMS] atenderá ao seguinte:

(...)

II – a isenção ou não incidência, salvo determinação em contrário da legislação:

a) não implicará crédito para compensação com o montante devido nas operações ou prestações seguintes; (destaques nossos)

Assim, não somente nas *operações* de circulação jurídica de mercadorias, mas também nas *prestações* de serviço de transporte interestadual e intermunicipal e de comunicação, as isenções ou não incidências intercalares passaram a mitigar a não-cumulatividade tributária.

Já para o IPI nunca houve, seja nas Cartas pretéritas seja na atual, qualquer disposição que reduzisse o alcance da sua não-cumulatividade.

7.8.3 O DEVER DE ESTORNO DOS CRÉDITOS DAS OPERAÇÕES ANTERIORES À FASE ISENTA OU NÃO TRIBUTADA

Como visto, a EC nº 23/83 vedou – ressalvando a possibilidade de a lei dispor em sentido contrário – o transporte de créditos do ICM para as operações subsequentes quando houvesse isenção ou não incidência intercalar.[300]

Entretanto, a situação inversa – compra de bens tributados seguida da saída de mercadorias abrigadas pela isenção ou não incidência – não foi tratada de forma expressa pela Passos Porto. Neste ponto, surgiu a indagação: o contribuinte que compra bens gravados pelo ICM para realizar operações

---

[300]. A discussão só faz sentido quando há ausência de tributação em etapa intermediária do processo de circulação de mercadorias, eis que, se a isenção for concedida na última etapa, inexistirá aumento da carga do ICM (e tampouco haverá interesse em se transportar, para a etapa subsequente, os créditos presumidos calculados sobre a operação isenta – pois não haverá etapa posterior).

isentas ou não tributadas pode manter os créditos relativos às suas aquisições?

Ao analisar o tema pela primeira vez, em 1988, o STF entendeu que, a partir da EC nº 23/83, tornou-se também devido o estorno dos créditos de ICM referentes às operações anteriores à isenta ou não tributada,[301] *em que pese a Emenda Passos Porto não possuir regra expressa nesse sentido*. Seis anos depois, em 1994, o STF novamente decidiu que, desde a Emenda Passos Porto, é devido o estorno dos créditos relativos às operações anteriores.[302] Neste aresto, o STF pugnou que a Passos Porto havia trazido uma regra explícita (a vedação do transporte de créditos para as etapas subsequentes à isenta ou não tributada) e outra implícita (a determinação do estorno de crédito pelo alienante de mercadorias sem tributação). Tal entendimento, após esses dois acórdãos pioneiros, restou definitivamente assentado no âmbito do STF, tendo sido confirmado por diversas decisões ulteriores.[303]

Com a Constituição de 1988, a norma implicitamente contida na EC nº 23/83 foi explicitada pelo art. 155, §2º, II, b, que assim dispõe:

> Art. 155. (...).
>
> §2º. O [ICMS] atenderá ao seguinte:
>
> (...)
>
> II – a isenção ou não incidência, salvo determinação em contrário da legislação:
>
> (...)
>
> *b) acarretará a anulação do crédito relativo às operações anteriores;* (destaques nossos)

---

301. STF, Primeira Turma, RE nº 115.966/RS, Relator Min. MOREIRA ALVES, *DJ* 19.08.1988, p. 20.268.

302. STF, Primeira Turma, RE nº 125.106/SP, Relator Min. ILMAR GALVÃO, *DJ* 03.02.1995, p. 1.023.

303. *Interplures*, confira-se: STF, Segunda Turma, RE-AgR nº 270.827/SP, Relator Min. NELSON JOBIM, *DJ* 09.03.2001, p. 108.

Com isso, tornou-se indiscutível o dever de estorno dos créditos escriturais pelo vendedor na hipótese de alienação abrigada por isenção ou não incidência.

Todavia, vale notar que a CR/88 predica a anulação do crédito relativo apenas às *operações* anteriores – não se referindo ao estorno dos créditos das *prestações* antecedentes, o que impede, a nosso sentir, a aplicação da regra aos serviços de comunicação e de transporte interestadual e intermunicipal, gravados pelo ICMS. É o que se verá a seguir.

7.8.4 O DIREITO À MANUTENÇÃO DO CRÉDITO DAS *PRESTAÇÕES* ANTERIORES À FASE ISENTA OU NÃO TRIBUTADA

A CR/88, diferentemente de quando proíbe o transporte de créditos para as *operações e prestações* subsequentes, determina a anulação dos créditos tão somente das *operações* anteriores à isenta ou não tributada.

Tal distinção, como alerta MISABEL DERZI,[304] é de suma relevância. Afinal, se o Constituinte quisesse determinar o estorno dos créditos das prestações de serviço de transporte e de comunicação gravados pelo ICMS, teria expressamente se referido também às prestações – e não apenas às *operações*, como fez o art. 155, §2º, II, *b* (diferentemente da própria alínea *a* do mesmo inciso, que veda o creditamento nas operações e *prestações* subsequentes). A Catedrática da UFMG[305] seleciona, *inter alii*, os seguintes dispositivos da Constituição para demonstrar que, em todos, há sempre distinção entre *operação* e *prestação* para fins de incidência do ICMS, jamais havendo equiparação de *prestação de serviço* a *operação de circulação de mercadoria*:

> Art. 155. Compete aos Estados e ao Distrito Federal instituir impostos sobre:

---

304. BALEEIRO, Aliomar. *Direito Tributário Brasileiro*, 11ª ed. Atualizado por MISABEL ABREU MACHADO DERZI. Rio de Janeiro: Forense, 2001, p. 422.

305. Idem, pp. 425-7.

(...)

II – *operações* relativas à circulação de mercadorias e sobre *prestações* de serviços de transporte interestadual e intermunicipal e de comunicação, ainda que as *operações* e as *prestações* se iniciem no exterior;" (destaques nossos) *(Redação dada pela EC 3/93)*

Art. 155. (...).

§2º. O [ICMS] atenderá ao seguinte: *(Redação dada pela EC 3/93)*

(...)

I – será não-cumulativo, compensando-se o que for devido em cada *operação* relativa à circulação de mercadorias ou *prestação* de serviços com o montante cobrado nas anteriores pelo mesmo ou outro Estado ou pelo Distrito Federal;

(...)

IV – resolução do Senado Federal, de iniciativa do Presidente da República ou de um terço dos Senadores, aprovada pela maioria absoluta de seus membros, estabelecerá as alíquotas aplicáveis às *operações* e *prestações*, interestaduais e de exportação;

(...)

VII – em relação às *operações* e *prestações* que destinem bens e serviços a consumidor final localizado em outro Estado, adotar-se-á:

a) a alíquota interestadual, quando o destinatário for contribuinte do imposto;

b) a alíquota interna, quando o destinatário não for contribuinte dele; (destaques nossos)

Dos artigos transcritos denota-se que, onde a Constituição pretendeu tratar tanto do ICMS-mercadoria como do ICMS-serviços, ela o fez expressamente. É lícito, portanto, concluir que o silêncio da CR/88 em relação à prestação de serviços é eloquente, pois a omissão é deliberada.

Todavia, tanto o Convênio ICM nº 66/88[306] como a Lei Complementar nº 87/96[307] determinaram o estorno dos crédi-

---

306. Art. 32, I do Convênio ICM nº 66/88.

307. Art. 21, I, da LC nº 87/96.

tos também em relação às *prestações* anteriores à isenta ou não tributada – não se atendo aos ditames da CR/88. A validade desses dispositivos em face da Constituição ainda não foi apreciada pelo Supremo Tribunal Federal. Contudo, uma decisão do próprio STF em outro caso indica que a tese do direito à manutenção dos créditos de ICMS oriundos das *prestações* de serviço de transporte e comunicação anteriores à prestação isenta ou não tributada pode lograr êxito. No precedente referido, ao assentar que uma indústria de papel destinado à fabricação de livros não possuía direito de se creditar do ICMS incidente na aquisição de insumos porque suas saídas eram imunes,[308] o Min. GILMAR MENDES – acompanhado pela unanimidade da Segunda Turma do STF – fez questão de ressaltar que o art. 155, §2º, II, *b* da CR/88 deveria ser interpretado em sua *literalidade*: havendo não incidência, ter-se-ia o dever de estorno dos créditos.[309]

Ora, se o argumento da literalidade do dispositivo foi utilizado para fazê-lo valer, pode e deve ser reiterado para não deixá-lo ser interpretado além dos limites em que foi posto pela Lei Maior.

Inobstante, labora em desfavor da tese a interpretação ampliativa que o STF conferiu à Emenda Passos Porto, ao dispor que a EC nº 23/83 também determinava – implicitamente – o estorno dos créditos de todas as operações *anteriores* (em que pese seu texto fazer referência tão somente às operações *subsequentes*). Se o Supremo Tribunal extraiu da Constituição anterior restrição não escrita à não-cumulatividade, poderia – hipoteticamente – também sustentar que, apesar de não expresso, o Constituinte implicitamente determinou o estorno dos créditos das *prestações* anteriores às isentas ou não tributadas (o que abriria margem para o arbítrio, já que seria

---

308. A venda do papel destinado à impressão de livros, jornais e periódicos é imune à luz do art. 150, VI, d, da CR/88.

309. STF, Segunda Turma, AI-ED nº 468.900/RS, Relator Min. GILMAR MENDES, DJe 20.11.2008.

extraído de uma norma restritiva de direitos um sentido contrário à sua interpretação literal). Ora, como já predicava MAXIMILIANO,[310] "a lei é a vontade transformada em palavras", cabendo ao intérprete buscar "o sentido imanente do texto e não o que o elaborador teve em mira". Sendo assim, não nos parece razoável pretender sacar da CR/88 uma restrição à não-cumulatividade inexistente na Lei Maior.

7.9 NÃO INCIDÊNCIA, ISENÇÃO, ALÍQUOTA ZERO E DIREITO AO CRÉDITO DO IPI

Sob a atual Carta, algumas discussões que se iniciaram de forma tímida há algumas décadas foram retomadas em matéria de IPI. Dentre os principais temas estão:

(a) os referentes à manutenção do crédito do imposto na hipótese de aquisição de insumos tributados, porém utilizados na produção de bens isentos, não tributados ou sujeitos à alíquota zero; e

(b) a concessão de créditos presumidos pela aquisição de insumos isentos, não tributados ou submetidos à alíquota zero, porém utilizados na produção de bens tributados.

Para apreender-se adequadamente o tratamento conferido pelo STF à questão, faz-se mister definir o sentido e alcance de cada um dos institutos em exame. É o que se fará a seguir.

7.9.1 DEFINIÇÃO DOS INSTITUTOS

A isenção, não incidência e alíquota zero serão aqui analisadas sob a ótica do Supremo Tribunal Federal, de modo a permitir uma análise coerente da jurisprudência da Corte quanto ao creditamento do IPI nessas situações.

---

310. MAXIMILIANO, Carlos. *Hermenêutica e Aplicação do Direito*, 19ª ed. Rio de Janeiro: Forense, 2002, p. 23.

A NÃO-CUMULATIVIDADE DOS TRIBUTOS

Considera o STF que a isenção é dispensa legal de tributo devido. É dizer: a norma tributante incide sobre o fato gerador, fazendo nascer a obrigação tributária, que é posteriormente extinta pela atuação secundária da norma isencional. Assim, a isenção se equipara ao próprio pagamento do tributo devido. Afinal, tendo havido o surgimento da obrigação tributária e, *a posteriori*, dispensando-se o seu pagamento, o crédito tributário restaria extinto – operando os mesmos efeitos das outras causas extintivas predicadas no art. 156 do CTN. Essa interpretação não é recente, tendo sido construída ao longo de décadas perante a Suprema Corte, como alerta SACHA CALMON.[311]

Já a não incidência se dá em situações fáticas não abarcadas pela norma de tributação.[312] É o caso, por exemplo, das vendas de ativo imobilizado das indústrias, que fogem à incidência do ICMS por não serem mercadorias[313] e, também, das situações ao abrigo de imunidades (*v.g.*, a não incidência de impostos sobre livros, jornais, periódicos e o papel destinado à sua impressão, determinada pelo art. 150, VI, *d*, da CR/88).

Diferentemente dos produtos não tributados, na alíquota zero tem-se a incidência da norma do IPI, estando presentes todos os elementos do antecedente da regra-matriz de incidência. Entretanto, o dever tributário é inexistente, pois no consequente da norma o valor atribuído à alíquota é nenhum. Dessarte, a operação é gravada pelo imposto, mas não há tributo a pagar em decorrência da alíquota zero adotada.[314]

---

311. COÊLHO, Sacha Calmon Navarro. *Curso de Direito Tributário Brasileiro*, 9ª ed. Rio de Janeiro: Forense, 2007, p. 362. O jurista se opõe a esse entendimento acerca da isenção tributária, predicando que norma isencional impede o próprio nascimento da obrigação tributária – pelo que seria errônea a assertiva pretoriana de que isenção equivale à dispensa de tributo devido, com o que concordamos.

312. STF, Pleno, ADI nº 286/RO, Relator Min. MAURÍCIO CORRÊA, *DJ* 30.08.2002, p. 60.

313. Como leciona A. J. COSTA, "mercadoria é toda cousa móvel corpórea produzida para ser colocada em circulação, ou recebida para ter curso no processo de circulação". (COSTA, Alcides Jorge. *ICM na Constituição e na Lei Complementar*. São Paulo: Resenha Tributária, 1978, p. 99).

314. STF, Pleno, RE nº 353.657/PR, Relator Min. MARCO AURÉLIO, *DJe* 06.03.2008.

Assim, à luz da jurisprudência do STF, os institutos *sub examine* podem ser definidos da seguinte forma:

7.9.1.1 TABELA-RESUMO

	ISENÇÃO	NÃO INCIDÊNCIA	ALÍQUOTA ZERO
Conceito	Dispensa legal de tributo devido.	Hipótese que não se enquadra no antecedente da regra-matriz de incidência.	Atribuição de valor nominal igual a zero à alíquota (elemento do critério quantitativo do consequente da regra-matriz de incidência).
Incidência da norma de tributação	Sim (a isenção é norma externa e estranha àquela que faz surgir o dever tributário).	Não.	Sim (a alíquota zero atua no consequente e não no antecedente da regra-matriz).
Dever tributário	Existe. Todavia, há remissão pela incidência posterior da norma isencional.	Inexistente, pois a norma tributária não alcança a situação abrigada pela não incidência.	Inexistente, dado que o critério quantitativo é zero em razão da alíquota aplicada.

Isto posto, passemos adiante.

7.9.1.2 O DIREITO À MANUTENÇÃO DOS CRÉDITOS DE IPI SOBRE A AQUISIÇÃO DE INSUMOS TRIBUTADOS, UTILIZADOS NO FABRICO DE BENS ISENTOS, NÃO TRIBUTADOS OU SUJEITOS À ALÍQUOTA ZERO

7.9.1.2.1 A quaestio juris

A questão que inicialmente se pretende responder é: a aquisição de insumos gravados pelo IPI e utilizados na fabricação de produtos isentos, não tributados ou sujeitos à alíquota zero exige o estorno dos créditos por parte do fabricante-contribuinte?

O tema não foi enfrentado com vagar pelo STF antes da Constituição de 1988. Conforme leciona MISABEL DERZI,[315] àquela época, não havia grandes controvérsias em torno do direito ao crédito do IPI, eis que, para tal imposto, "as leis costumavam garantir os créditos – oferecendo até mesmo prêmios à exportação – em caso de não incidência ou de isenção outorgada a uma das fases de industrialização". Nesse período anterior à CR/88, todavia, ao analisar a possibilidade de manutenção dos créditos do imposto federal, quando a operação subsequente fosse sujeita à *alíquota zero*, a Corte Máxima decidiu em desfavor dos contribuintes. Entendeu o STF que o industrial não poderia se creditar do IPI suportado em suas aquisições, pois o direito ao crédito pressuporia a existência de duas operações tributadas em sequência – logo, o creditamento somente faria sentido nessas hipóteses, quando efetivamente houvesse uma dupla incidência a ser combatida pela não-cumulatividade.[316]

Já sob a égide da CR/88, os questionamentos atinentes à manutenção dos créditos de IPI pelo industrial quando suas saídas são isentas, não tributadas ou sujeitas à alíquota zero passaram a se tornar mais frequentes. Com a União buscando maior arrecadação para fazer face às inúmeras responsabilidades

---

315. BALEEIRO, Aliomar. *Direito Tributário Brasileiro*, 11ª ed. Atualizado por MISABEL ABREU MACHADO DERZI. Rio de Janeiro: Forense, 2001, p. 354.

316. No primeiro precedente, datado de março de 1985, a Corte manteve aresto do Tribunal Federal de Recursos que afirmara:
"No caso dos autos, trata-se de pretensão de crédito do IPI, que seria compensado na saída de produto com alíquota zero. Ora, em face desta situação, não é razoável reconhecer-se à Impetrante o direito de creditar-se da importância de um imposto a cujo pagamento não está sujeita (alíquota zero), pois a compensação do imposto recolhido com o imposto a recolher torna-se inviável." (STF, Primeira Turma, RE nº 99.825/SP, Relator Min. NÉRI DA SILVEIRA, *DJ* 05.09.1986, p. 15.834).
Pouco mais de um ano depois, em agosto de 1986, novamente a Primeira Turma rejeitou o pleito de manutenção dos créditos de contribuinte que adquirira insumos tributados (naquele caso, material de embalagem) para produção (acondicionamento) de produtos não sujeitos à tributação por força da alíquota zero (STF, Primeira Turma, RE nº 109.047/SP, Relator Min. OCTAVIO GALLOTTI, *DJ* 26.09.1986, p. 17.721).

que lhe foram atribuídas pela Constituição Cidadã, foi apenas questão de tempo para que a não-cumulatividade do IPI se tornasse pauta de litígios entre Fisco e contribuintes.

Com o intuito de pôr termo à discussão – e reconhecendo aos contribuintes o direito que lhes vinha sendo negado pela Receita Federal – a Lei nº 9.779/99 assegurou a manutenção dos créditos sobre insumos tributados quando as saídas posteriores forem *isentas* ou *sujeitas à alíquota zero*[317] – não se referindo, contudo, às saídas não tributadas.

Com a novel legislação, duas dúvidas advieram:

(a) Haveria, no período anterior à Lei nº 9.779/99, um direito constitucional à manutenção dos créditos de IPI oriundos das aquisições de insumos tributados, porém utilizados na fabricação de produtos isentos ou sujeitos à alíquota zero? Em outras palavras: a não-cumulatividade tributária assegura de forma ampla – salvo exceções expressas na Lei Maior, como no caso do ICMS – o direito ao crédito sobre o tributo "cobrado" na etapa anterior, ainda que a saída subsequente seja isenta ou submetida à alíquota zero do IPI?

(b) Em relação à aquisição de insumos para o fabrico de produtos *não tributados* – que não se confundem com os *isentos* ou gravados pela *alíquota zero*, mencionados na Lei nº 9.779/99 – haveria, igualmente, um direito à manutenção dos créditos pelo industrial, em que pese a venda do produto final ocorrer sem tributação e em que pese inexistir norma infraconstitucional específica sobre a questão?

A posição da Suprema Corte foi pela negativa de manutenção do crédito em ambas as hipóteses. Confira-se.

---

317. Art. 11 da Lei nº 9.779/99.

7.9.1.2.2 O direito à manutenção dos créditos de IPI sobre insumos tributados quando o produto final é isento ou sujeito à alíquota zero

7.9.1.2.2.1 O posicionamento do STF: não há direito ao crédito, salvo disposição de lei em sentido contrário

Em maio de 2009, o Plenário do STF julgou conjuntamente três casos[318] que envolviam contribuintes cujas operações eram isentas ou sujeitas à alíquota zero do IPI e que, por essa razão, estavam sendo compelidos pela Receita Federal a estornar os créditos do imposto oriundos da aquisição de insumos tributados.

Por maioria, entendeu a Suprema Corte que não haveria direito constitucional à manutenção dos créditos de IPI decorrentes da aquisição dos insumos utilizados na produção de bens isentos ou gravados com alíquota zero. O fundamento para tanto foi a *inexistência de duas operações tributadas em sequência*. Na opinião do STF, a ocorrência da cumulatividade – que permite a atuação de sua antípoda, a não-cumulatividade – exige duas etapas gravadas pelo imposto. Nessa linha, o art. 11 da Lei nº 9.779/99 teria inovado no ordenamento jurídico ao permitir a manutenção dos créditos em comento, consistindo em verdadeiro benefício fiscal e não em uma forma de se fazer valer a não-cumulatividade.

A decisão foi por maioria, pois os Ministros CÉZAR PELUSO e RICARDO LEWANDOWSKI sustentaram que a negativa da manutenção do crédito pelo simples fato de a operação subsequente ser isenta ou sujeita à alíquota zero viola a não-cumulatividade, que é constitucionalmente plasmada sem qualquer restrição para o IPI (ao contrário do ICMS). Já

---

318. STF, Pleno, RE nº 460.785/RS, Relator Min. MARCO AURÉLIO, *DJe* 10.09.2009; STF, Pleno, RE nº 475.551/PR, Relator p/ acórdão Min. MENEZES DIREITO, *DJe* 12.11.2009; STF, Pleno, RE nº 562.980/SC, Relator p/ acórdão Min. MARCO AURÉLIO, *DJe* 03.09.2009. Posteriormente, confirmando o entendimento: STF, Pleno, RE nº 566.819/RS, Relator Min. MARCO AURÉLIO, *DJe* 09.02.2011.

o Min. EROS GRAU, também vencido, sustentou que apenas nos casos de saídas *isentas* haveria direito à manutenção dos créditos. Invocou o Min. EROS a jurisprudência da Suprema Corte que predica ser a isenção uma dispensa legal do tributo devido. Como esse entendimento pressupõe que a operação isenta sofre a incidência da norma tributária (eis que a norma isencional atua dispensando o pagamento do tributo, que era até então devido), ter-se-iam duas operações com incidência do IPI em sequência, cumprindo o requisito erigido pela Corte para a aplicação da não-cumulatividade.

Contudo, consoante referido, a maioria dos Ministros do STF entendeu pela inexistência de direito à manutenção dos créditos de IPI sobre insumos tributados utilizados na produção de bens isentos ou sujeitos à alíquota zero, no período anterior à Lei nº 9.779/99.

7.9.1.2.2.2 O nosso entendimento

Data venia do posicionamento externado pela Corte Máxima, parece-nos que o art. 11 da Lei nº 9.779/99 apenas esclareceu um direito pre-existente dos contribuintes. A Lei Maior foi expressa ao determinar, para o ICMS, o estorno dos créditos relativos às operações anteriores às isentas ou não tributadas,[319] porém não fez tal objeção ao creditamento do IPI. Assim, mesmo havendo isenção ou alíquota zero na saída, o alienante faz jus à manutenção de seus créditos escriturais de IPI. Entendimento diverso, a nosso ver, diverge da jurisprudência firmada há decênios pelo STF no sentido de que a não-cumulatividade deve ser assegurada até mesmo via concessão de créditos presumidos (do que não cuida a questão ora em comento, que versa apenas sobre a mantença de créditos

---

319. No caso do ICMS o estorno é devido porquanto determinado pela Constituição de 1988 e, antes desta, implicitamente pela Emenda Passos Porto. O próprio STF deixa claro esse entendimento, ao afirmar que "a Corte tem admitido o estorno de créditos de ICMS nos casos de imunidade ou isenção na saída das mercadorias desde a Constituição anterior". (STF, Segunda Turma, AI-ED nº 468.900/RS, Relator Min. GILMAR MENDES, *DJe* 20.11.2008).

reais na conta gráfica do contribuinte quando a mercadoria industrializada sair sem tributação).

A se defender a obrigação do estorno, estar-se-ia adotando, para fins de tal raciocínio, a sistemática de apuração produto-a-produto, olvidando-se que o *quantum debeatur* de IPI é obtido pelo somatório das entradas e saídas, tributadas ou não, em determinado período de tempo. Se houve aquisição de bem gravado pelo imposto, é direito do contribuinte escriturar o crédito em sua contabilidade. Se houve saída isenta ou não tributada, inexistirá débito a compor o saldo do mês (que poderá ser credor ou devedor, havendo, na primeira hipótese, o transporte dos créditos acumulados para os períodos subsequentes).[320]

Assim, entendemos que o art. 11 da Lei nº 9.779/99 não teve como objetivo apenas assegurar ao contribuinte do IPI a manutenção dos créditos do imposto quando suas saídas fossem isentas ou não tributadas (direito que, em nossa opinião, decorre da própria Constituição). A norma pretendia muito mais, tendo o multicitado art. 11 trazido um outro importante benefício: a permissão de compensação, com quaisquer outros tributos federais, dos créditos escriturais de IPI acumulados por mais de um trimestre. Tal compensação não se confunde com a efetuada em conta gráfica para cálculo do IPI devido em determinada competência. Trata-se da compensação do tributo pago a maior ou indevidamente, que extingue o crédito tributário nos termos dos arts. 156, II, 170 e 170-A do

---

320. Houve apenas dois arestos nos quais, previamente à edição da CR/88, o STF refutou o direito à manutenção dos créditos de insumos utilizados na produção de bens sujeitos à alíquota zero do IPI (RE nº 109.047/SP, Relator Min. OCTAVIO GALLOTTI, *DJ* 26.09.1986, p. 17.721; RE nº 99.825/SP, Relator Min. NÉRI DA SILVEIRA, *DJ* 05.09.1986, p. 15.834). Contudo, tais decisões datam de 1985 e 1986, período anterior à consolidação da jurisprudência do Supremo Tribunal acerca do alcance da não-cumulatividade tributária do ICM (que foi amplamente discutida na Corte após o advento da EC nº 23/83). Em conclusões integralmente aplicáveis ao IPI, pugnou o STF que o estorno dos créditos das operações anteriores às isentas ou não tributadas somente pode ser exigido com base em autorização constitucional (existente para o ICM/ICMS desde a EC nº 23/83 – cujo texto foi incorporado à CR/88 – e inexistente para o IPI). Dentre vários, cite-se nessa linha: RE nº 125.106/SP (Primeira Turma, Relator Min. ILMAR GALVÃO, *DJ* 03.02.1995, p. 1.023); RE-AgR nº 270.827/SP (Segunda Turma, Relator Min. NELSON JOBIM, *DJ* 09.03.2001, p. 108).

CTN, sendo regulamentada, no âmbito federal, pelo art. 74 da Lei nº 9.430/96.

Em suma: o direito à mantença dos créditos do IPI sobre insumos tributados nas hipóteses de saídas com isenção ou alíquota zero é, em nossa opinião, constitucionalmente irrestrito (ao contrário do que ocorre com o ICMS).[321]

Ademais, a jurisprudência do STF que equipara isenção a pagamento do tributo fornece um argumento adicional para a manutenção dos créditos de IPI nessa hipótese: como a saída foi devidamente tributada (tendo havido a dispensa do imposto devido pela atuação da norma isencional), não há interrupção da cadeia de imposição do IPI, tornando indevido o estorno dos créditos até então acumulados. Entretanto, é de suma importância repisar que este é apenas um fundamento *adicional*. A regra da não-cumulatividade do IPI, que predica o abatimento do imposto pago nas operações anteriores, veda qualquer tentativa de mitigação do direito ao crédito mesmo na hipótese de as saídas não serem gravadas pelo imposto. Afinal, não se trata aqui de compensação de imposto ficto (*rectius*, de concessão de crédito presumido). Trata-se, isto sim, de aplicação pura e simples da não-cumulatividade, tal como plasmada pela Constituição de 1988 e interpretada pelo Supremo Tribunal Federal. Causou espécie, dessarte, o

---

321. Nessa mesma linha, vale conferir as lições de GODÓI:
"(...) Consideramos que o STF cometeu um grave erro ao julgar, nos REs 475.551, 460.785, 562.980, que o direito previsto no art. 11 da Lei 9.779/1999 tem base estritamente infraconstitucional, e que antes do advento de tal dispositivo os contribuintes não tinham direito a manter os créditos decorrentes de entradas tributadas. Tal decisão, a nosso ver, violou frontalmente a não-cumulatividade. Mas o mais grave é que a decisão contrariou a jurisprudência mansa e pacífica do Tribunal, que considerava que as restrições à não-cumulatividade do ICMS previstas no art. 155, parágrafo 2º, II, da Constituição não se aplicavam ao IPI.
(...) O acórdão (...) na verdade considerou, ainda que implicitamente, que o conteúdo da norma do art. 155, parágrafo 2º, II, b, da Constituição não é uma restrição à não-cumulatividade do ICMS e sim uma decorrência da não-cumulatividade em geral (tanto do IPI quanto do ICMS), que portanto tem caráter meramente expletivo, vale também para o IPI e a rigor nem precisaria ter sido expressada no texto do art. 155, parágrafo 2º, II, b, da Constituição." (GODÓI, Marciano Seabra de. *Crítica à Jurisprudência Atual do STF em Matéria Tributária*. São Paulo: Dialética, 2011, pp. 187-8).

entendimento da Corte Maior que pugnou pela impossibilidade de manutenção dos créditos de IPI quando as saídas subsequentes são isentas ou sujeitas à alíquota zero, salvo quando a lei federal assim o autorizar, como ocorrido a partir do advento do art. 11 da Lei nº 9.779/99.

7.9.1.2.2.3 A questão do direito à manutenção dos créditos dos insumos gravados pelo IPI quando o produto final é não tributado

Consoante mencionado alhures, a partir da Lei nº 9.779/99 foi assegurado aos contribuintes do IPI o direito à manutenção dos créditos relativos à aquisição de insumos utilizados na fabricação de bens isentos ou sujeitos à alíquota zero do imposto. Todavia, não tratou a lei dos produtos *não tributados*.

Baseando-se no posicionamento do STF pertinente à isenção e à alíquota zero, pode-se concluir que, em caso de mercadorias não tributadas pelo IPI, tampouco haveria direito à manutenção dos créditos sobre os insumos. Se, para a Suprema Corte, o direito ao creditamento dos insumos tributados pelo IPI exige que a etapa subsequente seja igualmente gravada pelo mesmo imposto, a inexistência de tributação – seja por força de isenção, alíquota zero ou inocorrência de fato imponível, como ocorre com os bens *não tributados* – impedirá a mantença dos créditos de IPI na escrita fiscal do contribuinte. Afinal, *ubi eadem ratio, ibi eadem dispositio* – onde há a mesma razão, deve haver, também, a mesma disposição.

Ressalvamos, entretanto, nosso entendimento contrário, pelas razões expostas anteriormente, que aqui sintetizamos: onde o Constituinte não distingue (não havendo, como de fato não há na Lei Maior, qualquer restrição ao creditamento do IPI, ao contrário do que se dá com o ICMS),[322] não cabe ao intérprete distinguir.

---

322. Como já visto, a CR/88 determina o estorno dos créditos das operações anteriores tão somente em matéria de ICMS, quando as saídas subsequentes forem isentas ou não tributadas pelo imposto estadual (art. 155, §2º, II, b, da atual Constituição). Sendo a não-cumulatividade do IPI ampla – noutro giro verbal: inexistindo restrição na Lei Maior à não-cumulatividade do imposto federal – é indevida a transposição, para esta exação, de regra expressamente prevista apenas para o ICMS.

7.9.2 A CONCESSÃO DE CRÉDITOS PRESUMIDOS DE IPI AOS ADQUIRENTES DE INSUMOS ISENTOS, NÃO TRIBUTADOS E SUJEITOS À ALÍQUOTA ZERO UTILIZADOS NA PRODUÇÃO DE MERCADORIAS SUJEITAS AO IMPOSTO FEDERAL

Tema correlato com o até aqui tratado – a saber: o direito à mantença de créditos *efetivos* do IPI, oriundos da aquisição de *insumos gravados pelo imposto*, nas hipóteses em que as vendas subsequentes não são tributadas por força de isenção, alíquota zero ou não incidência – é o da possibilidade de concessão de *créditos fictos, presumidos* do IPI pela aquisição de *insumos isentos, não tributados ou sujeitos à alíquota zero*, quando o produto final obtido a partir daqueles sofre a incidência do imposto federal.

Apesar da relativa semelhança, é importante gizar a seguinte distinção entre as situações: enquanto na hipótese anteriormente tratada avaliava-se o direito à manutenção de créditos *realmente existentes* do imposto – porquanto oriundos de aquisições efetivamente tributadas, porém seguidas de saídas sem tributação – neste tópico será analisada a possibilidade de conceder-se ao contribuinte um crédito inexistente, fictício, contudo necessário para evitar que as isenções, não incidências ou alíquotas zero do IPI se transmutem em mero diferimento do imposto devido, sem que haja uma efetiva redução da carga tributária quando da utilização desses institutos pelo legislador.

Feita esta advertência, passemos ao deslinde do novo tema.

7.9.2.1 A JURISPRUDÊNCIA ORIGINÁRIA DA SUPREMA CORTE: O CRÉDITO PRESUMIDO COMO CONDIÇÃO *SINE QUA NON* PARA PRESERVAÇÃO DA NÃO-CUMULATIVIDADE

No julgamento do primeiro caso sobre o tema em epígrafe, à luz da atual Lei Maior, ocorrido em 1998, a Suprema Corte assegurou a concessão de créditos presumidos de IPI para

A NÃO-CUMULATIVIDADE DOS TRIBUTOS

o adquirente de insumos isentos utilizados na fabricação de produtos gravados pelo referido imposto.[323]

Em que pese o voto contrário do Relator originário, Min. ILMAR GALVÃO, pugnando pela inexistência do direito ao crédito presumido ao fundamento de que a ausência de imposto cobrado na operação anterior tornaria infundada a concessão do aludido benefício, o Min. NELSON JOBIM instaurou divergência sustentando que a isenção acabaria sendo equiparada a um simples diferimento caso não autorizado o creditamento ficto. De fato, a isenção intercalar nos tributos não-cumulativos importa em aumento do *quantum debeatur* – salvo se reconhecido o direito à apropriação do crédito (presumido, no caso em comento) pelo adquirente dos insumos isentos.

Em consonância com o voto de JOBIM, o Min. MARCO AURÉLIO lembrou que, de 1965 a 1983, o IPI e o ICM gozaram de tratamento igualitário, tendo a Emenda Passos Porto desequiparado a não-cumulatividade desses dois impostos em desfavor do ICM – mantendo incólume, todavia, o regime jurídico do IPI. Sendo assim, a jurisprudência que concedia créditos presumidos do ICM ao adquirente de produtos isentos (no período anterior à EC nº 23/83) seria plenamente aplicável ao imposto federal. Afinal, este subsiste na Constituição de 1988 com as mesmas garantias da não-cumulatividade que possuía quando da edição da EC nº 18/65. Por tal razão, o Min. MARCO AURÉLIO anuiu com a conclusão de que o crédito presumido é imprescindível para evitar que a isenção se torne inócua e se transmute em mero diferimento.

Quatro anos depois, em 2002, o STF – sob a condução originária de JOBIM – retomou a discussão sobre os créditos presumidos de IPI. Naquela oportunidade, a lide versava sobre o direito ao crédito de insumos sujeitos à *alíquota zero* do imposto federal, utilizados na produção de bens sujeitos ao

---

323. STF, Pleno, RE nº 212.484/RS, Relator p/ acórdão Min. NELSON JOBIM, *DJ* 27.11.1998, p. 22.

IPI.[324] Relembrando o posicionamento da Corte em matéria de isenção e equiparando-a à alíquota zero – pois o efeito, em ambos os casos, é a ausência de imposto a pagar – pugnou o Relator pela concessão dos créditos presumidos, no que foi acompanhado pela maioria dos componentes do Plenário, vencido, novamente, o Min. ILMAR GALVÃO. Os demais membros da Corte frisaram a ontológica distinção entre isenção e alíquota zero, porém sustentaram a necessidade de concessão do crédito presumido, sob pena de se transformar a alíquota zero em um simples diferimento.[325]

Desde então, portanto, restou assentada na jurisprudência do STF a garantia, aos contribuintes do IPI, do direito ao crédito presumido na aquisição de insumos sujeitos à alíquota zero, ao argumento – verossímil, diga-se de plano – de que a ausência de concessão dos créditos importaria em majoração do imposto, decerto não objetivada pela norma que zerou a alíquota da exação.[326]

7.9.2.2 A PRIMEIRA MUTAÇÃO JURISPRUDENCIAL: FIM DO CREDITAMENTO PRESUMIDO NAS AQUISIÇÕES DE INSUMOS SUJEITOS À ALÍQUOTA ZERO/NÃO TRIBUTADOS

Em todos os casos relativos à concessão de créditos presumidos sobre insumos sujeitos à alíquota zero, a Procuradoria da Fazenda Nacional aviou recursos (agravos regimentais ou, julgados estes, embargos declaratórios com pedido de efeitos

---

324. É fato que, nos votos, há menção ao creditamento sobre insumos não tributados; todavia, como posteriormente esclarecido em sede de embargos declaratórios, o caso concreto curava exclusivamente de tributação pela alíquota zero. Os três casos – conjuntamente julgados – sobre o tema foram: STF, Pleno, RE nº 350.446/PR, Relator Min. NELSON JOBIM, *DJ* 06.06.2003, p. 32; STF, Pleno, RE nº 353.668/PR, Relator Min. NELSON JOBIM, *DJ* 13.06.2003, p. 11; STF, Pleno, RE nº 357.277/RS, Relator Min. NELSOM JOBIM, *DJ* 13.06.2003, p. 11.

325. STF, Pleno, RE nº 350.446/PR, Relator Min. NELSON JOBIM, *DJ* 06.06.2003, p. 32.

326. *Inter alii*, confira-se: STF, Segunda Turma, RE-AgR nº 293.511/RS, Relator Min. CELSO DE MELLO, *DJ* 21.03.2003, p. 63.

infringentes), na tentativa de reverter o posicionamento da Corte Suprema, que, como visto, favorecia os contribuintes desde os *leading cases* julgados em 2002. Evitou a PFN, com isso, o trânsito em julgado de qualquer processo sobre o tema.[327]

Graças aos esforços da União Federal, em 2007 o Plenário voltou a analisar dois recursos extraordinários que cuidavam dos créditos presumidos de IPI concedidos sobre insumos sujeitos à alíquota zero e não tributados.[328]

Iniciadas as discussões,[329] o Relator, Min. MARCO AURÉLIO (que anteriormente havia decidido pelo direito ao crédito presumido), referiu-se no início de seu voto a um possível "esqueleto de bilhões de reais" oriundo dos créditos em questão. Após tais considerações, sustentou o Ministro que o direito à compensação do imposto não-cumulativo exige a efetiva incidência na etapa anterior, que inexistiria em se tratando de alíquota zero (ao contrário do que ocorre na isenção, em que se tem o efetivo surgimento da obrigação tributária, que é posteriormente extinta).

---

327. Posteriormente, os três leading cases sobre a matéria, julgados pelo Plenário em 2002 de modo favorável aos contribuintes – REs nº 350.446/PR (25.10.2010), 353.668/PR (12.08.2010) e 357.277/RS (desistência dos recursos homologada em 2010) – transitaram em julgado mantendo a decisão que reconhecia o direito ao crédito presumido nos casos de alíquota zero. Nesses casos, o Tribunal não admitiu os embargos de declaração para modificar as decisões para adequá-las ao posicionamento que viria a ser adotado a partir de 2007, negando o crédito presumido. A apreciação do STF foi, portanto, meramente processual. Em outubro de 2014, o STF decidiu, no RE nº 590.809/RS, Relator Min. MARCO AURÉLIO, afetado pelo regime da repercussão geral, que a mudança de posicionamento por parte da Suprema Corte não autoriza o julgamento procedente de ação rescisória, se o julgado rescindendo estiver em harmonia com o posicionamento majoritário do STF à época de sua prolação, encerrando a possibilidade de rediscussão dos casos definitivamente decididos em favor dos contribuintes antes da referida alteração jurisprudencial. O caso versava justamente sobre a existência de créditos presumidos no caso da aquisição de insumos isentos, tributados à alíquota zero ou não tributados pelo IPI, mas o dispositivo do julgado foi mais abrangente, tratando de qualquer hipótese processual nesse sentido.

328. Dessa vez, efetivamente compunha os processos a discussão sobre os insumos não tributados (NTs), que constou indevidamente no RE nº 350.446/PR, em que pese não ter sido ventilada pelas partes.

329. Gize-se que o Tribunal possuía composição diferente daquela de 2002, quando o Plenário reconhecera o crédito presumido sobre insumos sujeitos à alíquota zero.

Também modificando seu posicionamento, a Min. ELLEN GRACIE acompanhou MARCO AURÉLIO, diferençando isenção de alíquota zero. Pugnou a Ministra que na isenção tem-se "exclusão de um imposto incidente", ao passo que na alíquota zero "não surge obrigação de recolhimento", pois "o montante devido (...) é igual a zero".[330] Com essas premissas, concluiu GRACIE pela ausência do direito ao crédito presumido na aquisição de insumos gravados com alíquota zero ou não tributados pelo IPI – o que resulta em majoração do imposto devido ao longo da cadeia, como já visto anteriormente.[331] Segundo esse entendimento, o objetivo da aplicação da alíquota zero seria estimular a produção do bem e não reduzir o seu preço final. No que tange aos produtos *não tributados*, sustentou a Ministra que eles estão fora da cadeia de incidência do IPI, pelo que as suas operações devem ser desconsideradas para fins de creditamento.

Somados os votos de MARCO AURÉLIO e ELLEN GRACIE aos dos Ministros EROS GRAU, JOAQUIM BARBOSA, CARLOS BRITTO e CÁRMEN LÚCIA, formou-se a maioria, que se sobrepôs aos argumentos dos cinco Ministros que ficaram vencidos (NELSON JOBIM, CÉZAR PELUSO, SEPÚLVEDA PERTENCE, RICARDO LEWANDOWSKI e CELSO DE MELLO). Assim, fixou-se, no âmbito do STF, o entendimento de que a diferença entre isenção (dispensa de tributo devido), não incidência (hipótese que não se enquadra na norma de tributação) e alíquota zero (incidência com resultado nulo) deve ser considerada para fins de aplicação do princípio da não-cumulatividade tributária em matéria de IPI, concedendo-se crédito presumido apenas nas aquisições de produtos *isentos*.

É inegável a distinção ontológica entre os institutos citados. Todavia, como o próprio STF apontara anteriormente,

---

330. STF, Pleno, RE nº 353.657/PR, Relator Min. MARCO AURÉLIO, *DJe* 06.03.2008. Salientou ainda a Min. ELLEN GRACIE que a isenção decorre necessariamente de lei (art. 150, §6º, da CR/88), ao passo que a alíquota zero pode ser fixada por decreto.

331. A questão da cumulatividade residual dos impostos não-cumulativos em face das operações não sujeitas ao imposto foi analisada no Título I, Capítulo III, item 3.5.

os resultados práticos são idênticos nos três casos. Em sendo assim, dever-se-ia aplicar a regra *ubi eadem ratio, ibi eadem dispositio*, mantendo-se o aresto prolatado em 2002 (infenso aos argumentos econômicos ventilados pela União Federal quando do rejulgamento da lide em 2007). Por todos, esposando nosso posicionamento quanto à questão, valemo-nos de excertos do voto vencido do Min. CELSO DE MELLO, que tratou a questão com percuciência:

> Qualquer que seja a definição conceitual que se dê à alíquota zero – quer para assimilá-la à isenção (como entendem os eminentes Professores MISABEL DERZI e PAULO DE BARROS CARVALHO), quer para distingui-la, enquanto noção ontologicamente diversa, do fenômeno isentivo (como sustenta o eminente Professor SACHA CALMON) – o que se revela inquestionável é que as consequências que derivam da alíquota zero são idênticas, em termos econômicos, aos efeitos peculiares à isenção, o que permite dispensar-lhes o mesmo tratamento, em ordem a considerar presente, quanto a ambas, a existência do direito ao crédito.
>
> (...)
>
> Também partilho do entendimento de que a categoria exonerativa pertinente à não tributação expõe-se ao mesmo regime jurídico-tributário concernente à isenção, daí derivando, quanto aos produtos não tributados, as consequências comuns e peculiares ao benefício isencional.[332]

Na hipótese de produtos não tributados (NTs) pelo IPI, o Min. CELSO DE MELLO adotou o raciocínio expendido pelo também vencido Min. CÉZAR PELUSO, que os dividiu em três categorias:

(a) não tributados por ausência de competência tributária (como ocorre com os produtos imunes ao IPI ou que não se enquadram no conceito de "industrializados");

---

332. STF, Pleno, RE nº 353.657/PR, Relator Min. MARCO AURÉLIO, *DJe* 06.03.2008.

(b) não tributados por não estarem incluídos na lei que determina a incidência do IPI (em que pese ter a União competência para tanto);

(c) não tributados por expressa disposição legal.

Para MELLO e PELUSO, a primeira situação não geraria, de fato, crédito presumido do IPI, posto que seria alheia "ao ciclo econômico tomado como pressuposto de fato do imposto". Todavia, as hipóteses *b* e *c* seriam equiparáveis à isenção, pois decorreriam de uma opção do legislador pela não tributação de produtos que poderiam, *a priori*, ser gravados pelo IPI.

Tal entendimento, entretanto, restou vencido no âmbito do STF,[333] que considerou serem a alíquota zero e a não tributação meras hipóteses de diferimento, não consistindo em benefícios fiscais com o fito de reduzir o IPI devido.

7.9.2.3 A SEGUNDA INFLEXÃO NO ENTENDIMENTO DO STF: INEXISTÊNCIA DO CRÉDITO PRESUMIDO TAMBÉM NOS CASOS DE INSUMOS ISENTOS UTILIZADOS NA PRODUÇÃO DE BENS TRIBUTADOS PELO IPI

Em relação ao crédito presumido sobre insumos isentos, a decisão prolatada em 1998, no RE nº 212.484/SC – e efetivamente transitada em julgado, ao contrário das decisões favoráveis de 2002, relativas ao crédito ficto sobre insumos sujeitos à alíquota zero do IPI[334] – perdurou durante 12 anos.

Foi em 2010 que, no julgamento do RE nº 566.819/RS,[335] o STF operou a mutação jurisprudencial sobre o tema, asseve-

---

333. STF, Pleno, RE nº 353.657/PR, Relator Min. MARCO AURÉLIO, *DJe* 06.03.2008.

334. Como visto no item 7.9.2.2, a Procuradoria da Fazenda Nacional aviou embargos declaratórios em todas as decisões do STF que concederam créditos presumidos para os adquirentes de insumos sujeitos à alíquota zero do IPI, evitando, com isso, que os acórdãos transitassem em julgado e viabilizando a modificação de jurisprudência ocorrida em 2007. Os embargos, contudo, foram rejeitados com fundamento em matéria exclusivamente processual.

335. STF, Pleno, RE nº 566.819/RS, Relator Min. MARCO AURÉLIO, *DJe* 09.02.2011.

rando inexistir direito a créditos presumidos do IPI também sobre insumos *isentos* utilizados no fabrico de produtos tributados pelo imposto federal. Sob a relatoria do Min. MARCO AURÉLIO e restando vencido apenas o Min. CÉZAR PELUSO, a Suprema Corte equiparou o caso àqueles relativos a insumos não tributados ou sujeitos à alíquota zero, sustentando ser impossível a outorga de créditos presumidos se não houve incidência na etapa anterior.

Com isso, o STF findou um caminho iniciado em 2003 de reversão do entendimento firmado nos precedentes de 1998 (isenção) e 2002 (alíquota zero) relativos aos créditos presumidos do IPI na compra de insumos. Hodiernamente, portanto, não mais subsiste o benefício em questão, seja em relação aos insumos isentos, não tributados ou sujeitos à alíquota zero.[336]

Contudo, em sede de embargos de declaração no RE nº 566.819/RS,[337] o STF deixou claro que o precedente não atingia situações especiais, como o caso da Zona Franca de Manaus, cuja especificidade exige análise apartada pela Corte. Foi, aliás, por essa razão, que se reconheceu a repercussão geral no RE nº 592.891/SP, no qual se discute o direito ao crédito presumido concedido pela aquisição de insumos isentos

---

336. Vale apenas notar que o direito aos créditos presumidos de IPI na aquisição de insumos isentos será novamente apreciado pelo STF, desta feita em recurso extraordinário no qual foi reconhecida a repercussão geral do tema (STF, Plenário Virtual, RE nº 590.809/RS, Relator Min. MARCO AURÉLIO, repercussão geral reconhecida em 14.11.2008). Todavia, o que se discutirá neste caso será apenas a viabilidade de ação rescisória, por parte da União, contra o contribuinte que possuía coisa julgada em seu favor, haja vista a mutação jurisprudencial ocorrida no âmbito da jurisprudência. O objeto da ação, dessarte, é bastante restrito, sendo improvável uma mudança de posicionamento da Suprema Corte quanto ao mérito do direito ao creditamento presumido quando da aquisição de insumos isentos do IPI.

337. Vale transcrever a ementa:
"IPI – CRÉDITO – INSUMO ISENTO – ABRANGÊNCIA. No julgamento deste recurso extraordinário, não se fez em jogo situação jurídica regida quer pela Lei nº 9.779/99 – artigo 11 –, quer por legislação especial acerca da Zona Franca de Manaus. Esta última matéria será apreciada pelo Plenário ante a admissão da repercussão geral no Recurso Extraordinário nº 592.891/SP, outrora sob a relatoria da Ministra Ellen Gracie e hoje redistribuído à Ministra Rosa Weber." (STF, Pleno, RE nº 566.819 ED/RS, Relator Min. MARCO AURÉLIO, *DJe* 16.10.2013)

provenientes da região, que detém características fiscais especiais. É o que será visto a seguir.

7.9.2.4 O DIREITO AO CRÉDITO PRESUMIDO DE IPI NA AQUISIÇÃO DE INSUMOS ISENTOS PROVENIENTES DA ZONA FRANCA DE MANAUS

Como dissemos, o STF excepcionou, do posicionamento fixado no RE nº 566.819/RS, casos especiais como o dos insumos isentos provenientes da Zona Franca de Manaus, sujeitando-os a análise apartada. O direito ao crédito presumido não está, aqui, explicitamente, assegurado na lei, mas decorre de interpretação sistemática de normas constitucionais e infraconstitucionais. Outrossim, envolve situação específica em que o objetivo extrafiscal da norma isencional é colocado em xeque caso o crédito não seja reconhecido.

A Zona Franca de Manaus foi criada pela Lei nº 3.173/1957 como um porto franco situado às margens do Rio Negro. Com o Decreto-lei nº 288/67, a região foi elevada à condição de zona de livre comércio, prevendo seu art. 1º que sua finalidade é "[...] criar no interior da Amazônia um centro industrial, comercial e agropecuário dotado de condições econômicas que permitam seu desenvolvimento, em face dos fatores locais e da grande distância, a que se encontram, os centros consumidores de seus produtos".[338]

Pois bem, uma das condições econômicas criadas para o desenvolvimento da região foi justamente o uso de incentivos fiscais para que as indústrias ali se instalassem em condições competitivas, compensando-se a distância em que se situam de seus principais centros consumidores. Nesse contexto, o art. 9º do Decreto-lei nº 288/67 determinou que todas as mercadorias produzidas na Zona Franca de Manaus, destinando-se ao consumo interno ou à comercialização em qualquer ponto do país,

---

[338]. MOREIRA, André Mendes e CAMPOS, Eduardo Lopes de Almeida. "Direito ao crédito presumido de IPI decorrente da entrada de insumos isentos provenientes da zona franca de Manaus". *Revista Dialética de Direito Tributário*, nº 242, São Paulo: Dialética, nov./2015, pp. 21-33.

estarão isentas do IPI. Tais isenções não foram instituídas *ad aeternum*, possuindo vigência de 30 (trinta) anos, prorrogáveis por meio de decreto do Poder Executivo, desde que haja aprovação do Conselho de Segurança Nacional.

Ocorre que, antes mesmo de decorrido o referido prazo, a Constituição de 1988, no art. 40 do ADCT, dispôs sobre a manutenção da Zona Franca de Manaus, com todas as suas características de "área livre de comércio, de exportação e importação, e de incentivos fiscais" pelo prazo de 25 (vinte e cinco) anos a contar da promulgação da Carta, prazo esse prorrogado pelas Emendas Constitucionais nº 42/2003 e nº 83/2014, sucessivamente, por 10 (dez) e 50 (cinquenta) anos, postergando seu decurso para o ano de 2073. Portanto, com a recepção constitucional, a Zona Franca de Manaus continua a ser uma área de livre comércio, fruindo de todos os benefícios fiscais concedidos até a promulgação da Constituição.

Pode-se dizer ainda que, além da sua recepção expressa, a Constituição elencou uma série de princípios, garantias e objetivos fundamentais que se harmonizam com o ideal de criação da Zona Franca de Manaus, tais como os objetivos fundamentais da garantia do desenvolvimento,[339] da redução das desigualdades regionais[340] e o direito ao meio ambiente sustentável.[341]

Entretanto, caso se observe, para a Zona Franca de Manaus, a regra geral estabelecida pela jurisprudência do STF sobre o princípio da não-cumulatividade, segundo a qual a entrada de insumos isentos, tributados à alíquota zero ou não tributados não gera créditos presumidos de IPI a serem descontados nas saídas tributadas, os objetivos extrafiscais da norma isencional não serão, de modo algum, atingidos. Isso porque a não concessão do crédito presumido implicaria, ao

---

339. Art. 3º, II da CR/88, Resolução nº 41/128 da Assembleia Geral da ONU, Decreto nº 19.841/45 c/c art. 5º, §2º, da CRFB/88.

340. Art. 3º, III, art. 43, §2º, III, art. 151, I e art. 170, VII, todos da CR/88.

341. Art. 170, VI e art. 225 da CR/88.

invés de redução, aumento na carga tributária[342] para os produtos comercializados para outros pontos do Território Nacional, cujas saídas fossem tributadas, não compensando, mas sim agravando, a distância entre Manaus e os principais centros consumidores dos produtos da Zona Franca.

Tome-se o exemplo de um fabricante situado em São Paulo que precisa escolher entre adquirir um insumo de um industrial estabelecido na Zona Franca de Manaus e outro em Curitiba. Enquanto a distância entre Curitiba e São Paulo é de aproximadamente 400 quilômetros, Manaus fica a quase 4 mil quilômetros daquele que é provavelmente o maior mercado consumidor de diversos produtos ali fabricados.

Caso o crédito presumido não seja reconhecido sobre a entrada do insumo isento proveniente da Zona Franca, a carga tributária do produto final aumentará, pois o IPI pago na sua saída é o mesmo e o insumo tributado adquirido de outras regiões gerará créditos, enquanto o proveniente de Manaus não. Assim, além do custo adicional do frete, o produto proveniente da Zona Franca sofrerá ainda o déficit concorrencial causado pelo fato de seu produto gerar aumento da carga tributária total da cadeia produtiva em comparação com o produto proveniente de regiões do país onde não há isenção. Ou seja, nesta hipótese, o que deveria ser um incentivo fiscal destinado a compensar a distância entre a Zona Franca de Manaus e seus centros consumidores, acaba, de fato, desincentivando a aquisição de insumos provenientes da região, pois além do custo adicional do frete, há o óbice ao creditamento de IPI pelas indústrias adquirentes.

Em função dessa especificidade, o Supremo Tribunal Federal reconheceu de forma apartada a repercussão geral da questão.[343] Em julgamento concluído aos 25 de abril de 2019, por maioria, o STF concluiu pela necessidade de se conferir eficácia ao benefício para que os objetivos constitucionalmen-

---

342. Vide item 7.8.2.2.

343. Repercussão Geral no RE nº 592.891/RS, Relatora originária Min. ELLEN GRACIE, j. em 21.10.2010, *DJe* 25.11.2010, p. 339.

te reconhecidos da Zona Franca de Manaus sejam atingidos, em especial a defesa do meio ambiente, da soberania nacional, do desenvolvimento e a redução das desigualdades sociais e regionais. Com isso, fixou-se a seguinte tese:[344]

> Tema 322. Há direito ao creditamento de IPI na entrada de insumos, matéria-prima e material de embalagem adquiridos junto à Zona Franca de Manaus sob o regime da isenção, considerada a previsão de incentivos regionais constante do art. 43, §2º, III, da Constituição Federal, combinada com o comando do art. 40 do ADCT.

Logo, na linha de manifestação nossa anterior,[345] mesmo tendo o STF considerado, de modo geral, que o não reconhecimento do crédito presumido não viola a não-cumulatividade, tal fato não o impediu de reconhecer também a existência de exceções, seja quando forem expressamente consignadas na lei, seja quando decorrerem de sua interpretação sistemática. No caso da Zona Franca de Manaus, a norma isencional (art. 9º do Decreto-lei nº 288/67) não pode ser interpretada apartadamente do seu objetivo extrafiscal, expressamente mencionado no art. 1º do diploma legal, que é o de compensar a distância entre a região e os centros consumidores de seus produtos, de modo que deve o Judiciário dar à norma a interpretação que melhor realize os objetivos fixados pelo Poder Legislativo. Sem o reconhecimento do crédito presumido correlato à isenção, a norma perde sua razão de ser, adquirindo, aliás, efeito inverso daquele pretendido pelo legislador.

7.9.2.5 NOSSOS APONTAMENTOS

Em nossa opinião, a se manter a atual orientação, será necessário rever o conceito jurisprudencial de isenção (sempre

---

344. STF, Pleno, RE nº 596.914/SP, Relator para o acórdão Min. EDSON FACHIN, j. em 25.04.2019.

345. MOREIRA, André Mendes e CAMPOS, Eduardo Lopes de Almeida. "Direito ao crédito presumido de IPI decorrente da entrada de insumos isentos provenientes da zona franca de Manaus". *Revista Dialética de Direito Tributário*, nº 242, São Paulo: Dialética, nov./2015, pp. 21-33.

tido pelo STF como dispensa de tributo devido) para assimilá-lo à alíquota zero – com as consequências daí decorrentes, especialmente a necessidade de observância dos princípios da anterioridade e da noventena para restabelecer-se a cobrança de tributo anteriormente isento (atualmente, como a Suprema Corte sustenta que a isenção equivale à dispensa legal de tributo devido, sua eventual revogação permite a cobrança da exação no dia imediatamente subsequente, eis que a norma tributária – à luz dessa corrente – nunca teve sua incidência obstada, sendo a extinção do crédito tributário operacionalizada *a posteriori* pela norma isencional).[346] De fato, se o instituto da isenção é uno, não se pode utilizá-lo com duas medidas diferentes, sempre para prejudicar os contribuintes, a saber:

(a) considerar a isenção dispensa legal de tributo devido, para que sua revogação possibilite à norma tributária voltar a produzir a plenitude de seus efeitos sem observância do princípio da não-surpresa, do qual são corolários a anterioridade anual e a noventena;

(b) equiparar isenção à alíquota zero – deixando de considerá-la dispensa de tributo devido – para se concluir que, não tendo havido incidência na etapa anterior (ou seja, não havendo tributo "cobrado", ainda que posteriormente dispensado pela norma isencional), inexiste direito ao creditamento presumido garantido, durante 12 anos, pela jurisprudência da Corte Suprema.

A incongruência é manifesta e demanda uma análise acurada da questão por nosso Supremo Tribunal.

---

346. A Primeira Turma do STF deu sinais de uma possível mudança quanto a este posicionamento ao julgar o RE nº 564.225 AgR/RS, no qual se decidiu a necessidade de observância do princípio da anterioridade quando da supressão de benefício fiscal caracterizado pela redução de base de cálculo, a que a própria corte equipara à isenção parcial (vide item 7.12). No entanto, não se alterou, na ocasião, a visão segundo a qual a isenção caracteriza dispensa legal de tributo devido, pautando-se única exclusivamente na interpretação teleológica e no princípio da não surpresa.

7.10 O DIFERIMENTO E A NÃO-CUMULATIVIDADE

7.10.1 A AUSÊNCIA DO DIREITO A CRÉDITOS PRESUMIDOS NA AQUISIÇÃO DE PRODUTOS SUJEITOS AO DIFERIMENTO DO ICMS

Os créditos presumidos do ICM concedidos anteriormente à EC nº 23/83 para os contribuintes adquirentes de materiais *isentos* ou *não tributados* geraram outro pleito reflexo: o da outorga de créditos presumidos quando a mercadoria ingressa no estabelecimento sob o abrigo do *diferimento*. Este, no entanto, não se confunde com a isenção (visualizada pelo STF como dispensa legal de tributo devido e equiparável ao pagamento por ser causa extintiva do crédito tributário) ou com a não incidência (hipótese na qual não se concretiza o fato gerador da exação). O diferimento apenas retarda a tributação, postergando-a para a etapa subsequente de circulação da mercadoria. Sua utilização é usual no ICMS, como ocorre, *v.g.*, na venda de produtos rurais *in natura* para a indústria. Com isso, o agricultor fica desobrigado do pagamento do imposto, que será recolhido pelo industrial. Trata-se, portanto, de uma típica substituição tributária para trás, em que o valor devido pelo agricultor é diferido para a etapa subsequente (saída do produto do estabelecimento industrial).

Como o diferimento não foi criado para beneficiar o contribuinte-substituto, entendeu o STF ser indevida a outorga de crédito presumido nessa hipótese.[347] Afinal, tem-se, *in casu*, a mera modificação do sujeito passivo da obrigação tributária.[348] Se o que há é pura e simples modificação do responsável pelo pagamento da exação, não é dado ao adquirente pleitear

---

347. STF, Primeira Turma, RE nº 97.283/BA, Relator Min. RAFAEL MAYER, *DJ* 22.10.1982, p. 10.742; STF, Segunda Turma, AI-AgR nº 93.907/SP, Relator Min. ALDIR PASSARINHO, *DJ* 18.04.1986, p. 5.990.

348. Corroborando a assertiva, veja-se: STF, Primeira Turma, RE nº 91.848/SP, Relator Min. CUNHA PEIXOTO, *DJ* 21.03.1980, p. 1.554; STF, Segunda Turma, RE nº 102.354/SC, Relator Min. ALDIR PASSARINHO, *DJ* 23.11.1984, p. 19.927.

créditos presumidos. Assim, concordamos com a solução conferida pelo STF ao tema, haja vista que o pressuposto do diferimento é transferir a tributação para a etapa subsequente, o que não seria alcançado se um crédito fictício fosse outorgado ao responsável pela recolha do imposto.[349]

Outro problema atinente ao diferimento refere-se ao direito do alienante-substituído manter, em sua escrita fiscal, os créditos do imposto relativos aos ingressos tributados (no caso do agricultor, *v.g.*, cujas vendas ocorrem com diferimento do ICMS, os créditos decorrem da compra de maquinário agrícola, de insumos utilizados nas plantações, *et caterva*). Tal questão foi enfrentada pelo Supremo Tribunal, que assegurou aos produtores rurais a mantença dos créditos em sua escrita fiscal. Apenas não se autorizou, à míngua de lei estadual, a transferência desses créditos a terceiros. Confira-se a *ratio decidendi*, a seguir.

7.10.2 A MANUTENÇÃO DOS CRÉDITOS NAS SAÍDAS COM TRIBUTAÇÃO DIFERIDA E A IMPOSSIBILIDADE DE TRANSFERI-LOS A TERCEIROS SEM LEI AUTORIZATIVA

Como visto, o diferimento pressupõe tributação na etapa subsequente. Sendo assim, o alienante de bens sujeitos a essa sistemática poderá manter seus créditos de ICMS, pois a saída com diferimento não se confunde com a não incidência[350] (que exigiria o estorno dos créditos do alienante).

---

349. Sob as luzes da Constituição de 1988, o STF preservou o seu posicionamento pretérito de não conceder créditos presumidos de ICMS ao adquirente de produtos com tributação diferida. (STF, Segunda Turma, RE-AgR nº 325.623/MT, Relatora Min. ELLEN GRACIE, *DJ* 07.12.2006, p. 65; STF, Primeira Turma, RE-AgR nº 572.925/MT, Relator Min. CÁRMEN LÚCIA, *DJe* 25.03.2011; STF, Pleno, ADI nº 4.171/DF, Relatora: Min. ELLEN GRACIE, Relator p/ Acórdão: Min. RICARDO LEWANDOWSKI, *DJe* 21.08.2015; STF, Primeira Turma, AI-AgR nº 731.520/RS, Relator Min. ROBERTO BARROSO, *DJe* 10.06.2016).

350. Tal diferenciação foi assentada pelos Ministros NELSON JOBIM, CARLOS VELLOSO e JOAQUIM BARBOSA no julgamento do RE nº 199.147/RJ. (STF, Pleno, RE nº 199.147/RJ, Relator p/ acórdão Min. MARCO AURÉLIO, *DJe* 14.11.2008).

Entretanto, considerável parcela dos contribuintes sujeitos à tributação diferida não possui débitos do imposto estadual (100% de suas vendas ocorrem ao abrigo do diferimento). Essa situação gera um acúmulo constante de créditos (oriundos, *v.g.*, de aquisições para o ativo permanente). Em razão disso, as empresas passaram a pleitear judicialmente o direito de transferir a terceiros os créditos acumulados nessas hipóteses, invocando, para tanto, o princípio da não-cumulatividade. Este restaria violado, no entender dos defensores da tese, pelo fato de existir um acúmulo contínuo de créditos sem possibilidade de utilização, o que tornaria o ICMS um tributo cumulativo.

A Suprema Corte rechaçou o pleito,[351] argumentando que a transferência somente seria possível se houvesse lei estadual autorizativa, com o que concordamos. Não nos parece dessumível da não-cumulatividade um direito de cessão do saldo credor quando este não puder ser integralmente utilizado pelo contribuinte. Afinal, a não utilização decorre da opção negocial de se atuar exclusivamente em um ramo no qual a tributação é diferida (como o agronegócio, *v.g.*). Se outras atividades fossem exercidas (tais como a compra e venda de insumos agrícolas pelo agricultor), seria possível dar vazão aos créditos acumulados pelas vendas com tributação diferida. Do contrário, a solução é recorrer a planejamentos societários, como cisões e incorporações, para fins de aproveitamento dos créditos escriturais acumulados.

7.11 A VEDAÇÃO AO CRÉDITO EM CASO DE PERECIMENTO DA MERCADORIA

Outro problema corrente refere-se à existência (ou não) do direito ao aproveitamento dos créditos de IPI e ICMS referentes à entrada de mercadorias que pereçam por furto,

---

351. STF, Segunda Turma, RE-AgR nº 325.623/MT, Relatora Min. ELLEN GRACIE, *DJ* 07.12.2006, p. 65. O entendimento foi confirmado na Primeira Turma no julgamento do RE-AgR nº 572.925/MT (STF, Primeira Turma, RE-AgR nº 572.925/MT, Relatora: Min. CÁRMEN LÚCIA, *DJe* 25.03.2011.

roubo, incêndio ou qualquer eventualidade. Nesse caso, não há posterior saída do estabelecimento comercial, inexistindo débito de imposto a pagar.

Segundo o STF, em tais hipóteses, o industrial ou comerciante se torna consumidor final, tendo, por conseguinte, o dever de suportar o ônus do imposto. Por tal razão, torna-se devido o estorno do crédito que foi escriturado quando da entrada do bem.[352] A justificativa pretoriana é singela: a não-cumulatividade pressupõe uma série de etapas encadeadas que irão resultar, ao cabo, no consumo final da mercadoria. Se a plurifasia é interrompida em determinado momento pela perda ou destruição do produto, então a última operação (de entrada no estabelecimento em que houve o perecimento) se equipara à venda ao consumidor final. Este, por sua vez, deve arcar juridicamente com o ônus da exação e, portanto, não possui direito ao creditamento.[353]

A nosso sentir, tal entendimento é errôneo e contrário aos precedentes do próprio STF acerca da matéria. Afinal, a Corte assentou – referendando a legislação sobre o tema – que o imposto é apurado por período de tempo e não produto a produto. Também foi decidido que, por tal característica, os créditos e débitos devem ser lançados de forma indiscriminada em uma conta gráfica, de natureza contábil, para fins de apuração do *quantum debeatur*. Ao se legitimar o estorno dos créditos de mercadorias que pereceram no estabelecimento do contribuinte, mitiga-se a não-cumulatividade sem justificativa para tanto (o crédito estava escriturado e a saída somente não ocorreu por caso fortuito, inimputável ao contribuinte). Trata-se, sobremais, de uma determinação injusta, penalizando duplamente o comerciante que, além de ver perecer as

---

352. STF, Primeira Turma, RE nº 105.666/SP, Relator Min. OCTAVIO GALLOTTI, *DJ* 06.12.1985, p. 22.585. No mesmo sentido: STF, Primeira Turma, RE nº 113.395/SP, Relator Min. OCTAVIO GALLOTTI, *DJ* 07.08.1987, p. 15.441.

353. STF, Primeira Turma, RE nº 105.666/SP, Relator Min. OCTAVIO GALLOTTI, *DJ* 06.12.1985, p. 22.585.

suas mercadorias, perderá os créditos sobre o ICMS cobrado na etapa anterior.

Perquirindo com vagar os motivos que levaram o STF a adotar tal posicionamento, pode-se dizer que o Tribunal agiu no intuito de mitigar as fraudes contra o erário. Afinal, a se conferir aos contribuintes o direito de manutenção dos créditos do imposto nas hipóteses de perda das mercadorias, bastaria a alegação de que o produto perecera para o empresário se desobrigar do pagamento do ICMS. E, nesse caso, não bastasse a sonegação na saída, o infrator ainda manteria o crédito referente à exação suportada quando do ingresso do bem no seu estabelecimento. Com a determinação de estorno do crédito, a fraude passa a ser menos lucrativa.[354]

Ora, adotar-se a premissa de que a maior parte dos contribuintes é formada por sonegadores para negar o direito ao crédito equivale a tomar a exceção pela regra. Podemos afirmar, com MISABEL DERZI,[355] que a boa-fé e a confiança presidem a relação entre Estado-Administração e contribuinte. Nessa linha, quando o Judiciário legitima norma que, visando a atingir os sonegadores, gera prejuízos para todos, tem-se flagrante descompasso com os princípios retores da relação entre os Poderes constituídos e os cidadãos.

Ademais, a se coadunar com o raciocínio expendido pelo STF no caso em tela, até mesmo quando o estabelecimento do contribuinte fosse furtado ou roubado haveria vedação ao aproveitamento dos créditos referentes aos bens subtraídos

---

354. É o que se dessume da seguinte passagem do RE nº 87.078/MA:
"Admita-se que a legislação estadual possa determinar o estorno do imposto pago sobre mercadorias que hajam perecido ou se deteriorado. Aí, a providência visa a evitar o desvio de mercadorias sem pagamento do imposto ulterior, sob pretexto de fatos aleatórios como o perecimento ou a deterioração." (STF, Pleno, RE nº 87.078/MA, Relator Min. DÉCIO MIRANDA, *DJ* 24.08.1979).

355. DERZI, Misabel Abreu Machado. *Modificações da Jurisprudência no Direito Tributário*. São Paulo: Noeses, 2009, p. 601.
No mesmo sendeiro, veja-se: GUIMARÃES, Vasco Branco. *A Responsabilidade Civil da Administração Fiscal Emergente da Obrigação de Pagar Imposto*. Belo Horizonte: Fórum, 2007, p. 287-9.

pelos meliantes. Afinal, as etapas de circulação jurídica da mercadoria efetivamente se encerram com o furto ou roubo, inexistindo operação posterior a legitimar o creditamento.[356] A conclusão é injurídica, sobre ser injusta como referido alhures. Todavia, decorre do entendimento manifestado pelo Supremo Tribunal em relação à matéria.

7.12 A PROBLEMÁTICA DA EQUIPARAÇÃO DOS INSTITUTOS DA ISENÇÃO E DA REDUÇÃO DE BASE DE CÁLCULO

Já foi visto que, tanto em matéria de ICMS (por expressa previsão constitucional),[357] como de IPI (por força da jurisprudência do STF), as vendas realizadas ao abrigo de isenção ou não incidência geram o dever de anulação dos créditos das operações anteriores, *salvo disposição de lei em contrário*.

Tendo em vista esse cenário, os Estados – com o intuito de majorar a arrecadação do ICMS – pretenderam equiparar as vendas realizadas com o benefício fiscal de redução da base de cálculo às operações isentas. De fato, a redução da base de cálculo é correntemente utilizada, especialmente para fazer valer a seletividade do ICMS, como ocorre com os produtos da cesta básica, que gozam de tal benefício.[358] Na venda de mercadorias usadas, a redução da base de cálculo do ICMS é também bastante usual, chegando a minorar a tributação em até 95% em comparação com a venda de um produto novo. Arrimados nesse entendimento, passaram os Estados a exigir o estorno dos créditos pela entrada da mercadoria proporcionalmente à redução de base concedida na sua saída.

---

356. Consoante visto anteriormente, a ausência de operação posterior exigiria, no entender da Suprema Corte, o estorno dos créditos relativos à mercadoria perecida.

357. Art. 155, §2º, II, b, da CR/88.

358. A redução da base de cálculo dos produtos da cesta básica é autorizada pelo Convênio ICMS nº 128/94.

A NÃO-CUMULATIVIDADE DOS TRIBUTOS

Inicialmente, a Suprema Corte combateu essa orientação, pugnando pela manutenção integral dos créditos de ICMS nas saídas com base de cálculo reduzida, ao fundamento de que esta não se confunde com isenção ou mesmo com não incidência.

A nosso sentir (e comungando do posicionamento originário da Suprema Corte), a redução da base de cálculo é um instituto totalmente distinto da isenção, não podendo ser a esta equiparada. Tal assertiva é confirmada pela análise do art. 150, §6º, da CR/88, que estipula:

> Art. 150. (...)
>
> §6º. Qualquer subsídio ou isenção, redução de base de cálculo, concessão de crédito presumido, anistia ou remissão, relativos a impostos, taxas ou contribuições, só poderá ser concedido mediante lei específica, federal, estadual ou municipal, que regule exclusivamente as matérias acima enumeradas ou o correspondente tributo ou contribuição, sem prejuízo do disposto no art. 155, § 2.º, XII, g.

Os objetivos da norma são dois:

(a) determinar que subsídios, isenções, reduções de base de cálculo, concessões de créditos presumidos, anistias ou remissões de tributos sejam sempre concedidos por lei específica;

(b) reforçar que, em matéria de ICMS, para além da lei estadual é imperiosa a celebração prévia de Convênio, nos moldes da Lei Complementar nº 24/75 (à qual remete o art. 155, §2º, XII, *g*).

A redação do dispositivo denota com clareza que a isenção (dispensa legal de tributo devido, sob a ótica da Suprema Corte) difere da redução da base de cálculo (na qual a obrigação tributária já nasce reduzida, eis que há uma mutilação no critério quantitativo do consequente da norma tributária), tanto é que foi necessária a referência a ambos os institutos. Como a Lei Maior não abriga palavras desnecessárias – à luz da boa técnica hermenêutica – pode-se dessumir que os institutos em lume são, de fato, distintos.

De fato, desde a origem do debate (que nasceu com o advento da EC nº 23/83), o Supremo Tribunal Federal foi claro ao dispor que apenas a isenção – e nunca a redução da base de cálculo – determinaria o estorno dos créditos de ICMS das operações anteriores. Em 1997, *v.g.*, o Plenário do STF assentou corretamente que "conflita com o princípio da não-cumulatividade norma vedadora da compensação do valor recolhido na operação anterior". Segundo a Corte, "os preceitos das alíneas *a* e *b* do inciso II, do § 2º do art. 155 da Constituição Federal somente têm pertinência em caso de isenção ou não incidência, institutos inconfundíveis com o benefício fiscal em questão".[359] De fato, sendo a não-cumulatividade em matéria de ICMS mitigada tão somente nas hipóteses de operações isentas ou não tributadas, não se pode impor, ao contribuinte beneficiado pela redução de base de cálculo, o dever de estorno dos créditos por ele acumulados.

Posteriormente à referida assentada Plenária de 1997, diversos outros arestos do STF corroboraram tal entendimento,[360] assegurando a manutenção integral dos créditos de ICMS quando da venda com base de cálculo reduzida.

Entretanto, em março de 2005, a Corte máxima mudou inopinadamente seu entendimento, ao argumento de que a redução da base de cálculo equivaleria a uma *isenção parcial*. Sendo assim, a saída com redução de base se submeteria à restrição imposta à não-cumulatividade do ICMS pelo art. 155, §2º, II, *b* da CR/88.[361]

---

359. STF, Pleno, RE nº 161.031/MG, Relator Min. MARCO AURÉLIO, *DJ* 06.06.1997, p. 24.881.

360. Dentre vários, mencione-se: STF, Primeira Turma, AI-AgR nº 418.412/RS, Relator Min. EROS GRAU, *DJ* 15.10.2004, p. 5; STF, Segunda Turma no RE-AgR nº 240.395/RS, Relator Min. MAURÍCIO CORRÊA, *DJ* 02.08.2002, p. 101.

361. STF, Pleno RE nº 174.478/SP, Relator p/ acórdão Min. CÉZAR PELUSO, *DJ* 30.09.2005, p. 5.

A NÃO-CUMULATIVIDADE
DOS TRIBUTOS

De fato, equiparar-se a redução da base de cálculo à isenção parcial leva à inexorável conclusão pela obrigatoriedade de estorno dos créditos proporcionalmente à diminuição da base tributável. Portanto, somente nas hipóteses em que a lei estadual permitir a manutenção do crédito pelo alienante de mercadorias com base de cálculo reduzida é que ele estará autorizado a não realizar o estorno proporcional.[362]

De se notar que o Min. MARCO AURÉLIO restou vencido quando da mutação jurisprudencial. Salientou o Ministro que "o preceito das alíneas *a* e *b* do inciso II do §2º do art. 155 da Carta da República encerra restrição ao princípio da não-cumulatividade", pelo que "a ele somente cabe emprestar interpretação restritiva". Mesmo sendo voto vencido, sua posição era – a nosso sentir – correta por duas razões:

(a) as restrições à não-cumulatividade devem ser interpretadas de forma restritiva, como predica a hermenêutica, por se tratar de mitigação a direitos assegurados pela Constituição;

(b) existe diferença ontológica essencial entre isenção e redução de base de cálculo.

Analisemos com maior vagar ambas as assertivas, que denotarão de forma hialina o desacerto da inflexão jurisprudencial perpetrada pelo STF em 2005 e mantida até a data presente.[363]

---

362. Tal conclusão foi reafirmada pelo STF quando do julgamento da ADI nº 2.320/SC (STF, Pleno, ADI nº 2.320/SC, Relator Min. EROS GRAU, *DJ* 16.03.2007, p. 19), na qual foi declarada a constitucionalidade de dispositivo de lei catarinense que dispensava o vendedor de estornar os créditos relativos à diferença entre o valor da entrada da mercadoria e o da saída com redução da base de cálculo ou isenção, e novamente no RE nº 635.688/RS (STF, Pleno, RE nº 635.688/RS, Relator Min. GILMAR MENDES, *DJe* 13.02.2015), julgado sob o regime da repercussão geral, no qual o contribuinte questionava a constitucionalidade de lei que determinava, desta vez, o estorno dos créditos, reafirmado o Tribunal seu posicionamento. Assim, a regra, para ambas as hipóteses, é o estorno, sendo o creditamento em sua integralidade a exceção.

363. Diversos arestos posteriores ao RE nº 174.478/SP têm seguido o posicionamento do Plenário sobre o tema. Da Primeira Turma, aponte-se o RE nº 205.262/SP, Relator Min. MENEZES DIREITO, *DJe* 21.08.2008; da Segunda Turma, tem-se o RE-AgR nº 478.605/RS, Relator Min. EROS GRAU, *DJe* 19.06.2008.

7.12.1 A CONSTITUIÇÃO E A INTERPRETAÇÃO DAS REGRAS RESTRITIVAS DE DIREITOS

Em acórdão datado de 1966, o Pleno do STF assentou que "as leis concessivas de isenções tributárias devem ser restritivamente interpretadas".[364] A causa foi julgada antes do advento do Código Tributário Nacional, que trouxe regra expressa nesse sentido.[365] A Suprema Corte decidiu dessa forma – antecipando o ditame do CTN – porque a isenção limita o poder tributante do Estado e, sendo norma restritiva de direito, não se lhe pode conferir interpretação ampliativa.

Visando a transplantar o raciocínio para a hipótese *sub examine*, vale lembrar que, em matéria de ICMS, apenas nos casos de isenção ou não incidência a Carta determina o estorno dos créditos (art. 155, §2º, II, *b*). A diferença em relação ao precedente prolatado há cinquenta anos pelo STF é que, no caso do ICMS, a restrição – constitucionalmente posta – é ao direito do contribuinte e não ao poder tributante do Estado-Administração. Tirante esse ponto, a identidade entre os casos – para os fins ora propostos – é plena. Sendo assim, é lícito concluir que as regras mitigadoras da não-cumulatividade plasmadas no texto constitucional devem ser restritivamente interpretadas. Dessarte, em que pese ter restado vencido, o Min. MARCO AURÉLIO laborou com acerto ao pugnar no RE nº 174.478/SP que a interpretação restritiva é a única aceitável "em toda e qualquer hipótese na qual o intérprete se defronte com norma que encerre verdadeira exceção".[366]

---

364. STF, Pleno, RMS nº 10.004/GB, Relator Min. ADALÍCIO NOGUEIRA, RTJ v. 36-3, p. 328.

365. Reza o CTN, que adveio posteriormente à citada decisão:
"Art. 111. Interpreta-se literalmente a legislação tributária que disponha sobre:
I – suspensão ou exclusão do crédito tributário;
II – outorga de isenção;
III – dispensa do cumprimento de obrigações tributárias acessórias."

366. Esta é a regra predicada não só pela jurisprudência como também pela doutrina. Sobre o tema, MAXIMILIANO já averbou que "as leis especiais limitadoras da liberdade, e do domínio sobre as coisas, isto é, as de impostos (...), interpretam-se estritivamente". (MAXIMILIANO, Carlos. *Hermenêutica e Aplicação do Direito*, 19ª ed. Rio de Janeiro: Forense, 2002, p. 182).

Entretanto, este não é o único fundamento pelo qual se faz necessária uma revisão da atual jurisprudência do STF em relação à matéria objurgada. É que, operando verdadeira confusão entre os institutos da isenção e da redução da base de cálculo, a Suprema Corte equiparou-os, contrariando a doutrina e dezenas de precedentes da própria Casa, que sempre distinguiram tais hipóteses. É ver.

7.12.2 A INEXISTÊNCIA DA INTITULADA "ISENÇÃO PARCIAL". DEFINIÇÕES ONTOLÓGICO-JURÍDICAS DE ISENÇÃO E REDUÇÃO DE BASE DE CÁLCULO

Isenção, sob a ótica do STF, é a dispensa legal de tributo devido. Noutro giro verbal: o fato gerador ocorre e a norma tributária o juridiciza; em momento subsequente, a regra isencional atua, extinguindo o crédito (e, consequentemente, a obrigação), em benefício do contribuinte.

Já a redução da base de cálculo é uma mutilação no critério quantitativo do consequente da regra-matriz de incidência tributária. É dizer: a obrigação já nasce reduzida, posto que a alíquota é aplicada sobre *quantum* inferior àquele efetivamente praticado na operação. Ou seja, não há o surgimento da obrigação e a sua posterior extinção; ela já surge amesquinhada, haja vista a redução no aspecto quantitativo do consequente da própria norma de tributação.

Assentadas tais premissas, a conclusão a que se chega é pela inexistência da "isenção parcial". Consoante lecionam SACHA CALMON[367] e BARROS CARVALHO,[368] a isenção ou

---

O mesmo autor conceitua interpretação restritiva como a que "apenas declara o sentido verdadeiro e o alcance exato; evita a dilatação, porém não suprime coisa alguma". (MAXIMILIANO, Carlos. *Hermenêutica e Aplicação do Direito*, 19ª ed. Rio de Janeiro: Forense, 2002, p. 164).

367. COÊLHO, Sacha Calmon Navarro. *Teoria Geral do Tributo e da Exoneração Tributária*. São Paulo: Revista dos Tribunais, 1982, pp. 159-60.

368. CARVALHO, Paulo de Barros. *Curso de Direito Tributário*, 17ª ed. São Paulo:

é ou não é: ou se exclui *in totum* o dever tributário ou ele permanece, ainda que em parte (e não é possível, nessa última hipótese, falar-se em isenção).

Entretanto, tornou-se moeda corrente na doutrina nominar como *isenções parciais* as reduções de base de cálculo que resultem em menos tributo a pagar. Um dos primeiros a utilizar tal nomenclatura foi S. M. BORGES.[369] Todavia, o próprio autor salientou a atecnia do termo, pois do ponto de vista jurídico é impossível ter-se isenção em parte. A isenção deve necessariamente excluir o dever de pagar tributo, sob pena de se transmutar em outra espécie de benesse tributária. Atento a isso, o referido jurista bem esclarece que a "isenção parcial" andaria melhor se fosse tratada como "bonificação de débito tributário" – reconhecendo, portanto, a impropriedade da definição.

A incompatibilidade das figuras da redução da base de cálculo (em que o crédito já nasce reduzido pelo amesquinhamento do critério quantitativo da norma tributária) e da isenção (na qual o crédito surge em sua integralidade, mas é extinto pela norma isencional) é patente. Assim, *data maxima venia*, a Suprema Corte tem incorrido em erronia desde 2005, quando entrou a equiparar ambos os institutos,[370] modificando sua jurisprudência até então corretamente pacificada.

7.13 AS SAÍDAS COM ALÍQUOTA REDUZIDA E O DIREITO AO CRÉDITO: DISTINÇÕES E SIMILITUDES COM AS HIPÓTESES DE REDUÇÃO DA BASE DE CÁLCULO

Após o *leading case* no RE nº 174.478/SP, que pugnou pela necessidade de glosa parcial do crédito de ICMS quando da

---

Saraiva, 2005, p. 496.

369. BORGES, José Souto Maior. *Isenções Tributárias*. São Paulo: Sugestões Literárias, 1969, pp. 281-2.

370. STF, Pleno RE nº 174.478/SP, Relator p/ acórdão Min. CÉZAR PELUSO, *DJ* 30.09.2005, p. 5.

venda de mercadoria com redução da base de cálculo, diversas decisões da Suprema Corte trilharam o mesmo caminho, como já visto no item precedente. Todavia, amparados no raciocínio que levou os Ministros a legitimarem a equiparação da venda com redução de base de cálculo à isenção, vários desses arestos estenderam o aludido precedente – sem discussões aprofundadas – às vendas com alíquotas reduzidas. É dizer: de acordo com esse posicionamento, de certa forma pacífico no STF (embora superficialmente tratado nos acórdãos),[371] as reduções de alíquotas se equiparam às isenções parciais, obrigando a glosa dos créditos pelo alienante, tal como se dá nas vendas com redução de base de cálculo.

Inobstante nossa discordância do entendimento da Corte Maior, partindo do pressuposto de que todo benefício fiscal que reduza o ICMS devido na venda seria uma isenção, a equiparação entre redução de base de cálculo e de alíquotas poderia ser admitida, já que ambas consistem em benesses concedidas pelo legislador que operam no consequente da norma tributária. Tais institutos não afetam a incidência da norma de tributação, mas apenas e tão somente o *quantum debeatur*. A distinção entre ambos reside apenas no fato de que a redução de base diminui o montante tributável, ao passo que a minoração da alíquota o mantém incólume. Entrementes, seus efeitos finais são idênticos: obtenção de um menor valor a pagar.

Assim é que a redução de alíquotas nas vendas também gerará o dever de estorno proporcional dos créditos pela aquisição de produtos e serviços tributados sempre que a alíquota de saída for inferior à de entrada.

Entrementes, há que se fazer um importante alerta: o mero fato de a alíquota de saída ser menor que a de entrada, isoladamente considerado, não é causa suficiente para exigir-se o estorno proporcional do crédito. Somente nas hipóteses em que houver um efetivo benefício fiscal redutor da alíquota

---

371. Nesse sentido, cite-se: STF, Segunda Turma, AgRg no RE nº 478.605/RS, Relator Min. EROS GRAU, *DJe* 19.06.2008.

nas operações do contribuinte é que o estorno poderá ser exigido (contra nossa opinião pessoal, ressalte-se, mas com base no atual e, *data venia*, atécnico posicionamento da Suprema Corte, que entrou a equiparar isenção a outras situações que com ela não se confundem).

Assim, eventuais diferenças entre as alíquotas de entrada e de saída, sendo estas inferiores àquelas (como ocorre, por exemplo, com empresas que realizam aquisições internas e vendas interestaduais, usualmente tributadas por alíquotas inferiores às vigentes para operações dentro do Estado) não autorizam o estorno predicado pela Suprema Corte. Um distribuidor atacadista situado em São Paulo que adquira produtos de indústrias locais – sujeitos à alíquota interna do ICMS, em média de 17% – e os revenda para comerciantes situados no Nordeste (aplicando, por conseguinte, a alíquota interestadual de 7%) *não terá dever de estorno dos seus créditos*. Afinal, a diferença de alíquotas nessa hipótese não decorre de incentivo fiscal concedido por São Paulo, mas sim da própria sistemática de cobrança do ICMS nas operações interestaduais entre contribuintes do imposto.

De fato, é tradicional a jurisprudência do STF que afasta a glosa de créditos de ICMS pretendida pelos Estados ao simples fundamento de que a alíquota de saída é inferior à de entrada, sem que haja um efetivo benefício fiscal redutor da alíquota nas alienações. Nessa linha de raciocínio, em 1978, a Corte Suprema declarou inconstitucional dispositivo de lei mineira que determinava a aludida glosa, asseverando ser o direito ao crédito impassível de restrições por leis estaduais.[372] Como a Lei Maior não permitia – assim como hoje tampouco o faz – o estorno com base em meras diferenças entre alíquotas de entrada e de saída (o que não raro ocorre, mormente em

---

372. STF, Pleno, Rp nº 973/MG, Relator Min. MOREIRA ALVES, *DJ* 07.04.1978.
Em caso análogo, tendo resultado na declaração de inconstitucionalidade de lei goiana, confira-se também: STF, Pleno, Rp nº 1.157/GO, Relator Min. RAFAEL MAYER, *DJ* 27.10.1983, p. 16.695.

operações interestaduais entre contribuintes do ICMS),[373] o legislador estadual não pode fazê-lo, sob pena de violação à não-cumulatividade tributária.

7.14 A VENDA DE MERCADORIAS A PREÇOS INFERIORES AOS DE AQUISIÇÃO E O DIREITO AO CRÉDITO INTEGRAL

Após a inflexão jurisprudencial referida nos tópicos antecedentes,[374] a partir da qual o STF entrou a equiparar reduções de base de cálculo e de alíquotas a isenções parciais, os Fiscos passaram a pleitear a extensão desse entendimento aos casos de venda de produtos abaixo do seu preço de aquisição, hipótese que em nada se assemelha com os benefícios fiscais até então analisados pela Suprema Corte.

A nosso ver, tal pretensão fiscal deveria ser prontamente repelida pelo STF que, historicamente, sempre declarou inconstitucionais as leis estaduais que determinavam o estorno proporcional dos créditos de ICM quando a venda da mercadoria ocorresse por preço inferior ao de sua aquisição.[375] Esse posicionamento, sobre ser acertado, coaduna-se com uma característica tanto do ICMS como do IPI, que é a apuração por período de tempo (competência mensal) e não por produto.[376] Os débitos e créditos não são vinculados a produtos específicos, mas sim registrados na contabilidade da empresa que, ao final, apura o *quantum debeatur* e faz a recolha do montante devido aos cofres federais ou estaduais. Assim, o fato de a mercadoria ser revendida abaixo do seu preço de aquisição

---

373. Sobre o regime do ICMS nas vendas interestaduais, vide item 7.21, infra.

374. Itens 7.12 e 7.13.

375. STF, Pleno, Rp nº 973/MG, Relator Min. MOREIRA ALVES, *DJ* 07.04.1978; STF, Pleno, Rp nº 1.157/GO, Relator Min. RAFAEL MAYER, *DJ* 27.10.1983, p. 16.695.

376. A legislação federal em matéria de IPI e dos Estados em relação ao ICMS determina a apuração desses impostos por período de tempo.

não obriga o contribuinte a estornar o crédito excessivo relacionado àquela mercadoria.[377]

Contudo, fato é que mutação jurisprudencial ocorrida em 2005 (e analisada nos itens 7.12 e 7.13, *supra*), pela qual o STF passou a sustentar a equivalência entre o benefício de redução da base de cálculo do ICMS e o da isenção – gerando, portanto, o dever de estorno proporcional dos créditos com base na norma constitucional que efetivamente o determina quando a operação subsequente é isenta[378] – despertou nos Estados uma nova linha argumentativa para fazer valer a regra do "buttoir", também conhecida como "lei do batente", de acordo com a qual o valor do crédito não pode, em cada transação isoladamente considerada, ser superior ao do débito de ICMS gerado na operação seguinte.

Passaram então os entes federados a sustentar que a venda abaixo do preço de compra seria uma alienação com *redução de base de cálculo*. Por conseguinte, diante da nova jurisprudência do STF, a regra do "buttoir" estaria – no entender dos

---

377. Sobre legislação mineira – posteriormente declarada inconstitucional pelo STF – que determinava o estorno do crédito quando o valor de saída do produto fosse inferior ao da entrada, averbou DIAMANTE:
"É evidente que a intenção de combater a sonegação do ICM, via subfaturamento, por meio das disposições acima transcritas [art. 52 do Decreto mineiro nº 17.759/76], se choca com as disposições estruturais e constitucionais do imposto, que determinam que ele seja não-cumulativo e que dele se abata o montante do imposto cobrado nas operações anteriores, pelo mesmo ou por outro Estado.
Mas é evidente também que, além de os meios utilizados serem inconstitucionais, não são racionais, porquanto, no caso de sonegação via subfaturamento, se evitaria uma pequena parcela desta e assim mesmo se o subfaturamento fosse exagerado.
O instrumento planejado para o sonegador e que só o atingiria parcialmente, pode atingir por inteiro o contribuinte correto que eventualmente realize uma transação com prejuízo." (DIAMANTE, Flávio. *ICM – Introdução à Análise da Sistemática – Uma Abordagem Estruturalista*, 2ª ed. Belo Horizonte: MAI, 1974, p. 43, destaques nossos).

378. Confira-se a CR/88:
"Art. 155. (...).
§2º. (...).
II – a isenção ou não incidência, salvo determinação em contrário da legislação:
a) não implicará crédito para compensação com o montante devido nas operações ou prestações seguintes;
b) acarretará a anulação do crédito relativo às operações anteriores;" (destaques nossos)

A NÃO-CUMULATIVIDADE
DOS TRIBUTOS

Estados-membros – legitimada. Afinal, tratar-se-ia da mesma situação: venda com redução da base tributável, que poderia ora decorrer do benefício fiscal da redução de base de cálculo (caso analisado pelo STF em 2005), ora de opção feita pelo contribuinte (hipótese em que a "lei do batente" seria aplicável).

Defrontando-se com a temática, o Supremo Tribunal Federal surpreendeu os contribuintes em julgado de 2011,[379] admitindo a pretensão do Estado do Rio de Janeiro[380] de restringir a apropriação do crédito tributário, limitando-o à extensão do débito final quando a venda fosse realizada a preço inferior ao de aquisição da mercadoria. Algumas decisões[381] já foram inclusive prolatadas no âmbito do STF com base nesse novel entendimento, que, a nosso sentir, é equivocado.

Ora, a redução de base de cálculo é benefício fiscal previsto em lei e, em matéria de ICMS, previamente autorizado por Convênio do CONFAZ. Assim, equiparar-se uma venda com prejuízo àquela feita sob o pálio do benefício fiscal consiste em tratar igualmente situações díspares. Na venda com prejuízo, o empresário atribui à sua mercadoria um determinado preço, que será integralmente tributável pelo ICMS por ser o valor da operação, base imponível do imposto; já na venda com redução da base de cálculo, a operação não será tributável *in totum*, sendo-a apenas na proporção determinada pela legislação – razão pela qual, nesta hipótese, a base tributável

---

379. STF, Pleno, RE n° 437.006/RJ, Relator Min. MARCO AURÉLIO, *DJe* 25.03.2011. O acórdão foi ainda complementado em sede de embargos de declaração, sem efeitos modificativos, deixando claro ainda que o crédito a ser estornado seria decorrente da diferença entre o valor que serviu de base de cálculo na operação de entrada e aquele que serviu de base de cálculo na respectiva saída (STF, Pleno, RE-ED n° 437.006/RJ, Relator Min. MARCO AURÉLIO, *DJe* 09.02.2012).

380. Assim dispõe a Lei Fluminense n° 2.657/96:
"Art. 37. (...).
§1°. Quando, por qualquer motivo, a mercadoria for alienada por importância inferior ao valor que serviu de base de cálculo na operação de que decorreu sua entrada, será obrigatória a anulação do crédito correspondente à diferença entre o valor citado e o que serviu de base de cálculo na saída respectiva."

381. STF, Decisão Monocrática, RE n° 317.515/RJ, Relator Min. DIAS TOFFOLI, *DJe* 25.10.2011, confirmada em sede de Agravo Regimental (STF, Primeira Turma, RE-AgR n° 317.515/RJ, Relator Min. DIAS TOFFOLI, *DJe* 21.02.2013).

deixa de equivaler ao preço da mercadoria revendida. Como a redução de base é um benefício fiscal (assim previsto na própria Constituição de 1988, em seu art. 150, §6º), o STF equiparou-a (a nosso sentir indevidamente) a outro benefício, o da isenção, que gera – por mandamento constitucional expresso – o dever de estorno dos créditos de ICMS.

Dessarte, equiparar-se uma venda de mercadorias cujos preços são livres a operações abrigadas por isenções, reduções de base de cálculo ou outros benefícios fiscais ao simples argumento de que há uma "redução da base tributável" em todas essas hipóteses é tecnicamente incorreto. Na economia de mercado, os contribuintes possuem o direito de fixar livremente seus preços, auferindo ganhos aqui e prejuízos acolá, com o fito de viabilizar a sobrevivência da empresa como um todo. A regra do "buttoir", sobre já ter sido corretamente afastada no passado pelo próprio STF, afronta os ditames da não-cumulatividade tributária, criando restrições nunca previstas nas Constituições pátrias, inclusive a hodierna. Neste particular, a razão está com a tradição jurisprudencial de nossa Corte Suprema, que, esperamos, prevalecerá sobre as novas investidas estaduais focadas mais em obtenção de receitas do que na necessária preservação da lógica não-cumulativa do ICMS.

7.15 CRÉDITO FÍSICO *VERSUS* CRÉDITO FINANCEIRO

O direito ao crédito nos impostos plurifásicos não-cumulativos pode ser:

(a) *físico*, quando o creditamento é autorizado apenas sobre as aquisições de:

(a.1) mercadorias para revenda;

(a.2) insumos,[382] tais como matérias-primas e produtos intermediários consumidos no processo industrial ou de prestação de serviços;

---

382. O vocábulo "insumos" foi utilizado no ordenamento jurídico pátrio, por primeira vez, no Ato Complementar nº 34/67 (baixado pelo Presidente da República com

(b) *financeiro*, quando, *além da garantia do crédito físico*, assegura-se também o direito ao abatimento do imposto incidente sobre:

(b.1) bens do ativo permanente; e

(b.2) material de uso e consumo da empresa.[383]

Veja-se, a seguir, como se opera a dicotomia creditamento físico *versus* financeiro no âmbito do IPI e do ICMS.

7.15.1 AS REGRAS APLICÁVEIS AO IPI

A legislação de regência do IPI optou pelo crédito físico, assegurando ao contribuinte do imposto o creditamento sobre:[384]

(a) matérias-primas (MP), produtos intermediários (PI) e materiais de embalagem (ME);

---

base no Ato Institucional nº 2). O AC nº 34/67 assegurava o crédito de ICM sobre os "insumos necessários à produção" de determinadas mercadorias que gozavam de isenção. Não aclarava, todavia, o sentido do termo, que foi, ademais, alvo de críticas por parte de BALEEIRO:
"'Insumos' (...) é uma algaravia de origem espanhola, inexistente em português, empregada por alguns economistas para traduzir a expressão inglesa input, isto é, o conjunto dos fatores produtivos, como matérias-primas, energia, trabalho, amortização do capital etc., empregados pelo empresário para produzir o output, ou produto final." (BALEEIRO, Aliomar. *Curso de Direito Tributário Brasileiro*, 11ª ed. Atualizado por MISABEL ABREU MACHADO DERZI. Rio de Janeiro: Forense, 2001, pp. 405-6).
Segundo o autor, não haveria unanimidade quanto ao sentido da locução:
"'Insumos' são os ingredientes da produção, mas há quem limite a palavra aos 'produtos intermediários' que, não sendo matérias-primas, são empregados ou se consomem no processo de produção." (BALEEIRO, Aliomar. *Curso de Direito Tributário Brasileiro*, 11ª ed. Atualizado por MISABEL ABREU MACHADO DERZI. Rio de Janeiro: Forense, 2001, p. 406).
Apesar das críticas, pode-se asseverar que hodiernamente tanto as matérias-primas como os bens intermediários subsumem-se à definição de insumo, consoante interpretação predominante no Judiciário.

383. Os bens de uso e consumo não se enquadram no conceito de insumos. Estes são essenciais ao processo produtivo, ao passo que aqueles não o são, contribuindo apenas de forma indireta para a consecução da atividade empresarial.

384. Para maiores detalhes sobre as aquisições geradoras de créditos de IPI, confira-se o Título III, Capítulo XI.

(b) bens importados, cujo IPI tenha sido pago no desembaraço aduaneiro; e

(c) bens de produção, quando adquiridos por comerciantes equiparados a industriais.

A lei,[385] portanto, não confere direito ao abatimento de créditos sobre bens destinados ao ativo imobilizado das empresas-contribuintes, tampouco sobre mercadorias destinadas ao uso e consumo.

A constitucionalidade da opção pelo crédito físico, feita pelo legislador do IPI, nunca foi analisada pelo STF à luz da CR/88. Todavia, anteriormente à edição da atual Carta, foram prolatados diversos acórdãos que sustentam ser legítima a restrição aos créditos sobre bens do ativo permanente das indústrias.[386]

Dessarte, pode-se asseverar que, para o STF, o *minimum minimorum* da não-cumulatividade do IPI corresponde ao crédito físico, pois o Tribunal não reconhece o direito ao crédito sobre bens do ativo permanente e de uso e consumo, relegando o tema à normatização infraconstitucional.

7.15.2 ICMS

7.15.2.1 O CRÉDITO FÍSICO DO CONVÊNIO ICM Nº 66/88

A Constituição de 1988 determinou a edição de lei complementar para delinear as normas gerais do ICMS. Todavia,

---

385. O Regulamento do IPI, atualmente veiculado pelo Decreto nº 7.212/2010, tem como base a Lei nº 4.502/64.

386. Em aresto datado de 1981, a Suprema Corte negou ao importador de maquinário (bem do ativo) o direito ao aproveitamento de crédito do IPI que incidira na importação (STF, Segunda Turma, AI-AgR nº 81.199/SP, Relator Min. CORDEIRO GUERRA, DJ 05.06.1981, p. 5.396). Isso denota que o STF considera inexistir, pela não-cumulatividade, o direito de crédito na aquisição de bens importados para o ativo imobilizado.
À época, vigorava norma que autorizava o Ministro da Fazenda a listar, em Portaria, os equipamentos que gerariam crédito de IPI para as indústrias-adquirentes. Todavia, somente bens nacionais gozavam de tal benefício, pelo que o STF negou aos adquirentes de bens de capital importados a possibilidade de se creditar do imposto suportado em suas aquisições.

A NÃO-CUMULATIVIDADE DOS TRIBUTOS

enquanto não advinda essa lei, um Convênio entre os Estados-membros (editado na forma da LC nº 24/75) lhe faria as vezes, em caráter excepcional.[387]

Cumprindo essa determinação, foi publicado o Convênio ICM nº 66/88, que *vedava* o creditamento do ICMS sobre:

(a) a entrada de bens destinados ao uso e consumo do estabelecimento;

(b) a aquisição de bens para o ativo imobilizado;

(c) o ingresso de bens não classificáveis como matérias-primas ou produtos intermediários;

(d) a utilização de serviços de transporte e de comunicação.[388]

O Convênio ICM nº 66/88 optou claramente pelo crédito físico e, mesmo assim, foi legitimado pelo STF. Para a Corte Suprema, os bens e serviços destinados ao uso e consumo do estabelecimento são sempre utilizados pelas empresas na qualidade de consumidoras finais. Nessa linha, não seria possível falar em ofensa à não-cumulatividade, haja vista que o ônus jurídico do tributo deve ser suportado pelo consumidor.

Para justificar a restrição ao crédito sobre os bens adquiridos para o ativo imobilizado, o STF se arrimou na ausência de tributação pelo ICMS quando de sua eventual alienação pelas empresas. De fato, a não incidência do tributo nesse tipo de operação encontra-se sumulada há decênios[389] pois, como

---

387. Art. 34, § 8º, do ADCT.

388. Nesta hipótese, o crédito somente era permitido se tais serviços fossem empregados: (a) na execução de serviços da mesma natureza; (b) na atividade de revenda de mercadorias; ou (c) em processo extrativo ou industrial.

389. Súmula 541 do STF:
"Imposto sobre vendas e consignações não incide sobre a venda ocasional de veículos e equipamentos usados, que não se insere na atividade profissional do vendedor, e não é realizada com o fim de lucro, sem caráter, pois, de comercialidade."
O entendimento tem sido reiterado à luz da atual Carta, como se pode inferir do seguinte julgado: STF, Primeira Turma, RE nº 194.300/SP, Relator Min. ILMAR GALVÃO, *DJ* 12.09.1997, p. 43.737.

o ativo permanente não se enquadra no conceito de mercadoria, não atrai o ICMS quando vendido. Sendo assim, como tal espécie de bem nunca será gravado, se eventualmente alienado, inexistirá operação tributada subsequente à sua entrada para fins de creditamento do ICMS.[390]

O STF também confirmou as restrições ao crédito sobre os serviços de comunicação e de transportes, assim como sobre a energia elétrica consumida.[391] Considerou a Corte que esses insumos são utilizados para consumo final por parte das empresas-contribuintes, salvo nas hipóteses em que o próprio Convênio ICM autorizasse o creditamento, a saber:

(a) serviços de comunicação e de transportes utilizados na consecução de serviços da mesma natureza, para fins de revenda de mercadorias ou em processo extrativo ou industrial;

(b) energia elétrica consumida na área industrial, que seria caracterizada como produto intermediário.

No *leading case* em que a Suprema Corte reconheceu a validade da vedação do crédito de ICMS sobre a energia elétrica, a recorrente era uma empresa revendedora de peças de vestuário. O STF, assim decidindo, equiparou a energia elétrica consumida por estabelecimento comercial a bem de uso

---

390. Tais fundamentos foram ventilados pela Primeira Turma do STF no RE-AgR nº 349.543/SP, ao afirmar que "a aquisição de equipamentos que irão integrar o ativo fixo da empresa ou produtos destinados ao uso e consumo não gera o direito ao crédito, tendo em conta que a adquirente mostra-se, na realidade, como destinatária final" (STF, Primeira Turma, RE-AgR nº 349.543/SP, Relator Min. MARCO AURÉLIO, *DJe* 20.11.2008).
A seu turno, a Segunda Turma assentou no AI-AgR nº 602.998/MG que "se não há saída do bem, ainda que na qualidade de componente de produto industrializado, não há falar-se em cumulatividade tributária", razão pela qual denegou o pleito de empresa mineradora que pretendia o crédito de bens destinados ao seu uso e consumo e ativo permanente. (STF, Segunda Turma, AI-AgR nº 602.998/MG, Relator Min. EROS GRAU, *DJ* 01.06.2007, p. 74).

391. STF, Primeira Turma, AI-AgR nº 355.683/SP, Relator Min. SEPÚLVEDA PERTENCE, DJ 20.04.2006, p. 6; STF, Segunda Turma, AI-AgR nº 491.743/SP, Relator Min. GILMAR MENDES, *DJ* 03.02.2006, p. 45.

e consumo, cujo creditamento era vedado, na esteira do Convênio ICM nº 66/88 e da jurisprudência remansosa da Corte. Todavia, houve no *decisum* menção expressa ao direito de crédito por parte de estabelecimentos industriais, haja vista que neles a energia é consumida no processo de produção, caracterizando-se como verdadeiro bem intermediário (consumido de forma imediata e integral no processo produtivo).[392]

Os acórdãos que se seguiram ao *leading case*, invocando-o quase sempre, devem ser interpretados como proibitivos do creditamento apenas da energia *não utilizada na produção*, mesmo quando não trazem esse detalhamento.

7.15.2.2 O CRÉDITO FINANCEIRO DA LC Nº 87/96 E O REGRESSO AO CRÉDITO FÍSICO OPERADO PELA LC Nº 102/2000

Sob a égide da Lei Complementar nº 87/96 – que substituiu o Convênio ICM nº 66/88 – o direito ao crédito foi ampliado, autorizando-se o aproveitamento do ICMS incidente sobre a energia elétrica consumida, sobre os bens de uso e consumo, do ativo permanente e sobre os serviços de comunicação e transporte.

Na primeira (energia elétrica) e nas duas últimas hipóteses (serviços de comunicação e transportes), o crédito era irrestrito e incondicionado; no segundo caso, (bens de uso e consumo), seria autorizado a partir de uma data futura (que vem sendo sucessivamente prorrogada por diversas outras leis complementares desde então). Na terceira situação (bens do ativo permanente), caso o contribuinte alienasse o bem antes de decorridos sessenta meses de sua aquisição, deveria estornar proporcionalmente os créditos do ICMS aproveitados (estorno de 20% por ano não completado antes de transcorrido o quinquênio).

Tendo ampliado os direitos dos contribuintes ao adotar a sistemática do creditamento financeiro – embora mitigada pela postergação do direito ao crédito sobre bens de uso e

---

[392]. STF, Primeira Turma, RE nº 200.168/RJ, Relator Min. ILMAR GALVÃO, *DJ* 22.11.1996, p. 45.717.

consumo[393] – a LC nº 87/96, em sua redação originária, foi alvo de poucos questionamentos no que tange à regulação da não--cumulatividade. Afinal, o STF já havia assentado que inexistia direito ao crédito sobre bens do ativo (todavia autorizado pela LC nº 87/96), sobre bens de uso e consumo (reconhecido, porém diferido pela Lei Kandir), sobre energia elétrica que não fosse consumida na produção industrial (amplamente autorizada pela multicitada lei complementar) e sobre serviços de comunicação e transporte não utilizados na prestação de serviços da mesma natureza ou não diretamente afetados à produção, ao comércio de mercadorias ou à atividade extrativa (também permitido integralmente pela LC nº 87/96). É dizer: a Lei Kandir trouxe apenas benesses aos contribuintes no âmbito da não-cumulatividade do ICMS, comparativamente com seu antecessor, o Convênio ICM nº 66/88. As lides acerca da não-cumulatividade sob o pálio da LC nº 87/96 somente advieram com as modificações que lhe foram impingidas pela Lei Complementar nº 102/2000. Dita lei, segundo a própria União, foi editada para recompor os caixas dos Estados-membros, de modo a trazer maior equilíbrio federativo[394] e, para tanto:

(a) modificou a sistemática de creditamento sobre os bens do ativo imobilizado: ao invés de permitir o creditamento integral e à vista no momento do ingresso do ativo no estabelecimento do contribuinte – com estorno proporcional em caso de alienação antes de decorridos cinco anos da entrada – passou-se a permitir o crédito de forma fracionada, à razão de 1/48 por mês (sem direito à correção monetária);

(b) restringiu o crédito sobre energia elétrica e serviços de comunicação, autorizando-o apenas quando o

---

393. O crédito sobre bens de uso e consumo ainda não foi implementado, estando atualmente diferido para 1º de janeiro de 2020 por força da Lei Complementar nº 138/2010.

394. Note-se a semelhança com a justificativa para a edição da Emenda Passos Porto, há mais de vinte anos antes. A história se repete!

consumo de energia e serviços destinar-se a produzir mercadorias ou bens para exportação, na proporção do volume exportado, ou em hipóteses tópicas, a saber:

(b.1) no caso da energia elétrica, quando utilizada na produção de energia ou, então, quando consumida em processo industrial;

(b.2) na comunicação, quando utilizada para viabilizar a prestação desse mesmo serviço.

No julgamento da medida cautelar na ADI nº 2.325/DF, ocorrido em 2004, o Plenário do Supremo Tribunal Federal reconheceu que as medidas restritivas da não-cumulatividade veiculadas pela LC nº 102/2000 implicavam majoração do ICMS devido. Essa parte do *decisum* superou o argumento aduzido nos autos pela União Federal de que se estava diante de "simples alteração da forma de apurar-se o ICMS", sem efetivo aumento da carga tributária. Por tal razão, afastou-se a aplicação da lei no exercício em que publicada, em atenção ao princípio da anterioridade anual plasmado no art. 150, III, *b*, da CR/88.[395] Todavia, reconheccu-se – vencido o Relator, Min. MARCO AURÉLIO – a eficácia dos dispositivos que restringiam o crédito sobre a energia elétrica e os serviços de comunicação, assim como daqueles que modificavam a sistemática da não-cumulatividade para os bens do ativo permanente.

O voto-vista do Min. CARLOS VELLOSO foi decisivo para que a Corte não seguisse a proposição do Relator originário, Min. MARCO AURÉLIO, e legitimasse – exceção feita ao termo inicial de sua eficácia – a Lei Complementar nº 102/2000. O Min. VELLOSO assentou que a garantia mínima da não-cumulatividade para o ICMS (e, via de consequência, para o IPI) é a do crédito físico. Sendo assim, somente a aquisição de mercadorias para revenda, assim como de bens que se integrem ao produto final no processo de industrialização,

---

395. Com isso, o STF invalidou o art. 7º da LC nº 102, publicada em julho de 2000, que predicava sua entrada em vigor no primeiro dia de agosto.

têm, pela letra da Constituição, direito ao abatimento assegurado. Qualquer outro crédito eventualmente concedido pelo legislador – e a Carta Magna não veda tal ampliação – será válido, mas poderá ser retirado pela lei a qualquer tempo.[396]

Apesar de ter sido julgado tão somente o pedido cautelar na ADI, restando ainda pendente a apreciação do mérito pelo Plenário, o fato é que decisões liminares como esta, que antecipam em boa parte as discussões do processo, tendem a ser um prenúncio do que será ao final decidido pelo Supremo. Tamanha é a força cogente de decisões liminares em Ações Diretas de Inconstitucionalidade que elas firmam jurisprudência, sendo observadas em julgados subsequentes do próprio STF mesmo sem a conclusão em definitivo do julgamento da ADI.[397]

Sendo assim, resta insofismável, à luz da jurisprudência do Supremo Tribunal Federal, que o crédito físico pauta a não-cumulatividade tanto do ICMS como do IPI – sendo permitido ao legislador, todavia, adotar o crédito financeiro.

7.15.3 COMENTÁRIOS SOBRE O CRÉDITO FÍSICO COMO O *MINIMUM MINIMORUM* DA NÃO-CUMULATIVIDADE

Desde os primórdios da implantação da não-cumulatividade, como visto, o STF tem assegurado tão somente o direito ao crédito físico. O crédito financeiro é tido como uma opção conferida ao legislador – sem consistir, todavia, em direito subjetivo do contribuinte.

A jurisprudência que firmou tal entendimento tratava, *ab initio*, do Imposto de Consumo (IC), devido pelos industriais e

---

396. STF, Pleno, ADI-MC nº 2.325/DF, Relator Min. MARCO AURÉLIO, *DJ* 06.10.2006, p. 32.

397. STF, Segunda Turma, RE-AgR nº 461.878/MG, Relator Min. EROS GRAU, *DJe* 31.07.2008; STF, Primeira Turma, RE-AgR nº 392.991/MG, Relator Min. EROS GRAU, *DJ* 29.04.2005, p. 27.

importadores. Com o advento do ICM e do IPI, o que se construíra para o IC foi simplesmente aplicado aos dois novéis impostos – o que é correto em matéria de IPI, por ser este o sucessor do IC, mas equivocado para o ICM, tributo muito mais amplo e com peculiaridades não presentes no IC/IPI. Por exemplo: de que serve ao *empresário*, que nada industrializa, o direito ao crédito sobre matérias-primas e bens intermediários? Outrossim, é certo que sobre as mercadorias adquiridas para revenda existe a premissa do direito ao crédito, mas e sobre os bens adquiridos pelos lojistas para utilização em seus estabelecimentos, tais como as placas em que os produtos e seus respectivos preços são anunciados, a compra de brindes para distribuição aos clientes, dentre outros? Ora, todas essas aquisições são tributadas pelo imposto estadual, que acaba sendo suportado pelo adquirente-comerciante, não sendo repassado juridicamente ao consumidor final na medida em que a garantia dos créditos se restringe aos insumos e às mercadorias para revenda.

Essa constatação permite concluir que a jurisprudência construída para os contribuintes industriais (por força do IC/IPI) foi transplantada para o ICM sem maiores discussões no âmbito da Corte Suprema. O núcleo da não-cumulatividade para ambos os tributos (IPI e ICM) foi considerado o mesmo, gerando, obviamente, distorções no instituto em questão.

O transplante puro e simples das regras de uma exação a outra, deixando os comerciantes (que não são contribuintes do IPI) tão somente com os créditos pela aquisição de mercadorias para revenda fere o devido processo legal. Afinal, incumbe ao Judiciário analisar cada caso levado a seu conhecimento, atendo-se às suas especificidades – o que não ocorreu, desafortunadamente, no que tange à não-cumulatividade tributária.

A presente observação não é meramente de cunho histórico, pois, em 1988, dois serviços foram incluídos no ICM, que por essa razão recebeu o acréscimo de um "S": transporte interestadual e intermunicipal[398] e comunicação. Em que pese

---

398. Exceto o transporte aéreo de passageiros, como decidido pelo STF na ADI nº

a mudança ter ocorrido há mais de 20 anos, a Suprema Corte ainda não apreciou, com vagar, o núcleo mínimo do direito ao crédito do ICMS nessas novas atividades. Há, portanto, o grave risco de o STF aplicar as regras construídas à luz do IC para a tributação dos referidos serviços, o que consistiria em reiteração dos equívocos cometidos no passado. Espera-se, contudo, que isso não venha a ocorrer.

7.16 A IMPORTAÇÃO DE MERCADORIAS POR NÃO CONTRIBUINTES: SISTEMÁTICAS DISTINTAS PARA O IPI E O ICMS

7.16.1 A EVOLUÇÃO JURISPRUDENCIAL

A regra mundialmente aplicada para exportações e importações predica que as saídas de mercadorias do país são desoneradas de tributos, ao passo que os ingressos de bens estrangeiros são gravados tal e qual os produtos nacionais. Trata-se de uma questão de isonomia, além de ser estratégica para o desenvolvimento de qualquer país.

Sendo assim, é normal que haja incidência tanto de ICMS como de IPI quando do ingresso de bens estrangeiros em território nacional.[399] Entretanto, dado que tais exações gozam do predicado da não-cumulatividade, algumas pessoas físicas que traziam mercadorias do exterior para utilização pessoal passaram a questionar a exigência desses impostos, exigidos no desembaraço

---

1.600/DF (Pleno, Relator p/ acórdão Min. NELSON JOBIM, DJ 20.06.2003, p. 56), cujas conclusões, a nosso ver, também deveriam se aplicar ao transporte terrestre de pessoas. Contudo, a Corte, no âmbito da ADI nº 2.669/DF (STF, Pleno, ADI nº 2.669/DF, Relator p/ Acórdão Min. MARCO AURÉLIO, DJe 06.08.2014) considerou constitucional a cobrança do ICMS sobre a modalidade terrestre, em acórdão ainda não transitado em julgado, até a data do fechamento desta edição, em razão da interposição de embargos declaratórios.

399. Súmula 661 do STF (aplicável também ao IPI):
"Na entrada de mercadoria importada do exterior, é legítima a cobrança do ICMS por ocasião do desembaraço aduaneiro."

aduaneiro. Alegaram esses contribuintes a existência de violação à não-cumulatividade, pois seria impossível a recuperação, pela pessoa física, do imposto pago na entrada do bem (como ela não é contribuinte, não possui conta gráfica para lançar os créditos referentes ao IPI e ao ICMS pagos na importação).

O tema foi apreciado pelo Pleno do STF em 1999 que, por maioria de votos, afastou a incidência do ICMS na importação feita por pessoas físicas (em conclusões integralmente aplicáveis ao IPI).[400] Além da não-cumulatividade, a Suprema Corte arrimou-se no argumento de que o bem importado para uso próprio não pode ser considerado mercadoria por não ser destinado ao comércio, o que também afastaria a incidência do ICMS. Posteriormente, o aresto ensejou a edição da Súmula nº 660, de acordo com a qual "não incide ICMS na importação de bens por pessoa física ou jurídica que não seja contribuinte do imposto."

Firmado esse entendimento, as pessoas físicas (e as jurídicas não contribuintes do imposto)[401] passaram importar as mais diversas mercadorias sem o pagamento do ICMS. Tal fato repercutiu nos cofres estaduais e levou o Constituinte derivado a promover uma alteração na redação do art. 155, §2º, IX, *a*, de modo a tributar pelo ICMS todas as importações, feitas por pessoas naturais ou jurídicas, contribuintes ou não do imposto. Eis a redação do dispositivo após a EC nº 33/2001, que corresponde ao texto atual da CR/88:

> Art. 155. (...).
>
> § 2.º O imposto previsto no inciso II [ICMS] atenderá ao seguinte:
>
> IX – incidirá também:
>
> a) sobre a entrada de bem ou mercadoria importados do exterior por pessoa física ou jurídica, ainda que não seja contribuinte habitual do imposto, qualquer que seja a sua finalidade, assim

---

400. STF, Pleno, RE nº 203.075/DF, Relator p/ acórdão Min. MAURÍCIO CORRÊA, DJ 29.10.1999, p. 18.

401. *Inter alii*, diversos hospitais conseguiram, em juízo, afastar a incidência do ICMS na importação de equipamentos médicos destinados ao seu uso e consumo ou ativo permanente, dado que são sociedades simples, não contribuintes do imposto estadual.

como sobre o serviço prestado no exterior, cabendo o imposto ao Estado onde estiver situado o domicílio ou o estabelecimento do destinatário da mercadoria, bem ou serviço; (...).

Desde então, as importações passaram a se sujeitar ao ICMS, sem exceção – como, aliás, é o correto, inclusive por razões de isonomia com os produtos nacionais.

Já no que tange ao IPI, como não houve emenda constitucional para sujeitar todo produto importado à sua incidência, a Suprema Corte continuou pugnando, tanto na Primeira quanto na Segunda Turmas, pela impossibilidade de cobrança da exação das pessoas físicas importadoras de mercadorias para uso próprio.[402]

Como se vê, o precedente firmado para o ICMS foi transplantado para o IPI ao argumento de que "onde existe a mesma razão, prevalece a mesma regra de direito: *ubi eadem ratio, ibi eadem legis dispositio*".[403] Sendo assim, as conclusões também se aplicariam à importação de bens por pessoas *jurídicas* não contribuintes do IPI, dada a impossibilidade de concretização da não-cumulatividade pela inexistência de etapa de circulação posterior que gere débitos a compensar com o IPI-importação.

Contudo, em fevereiro de 2016, o Pleno do STF alisou o tema sob o regime da repercussão geral (art. 543-B do CPC/73, equivalente ao art. 1.036 do CPC/2015) por meio do RE nº 723.651/PR,[404] reconsiderando as decisões das Primeira e Segunda Turmas e reconhecendo a incidência constitucional do IPI na importação de veículos por pessoa natural consumidora final do bem.

Sob o voto condutor do Min. Marco Aurélio, a Corte considerou, corretamente, que a cobrança não viola o princípio

---

402. STF, Segunda Turma, RE-AgR nº 255.682/RS, Relator Min. CARLOS VELLOSO, *DJ* 10.02.2006, p. 14; STF, Primeira Turma, RE nº 550.170/SP, Relator Min. RICARDO LEWANDOWSKI, *DJe* 03.08.2011.

403. STF, Segunda Turma, RE-AgR nº 255.682/RS, Relator Min. CARLOS VELLOSO, *DJ* 10.02.2006, p. 14. No mesmo sentido: STF, Segunda Turma, RE-AgR nº 272.230/SP, Relator Min. CARLOS VELLOSO, *DJ* 10.02.2006, p. 14.

404. STF, Pleno, RE nº 723.651/PR, Relator MIN. MARCO AURÉLIO, *DJe* 05.08.2016. Até o fechamento desta edição, ainda não havia trânsito em julgado da referida decisão.

da não cumulatividade por tratar-se de incidência única, não gerando, portanto, o efeito cascata da tributação. Além disso, ponderou tratar-se a cobrança de exigência pautada pela equidade e isonomia frente aos produtos nacionais.

Quanto à suposta incoerência em relação à jurisprudência da corte no caso do ICMS, o Min. Luís Roberto Barroso destacou, em seu voto, a necessidade de se proceder ao necessário *distinguish*. Justificou argumentando que, no RE nº 203.075/DF,[405] a suposta ofensa à não-cumulatividade foi argumento secundário, mencionado superficialmente, sendo que os argumentos decisivos invocados na ocasião não são aplicáveis ao IPI.

De fato, o argumento que conduziu o STF a afastar a incidência do ICMS na importação por não contribuinte do imposto foi o que se baseou na regra de competência do art. 155, §2º, inc. X, "a", da CRFB/88, na redação anterior à Emenda Constitucional nº 33 de 2001. Isso porque, a regra previa a incidência do imposto sobre "mercadorias" importadas, conceito esse no qual não se enquadra o bem importado por consumidor final. Além disso, o texto legal mencionava que a mercadoria seria tributada mesmo quando importada para emprego como bem de uso e consumo ou para o ativo fixo do "estabelecimento", conceito esse que não abarca as pessoas físicas, que apenas possuem domicílio.

No entanto, o STF restringiu o novo entendimento à situação específica sob julgamento, qual seja, a importação de automóveis por pessoa física. Deixou o Tribunal de abarcar, explicitamente,[406] outras situações semelhantes, como a importação de máquinas e equipamentos por empresas na condição de consumidoras finais.

---

405. STF, Pleno, RE nº 203.075/DF, Relator p/ acórdão Min. MAURÍCIO CORRÊA, *DJ* 29.10.1999, p. 18.

406. Embora essa circunstância não tenha ficado clara na ementa do julgado, nos debates realizados os Ministros deixaram claro que delimitavam seu posicionamento à importação de veículos, não estendendo suas conclusões a outras situações análogas.

7.16.2 NOSSA OPINIÃO: NECESSÁRIA INCIDÊNCIA DE ICMS E IPI NAS IMPORTAÇÕES POR NÃO CONTRIBUINTES. INEXISTÊNCIA DE FERIMENTO À NÃO-CUMULATIVIDADE

A nosso sentir, as decisões tradicionais do STF acerca do não recolhimento de ICMS ou IPI na importação por não contribuintes (pessoas físicas ou jurídicas) são, *data venia*, equivocadas, sendo acertada a revisão perpetrada pela corte no julgamento do RE nº 723.651/PR,[407] para fins de IPI, bem como aquela levada a efeito pelo próprio legislador constitucional com a Emenda Constitucional nº 33/2001, relativamente ao ICMS.

O primeiro argumento utilizado pela Suprema Corte é de que o bem importado para utilização própria (seja por pessoa natural ou jurídica) não é mercadoria, posto que não se destina à mercancia. Ora, a qualificação de mercadoria dá-se sob o ponto de vista do alienante, nunca do adquirente do bem. A ser assim, as aquisições de bens para uso pessoal no mercado interno brasileiro também passariam ao largo da incidência de ICMS e IPI.

Vale lembrar que, sob a égide das Constituições pretéritas, o STF desonerou do ICM a importação de bens para o ativo imobilizado das empresas. O fundamento foi o de que o ativo não se destinava à circulação jurídica e sim à utilização pelos próprios importadores, razão pela qual não seria alcançável pelo imposto estadual.[408] Somente a partir da EC nº 23/83,[409] o STF passou a sustentar que, *caso os Estados assim dispusessem*

---

407. STF, Pleno, RE nº 723.651/PR, Relator MIN. MARCO AURÉLIO, DJe 05.08.2016.

408. STF, Segunda Turma, RE nº 88.176/SP, Relator Min. MOREIRA ALVES, DJ 29.12.1977.

409. A Emenda Passos Porto, tendo em vista a jurisprudência que se firmara no âmbito do STF impedindo a incidência do ICM na importação de bens de capital ou para uso próprio das empresas, acrescentou o §11 ao art. 23 da CR/67-69:
"Art. 23. (...).
§ 11. O [ICM] incidirá, também, sobre a entrada, em estabelecimento comercial, industrial ou produtor, de mercadoria importada do exterior por seu titular, inclusive quando se tratar de bens destinados a consumo ou ativo fixo do estabelecimento."

em lei própria, a importação de bens de capital *poderia* ser gravada pelo ICM – denotando que, *a priori*, a incidência do ICM na importação de ativo permanente era indevida, podendo, todavia, ser determinada pelo legislador.[410] Entretanto, não nos parece que tais inferências sejam corretas. O alienante das mercadorias (situado no exterior) as considera como bens sujeitos à mercancia. E, no IPI e no ICMS incidentes na importação, o importador brasileiro é, de certa forma, "substituto tributário" do vendedor situado no exterior, que não pode ser alcançado pelas leis nacionais. Sendo assim, tanto o IPI como o ICMS, recolhidos na importação, são devidos porque incidem sobre mercadorias, assim qualificadas sob o prisma do vendedor, em que pese as exações serem pagas pelo importador nacional (por ser impossível cobrá-las de outro modo). Portanto, o argumento em tela não possui sustentação jurídica, como de resto já ponderou MISABEL DERZI[411] em candentes críticas ao posicionamento do Supremo Tribunal Federal.

O segundo fundamento, este válido apenas para as pessoas físicas, é o de que a Constituição de 1988 – na redação anterior à EC nº 33/2001 – estipulava que o ICMS seria devido ao Estado em que situado o *estabelecimento* do importador. Como a pessoa física não possui estabelecimento, mas sim *residência* ou *domicílio*, a Corte afastou a possibilidade de cobrança do ICMS na hipótese.

Entretanto, parece-nos que, neste caso, a interpretação do STF violou o princípio da isonomia.[412] Afinal, a concessão de benefícios fiscais ao fabricante estrangeiro – por meio da exoneração do ICMS e do IPI nas importações realizadas por pessoas físicas – fere a igualdade, além de ser danosa à indústria nacional. De fato, por que razão os empresários de

---

410. STF, Primeira Turma, RE nº 107.984/RJ, Relator Min. SYDNEY SANCHES, *DJ* 06.05.1988, p. 10.632.

411. BALEEIRO, Aliomar. *Direito Tributário Brasileiro*, 11ª ed. Atualizado por MISABEL ABREU MACHADO DERZI. Rio de Janeiro: Forense, 2001, p. 381.

412. A isonomia é prevista na CR/88 tanto de forma genérica, no *caput* do art. 5º, como especificamente para as normas tributárias, no inciso II do art. 150.

outras plagas, quando na venda direta a cidadãos brasileiros, se beneficiariam da não incidência de ICMS e IPI sobre seus produtos, contrariamente ao que deve ser observado – sob pena de pesadas autuações – pelas empresas aqui estabelecidas? A mera ausência de menção a *domicílio* ou *residência* no texto constitucional quando da determinação de incidência do ICMS sobre bens importados (que, a nosso sentir, sequer precisaria estar expressa, pois decorreria da aplicação do princípio da isonomia) autoriza a conclusão de que pessoas físicas estariam desobrigadas da recolha desse imposto na importação? Não poderia a lei de normas gerais do ICMS e do próprio IPI suprir tal lacuna da Constituição? A resposta a essa última pergunta foi positiva nos votos vencidos dos Ministros JOBIM e GALVÃO quando do julgamento do *leading case* sobre o tema (RE nº 203.075/DF), aos quais nos filiamos. A nosso sentir, seja na importação por pessoa física ou jurídica, contribuinte ou não do IPI ou do ICMS, o direito da União e dos Estados de tributar decorre diretamente da isonomia plasmada na Constituição, bastando apenas que a legislação infraconstitucional assim o predique.

O terceiro e último argumento invocado pelo STF para não gravar as importações realizadas por pessoas físicas ou não contribuintes é o que toca de forma mais direta o tema *sub examine*: de acordo com a Corte, haveria ofensa à não--cumulatividade tributária caso exigido o ICMS e o IPI em tais importações, na medida em que os não contribuintes restariam impossibilitados de se creditar dessas exações, pagas quando do desembaraço aduaneiro. Nada mais errôneo. A importação de mercadorias é uma situação atípica na qual há a concentração, em uma só pessoa (natural ou jurídica), das figuras do contribuinte *de jure* e *de facto*. Afinal, sendo inviável exigir-se que o exportador situado em território estrangeiro recolha ICMS e IPI aos cofres brasileiros, tal cobrança é feita do importador (que paga o tributo que seria devido pelo exportador). Caso o importador não seja contribuinte, ele reunirá as características de contribuinte *de jure* – por "substituição" do exportador situado além-mar – e *de facto*, suportando juridicamente o ônus econômico dos impostos não-cumulativos.

Em face de tais razões, temos por equivocado o posicionamento anterior do STF que declarava não incidir IPI nas importações feitas por não contribuintes (assim como não procedia *data maxima venia*, o entendimento pela não incidência do ICMS na mesma situação no período anterior à EC nº 33/2001). Felizmente, no julgamento do RE nº 723.651/PR, a Suprema Corte mudou seu entendimento e passou a entender, de forma acertada em nossa opinião, que incide na importação de bens para uso próprio o IPI, sendo irrelevante o fato de se tratar de consumidor final – entendimento esse que tem sido observado pela Corte Suprema desde então.[413]

7.17 A EXPORTAÇÃO E O DIREITO À MANUTENÇÃO DOS CRÉDITOS ESCRITURAIS DE IPI E ICMS

A Constituição assegura a não incidência do IPI e do ICMS na exportação de mercadorias e serviços. Para o IPI a regra foi desde sempre ampla, imunizando toda e qualquer venda para o estrangeiro de produtos industrializados. Veja-se a Lei Maior:

> Art. 153. (...).
>
> § 3º. O imposto previsto no inciso IV [IPI]:
>
> (...)
>
> III – não incidirá sobre produtos industrializados destinados ao exterior.

Vale notar que, mesmo com a imunidade na exportação (não incidência constitucionalmente qualificada), os contribuintes do IPI nunca enfrentaram óbices para manter, em sua

---

413. *Interplures*, cite-se: STF, Primeira Turma, AgR no RE nº 1.089.465/RJ, Relatora Min. ROSA WEBER, DJe 16.05.2018; STF, Primeira Turma, AgR no RE nº 1.200.307/SP, Relator Min. ALEXANDRE DE MORAES, *DJe* 13.06.2019.

escrita contábil, os créditos relativos aos insumos utilizados na fabricação de produtos exportados. Ademais, com o intuito de estimular a indústria nacional, foram criados por lei créditos-prêmio e presumidos de IPI[414] para os exportadores, compensáveis inclusive com outros tributos federais, o que denota o esforço da União em prol do *export drive*.

Já em matéria de ICMS, nem todas as exportações foram imunizadas pelo Constituinte de 1988, que, inicialmente, restringiu a benesse aos *produtos industrializados*. Até mesmo os *semielaborados* – que se situavam entre as matérias-primas e as mercadorias industrializadas – foram excluídos da regra imunizante.[415] Ainda consoante o texto original da Constituição, os serviços e os produtos não industrializados poderiam ser isentados do ICMS pelo legislador complementar, se este assim o desejasse.[416] Nesta fase inicial, competia também, à lei complementar, definir as hipóteses nas quais haveria a manutenção dos créditos de ICMS quando os produtos e serviços fossem exportados para o exterior.[417] A norma possuía razão de ser, uma vez que o art. 155, §2º, II, *b*, determina a anulação dos créditos de ICMS das operações anteriores à isenta ou não tributada. Como a imunidade é um caso típico de não incidência, a regra era o estorno dos créditos acumulados pelo exportador, *salvo disposição de lei em contrário* – exatamente a função atribuída à lei complementar pela CR/88 (o Convênio ICM nº 66/88 e as Leis Complementares nºs 65/91 e 87/96 cumpriram tais papéis).[418]

---

414. Para maiores detalhes, vide Título III, Capítulo XI, Itens 11.4.7.2 e 11.5.

415. Art. 155, §2º, X, a, da CR/88, redação original.

416. CR/88, art. 155, §2º, XII, *e*.

417. CR/88, art. 155, §2º, XII,*f*.

418. O Convênio ICM nº 66/88 isentava do imposto estadual a exportação de produtos industrializados (art. 3º, I) e, ao mesmo tempo, autorizava a manutenção dos créditos de ICMS relativos a insumos adquiridos para a fabricação de tais produtos, desde que fossem listados em convênio (art. 34).
Já a Lei Complementar nº 65/91 (que, em seu art. 1º, definia o conceito de produto semielaborado, que estaria fora da regra isencional dos produtos destinados ao exterior), assim dispunha:
"Art. 3º. Não se exigirá a anulação do crédito relativo às entradas de mercadorias

A NÃO-CUMULATIVIDADE
DOS TRIBUTOS

Posteriormente, com a Emenda Constitucional n° 42/2003, a Carta Magna teve sua redação modificada, assegurando expressamente a manutenção dos créditos de ICMS cobrados nas operações e prestações anteriores à exportação. É ver o texto hoje em vigor:

> Art. 155. (...).
>
> § 2°. O imposto previsto no inciso II [ICMS]:
>
> (...)
>
> X – não incidirá:
>
> a) sobre operações que destinem mercadorias para o exterior, nem sobre serviços prestados a destinatários no exterior, assegurada a manutenção e o aproveitamento do montante do imposto cobrado nas operações e prestações anteriores; (...).

O hodierno comando constitucional é condizente com o princípio da não-cumulatividade e com a regra mundial de desoneração das exportações.[419] O desenvolvimento de um país depende da inserção dos seus produtos e serviços no mercado global. Por essa razão a EC n° 42/2003 assegurou, de forma ampla, a manutenção dos créditos de ICMS pelos exportadores. A Carta faz menção também ao *aproveitamento* de tais créditos pelos contribuintes. Assim, na hipótese de empresas predominantemente exportadoras (que acumulam

---

para utilização como matéria-prima, material secundário e material de embalagem, bem como o relativo ao fornecimento de energia e aos serviços prestados por terceiros na fabricação e transporte de produtos industrializados destinados ao exterior."
A seu turno, a Lei Complementar n° 87/96 foi além, isentando do ICMS todo e qualquer serviço ou produto destinado ao exterior, inclusive os semielaborados (art. 3°, II) e, também, assegurando a manutenção dos créditos relativos a insumos adquiridos para a prestação do serviço ou fabricação do produto exportado (art. 32, II).

419. Para XAVIER, contudo, a manutenção dos créditos de ICMS na exportação "deriva de um princípio autônomo do da não-cumulatividade, que é o de assegurar à imunidade eficácia integral". (XAVIER, Alberto Pinheiro. Regime *Constitucional das Isenções e Incentivos Fiscais às Exportações: o Caso do ICMS. Do Direito à Utilização Integral de Saldo Acumulado de Créditos de ICMS como corolário da Imunidade das Exportações*. TÔRRES, Heleno Taveira (coord.). Tratado de Direito Constitucional Tributário: estudos em homenagem a Paulo de Barros Carvalho. São Paulo: Saraiva, 2005, pp. 611-3).

constantemente créditos do imposto) deverá haver um mecanismo que permita a utilização desses créditos (a transferência a terceiros foi a saída encontrada pelo legislador pátrio).[420]

Vale lembrar, a título de comparação, que, no IVA-europeu, a regra aplicável em situações como tais é a devolução ao exportador, em dinheiro, do valor de imposto por ele suportado em suas aquisições internas. Com isso, obtém-se verdadeira desoneração da cadeia produtiva, permitindo maior competitividade do produto nacional frente aos estrangeiros.

Entrementes, mesmo não determinando a restituição em espécie, a EC n° 42/2003 trouxe importante norma para o desenvolvimento do País, assegurando de forma irrestrita a efetivação do princípio da não-cumulatividade nas exportações de serviços gravados pelo ICMS e de quaisquer categorias de produtos (sejam primários, semielaborados ou industrializados).[421]

---

420. Assim dispôs a Lei Complementar n° 87/96 em relação ao saldo credor de ICMS acumulado pelos exportadores:
"Art. 25. (...).
§ 1°. Saldos credores acumulados a partir da data de publicação desta Lei Complementar por estabelecimentos que realizem operações e prestações de que tratam o inciso II do art. 3° e seu parágrafo único podem ser, na proporção que estas saídas representem do total das saídas realizadas pelo estabelecimento:
I – imputados pelo sujeito passivo a qualquer estabelecimento seu no Estado;
II – havendo saldo remanescente, transferidos pelo sujeito passivo a outros contribuintes do mesmo Estado, mediante a emissão pela autoridade competente de documento que reconheça o crédito."
Ou seja: garantiu o legislador complementar o aproveitamento do saldo credor de ICMS eventualmente não utilizado pelo exportador em face da ausência de débitos compensáveis. Por outro lado, no que tange aos créditos acumulados em decorrência de outros fatores – que não a exportação – a Lei Kandir apenas delegou aos Estados a faculdade de viabilizar ou não seu aproveitamento, via transferência a terceiros:
"Art. 25. (...).
§ 2°. Lei estadual poderá, nos demais casos de saldos credores acumulados a partir da vigência desta Lei Complementar, permitir que:
I – sejam imputados pelo sujeito passivo a qualquer estabelecimento seu no Estado;
II – sejam transferidos, nas condições que definir, a outros contribuintes do mesmo Estado."

421. A norma é salutar, pois a vedação de manutenção dos créditos acumulados pelo exportador ou, ainda, a inexistência de formas práticas para efetiva utilização do saldo credor gera cumulatividade residual.

7.18 A SUBSTITUIÇÃO TRIBUTÁRIA PARA FRENTE E O DIREITO À RESTITUIÇÃO DO TRIBUTO PAGO A MAIOR

7.18.1 AS PAUTAS DE VALORES EDITADAS PELOS ESTADOS: ORIGENS DA SUBSTITUIÇÃO TRIBUTÁRIA

Logo após a criação do ICM, ainda na década de 1960, alguns Estados pretenderam incrementar sua arrecadação por meio da edição de tabelas com os valores que deveriam ser tomados como base de cálculo do imposto estadual na venda de mercadorias. Essas presunções eram sempre superiores aos montantes efetivamente praticados no mercado e, com isso, propiciavam o ingresso financeiro adicional pretendido pelos Fiscos.

Como o arbitramento da base de cálculo de qualquer tributo somente é admissível em caráter excepcional e na forma prescrita pelo art. 148 do CTN,[422] a discussão sobre tais "ficções jurídicas" criadas pelos Estados-membros não tardou a chegar ao Supremo Tribunal Federal. Um caso pitoresco – e pioneiro – foi o do vendedor ambulante de fumo que comprava sua matéria-prima em Alagoas e a revendia na cidade de Caicó, no Rio Grande do Norte. Atingido por uma portaria estadual que fixava em Cr$ 6,00 a base de cálculo do ICM sobre o quilo de fumo, o ambulante recorreu ao Judiciário argumentando que comprava seu produto a Cr$ 2,00 o quilo em Arapiraca/AL, revendendo-o a Cr$ 2,60 (e não Cr$ 6,00) em Caicó/RN. Sob tal fundamento, pediu o afastamento da portaria e o restabelecimento da exigência do tributo sobre o efetivo valor de venda. Tendo ganhado em primeira instância e perdido no TJRN, o pequeno empreendedor não se resignou

---

422. De fato, o arbitramento não é modalidade de lançamento, mas sim autorização excepcionalmente conferida aos agentes fiscais pelo art. 148 do CTN para, mediante processo regular – no qual deverá ser provado que os documentos do contribuinte não merecem fé – arbitrar a base de cálculo de quaisquer tributos eventualmente devidos e não pagos.

e levou a questão ao STF. A Primeira Turma da Corte Máxima asseverou que o Estado não poderia pautar de forma genérica os valores das mercadorias para fins de incidência do ICM, pois o arbitramento somente é admissível em casos excepcionais e mediante observância do procedimento exigido pelo Código Tributário Nacional. Com isso, foi declarada a inconstitucionalidade da norma estatal fixadora da base de cálculo do ICM sobre o fumo, retomando-se a sistemática regular de cobrança do imposto sobre o valor de saída da mercadoria.[423]

Vale notar, contudo, que a decisão do STF não condena a utilização da pauta fiscal, mas sim impede a sua prevalência quando demonstrado que, no caso concreto, a aplicação do valor arbitrado destoa da realidade em prejuízo do contribuinte. A. J. COSTA,[424] apontando essa sutileza no posicionamento da Suprema Corte, pugna pela legitimidade do uso em larga escala das pautas fiscais, desde que se assegure ao contribuinte inconformado uma avaliação contraditória do valor arbitrado, em cumprimento à exigência do art. 148 do CTN.[425]

Diante desse quadro, desde então, as Cortes pátrias passaram a repelir os intentos estatais de majoração do ICM devido por meio das pautas fiscais. Com isso, ainda que pretendessem cobrar o imposto com base em tabelas próprias (o que era feito no intuito ora de facilitar o processo fiscalizatório, ora de antecipar o momento do pagamento do ICM, tornando-o devido

---

[423]. STF, Primeira Turma, RE nº 72.400/RN, Relator Min. BARROS MONTEIRO, DJ 26.11.1971.
Posteriormente, a Segunda Turma do STF (RE nº 78.577/SP, Relator Min. CORDEIRO GUERRA, DJ 04.04.1975) – invocando o precedente do ambulante de Caicó – uniformizou o entendimento de ambas as Turmas do Supremo Tribunal.

[424]. COSTA, Alcides Jorge. *ICM na Constituição e na Lei Complementar*. São Paulo: Resenha Tributária, 1978, p. 159.

[425]. Reza o Código Tributário Nacional:
"Art. 148. Quando o cálculo do tributo tenha por base, ou tem em consideração, o valor ou o preço de bens, direitos, serviços ou atos jurídicos, a autoridade lançadora, mediante processo regular, arbitrará aquele valor ou preço, sempre que sejam omissos ou não mereçam fé as declarações ou os esclarecimentos prestados, ou os documentos expedidos pelo sujeito passivo ou pelo terceiro legalmente obrigado, ressalvada, em caso de contestação, avaliação contraditória, administrativa ou judicial."

a partir da entrada da mercadoria no estabelecimento do contribuinte, ao invés de somente quando da sua saída), os entes federados foram obrigados a respeitar o efetivo valor de venda das mercadorias.[426] Tal medida foi importante para que a não-cumulatividade pudesse se firmar, pois, se a fixação unilateral pelos Estados-membros da base de cálculo do ICM (em total descompasso com a realidade) não tivesse sido vedada, submergiria toda a técnica da tributação sobre o valor acrescido que se pretendia implementar com o referido imposto.

Assim, a fixação das pautas de valores pelos Estados somente foi admitida pelos Tribunais quando condizente com os preços de mercado. Em muitos casos, a responsabilidade era inclusive atribuída aos fabricantes ou atacadistas, liberando o varejista da obrigação de recolha do imposto. Tratava-se do embrião da intitulada *substituição tributária* (ST) *para frente*, que atribuía a terceiro (o responsável, referido no art. 121 do CTN) o dever de pagar o tributo devido por outrem. O STF admitiu a legitimidade dessa antecipação em mais de um caso, argumentando que a prática evitava a sonegação por parte dos pequenos comerciantes.[427]

Isto posto, vejamos, a seguir, as principais características da ST progressiva.

7.18.2 CONCEITO

A substituição tributária admite duas modalidades:

---

426. *Interplures*, cite-se: STF, Primeira Turma, RE nº 77.544/SP, Relator Min. ALIOMAR BALEEIRO, DJ 27.09.1974.

427. *Interplures*, confira-se: STF, Pleno, RE nº 60.284/PB, Relator Min. LINS E SILVA, DJ 27.06.1967. A hipótese tratava do antigo imposto sobre vendas e consignações, cujo recolhimento antecipado pelo atacadista foi legitimado, à unanimidade, pelo Plenário.
Já sob a égide do ICM, o Tribunal (STF, Segunda Turma, RE nº 108.104/RS, Relator Min. CÉLIO BORJA, DJ 14.08.1987, p. 16.089) admitiu a antecipação do recolhimento do imposto quando se tratasse de venda de mercadoria para outro Estado.

(a) para trás ou regressiva, na qual há o diferimento do imposto para a etapa subsequente de circulação da mercadoria. É o caso dos laticínios, que recolhem sobre o leite industrializado o valor do ICMS devido pelo fazendeiro que lhes vende a matéria-prima;

(b) para frente ou progressiva, em que se atribui a agente situado nas fases iniciais do processo de circulação da mercadoria a responsabilidade pelo pagamento do imposto que será devido nas etapas posteriores. Como exemplo, o industrial recolhe antecipadamente os valores que seriam futuramente pagos pelos atacadistas e varejistas. Nessa hipótese, a indústria paga o ICMS próprio, incidente na operação por ela praticada (fabricante → atacadista) e também o imposto devido por substituição tributária progressiva, relativo às operações subsequentes realizadas por terceiros (incluindo a de venda ao consumidor final). O cálculo do ICMS-ST é feito com base nos preços médios praticados no varejo, utilizando-se das tabelas de preços para o consumidor final, editadas pelos fabricantes ou de publicações feitas pelos Estados-membros.

A prática da ST regressiva em nada ofende a não-cumulatividade. Isso porque se assegura ao contribuinte beneficiado pelo diferimento a manutenção dos créditos relativos às suas aquisições tributadas.[428]

Já a substituição tributária progressiva fere a não-cumulatividade sob alguns prismas. Inicialmente, a ideia de que o IVA é um tributo de pagamento fracionado, dotado de neutralidade, é deixada de lado na hipótese de tributação antecipada, cobrando-se do industrial, *v.g.*, o tributo que seria devido pelos demais agentes econômicos. Outrossim, o substituído – é dizer, aquele que suporta juridicamente o ônus da ST progressiva, mas não paga ICMS em suas operações próprias

---

428. Sobre diferimento e não-cumulatividade, vide item 7.10, supra.

– não possui meios legais (salvo recurso ao Judiciário) para recuperar os créditos de ICMS por ele suportados em suas aquisições não sujeitas à ST. Afinal, se ele não é contribuinte do ICMS (porquanto é substituído), não conseguirá aproveitar os créditos, por exemplo, de bens do ativo imobilizado adquiridos para viabilizar sua atividade empresarial. Por fim, se os preços de venda ao consumidor final forem presumidos a maior e, ao mesmo tempo, não houver garantia de devolução da diferença ao substituído (que arca com o ônus jurídico da exação cobrada por ST, em que pese não proceder ao seu pagamento diretamente ao Fisco), toda a ideia de tributação sobre o valor acrescido será, igualmente, inobservada. É sobre este último ponto que iremos versar nas linhas a seguir.[429]

7.18.3 A JURISPRUDÊNCIA DO STF À LUZ DA CONSTITUIÇÃO DE 1988

Como já apontado, anteriormente à atual Constituição a ST era tratada pelo STF como mera "antecipação de imposto devido", sem maiores digressões quanto à sua natureza – até porque o número de lides em relação ao tema ainda era restrito.

Após a promulgação da atual Lei Maior, os Estados-membros pretenderam, arrimados no Convênio ICM nº 66/88 e em outros específicos (como o de nº 107/89, referente ao setor automotivo), ampliar a utilização da substituição tributária para frente, até então presente de forma tímida e pontual.

Contrárias à utilização do instituto, as concessionárias de automóveis (as mais atingidas, nessa fase inicial, pela ST progressiva)[430] recorreram ao Judiciário, argumentando, em

---

429. A substituição tributária progressiva, de todo modo, não se confunde com as "pautas fiscais". Estas repelem os dados concretos e instituem tributos sobre valores fictícios, unilateralmente arbitrados pelo Estado; a ST exige a incidência sobre os preços presumidos de venda ao consumidor final, de modo a permitir que, antes da ocorrência dessa venda, opere-se a tributação para toda a cadeia (que recairá sobre o substituto tributário).

430. Afinal, o valor pago pelas concessionárias à montadora foi majorado, pois o

suma, que a exigência antecipada do imposto configurava cobrança de tributo sem a ocorrência do respectivo fato gerador.

Tal argumento foi rechaçado pelo STF. A Corte afirmou que a própria CR/88 (no art. 34, §9º do ADCT) previra a substituição tributária para frente e para trás no setor de geração e distribuição de energia. Assim, a ST para frente, por estar legitimada pela própria CR/88, poderia ser regulada por convênio enquanto não editada a lei complementar que, nos termos do art. 155, §2º, XII, *b*, da Constituição, deveria "dispor sobre substituição tributária" no ICMS. Sendo assim, e conforme autorizado também pelo art. 128 do CTN (que permite a atribuição do dever tributário a terceiro, excluindo a responsabilidade do contribuinte originário), a substituição para frente seria válida.

A alegada ofensa à não-cumulatividade na hipótese, também pontuada pelos contribuintes (em caráter sucessivo ao argumento de inconstitucionalidade da ST progressiva), foi afastada pelo STF. Para o Tribunal, desde que a base de cálculo presumida para a substituição tributária equivalesse ao preço cobrado do consumidor final, não haveria que se falar em ferimento à não-cumulatividade.[431] De mais a mais, eventuais recolhimentos feitos a maior poderiam ser compensados pelos substituídos, ainda que a lei assim não dispusesse – tal direito decorreria, segundo a Suprema Corte, do próprio princípio da não-cumulatividade.[432]

Mesmo diante das decisões plenárias do STF que assentaram pela legitimidade da substituição tributária progressiva,[433] o Constituinte derivado houve por bem plasmar na Lei

---

ICMS-ST (relativo à operação concessionária *x* consumidor final) passou a ser antecipadamente recolhido pelo fabricante, que se ressarcia financeiramente mediante repasse do custo no preço do veículo vendido às concessionárias.

431. STF, Pleno, RE nº 213.396/SP, Relator Min. ILMAR GALVÃO, *DJ* 01.12.2000, p. 97.

432. A assertiva constou do voto do Relator de outro acórdão Plenário do STF, no qual foi legitimada a ST para frente no setor automotivo. (STF, Pleno, RE nº 194.382/SP, Relator Min. MAURÍCIO CORRÊA, *DJ* 25.04.2003, p. 35).

433. STF, Pleno, RE nº 213.396/SP, Relator Min. ILMAR GALVÃO, *DJ* 01.12.2000, p. 97 e STF, Pleno, RE nº 194.382/SP, Relator Min. MAURÍCIO CORRÊA, *DJ*

A NÃO-CUMULATIVIDADE DOS TRIBUTOS

Maior norma autorizativa dessa modalidade de ST, aplicável a qualquer espécie de imposto ou contribuição. Eis o dispositivo, acrescido à CR/88 pela EC nº 03/93:

> Art. 150. (...).
>
> §7º. A lei poderá atribuir a sujeito passivo de obrigação tributária a condição de responsável pelo pagamento de imposto ou contribuição, cujo fato gerador deva ocorrer posteriormente, assegurada a imediata e preferencial restituição da quantia paga, caso não se realize o fato gerador presumido.

Desde então se tornou assente – em que pesem algumas vozes em sentido contrário[434] – que a ST para frente é válida à luz da CR/88.

Todavia, como sói ocorrer quando se confere amplos poderes aos entes federados em matéria tributária, alguns exageros na aplicação da regra fizeram com que as premissas adotadas pelo STF para legitimá-la deixassem de existir. A mais importante delas se refere à garantia da não-cumulatividade. A princípio, é correto afirmar que a mera mudança na forma de cobrança do tributo não implica violação da não-cumulatividade. Afinal, desde que assegurado ao substituído o direito à restituição[435] do ICMS-ST pago a maior, a não-cumulatividade resta assegurada. Entretanto, quando do julgamento da Ação Direta de Inconstitucionalidade nº 1.851/AL,[436] pugnou o Plenário do STF pela constitucionalidade de legislação estadual que *vedava* a devolução, ao substituído, do ICMS-ST eventual-

---

25.04.2003, p. 35.

434. O Min. MARCO AURÉLIO nunca admitiu, mesmo após a EC nº 03/93, que se pudesse cobrar tributo "por ficção", considerando ocorrido fato gerador ainda não realizado. Segundo o magistrado, legitimando-se o instituto, chegaríamos rapidamente "ao dia em que essa substituição tributária para a frente tornar-se-á regra, deixando de ser, portanto, (...) uma exceção". (STF, Pleno, RE nº 194.382/SP, Relator Min. MAURÍCIO CORRÊA, *DJ* 25.04.2003, p. 35).

435. Para produzir efeitos, a restituição deve ser preferencialmente em espécie. Na hipótese de a lei autorizar apenas a escrituração de créditos no valor do imposto pago a maior, deve-se garantir ao substituído o direito de transferir tais créditos ao substituto.

436. STF, Pleno, ADI nº 1.851/AL, Relator Min. ILMAR GALVÃO, *DJ* 22.11.2002, p. 55.

mente recolhido a maior pelo substituto tributário. Na assentada, fundou-se o Supremo Tribunal nas seguintes premissas:

(a) a substituição tributária modifica o momento de ocorrência do fato gerador, que passa a ocorrer na saída do estabelecimento substituto – e não mais na venda, pelo substituído, ao consumidor final;

(b) como o ICMS é devido na saída da mercadoria do estabelecimento do substituto, não há que se falar em restituição do imposto caso a venda substituído → consumidor final ocorra em valor inferior ao presumido;

(c) a se admitir tal devolução, macular-se-ia de vício insanável a sistemática de cobrança antecipada do tributo, em prejuízo da praticidade que pautou a sua criação;

(d) o §7º do art. 150 da CR/88, nesta acrescido pela EC nº 03/93, dispõe que a restituição do tributo indevidamente pago será autorizada apenas se o fato gerador presumido não se concretizar;

(e) a não ocorrência do fato gerador presumido somente ocorre quando se tem perecimento da mercadoria (em decorrência, *v.g.*, de incêndio ou roubo), impedindo a realização da operação subsequente. Se houver a venda, por qualquer valor, inexiste direito à restituição do tributo eventualmente pago a maior.

Em outras palavras, arrimando-se no princípio da praticidade e em uma duvidosa tese de que o fato gerador do ICMS-ST ocorreria no momento da saída da mercadoria do estabelecimento do substituto, tornou o Supremo Tribunal Federal definitiva a base de cálculo presumida na ST progressiva.

Os riscos da interpretação carreada na ADI nº 1.851/AL foram claramente vislumbrados pela doutrina. SACHA CALMON e MISABEL DERZI, em parecer sobre o tema, averbaram ser "pedestre a interpretação que reconhece aplicabilidade ao dispositivo constitucional somente nas hipóteses em que não ocorresse o fato gerador".[437] MANEIRA[438] igualmente sustentou que "a definitividade de uma base de cálculo irreal representa total submissão dos princípios da capacidade contributiva, não confisco, razoabilidade e proporcionalidade à praticidade tributária", subvertendo-se os valores consagrados pela Constituição.

Em sequência, os Estados-membros se puseram a editar regimes de substituição tributária com preços acima da média de mercado, compelindo os contribuintes a recolher imposto sobre base de cálculo fictícia – com o argumento de que tal conduta teria sido legitimada pelo STF.[439]

Contudo, transcorridos alguns anos da decisão na ADI nº 1.851/AL (prolatada em 2001), seus nefastos efeitos sensibilizaram alguns Ministros da Suprema Corte, que retomaram a discussão da matéria em outras duas Ações Diretas de Inconstitucionalidade.

A ADI nº 2.777/SP – ajuizada pelo Governador do Estado de São Paulo após o julgamento da ADI nº 1.851/AL[440] – voltou-se contra legislação paulista instituidora da substituição

---

437. COÊLHO, Sacha Calmon Navarro e DERZI, Misabel Abreu Machado. O Direito do Sujeito Passivo do ICMS de Compensar o Imposto Pago a Maior, em Razão da Técnica da Substituição Tributária Progressiva. *Revista Dialética de Direito Tributário*, nº 101. São Paulo: Dialética, fev./2004, p. 120.

438. MANEIRA, Eduardo. Da Substituição Tributária Para a Frente no ICMS. *Revista Dialética de Direito Tributário*, nº 95. São Paulo: Dialética, ago./2003, p. 64.

439. O precedente na ADI nº 1.851/AL passou a ser observado tanto por decisões posteriores do STF como pelas demais Cortes (o STJ inclusive reviu seu posicionamento, que até então assegurava a restituição, ao contribuinte-substituído, do ICMS-ST pago a maior). Inter alii, no âmbito da Corte Suprema, cite-se: STF, Segunda Turma, RE-AgR nº 357.365/MG, Relator Min. GILMAR MENDES, *DJ* 24.02.2006, p. 45.

440. O Estado de São Paulo, assim como o de Pernambuco, possui lei autorizando a restituição do ICMS pago a maior pelo contribuinte-substituto. Isso porque a interpretação de SP e PE acerca do §7º do art. 150 da CR/88 era a mais consentânea com os princípios informadores da tributação: se houvesse excesso na exigência fiscal por meio da substituição tributária, o Estado deveria devolvê-lo ao contribuinte. Contudo, em face da decisão prolatada na ADI nº 1.851/AL, o Governador de São Paulo (assim como o de Pernambuco) ajuizou Ação Direta de Inconstitucionalidade para ver declarada a invalidade do regime de devolução do ICMS-ST recolhido a maior instituído antes do posicionamento do STF sobre o tema.

tributária que, ao contrário da norma alagoana, *assegurou* o direito do contribuinte de pleitear a devolução do ICMS pago a maior quando o fato gerador ocorrer em valor inferior ao presumido.[441] O Governador não questionou, todavia, o dispositivo da mesma lei que permite ao Estado de São Paulo cobrar a diferença do substituto tributário quando o valor final da venda for superior ao montante presumido para fins de recolhimento do ICMS-ST.[442] Dessarte, se tivesse sido acatada a declaração de inconstitucionalidade pleiteada, o Estado de São Paulo teria o direito de cobrar do contribuinte o ICMS recolhido a menor quando a operação futura ocorrer em valor superior ao presumido; todavia, não poderia o contribuinte pleitear a restituição do valor pago a maior se a venda final ocorrer em montante inferior ao previamente estipulado.

Já a ADI nº 2.675/PE – ajuizada pelo Governador de Pernambuco – tratava do mesmo tema, com a diferença de que a legislação pernambucana somente permite a restituição do tributo pago a maior pelo contribuinte, não autorizando que o Estado complemente a cobrança do ICMS-ST caso se verifique que o fato gerador tenha ocorrido em valor superior ao presumido.[443]

Dez Ministros já haviam se manifestado nas ADIs, sendo cinco favoráveis[444] e cinco contrários[445] ao seu provimento, pendente

---

441. Art. 66-B, II, da Lei nº 6.374/89, acrescido pela Lei nº 9.176/95, ambas do Estado de SP.

442. Art. 66-C da Lei nº 6.374/89, regulamentado pelo art. 265 do Decreto estadual nº 45.490/2000.

443. Assim dispõe a Lei nº 11.408/96, do Estado de Pernambuco:
"Art. 19. É assegurado ao contribuinte-substituto o direito à restituição:
(...)
II – do valor parcial do imposto pago por força da substituição tributária, proporcionalmente à parcela que tenha sido retida a maior, quando a base de cálculo da operação ou prestação promovida pelo contribuinte-substituído for inferior àquela prevista na antecipação."

444. Pela improcedência das ADIs – logo, pela garantia de restituição ao contribuinte do ICMS-ST pago a maior – votaram os Ministros CARLOS VELLOSO (somente na ADI nº 2.675/PE), RICARDO LEWANDOWSKI (somente na ADI nº 2.777/SP), CÉZAR PELUSO, JOAQUIM BARBOSA, MARCO AURÉLIO e CELSO DE MELLO.

445. Pela procedência das ADIs – é dizer, pela inexistência de direito do contribuinte

o voto de minerva do Min. CARLOS BRITTO, quando o Tribunal reconheceu repercussão geral ao RE nº 593.849/MG – que trata do mesmo assunto à luz da legislação mineira – sobrestando o julgamento de ambas as ações diretas de inconstitucionalidade, ao fundamento de que o tema deve ser analisado pela composição mais atual da Corte, porquanto diversos Ministros que haviam votado nas ADIs não mais integram o Tribunal. O julgamento conjunto dos três feitos, na esteira do caso em que a repercussão geral foi reconhecida, foi então concluído em outubro de 2016, oportunidade em que o STF esclareceu definitivamente o sentido e o alcance do §7º do art. 150 da Constituição de 1988, entendendo que o contribuinte tem sim direito às diferenças de ICMS cobrado a maior no regime de substituição tributária.

Andou bem a Corte Suprema ao não aplicar o entendimento anteriormente esboçado na ADI nº 1.851/AL, que julgou constitucional a não devolução do ICMS-ST pago a maior ao Estado de Alagoas), tendo em vista as diferenças substanciais desse em face dos casos recentemente julgados, a saber:

(a) havia um benefício fiscal concedido por Alagoas (redução da base de cálculo do ICMS na venda de veículos), ao qual poderiam (ou não) aderir os revendedores de automóveis;

(b) o revendedor que não aderisse permaneceria submetido ao recolhimento do ICMS na sistemática normal de débito e crédito; o que fizesse a opção pelo benefício ganharia a redução da base de cálculo porém ficaria obrigado a suportar o imposto pago por ST de forma definitiva. É dizer, *se feita a opção* pelo regime especial, não haveria restituição do ICMS para o contribuinte quando a venda final do veículo fosse realizada em valor inferior ao presumido. Tampouco haveria possibilidade de cobrança, pelo Estado de Alagoas, do

---

a obter a restituição do ICMS-ST pago a maior, ainda que a lei estadual assim o preveja – votaram NELSON JOBIM, SEPÚLVEDA PERTENCE, EROS GRAU, GILMAR MENDES e ELLEN GRACIE.

ICMS eventualmente recolhido a menor caso a venda se desse por preço superior ao presumido.

Já nas legislações mineira (RE nº 593.849/MG), paulista (ADI nº 2.777/SP) e pernambucana (ADI nº 2.675/PE), a substituição tributária é obrigatória, inexistindo opção para o contribuinte. Sendo assim, há elemento diferenciador relevante para se legitimar a restituição do ICMS-ST recolhido a maior nesses três casos sem perder a coerência com o julgado na ADI nº 1.851/AL. Afinal, quando se trata de regime especial, ao qual o contribuinte tem a opção de aderir ou não, é razoável tornar-se definitiva a base de cálculo para a substituição tributária. Contudo, sendo mandatória a adesão ao regime da ST, seria injurídico negar ao contribuinte o direito à restituição do ICMS eventualmente recolhido a maior no regime de substituição.

De fato, não se pode concordar com a prevalência de uma interpretação que adota a exceção (a saber: a não realização do fato gerador) como a única hipótese na qual a restituição do ICMS seria cabível. Ora, na maior parte das operações tributadas pelo regime de substituição o fato gerador sempre ocorre. Todavia, pode não ocorrer da forma como presumida, o que legitimará a Estados e contribuintes pleitearem a diferença uns dos outros. Nada mais justo. Nada mais consentâneo com o princípio da não-cumulatividade. Nada mais razoável, sem descurar da praticidade (vez que o regime de ICMS-ST continuará sendo aplicado, assegurando-se a arrecadação).

Portanto, é evidente o acerto do STF ao decidir pela existência do direito à restituição do ICMS-ST indevidamente pago quando tal regime for obrigatório,[446] restaurando o primado da não-cumulatividade, retomando a realidade assinalada pelo próprio Supremo quando do julgamento da

---

446. Apesar de a ADI nº 2.777/SP questionar apenas a validade do dispositivo que determina a restituição ao substituído do ICMS-ST pago a maior, os Ministros que votaram pela legitimidade da norma sustentaram que tal devolução de valores é não somente válida como também mandatória.

constitucionalidade da substituição tributária progressiva.[447] Permanecem, todavia, dois problemas consideráveis na compatibilização da não-cumulatividade com a ST progressiva, que devem ser repisados. O primeiro é a própria antecipação da cobrança do imposto em si, gerando desembolso financeiro considerável do substituto em prol do Estado – e contrariando os princípios reitores da tributação sobre o valor acrescido, que prevê o pagamento fracionado do tributo, ao longo da cadeia, para que cada contribuinte se recupere do ônus da exação por meio do seu repasse jurídico ao agente econômico subsequente quando da venda realizada. O segundo é a inexistência de um mecanismo legal para que o substituído que tenha suas mercadorias integralmente sujeitas à ST possa de algum modo aproveitar os créditos de ICMS por ele suportados na aquisição de bens do ativo imobilizado e eventuais insumos (não revendidos) para sua atividade empresarial. A ST progressiva, claramente, inobserva o valor neutralidade ínsito à tributação sobre o valor acrescido, devendo ser com aquele compatibilizado na máxima medida possível.

7.19 A MONOFASIA DO ICMS INCIDENTE SOBRE COMBUSTÍVEIS EM FACE DA NÃO-CUMULATIVIDADE: ANÁLISE DA EMENDA CONSTITUCIONAL Nº 33/2001

No final do ano de 2001, foi editada a Emenda Constitucional nº 33, que preparou o País para a abertura do mercado de distribuição de combustíveis, até então dominado por poucas empresas autorizadas pelo governo a operar no ramo. No bojo desse processo, foi necessária uma adequação na tributação dos combustíveis, visando a, principalmente, evitar a sonegação fiscal. Dentre outras mudanças, a EC nº 33/2001 incluiu na CR/88 dispositivo que autoriza a cobrança do ICMS

---

447. STF, Pleno, RE nº 213.396/SP, Relator Min. ILMAR GALVÃO, *DJ* 01.12.2000, p. 97 e STF, Pleno, RE nº 194.382/SP, Relator Min. MAURÍCIO CORRÊA, *DJ* 25.04.2003, p. 35.

em uma única fase sobre os combustíveis e lubrificantes, nos termos a serem estabelecidos por lei complementar.[448] É ver:

> Art. 155. (...).
> §2º. (...).
> XII – cabe à lei complementar:
> h) definir os combustíveis e lubrificantes sobre os quais o imposto incidirá uma única vez, qualquer que seja a sua finalidade, hipótese em que não se aplicará o disposto no inciso X, *b*; (...).

A norma dispõe que a monofasia será observada tanto nas operações internas como nas interestaduais (estas últimas são referidas no art. 155, § 2º, X, *b*, que não será aplicável na tributação monofásica, pois veicula imunidade predicando que o ICMS não incidirá nas operações interestaduais com lubrificantes, combustíveis e energia elétrica).[449]Assim, no no-

---

448. Os limites da atuação do legislador complementar para fins de instituição do ICMS monofásico sobre combustíveis e lubrificantes foram bosquejados pela própria EC nº 33/2001:
"Art. 155. (...).
§ 4º. Na hipótese do inciso XII, h, observar-se-á o seguinte:
I – nas operações com os lubrificantes e combustíveis derivados de petróleo, o imposto caberá ao Estado onde ocorrer o consumo;
(...)
IV – as alíquotas do imposto serão definidas mediante deliberação dos Estados e Distrito Federal, nos termos do § 2º, XII, g; (...)."
Vale notar que, mesmo no sistema monofásico, continuou a vigorar a regra de pertença da receita do ICMS ao Estado em que consumidos os combustíveis e lubrificantes (vide nota de rodapé seguinte).

449. Ao interpretar a imunidade insculpida no art. 155, §2º, X, b, da CR/88, restringiu-a o STF às hipóteses de vendas interestaduais entre contribuintes. Argumentou o Supremo Tribunal que, a se imunizar a venda para consumidores finais, estar-se-ia criando diferenciação tributária entre os vendedores de energia elétrica, combustíveis e lubrificantes sitos em um Estado e aqueles estabelecidos em outras unidades da federação (sendo que estes últimos gozariam de vantagens tributárias na venda para adquirentes finais situados naqueloutro Estado, desequilibrando a concorrência). Sustentou-se ainda que a imunidade em tela assemelha-se a um diferimento, de modo a assegurar que o ICMS relativo aos combustíveis e lubrificantes seja arrecadado pelo Estado no qual se der o consumo dos mesmos. Não se trata, portanto, de uma imunidade destinada a reduzir o preço para o consumidor final, mas sim a assegurar a adequada distribuição das receitas tributárias, aplicando-se o princípio do destino (beneficiando-se, com isso, os Estados menos desenvolvidos).

A NÃO-CUMULATIVIDADE DOS TRIBUTOS

vel método da EC nº 33/2001 o ICMS-monofásico se aplicará a toda e qualquer operação com combustíveis e lubrificantes (sejam as internas, sejam as destinadas a outros Estados).

A tributação predicada pela EC nº 33/2001 autoriza a cobrança do ICMS na refinaria, liberando os demais agentes econômicos do imposto a pagar – o que facilita a fiscalização e reduz a possibilidade de sonegação.

A situação, *a priori*, assemelha-se à substituição tributária para frente, mas com esta não se confunde. Na substituição tributária progressiva, o ICMS efetivamente incide em todas as etapas da cadeia produtiva (apesar de somente ser exigido do substituto). Tanto é que os substituídos possuem legitimidade para ingressar em juízo pleiteando a restituição de valores que "pagaram" a maior (*rectius*, suportaram no preço de aquisição da mercadoria sujeita à ST) em decorrência da utilização de base de cálculo presumida superior à efetivamente praticada.[450] No caso da monofasia, contribuinte do imposto é aquele que efetivamente faz a recolha dos valores aos cofres públicos. Não há incidência do tributo nas operações subsequentes, que estão fora do âmbito de incidência da exação (sendo, portanto, não tributadas).

Obviamente, a monofasia, se instituída no início da cadeia produtiva (como é a intenção, a depender apenas da lei complementar mencionada pela EC nº 33/2001, que ainda não foi editada) exigirá uma alíquota mais elevada. Afinal, a base de cálculo do ICMS será, obrigatoriamente, o valor das vendas dos combustíveis e lubrificantes *feitas pela refinaria* (contribuinte monofásico). Não é possível, nessa técnica de tributação, que a base de cálculo seja majorada, adotando-se aquela praticada na venda ao consumidor final. Essa sistemática somente é admissível na substituição tributária progressiva. Em se tratando

---

(STF, Pleno, RE nº 198.088/SP, Relator Min. ILMAR GALVÃO, *DJ* 05.09.2003, p. 32).

450. Importante notar que a assertiva aqui feita refere-se à legitimidade ativa ad causam do substituído, que é o contribuinte do imposto (o substituto é tão somente o responsável pela recolha do numerário às burras estatais). Quanto à efetiva existência do direito à devolução do tributo recolhido a maior na substituição tributária progressiva, vide item 7.18, supra.

de monofasia, como dito, o preço de venda da mercadoria nas etapas subsequentes é irrelevante para cálculo do imposto devido, que é feito pela aplicação da alíquota[451] sobre o preço de venda praticado pelo contribuinte eleito pela lei complementar.

De todo modo, a monofasia é incompatível com a não-cumulatividade, que somente opera em exações plurifásicas. Se após a saída dos combustíveis e lubrificantes do estabelecimento do contribuinte não há mais débitos do ICMS, tampouco se pode falar em créditos para os agentes econômicos localizados na sequência da cadeia produtiva. Por exemplo: a distribuidora que fizer a aquisição da refinaria terá, *a priori*, créditos pela entrada do combustível; contudo, não possuindo débitos pela saída, impõe-se a aplicação do art. 155, §2º, II, *b*, que – excepcionando a não-cumulatividade – determina a glosa dos créditos de ICMS relativos às operações antecedentes à não tributada.

Entrementes, temos que a não-cumulatividade impõe a garantia, ao contribuinte do ICMS-monofásico, do crédito pela aquisição de insumos e bens do ativo permanente utilizados no processo de fabricação dos combustíveis e lubrificantes. Afinal, sua saída será tributada, ainda que monofasicamente. Logo, não será aplicável a regra do estorno predicada pelo art. 155, §2º, II, *b*. Como o contribuinte do ICMS-monofásico efetivamente suporta o imposto em suas compras de insumos e bens do ativo imobilizado, faz ele jus ao creditamento.

7.20 O CÁLCULO "POR DENTRO" DO ICMS: AUSÊNCIA DE FERIMENTO À NÃO-CUMULATIVIDADE

7.20.1 CÁLCULO "POR FORA" *VERSUS* CÁLCULO "POR DENTRO"

Tema também tratado pela EC nº 33/2001 foi o cálculo "por dentro" do ICMS. Até então, essa característica do imposto estadual era prevista somente em normas infraconstitucionais,

---

451. Ainda de acordo com a EC nº 33/2001, a alíquota do ICMS-monofásico incidente sobre combustíveis e lubrificantes será estabelecida pelo CONFAZ.

A NÃO-CUMULATIVIDADE DOS TRIBUTOS

as quais predicavam que o valor de venda da mercadoria ou serviço já deveria incluir o montante de ICMS, servindo o destaque da exação em nota fiscal apenas para fins de controle.[452]

Essa regra, entretanto, não se aplica ao IPI, que é calculado "por fora". Nesse caso, em uma venda hipotética de R$ 100,00, o imposto é acrescido ao preço no momento de emissão da nota fiscal. Supondo uma alíquota de 15%, o valor total da operação será de R$ 115,00 (R$ 100,00, mais R$ 15,00 de IPI calculado "por fora").

No caso do ICMS, contudo, o valor de R$ 100,00 (preço de venda da mercadoria) já deve conter o imposto, que é calculado "por dentro". Ou seja: a exação estadual está sempre inclusa no valor da operação. Por essa razão diz-se que o ICMS integra a sua própria base.

O cálculo "por dentro" faz com que a alíquota real do ICMS seja maior do que a nominalmente prevista em lei, o que inocorre com o IPI, que é calculado "por fora".

Para maior clareza, veja-se a seguinte análise comparativa da tributação de uma mercadoria pelo IPI e pelo ICMS. Considerando-se uma alíquota de 25% para ambas as exações e um produto vendido a R$ 100,00, ter-se-á, para o IPI:

(a) valor do bem: R$ 100,00 (não inclui o IPI);

(b) valor do IPI: R$ 25,00;

(c) valor total da operação: R$ 125,00;

(d) porcentual efetivo do IPI em relação ao preço praticado: 25%

(preço real = 100; tributo = R$ 25. Cálculo: 25/100 = 25%).

---

452. O Decreto-lei nº 406/68 dispunha que "o montante do imposto de circulação de mercadorias integra a base de cálculo a que se refere este artigo, constituindo o respectivo destaque mera indicação para fins de controle" (art. 2ª, §7º).
O Convênio ICM nº 66/88, que sucedeu ao DL nº 406/68 no regramento infraconstitucional do imposto, possuía dispositivo idêntico (art. 14), que foi também reproduzido pela atual Lei Complementar nº 87/96 (art. 13, §1º).

Todavia, calculando-se "por dentro" o ICMS na mesma operação, o porcentual de imposto cobrado em face do valor total da venda é distinto:

(a) valor total da operação: R$ 125,00 (já inclui o ICMS);

(b) valor do ICMS: R$ 31,25;

(c) porcentual efetivo do ICMS em relação ao preço real do produto: 33,33%

(preço real = 93,75; tributo = 31,25. Cálculo: 31,25/93,75 = 33,33%).

Resta claro, portanto, que a forma de apuração do *quantum* devido em análise leva à majoração da alíquota prevista em lei, o que gerou candentes objeções doutrinárias quanto à sua constitucionalidade.[453] Inobstante os protestos contrários, a EC nº 33/01 – que ampliou o espectro de incidência do ICMS nas importações, para abarcar as realizadas por não contribuintes[454] – determinou também que o ICMS passaria a integrar a sua própria base de cálculo:

> Art. 155. (...).
>
> §2º. (...).
>
> XII – cabe à lei complementar:
>
> (...)
>
> i) fixar a base de cálculo, de modo que o montante do imposto a integre, também na importação do exterior de bem, mercadoria ou serviço; (...).

É dizer: apesar de voltada precipuamente à tributação da importação de bens e serviços, a norma transcrita

---

453. *Inter alii*, CARRAZZA se insurgiu contra o cálculo "por dentro" do ICMS, sugerindo que, "tivesse a Constituição desejado fossem instituídos 'impostos sobre impostos', teria atribuído tal competência às pessoas políticas". (CARRAZZA, Roque Antonio. *ICMS*, 10ª ed. São Paulo: Malheiros, 2005, p. 252).

454. Para maiores detalhes sobre cobrança de ICMS e IPI na importação, vide item 7.16, supra.

constitucionalizou o cálculo "por dentro" do ICMS também nas operações e prestações internas, legitimando a prática que já era comezinha entre os entes Federados, posto que baseada na lei de normas gerais do ICMS.

7.20.2 A FORMA DE CÁLCULO ("POR DENTRO" OU "POR FORA") DO TRIBUTO É INDIFERENTE PARA A NÃO-CUMULATIVIDADE TRIBUTÁRIA

Apesar de o ICM ser calculado "por dentro" desde sua criação, em 1966, foi somente em 1999 – já à luz do *ICMS* – que o tema foi analisado pelo Plenário do STF. Nessa assentada, a Corte declarou constitucional essa peculiar forma de cálculo do imposto estadual, em entendimento vigente até os dias atuais.[455]

O Relator originário do aresto era o Min. MARCO AURÉLIO, que restou vencido ao sustentar a ilegitimidade do cálculo "por dentro" alegando, dentre outros pontos, afronta à não-cumulatividade tributária.[456]

Todavia, o Min. NELSON JOBIM, iniciando divergência posteriormente seguida pelos demais membros da Corte, refutou os argumentos de MARCO AURÉLIO. Para JOBIM, o ICMS não incidiria sobre o valor *auferido* pelo comerciante (no qual, por óbvio, não se inclui o imposto), mas sim sobre a operação de circulação jurídica de mercadoria – cujos contornos poderiam, como de fato o foram, ser delineados pelo legislador complementar. Assim, votou JOBIM pela constitucionalidade do cálculo "por dentro" do ICMS.

Entretanto, foram os Ministros MOREIRA ALVES, SEPÚLVEDA PERTENCE e ILMAR GALVÃO que analisaram o tema *sub examine* em face da não-cumulatividade, tendo os dois primeiros sustentado que o cálculo "por dentro" é

---

455. Cite-se, por exemplo: STF, Pleno, RE 582.461/SP, Relator Min. GILMAR MENDES, *DJe* 17.08.2011, p. 177.

456. STF, Pleno, RE nº 212.209/RS, Relator p/ acórdão Min. NELSON JOBIM, *DJ* 14.02.2003, p. 60.

imprescindível para a operacionalização da não-cumulatividade, ao passo que o último não chegou a tanto, apenas tendo pugnado que a sistemática de apuração não-cumulativa legitima o cálculo "por dentro", pois autoriza o abatimento de todo o imposto pago na etapa anterior.[457]

Inobstante, qual é efetivamente a relação entre cálculo por dentro do ICMS e não-cumulatividade? Um é necessário à existência do outro? Temos que não, do contrário o IPI seria *cumulativo*, já que é calculado "por fora". Ademais, a apuração do *quantum debeatur* pelo método imposto-contra-imposto – adotado no Brasil para todas as exações não-cumulativas – não é afetado pela forma de cálculo do tributo (por dentro ou por fora). Se, para uma alíquota nominal de 25%, a alíquota real do ICMS corresponde a 33,33% do preço do produto, o adquirente do bem terá crédito equivalente aos 33,33%. Sendo assim, nenhum prejuízo advirá para a compensação de débitos e créditos em conta gráfica, pelo que nos parece correto afirmar que inexiste prejuízo para a não-cumulatividade tributária decorrente do cálculo "por dentro" do ICMS.

7.21 O DIFERENCIAL DE ALÍQUOTAS DO ICMS E O DIREITO À SUA COMPENSAÇÃO

Vigora no Brasil o princípio da origem para fins de cobrança do ICMS. Isso significa que o aludido imposto é devido, em regra, ao Estado em que estiver situado o estabelecimento que realiza a operação ou prestação tributada, independentemente do local onde se situe o consumidor do bem ou serviço.

Em alguns casos, o princípio da origem é excepcionado, cedendo espaço – no todo ou em parte – ao princípio do destino. Este predica que o ICMS caberá ao Estado onde estiver o consumidor da mercadoria ou serviço. A tributação das operações interestaduais com energia elétrica, petróleo e seus

---

[457]. STF, Pleno, RE nº 212.209/RS, Relator p/ acórdão Min. NELSON JOBIM, *DJ* 14.02.2003, p. 60.

derivados é uma das hipóteses na qual, por determinação da Lei Maior, aplica-se a tributação no destino, em benefício do Estado onde a energia ou petróleo são consumidos.[458] A razão de ser da sistemática no caso desses dois insumos deve-se ao fato de que apenas alguns Estados produzem energia elétrica, bem como petróleo e seus derivados; dessa forma, a tributação na origem (regra geral) geraria uma excessiva concentração de receitas nos Estados produtores, em detrimento dos Estados consumidores.

Outra exceção ao princípio da origem ocorre por meio da combinação entre as "alíquotas interestaduais" e o intitulado "diferencial de alíquotas".

A CR/88 dispõe que, nas operações interestaduais que destinem bens e serviços a consumidor final localizado em outro Estado,[459] a alíquota aplicável pelo remetente (utilizada para cálculo do imposto recolhido ao Estado de origem) não será a interna, mas sim a interestadual, fixada pelo Senado Federal por meio da Resolução nº 22/89, que estipula:

(a) alíquota de 7% para as operações ou prestações interestaduais que destinarem mercadorias ou serviços para *contribuintes do ICMS* situados nas Regiões Norte, Nordeste, Centro-Oeste e no Estado do Espírito Santo;

(b) alíquota de 12% para as operações ou prestações interestaduais que destinarem mercadorias ou serviços a *contribuintes do ICMS* situados nas Regiões Sul e Sudeste.

---

458. Esse foi o entendimento do STF ao analisar a imunidade insculpida no art. 155, §2º, X, b, (de acordo com a qual o ICMS não incide sobre "operações que destinem, a outros Estados, petróleo, inclusive lubrificantes, combustíveis líquidos e gasosos dele derivados, e energia elétrica"). Pugnando que se trata de norma imunizante em benefício do Estado consumidor – e não do adquirente da mercadoria – a Suprema Corte determinou que o ICMS, nessas operações, deve mandatoriamente incidir na entrada do produto no Estado de destino (consumidor), sendo imune tão somente a saída do Estado de origem (produtor).

459. CR/88, art. 155, §2º, VII.

O esquema abaixo clarifica a situação:

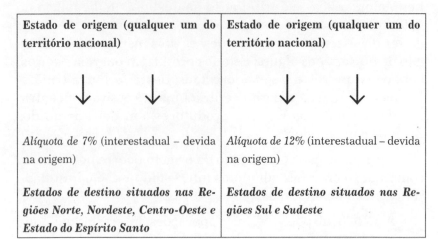

Considerando-se que a alíquota interna do ICMS gira em torno de 17%, pode-se afirmar que a interestadual é, em regra, inferior à interna (sendo certo, ainda, que a própria Constituição determina que a alíquota interna seja sempre maior ou, pelos menos, igual à interestadual).[460]

Outrossim, de acordo com a CR/88,[461] o adquirente, quando for ao mesmo tempo *contribuinte do ICMS* e *consumidor final da mercadoria ou serviço*, terá o dever de recolher ao seu Estado a diferença entre as duas espécies de alíquotas – exatamente o montante que se intitula "diferencial de alíquotas" (alíquota interna do Estado de destino *menos* a interestadual devida ao

---

460. CR/88:
"Art. 155. (...).
§2º. O [ICMS] atenderá ao seguinte:
(...)
IV – resolução do Senado Federal, de iniciativa do Presidente da República ou de um terço dos Senadores, aprovada pela maioria absoluta de seus membros, estabelecerá as alíquotas aplicáveis às operações e prestações, interestaduais e de exportação;
(...)
VI – salvo deliberação em contrário dos Estados e do Distrito Federal, nos termos do disposto no inciso XII, 'g', as alíquotas internas, nas operações relativas à circulação de mercadorias e nas prestações de serviços, não poderão ser inferiores às previstas para as operações interestaduais;" (destaques nossos).

461. Art. 155, §2º, VIII, da CR/88.

A NÃO-CUMULATIVIDADE
DOS TRIBUTOS

Estado de origem). A exigência do diferencial se dá apenas nos casos em que o adquirente for consumidor final, pois, nas situações em que o bem é adquirido para revenda (ou seja, não é para consumo pelo destinatário), o Estado de destino automaticamente receberá o ICMS decorrente da alienação da mercadoria realizada em seu território pelo destinatário-contribuinte do ICMS.[462] Da mesma forma, a aquisição interestadual de insumos utilizados no processo industrial (matérias-primas ou produtos intermediários) não gera para o destinatário o dever de recolher o diferencial de alíquotas do ICMS. Afinal, a posterior saída do produto industrializado – cuja produção foi viabilizada graças às aquisições de insumos em outros Estados – será sujeita ao ICMS, não trazendo qualquer prejuízo ao Estado-destinatário das matérias-primas e quejandos.

Diante dessas premissas, o quadro acima pode ser novamente visualizado, agora com a alíquota do destino e o diferencial:

Estado de origem (qualquer um do território nacional)	Estado de origem (qualquer um do território nacional)
Alíquota de 7% (interestadual – devida na origem)	*Alíquota de 12%* (interestadual – devida na origem)
Estados de destino situados nas Regiões Norte, Nordeste, Centro-Oeste e Estado do Espírito Santo (recebem o diferencial de alíquotas de 10% quando o destinatário for contribuinte do ICMS e consumidor final, considerando uma alíquota interna de 17%)	**Estados de destino situados nas Regiões Sul e Sudeste** (recebem o diferencial de alíquotas de 5% quando o destinatário for contribuinte do ICMS e consumidor final, considerando uma alíquota interna de 17%)

---

462. Impende repisar que, se a remessa interestadual for para não contribuinte do ICMS, o princípio da origem será normalmente aplicado. O remetente recolherá, ao Estado em que estiver estabelecido, a alíquota aplicável às operações internas com o produto, nada sendo devido ao Estado de destino.

235

A diferença de alíquotas, portanto, se presta a elevar a participação do Estado de destino na arrecadação do ICMS incidente na operação interestadual. Trata-se de mera técnica de divisão da arrecadação tributária entre os entes federados, que mantém incólume as demais características do imposto em tela.

Com o advento da Emenda Constitucional nº 87, de 16 de abril de 2015, o diferencial de alíquotas passou a ser recolhido ao Estado de destino mesmo na hipótese em que o destinatário consumidor final não seja contribuinte do ICMS (situação na qual, até então, não se aplicava a alíquota interestadual e tampouco o diferencial de alíquotas – o remetente aplicava a alíquota interna na venda para outra unidade da Federação e a integralidade do tributo remanescia com o Estado de origem). Nessa novel situação, contudo, a obrigação de recolhimento foi atribuída ao próprio remetente, já que submeter um não contribuinte do ICMS ao dever de pagar imposto em suas aquisições interestaduais seria impraticável do ponto de vista operacional.[463] A alteração constitucional veio em auxílio dos Estados predominantemente consumidores, que antes só recebiam parte da receita tributável quando o destinatário era contribuinte do imposto. Com o crescimento do comércio eletrônico, esses Estados se viram prejudicados pela regra até então vigente, tendo em vista que as compras realizadas à distância

---

463. Cabe ressaltar, contudo, que a Emenda Constitucional nº 87/2015 estabeleceu uma regra de transição, por meio de inclusão do art. 99 ao Ato das Disposições Constitucionais Transitórias (ADCT), determinando que, no caso de operações e prestações interestaduais que destinem bens e serviços a consumidor final não contribuinte, o diferencial de alíquota será repartido entre os Estados de origem e de destino, seguindo a seguinte proporção progressivamente alterada no tempo:
"[...]
I – para o ano de 2015: 20% (vinte por cento) para o Estado de destino e 80% (oitenta por cento) para o Estado de origem;
II – para o ano de 2016: 40% (quarenta por cento) para o Estado de destino e 60% (sessenta por cento) para o Estado de origem;
III – para o ano de 2017: 60% (sessenta por cento) para o Estado de destino e 40% (quarenta por cento) para o Estado de origem;
IV – para o ano de 2018: 80% (oitenta por cento) para o Estado de destino e 20% (vinte por cento) para o Estado de origem;
V – a partir do ano de 2019: 100% (cem por cento) para o Estado de destino."

A NÃO-CUMULATIVIDADE DOS TRIBUTOS

dispensam a figura do intermediário revendedor, favorecendo o aumento do fluxo de mercadorias diretamente dos Estados predominantemente produtores aos consumidores finais não contribuintes espraiados pelo território nacional.[464]

O excepcionamento parcial do princípio da origem, por meio do diferencial de alíquotas (nas hipóteses em que o destinatário seja consumidor final do bem/serviço adquirido em outro Estado), visa à melhor distribuição da riqueza entre os entes federados, que no caso é obtida pela tributação parcial no destino, em especial após a EC nº 87/2015 que ampliou essa hipótese para abarcar também os casos em que o destinatário não seja contribuinte do ICMS. Afinal, sendo o imposto devido ao Estado de situação do remetente das mercadorias, a maior parte da arrecadação permaneceria com os Estados-produtores (mais desenvolvidos e industrializados) caso não se conferisse tratamento distinto às operações interestaduais destinadas a consumidores finais.

---

[464]. Em esforço evidentemente inconstitucional de resolver esse problema, os Estados do Acre, Alagoas, Amapá, Bahia, Ceará, Espírito Santo, Goiás, Maranhão, Mato Grosso, Pará, Paraíba, Pernambuco, Piauí, Rio Grande do Norte, Roraima, Rondônia e Sergipe e o Distrito Federal celebraram o Protocolo ICMS nº 21/2011, que previa o recolhimento de uma inexistente parcela do ICMS devido ao Estado de destino, obtida mediante a aplicação de sua alíquota interna, deduzidos dos percentuais de 7%, no caso de o Ente Federado ser um dos Estados das Regiões Sul e Sudeste, com exceção do Espírito Santo, e de 12%, no caso de ser um dos Estados das Regiões Norte, Nordeste e Centro-Oeste, sobre o valor da operação em que o consumidor final adquire mercadoria ou bem de forma não presencial por meio de internet, telemarketing ou showroom. O referido Protocolo previa, ainda, que esse fictício diferencial de alíquotas deveria ser recolhido pelo estabelecimento remetente antes da saída da mercadoria ou bem, exceto quando o remetente se credenciasse na administração fazendária do Estado de destino, quando poderia pagá-lo até o nono dia do mês subsequente à remessa. Em caso de descumprimento dessa previsão, o imposto era cobrado quando da entrada do bem ou mercadoria no Estado de destino, ficando muitas vezes ilegalmente apreendido nos postos alfandegários estaduais. A dupla inconstitucionalidade – violação do princípio da tributação na origem eleito no art. 155, §2º, inc. VII, e violação à vedação de limitações ao tréfego de bens por meio de tributos interestaduais, prevista no art. 150, inc. V, ambos da CRFB/88 – foi reconhecida pelo STF no julgamento conjunto das ADIs nº 4628 e 4713, propostas pela Confederação Nacional do Comércio de Bens Serviços e Turismo – CNC e pela Confederação Nacional da Indústria – CNI, respectivamente (ver STF, Pleno, ADI nº 4.628, Relator Min. LUIZ FUX, *DJe* 24.11.2014).

Apesar desse efeito positivo sobre a distribuição entre os Estados das receitas provenientes do ICMS, a nova sistemática, ao ser regulamentada pelo Convênio ICMS nº 93/2015, trouxe três problemas ao contribuinte. Em primeiro lugar, a norma editada pelo Confaz previu em sua cláusula nona a obrigatoriedade de recolhimento do diferencial de alíquota ao Estado de destino mesmo pelos contribuintes optantes do SIMPLES Nacional, alterando o regime de apuração simplificada de tributos a que se sujeitam por força da Lei Complementar nº 123/2006. Com isso, o Convênio violou a hierarquia normativa e a reserva de lei complementar estabelecida pelo art. 146, inc. III, "d", da CRFB/88. Em segundo lugar, a cláusula quarta do referido convênio atribuiu ao contribuinte o ônus de emitir uma guia de recolhimento do diferencial de alíquota para cada operação realizada ou serviço prestado, excepcionando a regra geral de apuração mensal do ICMS, o que aumentou excessivamente a burocracia e, por conseguinte, o custo operacional para que os contribuintes se adequem à legislação tributária (parte do chamado "Custo Brasil").

Por fim, mais diretamente ligado à temática deste livro, a cláusula terceira do referido convênio restringe o abatimento do crédito relativo às operações e prestações anteriores aos débitos correspondentes ao ICMS devido tão somente ao Estado de origem, o que reduz as possibilidades de seu aproveitamento e dá ensejo a situações de acúmulo de crédito de difícil aproveitamento pelos contribuintes. Essa restrição, ao nosso ver, configura uma violação à não cumulatividade, uma vez que toda a parcela correspondente ao diferencial de alíquota (que, em muitos casos, é a maior parte do tributo recolhido) não pode sofrer o abatimento de créditos legitimamente apurados pelo contribuinte.

Ademais, cabe ressaltar que o estabelecimento de entraves extras às operações interestaduais, o que já se demonstrou ocorrer por meio do Convênio ICMS nº 93 de 2015, viola o art. 152 da CRFB/88, que veda o estabelecimento de diferença tributária entre bens e serviços, de qualquer natureza, em razão de sua procedência ou destino. Isso porque, ao elevar a carga burocrática e restringir o aproveitamento de crédito nas operações destinadas a consumidores finais em outros Estados, o referido diploma normativo as trata de maneira desigual em relação às operações internas, tornando aquelas desvantajosas para o comerciante.

Não obstante, pode-se concluir que o pagamento do diferencial de alíquotas pelo destinatário da mercadoria, por si só, em nada altera o princípio constitucional da não-cumulatividade, permitindo ao contribuinte-adquirente a compensação integral do referido valor em sua conta gráfica. De fato, o diferencial é parte integrante do ICMS incidente na aquisição de bens e serviços, em relação ao qual o adquirente possui direito ao crédito. A única especificidade reside no fato de o pagante do diferencial de alíquotas ser, ao mesmo tempo, o titular do crédito do imposto por ele pago. A situação é análoga à do ICMS-importação. Neste, o importador faz a recolha do imposto no desembaraço aduaneiro da mercadoria. Posteriormente, registra o ICMS-importação como crédito e compensa-o com os débitos do ICMS do período. A questão, como se vê, é simples e possui precedente na legislação.

O que viola a incumulatividade não é a destinação parcial do ICMS ao Estado de destino, mas a restrição imposta pelo Confaz ao aproveitamento dos créditos. Como se não bastasse, alguns Estados[465] têm vedado o crédito do ICMS-diferencial de alíquotas. A medida é inconstitucional, pois erige restrição não plasmada na Constituição. Afinal, como dito, a situação do contribuinte-destinatário pagante do diferencial de alíquotas é análoga à do contribuinte-importador. O crédito de ICMS sobre débitos pagos pelo próprio contribuinte nunca foi vedado pela Constituição. O diferencial, aliado à alíquota interestadual, consiste em uma forma de cobrança *fracionada* do ICMS inci-

---

465. O Estado do Mato Grosso proibiu o contribuinte de se creditar do diferencial de alíquotas pago na entrada de mercadorias em seu estabelecimento por meio do art. 15, §1º c/c art. 25, §6º, da Lei estadual nº 7.098/98. Da mesma forma procedeu o Estado do Espírito Santo, com espeque no art. 101, inciso VIII, do Decreto nº 1.090-R/02 (RICMS/ES).

dente sobre mercadorias e serviços. A soma total desses valores (alíquota interestadual + diferencial) equivale ao crédito a ser aproveitado pelo adquirente, pois representa o valor global do ICMS incidente na operação. Assim, a negativa do creditamento é injurídica, merecendo a repreensão dos Tribunais.

VIII
NÃO-CUMULATIVIDADE DO PIS/COFINS

8.1 A PREVISÃO CONSTITUCIONAL

A partir da Emenda Constitucional n° 42/2003, a CR/88 autorizou:

(a) a não-cumulatividade do PIS/Cofins para determinados setores ou atividades econômicas a serem escolhidos por lei;

(b) a criação de nova modalidade de contribuição, incidente sobre a importação de bens e serviços do exterior, que também poderá ser não-cumulativa;

(c) a substituição, no tempo, da contribuição sobre folha de salários pelo PIS/Cofins não-cumulativos.

É ver:

> Art. 195. (...).
>
> (...)
>
> §12. A lei definirá os setores de atividade econômica para os quais as contribuições incidentes na forma dos incisos I, *b* [sobre receita ou faturamento]; e IV [sobre importação de bens e serviços] do *caput*, serão não-cumulativas.
>
> § 13. Aplica-se o disposto no §12 inclusive na hipótese de substituição gradual, total ou parcial, da contribuição incidente na forma

do inciso I, *a* [sobre folha de salários e demais rendimentos pagos a pessoa física], pela incidente sobre a receita ou o faturamento.

Confira-se, a seguir, o conteúdo e o alcance das regras em tela, assim como as distinções entre a não-cumulatividade do PIS/Cofins e a do IPI/ICMS.

8.2 A NÃO-CUMULATIVIDADE DO PIS/COFINS, INCLUSIVE QUANDO DEVIDOS NA IMPORTAÇÃO DE MERCADORIAS E SERVIÇOS

Antes de se proceder à análise das nuanças da não-cumulatividade do PIS/Cofins, faz-se mister realizar uma breve digressão acerca da *eficácia* das normas constitucionais. Tal premissa é fundamental para o que se pretende em seguida, que é o enquadramento dos dispositivos constitucionais atinentes à não-cumulatividade do PIS/Cofins como *normas de eficácia limitada de princípio institutivo impositivo*, extraindo-se as consequências jurídicas dessa ilação.

8.2.1 A EFICÁCIA DAS NORMAS CONSTITUCIONAIS: CONCEITO E MODALIDADES

A eficácia de uma norma é traduzida pela sua "qualidade de produzir, em maior ou em menor grau, efeitos jurídicos ao regular, desde logo, as situações, relações e comportamentos de que cogita".[466] Nessa linha, as normas constitucionais – na classificação de J. A. DA SILVA[467] – podem ter eficácia plena, contida ou limitada.[468]

---

466. TEIXEIRA, José Horácio Meirelles. *Curso de Direito Constitucional*. Atualizado por MARIA GARCIA. Rio de Janeiro: Forense Universitária, 1991, p. 289, Apud SILVA, José Afonso da. *Aplicabilidade das Normas Constitucionais*, 7ª ed. São Paulo: Malheiros, 2007, p. 66.

467. SILVA, José Afonso da. *Aplicabilidade das Normas Constitucionais*, 7ª ed. São Paulo: Malheiros, 2007, pp. 88-164.

468. Outros autores, como J. MIRANDA e FERREIRA FILHO, adotam classificações

A NÃO-CUMULATIVIDADE
DOS TRIBUTOS

As normas de *eficácia plena* (cuja aplicabilidade é direta, imediata e integral) produzem efeitos quando da promulgação da Constituição, dispensando qualquer lei para tanto. Um exemplo é a norma do art. 2º da CR/88, que prescreve o princípio da separação e independência dos Poderes da República. Outrossim, os preceitos atributivos de competência tributária dos arts. 153, 154 e 155 – que conferem à União, Estados e Distrito Federal[469] o direito de instituir impostos sobre determinados fatos geradores – também possuem o atributo da plena eficácia.

São de *eficácia contida* as normas que produzem efeitos quando da edição da Constituição, mas que podem ter sua abrangência reduzida por lei (a aplicabilidade de tais normas, dessarte, é direta e imediata, mas possivelmente – a depender do legislador complementar ou ordinário – não integral). O parágrafo único do art. 170 da CR/88, que assegura o livre exercício de qualquer atividade econômica independentemente de autorização de órgãos públicos, *salvo nos casos previstos em lei*, constitui lapidar exemplo de norma de eficácia contida (afinal, é integral e imediatamente aplicável com base na Constituição, podendo, contudo, ter sua eficácia restringida por lei ulterior).

Por derradeiro, as normas de *eficácia limitada* possuem aplicabilidade diferida, pois dependem de lei (complementar ou ordinária) para produzir efeitos. Dentro desta categoria, existem duas subdivisões: as normas de princípio institutivo e

---

que, nominalmente, distinguem-se da de J. A. DA SILVA, porém, em seu conteúdo, aproximam-se da tricotomia proposta pelo citado jurista. (MIRANDA, Jorge. *Teoria do Estado e da Constituição*. Rio de Janeiro: Forense, 2007, pp. 445-6).

469. Alguns autores também incluem o art. 156 (atributivo de competência aos Municípios para instituição de impostos) dentre as normas de eficácia plena. Contudo, não nos parece que tal assertiva seja correta. Para nós, trata-se de norma de eficácia limitada. Isso porque a existência de lei complementar prévia definindo fato gerador, base de cálculo e contribuintes é condição sine qua non para exercício da competência tributária em matéria de impostos. À míngua de lei complementar, os Estados podem, por força do art. 24, §3º, da CR/88, editar leis próprias que irão permitir o regular exercício de sua competência tributária até a superveniência da lei complementar de normas gerais. Os Municípios, contudo, não têm alternativa para exercício de seu poder tributante em matéria de impostos sem que haja lei complementar sobre o tema. Portanto, sua competência advém da CR/88, mas somente pode ser exercida uma vez publicada a lei exigida pelo art. 146, III, a, da Constituição.

as de princípio programático. Estas apenas direcionam a atuação do Estado, assegurando direitos como saúde e educação, que deverão ser implementados com o decorrer do tempo. Já as de *princípio institutivo* cuidam dos esquemas gerais de estruturação de órgãos, entidades ou institutos, que deverão ser posteriormente regulados pelo legislador infraconstitucional. Exemplo disso é o art. 146 da Carta atual, que delineia as funções da lei complementar em matéria tributária.

As normas de eficácia limitada de princípio institutivo podem ainda ser impositivas ou facultativas. São impositivas "as que determinam ao legislador, em termos peremptórios, a emissão de uma legislação integrativa", ao passo que as facultativas "limitam-se a dar ao legislador ordinário a possibilidade de instituir ou regular a situação nelas delineada".[470] Ou seja: na primeira modalidade (normas impositivas), não há discricionariedade para o legislador, que deve seguir o comando insculpido na Lei Maior. Na segunda espécie (normas facultativas), a lei pode ou não trilhar o caminho sugerido pela Constituição. Entretanto, se exercida a opção, não poderá haver restrição do disposto na Carta Magna, ao contrário do que ocorre com as normas de eficácia contida.

Para melhor visualizar as classificações mencionadas, veja-se o seguinte quadro-resumo:

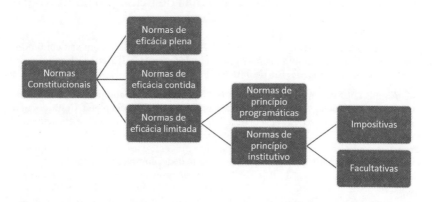

---

470. SILVA, José Afonso da. *Aplicabilidade das Normas Constitucionais*, 7ª ed. São Paulo: Malheiros, 2007, pp. 126-7.

A NÃO-CUMULATIVIDADE
DOS TRIBUTOS

Assentadas as premissas teóricas, passemos à análise da natureza da norma jurídica prescritora da não-cumulatividade tributária para o PIS/Cofins.

8.2.2 A NÃO-CUMULATIVIDADE DO PIS/COFINS: NORMA DE EFICÁCIA LIMITADA DE PRINCÍPIO INSTITUTIVO FACULTATIVO

Como visto, a EC nº 42/2003 outorgou ao legislador ordinário o poder de instituir, em setores da atividade econômica a serem definidos pela própria lei, o PIS/Cofins na sistemática não-cumulativa:[471]

> Art. 195. (...).
>
> (...)
>
> §12. A lei definirá os setores de atividade econômica para os quais as contribuições incidentes na forma dos incisos I, b [sobre receita ou faturamento]; e IV [sobre importação de bens e serviços] do *caput*, serão não-cumulativas.
>
> §13. Aplica-se o disposto no §12 inclusive na hipótese de substituição gradual, total ou parcial, da contribuição incidente na forma do inciso I, *a* [folha de salários e demais rendimentos pagos a pessoa física], pela incidente sobre a receita ou o faturamento.

O §12 do art. 195 também denota que a contribuição sobre a importação de bens e serviços,[472] cuja criação foi autorizada pela EC nº 42/2003, também admite a forma não-cumulativa de cobrança. Contudo, tal somente é possível, mesmo no sentido *lato* da não-cumulatividade, se considerarmos que o tributo incidente na importação é o mesmo que gravará a receita auferida pelo importador quando da revenda no mercado interno. Afinal, apesar de incidir sobre uma operação de circulação de

---

471. É fato, contudo, que as contribuições sociais sobre a receita (PIS e Cofins) não-cumulativas já haviam sido criadas antes edição da EC nº 42/2003, pela Lei nº 10.637/2002 (fruto da conversão da MP nº 66/2002) e pela MP nº 135/2003 (convertida, dez dias após o advento da EC nº 42/2003, na Lei nº 10.833/2003).

472. A contribuição em tela é prescrita no inciso IV do art. 195 da CR/88.

245

riqueza (importação de bem ou serviço), tem-se, no caso, uma única etapa tributável, o que impede a dedução do tributo pago nos estádios anteriores, pois estes não existirão.[473] Ciente disso – e em que pese a diferença das bases de cálculo[474] – o legislador nominou tais exações de PIS/Cofins-importação,[475] o que permitiu a sua compensação com o PIS/Cofins não-cumulativo, incidente sobre a receita bruta do importador.

O §13 do art. 195, a seu turno, traz uma norma programática, que prescreve, *ad futuram*, a substituição da contribuição sobre folha de salários pelo PIS/Cofins, cumulativos ou não.

Essas são as regras, plasmadas na CR/88, que versam sobre a não-cumulatividade das contribuições *sub examine*, das quais é possível extrair as seguintes conclusões:

(a) a contribuição para o PIS e a Cofins, sobre a receita e sobre a importação, poderão continuar sendo cobradas na forma cumulativa, ficando ao alvedrio do legislador optar pela não-cumulatividade;

(b) se o legislador fizer a opção, a não-cumulatividade do PIS/Cofins somente será aplicável aos setores expressamente definidos na lei.

Com base nessas constatações, pode-se afirmar que a não--cumulatividade do PIS e da Cofins não consiste, ao contrário

---

473. Fazendo-se um paralelo, se amanhã for inserida na Constituição a não-cumulatividade para o imposto de importação, será impossível permitir ao importador o abatimento do imposto pago no desembaraço aduaneiro com esse mesmo tributo devido nas operações seguintes, justamente porque o II é monofásico.

474. O PIS/Cofins das Leis nºs 10.637/2002 e 10.833/2003 grava a receita bruta das empresas, realidade distinta do PIS/Cofins da Lei nº 10.865/2004, que tributa a importação de bens ou serviços estrangeiros. Apesar de o nomen juris não definir a espécie exacional (CTN, art. 4º), a identificação das contribuições foi propositalmente feita para se autorizar a dedução, do PIS/Cofins a pagar no mercado interno (na sistemática não-cumulativa), das contribuições incidentes na importação de bens e serviços. Tal e qual o ICMS e o IPI, o importador deverá pagar as contribuições (da Lei nº 10.865/2004) no desembaraço aduaneiro, mas poderá compensar esses valores quando do cálculo do PIS/Cofins devido com base nas Leis nºs 10.637/2002 e 10.833/2003.

475. Lei nº 10.865/2004.

A NÃO-CUMULATIVIDADE
DOS TRIBUTOS

daquela do IPI e do ICMS, em norma de eficácia plena. Afinal, o simples fato de depender da lei para produzir efeitos já lhe retira tal caráter. Pela mesma razão, não poderia tampouco ser qualificada como norma de eficácia contida, pois esta também gera efeitos quando da publicação da Lei Maior – podendo, todavia, ter sua eficácia restringida por norma infraconstitucional.

A norma da não-cumulatividade do PIS/Cofins é, portanto, de eficácia limitada, o que se comprova inclusive pela sua aplicabilidade diferida. Somente por meio da opção do legislador ordinário será possível implantá-la. Como a regulamentação do tema depende da atuação e do querer do legislador ordinário, pode-se ainda dizer que se trata de norma de eficácia limitada *de princípio institutivo*.[476] Outrossim, sendo certo que o legislador é livre para seguir ou não os caminhos ditados pela EC nº 42/2003 em matéria de não-cumulatividade, a regra de eficácia limitada de princípio institutivo é *facultativa* e não obrigatória. Afinal, o legislador não está adstrito a seguir o comando constitucional, apenas *pode* fazê-lo, se assim desejar.

Sendo o legislador livre para seguir ou não o predicado constitucional, resta ainda uma indagação: a não-cumulatividade poderia ser mitigada no PIS/Cofins, inadmitindo-se, *v.g.*, o crédito sobre insumos para determinado segmento da economia? Poderia, ainda, o legislador federal determinar que o valor dos créditos escriturais de PIS/Cofins que excedesse os débitos em determinada competência deveria ser estornado, como pretenderam no passado algumas leis estaduais? Poderia a lei estipular que o contribuinte somente teria o direito de aproveitamento de 80% dos créditos aos quais faria jus, como pretendeu o Estado de Santa Catarina para o extinto ICM na década de 1970?

Como todas essas tentativas de restrição da não-cumulatividade foram declaradas inconstitucionais pelo STF para o IPI/ICMS, parece-nos que também seriam inválidas para o PIS/Cofins. Afinal, como o §12 do art. 195 é norma de eficácia

---

476. Já o §13 do art. 195 emana, consoante averbado alhures, uma insofismável norma programática, propugnando uma futura substituição – *sine die* – da contribuição sobre a folha de salários pelas contribuições sobre a receita bruta, cumulativas ou não.

limitada de princípio institutivo facultativo, o legislador poderá optar pela não-cumulatividade. Se não o fizer, manterá a forma cumulativa de exigência do PIS/Cofins, inclusive nas importações. Se optar, poderá adotar a não-cumulatividade para um, dois ou dez segmentos da economia, a seu alvedrio, desde que tal escolha não fira a isonomia e tampouco provoque desequilíbrios concorrenciais. Todavia, no que tange ao núcleo da não-cumulatividade, ou seja, à observância dos princípios postos pelo STF ao longo de décadas de litígios envolvendo o antigo imposto de consumo, o IPI, o ICM e o ICMS, o legislador ordinário federal deverá observar os ditames da não-cumulatividade no que for compatível com as contribuições sobre receita bruta e importação de bens e serviços.

Dessarte, havendo escolha da não-cumulatividade no PIS/Cofins, as características essenciais desse instituto deverão ser mandatoriamente observadas.

A liberdade do legislador somente existe no momento pré-legislativo; feita a opção, deverão ser mandatoriamente observadas as regras constitucionais atinentes ao instituto, consoante leciona ÁVILA.[477] Assim, um sistema não-cumulativo do PIS/Cofins – que não permita o transporte de créditos (saldo credor) para os períodos subsequentes ou que vede o creditamento sobre insumos – será manifestamente inválido.

8.3 A NÃO-CUMULATIVIDADE DO PIS/COFINS QUE GRAVA AS RECEITAS BRUTAS SE AMOLDA APENAS EM PARTE À DO ICMS E IPI

As contribuições incidentes sobre a receita bruta das empresas inadmitem a não-cumulatividade em sua forma clássica.

---

477. Defende o jurista que o legislador, ao tomar a decisão fundamental de instituir o regime não-cumulativo nas contribuições, deve desenvolvê-la de modo coerente e isento de contradições, sob pena de violar a norma fundamental da igualdade. (ÁVILA, Humberto Bergmann. O "Postulado do Legislador Coerente" e a Não-Cumulatividade das Contribuições. ROCHA, Valdir de Oliveira (org.). *Grandes Questões Atuais do Direito Tributário*, v. 11. São Paulo: Dialética, 2007, pp. 177-81).

A NÃO-CUMULATIVIDADE DOS TRIBUTOS

Afinal, é impossível gravar-se a receita "agregada" em cada fase do processo produtivo, pois ela possui várias origens, podendo decorrer de uma aplicação financeira, da venda de um ativo, da consecução do objeto social da empresa, *inter alii*. Enfim, a receita é uma realidade incompatível com a repercussão jurídica do tributo, inviabilizando o repasse jurídico dos custos fiscais para o contribuinte *de facto* (consumidor final).[478]

É certo que, no limite, todos os tributos gravam receitas. Estas, porém, são sempre vinculadas a uma operação de circulação de riquezas (comércio de bens ou serviços) nas exações propriamente sobre o valor acrescido. Como no caso do PIS/Cofins incidente sobre receitas, tem-se uma amplíssima base de tributação, a dessemelhança com a realidade do ICMS e do IPI é patente.

Em conclusão, é correto sustentar que a não-cumulatividade é norma de eficácia plena para o IPI e o ICMS, irradiando seus efeitos desde a publicação da Constituição. Todavia, é de eficácia limitada de princípio institutivo facultativo para o PIS e a Cofins, sendo opcional neste caso. Porém, uma vez eleita pelo legislador, a não-cumulatividade do PIS/Cofins deverá observar as características do instituto tal como interpretado pelo STF.[479]

---

[478]. A Diretiva 2006/112/CE do Conselho da União Europeia, em seus considerando, esclarece os princípios reitores do IVA:
"7. O sistema comum do IVA deverá (...) conduzir a uma neutralidade concorrencial, no sentido de que, no território de cada Estado-Membro, os bens e os serviços do mesmo tipo estejam sujeitos à mesma carga fiscal, independentemente da extensão do circuito de produção e de distribuição.
(...)
30. A fim de preservar a neutralidade do IVA, as taxas aplicadas pelos Estados--Membros deverão permitir a dedução normal do imposto aplicado no estádio anterior."
É patente a incompatibilidade dos fins clássicos do tributo com as contribuições incidentes sobre a receita, que não possuem uma vinculação necessária com as operações com bens ou serviços, tornando impossível aferir-se a consecução da desejada neutralidade tributária e do repasse jurídico do ônus fiscal ao consumidor final.

[479]. Não podemos concordar, data venia, com os que pugnam por uma plena liberdade de atuação do legislador ordinário em matéria de PIS/Cofins não-cumulativos, que poderia, segundo essa corrente, adotar apenas em parte a não-cumulatividade predicada pela Lei Maior. Para nós, essa ampla liberdade existia quando não havia, na CR/88, um comando obrigando o legislador ordinário a respeitar os ditames da não-cumulatividade, se feita a opção por essa forma de apuração. Portanto, a fase de

Isso não significa, contudo, que a não-cumulatividade do PIS/Cofins sobre receitas será idêntica à do IPI/ICMS. Afinal, não é possível a transferência *jurídica* para o consumidor final do ônus de tributos que não incidam sobre atos ou negócios jurídicos. Assim é que a não-cumulatividade do IPI/ICMS é análoga, porém não semelhante à do PIS/Cofins sobre receitas.

8.4 O PIS E A COFINS DEVIDOS NA IMPORTAÇÃO DE BENS E SERVIÇOS

Os tributos sobre valor agregado, em torno dos quais se criou a figura da não-cumulatividade, se prestam à tributação de operações que gravam a produção ou circulação de riquezas. As contribuições não-cumulativas que incidem sobre a importação de bens e serviços amoldam-se em parte a essa premissa, haja vista que gravam a entrada, em território nacional, de uma mercadoria estrangeira ou de um serviço prestado em terras forâneas cujos resultados se verifiquem no País. Contudo, por serem monofásicas, não podem ser não-cumulativas *per se*. Para a aplicação da não-cumulatividade a tais exações foi necessária a sua equiparação às contribuições sobre receita bruta, devidas pelo importador quando da venda no mercado interno. Com isso, criou-se (ficticiamente) uma segunda etapa de incidência das contribuições devidas na importação, permitindo-se a dedução dos créditos oriundos do pagamento do PIS/Cofins no desembaraço aduaneiro com os débitos de PIS/Cofins devidos pelo auferimento de receitas na venda interna dos bens ou serviços estrangeiros. Todavia, vale repisar: trata-se de uma ficção jurídica, pois ontologicamente as contribuições devidas na importação são monofásicas e, por tal razão, inconciliáveis com a não-cumulatividade.

---

liberdade absoluta não mais existe desde a EC nº 42/2003. O pressuposto da norma de eficácia limitada de princípio institutivo facultativo é permitir a discricionariedade na escolha, mas não na execução. Noutras palavras, não é dado ao legislador ordinário modificar o conceito de não-cumulatividade que o STF tem lapidado há décadas.

A NÃO-CUMULATIVIDADE
DOS TRIBUTOS

Contudo, para que seja possível referida compensação, o importador deverá ser contribuinte do PIS/Cofins não-cumulativo em suas vendas internas, possuindo conta gráfica para apuração dos créditos e débitos. Do contrário, será impossível o aproveitamento dos créditos gerados pelo pagamento das contribuições na importação. Afinal, o sistema *cumulativo* não se coaduna com o desconto de créditos. São realidades inconciliáveis.

Em suma, pode-se asseverar que as contribuições incidentes na importação de bens e serviços:

(a) *poderão* ser não-cumulativas;

(b) em o sendo, serão compensáveis com o PIS/Cofins devido sobre as receitas internas do importador, desde que este se sujeite à apuração das contribuições na sistemática não-cumulativa.

8.5 A APURAÇÃO IMPOSTO CONTRA IMPOSTO: IDENTIDADE COM O ICMS/IPI, PORÉM DECORRENTE DA LEGISLAÇÃO FEDERAL E NÃO DE MANDAMENTO CONSTITUCIONAL

Como já visto, a CR/88 foi lacônica em relação à não-cumulatividade do PIS/Cofins. Dessarte, não definiu a Lei Maior – ao contrário do que fez para o ICMS e o IPI – a sistemática de apuração das contribuições não-cumulativas (base-contra-base, imposto-contra-imposto ou adição). Diante do silêncio constitucional, poder-se-ia objetar que as regras da não-cumulatividade plasmadas para o IPI e para o ICMS deveriam ser observadas pelo legislador do PIS/Cofins, aplicando-se obrigatoriamente às contribuições o método imposto-contra-imposto. No entanto, as diferenças nas regras-matrizes de incidência dos aludidos tributos conduzem à ilação diversa. Tanto a contribuição para o PIS como a Cofins possuem hipóteses de incidência absolutamente estranhas ao IPI e ao ICMS. Tal diferença ontológica, *per se*, impede a extensão pura e simples das regras atinentes à não-cumulatividade do IPI e do ICMS ao PIS/Cofins. Afinal, dentre os pressupostos para utilização da analogia, como leciona BOBBIO,[480] residem:

(a) a necessária identidade entre as situações; e

(b) a inexistência de elemento diferenciador relevante.

Ora, a incidência sobre receita bruta, típica do PIS/Cofins, é um severo item de distinção entre essas contribuições e o IPI/ICMS, que gravam operações com mercadorias e serviços.[481] Por essa razão e como já afirmado, a não-cumulatividade do PIS/Cofins é própria dessas contribuições, não sendo factível uma transposição automática a elas da totalidade dos comandos atinentes à não-cumulatividade do IPI e do ICMS.[482] Há, portanto, liberdade para que o legislador ordinário defina a melhor técnica de apuração do *quantum debeatur* do PIS/Cofins: subtração direta (base-contra-base), subtração indireta (imposto-contra-imposto) ou adição (soma dos custos e cálculo do lucro para obtenção do valor a ser tributado). O que não pode o legislador do PIS/Cofins é, na linha das lições de ÁVILA,[483] optar pela não-cumulatividade e deixar de implementá-la da forma mais plena possível. Sendo possível, entretanto, a escolha de caminhos diversos daqueles trilhados pelo IPI/ICMS para, de modo eficaz, aplicar a não-cumulatividade ao PIS/Cofins, o legislador terá liberdade de escolha.

---

480. BOBBIO, Norberto. *Teoria do Ordenamento Jurídico*, 10ª ed. Brasília: UNB, 1999, p. 153.

481. Apenas o ICMS grava duas modalidades de serviço: transporte interestadual e intermunicipal e comunicação.

482. Sobre a diferenciação entre a não-cumulatividade do PIS/Cofins e do ICMS/IPI, confira-se também: OLIVEIRA, Ricardo Mariz de. *Visão Geral sobre a Cumulatividade e a Não-cumulatividade (Tributos com Incidência Única ou Múltipla)*, e a *"Não-cumulatividade" da Cofins e da Contribuição ao PIS*. MACHADO, Hugo de Brito (coord.). São Paulo: Dialética; Fortaleza: ICET, 2009, pp. 423-48.

483. ÁVILA, Humberto Bergmann. O "Postulado do Legislador Coerente" e a Não-Cumulatividade das Contribuições. ROCHA, Valdir de Oliveira (org.). *Grandes Questões Atuais do Direito Tributário*, v. 11. São Paulo: Dialética, 2007, pp. 177-81.

A NÃO-CUMULATIVIDADE DOS TRIBUTOS

Em conclusão, a CR/88 predica as seguintes regras no que tange à forma de apuração dos tributos não-cumulativos:

(a) para o IPI e o ICMS, o método imposto-contra-imposto (subtração indireta);

(b) para o PIS/Cofins, nenhum método específico, havendo liberdade de escolha do legislador (base-contra-base, imposto-contra-imposto ou adição). Vale aqui notar que a legislação atual dessas contribuições optou por uma variante do método base-contra-base.[484]

---

484. Leis nºs 10.637/2002, 10.833/2003 e 10.865/2004.

IX
NÃO-CUMULATIVIDADE DOS IMPOSTOS E CONTRIBUIÇÕES RESIDUAIS

9.1 AS NORMAS DA LEI MAIOR

Dispõe a Constituição de 1988:

> Art. 154. A União poderá instituir:
>
> I – mediante lei complementar, impostos não previstos no artigo anterior, desde que sejam não-cumulativos e não tenham fato gerador ou base de cálculo próprios dos discriminados nesta Constituição; (...).

Posteriormente, a Carta volta a referir-se ao dispositivo acima, da seguinte forma:

> Art. 195. A seguridade social será financiada por toda a sociedade, de forma direta e indireta, nos termos da lei, mediante recursos provenientes dos orçamentos da União, dos Estados, do Distrito Federal e dos Municípios, e das seguintes contribuições sociais:
>
> (...)
>
> § 4º. A lei poderá instituir outras fontes destinadas a garantir a manutenção ou expansão da seguridade social, obedecido o disposto no art. 154, I.

As normas em comento autorizam a União Federal a instituir, por lei complementar, impostos e contribuições para a seguridade social no exercício de sua competência residual. Todavia, além da exigência de lei complementar, outras duas condições são impostas pela Lei Maior:

(a) tanto a base de cálculo como o fato gerador devem ser distintos daqueles já previstos pela Constituição para impostos e contribuições sociais;[485]

(b) os impostos e contribuições residuais deverão ser não-cumulativos.

Ambas as regras visam a prevenir excessos. Contudo, a obrigatoriedade de a contribuição ou imposto residual ser não-cumulativo deve ser compreendida *cum grano salis*. Afinal, apenas os tributos plurifásicos podem ser dotados do atributo da não-cumulatividade. Dessarte, se criado um imposto residual sobre a propriedade de embarcações e aeronaves (o que é factível, porquanto tais veículos não tributáveis pelo IPVA), seria impossível dotá-lo do atributo da não-cumulatividade. Impostos sobre o patrimônio são monofásicos por natureza, ao passo que a não-cumulatividade exige duas operações concatenadas e sucessivas para que, na segunda, abata-se o montante cobrado na primeira.

O tema já foi analisado pelo STF, como se verá a seguir.

9.2 A JURISPRUDÊNCIA

Na sessão Plenária de 1º de outubro de 1998,[486] o Supremo Tribunal Federal declarou a constitucionalidade da

---

485. O STF entende que tal restrição somente se aplica entre impostos e entre contribuições, ou seja, seria legítima uma contribuição residual que tivesse base de cálculo de imposto (STF, Pleno, RE nº 177.137/RS, Relator Min. CARLOS VELLOSO, *DJ* 18.04.1997, p. 13.788), o que, todavia, não nos parece correto. A vontade do Constituinte, a nosso sentir, foi evitar a bitributação e o bis in idem. Para que ambos existam, é irrelevante a espécie tributária utilizada, bastando que a mesma realidade seja gravada por dois tributos (seja do mesmo ente, no caso do bis in idem, seja de entes diversos, na bitributação).

486. STF, Pleno, RE nº 228.321/RS, Relator Min. CARLOS VELLOSO, *DJ* 30.05.2003, p. 30.

A NÃO-CUMULATIVIDADE DOS TRIBUTOS

Lei Complementar nº 84/96, pela qual a União instituíra – arvorando-se na competência residual – contribuição sobre remunerações pagas a trabalhadores avulsos, autônomos e outras pessoas físicas sem vínculo empregatício.[487] Tendo sido observado o requisito formal (edição de lei complementar) e restando atestada a não incidência sobre bases de cálculo de outras contribuições, o STF validou o tributo criado por meio da LC nº 84/96 sem que fosse examinado o cumprimento do requisito da não-cumulatividade.

Um ano e meio depois, em março de 2000, a Primeira Turma, sob a relatoria do Min. MOREIRA ALVES, reafirmou a constitucionalidade da contribuição previdenciária criada pela LC nº 84/96. Desta vez, porém, assentou-se expressamente pela desnecessidade de observância, no caso concreto, da não-cumulatividade predicada no art. 154, I, da CR/88. Conforme excertos do relatório de MOREIRA ALVES, a Corte *a quo* assim enfrentara a questão:

> A referência contida no art. 154, I, da CF refere-se à não--cumulatividade interna, que constitui simples técnica de arrecadação, consistente no abatimento ou compensação do que for devido em cada operação com o montante do tributo cobrado nas operações anteriores, tal como se observa no recolhimento do ICMS e no IPI, consoante dispõem os artigos 153, II, §3º e 155, II, §1º da Constituição.
>
> Se o contribuinte tivesse querido tratar da não-cumulatividade externa, ou seja, sobreposição de tributos, não teria referido expressamente a proibição constante na parte final do artigo 154, I, da CF: criação de novos tributos sobre fatos que possuam o mesmo fato gerador ou base de cálculo dos impostos já previstos na Constituição. E não se podendo equiparar a contribuição tratada pela Lei

---

487. A LC nº 84/96 foi editada após a declaração de inconstitucionalidade do art. 3º, I e do art. 22, I, respectivamente, das Leis nºs 7.787/89 e 8.212/91, que foram invalidadas pelo STF por vício formal, eis que as contribuições residuais devem ser instituídas por lei complementar (no RE nº 177.296/RS foi declarada a inconstitucionalidade da contribuição sobre remunerações pagas a "avulsos, autônomos e administradores", prevista no art. 3º, I, da Lei nº 7.787/89; e na ADI nº 1.102/DF declarou-se a invalidade da cobrança de contribuições sobre remunerações pagas a "empresários e autônomos", insculpida no art. 22, I, da Lei nº 8.212/91).

Complementar nº 84/96 ao ICMS e ao IPI, a isso segue-se que, pelo prisma da não-cumulatividade, não há qualquer inconstitucionalidade na sua cobrança.[488]

É interessante notar a menção, no aresto que gerou o recurso ao STF, à diferença entre não-cumulatividade interna – consistente no abatimento do imposto pago nas operações ou prestações anteriores – e externa, que o acórdão define como "sobreposição de tributos". A distinção é feita para se afirmar que o Constituinte pretendeu imprimir aos impostos e contribuições residuais tão somente a intitulada "não-cumulatividade interna", característica do IPI e ICMS.[489]

Ao prolatar seu voto, MOREIRA ALVES dispensou a observância da não-cumulatividade no caso, porquanto a contribuição residual não era plurifásica e sim monofásica. É ver:

> Nessa decisão [Plenária do STF que declarou a constitucionalidade da contribuição instituída pela LC nº 84/96] está ínsita a inexistência de violação, pela contribuição social em causa, da exigência da não-cumulatividade, porquanto essa exigência – e é este, aliás, o sentido constitucional da cumulatividade tributária – só pode dizer respeito à técnica de tributação que afasta a cumulatividade em impostos como o ICMS e o IPI – e cumulatividade que, evidentemente, não ocorre em contribuição dessa natureza cujo ciclo de incidência é monofásico –, uma vez que a não-cumulatividade no sentido de sobreposição de incidências tributárias já está prevista, em caráter exaustivo, na parte final do mesmo dispositivo da Carta Magna, que proíbe nova incidência sobre fato gerador ou base de cálculo próprios dos impostos discriminados nesta Constituição.[490]

Portanto, os tributos (impostos e contribuições) residuais somente serão não-cumulativos quando também forem plurifásicos. É o que se dessume da assertiva do Min. MOREIRA

---

488. STF, Primeira Turma, RE nº 258.470/RS, Relator Min. MOREIRA ALVES, *DJ* 12.05.2000, p. 32.

489. À época do julgamento, inexistiam o PIS/Cofins não-cumulativos.

490. STF, Primeira Turma, RE nº 258.470/RS, Relator Min. MOREIRA ALVES, *DJ* 12.05.2000, p. 32.

ALVES, ao sustentar que a não-cumulatividade se aplica a "impostos como o ICMS e o IPI", e não a contribuições "cujo ciclo de incidência é monofásico".[491]

9.3 CONSIDERAÇÕES SOBRE A PLURIFASIA E O ALCANCE DA EXIGÊNCIA DA NÃO-CUMULATIVIDADE NOS TRIBUTOS RESIDUAIS

Pelo exposto, resta claro que somente os impostos e contribuições sociais residuais *plurifásicos* deverão observar o atributo da não-cumulatividade. A plurifasia, de resto já estudada na primeira parte desta obra,[492] pressupõe a existência de uma série de negócios jurídicos concatenados que visem à circulação jurídica de bens e serviços. Dessarte, para ser plurifásico o tributo deve gravar operações de transmissão de riquezas, não pertencendo a essa categoria exações como o PIS/Cofins, que incidem sobre realidades estanques (auferimento de receitas).[493]

Diante do exposto, pode-se afirmar que os impostos e contribuições residuais somente deverão ter o atributo da não-cumulatividade quando gravarem a circulação de riquezas. Noutro giro verbal, a não-cumulatividade exigida dos tributos residuais é aquela em sentido estrito.[494] Se o critério material da hipótese de incidência da exação residual não consistir em uma operação com bem ou serviço, não será possível exigir a observância da não-cumulatividade na hipótese.

---

491. Idem.

492. Título I, Capítulo III, item 3.7.

493. Por esse motivo, a aplicação da não-cumulatividade sobre tributos que não gravam operações com bens e serviços consiste em mera fórmula de cálculo do montante a pagar. O ônus dessas exações não será, portanto, juridicamente trasladado para o contribuinte de facto, por impossibilidade lógica decorrente do próprio critério material da regra-matriz de incidência tributária.

494. Sobre a distinção entre não-cumulatividade em sentido amplo e em sentido estrito, confira-se o Título I, Capítulo V, item 5.2.

X
O NÚCLEO CONSTITUCIONAL DA NÃO-CUMULATIVIDADE À LUZ DA JURISPRUDÊNCIA DO SUPREMO TRIBUNAL FEDERAL

10.1 A EXIGÊNCIA DE DUAS ETAPAS GRAVADAS PELO TRIBUTO

Analisando-se as normas constitucionais e a evolução da jurisprudência do Supremo Tribunal Federal, pode-se afirmar que a não-cumulatividade tributária possui um núcleo intocável, de observância mandatória pelos legisladores e pelas administrações fazendárias.

O STF deixa assente que a não-cumulatividade pressupõe, pelo menos, duas etapas tributadas. Quando não há incidência em um dos estádios torna-se devido o estorno dos créditos pelo alienante, vedando-se, ainda, o aproveitamento de créditos pelo adquirente – salvo disposição de lei em sentido contrário.[495]

---

[495]. A assertiva funda-se na exegese literal da CR/88 em matéria de ICMS e na interpretação teleológica carreada pela Suprema Corte para estender, ao IPI, a restrição ao crédito do ICMS plasmada no art. 155, §2º, II, "a" e "b".

Essa é a tendência atual do STF, revelada, dentre outros, pela revisão da jurisprudência que concedia créditos presumidos de IPI ao adquirente de insumos isentos, não tributados ou sujeitos à alíquota zero do imposto: após ter reconhecido o direito ao crédito presumido em 1998[496] (para insumos isentos) e 2002[497] (para insumos sujeitos à alíquota zero), a Corte passou a negá-lo a partir de 2007[498] (para alíquota zero/NTs) e 2010[499] (para insumos isentos). Nessa mesma toada, em 2009 o STF negou a existência de direito constitucional à manutenção dos créditos de IPI decorrentes da aquisição de insumos tributados quando os produtos fabricados são isentos ou sujeitos à alíquota zero (o julgamento referia-se ao período anterior à Lei nº 9.779/99, que, a partir de sua edição, autorizou a manutenção dos aludidos créditos).[500]

Dessarte, a hodierna[501] orientação do STF pode ser assim sumariada: a aplicação da não-cumulatividade exige pelo menos duas fases gravadas pelo imposto. Caso uma das etapas não seja tributada (em razão de isenção, alíquota zero ou não incidência), o contribuinte não fará jus a qualquer tipo

---

496. STF, Pleno, RE nº 212.484/RS, Relator p/ acórdão Min. NELSON JOBIM, *DJ* 27.11.1998, p. 22.

497. STF, Pleno, RE nº 350.446/PR, Relator Min. NELSON JOBIM, *DJ* 06.06.2003, p. 32; STF, Pleno, RE nº 353.668/PR, Relator Min. NELSON JOBIM, *DJ* 13.06.2003, p. 11; STF, Pleno, RE nº 357.277/RS, Relator Min. NELSOM JOBIM, *DJ* 13.06.2003, p. 11.

498. STF, Pleno, RE nº 353.657/PR, Relator Min. MARCO AURÉLIO, *DJe* 06.03.2008.

499. STF, Pleno, RE nº 566.819/RS, Relator Min. MARCO AURÉLIO, *DJe* 09.02.2011. Vale apenas ressaltar que a matéria será reavaliada pelo Plenário do STF, em sede de recurso extraordinário cuja repercussão geral foi reconhecida pela Corte (STF, Plenário Virtual, RE nº 590.809/RS, Relator Min. MARCO AURÉLIO, repercussão geral reconhecida em 14.11.2008).

500. STF, Pleno, RE nº 460.785/RS, Relator Min. MARCO AURÉLIO, j. em 06.05.2009; STF, Pleno, RE nº 475.551/PR, Relator p/ acórdão Min. MENEZES DIREITO, j. em 06.05.2009; STF, Pleno, RE nº 562.980/SC, Relator p/ acórdão Min. MARCO AURÉLIO, j. em 06.05.2009.

501. Vale lembrar que, no passado, o alcance conferido à não-cumulatividade pelo STF era tão amplo que foi editada uma emenda constitucional, a Passos Porto, para restringir o direito ao crédito do ICM e recompor os caixas dos Estados. Vide Capítulo VII, Itens 7.8.2.1 e 7.8.2.2, supra.

de crédito presumido (no caso de entradas não tributadas) e deverá estornar os respectivos créditos (no caso de saídas não tributadas), embora ainda reste pendente a consolidação dos entendimentos acerca de exceções especiais, como a da isenção de IPI sobre insumos provenientes da Zona Franca de Manaus.[502] Em síntese: a regra de estorno prevista para o ICMS no art. 155, §2º, II, *a* e *b* da Lei Maior[503] aplica-se a todos os tributos não-cumulativos, sendo, a manutenção do crédito, uma opção do legislador, que poderá ou não exercê-la.

A única exceção na qual, de acordo com o STF, a própria Constituição autoriza o direito à manutenção dos créditos quando as operações subsequentes não são tributadas se dá no caso das exportações de mercadorias e serviços. Estas são abrigadas pela imunidade do IPI, do ICMS e do PIS/Cofins, todas expressas na Lei Maior.[504] Contudo, a CR/88 dispõe que o crédito deverá ser mantido apenas para o ICMS,[505] quedando silente quanto ao IPI e PIS/Cofins. Não obstante, o mesmo entendimento foi estendido pela jurisprudência para essas duas exações, ao entendimento de que a imunidade traz, como efeito, o direito à manutenção, pelo exportador, dos créditos das exações não-cumulativas. A medida afigura-se correta, pois, caso contrário, o custo das exportações seria impactado, resultando em menor competitividade dos produtos brasileiros no mercado mundial e anulando os efeitos da própria imunidade.

---

502. STF, Pleno, RE nº 592.891-RG/SP, Relatora Min. ELLEN GRACIE, *DJe* 25.11.2010.

503. CR/88:
"Art. 155. (...).
§2º. (...).
II – a isenção ou não incidência, salvo determinação em contrário da legislação:
a) não implicará crédito para compensação com o montante devido nas operações ou prestações seguintes;
b) acarretará a anulação do crédito relativo às operações anteriores; (...)."

504. IPI: art. 153, §3º, II; PIS/Cofins: art. 149, §2º, I; ICMS: art. 155, §2º, X, a – todos da CR/88.

505. Art. 155, §2º, X, a, *in fine* da CR/88.

10.2 OS CRÉDITOS DE IPI, ICMS E PIS/COFINS: NATUREZA ESCRITURAL, DIREITO AO SEU TRANSPORTE PARA AS COMPETÊNCIAS SEGUINTES E À SUA MANUTENÇÃO MESMO QUANDO A SAÍDA SE DER EM VALOR INFERIOR AO DA ENTRADA

Já foi visto que a não-cumulatividade se operacionaliza por meio de conta gráfica onde são lançados os débitos e créditos do tributo, calculados segundo a forma prescrita em lei. Por esse motivo, os créditos de IPI, ICMS e PIS/Cofins são intitulados *escriturais*, possuindo natureza contábil (pois são utilizados tão somente para se apurar o *quantum* devido), não consistindo em um título de dívida contra o Estado. Ao contrário, uma empresa que encerra suas atividades com créditos escriturais acumulados não possui direito à restituição em espécie de tais valores.

Os créditos, no caso do IPI e do ICMS, são comprovados pelo destaque, em nota fiscal, do tributo incidente na operação. Desde que o documento contenha os requisitos de validade erigidos pela lei, o contribuinte-adquirente fará jus à escrituração do imposto destacado, ainda que o alienante não proceda à efetiva recolha do gravame. No caso do PIS/Cofins, como não há destaque em nota, o cálculo dos créditos é feito sobre as despesas incorridas pelos próprios contribuintes.

Sendo apurado saldo credor em determinada competência, o seu transporte para os períodos de apuração subsequentes é permitido. Portanto, serão inconstitucionais leis federais (no caso do IPI e do PIS/Cofins) ou estaduais (ICMS) que impeçam o carregamento de tais créditos para os exercícios fiscais posteriores.

Outrossim, em nossa opinião – e baseados na jurisprudência tradicional da Suprema Corte – serão também inválidas leis que limitem o valor do crédito ao montante do débito gerado pela saída do produto. De fato, o STF sempre assegurou a manutenção dos créditos pela entrada de mercadorias, mesmo quando estas são revendidas por preço inferior ao de aquisição.[506] Essa regra, conhecida como "lei do batente" ou do "buttoir", contraria a lógica da apuração do imposto por competência, que não se coaduna com esse tipo de restrição, somente admissível se houvesse apuração por produto (que nunca foi a opção dos legisladores pátrios). Entretanto, conforme já relatado anteriormente,[507] o Supremo Tribunal Federal tem dado mostras de que pretende alterar esse posicionamento, admitindo a validade da "regra do batente" para limitar o valor do crédito ao *quantum* do débito gerado pela venda de mercadorias realizada a preço inferior ao de sua aquisição.[508] Contudo, ainda é cedo para sustentar-se a ocorrência de tão grave inflexão jurisprudencial, pelo que permanecemos esperançosos de que o STF retome seu antigo entendimento, mais consentâneo com os preceitos da não-cumulatividade tributária.

10.3 O CRÉDITO FÍSICO COMO NÚCLEO INATACÁVEL DA NÃO-CUMULATIVIDADE: A NECESSIDADE DE DEFINIÇÃO DO SEU SENTIDO E ALCANCE

Como visto ao longo do texto, a implantação da não-cumulatividade no Brasil ocorreu sob a égide do Imposto de Consumo, antiga nomenclatura do hodierno IPI. Como o IC era pago pelas indústrias, a legislação assegurou, inicialmente, o crédito sobre as matérias-primas utilizadas na produção. Posteriormente, esse direito foi estendido – também por lei[509] – aos produtos intermediários, compreendidos estes como os

---

506. Em épocas inflacionárias, essa prática era muito comum. O comerciante adquiria mercadorias diretamente do fabricante, com prazo de 30 (trinta) dias para pagar. Com o "overnight" girando em torno de 100% ao mês, era melhor negócio vender o bem no dia seguinte – ainda que, para isso, fosse necessário aliená-lo em valor inferior ao de custo – e aplicar o dinheiro até a data de vencimento da fatura junto ao industrial.

507. Vide item 7.14, supra.

508. STF, Pleno, RE nº 437.006/RJ, Relator Ministro MARCO AURÉLIO, DJe 25.03.2011.

509. Lei nº 4.153/62.

consumidos no processo de produção. Essas definições foram então aplicadas ao IPI e, por analogia,[510] ao ICM/ICMS.[511]

Após a constitucionalização da não-cumulatividade, operada pela EC nº 18/65, a jurisprudência cuidou de definir o que seriam os referidos "bens consumidos no processo produtivo". Nesse mister, os Tribunais reconheceram, ao cabo de várias discussões, que o contribuinte faria jus ao creditamento sobre os *insumos* utilizados em seu processo produtivo. Por insumos compreendiam-se, à época, as matérias-primas e os demais produtos que, não se agregando fisicamente ao bem fabricado, eram consumidos de forma imediata (em contato direto com o bem produzido) e integral (desgastando-se por completo em menos de um ano) no processo industrial. Esse entendimento – que desconsidera o fato de o ICM/ICMS ser devido não apenas pelos industriais, mas também pelos comerciantes e, desde a Constituição de 1988, pelos prestadores de serviço de transporte e comunicação – originou a intitulada teoria do crédito físico.[512]

Assim, apesar de a jurisprudência atual assegurar ao contribuinte – na esteira da teoria do crédito físico – o direito a se creditar sobre *insumos*, este conceito ainda gera controvérsias. Afinal, o insumo do industrial é diferente do insumo do comerciante, assim como do prestador de serviço. É dizer: como o IPI, o ICMS e o PIS/Cofins alcançam diferentes tipos

---

510.. Vale aqui repisar as restrições que possuímos com relação à forma pela qual o Supremo Tribunal curou do regramento da não-cumulatividade do ICM, simplesmente aplicando a teoria do crédito físico construída em torno do imposto de consumo e do IPI. Ao proceder dessa forma, a Corte Maior olvidou-se das peculiaridades do então novel imposto estadual sobre circulação de mercadorias, que, ao contrário do IPI, não é pago somente pelos industriais e importadores, sendo largamente aplicável em todo o setor comercial, cujos insumos são absolutamente distintos daqueles utilizados nas indústrias.

511. Com o julgamento da medida cautelar na ADI nº 2.325/DF, já sob a égide da Carta de 1988, a Suprema Corte reafirmou expressamente seu entendimento pela aplicação do crédito físico como garantia mínima da não-cumulatividade, pugnando pela validade das restrições ao crédito de ICMS operadas pela LC nº 102/2000.

512. Vide item 7.15, supra.

de contribuintes, os *insumos* de cada qual variam. Entretanto, por força das diversas decisões judiciais que, ao longo das décadas, simplesmente reproduziram o conceito de insumo industrial para as lides relativas ao ICM/ICMS, há uma grave falha de premissa nos Tribunais em relação a esse tema. O vocábulo *insumo* deve, a nosso sentir, ser compreendido como toda e qualquer aquisição *necessária à atividade empresarial*. Noutro giro verbal: o conceito de insumo como "bem consumido no processo produtivo" – que é amplo – foi indevidamente restringido pela jurisprudência para "bem consumido pela indústria, desde que haja contato físico com o produto final". O equívoco é duplo, a saber:

(a) os insumos industriais são apenas uma espécie dessa categoria, que abarca também os insumos para os prestadores de serviços e para os comerciantes;

(b) ademais, mesmo as indústrias se valem de insumos que não entram em contato com o produto final, como ocorre, *v.g.*, com os óleos lubrificantes utilizados no maquinário das empresas. A negativa do crédito sobre bens essenciais ao processo produtivo, dessarte, contraria a lógica da não-cumulatividade tributária.

Portanto, pode-se concluir preliminarmente que:

(a) o crédito físico, compreendido como o direito ao creditamento sobre insumos essenciais ao processo produtivo, constitui o mínimo essencial da não-cumulatividade, na esteira da jurisprudência do STF. Diante disso, o creditamento sobre bens do ativo imobilizado e sobre os materiais e uso e consumo é uma faculdade que pode ou não ser outorgada ao contribuinte pelo legislador;

(b) entretanto, ainda não há uma correta definição dos insumos geradores de crédito para cada uma das exações não-cumulativas (inclusive para o próprio IPI, cuja legislação embasa toda a jurisprudência a esse respeito). Dessarte, cumpre ao intérprete, avaliar cada caso concreto com vagar e, à luz da premissa da *essencialidade* do bem ao processo empresarial, fazer valer a não-cumulatividade em sua plenitude, ainda que dentro dos limites da teoria do crédito físico. Para tanto, a compreensão das normas infraconstitucionais de cada exação se faz essencial, razão pela qual iremos analisá-las com vagar no Título III desta obra.

TÍTULO III – A NÃO-CUMULATIVIDADE E AS NORMAS INFRACONSTITUCIONAIS

XI
IMPOSTO SOBRE PRODUTOS INDUSTRIALIZADOS

11.1 A REGRA-MATRIZ DO IPI

A EC nº 18/65 outorgou à União competência para instituição do Imposto sobre Produtos Industrializados (IPI), em substituição ao vetusto Imposto de Consumo (IC). Em pouco tempo o IPI se tornou o mais importante tributo federal, *status* que manteve até 1975, quando sua arrecadação foi superada pela do Imposto de Renda.[513]

A CR/88, tal como suas antecessoras, limitou-se a permitir a cobrança de imposto sobre "produtos industrializados".[514] Devido ao laconismo constitucional, as legislações complementar e ordinária exercem papel fundamental na definição da regra-matriz do IPI.

Nessa toada, o CTN delineia, em seus arts. 46 a 51, as principais características do imposto em comento, apontando três hipóteses de incidência:

---

[513]. BALEEIRO, Aliomar. *Direito Tributário Brasileiro*, 11ª ed. Atualizado por MISABEL ABREU MACHADO DERZI. Rio de Janeiro: Forense, 2001, p. 335.

[514]. Art. 153, IV, da CR/88.

(a) saída[515] de produto industrializado do estabelecimento industrial ou a este equiparado;

(b) importação,[516] com incidência no momento do desembaraço aduaneiro;

(c) arrematação, em leilão, de produto industrializado que tenha sido apreendido ou abandonado.[517]

Após delinear os três critérios materiais da regra-matriz do IPI, o CTN define "produto industrializado" como o "que tenha sido submetido a qualquer operação que lhe modifique a natureza ou a finalidade, ou o aperfeiçoe para o consumo".[518] Note-se que o conceito é *lato*,[519] razão pela qual a jurisprudência do STF já assentou, *v.g.*, pela incidência do IPI sobre mármores e granitos revendidos por comerciantes que cortam as

---

515. Não se trata de saída pura e simples, mas sim daquela amparada em um negócio jurídico que modifica a posse ou propriedade do produto industrializado, como leciona ATALIBA:
"É (...) hipótese de incidência do IPI o fato de um produto, sendo industrializado, sair de estabelecimento do produtor, em razão de um negócio jurídico translativo da posse ou da propriedade do mesmo." (ATALIBA, Geraldo. *Estudos e Pareceres de Direito Tributário*, v. I. São Paulo: Revista dos Tribunais, 1978, p. 3, destaques no original).
De todo modo, a mera transferência da posse do produto, desde que suportada em negócio jurídico válido, gera o dever de pagar IPI, diferentemente do ICMS, que exige a concretização de uma operação de circulação jurídica da mercadoria, com transmissão da propriedade do bem.

516. A jurisprudência corrobora a incidência do IPI sobre a importação de produtos industrializados. As discussões judiciais acerca do IPI-importação, em sua maior parte, restringem-se ao alcance de isenções concedidas em relação ao imposto. Parte-se sempre, portanto, do pressuposto da legitimidade da exação. Interplures, cite-se: STJ, Primeira Turma, REsp nº 643.076/CE, Relator Min. LUIZ FUX, *DJ* 09.05.2005, p. 306.

517. Saliente-se que a legislação ordinária não instituiu tal modalidade do IPI, podendo, todavia, fazê-lo a qualquer tempo.

518. Art. 46, parágrafo único, do CTN.

519. Em muitos casos há dúvidas acerca da incidência de IPI ou ISSQN sobre determinados produtos. Por exemplo, um alfaiate produz um terno da mesma forma que a indústria o faz. Contudo, paga-se ISSQN no primeiro caso e IPI no segundo. Nesta hipótese, o que distingue o critério material de ambos os impostos é a natureza da obrigação: de fazer, para o ISSQN, e de dar, para o IPI. Sobre o tema, leia-se: ATALIBA, Geraldo. Conflitos entre ICMS, ISS e IPI. *Revista de Direito Tributário*, nº 7/8, jan.-jun./1979, pp. 105-31.

placas dessas pedras, preparando-as para assentamento em edificações.[520] A seu turno, o Regulamento do IPI prescreve haver industrialização, dentre outras hipóteses, quando da transformação, beneficiamento, montagem, acondicionamento, renovação ou recondicionamento[521] de produto.[522]

Prescreve ainda o CTN[523] que a base de cálculo do imposto em tela corresponderá: ao valor de saída do bem do estabelecimento industrial; ao preço pago na arrematação de bens apreendidos ou abandonados; ou ao valor constante da Declaração de Importação.[524]

Ao cabo, o Código Tributário Nacional elenca os contribuintes da exação em comento:[525]

---

520. STF, Segunda Turma, RE nº 69.825/RS, Relator Min. THOMPSON FLORES, DJ 10.03.1972.
Registre-se que, na hipótese, discutia-se ainda a possibilidade de incidência do imposto único sobre minerais (então vigente) na fase de venda das pedras preparadas para consumo final. O STF rechaçou a tributação pelo IUM, pugnando pela incidência tanto do IPI como do então ICM (no mesmo sendeiro foi o acórdão, também da Segunda Turma, no RE nº 70.028/ES, Relator Min. ANTONIO NEDER, DJ 01.09.1972).
Lado outro, quando do julgamento de caso envolvendo óleos lubrificantes e seus aditivos, o Supremo Tribunal distinguiu as situações: na primeira, determinou a incidência do imposto único, ao passo que no segundo caso sustentou a tributação pelo IPI, haja vista tratar-se de um produto industrializado e não de um típico óleo sujeito ao imposto único sobre combustíveis e lubrificantes (STF, Pleno, AR nº 1.164/DF, Relator Min. ALFREDO BUZAID, DJ 08.06.1984, p. 9.256).

521. Arts. 3º e 4º do RIPI (Decreto nº 7.212/2010).

522. Contudo, em alguns casos a Lei nº 4.502/64 (que, ainda hoje, é a norma básica do IPI na legislação ordinária), excepciona o conceito de industrialização, vedando a incidência do imposto federal sobre: conserto de máquinas, aparelhos e objetos pertencentes a terceiros; acondicionamento destinado ao mero transporte do produto; manipulação de medicamentos em farmácias especializadas para venda direta ao consumidor; montagem de óculos, sob prescrição médica; mistura de tintas feita pelo estabelecimento varejista para venda ao consumidor final, desde que a indústria fabricante das tintas não pertença ao mesmo grupo econômico do estabelecimento que as vende no varejo (art. 3º, parágrafo único, e incisos da Lei nº 4.502/64).

523. Art. 47 do CTN.

524. O valor constante da Declaração de Importação será, ainda, acrescido do Imposto de Importação e dos demais encargos (inclusive cambiais) e taxas exigidos para o ingresso do produto no País.

525. Art. 51 do CTN.

(a) o importador ou quem a lei a ele equiparar;

(b) o industrial ou quem a lei a ele equiparar;

(c) o arrematante de produtos apreendidos ou abandonados, levados a leilão;[526]

(d) os comerciantes que vendem produtos sujeitos ao IPI para indústrias.[527]

A seletividade,[528] atributo constitucionalmente infundido ao IPI, é também objeto de menção expressa no CTN.[529]

Dessa exposição, podem-se extrair elementos para o bosquejo do antecedente e do consequente da regra-matriz de incidência do IPI:[530-531]

---

526. Como já dito, essa hipótese de incidência, apesar de autorizada pela CR/88 e pelo CTN, não está prevista na legislação do IPI.

527. Desde a época do imposto sobre consumo, muito se discutiu nos Tribunais acerca do alcance da imunidade tributária: ela beneficiaria apenas o contribuinte de direito ou também o contribuinte de fato? Prevaleceu, ao fim, a tese restritiva, pela qual o contribuinte de facto não faz jus à imunidade dos tributos indiretos (in casu, do IPI). A Súmula nº 591 do STF expressa tal posicionamento:
"A imunidade ou a isenção tributária do comprador não se estende ao produtor, contribuinte do imposto sobre produtos industrializados."
Contudo, se o beneficiado pela imunidade é próprio contribuinte de jure, resta afastada a incidência do tributo indireto, como também já decidido pelo STF (Primeira Turma, RE nº 243.807/SP, Relator Min. ILMAR GALVÃO, *DJ* 28.04.2000, p. 98).

528. A seletividade consiste no dever de tributar os produtos supérfluos com alíquotas gravosas e os bens essenciais com alíquotas reduzidas. Sobre esse tema, confira-se: ESTURILIO, Regiane Binhara. *A Seletividade no IPI e no ICMS*. São Paulo: Quartier Latin, 2008.

529. Predica o art. 48 do CTN que o IPI "é seletivo em função da essencialidade dos produtos."

530. Tendo em vista que no IPI as alíquotas podem ser fixadas por ato do Poder Executivo, obedecendo aos limites mínimos e máximos pré-estabelecidos em lei (CR/88, art. 153, §1º), o Presidente da República edita periodicamente a Tabela de Incidência do Imposto sobre Produtos Industrializados (TIPI). Atualmente, a TIPI é veiculada pelo Decreto nº 7.760/2011, estabelecendo as alíquotas dos produtos gravados pelo IPI.

531. Regulamento do Imposto sobre Produtos Industrializados (Decreto nº 4.544/2002, o qual foi revogado pelo Decreto nº 7.212/2010).

A NÃO-CUMULATIVIDADE DOS TRIBUTOS

Hipótese de incidência	Consequência jurídica
Aspecto material: saída, importação ou arrematação de produto industrializado; Aspecto temporal: momento da saída, do desembaraço aduaneiro ou da arrematação da mercadoria; Aspecto espacial: em qualquer lugar do território nacional; Aspecto pessoal: industrial, importador ou arrematante.	Sujeito ativo: União Federal; Sujeito passivo: industrial, importador ou arrematante; Base de cálculo: valor da venda do produto industrializado; valor da importação acrescido do Imposto de Importação e encargos/taxas aduaneiros; valor da arrematação; Alíquota: fixada na TIPI, observando-se os limites máximo e mínimo fixados na legislação ordinária; Quanto pagar: o valor resultante da dedução, dos débitos calculados sobre as operações e prestações tributáveis, dos créditos do imposto aos quais o contribuinte fizer jus; Como e onde pagar: previsto no RIPI.

O IPI é regido em boa parte pela Lei nº 4.502/64, que regulava, *ab initio*, o extinto Imposto sobre Consumo. O Regulamento do IPI, a seu turno, é atualmente veiculado pelo Decreto nº 7.212/2010. Trata-se, todavia, de um imposto "vetusto e antieconômico", como enfatiza SACHA CALMON,[532] com carradas de razão. Afinal, a sua finalidade é apenas permitir que tanto a União (por meio do IPI) como os Estados (que têm competência para cobrança do ICMS) tributem o consumo de mercadorias. Em verdade, o IPI consiste em uma hipótese de bitributação constitucionalmente autorizada, pois grava as mesmas realidades que o ICMS, apesar deste último ser mais amplo.

---

532. COÊLHO, Sacha Calmon Navarro. *Curso de Direito Tributário Brasileiro*, 9ª ed. Rio de Janeiro: Forense, 2007, p. 510.

Seja lá como for, o IPI ainda existe, o que torna necessário o estudo de sua não-cumulatividade, agora no plano infraconstitucional.

É o que se fará a seguir.

11.2 A NÃO-CUMULATIVIDADE DO IPI NO CÓDIGO TRIBUTÁRIO NACIONAL

Desde sua criação, o IPI é não-cumulativo por força da Constituição. Espelhando o comando da Lei Maior, prescreve o CTN:

> Art. 49. O imposto é não-cumulativo, dispondo a lei de forma que o montante devido resulte da diferença a maior, em determinado período, entre o imposto referente aos produtos saídos do estabelecimento e o pago relativamente aos produtos nele entrados.
>
> Parágrafo único. O saldo verificado, em determinado período, em favor do contribuinte transfere-se para o período ou períodos seguintes.

Tal e qual a Carta Magna, o CTN prescreve a apuração do IPI pelo método imposto-contra-imposto (*tax on tax*). Assim, o imposto devido pelas saídas tributadas é abatido daquele suportado pelo contribuinte em suas aquisições. Noutro giro verbal, abate-se do IPI a pagar aquele que incidiu nas etapas anteriores do processo produtivo.

O Código Tributário Nacional determina ainda a apuração do IPI por período de tempo, com transporte de eventual saldo credor para as competências (períodos) seguintes. Todavia, não detalha os produtos passíveis de creditamento, sendo impossível, a partir da leitura do CTN, definir se o IPI será regido pelo crédito físico ou financeiro.[533]

Para logo, pode-se concluir que, se a CR/88 é concisa ao estatuir a não-cumulatividade do IPI – predicando tão

---

[533] A omissão do CTN, neste ponto, permite ao legislador ordinário federal optar pelo crédito físico ou financeiro. Como se verá adiante, a escolha recaiu sobre a primeira opção.

somente a apuração imposto-contra-imposto[534] – o CTN não vai muito além, inovando apenas ao estipular a apuração por período de tempo e o transporte de créditos não utilizados para as competências subsequentes (sendo que ambas as regras seriam, de qualquer forma, dessumíveis da não-cumulatividade constitucional).

Portanto, o estudo da legislação ordinária e do regulamento do IPI – a ser feito nos tópicos subsequentes – é fundamental para a adequada apreensão da não-cumulatividade do referido imposto.

11.3 A NÃO-CUMULATIVIDADE NA LEGISLAÇÃO ORDINÁRIA

11.3.1 O ART. 25 DA LEI Nº 4.502/64 E SUAS DEMAIS DISPOSIÇÕES SOBRE O TEMA

A Lei nº 4.502/64 é o diploma normativo basilar do IPI. Apesar de editada quando ainda vigorava o Imposto de Consumo, suas normas – adaptadas por leis supervenientes – são aplicáveis ao hodierno Imposto sobre Produtos Industrializados.

O dispositivo mais importante acerca da não-cumulatividade na Lei nº 4.502/64 é o art. 25, que assim predica em seu *caput*:

> Art. 25. A importância a recolher será o montante do imposto relativo aos produtos saídos do estabelecimento, em cada mês, diminuído do montante do imposto relativo aos produtos nele entrados, no mesmo período, obedecidas as especificações e normas que o regulamento estabelecer. *(Redação dada pelo Decreto-lei 1.136/1970)*

Algumas ilações podem ser extraídas do artigo em questão.

---

534. O art. 153, §3º, II, da CR/88 determina que o IPI será "não-cumulativo, compensando-se o que for devido em cada operação com o montante cobrado nas anteriores".

A primeira delas é que o período de apuração será mensal, pois o cálculo do imposto é feito pelo cotejo entre os valores das saídas e das entradas "em cada mês". De todo modo, é possível que leis ulteriores modifiquem o período de apuração, desde que isso não implique restrição à não-cumulatividade.[535] Atualmente, a regra é a apuração por competência mensal, em que pese haver exceções (como a apuração do IPI sobre cigarros, que é decendial).

Outrossim, o *caput* do art. 25 delega ao Poder Executivo a competência para estabelecer as "especificações e normas" referentes ao cálculo e pagamento do IPI. Atualmente, a matéria é regulada pelo Decreto nº 7.212/2010 (RIPI).[536]

Prosseguindo, o §1º do supracitado art. 25 dispõe especificamente sobre a amplitude da não-cumulatividade do IPI:

> §1º. O direito de dedução só é aplicável aos casos em que os produtos entrados se destinem à comercialização, industrialização ou acondicionamento e desde que os mesmos produtos ou os que resultarem do processo industrial sejam tributados na saída do estabelecimento. (Redação dada pelo Decreto-lei nº 1.136/70)

---

535. Certa feita o Estado de Rondônia editou decreto determinando que o pagamento do ICMS sobre a prestação de serviços de comunicação e operações com energia elétrica seria diário. A norma exigia que as empresas recolhessem aos bancos os valores de ICMS referentes às prestações e operações do dia. Essa medida impossibilitou a apuração dos tributos na forma não-cumulativa. Afinal, é necessário que haja um período mínimo de tempo para que os créditos sejam abatidos dos débitos, chegando-se ao quantum efetivamente devido. Por essa razão, entendeu o Superior Tribunal de Justiça que a modificação do período de apuração do ICMS, nesta hipótese, era ilegítima. (STJ, Segunda Turma, RMS nº 11.438/RO, Relator Min. FRANCIULLI NETTO, DJ 01.07.2002, p. 269).
As conclusões também se aplicam ao IPI. O período de apuração prescrito no caput do art. 25 da Lei nº 4.502/64 é mensal, podendo ser reduzido ou ampliado por leis ulteriores. Entrementes, a redução nunca poderá chegar ao ponto de retirar do contribuinte o tempo mínimo necessário para o cotejo entre débitos e créditos do imposto, como fez o Estado de Rondônia no precedente citado.

536. O decreto possui importante papel na apuração do Imposto sobre Produtos Industrializados. Entretanto, o Poder Executivo deve ter em mente que sua função, conforme aclarada pelo art. 99 do CTN, é apenas a de operacionalizar o recolhimento do imposto. É defeso às normas infralegais a modificação do sentido e alcance das leis. Assim, em nenhum momento o regulamento poderá restringir direitos do contribuinte, sobremais o da não-cumulatividade, cujo suporte, em última instância, é constitucional.

A NÃO-CUMULATIVIDADE
DOS TRIBUTOS

Consoante essa norma, o crédito restringe-se aos produtos destinados à comercialização, industrialização ou acondicionamento. Dessarte, não há direito ao creditamento sobre bens adquiridos para o ativo imobilizado das empresas. Portanto, a Lei n° 4.502/64 optou pelo regime do crédito físico (IVA tipo produto).[537]

Ademais, para que haja direito ao crédito, exige-se que a saída do produto industrializado seja tributada. É certo, contudo, que essa disposição foi parcialmente revogada por relativa incompatibilidade com o art. 11 da Lei n° 9.779/99. Este passou a permitir o crédito sobre insumos mesmo quando as saídas forem *isentas* ou sujeitas à *alíquota zero*, mantendo a regra do estorno apenas para as saídas não tributadas.[538]

Já o §3°[539] do art. 25 da Lei n° 4.502/64 determina:

> §3°. O Regulamento disporá sobre a anulação do crédito ou o restabelecimento do débito correspondente ao imposto deduzido, nos casos em que os produtos adquiridos saiam do estabelecimento com isenção do tributo ou os resultantes da industrialização estejam sujeitos à alíquota zero, não estejam tributados ou gozem de isenção, ainda que esta seja decorrente de uma operação no mercado interno equiparada a exportação, ressalvados os casos expressamente contemplados em lei. (Redação dada pela Lei n° 7.798/89)

Trata-se de uma reafirmação da regra prescrita no §1° do art. 25, pela qual a saída tributada é condição *sine qua non* para a manutenção dos créditos. Na hipótese do §3°, considera-se a possibilidade de o contribuinte, *ab initio*, ter registrado os créditos de insumos em sua escrita fiscal, ao pressuposto de que

---

537. Nesse sentido: STF, Decisão Monocrática, RE n° 480.648/AL, Relator Min. GILMAR MENDES, *DJe* 22.03.2011.

538. Para maiores detalhes sobre o art. 11 da Lei n° 9.779/99, vide próximo tópico.

539. O §2° do art. 25 foi revogado pelo Decreto-lei n° 2.433/88. Suas disposições autorizavam o Ministro da Fazenda a conceder créditos de IPI para os bens do ativo imobilizado adquiridos por empresas industriais, ainda que o vendedor não fosse contribuinte do IPI. Tratava-se, portanto, de um benefício fiscal (eis que o crédito da Lei n° 4.502/64 é físico), que era concedido "de acordo com as diretrizes gerais de política de desenvolvimento econômico do país" (art. 25, §2°, da Lei n° 4.502/64, texto revogado em 1988).

suas saídas seriam tributadas. Porém, ao cabo, os bens produzidos saem sem tributação (seja por mudança na lei, seja por modificação do produto que implique reenquadramento legal). Nesse caso, deverá o regulamento predicar a *forma* de anulação do crédito, que será obrigatoriamente glosado. O estorno não será devido, contudo, nas saídas de produtos *isentos* ou *sujeitos à alíquota zero* a partir de 1999, por força do art. 11 da citada Lei nº 9.779/99.[540]

Prosseguindo, a Lei nº 4.502/64 predica em seu art. 27, na redação dada pelo Decreto-lei nº 34/66, que o transporte de eventual saldo credor para o mês subsequente, na esteira do art. 49 do CTN. Mais adiante, estipula em seu art. 30 que, nas hipóteses de devolução do produto ao estabelecimento de origem, permitir-se-á o estorno do débito de IPI anteriormente lançado, por meio da concessão de crédito do imposto no exato montante do débito escriturado. Trata-se de regra que se relaciona apenas de forma indireta com o princípio da não-cumulatividade. Afinal, se houve saída tributada o imposto é devido. Contudo, se essa operação é cancelada, o débito há de ser glosado em razão da perda do substrato jurídico para a sua cobrança.

11.3.2 AS BENESSES DO ART. 11 DA LEI Nº 9.779/99

Em 20 de janeiro de 1999, foi publicada a Lei nº 9.779, que trouxe dispositivo da mais alta relevância para a não-cumulatividade do IPI. Ei-lo:

> Art. 11. O saldo credor do Imposto sobre Produtos Industrializados – IPI, acumulado em cada trimestre-calendário, decorrente de aquisição de matéria-prima, produto intermediário e material de embalagem, aplicados na industrialização, inclusive de produto isento ou tributado à alíquota zero, que o contribuinte não puder compensar com o IPI devido na saída de outros produtos, poderá ser utilizado de conformidade com o disposto nos arts. 73 e 74 da Lei nº 9.430, de 27 de dezembro de 1996, observadas normas expedidas pela Secretaria da Receita Federal do Ministério da Fazenda.

---

540. A regra, entrementes, não é válida para as saídas não tributadas (NT).

O artigo veicula duas importantes normas para o regramento do imposto:

(a) a possibilidade de manutenção e utilização dos créditos de insumos utilizados na produção de bens isentos ou tributados à alíquota zero;[541]

(b) o direito de compensação do saldo credor do IPI, acumulado durante um trimestre, com outros tributos federais.

É o que se verá a seguir.

11.3.2.1 DIREITO AOS CRÉDITOS DO IPI QUANDO OS PRODUTOS FINAIS FOREM ISENTOS OU TRIBUTADOS À ALÍQUOTA ZERO

De acordo com o §1º do art. 25 da Lei nº 4.502/64, o contribuinte é proibido de utilizar créditos do IPI relativos aos insumos utilizados no fabrico de produtos não tributados. A vedação baseia-se na exigência de duas etapas tributadas em sequência para que se operem os efeitos da não-cumulatividade.

---

541. Anteriormente à Lei nº 9.779/99, dois diplomas normativos já haviam assegurado – em caráter restrito – o direito à manutenção de créditos de IPI relativos à aquisição de insumos para fabricação de produtos isentos por força desses mesmos diplomas legais.
A Lei nº 8.191/91 concedeu isenção temporária do IPI sobre "equipamentos, máquinas, aparelhos e instrumentos novos, inclusive aos de automação industrial e de processamento de dados, importados ou de fabricação nacional, bem como respectivos acessórios, sobressalentes e ferramentas", assegurando "a manutenção e a utilização de crédito do IPI relativo a matérias-primas, produtos intermediários e material de embalagem" empregados na industrialização dos aludidos bens (art. 1º).
Posteriormente, a Lei nº 9.000/95 isentou do IPI – dessa vez em caráter permanente – os equipamentos relacionados em seu anexo (rol taxativo), garantindo a "manutenção e a utilização dos créditos" do imposto em relação às "matérias-primas, produtos intermediários e material de embalagem, efetivamente empregados na industrialização dos bens" (art. 1º).
Dessarte, com o advento do art. 11 da Lei nº 9.779/99 o direito à manutenção dos créditos relativos às entradas tributadas para produção de bens isentos foi universalizado, além de ter havido o acréscimo da previsão de que o aludido direito ao creditamento também subsistiria nas saídas sujeitas à alíquota zero do IPI.

A ausência de tributação dos produtos industrializados pode decorrer de:

(a) isenção;

(b) alíquota zero; ou

(c) não tributação propriamente dita.[542]

O art. 11 da Lei nº 9.779/99 permite ao contribuinte do IPI descontar créditos relativos à aquisição de matérias-primas, de produtos intermediários e de materiais de embalagem, quando utilizados na industrialização de produtos *isentos* ou *tributados à alíquota zero*. Como o dispositivo refere-se apenas a "produto isento ou tributado à alíquota zero", e sendo certo que os benefícios fiscais devem ser restritivamente interpretados, pode-se concluir que a norma exclui o direito ao crédito sobre os insumos utilizados em produtos *não tributados* (NT).

Nesse sentido, desde o advento do supracitado art. 11, os insumos utilizados no fabrico de produtos *isentos* ou sujeitos à *alíquota zero* passaram a gerar, para o seu adquirente, direito a créditos do IPI. Já para os produtos não tributados (NT) continuou a vigorar a regra que predica a glosa dos créditos.[543] Esse foi também o entendimento consolidado no âmbito do STJ. A Corte rechaçou as pretensões de contribuintes que tencionavam manter os créditos de insumos empregados em bens *não tributados*. Argumentou o STJ, com acerto, que o benefício em comento não se aplicava a tal situação.[544]

Outro ponto atinente ao art. 11 da Lei nº 9.779/99 refere-se à suposta eficácia retroativa que lhe foi atribuída por alguns

---

542. Sobre os conceitos de isenção, alíquota zero e não tributação, confira-se: Título II, Capítulo VII, item 7.9.

543. Art. 25, §1º, da Lei nº 4.502/64.

544. STJ, Primeira Turma, REsp nº 1.109.232/RS, Relator Min. FRANCISCO FALCÃO, *DJe* 22.04.2009.
No mesmo sendeiro: STJ, Primeira Turma, REsp nº 917.236/RN, Relator Min. JOSÉ DELGADO, *DJ* 02.08.2007, p. 414.

julgados,[545] de acordo com os quais o dispositivo em questão seria *expressamente interpretativo* da não-cumulatividade do IPI. Por esse motivo, sua aplicação deveria atingir os casos pretéritos, com espeque no art. 106, I, do CTN. Entretanto, o STF colocou uma pá de cal sobre essa tentativa de aplicação retrospectiva dos efeitos do benefício estatuído pelo art. 11 da Lei nº 9.779/99. Entendeu o Supremo Tribunal Federal que o direito ao crédito sobre insumos utilizados na produção de bens *isentos* e tributados à *alíquota zero* não deriva diretamente da Constituição, que exige duas operações tributadas em sequência para a operacionalização da não-cumulatividade. À míngua de dois estádios tributados, não haveria que se falar em cumulatividade. Por conseguinte, inexistiria direito ao crédito. Afinal, o art. 11 da Lei nº 9.779/99 teria instituído uma *benesse* para o IPI. Não haveria fundamento, dessarte, para a sustentação da tese da retroatividade da norma baseada em seu suposto cariz interpretativo.[546] Em atenção a esse julgado, o STJ modificou seu entendimento, para se adaptar ao decidido pela Corte Maior.[547]

11.3.2.2 DIREITO À COMPENSAÇÃO DOS CRÉDITOS DE IPI ACUMULADOS AO LONGO DE UM TRIMESTRE COM OUTROS TRIBUTOS FEDERAIS

11.3.2.2.1 A norma em questão

O art. 11 da Lei nº 9.779/99 também autorizou que o saldo credor de IPI acumulado no trimestre, por qualquer razão, seja compensado com outros tributos federais, na forma do art. 74 da Lei nº 9.430/96.[548] Com essa medida, criou-se um be-

---

545. Dentre vários, cite-se: STJ, Primeira Turma, AgRg no REsp nº 1.058.032/SP, Relator Min. FRANCISCO FALCÃO, *DJe* 20.10.2008.

546. Vide Título II, Capítulo VII, item 7.9.1.2.

547. STJ, Primeira Seção, REsp nº 860.369/PE, Relator Min. LUIZ FUX, j. em 25.11.2009 (processo julgado sob o rito da Lei nº 11.672/08 – recursos repetitivos).

548. Reza a Lei nº 9.430/96:
"Art. 74. O sujeito passivo que apurar crédito, inclusive os judiciais com trânsito em julgado, relativo a tributo ou contribuição administrado pela Secretaria da Receita Federal, passível de restituição ou de ressarcimento, poderá utilizá-lo na

nefício em prol dos contribuintes que não possuem débitos de IPI suficientes para a utilização integral de seus créditos. Essa situação é muito comum, mormente nos casos de empresas exportadoras (que, apesar de imunes do imposto federal nas vendas externas, fazem jus à manutenção dos créditos de IPI pela aquisição de insumos, nos termos do art. 251, §§ 1º e 2º do RIPI).[549] e de fabricantes de produtos isentos do IPI.

Dita autorização permite o abatimento dos créditos de IPI não compensados ao final de cada trimestre com débitos do IRPJ, da CSLL e do PIS/Cofins.

Neste ponto, insere-se uma importante discussão, relativa à correção monetária dos valores a serem compensados, que abordaremos a seguir.

11.3.2.2.2 A correção monetária dos valores a serem compensados com outros tributos federais

É cediço na jurisprudência – em que pese não comungarmos desse entendimento – que os créditos escriturais dos tributos não-cumulativos não se sujeitam à correção monetária caso não aproveitados no mês de sua aquisição pelo contribuinte, salvo se houver algum óbice imposto pelo Fisco à escrituração do aludido crédito.[550]

---

compensação de débitos próprios relativos a quaisquer tributos e contribuições administrados por aquele Órgão."

549. Assim dispõe o Decreto nº 7.212/2010:
"Art. 251. Os créditos serão escriturados pelo beneficiário, em seus livros fiscais, à vista do documento que lhes confira legitimidade.
(...)
§1º. Não deverão ser escriturados créditos relativos a matéria-prima, produto intermediário e material de embalagem que, sabidamente, se destinem a emprego na industrialização de produtos não tributados – compreendidos aqueles com notação 'NT' na TIPI, os imunes, e os que resultem de operação excluída do conceito de industrialização ou saídos com suspensão, cujo estorno seja determinado por disposição legal.
§2º. O disposto no §1º não se aplica aos produtos tributados na TIPI que estejam amparados pela imunidade em decorrência de exportação para o exterior." (destaques nossos)

550. Para maiores detalhes sobre o direito à correção monetária dos créditos escri-

A NÃO-CUMULATIVIDADE DOS TRIBUTOS

Inobstante, em matéria de IPI, há uma peculiaridade decorrente do disposto no art. 11 da Lei nº 9.779/99: como ao final do trimestre o crédito escritural do imposto passa a ser compensável com outras exações *segundo o regime do art. 74 da Lei nº 9.430/96*, pode-se asseverar que o crédito até então escritural do IPI adquire a natureza de indébito tributário, fazendo jus à correção pela SELIC, na linha da jurisprudência dos Tribunais Superiores acerca da compensação do tributo pago indevidamente.[551]

Este ponto de vista é defendido por PAULSEN, em voto condutor de aresto proferido pelo TRF da 4ª Região, cujos excertos abaixo clarificam o raciocínio:

> A legislação atinente ao IPI prevê hipóteses em que o crédito básico de IPI passa a ser oponível ao Fisco para fins de compensação com outros tributos ou mesmo para restituição. (...). Apurado saldo credor ao final do respectivo trimestre, deixará então de constituir mero crédito básico para compensação com débitos de IPI, assumindo, sim, o *status* de crédito oponível à União para restituição ou compensação administrativa com outros tributos, na forma dos arts. 73 e 74 da Lei nº 9.430/96 (...). Como todos os créditos do contribuinte restituíveis e compensáveis, pois, passa a ser atualizável pela aplicação da taxa SELIC por força da incidência do art. 39, §4º da Lei nº 9.250/95. Assim, ao final do trimestre-calendário em que escriturado o crédito básico, o saldo credor apurado passa a ser atualizável pela SELIC.[552]

O posicionamento nos parece correto. Afinal, o regime jurídico ao qual o crédito escritural de IPI passa a se sujeitar uma vez encerrado o trimestre sem a sua utilização é do o indébito tributário, cuja compensação é autorizada pelo art. 74 da Lei nº 9.430/96 com esteio no art. 170 do CTN, que cuida

---

turais nas exações não-cumulativas, vide Capítulo XV, item 15.4.

551. A Súmula 162/STJ predica que "na repetição de indébito tributário, a correção monetária incide a partir do pagamento indevido". Em diversos arestos o STJ tem equiparado a SELIC à correção monetária (apesar desta sabidamente englobar, além da correção, juros moratórios), determinando sua incidência a partir do pagamento indevido.

552. TRF da 4ª Região, Primeira Turma, AC nº 1999.70.09.003275-3/PR, Relator Des. Federal Convocado LEANDRO PAULSEN, *DJ* 05.02.2003, bol. 32.

exatamente do tributo indevidamente pago. Ora, uma vez modificado o regime jurídico ao qual se sujeita, o montante deixa de ser crédito escritural (impassível de correção monetária, na esteira da equivocada jurisprudência em vigor) e se torna crédito oponível à União, atraindo a incidência das normas jurídicas respectivas, em especial, no caso concreto, a que determina a correção do indébito pela SELIC.[553]

Contudo, é de se ressaltar que a proposta interpretativa em comento não encontra guarida na jurisprudência, tendo o aresto acima transcrito sido monocraticamente reformado no âmbito do STF.[554] A decisão final, todavia, não atentou para a especificidade do tema, tratando o caso como um simples pedido de correção monetária de créditos escriturais e não como um pleito de discussão do regime jurídico aplicável aos créditos de IPI acumulados após um trimestre-calendário: se o do indébito tributário ou o dos créditos escriturais em geral. Assim, entendemos que há possibilidade de a matéria ser (re)avaliada no âmbito das Cortes Superiores.

11.4 A NÃO-CUMULATIVIDADE NO REGULAMENTO DO IPI

11.4.1 DISPOSIÇÕES PRELIMINARES

A não-cumulatividade é prescrita no Capítulo XI ("Dos Créditos") do Título VII ("Da Obrigação Principal") do RIPI, em seus arts. 225 a 258.

---

553. Confira-se a Lei nº 9.250/95:
"Art. 39. (...).
§ 4º. A partir de 1º de janeiro de 1996, a compensação ou restituição será acrescida de juros equivalentes à taxa referencial do Sistema Especial de Liquidação e de Custódia – SELIC para títulos federais, acumulada mensalmente, calculados a partir da data do pagamento indevido ou a maior até o mês anterior ao da compensação ou restituição e de 1% relativamente ao mês em que estiver sendo efetuada."

554. STF, Decisão Monocrática, RE nº 431.259/PR, Relator Min. CELSO DE MELLO, *DJe* 04.02.2009.

A NÃO-CUMULATIVIDADE
DOS TRIBUTOS

O dispositivo inaugural[555] reitera o disposto no CTN, prescrevendo a apuração pelo sistema imposto-contra-imposto, por período de tempo.

Outrossim, predica o RIPI (tal como o art. 25, §3º, da Lei nº 4.502/64) o estorno dos débitos relativos a bens devolvidos ou retornados ao estabelecimento do contribuinte.[556] Assim, evita-se a tributação de materiais que, por razões não previstas inicialmente pelas partes, são devolvidos ao estabelecimento de origem.[557] A alíquota aplicável para o creditamento, quando da devolução da mercadoria, é aquela em vigor no momento de sua saída do estabelecimento originário (ainda que *a posteriori* a alíquota tenha sido majorada ou reduzida). Afinal, a intenção da regra é anular o débito anteriormente lançado, o que somente é possível com a utilização da mesma alíquota que gerou o débito original.

A norma em comento também esclarece que os créditos de IPI "de outra natureza"[558] ou concedidos a título de incentivo[559] devem ser tratados de forma escritural.[560] Contudo, tal previsão afigura-se desnecessária, pois o cálculo do *quantum*

---

555. Art. 225 do RIPI.

556. Art. 225, §1º, do RIPI.

557. Importante ressaltar que a devolução aqui referida é aquela não prevista ab initio pelas partes. Quando o produto é remetido para outra empresa, já com a intenção de ser devolvido ao estabelecimento de origem (v.g., como ocorre na industrialização por encomenda), a legislação considera que não houve saída do estabelecimento produtor (art. 5º, II, da Lei 4.502/64 c/c art. 225, §1º, do RIPI).

558. Os créditos de "outra natureza" são previstos no art. 240 do RIPI e permitem ao contribuinte creditar-se:
(a) do valor lançado como débito do IPI, quando a nota fiscal for cancelada antes da saída efetiva da mercadoria; e
(b) da diferença paga a maior do imposto, quando o lançamento do IPI tenha sido feito de forma antecipada.
O detalhamento dessa modalidade de crédito será feito no item 11.4.5, infra.

559. Regidos pelos arts. 236 a 239 do RIPI e relacionados a operações nas áreas da Superintendência de Desenvolvimento da Amazônia (SUDAM), Superintendência de Desenvolvimento do Nordeste (SUDENE) e Amazônia Ocidental. Seu estudo será realizado no item 11.4.7, infra.

560. Art. 225, §2º, do RIPI.

debeatur por meio do confronto entre débitos e créditos na conta gráfica é da própria natureza do imposto em tela.

11.4.2 ESPÉCIES DE CRÉDITOS

Os arts. 226 a 250 do Regulamento dispõem sobre as espécies de créditos cujo aproveitamento é autorizado. São elas:

(a) *créditos básicos;*

(b) *créditos por devolução ou retorno de produtos;*

(c) *créditos como incentivo*

(d) *créditos de outra natureza; e*

(e) *créditos presumidos.*

A primeira hipótese corresponde aos créditos decorrentes da aplicação do princípio da não-cumulatividade propriamente dito.[561] Dentre estes, se incluem os créditos decorrentes de quebras no estoque e da saída de resíduos, sucatas e aparas, assim como os créditos de IPI derivados dos insumos utilizados em bens exportados.

Já os créditos por devolução ou retorno de produtos[562] são apenas uma consequência indireta da não-cumulatividade. Afinal, cancelado o negócio que originou a saída tributada, a exigência do imposto perde sustentação jurídica. O estorno do débito (via lançamento a crédito) restaura o *status quo ante*.

---

561. Como lecionam REIS e BORGES, "créditos básicos (...) são aqueles diretamente associados ao princípio da não-cumulatividade e ao processo de industrialização, cuja titularidade pertence ao estabelecimento industrial ou equiparado". (REIS, Maria Lúcia Américo e BORGES, José Cassiano. *O IPI ao Alcance de Todos*. Rio de Janeiro: Revista Forense, 1999, p. 167).

562. Os créditos por devolução ou retorno de produtos foram referidos brevemente no item anterior, por serem mencionados pelo RIPI em seu art. 225. Serão tratados com maior vagar no item 11.4.4, infra.

A NÃO-CUMULATIVIDADE
DOS TRIBUTOS

Da mesma forma, os créditos de "outra natureza" também se relacionam de forma indireta com a não-cumulatividade, pois consistem em ajustes feitos na conta gráfica do contribuinte para que o débito do IPI corresponda ao valor efetivamente devido (como o cancelamento do débito quando a nota fiscal tiver sido emitida antes da saída do bem e esta, por algum motivo, for cancelada).

Por fim, os créditos presumidos e incentivados consistem numa opção feita pelo legislador para desonerar os contribuintes do imposto.[563] Tais espécies de créditos não se relacionam com a não-cumulatividade, pelo que serão tratados na parte final deste capítulo.

11.4.3 OS CRÉDITOS BÁSICOS DO IPI

O fundamento dos créditos básicos do IPI previstos no Regulamento é a não-cumulatividade plasmada no art. 25, §1º, da Lei nº 4.502/64. Assim, reconhece-se o direito ao crédito quando há:

(a) entrada de produtos destinados à comercialização, industrialização ou acondicionamento; e, igualmente,

(b) tributação, quando da saída do estabelecimento, dos produtos revendidos ou resultantes do processo industrial.

De se notar que a premissa para a utilização do "crédito básico" é a existência de tributação na operação seguinte. Contudo, como já visto, desde 1999[564] os contribuintes fazem jus à manutenção dos créditos de IPI quando suas saídas forem *isentas* ou sujeitas à alíquota zero. Tal benefício, consoante também referido alhures,[565] não se estende aos insumos utilizados no fabrico de produtos não tributados (NT), que seguem a regra geral do art. 226 do RIPI.

---

563. REIS, Maria Lúcia Américo e BORGES, José Cassiano. *O IPI ao Alcance de Todos*. Rio de Janeiro: Revista Forense, 1999, pp. 169-74.

564. Por força do art. 11 da Lei nº 9.779, de 20 de janeiro de 1999.

565. Vide item 11.3.2.1, supra.

Já o art. 227 do Regulamento do IPI traz outra benesse para os contribuintes: o industrial que adquirir matérias-primas, produtos intermediários e materiais de embalagem de comerciante atacadista não contribuinte do imposto poderá se creditar de 50% (cinquenta por cento) dos créditos aos quais faria jus caso as aquisições fossem tributadas.

Prosseguindo na análise do RIPI, as espécies de créditos básicos são assim delineadas, em rol *numerus clausus*:

> Art. 226. Os estabelecimentos industriais, e os que lhes são equiparados, poderão creditar-se:
>
> I – do imposto relativo a MP,[566] PI[567] e ME,[568] adquiridos para emprego na industrialização de produtos tributados, incluindo-se, entre as matérias-primas e produtos intermediários, aqueles que, embora não se integrando ao novo produto, forem consumidos no processo de industrialização, salvo se compreendidos entre os bens do ativo permanente;
>
> II – do imposto relativo a MP, PI e ME, quando remetidos a terceiros para industrialização sob encomenda, sem transitar pelo estabelecimento adquirente;
>
> III – do imposto relativo a MP, PI e ME, recebidos de terceiros para industrialização de produtos por encomenda, quando estiver destacado ou indicado na nota fiscal;
>
> IV – do imposto destacado em nota fiscal relativa a produtos industrializados por encomenda, recebidos do estabelecimento que os industrializou, em operação que dê direito ao crédito;
>
> V – do imposto pago no desembaraço aduaneiro;
>
> VI – do imposto mencionado na nota fiscal que acompanhar produtos de procedência estrangeira, diretamente da repartição que os liberou, para estabelecimento, mesmo exclusivamente varejista, do próprio importador;
>
> VII – do imposto relativo a bens de produção recebidos por comerciantes equiparados a industrial;
>
> VIII – do imposto relativo aos produtos recebidos pelos estabelecimentos equiparados a industrial que, na saída destes, estejam

---

566. Matérias-primas.
567. Produtos intermediários.
568. Materiais de embalagem.

sujeitos ao imposto, nos demais casos não compreendidos nos incisos V a VII;

IX – do imposto pago sobre produtos adquiridos com imunidade, isenção ou suspensão quando descumprida a condição, em operação que dê direito ao crédito; e

X – do imposto destacado nas notas fiscais relativas a entregas ou transferências simbólicas do produto, permitidas neste Regulamento.

Parágrafo único. Nas remessas de produtos para armazém-geral e depósito fechado, o direito ao crédito do imposto, quando admitido, é do estabelecimento depositante.

Vejamos, a seguir, os principais questionamentos em torno dos pontos acima listados.

11.4.3.1 A VEDAÇÃO AO CRÉDITO SOBRE BENS DO ATIVO IMOBILIZADO

Uma das primeiras ilações extraídas da leitura do art. 226, I, do RIPI é a vedação do crédito sobre bens destinados ao ativo permanente[569] das empresas, constante de forma expressa em sua parte final.

O dispositivo é consentâneo com o art. 25 da Lei n° 4.502/64, que apenas permite o crédito sobre produtos destinados à comercialização, industrialização ou acondicionamento. Como os bens do ativo não se enquadram nessas características (afinal, são adquiridos para integrar o patrimônio do contribuinte, desgastando-se naturalmente com o tempo), inexiste, em relação a eles, direito ao creditamento.

Trata-se de clara opção pela sistemática do crédito físico, que vigorou para o ICM e, durante alguns anos, também para

---

569. O conceito de ativo permanente equivale, para fins do creditamento do IPI, ao de ativo imobilizado, que é assim definido pela ciência contábil:
"Ativo imobilizado são bens corpóreos (palpáveis) destinados à manutenção da atividade principal da empresa ou exercidos com essa finalidade, inclusive os decorrentes de operações que transfiram à empresa os benefícios, riscos e controle desses bens. Os bens que auxiliam a empresa na consecução de sua atividade pertencem ao imobilizado: máquinas, equipamentos, prédios (em uso), ferramentas, móveis e utensílios, instalações, veículos, etc." (MARION, José Carlos. *Contabilidade Básica*. 9. ed. São Paulo: Atlas, 2008, pp. 65-6).

o ICMS (sob a égide do Convênio ICM n° 66/88). A restrição tem sido validada pelo STJ,[570] como não poderia deixar de ser, haja vista o posicionamento do STF sobre o tema.[571]

Ao negar a dedução dos créditos calculados sobre o ativo imobilizado, o legislador do IPI assemelhou o imposto a um IVA tipo produto,[572] modalidade em franco desuso nos países que adotam a tributação sobre o valor acrescido.

Vale lembrar que, em 1970, a legislação[573] autorizou o cálculo de crédito do IPI sobre bens destinados ao ativo imobilizado das empresas (máquinas, aparelhos e equipamentos),[574] desde que produzidos no País[575] e listados em Portaria do Ministério

---

570. Dentre vários, cite-se: STJ, Primeira Turma, RESP n° 1.075.508/SC, Relator Min LUIZ FUX, Dje 13.10.2009; STJ, Segunda Turma, REsp n° 1.028.459/SC, Relator Min. HUMBERTO MARTINS, DJe 26.06.2008.

571. O STF já assentou, em inúmeras oportunidades, que a garantia mínima da não-cumulatividade corresponde ao crédito físico, como se dessume do seguinte excerto de julgado daquela Casa:
"A melhor doutrina registra importante discussão acerca da caracterização da não-cumulatividade aplicável ao Imposto sobre Circulação de Mercadoria e Serviços – ICMS, isto é, se o crédito usado para compensar o que devido nas operações anteriores é financeiro ou físico. Porém, a jurisprudência desta corte tem sistematicamente validado normas que se aproximam do conceito de crédito físico, que condiciona o direito à entrada de bens que, de algum modo, se integrem na operação da qual resultará a saída da mesma ou de outra mercadoria (industrialização ou comercialização)." (STF, Segunda Turma, AgReg no RE 447.470/PR, Relator Min. Joaquim Barbosa, DJe 07.10.2010).

572. Vide Título I, Capítulo III, item 3.3.2.

573. O Decreto-lei n° 1.136/70, incluiu um §2° ao art. 25 da Lei n° 4.502/64, que passou a ostentar a seguinte redação:
"Art. 25. (...).
§2°. O Ministro da Fazenda poderá atribuir aos estabelecimentos industriais o direito de crédito do imposto sobre produtos industrializados relativo a máquinas, aparelhos e equipamentos, de produção nacional, inclusive quando adquiridos de comerciantes não contribuintes do referido imposto destinados à sua instalação, ampliação ou modernização e que integrarem o seu ativo fixo, de acordo com as diretrizes gerais de política de desenvolvimento econômico do país."

574. Também foi autorizado o crédito sobre o IPI suportado na aquisição de máquinas e equipamentos destinados à produção, pelo estabelecimento, de bens a serem incorporados ao seu próprio ativo imobilizado.

575. Alguns contribuintes intentaram creditar-se do IPI incidente sobre bens importados de países signatários do GATT (Acordo Geral de Tarifas e Comércio). A pretensão foi rechaçada pela jurisprudência, com base na interpretação restritiva

da Fazenda.[576] Assim, o IPI tornou-se, apenas para algumas indústrias, um IVA tipo Consumo (pois o crédito era aproveitável à vista).[577] Entretanto, esse dispositivo vigorou apenas até 1988, quando foi revogado pelo Decreto-lei nº 2.433, de 19 de maio daquele ano.

Dessarte, respaldado pelo STF e com o beneplácito do STJ, o RIPI interpreta a Lei nº 4.502/64 e veda *expressamente*[578] o crédito sobre bens incorporados ao ativo imobilizado das empresas.

11.4.3.2 MATÉRIAS-PRIMAS, PRODUTOS INTERMEDIÁRIOS E MATERIAIS DE EMBALAGEM

Como se viu, o art. 226 do Regulamento do IPI assegura o cálculo de créditos *básicos* sobre matérias-primas (MP), produtos intermediários (PI) e materiais de embalagem (ME). Imperiosa, dessarte, a conceituação desses institutos. Confira-se.

11.4.3.2.1 Matérias-primas

Segundo o Dicionário Aurélio da Língua Portuguesa,[579] matéria-prima consiste na "substância bruta principal e essencial com que é fabricada alguma coisa". Esse conceito passou a interessar à não-cumulatividade ainda sob a égide do Imposto

---

que deve ser dispensada aos dispositivos de lei que veiculam benefícios fiscais (TFR, Primeira Turma, AMS nº 79.289/SP, Relator Min. CORREA PINA, *DJ* 23.10.1980).

576. A jurisprudência convalidou a delegação ao Poder Executivo da função de listar os bens do ativo passíveis de creditamento. Inter alii, cite-se: TFR, 6ª Turma, AC nº 79.137/SP, Relator Min. MIGUEL FERRANTE, *DJ* 11.09.1986; TFR, 6ª Turma, AC nº 71.954/SP, Relator Min. TORREÃO BRAZ, *DJ* 13.12.1984.

577. TFR, 5ª Turma, AC nº 134.575/RN, Relator Min. GERALDO SOBRAL, *DJ* 14.04.1988.
Em outros julgados, o TFR esclareceu ainda que o pressuposto para o aproveitamento do crédito, mesmo quando o bem do ativo estivesse listado na portaria do Ministro da Fazenda, era a produção de bens tributados pelo IPI. Assim, a empresa que industrializasse produtos não tributados era impedida de escriturar créditos sobre bens do ativo, mesmo quando inseridos em portaria ministerial (TFR, 6ª Turma, AC nº 99.581/RS, Relator Min. CARLOS MÁRIO VELLOSO, *DJ* 07.04.1988, p. 7.337).

578. Art. 226, I, *in fine*, do RIPI.

579. Dicionário Aurélio da Língua Portuguesa, versão eletrônica.

de Consumo (IC). A vetusta Lei nº 3.520/58, uma das pioneiras da não-cumulatividade no Brasil, autorizou a dedução do IC suportado na aquisição de *matérias-primas* que concorressem para a fabricação do produto final.[580] Desde então, o crédito sobre matérias-primas passou a integrar o núcleo essencial da não-cumulatividade tributária, que foi transplantado para o IPI, para o ICM/ICMS e, atualmente, também para o PIS/Cofins.[581]

Dessa forma, nota-se que não há maiores divergências quanto ao conceito de matéria-prima: trata-se de todo e qualquer bem que se consome ou se modifica no processo de industrialização, integrando fisicamente o produto final. Assim, as chapas de aço são matérias-primas para a fabricação de automóveis; a madeira, para a indústria de móveis; o plástico, para a indústria de brinquedos, dentre infindáveis exemplos cuja enumeração se faz despicienda.

11.4.3.2.2 Produtos intermediários

11.4.3.2.2.1 Origem normativa

Ao regulamentar a Lei nº 3.520/58 – que autorizou a dedução do Imposto de Consumo suportado na aquisição de *matérias-primas* – o Executivo federal ampliou o direito ao crédito, assegurando que *outros produtos* (além das matérias-primas) utilizados na fabricação ou acondicionamento de mercadorias

---

580. Trata-se do art. 5º do Decreto-lei nº 7.404/45 [revogado posteriormente pela Lei 4.502/64], com a redação que lhe foi impingida pela Lei nº 3.520/58:
"Art. 5º. Quando num mesmo estabelecimento produtor se fabricarem artigos sujeitos ao imposto de consumo que, sem saírem deste estabelecimento, forem utilizados na fabricação ou no acondicionamento de outros tributados, o imposto incide somente no produto final, facultada ao fabricante a dedução dos impostos pagos sobre as matérias primas que concorrerem para a sua produção."

581. Como já ressaltado anteriormente, o regime aplicável às contribuições não é o da não-cumulatividade em sua inteireza, sendo-o apenas nos pontos em que compatível com a tributação sobre a receita bruta. A nosso sentir, entretanto, a garantia mínima do crédito físico – sobre matérias-primas, bens intermediários e materiais de embalagem – pode e deve ser aplicada às contribuições não-cumulativas, exigindo que o legislador ordinário, ao optar por esse regime, permita o cálculo do crédito, no mínimo, sobre as despesas com aquisição desse tipo de produto.

permitissem a dedução do IC a pagar.[582] O sentido desses "outros produtos", contudo, somente foi aclarado pela Lei nº 4.153/62,[583] que os definiu como os "artigos e produtos secundários ou intermediários consumidos total ou parcialmente" no processo de fabricação, sendo utilizados na "composição, elaboração, preparo, obtenção e confecção, inclusive na fase de apresto e acabamento" do produto final.

A Lei nº 4.502/64, que derradeiramente regulou o Imposto de Consumo no País (antes de sua extinção pela EC nº 18/65), também se referiu aos produtos intermediários de forma expressa, assegurando o cálculo de créditos sobre a sua aquisição, ao lado das matérias-primas e embalagens.[584] O mencionado diploma legal, todavia, não definiu o conceito de bens intermediários, o que somente foi feito pelo regulamento do IC, que os tratou como os bens que, "embora não se integrando no novo produto, são consumidos no processo de industrialização".[585]

Com a EC nº 18/65 e a edição do Código Tributário Nacional, as regras antes aplicáveis ao Imposto de Consumo passaram a reger o IPI,[586] que era legalmente definido como a "nova denominação" do IC.[587]

O primeiro Regulamento do IPI, editado em 1967, simplesmente repetiu a qualificação de produto intermediário constante do anterior. Assim, o contribuinte faria jus ao crédito se houvesse consumo do bem no processo de industrialização.[588]

---

582. Art. 148 do Regulamento constante no Decreto nº 45.422/59 [decreto este revogado posteriormente pelo Decreto de 24 de abril de 1991].

583. Art. 34, b, 1, da Lei nº 4.153/62.

584. Art. 25, §1º, da Lei nº 4.502/64.

585. Art. 27, I, do Decreto nº 56.791/65.

586. *Interplures*, a Lei nº 4.502/64, que tratava da não-cumulatividade do imposto de consumo e passou a reger a do IPI, foi modificada pelos Decretos-leis nºs 34/66, 400/68 e 1.136/70.

587. Art. 1º do DL nº 34/66.

588. Art. 30, I, do RIPI/67 (Decreto nº 61.514/67).

A novidade adveio no RIPI/72, que passou a conceituar como produto intermediário aquele consumível de forma *imediata* e *integral* no processo de industrialização.[589]

Com o intuito de aclarar a interpretação da norma, o Coordenador do Sistema de Tributação (CST) editou o Parecer Normativo nº 181/74, sustentando que o consumo *imediato* dos intermediários consistiria em sua participação *intrínseca* no processo produtivo. Dessa forma, não se confundiriam com as máquinas, equipamentos e instalações, que atuam *sobre* o produto em industrialização, de modo *extrínseco*. Outrossim, o consumo *integral* consistiria, consoante o Parecer Normativo CST nº 181/74, na necessidade de desgaste completo do bem intermediário, após uma única utilização, tornando-o imprestável para a finalidade que lhe era própria. Ao cabo, o Parecer exemplificou (em rol *numerus apertus*) os bens que *não gerariam crédito do imposto*, que podemos dividir em duas categorias:

(a) produtos incorporados às instalações industriais, partes, peças e acessórios de máquinas, equipamentos e ferramentas;

(b) produtos empregados na *manutenção* das instalações, máquinas e equipamentos, inclusive lubrificantes e combustíveis necessários ao seu funcionamento, tais como: limas, rebolos, lâminas de serras, brocas, tijolos refratários utilizados em fornos de produção de metais, tintas e lubrificantes empregados na manutenção de máquinas e equipamentos.

A nosso sentir, a primeira categoria acima listada não trata, efetivamente, de produtos intermediários, mas sim de bens integrantes do ativo imobilizado da empresa, porquanto se integram de forma mais duradoura ao patrimônio do contribuinte. Assim, como em matéria de IPI os bens do ativo imobilizado não geram direito ao creditamento, pode-se afirmar que nenhuma inconsistência há nesta parte da orientação normativa.

---

589. Art. 32, I, do RIPI/72 (Decreto nº 70.162/72).

Já a segunda relação de mercadorias cuida – ao contrário do que pugna o Parecer Normativo CST nº 181/74 – de produtos verdadeiramente intermediários. A sua descaracterização como tais pelo Fisco decorre das ilegais exigências de consumo *imediato* (a exigir contato direto e intrínseco com o bem produzido) e *integral* (instantâneo) do insumo, insculpidas no RIPI/72.

Todavia, já no regulamento seguinte (RIPI/79) as referidas exigências deixaram de existir, tendo sido restabelecido o tradicional conceito de produto intermediário: aquele que, embora não se integre ao novo produto, é consumido no processo de industrialização.[590]

Entrementes, baseado nesse regulamento, o Coordenador do Sistema de Tributação (CST) elaborou novo parecer normativo,[591] em que:

(a) foi explicitada a impossibilidade de retroação do conceito de produto intermediário constante do RIPI/79 para as situações abrigadas pelo RIPI/72 (que exigia a já referida consumição imediata e integral);

(b) foi mantido – à revelia das disposições do RIPI/79, que nada previam nesse sentido – o requisito de contato físico direto entre a mercadoria consumida e o produto final para caracterização do bem como intermediário.

Assim, de fora parte a retirada da exigência de consumo instantâneo (em uma única utilização), o entendimento normativo da CST continuou a sustentar a necessidade de contato direto do produto intermediário com a mercadoria industrializada.

Os trechos a seguir demonstram a preocupação do Parecer Normativo CST nº 65/79 em estremar a então novel definição dos bens intermediários da anterior, regida pelo RIPI/72, na

---

590. Art. 66, I, do RIPI/79 (Decreto nº 83.263/79). Este mesmo dispositivo vedou expressamente, por primeira vez, o crédito sobre bens do ativo imobilizado, com esforço no art. 25, §1º, da Lei nº 4.502/64.

591. Parecer Normativo do Coordenador do Sistema de Tributação – CST nº 65, *DOU* 06.11.1979.

parte relativa à desnecessidade de consumição integral (*rectius*, instantânea) do produto caracterizado como intermediário:

> 10.2. A expressão "consumidos", sobretudo levando-se em conta que as restrições 'imediata e integralmente', constantes dos dispositivos correspondentes do Regulamento anterior, foram omitidas, há de ser entendida em sentido amplo, abrangendo, exemplificativamente, o desgaste, o desbaste, o dano e a perda de propriedades físicas ou químicas (...).[592]

Portanto, enquanto no RIPI/72, interpretado pelo Parecer Normativo CST nº 181/74, o produto somente seria caracterizado se consumido integralmente na industrialização, em um único momento, a partir do RIPI/79 e na esteira do Parecer Normativo CST nº 65/79 o consumo gradual do bem, ocasionando a perda de suas propriedades físicas ou químicas, passou também a ser admissível para sua definição como produto intermediário.

Contudo, nesse mesmo trecho, o Parecer Normativo CST nº 65/79 sustenta que o desgaste, o desbaste, o dano e a perda de propriedades físicas devem ser "decorrentes de ação direta do insumo sobre o produto em fabricação, ou deste sobre o insumo", inovando em relação ao RIPI/79 e restaurando a regra do RIPI/72, de modo a exigir o intitulado consumo "imediato", ou seja, em contato direto com o produto fabricado, para que o bem seja tratado como intermediário e gere o direito ao creditamento do IPI. Nessa esteira, conclui que bens geradores de crédito são:

(a) aqueles que se incorporam fisicamente ao produto final (matérias-primas ou bens intermediários *stricto sensu*);

(b) quaisquer outros que sofram alterações (tais como desgaste, dano, perda de propriedades físicas ou químicas) *em função de ação diretamente exercida sobre o bem em industrialização, ou vice-versa*, salvo se tais produtos integrarem o ativo imobilizado da empresa.

---

592. Parecer Normativo do Coordenador do Sistema de Tributação – CST nº 65, *DOU* 06.11.1979.

A NÃO-CUMULATIVIDADE DOS TRIBUTOS

O Parecer Normativo CST nº 65/79, em vigor até os dias de hoje (eis que os Regulamentos do IPI de 1982,[593] 1998,[594] 2002[595] e 2010[596] apenas repetiram o conceito de produto intermediário plasmado no RIPI/79), restringe, ilegalmente, o direito ao crédito de IPI. Afinal, a Lei nº 4.153/62, que por primeira e única vez dispôs, no plano legal, sobre o conceito de produtos intermediários, exige apenas o seu consumo, *total ou parcial*, no processo de industrialização. A Lei nº 4.502/64 refere-se a bem intermediário, mas não o define. Todavia, pela interpretação histórica, o conceito somente pode ter o sentido que lhe foi conferido pela Lei nº 4.153/62. Erigir requisitos como o "contato direto com o produto final", consoante predicado pelo Parecer Normativo CST nº 65/79 (sem base sequer no Regulamento), é extrair da legislação sentido que ela não possui. Como predica a boa técnica hermenêutica, se a lei não distingue, não cabe ao intérprete distinguir.

É interessante notar que a jurisprudência dos Tribunais Superiores, incompreensivelmente, nunca procedeu à análise da exigência de consumo *imediato* à luz do histórico normativo acima mencionado. Ao contrário, em matéria de IPI sempre tomou como válido o conceito erigido pelo Parecer Normativo CST nº 65/79, em que pese ter, corretamente, afastado a exigência de consumo *integral* (instantâneo) predicada pelo Parecer Normativo CST nº 181/74, à luz do RIPI/72, admitindo o crédito sobre bens consumidos de forma gradual no processo produtivo (mas sempre em contato com o produto final).

Confira-se.

11.4.3.2.2.2 A jurisprudência das cortes superiores

O Supremo Tribunal Federal definiu o conceito de produto intermediário no final da década de 1970: desde que o

---

593. Art. 82, I, do RIPI/82 (Decreto nº 87.981/82).
594. Art. 147, I, do RIPI/98 (Decreto nº 2.637/98).
595. Art. 164, I, do RIPI/2002 (Decreto nº 4.544/2002).
596. Art. 226, I, do RIPI/2010 (Decreto nº 7.212/2010).

bem fosse consumido na produção, entrando em contato com o produto final e não integrado o ativo permanente, seria considerado intermediário e geraria direito ao crédito.

A conclusão foi extraída do estudo das decisões sobre o tema, algumas das quais expostas a seguir neste tópico. Todas as vezes em que os fatos narrados no processo conferiam ao produto uma natureza próxima à de ativo imobilizado, negava-se o cariz de bem intermediário; por outro lado, demonstrado o desgaste, rápido ou lento, mas em velocidade que não indicasse a incorporação ao imobilizado, o Supremo Tribunal Federal assegurava o creditamento, classificando o produto como intermediário.

As indústrias siderúrgicas tiveram importante papel nessas discussões, haja vista o elevado número de componentes utilizados para fabricação do aço. Um tema recorrentemente analisado pelo STF foi o da natureza dos materiais refratários que revestem os fornos onde o aço é fabricado.[597] A Primeira Turma do Tribunal, em 1979, concluiu que os refratários seriam produtos intermediários, pois se desgastavam na produção, "de nada mais servindo o resíduo".[598] Com tal assentada, afastaram-se os requisitos do RIPI/72 de consumição *imediata* (que significa atuação intrínseca em relação ao produto) e *integral* (inutilização após cada uso). Ao contrário: os refratários atuam *sobre* o produto, de modo *extrínseco* (mas em contato com ele), e se tornam impróprios para consumo apenas depois de várias utilizações.[599] Já a Segunda Turma, ao analisar o

---

597. Vale lembrar que o crédito sobre materiais refratários era expressamente negado pelo Parecer Normativo CST nº 181/74, à luz do RIPI/72.

598. STF, Primeira Turma, RE nº 90.205/RS, Relator Min. SOARES MUÑOZ, DJ 23.03.1979, p. 2.103.

599. Apesar de o tema não envolver questão constitucional (tratava-se de decreto – RIPI/72 – editado em contrariedade à Lei nº 4.502/64), a não-cumulatividade plasmada pela EC nº 18/65 foi invocada para a solução da lide. A Suprema Corte, então, interpretou o RIPI/02 conforme a Constituição. Veja-se, no voto do Min. SOARES MUÑOZ:
"Estou em que, tendo o acórdão recorrido admitido o fato de que os refratários são consumidos na fabricação do aço, a circunstância de não se fazer esse consumo em cada fornada, mas em algumas sucessivas, não constitui causa impeditiva à regra constitucional e legal que proíbe a cumulatividade do IPI.
(...)

mesmo tema em 1981, arrimou-se na questão formal para não julgar o mérito da lide. Segundo o acórdão, não poderia o STF declarar a ilegalidade do RIPI/72 eis que, nesse caso, haveria violação *indireta* à Constituição da República. O decreto que veiculou o RIPI estava em desacordo com a Lei nº 4.502/64, que era constitucional. Assim, apenas de forma indireta havia violação à Constituição, o que desautorizava o conhecimento do extraordinário. Não obstante, todos os Ministros concordaram que, se o mérito fosse apreciado, a solução seria o afastamento da ilegal restrição do RIPI/72 ao creditamento.[600]

Assim, no início da década de 1980, o STF já havia superado o óbice criado pelo RIPI/72 à caracterização dos produtos intermediários, em que pese não ter afastado a necessidade de contato com o produto final.

A jurisprudência do extinto Tribunal Federal de Recursos seguiu o mesmo sendeiro, sempre laborando com base nas provas periciais produzidas nos autos. Certa feita, entendeu o TFR, que determinada usina siderúrgica faria jus ao crédito dos materiais refratários utilizados na fabricação do aço, porquanto essenciais à produção e pelo contato direto com o bem fabricado.[601] Já em oportunidade distinta, o TFR predi-

---

Aceito a interpretação que concilia o (...) Regulamento (...) com a Lei nº 4.502/64." (STF, Primeira Turma, RE nº 90.205/RS, Relator Min. SOARES MUÑOZ, DJ 23.03.1979, p. 2.103, destaques nossos).

600. Tratava-se do RE nº 93.545/SP em que se discutia a classificação, como bens intermediários, de panos filtrantes utilizados na fabricação de papel transparente. O Relator originário, Min. LEITÃO DE ABREU, entendeu que o RIPI/1972 extrapolara a Lei nº 4.502/64 ao determinar que bens intermediários seriam apenas aqueles consumidos de forma imediata e integral na produção – o que impediria, no caso, o crédito dos panos filtrantes, que admitiam mais de uma utilização antes de seu efetivo descarte. Da fundamentação do Min. LEITÃO DE ABREU nenhum outro integrante da Segunda Turma divergiu. Todavia, somente o Min. CORDEIRO GUERRA acompanhou o relator originário. Os outros três julgadores (Ministros DÉCIO MIRANDA, MOREIRA ALVES e DJACI FALCÃO) não conheceram do extraordinário por questão formal: como o relator apontara que a contrariedade era do RIPI à lei, e apenas por via oblíqua à Constituição (eis que a lei era consentânea com esta), não poderia o STF julgar a causa. (STF, Segunda Turma, RE nº 93.545/SP, Relator Min. LEITÃO DE ABREU, *DJ* 11.09.1981, p. 8.791).

601. TFR, Quarta Turma, AC nº 87.471/MG, Relator Min. ARMANDO ROLEMBERG, *DJ* 24.10.1985.

cou existir direito de crédito do IPI sobre o material refratário consumido, "embora lentamente", no processo de fabricação de ladrilhos.[602] Esse mesmo entendimento, anos depois, foi reiterado pelo STJ. A Corte Superior de Justiça deixou claro que os materiais refratários, embora consumidos "de maneira lenta",[603] consistem em produtos intermediários.[604]

O Tribunal Federal de Recursos somente negou o crédito de IPI a produtos que, agregados a máquinas ou equipamentos, destes fizessem parte. Valendo-se do critério legal para caracterização de bens do ativo imobilizado,[605] o TFR denegou o pleito de indústrias produtoras de papel que pretendiam creditar-se do IPI suportado na compra de telas e feltros utilizados em suas máquinas. Como tais produtos se incorporavam ao maquinário, entendeu o TFR que se tratavam de bens destinados ao ativo imobilizado.[606] Todavia, em arestos nos quais o feltro foi caracterizado como um produto não integrante do ativo imobilizado, consumindo-se na produção do papel, o TFR conferiu o direito ao crédito, qualificando o produto como intermediário.[607] Diante dessas decisões contraditórias, pode-se dizer que o TFR incorreu em erronia? Temos que não. As Cortes Superiores se limitam a aplicar o direito à

No mesmo sendeiro: TFR, Quinta Turma, REO nº 48.932/PR, Relator Min. MOACIR CATUNDA, *DJ* 16.09.1982.

602. TFR, Sexta Turma, REO nº 64.953/SP, Relator Min. JOSÉ DANTAS, *DJ* 26.09.1980.

603. STJ, Segunda Turma, REsp nº 18.361/SP, Relator Min. HÉLIO MOSIMANN, *DJ* 07.08.1995, p. 23.026.

604. Obviamente, a "lentidão" referida nos acórdãos deve ser obtemperada: se o bem se incorpora ao patrimônio da empresa por um ano, passa a integrar o ativo imobilizado, descaracterizando-se como produto intermediário.

605. A legislação do Imposto sobre a Renda determina a ativação de todo bem que se integrar ao patrimônio da empresa por período igual ou superior a 1 (um) ano (confira-se maiores detalhes no Capítulo XII, item 12.3.3, infra).

606. Dentre vários, cite-se: TFR, Sexta Turma, AC nº 62.840/SP, Relator Min. TORREÃO BRAZ, *DJ* 21.10.1982; TFR, Segunda Seção, EIAC nº 64.688/PR, Relator Min. HUGO MACHADO, *DJ* 13.02.1989.

607. TFR, Quinta Turma, REO nº 59.442/SP, Relator Min. PEDRO ACIOLI, *DJ* 01.07.1981.

moldura fática apresentada pelo acórdão recorrido. Assim, é possível que em certos processos uma perícia tenha demonstrado que o consumo de feltros para a indústria de papel se dá em intervalo inferior a um ano, não havendo incorporação do bem ao ativo permanente da empresa. Nessa hipótese, a única solução é o reconhecimento do crédito. Já em outras ações nas quais as conclusões periciais são pela incorporação do feltro à máquina integrante do ativo, o Tribunal é obrigado a se adstringir aos fatos descritos nos autos, negando, à luz da verdade formal que pauta o processo judicial, o crédito de IPI.

Dessa forma, em feitos nos quais se discute a natureza dos bens intermediários, a moldura fática é condição fundamental para que se decida corretamente o caso. Decisões divergentes como as do TFR aqui apontadas não decorrem da oscilação do entendimento do Tribunal, mas sim da forma em que os fatos da causa lhe foram apresentados. Corroborando esse entendimento vale fazer referência ao *leading case* no qual o Superior Tribunal de Justiça apreciou a questão do crédito sobre telas e feltros empregados nas máquinas produtoras de papel. A Corte negou o cariz de intermediário aos referidos bens, porquanto a descrição fática indicava que os feltros e telas equivaliam a "bens de produção, bens de capital, equipamentos, que se depreciam, que se acabam, pela inexorável lei do desgaste", do que decorria a sua não-caracterização como bens intermediários.[608] As decisões posteriores do STJ sobre a questão não discrepam: consideram a descrição fática do acórdão recorrido. Se esse prega haver consumo imediato e integral[609] do bem no processo de produção, reconhecem o crédito;[610] caso contrário, denegam.[611]

---

608. STJ, Primeira Turma, REsp n° 30.938/PR, Relator Min. HUMBERTO GOMES DE BARROS, *DJ* 07.03.1994, destaques nossos.

609. O STJ utiliza a expressão consumo imediato e integral, tal como fazia o RIPI/72, porém, obviamente, com a interpretação que lhe foi conferida pelo STF, TFR e pelo próprio STJ.

610. STJ, Primeira Turma, AgRg no AgRg no REsp n° 386.774/MG, Relator Min. FRANCISCO FALCÃO, *DJ* 29.11.2004, p. 226.

611. STJ, Segunda Turma, AgRg no REsp n° 1.082.522/SP, Relator Min. HUMBERTO MARTINS, *DJe* 04.02.2009.

Quanto à necessidade de contato físico direto entre o bem intermediário e o produto final, requisito ilegalmente erigido pelo Parecer Normativo CST nº 65/79, a jurisprudência nunca debateu o tema a contento, como já ressaltado, tomando como válida a exigência sem maiores digressões.

11.4.3.2.2.3 Conceito de bem intermediário

Do exposto, é possível concluir que o requisito de consumo *imediato* e *integral* do produto intermediário, trazido à balha pelo RIPI/72,[612] foi incorporado pela jurisprudência *sem as restrições* que o Fisco tentou impingir-lhe por meio do Parecer Normativo CST nº 181/74. Consumo *imediato* foi definido pelos Tribunais como o realizado de forma intrínseca ou extrínseca em relação ao produto, mas sempre em contato com este; já consumo *integral* implica o desgaste completo do bem, após uma ou várias utilizações. Apesar de as exigências da consumição imediata e integral do bem intermediário terem sido revogadas pelo RIPI/79 e nunca mais positivadas, tais requisitos continuam sendo utilizados pela jurisprudência, até hoje, para perquirição da natureza do bem empregado no processo de produção, na esteira do predicado pelo Parecer Normativo CST nº 65/79 (o consumo não precisa ser imediato, podendo ser gradual, todavia o intermediário deve entrar em contato com o bem produzido, necessariamente). Ressaltamos a nossa discordância com tal exigência, erigida por parecer normativo sem amparo em qualquer lei ou mesmo em decreto. O critério informador da natureza do bem intermediário, a nosso sentir, é a sua essencialidade ao processo produtivo, havendo ou não contato direto com a mercadoria fabricada.

Assim, entendemos que produto intermediário é aquele:

(a) consumido de forma integral, ainda que lentamente, no bojo do processo produtivo;

---

612. Impende lembrar que o RIPI/72 foi revogado, nesta parte, pelo RIPI/79, cuja redação foi reproduzida nos demais regulamentos do imposto, inclusive no presente, no qual não se tem a exigência de consumo "imediato e integral" do bem intermediário.

(b) não incorporado fisicamente à mercadoria fabricada (do contrário seria matéria-prima);

(c) essencial à produção, independentemente de haver ou não contato direto com o bem fabricado.

Obviamente o consumo *lento,* não pode resultar na incorporação do bem por mais de um ano ao patrimônio da empresa, eis que, nesse caso, ele se torna integrante do ativo imobilizado da pessoa jurídica, conforme predica a legislação do imposto de renda.[613]

Quanto à necessidade de contato com o produto final, vale notar que, em matéria de ICMS e de PIS/Cofins, o conceito jurisprudencial de *insumo* (que abarca os intermediários) já não mais exige esse requisito,[614] o que abre margens para a revisão do entendimento também em matéria de IPI, consoante propomos acima. Afinal, o conceito de produto intermediário é uno, não devendo sofrer alterações conforme a natureza do tributo, mormente quando há o fito claro de atender a interesses arrecadatórios, em prejuízo da boa técnica hermenêutica. Inobstante, até o presente momento, a jurisprudência continua sustentando que, para fins de IPI, o contato físico entre o insumo e o produto em industrialização é condição *sine qua non* para o creditamento. Nesse sentido, já decidiu o CARF que "as aquisições de produtos não considerados insumos (lubrificantes de esteira, detergente para limpeza, solvente e diluente para limpeza)" não geram créditos de IPI "por mais que essenciais à produção".[615] Tal entendimento, pelas razões que vimos de ver, está a merecer revisão.

---

613. Art. 301 do RIR/99 (para maiores detalhes sobre o conceito de ativo imobilizado, vide Capítulo XII, item 12.3.3, infra).

614. Sobre o conceito de bem destinado ao ativo permanente, confira-se infra o Capítulo XII, item 12.3.3.

615. Conselho Administrativo de Recursos Fiscais, Terceira Seção, Terceira Câmara, Primeira Turma Ordinária, Processo nº 16045.720001/201663, Acórdão nº 3301005.668, Relator Conselheiro SALVADOR CÂNDIDO BRANDÃO JUNIOR, j. 11.03.2019.

11.4.3.2.2.4 A energia elétrica e os combustíveis utilizados na produção

Como visto, são produtos intermediários aqueles que, embora não se integrem ao produto final, são consumidos no processo de industrialização. Já as matérias-primas agregam-se fisicamente ao bem produzido. Tanto estas como aqueles são qualificados pela doutrina e jurisprudência como *insumos* utilizados no processo produtivo, consoante demonstra a chave abaixo:

Insumos { Matérias-primas

Produtos intermediários

Com base nessas premissas, pode-se sustentar que a energia elétrica e os combustíveis consistem em insumo (*rectius*, bem intermediário) quando utilizados na área operacional das indústrias?

A resposta é afirmativa. Atualmente, todo processo produtivo depende da energia elétrica e, em muitos casos, de combustíveis. Considerando-se tais fatores, conclui-se que ambos, se utilizados no setor operacional das indústrias, correspondem a *insumos*, na modalidade *bens intermediários*, pois são consumidos diretamente no processo de industrialização, viabilizando-o.

Entretanto, contrariando a realidade dos fatos, o Superior Tribunal de Justiça sempre negou o cariz de insumo à energia e aos combustíveis utilizados pelas indústrias, ao fundamento de que "a energia elétrica, o gás natural, os lubrificantes e o óleo diesel (combustíveis em geral), consumidos no processo produtivo, por não sofrerem ou provocarem ação direta mediante contato físico com o produto, não integram o conceito de 'matérias-primas' ou 'produtos intermediários' para efeito da legislação do IPI".[616]

---

616. STJ, Segunda Turma, REsp nº 1.049.305/PR, Relator Min. MAURO CAMPBELL,

A NÃO-CUMULATIVIDADE
DOS TRIBUTOS

Apesar do entendimento do STJ, temos que a energia elétrica e os combustíveis utilizados pelas indústrias são insumos, dada a sua essencialidade ao processo produtivo. Ademais, a exigência de contato direto com o bem produzido, constante do Parecer Normativo CST nº 65/79, não encontra respaldo no Regulamento do IPI e tampouco na legislação de regência do imposto, sendo um resquício das normas veiculadas pelo revogado RIPI/72, consoante visto no item 11.4.3.2.2.1, *supra*.

A nosso sentir, a negativa do crédito de IPI sobre a energia e combustíveis somente se justifica pelo fato de ambas serem imunes ao imposto federal, conforme veremos a seguir.

11.4.3.2.2.4.1 *A impossibilidade de cálculo de créditos do IPI sobre as despesas com energia elétrica e combustíveis: efeitos da imunidade do art. 155, §3º, da CR/88*

Com a CR/88, os antigos impostos federais que gravavam os combustíveis, os minerais e a energia elétrica foram extintos. Aos Estados foi atribuída a competência tributária para gravar tais produtos, por meio do ICMS. Considerando a relevância desses insumos para o desenvolvimento do País, plasmou-se na Lei Maior a seguinte imunidade:

> Art. 155. (...).
>
> §3º. À exceção dos impostos de que tratam o inciso II do *caput* deste artigo [ICMS] e o art. 153, I e II [II e IE], nenhum outro imposto poderá incidir sobre operações relativas a energia elétrica, serviços de telecomunicações, derivados de petróleo, combustíveis e minerais do País. (Redação da EC nº 33/2001)

Originariamente, o §3º do art. 155 da CR/88 vedava a instituição de qualquer outro *tributo* sobre a energia elétrica,

---

DJe 31.03.2011.
Ademais, no caso da energia elétrica, a negativa do crédito se fundou ainda na ausência do seu caráter de produto, pois ela "não resulta de processo de produção, mas, sim, de extração", olvidando-se o STJ, nesse particular, que a energia é considerada mercadoria para todos os fins, sendo tributável pelo ICMS e podendo, inclusive, ser objeto do crime de furto, nos termos do art. 155, §3º, do Código Penal.

combustíveis e minerais. Com a EC nº 33/2001, o espectro da imunidade foi restringido, proibindo-se apenas a instituição de outros *impostos* além do ICMS, II e IE, abrindo ensejo para a criação da CIDE-combustíveis, trazida pela mesma Emenda à Constituição. De todo modo, *nunca foi possível* – seja antes, seja após a EC nº 33/2001 – *a cobrança de IPI sobre a energia elétrica, combustíveis e minerais*.

Portanto, considerando-se que a energia e os combustíveis são insumos não tributados pelo IPI e que tanto a Lei nº 4.502/64 como o RIPI impedem o cálculo de créditos sobre a aquisição de produtos não tributados/imunes (exceto aqueles imunes em razão de exportação), é lícito concluir que tais bens não geram créditos de IPI, mesmo sendo indispensáveis ao processo industrial.

11.4.3.2.3 Material de embalagem

Insere-se no conceito legal de industrialização[617] a mera mudança na apresentação do produto por meio da colocação de embalagem, mesmo que apenas em substituição à original.[618] Por essa razão, tanto o RIPI[619] como a Lei nº 4.502/64[620] asseguram o direito de crédito sobre materiais de embalagem. Estes preparam o produto para sua comercialização, rotulando-o e agregando-lhe valor. De se notar, outrossim, que não é todo e qualquer invólucro que pode ser considerado embalagem para fins de creditamento do IPI, mas apenas aquele que *valoriza* a mercadoria, tornando-a comerciável.[621] Meras embalagens

---

617. Previsto no art. 46, parágrafo único, do CTN.

618. Não se terá industrialização, contudo, se a embalagem destinar-se tão somente ao transporte da mercadoria. Tratar-se-á, nesse caso, de mero acondicionamento ou reacondicionamento de produto, não tributável pelo IPI (art. 4º, IV, do RIPI).

619. Art. 226 do RIPI.

620. Art. 25, §1º, da Lei nº 4.502/64.

621. A seguinte resposta a Consulta de Contribuinte diferencia o acondicionamento da mera embalagem, estipulando ainda os requisitos para caracterização desta: "INDUSTRIALIZAÇÃO. ACONDICIONAMENTO. Não constitui industrialização por acondicionamento a operação de 'peliculagem', feita por estabelecimento não

para fins de transporte do bem, como o acondicionamento em caixas de papelão, não geram o direito ao creditamento em tela.

11.4.3.3 A MANUTENÇÃO DO CRÉDITO EM CASO DE QUEBRAS

As quebras são diferenças verificadas entre as entradas e as saídas do estabelecimento industrial. Por exemplo, para produzir 100 mil pães faz-se necessária uma tonelada de farinha. Contudo, pode ocorrer que a aquisição dessa tonelada resulte na produção de apenas 95 mil pães. A diferença entre o que seria, em tese, possível de se obter com a farinha adquirida (100 mil pães) e o produto final (95 mil pães) é intitulada quebra (no caso, de 5 mil pães). Trata-se de realidade comum às indústrias, que mesmo com a automatização dos processos fabris continuam sujeitas a variações na produção.

Essas quebras já renderam diversas lições entre Fiscos e contribuintes. Caso notório, já citado neste trabalho, se deu no Maranhão, em matéria de ICMS (à época, ainda ICM). O governo maranhense editou decreto que predicava a glosa de 4,67% dos créditos oriundos da aquisição *in natura* de matéria-prima pelas indústrias de arroz. Fundava-se a norma no fato de que o beneficiamento gerava perda de umidade do grão e consequente redução de peso nesse exato porcentual. Com acerto, o Judiciário repeliu essa tentativa de mitigação da não-cumulatividade, arvorando-se no fato de que as quebras não se equiparam ao roubo ou furto dos bens geradores de crédito, tratando-se, ao contrário, de um fenômeno natural e ínsito ao processo industrial, não gerando, por essa razão, dever de estorno dos créditos.[622]

---

contribuinte do IPI, consistindo em agrupar várias unidades de produtos acabados e embalados pelo fabricante, envolvendo-os em película plástica soldada a quente, sem a aposição de rótulos ou valorização do produto, mas com o intuito de facilitar o transporte. Dispositivos legais: RIPI/82, art. 3º, IV (Decisão nº 6, de 07/04/97, da Disit da 7ª RF – *DO* de 27.08.1997)." (OLIVEIRA, Waldemar de. *Regulamento do Imposto sobre Produtos Industrializados*. São Paulo: FISCOSoft, 2008, p. 36).
Na mesma linha: Decisão nº 27, de 10.04.1997, da DISI da 7ª RF – *DO* de 27.08.1997.

622. Vide Título II, Capítulo VII, item 7.7.

De modo salutar, as normas do IPI asseguram o direito de crédito quando houver quebras de estoque. Apenas nos casos de diferenças excessivas poderá o contribuinte ser instado a se justificar por meio de laudos técnicos específicos.[623]

11.4.3.4 A MANUTENÇÃO DO CRÉDITO NAS SAÍDAS DE SUCATA, RESÍDUOS E ASSEMELHADOS

O processo industrial pode gerar sucatas, aparas, fragmentos e assemelhados, que são, em muitos casos, comercializados. Mesmo nessas hipóteses, em que não se tem saída de um produto industrializado *stricto sensu*, mas sim de resíduos, o direito de crédito sobre os insumos deve ser mantido, por expressa disposição do RIPI.[624] A norma é salutar apesar de, a nosso sentir, desnecessária. Afinal, ainda que o produto consista em *sucata*, se a saída for tributada pelo IPI o contribuinte fará jus ao crédito sobre os insumos utilizados na produção.[625]

11.4.3.5 A MANUTENÇÃO DO CRÉDITO RELATIVO AOS INSUMOS TRIBUTADOS UTILIZADOS NO FABRICO DE PRODUTOS PARA EXPORTAÇÃO

A manutenção dos créditos de IPI pelo contribuinte-exportador é implicitamente assegurada pela Constituição. De fato, se assim não fosse, estar-se-ia negando vigência à imunidade plasmada no art. 153, §3º, III da CR/88,[626] pois de nada serviria a não incidência na venda para o estrangeiro se o exportador não pudesse manter seus créditos de IPI (o custo do imposto continuaria encarecendo o bem nacional, gerando-lhe perda de competitividade no mercado global).

---

623. Arts. 255 e 523 do RIPI.

624. Art. 255 do RIPI.

625. Havendo duas operações tributadas em sequência, abre-se caminho para a atuação da não-cumulatividade tributária, tal como interpretada pelo STF.

626. Art. 153, §3º, III da CR/88.
Para maiores detalhes sobre o direito constitucional à preservação dos créditos de IPI na exportação, vide Título II, Capítulo VII, item 7.17.

Não obstante, o Decreto-lei nº 491/69 assegurou – de forma expressa – a "manutenção e utilização do crédito do IPI relativo às matérias-primas, produtos intermediários e materiais de embalagem efetivamente utilizados na industrialização dos produtos exportados".[627] A regra, apesar de nunca ter sido revogada, foi "restabelecida" pela Lei nº 8.402/92,[628] o que somente reforçou sua aplicabilidade. No mesmo sendeiro, o RIPI também predica o direito aos créditos do IPI relativos às matérias-primas, produtos intermediários e materiais de embalagem "adquiridos para emprego na industrialização de produtos destinados à exportação para o exterior, saídos com imunidade".[629]

Repise-se, contudo, nosso entendimento – fulcrado na interpretação ampliativa da regra imunizante do IPI na exportação – pela desnecessidade dos dispositivos legais e infralegais em questão, que tão somente aclaram os desígnios do Constituinte, já plasmados (ainda que implicitamente) na Lei Maior.

11.4.4 CRÉDITOS POR DEVOLUÇÃO OU RETORNO DE PRODUTOS

Nos casos de devolução do produto ao estabelecimento fabricante, este poderá creditar-se do valor do imposto que incidiu na primeira saída. Todavia, o creditamento é condicionado à comprovação da devolução ou retorno do produto, na forma estabelecida pelo regulamento.[630]

Já a devolução de produto cuja saída tenha ocorrido em razão de arrendamento ou locação não ensejará crédito do IPI (exceto na hipótese de o produto arrendado ou locado ter sido submetido, pelo arrendatário ou locatário, a nova industrialização).[631]

---

627. Art. 5º do DL nº 491/69.

628. O "restabelecimento" deriva do dispositivo da Constituição que predicava a extinção de todos os benefícios fiscais setoriais no prazo de dois anos, contados da promulgação da atual Carta, caso não fossem convalidados pelo Congresso Nacional (art. 41 do ADCT).

629. Art. 238 do RIPI. A regra é também aplicável às saídas industriais com suspensão do imposto para posterior exportação (RIPI, art. 239).

630. Art. 30 da Lei nº 4.502/64.

631. Arts. 229 e 230 do RIPI.

O procedimento para comprovação da devolução/retorno do produto é sistematizado pelo RIPI,[632] devendo ser observado sob pena de não reconhecimento do crédito pelo Fisco federal.[633]

Por derradeiro, cumpre notar que a alíquota aplicável para cálculo do crédito por retorno de produto é a vigente no momento da saída originária do estabelecimento e não quando da devolução da mercadoria.[634]

11.4.5 CRÉDITOS DE OUTRA NATUREZA

Predica ainda o RIPI[635] a existência de créditos intitulados "de outra natureza". São os decorrentes de:

(a) cancelamento da nota fiscal antes da saída da mercadoria, no caso de o imposto já ter sido escriturado. Faz-se, nesse caso, um estorno do débito, via lançamento a crédito na conta gráfica;

(b) redução posterior da alíquota do imposto quando este tenha sido recolhido antecipadamente pelo contribuinte. Nessa hipótese, a saída se dá ao abrigo de alíquota do IPI inferior à vigente no momento do pagamento adiantado.

Em ambos os casos, o contribuinte fica obrigado a registrar a origem do crédito na coluna "Observações" do Livro de Apuração do IPI.[636]

---

632. O procedimento é estabelecido nos arts. 231 a 235 do RIPI.

633. Sem a comprovação inexiste direito ao crédito, conforme amplamente reconhecido pela jurisprudência, inclusive a administrativa: Acórdão 201-78007, de 9/11/2004, do 2º CC – DOU de 10.04.2006. (OLIVEIRA, Waldemar de. *Regulamento do Imposto sobre Produtos Industrializados*. São Paulo: FISCOSoft, 2008, p. 242).

634. OLIVEIRA, Waldemar de. *Regulamento do Imposto sobre Produtos Industrializados*. São Paulo: FISCOSoft, 2008, p. 242.

635. Art. 240 do RIPI.

636. Art. 240, parágrafo único do RIPI.

11.4.6 CASOS DE ANULAÇÃO DO CRÉDITO

O RIPI[637] traz diversas hipóteses nas quais o crédito escriturado deverá ser anulado, mediante lançamento a débito no mesmo valor.[638] Vejamo-las.

11.4.6.1 SAÍDAS NÃO TRIBUTADAS OU COM SUSPENSÃO DO IMPOSTO

O Regulamento predica o estorno dos créditos relativos a matérias-primas, produtos intermediários e materiais de embalagem utilizados na fabricação ou acondicionamento de produtos não tributados.[639] Também deverão ser glosados os créditos de insumos e materiais de embalagem empregados na produção de bens saídos com suspensão do imposto.

A determinação de estorno no caso de saídas não tributadas segue o padrão atualmente ditado pela jurisprudência do STF quanto à não-cumulatividade: inexistindo operação subsequente gravada pelo imposto, não há que se falar em direito ao crédito. Isso porque a não-cumulatividade exige dois estádios gravados em sequência para operar seus efeitos. À míngua

---

637. Art. 254 do RIPI.

638. O fundamento legal dessa parte do Regulamento é o art. 25, §3º, da Lei nº 4.502/64, que determina a glosa do crédito quando:
(a) os produtos adquiridos saírem do estabelecimento com isenção;
(b) os produtos resultantes da industrialização estiverem sujeitos à alíquota zero, não forem tributados ou gozarem de isenção.
Essa sistemática foi modificada pelo já referido art. 11 da Lei nº 9.779/99, que assegurou o crédito dos insumos quando as saídas forem isentas ou sujeitas à alíquota zero. Assim, somente quando os produtos saírem sem tributação será devida a glosa do crédito. O atual RIPI já incorporou as modificações legais referidas.

639. Dispõe o RIPI:
"Art. 254. Será anulado, mediante estorno na escrita fiscal, o crédito do imposto:
I – relativo a MP, PI e ME, que tenham sido:
a) empregados na industrialização, ainda que para acondicionamento, de produtos não tributados;
(...)
§ 2º. O disposto na alínea a do inciso I aplica-se, inclusive, a produtos destinados ao exterior."
Ressalte-se que o §2º, acima transcrito, não produz efeitos em face do direito, constitucional e legal (art. 5º do DL nº 491/69), de manutenção dos créditos de IPI pelo exportador.

de uma das incidências necessárias, entende o STF que não há cumulatividade e, portanto, inexiste direito ao crédito.[640]

De toda sorte, se parte das saídas for tributada e parte não o for, os créditos serão aproveitados proporcionalmente. Nesse sentido, já afirmou o CARF que "o contribuinte faz jus aos créditos originários de aquisições de matérias-primas aplicadas na industrialização de produtos tributados", de forma proporcional, "em razão de as aquisições se destinarem tanto a operações que dão direito a crédito (industrialização) quanto a operação que não dão direito a crédito (revenda)".[641]

No que tange às saídas com suspensão, a regra é a manutenção dos créditos. Isso ocorre porque a suspensão equivale a um diferimento: a operação é tributada, porém em momento posterior. Por essa razão, inexiste, *a priori*, obrigação de estorno dos créditos.[642] Entrementes, em hipóteses nas quais a saída com suspensão não resulta em tributação posterior, determina o RIPI o estorno dos créditos pelo alienante.[643]

11.4.6.2 O ESTORNO DOS CRÉDITOS DE INSUMOS NO CASO DE PERECIMENTO DOS PRODUTOS FINAIS

Tal como ocorre no ICMS[644] e no PIS/Cofins,[645] o RIPI[646] determina o estorno dos créditos relativos a matérias-primas, produtos intermediários e "quaisquer outros produtos" que tenham sido furtados, roubados, deteriorados, inutilizados ou

---

640. Vide as conclusões sobre o estudo da não-cumulatividade à luz da jurisprudência do STF apresentadas no Título II, Capítulo X, item 10.1.

641. Conselho Administrativo de Recursos Fiscais, Terceira Seção, Terceira Turma Extraordinária, Processo nº 14112.000251/2006-35, Acórdão nº 3003-000.265, Relator Conselheiro MARCOS ANTONIO BORGES, j. 18.06.2019.

642. Sobre o diferimento e o direito à manutenção dos créditos, confira-se o Título II, Capítulo VII, item 7.10.

643. Art. 254, I, b e c c/c art. 43, VII, XI, XII e XII e art. 44, todos do RIPI.

644. Art. 21, IV, da LC nº 87/96.

645. Art. 3º, §13 c/c art. 15, II da Lei nº 10.833/2003.

646. Art. 254, IV, do RIPI.

empregados em produtos que tenham tido a mesma sorte. O argumento é singelo: como a cadeia circulatória foi interrompida quando do furto, roubo ou perecimento da mercadoria, o contribuinte de direito se torna consumidor final e contribuinte *de facto* do IPI, devendo, por essa razão, arcar com o ônus jurídico e econômico do imposto (pelo que não há sentido, nessa linha de raciocínio, em reconhecer seu direito de crédito).

11.4.6.3 A OBRIGAÇÃO DE ESTORNAR OS CRÉDITOS QUANDO DA DEVOLUÇÃO DE PRODUTOS

Quando um produto é devolvido ao fabricante (como ocorre com bens que apresentam defeitos dentro do prazo de garantia), o débito de IPI relativo à sua primeira saída do estabelecimento fabril é cancelado. Outrossim, se produtos retornados não forem objeto de nova saída tributada (o bem será descartado, por exemplo), o contribuinte terá ainda o dever de estornar os créditos relativos às matérias-primas, produtos intermediários e materiais de embalagem utilizados na produção do bem devolvido. Sendo assim, ter-se-á:

(a) anulação do débito de IPI referente à primeira saída do bem do estabelecimento produtor;

(b) anulação dos créditos relativos a MP, PI e ME utilizados na produção do bem, quando este não mais se destinar à comercialização.[647]

Da mesma forma, o crédito eventualmente escriturado pelo adquirente que fez a devolução do bem deverá ser cancelado, mediante estorno na escrita fiscal.[648] O objetivo é anular a operação, como um todo, do ponto de vista tributário. Afinal, com a devolução,[649] os efeitos fiscais decorrentes do negócio jurídico desfeito devem ser anulados.

---

647. A regra em questão é consonante com a exigência de duas etapas tributadas em sequência para a atuação da não-cumulatividade tributária. Como o produto final não sairá do estabelecimento produtor, este não poderá se creditar do IPI que suportou na aquisição dos insumos utilizados na fabricação.

648. Art. 254, VI c/c 231, I do RIPI.

649. A devolução *sub examine* decorre do desfazimento do negócio jurídico anteriormente

11.4.6.4 ESTORNO DO CRÉDITO DE IPI-IMPORTAÇÃO QUANDO O BEM É REMETIDO DIRETAMENTE DA REPARTIÇÃO ADUANEIRA PARA OUTRO ESTABELECIMENTO DO IMPORTADOR

É cediço que o importador pode-se creditar do IPI pago no desembaraço aduaneiro da mercadoria. Esse crédito é compensável com o IPI devido pela saída do bem do próprio estabelecimento importador. Entretanto, em alguns casos a mercadoria é remetida diretamente da repartição aduaneira para outro estabelecimento do importador (distinto daquele que fez a importação). Sendo diretamente remetido a outro estabelecimento, este (e não o que promoveu a importação) fará jus ao crédito do IPI-importação (pago pelo importador), desde que *a posteriori* dê saída ao bem, gerando débito do IPI. Nessa hipótese, o estabelecimento importador não poderá aproveitar os créditos do IPI-importação, eis que não ocorrerá a saída tributada do bem, necessária para legitimar o aproveitamento de créditos nos tributos não-cumulativos.[650]

11.4.7 CRÉDITOS DECORRENTES DE INCENTIVOS FISCAIS PREVISTOS NO REGULAMENTO DO IPI

11.4.7.1 CRÉDITOS INCENTIVADOS PARA AS ÁREAS DA SUDAM, SUDENE E AMAZÔNIA OCIDENTAL

Visando a atender às políticas de desenvolvimento regional, bem como à necessidade de redução das desigualdades entre os Estados, o RIPI prevê créditos incentivados para as empresas situadas na Amazônia Ocidental[651] e em áreas abarcadas pelas

---

celebrado entre as partes. O retorno ao estabelecimento de origem não pode, nesses casos, ser inicialmente previsto e desejado pelas partes contratantes (como ocorre, por exemplo, nas remessas de mercadorias para industrialização por encomenda, que são devolvidas ao estabelecimento de origem em cumprimento ao contrato celebrado).

650. A regra aplicável ao importador foi plasmada, de forma expressa, no art. 254, III do Regulamento do IPI.

651. Estados do Acre, Amazonas, Rondônia e Roraima.

Superintendências de Desenvolvimento do Nordeste (SUDENE) e da Amazônia (SUDAM). A nomenclatura "créditos como incentivo" decorre do fato de não derivarem da aquisição de insumos tributados, tratando-se, em verdade, de benefícios fiscais criados em prol de contribuintes situados em áreas menos desenvolvidas.

É conferir.

11.4.7.1.1 Crédito ficto de IPI para empresas inscritas no programa de alimentação do trabalhador que sejam isentas de IRPJ

O primeiro incentivo previsto no RIPI[652] destina-se às organizações estabelecidas nas áreas da SUDAM[653] e da SUDENE.[654] Trata-se da concessão de créditos fictos de IPI para empresas que adotem o Programa de Alimentação do Trabalhador (PAT).

O PAT[655] faculta às pessoas jurídicas que operam no lucro real a dedução, da base de cálculo do IRPJ, do valor correspondente ao dobro das despesas incorridas com a alimentação de seus funcionários[656] (o benefício é, todavia, limitado a 4% do IR devido).[657]

Entretanto, as empresas situadas nas áreas da SUDAM e da SUDENE usualmente possuem isenção de IRPJ, tornando desinteressante sua adesão ao PAT (como não pagam Imposto de Renda, não conseguem deduzir os investimentos feitos em prol

---

652. Art. 236 do RIPI.

653. Estados do Acre, Amapá, Amazonas, Mato Grosso, Pará, Rondônia, Roraima, Tocantins e parte do Estado do Maranhão.

654. Estados do Maranhão, Piauí, Ceará, Rio Grande do Norte, Paraíba, Pernambuco, Alagoas, Sergipe, Bahia e parte dos Estados de Minas Gerais e do Espírito Santo.

655. Instituído pela Lei nº 6.321/76 e regulamentado pelo Decreto nº 05/91 e pela Portaria nº 03/02 do Ministério do Trabalho.

656. A dedução do lucro tributável é permitida, pois o PAT consiste em uma benesse concedida pela empresa ao funcionário. O empregador é obrigado a arcar com no mínimo 80% (oitenta por cento) dos custos da alimentação que deve, outrossim, seguir padrões mínimos de qualidade ditados pelo Ministério do Trabalho.
O programa se destina aos trabalhadores de baixa renda (que percebem até 05 salários-mínimos mensais), mas não exclui a participação dos que auferem rendimentos mais elevados, desde que assegurado o atendimento à totalidade dos primeiros.

657. O limite é estabelecido pelo art. 5º da Lei nº 9.532/97.

da alimentação dos seus funcionários). Para que os trabalhadores não restassem prejudicados, a legislação[658] previu a concessão de créditos fictos do IPI no exato valor da dedução do IRPJ que a opção pelo PAT proporcionaria à empresa, caso esta não fosse isenta do IR. Na hipótese de o contribuinte não conseguir aproveitar os créditos de IPI – dada a eventual ausência ou baixo valor dos débitos desse imposto – o contribuinte poderá, ainda, pleitear o ressarcimento em espécie da importância correspondente.[659]

11.4.7.1.2 Isenção de IPI para produtos elaborados a partir de insumos agrícolas e vegetais (exceto fumo e bebidas alcoólicas). Direito a créditos presumidos para o comprador dos produtos isentos

As empresas situadas na área da Amazônia Ocidental fazem jus à isenção de IPI nas vendas de produtos elaborados a partir de matéria-prima agrícola e extrativa vegetal (exceto fumo e bebidas alcoólicas).[660] Todavia, como já foi visto, a isenção intercalar do IPI gera aumento da carga tributária na operação. Ciente disso e buscando não invalidar o benefício, o RIPI assegura aos compradores dos bens vendidos com isenção o direito a créditos presumidos do imposto, desde que esses adquirentes os utilizem como insumos para promoção de saídas tributadas pelo IPI.

11.4.7.2 CRÉDITOS PRESUMIDOS CONCEDIDOS AO EXPORTADOR PARA COMPENSAR O PIS/COFINS EMBUTIDOS NO CUSTO DOS BENS NACIONAIS DESTINADOS À EXPORTAÇÃO (LEIS NºS 9.363/96 E 10.276/2001)

Com o intuito de fomentar a exportação de produtos nacionais, a Lei nº 9.363/96 instituiu um crédito presumido do IPI, que visa a ressarcir do ônus do PIS/Cofins os exportadores sujeitos à

---

658. Lei nº 6.542/78.

659. O pagamento à empresa será feito com recursos do Ministério do Trabalho, órgão responsável pela gestão do PAT.

660. Art. 237 c/c art. 95, II, do RIPI.

A NÃO-CUMULATIVIDADE
DOS TRIBUTOS

apuração cumulativa[661] dessas contribuições, que aumentam o custo dos produtos adquiridos no mercado interno. Cinco anos após a instituição do crédito presumido, a Lei nº 10.276/2001 criou um método alternativo de cálculo do incentivo em questão, permitindo, com isso, que o crédito presumido seja obtido de duas formas distintas, à escolha do contribuinte (sendo certo que a opção o vincula durante todo o ano-calendário):

(a) aplicação do porcentual de 5,37% sobre o valor das aquisições de produtos intermediários, matérias-primas e materiais de embalagem, *na proporção das receitas de exportação do contribuinte;*[662]

(b) multiplicação do valor das receitas de exportação por 0,0365 e aplicação, desse resultado, sobre o custo de aquisição de insumos (MP, PI, ME, energia, combustíveis, frete, seguro e industrialização por encomenda) adquiridos no mercado interno, somado ao valor pago a título de industrialização por encomenda, *na proporção das receitas de exportação do contribuinte.*[663]

A principal diferença entre ambos os regimes é a inclusão, na sistemática da Lei nº 10.276/2001, dos custos com energia elétrica,[664] combustíveis, frete, seguro e industrialização por encomenda na base de cálculo do crédito presumido.[665]

---

661. O crédito presumido de IPI não se estende às empresas exportadoras sujeitas à apuração não-cumulativa do PIS/Cofins, conforme dispõe o art. 14 da Lei nº 10.833/2003.

662. Art. 2º da Lei nº 9.363/96.

663. Art. 1º e Anexo da Lei nº 10.276/2001.

664. Apesar de entendermos que a energia elétrica consiste em insumo, esse posicionamento não está consolidado na jurisprudência, razão pela qual o cálculo do crédito presumido com base na Lei nº 9.363/96 não inclui a energia elétrica – somente sendo possível o cômputo dos dispêndios com esse insumo se o contribuinte optar pelo cálculo facultado pela Lei nº 10.276/2001.

665. RACTZ, Juliana. A Inclusão da Energia Elétrica na Base de Cálculo do Crédito Presumido do IPI. BRASIL JR., Vicente (coord.). IPI – *Questões Atuais*. Curitiba: Juruá, 2008, p. 126.

A Receita Federal do Brasil intentou, certa feita, restringir a utilização do benefício em comento. Conforme o art. 2º, §2º, da Instrução Normativa SRF nº 23/97, o cálculo do crédito-presumido relativo a produtos oriundos da atividade rural deveria considerar tão somente os insumos adquiridos de pessoas jurídicas sujeitas ao pagamento do PIS/Cofins. O fundamento da norma era claro: se o objetivo do crédito presumido de IPI é o de compensar o exportador pelo custo do PIS/Cofins incidente sobre suas aquisições, quando as compras não sofrem essa tributação inexiste crédito a calcular (afinal, não há, nesse caso, ônus de PIS/Cofins a ser ressarcido). Entretanto, valendo-se da máxima *ubi lex non distinguit nec interpres dis*, o STJ declarou ilegal essa restrição, [666] assegurando a plena vigência do crédito-presumido de IPI. Esse entendimento foi ainda confirmado por julgamento sob o rito dos recursos repetitivos[667] e pela Súmula nº 494[668] da Corte Superior, restando intacável em questionamentos futuros.

A apuração do crédito presumido de IPI é feita de forma centralizada no estabelecimento-matriz da pessoa jurídica exportadora, facultando-se a possibilidade de transferência dos créditos apurados a qualquer outro estabelecimento da mesma companhia. Se o exportador não tiver débitos de IPI – hipótese comum, dado que as vendas para o exterior são imunes do imposto – a Lei nº 9.363/96 determina o pagamento do benefício em moeda corrente ao estabelecimento-matriz da empresa.

A venda para empresa comercial exportadora com finalidade específica de exportação autoriza a utilização do crédito presumido de IPI pelo produtor-vendedor. Entretanto, se a comercial exportadora não efetivar a exportação no prazo de 180 dias ou revender a mercadoria no mercado interno, algumas consequências lhe serão imputadas: primeiramente, ela deverá pagar o PIS/Cofins calculado sobre o valor de compra

---

666. STJ, Segunda Turma, REsp nº 719.433/CE, Relator Min. HUMBERTO MARTINS, *DJ* 12.09.2007, p. 183.

667. STJ, Primeira Seção, REsp nº 993.164/MG, Relator Min. LUIZ FUX, *DJe* 17.12.2010.

668. STJ, Primeira Seção, Súmula nº 494, *DJe* 13.08.2012.

dos produtos não exportados; após, recolherá aos cofres públicos o montante equivalente ao crédito presumido concedido ao produtor-vendedor.[669]

Todas as regras acima mencionadas, constantes das Leis nºs 9.363/96 e 10.276/2001, são detalhadas pelo RIPI em seus arts. 241 a 248. Contudo, a definição dos "requisitos e periodicidade para apuração e para fruição do crédito presumido e respectivo ressarcimento", bem como dos documentos fiscais que servirão para comprovar a exportação, é de competência exclusiva do Ministro da Fazenda.[670]

11.5 O CRÉDITO-PRÊMIO DE IPI INSTITUÍDO PELO DECRETO-LEI Nº 491/69

Discussão que se refere a créditos compensáveis do IPI – apesar de não se relacionar diretamente com a não-cumulatividade – é a da vigência do intitulado "crédito-prêmio"[671] de IPI. Trata-se de benefício criado em 1969[672] que prevê a outorga de créditos fictícios de IPI ao exportador, calculados mediante aplicação da alíquota incidente nas vendas internas[673] sobre o valor dos produtos exportados. A benesse visa a compensar os exportadores pela carga tributária suportada

---

669. Reiterando, o cálculo do crédito presumido a ser ressarcido será feito:
(a) aplicando-se o percentual de 5,37% (cinco vírgula trinta e sete por cento) sobre 60% (sessenta por cento) do preço de aquisição dos produtos adquiridos e não exportados; ou
(b) multiplicando-se 60% (sessenta por cento) do preço de aquisição dos produtos não exportados por 0,0365.

670. Art. 6º da Lei nº 9.363/96.

671. Argumenta A. J. COSTA que "prêmio" não é a designação correta para o benefício em questão, que apenas reembolsa o exportador dos tributos que pagou internamente ou suportou no preço dos produtos remetidos ao exterior. (COSTA, Alcides Jorge. O Decreto-lei nº 491/1969 Não Cria Incentivos, Apenas Remove Obstáculos. *Crédito-Prêmio de IPI – Estudos e Pareceres III*. Barueri: Manole, 2005, pp. 128-9).

672. Art. 1º do Decreto-lei nº 491/69.

673. Caso os produtos exportados sejam isentos ou não tributados no mercado interno, compete ao Poder Executivo fixar as alíquotas do benefício que, em nenhuma hipótese, poderá superar o montante de 15% (quinze por cento).

nas aquisições de bens e serviços nacionais, reduzindo o custo das vendas ao exterior.

Após mais de uma década prolatando reiterados acórdãos no sentido de que o Decreto-lei nº 491/69 – instituidor do benefício – estaria em vigor até os dias atuais,[674] o Superior Tribunal de Justiça mudou de posicionamento.

Inicialmente, sustentou o STJ que o crédito-prêmio teria sido extinto em 30 de junho de 1983, por força do Decreto-lei nº 1.658/79, o qual predicava que o crédito-prêmio seria reduzido gradualmente, a partir de 1979, até sua completa extinção, que se daria na referida data. Contudo, nesse primeiro entendimento desfavorável aos contribuintes, o STJ não se atentou para o fato de que o Decreto-lei nº 1.658/79 (que determinou a extinção do crédito-prêmio em 30.06.1983) havia sido tacitamente revogado pelo seu sucessor, o Decreto-lei nº 1.724/79, que atribuiu ao Ministro de Estado da Fazenda a competência para reduzir, majorar ou extinguir o crédito-prêmio – sem fixar uma data para sua extinção. Posteriormente, o próprio Decreto-lei nº 1.724/79 foi revogado tacitamente pelo Decreto-lei nº 1.894/81, que, além de reiterar a vigência do benefício em comento, conferiu ao Ministro da Fazenda competência não apenas para reduzir, majorar ou extinguir *quaisquer incentivos fiscais à exportação*, como também para estabelecer prazo, forma e condições para sua fruição.

O que levou o STJ a defender a extinção do crédito-prêmio na data de 30 de junho de 1983[675] foi a declaração de inconstitucionalidade, pelo STF, de parte dos Decretos-lei nºs 1.724/79 e 1.894/71, revogadores do Decreto-lei nº 1.658/798. Entendeu a Suprema Corte que era inconstitucional a delegação ao Ministro da Fazenda dos poderes de extinção, redução ou suspensão dos incentivos fiscais à exportação, competindo

---

674. Dentre vários, confira-se: STJ, Primeira Seção, EREsp nº 44.727/DF, Relator Min. DEMÓCRITO REINALDO, *DJ* 14.12.1998, p. 85.

675. STJ, Primeira Turma, REsp nº 790.967/RS, Relator Min. TEORI ZAVASCKI, DJ 03.04.2006, p. 278.

a ele apenas ampliar os incentivos, se assim desejasse, mas nunca limitá-los.[676]

Diante desse posicionamento do STF, o STJ entendeu que a declaração de inconstitucionalidade dos aludidos decretos-lei teria o condão de repristinar as normas do Decreo-lei nº 1.658/79, inclusive no tocante à fixação do prazo de extinção do crédito-prêmio, razão pela qual pugnou, nessa fase inicial de mutação de jurisprudência (até então favorável aos contribuintes, consoante referido), que o crédito havia sido extinto em 30 de junho de 1983. O equívoco dessa decisão, percebido pelo próprio STJ em momento subsequente, residiu no fato de que a declaração de inconstitucionalidade dos Decretos-lei nºs 1.724/79 e 1.894/71 se ateve apenas à delegação de poderes ao Ministro da Fazenda para extinção, suspensão ou redução do benefício. A incompatibilidade entre os então novéis Decretos-lei e o Decreto-lei nº 1.658/79 continuou existindo, mormente na parte em que deixou de ser fixado prazo para extinção do crédito-prêmio de IPI. Desse modo, a declaração de inconstitucionalidade das normas em comento em nada afetou a revogação tácita do prazo para extinção da benesse fiscal.

Atento a isso, o STJ reviu seu próprio entendimento, assentando que o crédito-prêmio de IPI não se extinguiu em 1983, inexistindo qualquer norma infralegal que o tenha revogado. Sua vigência, consoante esse novel posicionamento da Corte Superior de Justiça, teria findado em 04 de outubro de 1990, por se tratar de incentivo fiscal de natureza setorial que não foi confirmado por lei no prazo de dois anos após a promulgação da CR/88, consoante determina o art. 41, §1º, do ADCT.[677]

---

676. STF, Pleno, RE nº 180.828/RS, Relator Min. CARLOS VELLOSO, DJ 14.03.2003, p. 28. Na esteira desse aresto, foi publicada pelo Senado Federal a Resolução nº 71/05, com a seguinte redação:
"Art. 1º. É suspensa a execução, no art. 1º do Decreto-Lei nº 1.724, de 7 de dezembro de 1979, da expressão 'ou reduzir, temporária ou definitivamente, ou extinguir', e, no inciso I do art. 3º do Decreto-Lei nº 1.894, de 16 de dezembro de 1981, das expressões 'reduzi-los' e 'suspendê-los ou extingui-los', preservada a vigência do que remanesce do art. 1º do Decreto-Lei nº 491, de 5 de março de 1969."

677. STJ, Primeira Seção, EREsp nº 396.836/RS, Relator Min. TEORI ZAVASCKI, DJ 05.06.2006, p. 235.

A decisão do STJ, por assentar-se em fundamento constitucional (interpretação do art. 41 do ADCT), não tardou a ser examinada pelo STF. Em julgamento ocorrido aos 13 de agosto de 2009, entendeu a Suprema Corte, por unanimidade, que o crédito-prêmio era, sim, um benefício setorial, pois o IPI incide tão somente sobre produtos industrializados e as indústrias, a seu turno, compõem um setor específico da economia (setor secundário). Nessa toada, não tendo sido confirmado por lei no prazo de dois anos previsto no ADCT, o benefício extinguiu-se, em definitivo, no dia 04 de outubro de 1990.[678]

A questão, apesar de ter sido solucionada à unanimidade pelo STF, não é de todo pacífica. Afinal, o segmento industrial é demasiado amplo, sendo válido sustentar que existem diversos setores dentro da indústria. O objetivo do art. 41 do ADCT, como leciona FERRAZ JR.,[679] foi averiguar, por ocasião da nova Carta, se benesses fiscais concedidas a setores específicos não haviam se tornado anacrônicas com o passar dos anos, merecendo revisão pelo legislador federal, estadual ou municipal. Afinal, é comum que dificuldades temporárias ensejem a criação de incentivos fiscais para setores importantes da economia. Todavia, cessadas as causas que levaram a tal concessão, essa deve ser extinta, sob pena de se tornar anti-isonômica. A nosso sentir, um benefício que atinge todas as indústrias do País não se enquadra nos objetivos da norma veiculada pelo art. 41 do ADCT, pelo que registramos nosso posicionamento contrário ao pugnado pela Suprema Corte no deslinde da *quaestio juris*.

---

678. STF, Pleno RREE n.s 561.485/RS, 577.348/RS e 577.302/RS, Relator Min. RICARDO LEWANDOWSKI, DJe 10.09.2009. Posteriormente, o STJ consolidou esse entendimento que, ademais, confirmava seu próprio posicionamento anterior no REsp 1.111.148/SP, Primeira Seção, Relator Min. MAURO CAMPBELL MARQUES, *DJe* 08.03.2010.

679. FERRAZ JR., Tércio Sampaio. *Crédito-Prêmio de IPI e Incentivo Fiscal Setorial:* da Inaplicabilidade do Art. 41 do ADCT da CF/1988. Crédito-Prêmio de IPI – Estudos e Pareceres III. Barueri: Manole, 2005, p. 47.

XII
O IMPOSTO SOBRE OPERAÇÕES DE CIRCULAÇÃO JURÍDICA DE MERCADORIAS E PRESTAÇÕES DE SERVIÇO DE TRANSPORTE INTERESTADUAL E INTERMUNICIPAL E DE COMUNICAÇÃO

12.1 A AMPLA REGRA-MATRIZ DE INCIDÊNCIA DO ICMS

Criado pela EC nº 18/65, o ICM gravava as operações de circulação jurídica de mercadorias, exceto as que envolviam combustíveis, lubrificantes, minerais e energia elétrica, submetidas aos vetustos impostos únicos federais.[680] Os serviços passavam ao largo de sua hipótese de incidência, sendo tributados tanto pelos Municípios, por meio do ISSQN, como pela União,

---

680. Esse era assim nominado porquanto consistia a única exação autorizada a gravar tais insumos. Ademais, sua incidência ocorria em uma só fase de todo o processo produtivo da energia, minerais, combustíveis e lubrificantes.

que se valia do ISSC (Imposto sobre Serviços de Comunicação)[681] e do ISTR (Imposto sobre Serviços de Transporte).[682]

Com a Constituição de 1988, o ICM incorporou os fatos geradores dos impostos federais acima referidos (ISSC, ISTR e impostos únicos) e também do ISSQN – este último apenas na parte referente aos serviços de comunicação de natureza estritamente municipal[683] – tornando-se, com isso, o hodierno ICMS, cujas normas gerais (veiculadas atualmente pela Lei Complementar nº 87/96) determinam a tributação:

(a) das operações de circulação[684] de mercadorias, inclusive:

(a.1) fornecimento de alimentação e bebidas em bares e restaurantes;

(a.2) fornecimento de mercadorias com prestação de serviços tributáveis pelo ISSQN, sempre que a lei do imposto municipal determinar a incidência do ICMS na operação; e

(a.3) fornecimento de mercadorias com prestação de serviços não tributáveis pelo ISSQN.

---

681. Os serviços de comunicação prestados dentro de um só município sujeitavam-se ao ISSQN.

682. Os serviços de transporte prestados dentro de um só município sujeitavam-se ao ISSQN.

683. A CR/88 manteve a competência dos Municípios para tributação dos serviços de transporte estritamente municipal.

684. Apesar de a LC nº 87/96 não fazer referência à circulação jurídica, que pressupõe a translação da propriedade da mercadoria por meio de negócio válido celebrado entre comprador e vendedor, a jurisprudência é remansosa ao dispor que a simples circulação física do bem não implica ocorrência do fato gerador do ICMS. Inclusive restou sumulado pelo STJ (Súmula nº 166) que a mera transferência de mercadorias entre estabelecimentos do mesmo titular, ainda que situados em unidades distintas da federação, não importa em ocorrência do fato gerador do imposto, haja vista inexistir a necessária transferência de titularidade que é pressuposto para a cobrança do ICMS. Ademais, a CR/88, ao delimitar a hipótese de incidência do imposto, é expressa ao dispor que a exação incide sobre "operação de circulação jurídica de mercadoria" (art. 155, II).

(b) das prestações de serviços de transporte interestadual e intermunicipal, de pessoas,[685] bens, mercadorias ou valores – por qualquer via;

(c) das prestações onerosas de serviços de comunicação;

(d) da entrada de mercadoria ou bem importado do exterior, assim como da importação de serviços de transporte e comunicação, inclusive aqueles cuja prestação tenha ocorrido fora do País;

(e) da entrada de petróleo, lubrificantes, combustíveis líquidos e gasosos dele derivados e de energia elétrica, quando se tratar de operação interestadual e quando o adquirente for o consumidor final desses produtos (não os destinando à revenda ou industrialização).

A base de cálculo do imposto é, como nos IVAs em geral, o valor integral da operação ou prestação tributada, sendo que, na importação, são agregados ainda os custos da operação, o IPI, o II e o IOF, além de eventuais taxas e contribuições aduaneiras.

Contribuinte é o empresário, industrial, produtor, importador ou prestador de serviço de comunicação e de transporte interestadual ou intermunicipal.

Dessa breve resenha, pode-se delinear a regra-matriz de incidência do ICMS da seguinte forma:

---

685. O Supremo Tribunal Federal, por meio da ADI-MC nº 1.600/DF (Pleno, Relator Min. SYDNEY SANCHES, DJ 06.02.1998, p. 2), declarou inconstitucional a incidência do ICMS sobre o transporte de passageiros por via aérea. A Corte sustentou inexistir, na lei de normas gerais do imposto estadual, um mecanismo adequado de controle do imposto pago por essa modalidade de serviço. Apesar de restrita às companhias aéreas, em prol das quais a ADI foi ajuizada, a decisão final menciona que o dispositivo do acórdão somente não abarcou o transporte terrestre de passageiros porque tal não fora requerido na exordial.

Hipótese de incidência	Consequência jurídica
Aspecto material: compra-e-venda de mercadoria (inclusive sua importação), prestação de serviço de comunicação e de transporte interestadual e intermunicipal; **Aspecto temporal:** momento da saída da mercadoria, do desembaraço aduaneiro ou da prestação do serviço; **Aspecto espacial:** em qualquer lugar do território nacional e, nas hipóteses expressamente previstas na Constituição, no exterior; **Aspecto pessoal:** comerciante, industrial, produtor, importador, prestador de serviço de comunicação e de transporte interestadual e intermunicipal.	**Sujeito ativo:** Estados-membros e Distrito Federal; **Sujeito passivo:** comerciante, industrial, produtor, importador, prestador de serviço de comunicação e de transporte interestadual e intermunicipal; **Base de cálculo:** valor da operação, da prestação ou da importação, este acrescido de II, IPI, IOF, despesas aduaneiras, taxas e contribuições alfandegárias; **Alíquota:** a interna é livremente estabelecida pelos Estados, sendo em média 17% para as operações com mercadorias e transporte interestadual e intermunicipal e 25% para as prestações de serviço de comunicação; a interestadual é fixada pela Resolução do Senado Federal nº 22/89, sendo de 7% ou 12%, a depender do Estado de destino; **Quanto pagar:** o valor dos débitos abatido dos créditos do imposto aos quais o contribuinte fizer jus; **Como e onde pagar:** previsto no Regulamento do ICMS de cada Estado.

O ICMS é uma das mais complexas exações pátrias, mormente em razão da não-cumulatividade que o rege, cujas notas típicas serão analisadas a seguir.

12.2 DISPOSIÇÕES GERAIS SOBRE A NÃO-CUMULATIVIDADE

Os arts. 19 e seguintes da LC nº 87/96, exercendo a função que lhes foi incumbida pelo art. 155, §2º, XII, c, da Constituição, disciplinam o regime de compensação do ICMS, viabilizando a operacionalização da não-cumulatividade tributária neste imposto. Antes da atual lei complementar, vigorava o

Convênio ICM nº 66/88, que veiculava as normas gerais do imposto em tela, em caráter excepcional.[686]

Confira-se.

12.2.1 A COMPENSAÇÃO DO MONTANTE PAGO NA ETAPA ANTERIOR, EM QUALQUER ESTADO DA FEDERAÇÃO

Seguindo o determinado pela CR/88, a legislação estabelece que o ICMS será não-cumulativo, compensando-se o que for devido em cada operação ou prestação com o montante cobrado nas operações e prestações anteriores, pelo mesmo ou por outro Estado.[687]

Portanto, apesar de ser uma exação estadual, o abatimento do ICMS a pagar independe da origem da mercadoria ou serviço, obrigando os Estados a reconhecer o crédito relativo ao imposto pago em outras unidades da federação.[688]

12.2.2 PERÍODO DE APURAÇÃO DO IMPOSTO: COMPETÊNCIA MENSAL

A legislação complementar atribui aos Estados a competência para fixação do período de apuração do imposto.[689] Utilizando-se dessa faculdade, as unidades da federação adotam, em regra, o cálculo mensal do ICMS devido. Findo o período

---

686. Antes da LC nº 87/96 o Convênio ICM nº 66/88 exercia, extraordinariamente, a sua função. Conforme o ADCT (art. 34, §8º), enquanto não sobreviesse lei complementar regulando o então novel ICMS, os Estados e Distrito Federal deveriam delinear as normas necessárias à instituição desse imposto por meio de convênio celebrado na forma da LC nº 24/75.

687. Art. 19 da LC nº 87/96 e art. 28 do Convênio ICM nº 66/88.

688. Todas as referências aos Estados, em matéria de ICMS, aplicam-se também ao Distrito Federal (art. 155, caput e inciso II da CR/88; arts. 35 da LC nº 87/96 e do Convênio ICM nº 66/88).

689. Art. 24, *caput*, da LC nº 87/96 e art. 29, *caput* e inciso I do Convênio ICM nº 66/88.

de apuração, as obrigações consideram-se vencidas e os débitos deverão ser quitados:

(a) mediante compensação com os créditos auferidos no período ou com o saldo credor trazido da competência anterior;

(b) em havendo saldo devedor mesmo após as compensações acima referidas, a diferença será paga em dinheiro, no prazo fixado pelo Estado.[690]

12.2.3 FORMAS ALTERNATIVAS DE APURAÇÃO DO IMPOSTO

12.2.3.1 APURAÇÃO POR PRODUTO

Além do cálculo por competência, universalmente adotado pelos Estados-membros, as normas infraconstitucionais preveem dois outros métodos de apuração do ICMS, a critério do sujeito ativo:[691]

(a) cotejo de créditos e débitos por mercadoria ou serviço, dentro de determinada competência;

(b) confronto de créditos e débitos por mercadoria ou serviço, em cada operação.

Essas alternativas ofertadas pela legislação implicam maiores dificuldades operacionais, razão pela qual raramente são utilizadas. Não obstante, já houve tentativas por parte de entes estaduais de restringir o direito ao crédito criando uma apuração

---

690. Art. 24, II, da LC nº 87/96.
A data de pagamento do tributo não é sujeita à reserva legal, podendo ser estabelecida por decreto, instrução normativa ou outro ato do Poder Executivo, conforme interpretação jurisprudencial do art. 97 do CTN, que trata do conteúdo material do princípio da legalidade (STF, 1ª Turma, RE nº 195.218/MG, Relator Min. ILMAR GALVÃO, *DJ* 02.08.2002, p. 84; STJ, 2ª Turma, REsp nº 70.640/SP, Relator Min. ANTÔNIO DE PÁDUA RIBEIRO, *DJ* 09.12.1996, p. 49.242).

691. Art. 26, I e II da LC nº 87/96 e art. 29, II e III do Convênio ICM nº 66/88.

produto-a-produto para certas mercadorias. Não se tratando de regra geral para apuração do ICMS e restando claro o objetivo de restringir os créditos aproveitáveis por certos contribuintes, o STJ julgou inválida a forma de apuração do imposto, determinando a observância da regra geral positivada na lei estadual (apuração por período de tempo, mediante uso de créditos escriturais).[692]

12.2.3.2 APURAÇÃO POR ESTIMATIVA

O legislador também permite que os Estados cobrem o ICMS por estimativa, arbitrando um valor determinado para que o contribuinte faça a recolha do imposto (usualmente, no início do mês) aos cofres públicos. Posteriormente, em data futura – consentânea com o prazo necessário para se apurar o montante efetivo a recolher – é feito o acerto de contas, com pagamento de eventual diferença ou, se o recolhimento tiver sido feito a maior, apuração de crédito a ser compensado com o tributo devido nas competências subsequentes.[693]

Como o ICMS não deixará, em nenhuma hipótese, de ser regularmente calculado e pago, o contribuinte deverá adimplir com todas as suas obrigações acessórias, consoante previsão – desnecessária, a nosso sentir – da LC nº 87/96.[694]

---

692. Confira-se o seguinte trecho de aresto do STJ sobre a matéria:
"1. A LC 87/1996, em harmonia com a CF/1988, assegura o direito à compensação, levando em consideração o imposto devido em cada operação na qual haja circulação de mercadoria ou prestação de serviços de transporte interestadual e intermunicipal e de comunicação, sem impor que a operação antecedente refira-se a uma determinada mercadoria ou serviço. Destarte, a regra contida no regulamento estadual (art. 37, § 8º, do RICMS/RS) inova o ordenamento jurídico, ou seja, a Administração Pública Estadual, ao exigir que a compensação ocorra entre produtos agropecuários da mesma espécie da que originou o respectivo crédito (não estorno), criou regra nova de compensação do ICMS (por ato infralegal), que não é prevista nem na Constituição Federal nem na LC 87/1996. Desse modo, viola o art. 20, § 6º da LC 87/1996, a disposição contida em norma infralegal estadual que restrinja seu âmbito de aplicação, criando regra nova de compensação do ICMS, sobretudo porque tal matéria é reservada à lei complementar. Precedente: REsp 897.513/RS, Rel. Min. MAURO CAMPBELL MARQUES, DJe 08.02.2013." (STJ, Primeira Turma, AgInt no Resp nº1.513.936/RS, Relator Min. NAPOLEÃO NUNES MAIA FILHO, DJe 30.05.2019).

693. Art. 26, III e §1º da LC nº 87/96; art. 18 c/c art. 29, §2º do Convênio ICM nº 66/88.

694. Art. 26, §2º, da LC nº 87/96.

12.2.4 TRANSPORTE DO SALDO CREDOR ACUMULADO PARA AS COMPETÊNCIAS SUBSEQUENTES

Caso o valor dos créditos supere o dos débitos em determinada competência, o saldo credor será transportado para os exercícios subsequentes até sua efetiva utilização.[695] Não há, todavia, previsão nas normas gerais do ICMS para a correção monetária dos créditos acumulados, remanescendo o tema a critério do legislador estadual, que não assegura a aludida correção, gerando perdas financeiras para os contribuintes e consequente majoração do imposto arrecadado.[696]

12.2.5 AUTONOMIA DOS ESTABELECIMENTOS E APURAÇÃO CENTRALIZADA DOS CRÉDITOS E DÉBITOS

Um dos princípios basilares do ICMS é o da autonomia dos estabelecimentos,[697] segundo o qual cada unidade da empresa deve possuir sua própria inscrição estadual e apurar, em separado, seus créditos e débitos. Assim, quando uma pessoa jurídica tiver várias filiais em um Estado, cada uma destas fará o cálculo e pagamento do seu próprio ICMS.

Foi o Decreto-lei nº 406/68 que, ainda nos primórdios da implantação do ICM no País, atribuiu aos Estados o direito de considerar autônomo cada estabelecimento da pessoa jurídica para fins de cálculo do imposto devido.[698] Tal medida

---

695. Art. 24, I e III, da LC nº 87/96 e art. 29, §3º, do Convênio ICM nº 66/88.

696. Para maiores detalhes sobre a correção monetária de créditos escriturais, vide Capítulo XV, item 15.4.

697. Art. 11, §3º, II e III da LC nº 87/96 e art. 22 do Convênio ICM nº 66/88.

698. Assim dispunha o DL nº 406/68:
"Art 6º. Contribuinte do imposto é o comerciante, industrial ou produtor que promove a saída da mercadoria, o que a importa do exterior ou o que arremata em leilão ou adquire, em concorrência promovida pelo Poder Público, mercadoria importada e aprendida.
§ 2º. Os Estados poderão considerar como contribuinte autônomo cada estabelecimento

foi adotada por todas as unidades da federação, pois se revelava vantajosa sob o prisma arrecadatório. Afinal, se uma das unidades de determinada empresa apurasse créditos a compensar no mês, não poderia compensá-lo com os débitos de outros estabelecimentos da mesma pessoa jurídica, majorando os ingressos no caixa estatal.

O Convênio ICM nº 66/88 manteve a mesma disposição[699] do Decreto-lei nº 406/68, assim como a LC nº 87/96, em sua redação originária.[700]

Entretanto, a LC nº 102/2000 – ao modificar o *caput* do art. 25 da LC nº 87/96 – permitiu que o contribuinte possuidor de vários estabelecimentos em uma unidade da federação realizasse a apuração individual do ICMS, mas fizesse a compensação, entre suas filiais, dos saldos credores e devedores nelas apurados. Confira-se o texto normativo:

> Art. 25. Para efeito de aplicação do disposto no art. 24, os débitos e créditos devem ser apurados em cada estabelecimento, compensando-se os saldos credores e devedores entre os estabelecimentos do mesmo sujeito passivo localizados no Estado.

Dessarte, até o advento da LC nº 102/2000, a legislação atribuía aos Estados a disciplina do tema, podendo aqueles autorizarem ou não a intercompensação dos saldos credores

---

comercial, industrial ou produtor, permanente ou temporário do contribuinte, inclusive veículos utilizados por este no comércio ambulante." (destaques nossos)

699. Confira-se o Convênio ICM nº 66/88:
"Art. 22. Considera-se autônomo cada estabelecimento produtor, extrator, gerador, inclusive de energia, industrial, comercial e importador ou prestador de serviços de transportes e de comunicação, do mesmo contribuinte, ainda que as atividades sejam integradas e desenvolvidas no mesmo local.
Parágrafo único. Equipara-se a estabelecimento autônomo o veículo utilizado no comércio ambulante e na captura de pescado."

700. LC nº 87/96:
"Art. 25. Para efeito de aplicação do art. 24, os débitos e créditos devem ser apurados em cada estabelecimento do sujeito passivo. Para este mesmo efeito, a lei estadual poderá determinar que se leve em conta o conjunto dos débitos e créditos de todos os estabelecimentos do sujeito passivo no Estado."

e devedores dos estabelecimentos de um único contribuinte. Com a nova redação conferida à LC nº 87/96 a partir de agosto de 2000, os contribuintes passaram a fazer jus à compensação automática – sem necessidade de prévia lei estadual autorizativa – dos créditos e débitos apurados em seus distintos estabelecimentos situados dentro de uma mesma unidade federada. O dispositivo em comento, como se extrai de sua própria redação, possui eficácia plena, sendo perfeitamente oponível pelos contribuintes aos Fiscos que eventualmente apresentem resistência ao cálculo unificado do ICMS a pagar, considerando-se a totalidade dos seus estabelecimentos no Estado.

12.2.6 A TRANSFERÊNCIA DO SALDO CREDOR A OUTROS CONTRIBUINTES DENTRO DO MESMO ESTADO

Em havendo acúmulo contínuo de saldo credor na conta gráfica do contribuinte, este poderá transferi-lo a terceiros dentro dos parâmetros ditados pela legislação, que serão tratados a seguir. Vale advertir apenas que, tirante a hipótese de acúmulo de créditos pelos exportadores, a transferência a outras empresas dos créditos de ICMS fica ao inteiro alvedrio das legislações estaduais cada Estado.

Ressalte-se que aqui se trata da possibilidade de o titular de saldo credor de ICMS transferi-lo a outras empresas, contribuintes do imposto, situadas na mesma unidade federativa; outra questão, distinta, é a atinente à transferência de créditos entre estabelecimentos do próprio titular, que se tornou carente de significação desde o advento da LC nº 102/2000, porquanto a apuração centralizada dos créditos e débitos dos distintos estabelecimentos do contribuinte passou a ser assegurada pela Lei Kandir, como exposto no tópico anterior.

12.2.6.1 A TRANSFERÊNCIA MANDATÓRIA EM DECORRÊNCIA DA EXPORTAÇÃO DE MERCADORIAS E SERVIÇOS[701]

A atual regra constitucional, inserida na Lei Maior pela EC nº 42/2003, assegura ao exportador o direito à "manutenção e (...) aproveitamento do montante do imposto cobrado nas operações e prestações anteriores".[702] Anteriormente à EC nº 42/2003, o legislador complementar tinha a faculdade de "prever casos de manutenção de crédito, relativamente à (...) exportação para o exterior, de serviços e de mercadorias".[703] A aludida Emenda Constitucional, como visto, transformou a *manutenção* dos créditos em um direito do exportador, ao mesmo tempo em que passou a exigir que os Estados viabilizassem o *aproveitamento* desses mesmos créditos, previsão que inexistia na redação anterior da CR/88.

De todo modo, mesmo antes de se tornar mandatória por força da EC nº 42/2003, a LC nº 87/96 já previa tanto a manutenção[704] dos créditos na exportação como a possibilidade de seu aproveitamento, mediante transferência a terceiros do saldo credor acumulado pelo exportador, *in verbis*:

> Art. 25. (...).
>
> § 1º. Saldos credores acumulados a partir da data de publicação desta Lei Complementar por estabelecimentos que realizem operações e prestações de [exportação] podem ser, na proporção que estas saídas representem do total das saídas realizadas pelo estabelecimento:

---

701. Impende notar que a LC nº 87/96 (art. 3º, parágrafo único) equipara à venda para o exterior a remessa de mercadoria com fim específico de exportação para:
(a) empresa comercial exportadora, inclusive trading;
(b) outro estabelecimento da mesma empresa;
(c) armazém alfandegado ou entreposto aduaneiro.

702. Art. 155, §2º, X, a, com a redação da EC nº 42/2003, destaques nossos.

703. Art. 155, §2º, XII, f, redação originária da CR/88.

704. Art. 32, II, da LC nº 87/96.

I – imputados pelo sujeito passivo a qualquer estabelecimento seu no Estado;

II – *havendo saldo remanescente, transferidos pelo sujeito passivo a outros contribuintes do mesmo Estado, mediante a emissão pela autoridade competente de documento que reconheça o crédito.*" (destaques nossos)

De fato, a imunidade na exportação pode gerar cumulatividade residual caso inexista uma forma efetiva de se utilizar os créditos acumulados. Muitos exportadores não realizam vendas para o mercado interno ou fazem-no em volume pouco significativo, acumulando, com isso, saldo credor do imposto por força da inexistência de débitos a compensar com os créditos oriundos de suas aquisições tributadas.

A regra plasmada na LC nº 87/96 não é a ideal, pois o correto seria o ressarcimento em espécie ao exportador, como ocorre no IVA-europeu.[705] Todavia, as dificuldades financeiras dos Estados-membros não somente impedem essa solução (que dependeria de modificação da Lei Kandir), como também geram resistências à própria observância do comando plasmado no art. 25, §1º, II, da LC nº 87/96.

Explique-se. É inconteste que a lei de normas gerais do ICMS é clara: o direito do exportador à transferência para terceiros dos seus créditos acumulados não admite qualquer restrição por lei estadual, cabendo à unidade federativa tão somente emitir o "documento que reconheça o crédito". O reconhecimento desse crédito pela autoridade fiscal limita-se à

---

705. A Diretiva 2006/112/CE do Conselho da União Europeia prevê a possibilidade de ressarcimento em dinheiro ("reembolso") ao contribuinte que possua saldo credor de IVA acumulado:
"Artigo 183º:
Quando o montante das deduções exceder o montante do IVA devido relativamente a um período de tributação, os Estados-Membros podem efectuar o reporte do excedente para o período seguinte, ou proceder ao respectivo reembolso nas condições por eles fixadas."
É interessante ver que o direito assegurado pela Diretiva não se restringe aos exportadores, aplicando-se a todo contribuinte que acumular créditos de IVA.

verificação de sua origem e da correção do cálculo apresentado pelo contribuinte.[706] Entretanto, as leis e atos normativos estaduais têm, muitas vezes, erigido condicionantes para a transferência a terceiros dos saldos credores de ICMS-exportação, impondo limitações quanto aos contribuintes que podem receber esses créditos (usualmente, apenas os fornecedores do exportador são autorizados a receber os créditos de ICMS por este transferidos). Outrossim, tem sido corrente a demora excessiva e proposital no reconhecimento dos valores passíveis de transferência, fato que viola não apenas a Lei Kandir, mas também os princípios da moralidade (art. 37, *caput*, da Lei Maior) e as garantias fundamentais do direito de petição (art. 5°, XXXIV, *a* da CR/88) e da duração razoável do processo administrativo (art. 5°, LXXVIII, da CR/88, modificado pela EC n° 45/2004). Tanto as barreiras legais como o retardamento intencional da emissão do intitulado Demonstrativo de Créditos Acumulados (DCA) têm sido firmemente repelidas pela jurisprudência. Em mais de uma oportunidade o STJ reconheceu que as normas do art. 25, §1°, da LC n° 87/96 possuem eficácia plena, sendo inválidas as mitigações aos seus dispositivos perpetradas pelo legislador estadual.[707]

---

706. Certa feita, os Estados e o Distrito Federal firmaram um Protocolo (n° 30, de 30 de setembro de 2005) por meio do qual se comprometeram a "não autorizar novas transferências de créditos de ICMS acumulados em decorrência de desoneração das exportações". A norma malferiu tanto o art. 25, §1°, II da LC n° 87/96, como o art. 155, §2°, X, *a* da CR/88 (com a redação da EC n° 42/2003), que não impõem limites materiais ao exercício do direito de transferência do saldo credor por parte dos contribuintes. Todavia, a vedação foi estabelecida como forma de pressão dos Estados-membros para que a União autorizasse a transferência de valores necessários à recomposição dos caixas estaduais em decorrência da não incidência do ICMS nas exportações, consoante predica o Anexo da LC n° 87/96 (que, à época da edição do referido Protocolo, não estava sendo cumprido pela União). Em face do compromisso da União de aportar os recursos necessários para a reposição das perdas tributárias dos Estados e do Distrito Federal com as exportações, os próprios signatários do Protocolo n° 30/05 revogaram-no, meses depois, por meio do Protocolo n° 40, de 22 de dezembro de 2005.

707. STJ, Primeira Turma, RMS n° 13.969/PA, Relator Min. FRANCISCO FALCÃO, *DJ* 04.04.2005 p. 167; STJ, Segunda Turma, REsp n° 1.252.683/MA, Relator Min. HUMBERTO MARTINS, *DJe* 29.06.2011.

De todo modo, é importante repisar que o direito do exportador ao aproveitamento efetivo dos créditos de ICMS decorre, desde a EC nº 42/2003, da própria Constituição. Portanto, sempre que houver necessidade de atuação do Estado para viabilizar a transferência do saldo credor, o procedimento terá caráter estritamente burocrático-administrativo, não somente por força da eficácia plena das normas da Lei Kandir disciplinadoras do tema, mas também por expressa determinação da Lei Maior. Conclui-se, portanto, que todas as operações e prestações anteriores à exportação geram créditos de ICMS, que são lançados na conta gráfica do exportador. Em havendo acúmulo de saldo credor, a empresa poderá:

(a) contabilizá-lo de forma centralizada com seus demais estabelecimentos no Estado, realizando a intercompensação do ICMS devido por suas outras unidades com os créditos acumulados pela filial exportadora, consoante exposto no item anterior (12.2.5);

(b) transferi-lo a terceiras empresas, dentro do mesmo Estado, observando os procedimentos formais ditados pelo ente estadual.

Dessarte, pode-se afirmar que a transferência do crédito de ICMS-exportação a terceiros é direito subjetivo do contribuinte com estofo constitucional, impassível de restrição por leis ordinárias ou atos do Poder Executivo estadual, sobremais quando a Lei Kandir – com o mesmo espírito da Carta Magna – prevê, em norma de eficácia plena, o direito inatacável de transferência do saldo credor do ICMS-exportação a outros contribuintes sitos na mesma unidade federativa, a critério única e exclusivamente do exportador.[708]

---

708. Sobre o tema, confira-se: ALVES, Vinícius Jucá. O Antigo Problema dos Créditos de ICMS Acumulados por Exportadores e a Recente Decisão do STJ. *Revista Dialética de Direito Tributário*, nº 194. São Paulo: Dialética, nov./2011, pp. 121-8.

12.2.6.2 A NORMA ESPECIAL PARA O SALDO CREDOR DECORRENTE DE EXPORTAÇÃO ACUMULADO ATÉ 31 DE DEZEMBRO DE 1999

Para os créditos acumulados até 31.12.1999, o art. 4º da LC nº 102/2000 permitiu ao Estado:

(a) parcelar a compensação do saldo credor de ICMS-exportação; e

(b) estabelecer condições para que se dê a transferência dos créditos a terceiros.

Em nossa opinião, a norma em comento não poderia retroagir, atingindo direito consolidado dos exportadores. Como em 31.12.1999 inexistiam as restrições acima – porquanto vigoravam à época as disposições do art. 25, §1º da Lei Kandir, analisado no subtópico antecedente – não pode norma posterior, como é o caso da LC nº 102/2000, prejudicar a situação do contribuinte, sob pena de ferimento à irretroatividade das leis. Afinal, à luz da regra vigente no último dia do ano de 1999, as pessoas jurídicas faziam jus à transferência integral, à vista e sem qualquer óbice, dos seus créditos de ICMS-exportação.

A LC nº 102/2000, como um todo, trouxe diversas restrições ao creditamento do ICMS pelos contribuintes com o declarado propósito de recompor os caixas dos Estados, combalidos por uma década de frágil crescimento econômico aliado à concentração excessiva da arrecadação tributária na União. Todavia, razões de ordem econômica não podem servir de subterfúgio para o descumprimento das garantias constitucionais e legais dos contribuintes. Do contrário, ter-se-ia que reconhecer o direito do empresário em difícil situação financeira de não recolher os tributos devidos. Não é o que ocorre – logo, tampouco se pode autorizar que o Estado assim proceda, como feito na hipótese em tela.

12.2.6.3 AS TRANSFERÊNCIAS DE SALDO CREDOR DO ICMS CONDICIONADAS PELAS LEIS ESTADUAIS

Além da exportação de mercadorias e serviços, diversas situações podem gerar acúmulo de créditos do ICMS, como, por exemplo, a compra dentro do Estado seguida de revenda sujeita a alíquota interestadual menor que a interna.

Em tais hipóteses, não assiste ao contribuinte a garantia de transferência dos créditos a terceiros, que é restrita aos casos de exportação.[709] Entrementes, o art. 25, §2º, da LC nº 87/96 permite aos Estados estabelecerem, por leis próprias, condições para:

(a) transferência do saldo credor a outros estabelecimentos de titularidade do contribuinte no mesmo Estado;

(b) transferência do crédito acumulado a terceiros, dentro do Estado.

Na hipótese da alínea *a*, a "autorização" tornou-se desnecessária, pois, desde a edição da LC nº 102/2000, que conferiu nova redação ao *caput* do art. 25 da LC nº 87/96, a apuração do ICMS obrigatoriamente considera os créditos e débitos de todos os estabelecimentos do contribuinte situados no Estado.[710]

Já no caso da alínea *b*, trata-se efetivamente de um benefício que os Estados podem conferir aos contribuintes, por lei própria. Contudo, é importante reiterar que o contribuinte somente poderá realizar a transferência do saldo credor se houver autorização estatal e observando-se todos os termos e condições estipulados pelo ente federado.

---

709. Art. 25, §1º, da LC n° 87/96 c/c art. 155, §2º, X, a, da CR/88.

710. É ver a LC nº 87/96, com a redação da LC nº 102/2000:
"Art. 25. Para efeito de aplicação do disposto no art. 24, os débitos e créditos devem ser apurados em cada estabelecimento, compensando-se os saldos credores e devedores entre os estabelecimentos do mesmo sujeito passivo localizados no Estado."
Para maiores detalhes, vide item 12.2.5, supra.

12.2.7 IDONEIDADE DA DOCUMENTAÇÃO E ESCRITURAÇÃO REGULAR: LIMITES FORMAIS PARA O CREDITAMENTO DO ICMS

A nota fiscal regular – ou seja, com todos os requisitos de validade exigidos pela lei – é condição essencial para a operacionalização da não-cumulatividade, pois é com ela que o adquirente provará a origem e o valor dos créditos compensáveis, que vêm informados no documento.

O Convênio s/nº, de 15 de dezembro de 1970, instituidor do Sistema Nacional Integrado de Informações Econômico-Fiscais (SINIEF), estabelece que será considerado inidôneo o documento fiscal que:

(a) omitir indicações;

(b) não for o legalmente exigido para a respectiva operação;

(c) não guardar as exigências ou requisitos previstos no Convênio (que estabelece todos os detalhes acerca do preenchimento dos documentos fiscais);

(d) contiver declarações inexatas, estiver preenchido de forma ilegível ou apresentar emendas ou rasuras que lhe prejudiquem a clareza.

Atento à importância da documentação, o legislador plasmou ainda a seguinte regra na LC nº 87/96:

> Art. 23, *caput*. O direito de crédito, para efeito de compensação com débito do imposto, reconhecido ao estabelecimento que tenha recebido as mercadorias ou para o qual tenham sido prestados os serviços, está condicionado à idoneidade da documentação e, se for o caso, à escrituração nos prazos e condições estabelecidos na legislação.

De fato, o adequado cumprimento dos deveres instrumentais pelos contribuintes é fundamental para o controle do recolhimento de tributos. A obrigação acessória não é um fim em si mesmo, apenas existindo em decorrência da obrigação principal – mas, nem por isso, deixa de ser importante, sendo ferramenta essencial aos trabalhos da fiscalização.

Portanto, pode-se concluir, *ab initio*, que o documento fiscal idôneo é condição essencial para exercício do direito de crédito. Todavia, eventuais irregularidades ou mesmo a ausência da nota não impedem o contribuinte de provar, em processo administrativo ou judicial, a efetividade da operação que gerou o direito ao crédito. Em caso paradigmático, o STJ reconheceu ao contratante do serviço de transporte o direito de escriturar o crédito de ICMS incidente sobre o frete, mesmo sem ter em mãos a primeira via do Conhecimento de Transporte Rodoviário de Cargas (CTRC),[711] exigido pelas legislações estaduais. Para tanto, o contribuinte teve que provar a efetiva ocorrência da prestação do serviço, demonstrando os lançamentos em seus livros fiscais e contábeis, os pagamentos por ele realizados e até mesmo as guias de recolhimento do ICMS-frete pela transportadora.[712]

Da mesma forma, pequenos vícios formais na nota fiscal não têm o condão de torná-la irregular. Entretanto, têm sido usuais casos em que a documentação acobertadora da operação é considerada inidônea por força de pequenas falhas sanáveis, acarretando a cobrança de pesadas multas, além do próprio imposto. As justificativas da fiscalização para a desconsideração do documento são as mais variadas possíveis, tais como: ausência de um dígito na inscrição estadual do estabelecimento destinatário; impressão, no verso, da descrição completa das mercadorias, por não caber na frente da nota; endereço incorreto do destinatário, muitas vezes com erro de apenas um número.

---

711. O CTRC é o documento fiscal comprobatório do transporte interestadual ou intermunicipal. Contém o destaque do ICMS, tal como a nota fiscal, que é utilizada nas operações de circulação jurídica de mercadorias.

712. STJ, Primeira Turma, AgRg no REsp nº 883.821/DF, Relator Min. LUIZ FUX, DJe 15.12.2008.

A NÃO-CUMULATIVIDADE
DOS TRIBUTOS

Nessas hipóteses, entendemos que não se está diante de uma irregularidade passível de tornar o documento fiscal inidôneo, razão pela qual o contribuinte deveria ser intimado para retificar a nota ou prestar esclarecimentos – e não ser autuado, com exigência do principal acrescido de juros e multa e da penalidade pelo descumprimento da obrigação acessória. De toda sorte, os próprios Tribunais Administrativos têm cuidado de anular os autos de infração lavrados por erros de somenos encontradiços nos documentos fiscais, fato merecer de encômios, a bem da razoabilidade.[713]

A parte final do *caput* do art. 23 dispõe que o direito de crédito condiciona-se, ainda, "se for o caso, à escrituração nos prazos e condições estabelecidos na legislação". Entretanto, tais questões formais não poderão nunca ser erigidas como óbice para o direito ao crédito, que decorre da própria não-cumulatividade. Afinal, como lembra MATTOS,[714] "se nem a lei complementar é instrumento hábil para restringir direito de crédito, muito menos seria a legislação subjacente, ainda mais por motivos meramente escriturais". O dispositivo deve, portanto, ser interpretado com parcimônia e não como um autorizativo

---

[713]. Conselho de Contribuintes do Estado do Rio de Janeiro, Processo nº E04-541810-91, Recurso nº 14723, Acórdão nº 3618/Segunda Câmara, *DOE* 21.07.1999; Tribunal de Impostos e Taxas do Estado de São Paulo, Processo nº DRT-13-445759/2010, AIIM nº 3.134.069-6, 11ª Câmara Julgadora. DOE 02.02.2011; Conselho de Contribuintes do Estado de Minas Gerais, PTA/AI nº 02.000214773-25, Acórdão nº 18.702/10/2ª. *DOE* 04.05.2010.
No plano federal, já decidiu o CARF nos seguintes termos:
"BENEFÍCIO FISCAL. INTERPRETAÇÃO LITERAL. NORMA. APLICAÇÃO. RAZOABILIDADE. O fato de o art. 111 do CTN dispor acerca da interpretação literal da legislação tributária que disponha sobre a outorga de isenção em nada obsta à constatação de que houve um pequeno erro de digitação na descrição do produto isento na nota fiscal. Em que pese a necessidade de a contribuinte efetuar a correção na nota fiscal sem tê-la feito, não é razoável excluir o benefício fiscal em face de um mero erro de digitação no qual se grafou na nota fiscal um algarismo em vez de uma letra na descrição do produto isento." (Conselho Administrativo de Recursos Fiscais, Terceira Seção, Quarta Câmara, Segunda Turma, Processo nº 10508.000769/2009-17, Acórdão nº 3402-006.033, Relatora Conselheira MARIA APARECIDA MARTINS DE PAULA, j. 15.01.2018).

[714]. MATTOS, Aroldo Gomes de. *ICMS – Comentários à Legislação Nacional*. São Paulo: Dialética, 2006, p. 366.

para que os Estados criem, ao seu alvedrio, novas regras para impedir ou dificultar o creditamento por parte do contribuinte.

12.2.8 O LUSTRO DECADENCIAL PARA ESCRITURAÇÃO DO CRÉDITO DE ICMS

O parágrafo único do art. 23 da LC nº 87/96 estipula mais um requisito para o creditamento do ICMS. Eis a sua redação:

> Art. 23. (...).
>
> Parágrafo único. O direito de utilizar o crédito extingue-se depois de decorridos cinco anos contados da data de emissão do documento.

A norma em comento é, a nosso sentir, constitucional, haja vista que o ordenamento jurídico não comporta direitos imprescritíveis e, ademais, que o prazo assinalado é razoável.

Apenas um reparo merece ser feito no dispositivo: teria andado melhor o legislador complementar se tivesse estipulado o quinquênio decadencial para a "escrituração" do crédito pelo contribuinte e não para a "utilização" desse mesmo crédito, como constou na norma. Afinal, "utilizar" pressupõe a sua efetiva compensação com débitos de ICMS. Entretanto, uma vez escriturado o valor – ainda que não "utilizado" – o contribuinte já se resguarda contra a decadência do direito de "utilização" do crédito. Ora, não é facultado ao legislador vedar o transporte do saldo credor de ICMS para as competências subsequentes mediante a estipulação de um limite temporal – tal medida atentaria contra a não-cumulatividade tributária e macularia de vício insanável a norma que assim prescrevesse. Por essa razão, pode-se dizer que o parágrafo único do art. 23 da LC nº 87/96 possui uma falha redacional que, todavia, não impede a apreensão do seu verdadeiro sentido, dentro do qual a norma deve ser considerada válida.

12.3 OS CRÉDITOS DE ICMS

12.3.1 MATÉRIAS-PRIMAS E BENS INTERMEDIÁRIOS

12.3.1.1 ORIGEM NORMATIVA DOS TERMOS EM QUESTÃO

12.3.1.1.1 O período do decreto-lei nº 406/68

Antes da atual Constituição, o Decreto-lei nº 406/68 fazia as vezes da lei de normas gerais do então ICM. O diploma – ainda que de modo indireto – assegurava expressamente o creditamento sobre as matérias-primas e materiais secundários (estes eram sinônimo, no Decreto-lei nº 406/68, de bens intermediários, nomenclatura hodiernamente utilizada), desde que a saída subsequente fosse tributada. Vale conferir a sua dicção, nos trechos que interessam à presente análise:

> Art. 3º. O imposto sobre circulação de mercadorias é não cumulativo, abatendo-se, em cada operação o montante cobrado nas anteriores, pelo mesmo ou outro Estado.
>
> (...)
>
> § 3º. Não se exigirá o estorno do imposto relativo às mercadorias entradas para utilização, como matéria-prima ou material secundário, na fabricação e embalagem dos produtos de que tratam o § 3º, inciso I (produtos industrializados destinados ao exterior) e o § 4º, e o inciso III, do artigo 1º (produtos vendidos internamente após processo de concorrência internacional, com participação de indústrias brasileiras e financiamento externo).
>
> (...)

Como se dessume do dispositivo, as únicas hipóteses nas quais se autorizava o creditamento sobre matérias-primas e materiais secundários quando as saídas dos contribuintes fossem *isentas* eram as relacionadas à exportação (que, à época, eram isentas e não imunes) ou venda interna de mercadorias por empresas brasileiras que tivessem participado de concorrência internacional e recebido financiamento externo para tanto (hipótese isencional específica veiculada pelo DL nº 406/68).

Mesmo nesses casos, entretanto, o direito ao crédito não se aplicava aos insumos adquiridos pelos industriais que exportassem produtos industrializados cujas matérias-primas de origem animal ou vegetal representassem mais de 50% do seu custo. Nessas hipóteses, o contribuinte ficava proibido de utilizar os créditos de ICM relativos à aquisição dos insumos para a sua produção, devendo estorná-los em sua conta gráfica na proporção das suas exportações, como se infere da parte final do texto normativo, omitida acima e ora ofertada à transcrição:

> Art. 3º. (...).
>
> § 3º. (...). O disposto neste parágrafo não se aplica, salvo disposição da lei estadual em contrário, às matérias-primas de origem animal ou vegetal que representem, individualmente, mais de 50% do valor do produto resultante de sua industrialização.

Diz-se, portanto, que o crédito sobre matérias-primas e produtos intermediários/secundários era assegurado indiretamente pelo DL nº 406/68 pois, tirante a disposição acima transcrita (que, em verdade, cuidava apenas da manutenção do crédito em situações excepcionais), o diploma normativo não fazia nenhuma outra referência ao direito de crédito do ICM.

Assim, além de não definir os conceitos de matéria-prima ou produto intermediário, o DL nº 406/68 deixava em aberto a questão do creditamento sobre os bens adquiridos para o ativo permanente das empresas. À míngua de maior detalhamento legal, o que se interpretou à época foi que os Estados-membros teriam ampla liberdade para eleger os materiais cuja aquisição permitiria o creditamento do ICM, como aponta A. J. COSTA.[715]

Dessarte, visando a suprir as lacunas do DL nº 406/68, as Administrações Tributárias estaduais editaram orientações

---

715. COSTA, Alcides Jorge. *ICM na Constituição e na Lei Complementar.* São Paulo: Resenha Tributária, 1978, p. 156.

que detalharam o alcance da não-cumulatividade do ICM. Para tanto, basearam-se na legislação do IPI, permitindo o crédito sobre os mesmos produtos que ensejavam o creditamento do imposto federal – e, via de consequência, vedando-o quando a União também o proibia.

Nessa linha, a Coordenação da Administração Tributária do Estado de São Paulo editou a Decisão CAT nº 2/82, que definiu os conceitos de matérias-primas, produtos intermediários e produtos secundários, sendo que apenas os dois primeiros gerariam créditos do ICM. Confira-se:

> 1) Matéria-prima é, em geral, toda a substância com que se fabrica alguma coisa e da qual é obrigatoriamente parte integrante. Exemplos: o minério de ferro, na siderurgia, integrante do ferro-gusa; o calcário, na industrialização do cimento, parte integrante do novo produto – cimento; o bambu ou o eucalipto, na indústria [de papel], integrantes do novo produto (...).
>
> 2) Produto Intermediário (assim denominado porque proveniente de indústria intermediária própria ou não) é aquele que compõe ou integra a estrutura físico-química do novo produto, via de regra sem sofrer qualquer alteração em sua estrutura intrínseca. Exemplos: pneumáticos, na indústria automobilística e dobradiças, na marcenaria, compondo ambos os respectivos produtos novos (sem que sofram qualquer alteração em suas estruturas intrínsecas) – o automóvel e o mobiliário; a cola, ainda na marcenaria, que, muito embora alterada em sua estrutura intrínseca, vai integrar o novo produto – mobiliário.
>
> 3) Produto Secundário é aquele que, consumido no processo de industrialização, não se integra no novo produto. Exemplos: calcáreo – $CaCO_3$ (que na indústria do cimento é matéria-prima), na siderurgia, é 'produto secundário', porquanto somente usado para extração das impurezas do minério de ferro, com as quais se transforma em escória e consome-se no processo industrial sem integrar o novo produto: o ferro-gusa; o óleo de linhaça, usado na cerâmica (para o melhor desprendimento da argila na prensa), depois de consumido na queima, não vai integrar o novo produto-telha; qualquer material líquido, usado na indústria da autora, que consumido na operação de secagem, deixa de integrar o novo produto – papel.

Com esse entendimento, o Estado de São Paulo adotou posicionamento que restringia, mais do que a própria legislação do IPI, o creditamento do ICM. Afinal, segundo a Decisão CAT nº 2/82, apenas os bens que se integrassem fisicamente ao produto final seriam passíveis de creditamento. A distinção entre matérias-primas e bens intermediários residiria no fato de as matérias-primas perderem suas características ou qualidades enquanto componentes do produto final (como o minério de ferro utilizado na fabricação do ferro-gusa), ao passo que os intermediários as manteriam após a agregação ao bem industrializado (como os pneus utilizados no fabrico do automóvel).

Os produtos secundários, cuja aquisição não permitiria o creditamento, seriam todos aqueles que, consumidos no processo de fabricação, não se integrassem fisicamente ao produto final. Exemplo: os produtos químicos líquidos utilizados pela indústria de papel que se evaporam no processo de secagem do bem fabricado.

Quatro anos após o advento da Decisão CAT nº 2/82, o Diretor da Superintendência de Legislação e Tributação do Estado de Minas Gerais editou a Instrução Normativa nº 1/86 que, diferentemente daquela, definiu como produto intermediário o bem que:

(a) empregado no processo industrial, se integra a novo produto; ou

(b) embora não se integre ao novo produto, é consumido de forma imediata e integral no processo produtivo.

Como se infere, a IN/SLT nº 1/86 classificou como bens intermediários as categorias que a Decisão CAT nº 2/82 segregou em intermediários (que, para SP, gerariam créditos de ICM) e secundários (que não autorizariam o creditamento sob a ótica do Fisco paulista). Portanto, o conceito mineiro de bem intermediário se fez mais abrangente.

A NÃO-CUMULATIVIDADE DOS TRIBUTOS

Entretanto, para ser considerado como tal e, conseguintemente, gerar créditos do ICM, a IN/SLT nº 1/86 dispôs que o produto intermediário deveria, cumulativamente, ser:

(a) essencial ao processo de produção; e

(b) consumido de forma imediata e integral.

Visando a pontuar com clareza esses requisitos adicionais, a IN/SLT nº 1/86 apregoou:

> I – Por consumo imediato entende-se o consumo direto, de produto individualizado, no processo de industrialização; assim, considera-se consumido diretamente no processo de industrialização o produto individualizado, quando sua participação se der num ponto qualquer da linha de produção, mas nunca marginalmente ou em linhas independentes, e na qual o produto tiver o caráter de indiscutível essencialidade na obtenção do novo produto.
>
> II – Por consumo integral entende-se o exaurimento de um produto individualizado na finalidade que lhe é própria, sem implicar, necessariamente, o seu desaparecimento físico total; neste passo, considera-se consumido integralmente no processo de industrialização o produto individualizado que, desde o início de sua utilização na linha de industrialização, vai-se consumindo ou desgastando, contínua, gradativa e progressivamente, até resultar acabado, esgotado, inutilizado, por força do cumprimento de sua finalidade específica no processo industrial, sem comportar recuperação ou restauração de seu todo ou de seus elementos.
>
> III – Não se consideram consumidos imediata e integralmente os produtos, como ferramentas, instrumentos ou utensílios, que embora se desgastem ou deteriorem no processo de industrialização – como aliás ocorre em qualquer bem ao longo do tempo – não se esgotam de maneira contínua, gradativa e progressiva, até o completo exaurimento, na linha de produção.
>
> IV – Igualmente não são considerados produtos consumidos imediata e integralmente no processo de industrialização as partes e peças de máquina, aparelho ou equipamento, pelo fato de não se constituírem em produto individualizado, com identidade própria, mas apenas componentes de uma estrutura estável e duradoura, cuja manutenção naturalmente pode importar na substituição das mesmas.
>
> V – Excepcionam-se da conceituação do inciso anterior as partes e peças que, mais que meros componentes de máquina, aparelho

ou equipamento, desenvolvem atuação particularizada, essencial e específica, dentro da linha de produção, em contacto físico com o produto que se industrializa, o qual importa na perda de suas dimensões ou características originais, exigindo, por conseguinte, a sua substituição periódica em razão de sua inutilização ou exaurimento, embora preservada a estrutura que as implementa ou as contém.

Com base na IN/SLT nº 1/86 – que vigora até os dias de hoje – pode-se afirmar que, para o Estado de Minas Gerais, o produto intermediário deve:

(a) ser consumido no processo de produção, desgastando-se instantânea ou gradualmente, até se tornar inutilizável (o que corresponde ao consumo integral);

(b) integrar a linha de produção principal, não compondo linhas marginais ou secundárias.

Bens como ferramentas e utensílios que, apesar de utilizados na produção, não se desgastam naturalmente no processo fabril, não se caracterizam como intermediários à luz da IN/SLT nº 1/86. Da mesma forma, partes e peças de máquinas e equipamentos cuja substituição se faz eventualmente necessária não correspondem ao conceito em tela, salvo se essas partes e peças forem específicas, desenvolvendo papel fundamental no processo produtivo e entrando em contato direto com o produto final, acarretando-lhes perda de suas características originais e a necessidade de sua substituição periódica. Contudo, em janeiro de 2017, a Superintendência de Tributação – SUTRI da Secretaria da Fazenda do Estado de Minas Gerais editou a IN/SUTRI nº 1/2017, que retirou a palavra "desgastando" do item II[716] e revogou o item V[717] da IN/STL nº 1/86, colacionados acima, sob a justificativa de que a redação anterior permitia a apropriação do crédito do ICMS de algumas partes e peças como produtos intermediários e não como partes do

---

716. Art. 1º da IN/SUTRI nº 1/2017.

717. Art. 2º da IN/SUTRI nº 1/2017.

ativo imobilizado, alteração que passará a vigorar a partir do dia primeiro de abril de 2017. Sendo assim, a partir de abril de 2017, toda e qualquer espécie de peças e partes de máquinas e equipamentos, independentemente de sua especificidade, papel desempenhado ou tipo de contato com o produto final, será considerada pelo Estado de Minas Gerais como parte do ativo imobilizado para fins de apuração de créditos de ICMS.

É fato que as disposições da IN/SLT nº 1/86 são, ainda hoje, as que predominam na jurisprudência. De todo modo, resta claro que, à míngua de uma conceituação na lei de normas gerais, os regramentos dos Estados à época do DL nº 406/68 eram bastante discrepantes quanto às definições de matérias-primas e produtos intermediários (não existindo, nesse período, qualquer menção aos bens destinados ao uso e consumo das empresas os quais, como se verá adiante, somente vieram a ser tratados pela LC nº 87/96).

12.3.1.1.2 O convênio ICM nº 66/88

Ao contrário do DL nº 406/68, o Convênio ICM nº 66/88 regulamentou de forma minudenciada a questão do creditamento do ICMS, dispondo que não haveria direito ao crédito sobre a entrada de mercadorias ou produtos que, utilizados no processo industrial, não fossem nele consumidos ou não integrassem o produto final na condição de elemento indispensável à sua composição.[718]

A partir da norma convenial é possível extrair os conceitos jurídicos de:

(a) matérias-primas: mercadorias que integram o produto final na condição de elemento indispensável à sua composição;

(b) produtos intermediários: mercadorias que são consumidas no processo industrial, mas não integram o produto final.

---

718. Art. 31, III, do Convênio ICM nº 66/88.

Dessarte, desde o advento do Convênio ICM nº 66/88 os bens intermediários passaram a ser definitivamente diferençados das matérias-primas, tendo por base o critério – presente nestas e ausente naqueles – de agregação física ao produto final.

12.3.1.1.3 A lei complementar nº 87/96

Quando a Lei Complementar nº 87/96 foi editada, as definições de matérias-primas e produtos intermediários novamente perderam seu supedâneo nas normas gerais do ICMS. Entretanto, uma nova categoria foi positivada: a dos bens de uso e consumo, que gerariam créditos somente a partir de uma data futura fixada na própria lei complementar.[719] Nessa toada, todas as demais mercadorias que não fossem destinadas ao uso e consumo gerariam créditos aproveitáveis de imediato – caso das matérias-primas e dos bens intermediários, não mais definidos na lei complementar, o que reabriu a oportunidade para que os Estados buscassem conceituá-los.

Em 2001, o Estado de Minas Gerais reafirmou a vigência da precitada IN/SLT nº 1/86[720] por meio da IN/SLT nº 1/2001, que definiu os bens intermediários cujos créditos de ICMS seriam aproveitáveis na indústria de mineração. Em que pese a especificidade da novel instrução normativa, nela o Fisco mineiro define como intermediários os bens que se integram fisicamente ao novo produto ou que, embora não se agreguem a este, são consumidos de forma imediata e integral no processo industrial, tal como prescreve a IN/SLT nº 1/86.

Também em 2001 o Fisco paulista editou nova Decisão CAT (nº 1/2001) que revogou a sua antecessora, a restritiva Decisão CAT nº 2/82.[721] O novel diploma classificou como insumos geradores de crédito as matérias-primas, bens intermediários, materiais de embalagem, combustíveis e energia elétrica. Portanto, pode-se dizer que, nos termos da Decisão CAT

---

719. A data vem sendo sistematicamente postergada desde então, estando atualmente diferida para 1º de janeiro de 2020.

720. Vide, neste Capítulo, o item 12.3.1.1.

721. Vide, neste Capítulo, o item 12.3.1.1.

n° 1/2001, as mercadorias consumidas no processo industrial ou de prestação de serviços e as que integram o produto objeto da atividade de industrialização consistem em insumos, autorizando o creditamento quando de sua aquisição.[722]

Pode-se concluir, dessarte, que os anos de experiência trouxeram certa harmonia às normas estaduais definidoras dos conceitos de matérias-primas e bens intermediários que, hodiernamente, são basicamente os mesmos, guardadas algumas diferenças em casos pontuais.

12.3.1.2 A JURISPRUDÊNCIA DO SUPERIOR TRIBUNAL DE JUSTIÇA

O Convênio ICM n° 66/88 vedava o crédito sobre bens destinados ao consumo ou ao ativo imobilizado das empresas. Por outro lado, autorizava o aproveitamento do ICMS suportado nas aquisições de matérias-primas ou produtos intermediários. Assim, à época desse convênio, as querelas entre Fiscos e contribuintes eram oriundas:

(a) do interesse fiscal em classificar a maior parte dos produtos adquiridos pelos contribuintes como integrantes do ativo imobilizado ou destinados ao uso e consumo das empresas;

(b) da intenção dos contribuintes de qualificar as suas aquisições sempre como produtos intermediários.

Um dos arestos pioneiros sobre o tema no STJ foi relatado pelo Min. JOSÉ DELGADO,[723] no ano de 1996. O caso

---

722. Confira-se:
"3. (...) Dão direito ao crédito do valor imposto as seguintes mercadorias entradas ou adquiridas ou os serviços tomados pelo contribuinte:
3.1 – insumos
Insumos são os ingredientes da produção (...). Nessa linha, como tais têm-se a matéria-prima, o material secundário ou intermediário, o material de embalagem, o combustível e a energia elétrica, consumidos no processo industrial ou empregados para integrar o produto objeto da atividade de industrialização, própria do contribuinte ou para terceiros, ou empregados na atividade de prestação de serviços (...)."

723. STJ, Primeira Turma, REsp n° 84.808/SP, Relator Min. JOSÉ DELGADO, *DJ*

tratava de uma usina de cana-de-açúcar que pretendia qualificar como "bens consumidos no processo produtivo" as peças e acessórios que adquiria para suas moendas. O STJ negou o creditamento no caso, sustentando que:

(a) as máquinas de moendas integravam o ativo imobilizado da empresa;

(b) as peças e acessórios faziam parte das moendas, não havendo consumo no processo industrial e sim desgaste natural com o uso;

(c) como "o acessório segue o principal", as peças das máquinas de moenda também seriam bens do ativo, logo não gerariam créditos aproveitáveis de ICMS (consoante predicava a legislação à época).

Ao final desse mesmo ano de 1996 foi a julgamento, também na Primeira Turma do STJ, outro caso paradigmático sobre o assunto, que envolvia uma indústria dedicada ao fabrico de acrílico.[724] As fôrmas utilizadas para moldagem do acrílico eram chapas de vidro que, com o tempo, sofriam desgaste natural e demandavam substituição. Como tais trocas tornaram-se frequentes, a empresa ingressou em juízo pleiteando o crédito de ICMS sobre as aquisições de chapas de vidro, ao argumento de que elas, apesar de não se integrarem ao produto final, consumiam-se no bojo do processo de industrialização, o que autorizaria o creditamento à luz do Convênio ICM nº 66/88. O pleito do contribuinte foi negado, à unanimidade. Consoante o acórdão, as chapas de vidro se caracterizavam como bens integrantes do ativo imobilizado, pois se desgastavam naturalmente, não se deteriorando de forma acelerada no processo fabril. Assim, não havia consumo das chapas, razão pela qual elas não se enquadravam como produtos

---

20.05.1996, p. 16.679.

724. STJ, Primeira Turma, REsp nº 88.161/SP, Relator Min. MILTON LUIZ PEREIRA, *DJ* 03.02.1997, p. 678.

intermediários e sim como bens do ativo imobilizado (que, à época, não geravam crédito de ICMS).

Em 2002, tratando de caso à luz do Decreto-lei nº 406/68, o STJ novamente reiterou o posicionamento acima esposado – invocando o precedente relatado pelo Min. DELGADO em 1996 – ao negar a qualidade de bens intermediários às ferramentas utilizadas no processo industrial.[725]

Posteriormente, em 2008, foi julgado o caso de um contribuinte que pretendia qualificar como bens intermediários as partes e peças integrantes de seus tratores e guindastes, que sofriam desgastes com a utilização contínua em condições extremas. Contudo, fiel à qualificação de tais produtos como integrantes do ativo da empresa (na linha de que "o acessório segue o principal"), a Corte negou o crédito sob as luzes do Convênio ICM nº 66/88 (apesar de ter salientado que, se a aquisição do ativo tivesse ocorrido sob a égide da LC nº 87/96, haveria direito ao creditamento, porquanto a novel legislação reconhecia o direito ao creditamento sobre bens integrantes do ativo imobilizado das empresas).[726]

Do exposto, é possível concluir que a diferenciação entre desgaste natural e consumo consiste em ponto pacífico na jurisprudência da Corte Superior de Justiça. Sendo assim, pode-se afirmar que, para o STJ:

(a) o bem intermediário deve ser consumido no processo produtivo, tornando-se imprestável para o uso;

(b) as partes e peças utilizadas na linha industrial, cujo desgaste se dá com o decurso do tempo, enquadram-se como bens pertencentes ao ativo imobilizado das empresas, gerando créditos aproveitáveis somente a partir da vigência da LC nº 87/96.

---

725. STJ, Primeira Turma, AgRg no REsp nº 139.996/SP, Relator Min. FRANCISCO FALCÃO, DJ 12.08.2002, p. 166; STJ, Primeira Turma, AgRg no Ag nº 438.945/SP, Relator Min. FRANCISCO FALCÃO, DJ 03.02.2003, p. 284.

726. STJ, Primeira Turma, REsp nº 889.414/RJ, Relator Min. LUIZ FUX, DJe 14.05.2008.

12.3.1.3 AS DEFINIÇÕES

12.3.1.3.1 Matérias-primas

São matérias-primas os bens que se agregam ao produto final, ou seja, os insumos consumidos na produção e, ao mesmo tempo, integrantes da mercadoria fabricada. Trata-se de conceito somente aplicável às indústrias, cuja função precípua é a transformação de materiais diversos em produtos acabados.

Atividades comerciais ou de prestação de serviços de transporte e comunicação não se valem de nenhum tipo de matéria-prima, porquanto no comércio o que se tem é a simples revenda do bem previamente adquirido, ao passo que os serviços de comunicação e transporte, por definição, possuem conteúdo imaterial, sendo impossível que algo a eles se agregue fisicamente.

12.3.1.3.2 Produtos intermediários

Pode-se definir produto intermediário como a mercadoria consumida de forma imediata e integral no processo produtivo, sem a qual este não se concretizaria. Assim, é possível apontar três requisitos para caracterização do produto intermediário:

(a) consumo imediato, porém sem incorporação ao produto final (do contrário, seria matéria-prima);

(b) consumo integral; e

(c) essencialidade ao processo produtivo.

Por consumo *imediato* entende-se a utilização da mercadoria diretamente no processo produtivo, de forma intrínseca ou extrínseca ao bem fabricado. De acordo com o Fisco, é ainda essencial que a mercadoria consumida tenha contato físico com a resultante do processo industrial. Entretanto, como se infere dos acórdãos do STJ colacionados anteriormente,[727] o

---

[727] STJ, Primeira Turma, AgRg no AgRg no REsp nº 386.774/MG, Relator Min. FRANCISCO FALCÃO, *DJ* 29.11.2004; STJ, Segunda Turma, AgRg no REsp nº 1.082.522/SP, Relator Min. HUMBERTO MARTINS, *DJe* 04.02.2009.

consumo diretamente no processo já é suficiente, com ou sem contato direto com o bem final.

A exigência de consumo *integral* é definida com propriedade pelo STJ, que aponta o tempo de consumo como a pedra de toque para distinção entre os bens intermediários e aqueles integrantes do ativo permanente que são utilizados na atividade empresarial, a saber:

(a) bens que integram o ativo imobilizado (é dizer, incorporam-se ao patrimônio da empresa por 12 meses ou mais):[728] o seu desgaste natural não é equiparável ao consumo *integral* exigido para caracterização dos produtos intermediários;

(b) bens que admitem mais de uma utilização, porém se consomem em período inferior a 12 (doze) meses: podem, *a priori*, ser enquadrados como intermediários. É o caso dos materiais refratários utilizados no revestimento interno dos fornos de siderúrgicas, que têm desgaste lento, porém não se integram definitivamente ao forno por serem periodicamente substituídos, resultando na sua qualificação como produto intermediário.[729]

Assim, consumo *integral* não significa instantâneo. Da mesma forma, um bem que demore mais de um ano para ser consumido não poderá ser caracterizado como intermediário. Afinal, após um ano a mercadoria passa a integrar o ativo da empresa e, por essa razão, seu desgaste natural não se confundirá com o consumo *integral*.

---

728. Dispõe o Regulamento do Imposto de Renda (Decreto n° 3.000/99):
"Aplicações de Capital
Art. 301. (...).
§ 2°. Salvo disposições especiais, o custo dos bens adquiridos ou das melhorias realizadas, cuja vida útil ultrapasse o período de um ano, deverá ser ativado para ser depreciado ou amortizado (Lei n° 4.506, de 1964, art. 45, § 1°)."

729. STJ, Segunda Turma, REsp n° 18.361/SP, Relator Min. HELIO MOSIMANN, *DJ* 07.08.1995, p. 23.026.

Por derradeiro, impende analisar a obrigatória *relação de essencialidade* entre o bem intermediário e o processo produtivo. A jurisprudência tem sido bastante restritiva quanto a este requisito, não reconhecendo, por exemplo, o direito ao crédito sobre materiais de limpeza, graxas e óleos utilizados na área industrial, que são classificados como destinados ao uso e consumo do estabelecimento, com o que não concordamos. Afinal, é impossível viabilizar-se o funcionamento de uma indústria sem tais produtos. Por essa razão, a negativa do crédito a essa categoria de materiais fere, a nosso sentir, o próprio conceito restritivo de produto intermediário que atualmente vigora. Essencial é aquilo que não pode faltar, sob pena de paralisação ou comprometimento da produção. Logo, se a ausência de um bem implica uma consequência desse jaez, aquele certamente será considerado intermediário desde que seja consumido de forma imediata e integral na produção.

Mirando-se além da realidade industrial, deve-se recordar que o *comerciante* também adquire bens essenciais para viabilizar sua atividade (que não as próprias mercadorias revendidas), assim como o fazem os prestadores de serviços de comunicação e transporte. Neste caso, o conceito de bens intermediários também deve ser utilizado para identificar as aquisições passíveis de creditamento do ICMS no comércio e na prestação de serviços. Assim, desde que o bem seja essencial à atividade empresarial e nela seja consumido de forma imediata (é dizer, sendo diretamente aplicado na atividade comercial ou na prestação de serviço) e integral (não se incorporando ao ativo imobilizado do empresário), haverá o direito ao creditamento.

Apesar de a jurisprudência apenas mais recentemente ter se dado conta da necessidade de extensão às empresas não industriais do conceito de produto intermediário (qualificado, nos casos julgados pelo STJ, como *insumo*), pode-se dizer que há uma tendência de se reconhecer aos contribuintes do ICMS que não exerçam atividade industrial o direito ao crédito sobre aquisições, por exemplo, de combustíveis e lubrificantes (no caso dos transportadores) e de energia elétrica (na prestação do serviço de comunicação), em que pese não existir esse mesmo direcionamento para o setor comercial (cujo crédito sobre energia elétrica, por exemplo, tem sido sistematicamente negado pelo STJ).

É o que se demonstrará a seguir.

12.3.1.4 A NÃO-CUMULATIVIDADE E OS PRESTADORES DE SERVIÇO

Como se viu no Título II desta obra, a origem da teoria do crédito físico remonta ao Imposto de Consumo, antiga denominação do atual IPI. Ao analisá-lo, o STF concluiu que apenas os bens que se incorporam ao produto final ou são consumidos no processo industrial geram direito ao crédito – sendo certo que o tema foi abordado tão somente sob a ótica das indústrias, únicas contribuintes do IC além dos importadores. Entrementes, essas conclusões foram transplantadas, sem maiores discussões, para o ICM, que abarcava não somente a tributação no setor industrial, mas, também, a dos comerciantes – razão pela qual acreditamos, *data maxima venia*, ter o STF incorrido em erronia. Com a edição da Constituição de 1988 e a inclusão dos serviços de comunicação e transporte intercstadual e intermunicipal no espectro de incidência do imposto estadual, as Cortes pátrias passaram a ter o dever de reanalisar o marco teórico da não-cumulatividade assentado quando ainda vigorava o IC. Todavia, decorridos mais de 20 anos da CR/88, ainda não houve definitiva manifestação dos Tribunais Superiores acerca da nova regra-matriz do imposto e dos seus impactos sobre a não-cumulatividade, em que pese a existência de alguns julgados específicos que serão abaixo analisados.

Enquanto se espera um posicionamento jurisprudencial que efetivamente reconheça a nova realidade na qual a não-cumulatividade tem operado desde que passou a ser aplicada ao ICM e, especialmente, ao ICMS – apesar de já existir uma tendência de reconhecimento do direito ao crédito no setor de serviços, como salientado alhures – existem problemas pontuais que merecem ser abordados para melhor compreensão do tema. É conferir.

12.3.1.4.1 Os bens intermediários e os serviços tributados pelo ICMS

12.3.1.4.1.1 O creditamento sobre os insumos utilizados no transporte de mercadorias

Os prestadores de serviço de transporte interestadual e intermunicipal utilizam diversos insumos em suas atividades, tais como gasolina, óleo diesel, lubrificantes, pneus e outros. Entretanto, inexiste entendimento uniforme dos Fiscos estaduais no que tange às aquisições que efetivamente geram crédito neste tipo de atividade.

O Estado de São Paulo reconhece, para o contribuinte optante pelo sistema normal de apuração do ICMS,[730] a possibilidade de aproveitamento dos créditos oriundos da aquisição de

---

[730]. Fazemos essa ressalva pois o Convênio ICMS nº 106/96 permite que o transportador opte pela utilização de um crédito presumido de 20% (vinte por cento) sobre o valor do ICMS devido na prestação. No caso de transporte aéreo, o crédito presumido é de 8% (oito por cento) sobre o imposto a recolher. Optando pela sistemática convenial, o contribuinte deixa de fazer jus aos créditos regulares do ICMS. As normas do Convênio ICMS nº 106/96 foram incorporadas pelo RICMS/SP (Decreto nº 45.490, de 30 de novembro de 2000), nos artigos 11 e 12 de seu Anexo III.
Frise-se, contudo, que o STJ entende ser ilegítima a restrição ao aproveitamento dos créditos regulares do imposto por parte do transportador optante pela utilização de benefício fiscal. Sob a égide do Convênio ICMS nº 38/89, que concedia redução de base de cálculo ao prestador do serviço de transporte, obrigando-o, todavia, a abandonar o regime de débitos e créditos escriturais, assentou-se pela possibilidade de cumulação do benefício com o sistema regular de apuração do imposto, ao contrário do que exigia o convênio. (STJ, Segunda Turma, REsp nº 466.832/RS, Relatora Min. ELIANA CALMON, DJ 05.06.2006, p. 245).
Data venia, entendemos que o STJ se equivocou no acórdão em comento. Somente haveria ferimento à não-cumulatividade se o contribuinte fosse obrigado a sair do regime débito-crédito do ICMS. Todavia, no caso era oferecida uma alternativa ao sistema regular da não-cumulatividade que, se eleita, teria como consequência a vedação do aproveitamento de créditos do imposto como contrapartida à redução da base de cálculo. Trata-se, portanto, de um acordo oferecido pelo Fisco aos contribuintes, que somente fariam a opção se esta, financeiramente, fosse mais vantajosa.
Analisando o mesmo convênio, o STF chegou à conclusão distinta do Superior Tribunal de Justiça, arrimado no fato de ser o benefício uma opção colocada à disposição do contribuinte e que implicaria, como consequência válida, a exclusão do regime de apuração de débitos e créditos. Com razão, a nosso sentir, o STF. (STF, Pleno, ADI-MC nº 1.502/DF, Relator Min. ILMAR GALVÃO, DJ 14.11.1996, p. 44.467).

A NÃO-CUMULATIVIDADE DOS TRIBUTOS

combustíveis (gasolina, óleo diesel e álcool).[731] Por outro lado, nega o caráter de insumos aos pneus, lonas, peças para manutenção e óleos lubrificantes, impedindo o creditamento nessas hipóteses.[732] No que tange aos pneus, lonas e peças, contudo, a SEFAZ/SP abre possibilidade para que o contribuinte aproveite os respectivos créditos de ICMS, desde que registre tais bens como integrantes do seu ativo imobilizado.[733] Para tanto, sua duração deverá ser superior a doze meses, além de haver integração à estrutura física dos veículos transportadores. Essa disposição não se estende aos óleos lubrificantes por impossibilidade lógica, inviabilizando o aproveitamento dos créditos sobre este tipo de insumo, erroneamente descaracterizado para bem de uso e consumo.

A seu turno, o Estado do Rio de Janeiro reconhece a natureza de insumos dos combustíveis, autorizando o crédito para o transportador sujeito à apuração regular do ICMS.[734] Todavia, condiciona esse direito à aquisição de combustível diretamente da distribuidora,[735] o que nos parece irregular haja vista que, segundo o art. 20 da LC nº 87/96, basta que a aquisição seja tributada para que haja direito ao crédito. O fato de a compra ser feita diretamente da distribuidora, do posto de combustível, da refinaria ou de terceiros, é irrelevante para a não-cumulatividade tributária. Com relação aos lubrificantes, pneus e peças de reposição, a SEFAZ/RJ classifica-os como bens de uso e consumo.[736]

---

731. Secretaria da Fazenda do Estado de São Paulo, Resposta à Consulta de Contribuinte nº 038/97.

732. Secretaria da Fazenda do Estado de São Paulo, Resposta à Consulta de Contribuinte nº 038/97.

733. Idem.

734. O Rio de Janeiro também oferece ao transportador o regime opcional do crédito presumido previsto no Convênio ICMS nº 106/96 (incorporado pela Portaria da Superintendência de Tributação nº 162, de 6 de dezembro de 2004), que exclui o contribuinte da apuração regular do ICMS.

735. RICMS/RJ (Decreto nº 27.427, de 17 de novembro de 2000), Livro IV, art. 26, § 3º.

736. Perguntas e Respostas da SEFAZ/RJ (www.fazenda.rj.gov.br).
Sendo bens de uso e consumo, não há direito a créditos do ICMS por força da postergação ao seu aproveitamento imposta pelo art. 33, I, da LC nº 87/96, com a reda-

O Estado de Minas Gerais, por outro lado, assegura ao transportador optante pelo regime normal de apuração[737] o direito ao crédito dos combustíveis, lubrificantes, pneus, câmaras-de-ar de reposição e materiais de limpeza necessários à prestação do serviço de transporte em veículo próprio.[738] Todavia, se o veículo não pertencer ao transportador o creditamento desses insumos é vedado, restrição essa que nos parece injurídica.

É possível dessumir dessa breve exposição que inexiste qualquer diretriz no tratamento conferido pelos Fiscos estaduais aos créditos de ICMS passíveis de aproveitamento pelo prestador do serviço de transporte interestadual e intermunicipal. A única unanimidade é o reconhecimento do direito ao crédito sobre combustíveis, grassando a divergência em relação a todos os demais insumos utilizados na atividade de transporte.

Para além dos materiais referidos anteriormente, os Fiscos relutam em reconhecer os créditos sobre determinadas partes e peças dos veículos, tais como protetores e lonas, assim como sobre fluidos de freio e de direção – contrariando a imprescindibilidade destes bens à prestação do serviço de transporte. Na interpretação dos Estados, essas mercadorias destinam-se ao uso e consumo dos transportadores, o que impede a tomada do crédito tanto sob a égide do Convênio ICM nº 66/88 como à luz da LC nº 87/96 (que vem postergando, desde sua edição, a autorização de creditamento sobre materiais de uso e consumo).[739]

Das legislações examinadas, a mais benéfica aos contribuintes é a do Estado de Minas Gerais. Para logo, duas conclusões são possíveis: as normas paulista e fluminense ferem as regras da não-cumulatividade plasmadas na LC nº 87/96 ou, então, o Estado de Minas Gerais concedeu benefício fiscal à revelia do

---

ção da LC nº 138/2010.

737. À semelhança de SP e RJ, o Estado de Minas Gerais faculta a troca do sistema normal de débitos e créditos pelo crédito presumido do Convênio ICMS nº 106/96 (incorporado no art. 75, V, do RICMS/MG – Decreto nº 43.080, de 12 de dezembro de 2002).

738. RICMS/MG, art. 66, VIII.

739. Sobre o conceito de bens de uso e consumo, vide item 12.3.2, infra.

CONFAZ, devendo o art. 66, VIII do RICMS/MG ser declarado inconstitucional. A primeira opção, parece-nos, é a correta, sem prejuízo da necessidade de ampliação do rol de bens cujo creditamento é autorizado pelo RICMS/MG.[740] Afinal, desde que se trate de mercadoria essencial à prestação do serviço de transporte, o contribuinte deve ter assegurado o direito ao crédito.

Analisando o tema em comento sob o pálio do Convênio ICM nº 66/88, o STJ negou provimento ao pleito dos transportadores de aproveitar créditos sobre os insumos utilizados em sua atividade, tendo salientado que os materiais/peças de reposição, conserto e conservação dos veículos não se qualificam como produtos intermediários.[741] Vale notar que a decisão – excessivamente lacônica, saliente-se – precisou ser embargada de declaração, pois inicialmente decidiu a causa aplicando um precedente relativo ao creditamento do IPI por indústrias de papel. O equívoco do STJ no caso apenas reforça a tese de que o Tribunal, sem maiores questionamentos, adotou as premissas válidas para a realidade das indústrias e simplesmente as replicou para o comércio e a prestação de serviços, olvidando-se das distintas realidades que pautam esses setores.

Entretanto, no ano de 2010, e já sob o prisma da LC nº 87/96, a Segunda Turma do Superior Tribunal de Justiça modificou seu entendimento sobre a matéria, ao analisar dois casos

---

740. A respeito da necessária amplitude que se deve conferir ao crédito de ICMS na prestação do serviço de transporte, SACHA CALMON e MISABEL DERZI, analisando a atividade de empresa ferroviária, assentam:
"(...) Na prestação de serviços de transporte ferroviário de cargas, são apropriáveis, na condição de insumos, os créditos decorrentes da entrada de combustíveis, lubrificantes, fluido para freios, graxa, desengraxantes, aditivos, descarbonizantes, materiais de limpeza, energia elétrica e serviços de comunicação nas etapas operacionais. (...). Quanto ao ativo imobilizado, geram direito de crédito todas as mercadorias que, tendo vida útil superior a doze meses, destinem-se a garantir o funcionamento da empresa, como um todo." (COÊLHO, Sacha Calmon Navarro e DERZI, Misabel Abreu Machado. *Intributabilidade do Serviço de Transporte Prestado a Si Mesmo e o Direito aos Créditos Relativos ao Imposto Pago na Aquisição de Insumos*. Belo Horizonte, abr./2000, inédito).

741. STJ, Primeira Turma, EDcl no REsp nº 101.797/SP, Relator Min. HUMBERTO GOMES DE BARROS, *DJ* 15.09.1997, p. 44.288.

de transportadores que pleiteavam créditos sobre insumos diversos necessários à prestação do serviço.[742] Estabelecendo um corte temporal a partir da publicação da LC nº 87/96, sustentou o STJ nesses dois arestos que a atual lei de normas gerais do ICMS assegura, em seu art. 20, o crédito sobre quaisquer *insumos* essenciais à atividade empresarial, independentemente do fato deles se integrarem ou não ao produto final. Desse modo, desde que os bens não sejam *alheios* à atividade do estabelecimento (hipótese em que o crédito é vedado, nos termos do § 1º do art. 20 da Lei Kandir), o contribuinte fará jus ao creditamento. Portanto, em ambos os arestos o STJ determinou o retorno

---

742. Pela sua clareza, confiram-se os principais trechos das ementas dos arestos: "TRIBUTÁRIO. ICMS. CONTRIBUINTE PRESTADORA DE SERVIÇOS DE TRANSPORTE. PEÇAS DE VEÍCULOS UTILIZADOS NA ATIVIDADE. INSUMOS. CREDITAMENTO. ART. 20 DA LC 87/1996.
1. Hipótese em que a contribuinte pretende creditar-se do ICMS incidente sobre aquisição de mercadorias que classifica como insumos essenciais para a prestação do serviço, quais sejam peças para os veículos utilizados no transporte interestadual e intermunicipal. O Tribunal a quo reconheceu a possibilidade de creditamento apenas em relação a combustível, lubrificante, pneus, câmaras de ar e material de limpeza, por estarem previstos expressamente no art. 66, IV, do Regulamento do ICMS mineiro.
2. Antes da atual LC 87/1996, vigia o Convênio Interestadual ICMS 66/1988, que regulava nacionalmente o ICMS, com força de lei complementar federal. O art. 31, III, previa o creditamento relative aos insumos desde que: a) fossem consumidos no processo industrial e b) integrassem o produto final na condição de elemento indispensável a sua composição.
3. Com base nessa legislação, o STJ firmou entendimento de que somente os insumos que atendessem a essas duas condições (consumidos no processo e integrantes do produto final) permitiriam o creditamento.
4. Ocorre que a LC 87/1996 ampliou a possibilidade de creditamento, pois fez referência apenas à vinculação dos insumos à atividade do estabelecimento, mas não à necessidade de que eles integrem o produto final (art. 20, § 1º)." (STJ, Segunda Turma, REsp nº 1.175.166/MG, Relator Min. HERMAN BENJAMIN, *DJe* 26.03.2010).
"3. A partir da vigência da LC 87/96, os produtos intermediários e insumos imprescindíveis à atividade empresarial do contribuinte ensejam direito de crédito, em razão do princípio da não-cumulatividade.
4. Hipótese em que o contribuinte dedica-se à prestação de serviços de transporte de cargas e pretende creditar-se do imposto recolhido na aquisição de veículos, peças de reposição, combustíveis, lubrificantes etc., que foram considerados pelo acórdão recorrido como material de consumo e bens do ativo fixo.
5. Necessidade de retorno dos autos à origem para verificação de quais insumos efetivamente integram e viabilizam o objeto social da recorrente." (STJ, Segunda Turma, REsp nº 1.090.156/SC, Relatora Min. ELIANA CALMON, *DJe* 20.08.2010).

dos autos aos respectivos tribunais de origem para que analisassem, à luz dessas novas premissas, o enquadramento como *insumo* de cada um dos bens cujo crédito era pleiteado pelos transportadores (dentre os quais se incluíam graxas, fluidos e lonas de freio, óleos lubrificantes e assemelhados).

Ainda que com 22 anos de atraso (porquanto desde a CR/88 os prestadores do serviço de transporte interestadual e intermunicipal se sujeitam ao ICMS), os precedentes introjetaram no STJ a essencial distinção entre bens essenciais à atividade industrial (produtos intermediários em sentido estrito) e às demais atividades econômicas (produtos intermediários em sentido amplo, nominados *insumos* pela jurisprudência do STJ, como visto).

Após esse marco, os acórdãos do Superior Tribunal de Justiça têm, corretamente, reconhecido o direito ao crédito de ICMS sobre combustíveis e lubrificantes utilizados por empresa prestadora de serviço de transporte, ao fundamento de que "tais produtos são essenciais para o exercício de sua atividade produtiva, devendo ser considerados como insumos".[743]

12.3.1.4.1.2 *Os insumos na prestação de serviços de comunicação*

12.3.1.4.1.2.1 *A energia elétrica utilizada na área operacional das empresas*

As empresas de telecomunicações, assim como as de transporte interestadual e intermunicipal, passaram a ser contribuintes do ICMS com o advento da CR/88. Partindo do pressuposto de que na prestação de serviços não se utiliza matéria-prima (pois é impossível a incorporação física de qualquer mercadoria ao serviço prestado), os créditos aproveitáveis nessa atividade são, basicamente:

---

743. STJ, Primeira Turma, AgInt no REsp nº 424.110/PA, Relator Min. SÉRGIO KUKINA, DJe 25.02.2019.

(a) oriundos das aquisições para o ativo permanente, desde que haja autorização na legislação de regência (o que se tem a partir da LC nº 87/96);[744] e

(b) provenientes das compras de insumos.

A matéria que será tratada neste ponto é a conceituação de *insumo* para a prestação do serviço de comunicação e a possibilidade de se enquadrar a energia elétrica como tal.

Alguns produtos, como o óleo diesel consumido em geradores elétricos nas centrais telefônicas, têm o crédito de ICMS reconhecido pelos Fiscos estaduais e pelo próprio Judiciário.[745] Nesses casos, tem-se o consumo imediato e integral do produto, tal como ocorre com os análogos bens intermediários das indústrias.

Outrossim, a energia elétrica é também item fundamental para as empresas de telecomunicações. Todavia, a legislação do ICMS nem sempre reconheceu a sua essencialidade para o processo telecomunicacional. O Convênio ICM nº 66/88 inicialmente restringia o creditamento do ICMS suportado na aquisição de energia elétrica às hipóteses em que esta era consumida na industrialização.[746] Com a edição da LC nº 87/96, o direito ao crédito sobre a energia elétrica foi autorizado de forma ampla, aproveitando tanto os estabelecimentos industriais (contemplados desde a época do Convênio ICM n° 66/88) como os comerciais e prestadores de serviços sujeitos a imposto estadual.[747] Entrementes, a LC nº 102/2000 voltou a restringir o crédito de ICMS sobre a energia elétrica, autorizando-o apenas em hipóteses tópicas, a saber:

---

744. No que tange à problemática do crédito sobre bens destinados ao ativo permanente, remetemos o leitor aos itens 12.3.3 e 12.3.4, infra, nos quais são analisados a conceituação e tratamento fiscal dos bens do ativo, assim como a questão atinente à destinação do bem a finalidade alheia à do estabelecimento, que impede o creditamento.

745. Sentença prolatada na Ação Anulatória de Débito Fiscal nº 001.04.047596-5 pelo Juiz RONNIE FRANK TORRES STONE, da Vara da Dívida Ativa Estadual do Amazonas, *DJ* 11.10.2005.

746. Art. 31, II e III, do Convênio ICM nº 66/88.

747. Art. 33, I e II, da LC nº 87/96, redação original.

A NÃO-CUMULATIVIDADE DOS TRIBUTOS

(a) consumo em processo de industrialização;

(b) para viabilizar a exportação de produtos/serviços; ou

(c) para a produção da própria energia elétrica.[748]

Com base nessa normatização, até hoje em vigor, os créditos aproveitados pelas empresas de telecomunicações sobre a energia elétrica consumida em suas centrais têm sido glosados pelos Estados. Em que pese o STF ter declarado, em sede de medida cautelar na ADI nº 2.325/DF,[749] que as modificações operadas pela LC nº 102/2000 são constitucionais, parece-nos que a restrição ao crédito sobre a energia elétrica (insumo fundamental à prestação do serviço em tela) viola o núcleo mínimo da não-cumulatividade, pois a eletricidade é o mais importante insumo utilizado na prestação do serviço de comunicação. Na telefonia fixa, por exemplo, a voz é transmitida por meio de pulsos eletromagnéticos, que nada mais são do que a própria energia transformada. Também, na telefonia móvel, é a energia elétrica que transporta o conteúdo transmitido, através das ondas eletromagnéticas. Nessa toada, negar o crédito sobre a energia é fazer letra morta da não-cumulatividade, pois, ao fazê-lo, estar-se-á impedindo o crédito sobre insumos, que sempre foi resguardado pela Suprema Corte.[750]

Entretanto, como compatibilizar o que se está a dizer com a decisão que legitimou, ainda que em sede de medida cautelar, as restrições ao crédito sobre a energia elétrica operadas pela LC nº 102/2000? Ora, mesmo sendo constitucional a limitação em comento, a interpretação conforme a Constituição indica que a energia elétrica, sendo fundamental para a prestação do serviço e integralmente consumida no processo que viabiliza a comunicação, gera créditos aproveitáveis por força da regra

---

748. Art. 33, II, a, b, e c da LC nº 87/96, modificada pela LC nº 102/2000.

749. STF, Pleno, ADI-MC nº 2.325/DF, Relator Min. MARCO AURÉLIO, DJ 06.10.2006, p. 32.

750. Nesse sentido, confira-se: SANTIAGO, Igor Mauler. Empresas de Telefonia Fixa e Móvel. Direito ao Creditamento do ICMS Incidente sobre a Energia Utilizada na Prestação dos Serviços de Comunicação. MOREIRA, André Mendes; RABELO FILHO, Antonio Reinaldo; CORREIA, Armênio Lopes (coord.). *Direito das Telecomunicações e Tributação*. São Paulo: Quartier Latin, 2006, pp. 210-19.

geral da não-cumulatividade que apregoa o crédito sobre insumos.[751] Tal medida, se adotada pelo STF, restaurará o primado da não-cumulatividade para o segmento das telecomunicações, evitando com isso que o ICMS seja – inconstitucionalmente – tornado cumulativo para os contribuintes desse setor.

No bojo de julgamento sobre o tema, a Primeira Seção do STJ seguiu a linha do reconhecimento do direito ao crédito, em que pese, todavia, fundar-se na premissa de que a operadora de telefonia *industrializa* a energia elétrica ao transformá-la em pulso eletromagnético para transporte de dados e voz, o que legitima o crédito com esforço no art. 33, II, *b*, da LC nº 87/96[752] (consumo em processo de industrialização).[753] A premissa é correta, pois a voz e os dados são transmitidos pela própria energia transformada nas centrais de telecomunicação. Ademais, o Decreto nº 640/62,[754] ainda em vigor, equipara, para todos os efeitos legais, o serviço de telecomunicações à indústria básica, o que atrai a incidência do referido dispositivo. Todavia, a nosso sentir, ainda que inexistisse qualquer processo industrial no caso, o direito ao creditamento restaria assegurado pelo caráter de insumo da energia, essencial ao processo telecomunicacional e nele consumida de forma imediata e integral.

Felizmente, ao julgar o tema nº 541 dos Recursos Repetitivos, a Primeira Seção do STJ consolidou o entendimento de que o consumo de energia elétrica gera créditos de ICMS para as empresas prestadoras de serviços de telecomunicação,

---

751. BOTTALLO e CARRAZZA chegam à mesma conclusão, afirmando que "todos os insumos necessários ao desenvolvimento deste processo (prestação dos serviços de comunicação) geram direito de crédito, a exemplo do que ocorre com seus similares, no campo da industrialização em sentido estrito". (BOTTALLO, Eduardo Domingos e CARRAZZA, Roque Antonio. Direito ao Crédito de ICMS pela Aquisição de Energia Elétrica Utilizada na Prestação de Serviços de Comunicação. *Revista Dialética de Direito Tributário*, nº 119, ago./2005, pp. 76-7).

752. LC n° 87/96:
"Art. 33. (...).
II – somente dará direito a crédito a entrada de energia elétrica no estabelecimento:
b) quando consumida no processo de industrialização;"

753. STJ, Primeira Seção, REsp n° 842.270/RS, Relator Min. LUIZ FUX, j. em 23.05.2012.

754. Art. 1º do Decreto nº 640/62.

seja em razão da premissa assentada no julgamento do REsp 842.270/RS, ou seja, da industrialização por equiparação, seja porque a energia elétrica é essencial para o exercício da atividade,[755] caracterizando-se como insumo, corrigindo a lacuna no julgado anterior.

12.3.1.4.1.2.2 *O crédito sobre os serviços de comunicação utilizados no call center obrigatoriamente mantido pela operadora de telefonia*

A LC nº 102/2000 também mitigou a possibilidade de aproveitamento dos créditos de ICMS oriundos dos serviços de comunicação tomados pelo estabelecimento, resguardando-a apenas quando o consumo se der em prol da prestação de serviços da mesma natureza (como ocorre na interconexão de redes de distintas operadoras de telecomunicações)[756] ou

---

755. Vale transcrever o trecho da ementa que trata do tema:
"[...]
2. A Primeira Seção do STJ, no julgamento do REsp 842.270/RS, firmou compreensão no sentido de que o ICMS incidente sobre a energia elétrica consumida pelas empresas de telefonia, que promovem processo industrial por equiparação, pode ser creditado para abatimento do imposto devido quando da prestação de serviços. Inteligência dos arts. 33, II, b, da Lei Complementar 87/96, e 1o do Decreto 640/62.
3. Ademais, em virtude da essencialidade da energia elétrica, enquanto insumo, para o exercício da atividade de telecomunicações, induvidoso se revela o direito ao creditamento de ICMS, em atendimento ao princípio da não-cumulatividade.
[...]".
(STJ, Primeira Seção, REsp nº 1.201.635/MG, Relator Min. SÉRGIO KUKINA, *DJe* 21.10.2013).

756. A interconexão existe, pois as diversas companhias telefônicas não têm como instalar, em todo território nacional e internacional, redes de tráfego próprias para realizar, do início ao fim, todas as chamadas originadas em sua área de atuação. Nada mais natural, portanto, que convencionar um sistema uniforme que faça com que cada operadora possa dispor de toda a infraestrutura de telefonia instalada.
O seguinte exemplo clarifica o que se está a tratar: o usuário de uma operadora (ALFA) realiza chamada para um usuário de outra operadora (BETA). Para completar a chamada, a operadora de origem – ALFA – precisa utilizar os meios da operadora de destino – BETA (há prestação de serviço de comunicação de BETA para ALFA, no exemplo dado), mediante o pagamento de uma remuneração (exatamente a receita de interconexão de BETA).
A Lei Geral de Telecomunicações (Lei nº 9.472/97), além de tornar obrigatória a interconexão (art. 146, I), define-a como "a ligação entre redes de telecomunicações funcionalmente compatíveis, de modo que os usuários de serviços de uma das redes

para fins de prestação de serviços a destinatários situados no exterior.[757]

Entretanto, existe discussão quanto à possibilidade de as empresas de telecomunicação se creditarem do ICMS relativo aos serviços de comunicação utilizados por *call centers* por elas contratados, quando estes forem necessários ao regular funcionamento da operadora. Toda empresa de telefonia é obrigada, pela Agência Nacional de Telecomunicações (Anatel), a manter gratuitamente, à disposição do usuário, um serviço de informação e de atendimento, sob pena de cassação ou caducidade da concessão ou autorização.[758] Este serviço de teleatendimento, em regra, é prestado por empresa terceirizada, pois se trata de atividade específica, que envolve milhares de empregados. Como o usuário nada deve desembolsar, o custo do serviço do *call center* é arcado pela operadora, sendo certo que ele se divide em dois:

(a) custo das ligações telefônicas feitas pelo usuário para o *call center*;

(b) valor do serviço de teleatendimento propriamente tido.

As chamadas feitas para o *call center* – arcadas, mandatoriamente, pela empresa de telefonia – representam um volume considerável de serviços de comunicação, cujos créditos de ICMS as operadoras tencionam aproveitar. O fundamento para tanto reside na obrigatoriedade de manutenção do *call center*, tratando-se, dessarte, de serviço de comunicação prestado para a "execução de serviços da mesma natureza".[759] O direito ao

---

possam comunicar-se com usuários de serviços de outra ou acessar serviços nela disponíveis" (art. 146, parágrafo único).
Para maiores detalhes, confira-se: MOREIRA, André Mendes. *A Tributação dos Serviços de Comunicação*. São Paulo: Dialética, 2006.

757. Art. 33, IV, da LC nº 87/96, modificada pela LC nº 102/2000.

758. Assim prescrevem tanto o Regulamento do Serviço de Telefonia Fixa Comutado (art. 34 do anexo à Resolução Anatel nº 426/2005) como o Regulamento do Serviço Móvel Pessoal (art. 92 do anexo à Resolução Anatel nº 477/2007).

759. Art. 33, IV, a, da LC nº 87/96, modificado pela LC nº 102/2000.

crédito neste caso, sobre ser constitucional – pois se trata de *insumo* essencial para a atividade das companhias telefônicas – é ainda expressamente garantido pela legislação complementar.

Os Fiscos se opõem ao creditamento em questão, sustentando que a hipótese de prestação de serviço de comunicação para "execução de serviços da mesma natureza" – na qual o direito ao crédito é garantido pela LC nº 87/96 – se restringe à interconexão entre redes de diferentes operadoras. Todavia, como o *call center* está diretamente afetado à prestação do serviço de comunicação, a conclusão a que se chega – contrariamente ao pugnado pela fiscalização – é pela legitimidade do aproveitamento dos créditos de ICMS na hipótese *sub examine*.

Em sentença prolatada pela Justiça Estadual paulista, o direito ao crédito na hipótese em tela foi expressamente reconhecido, haja vista que "a atividade-fim da autora (comunicação) seria prejudicada caso não houvesse a prestação do serviço de atendimento, dados tanto aspectos fáticos (ao obter informações sobre a própria prestação do serviço) quanto aspectos legais, diante da obrigação da autora em manter tal serviço (conforme arts. 19, IV e VIII, e 82, §1° e § 2° da Resolução ANATEL nº 316/2002)".[760]

Aguarda-se o posicionamento dos Tribunais sobre a matéria que, espera-se, será o mesmo já adotado pelos julgadores de primeira instância.

12.3.1.4.1.3 CONCLUSÕES SOBRE O CONCEITO DE BENS INTERMEDIÁRIOS

Apesar de ter nascido sob a ótica das indústrias, é notável que, nos últimos anos, o conceito de produto intermediário gerador de crédito do ICMS tem evoluído, passando a ser categorizado

---

760. Sentença prolatada na Ação Anulatória de Débito Fiscal nº 0006211-78.2009.8.26.0053 pela Juíza LAÍS HELENA BRESSER LANG AMARAL, da 2a Vara da Fazenda Pública Estadual de São Paulo/SP, *DJ* 19.04.2012.

como "insumo" e abarcando as atividades dos prestadores de serviço, nos quais – em regra[761] – inexiste processo industrial.

Todavia, a jurisprudência ainda é incipiente sobre a matéria e não se estendeu, por exemplo, à atividade comercial. O direito ao crédito sobre as sacolas plásticas utilizadas por supermercados é exemplo disso. Consideradas bens de uso e consumo pelos Fiscos estaduais, a nosso sentir tratam-se de *insumos*, porquanto necessárias à atividade empresarial e "não-alheias" à atividade do estabelecimento (única restrição ao crédito de insumos trazida pela LC nº 87/96, em seu art. 20, §1º).[762] Neste ponto, comungamos do posicionamento do STJ sobre a matéria, de acordo com o qual "a LC 87/1996 ampliou a possibilidade de creditamento, pois fez referência apenas à vinculação dos insumos à atividade do estabelecimento, mas não à necessidade de que eles integrem o produto final (art. 20, § 1º)".[763]

Dessarte, o direito ao crédito sobre produtos intermediários precisa ser compreendido em duas fases: uma primeira, na qual se restringia às indústrias, sendo necessário o seu consumo imediato (diretamente no processo produtivo, ainda que sem contato físico com o produto final) e integral (desgastando-se dentro de, no máximo, 12 meses contados do início da sua utilização), além de sua essencialidade ao processo produtivo; e uma segunda, mais recente, na qual a jurisprudência já reconhece – desde o advento da LC nº 87/96 – um conceito mais amplo de bem intermediário, que

---

761. Salvo exceções, como no caso da energia elétrica consumida pelas operadoras de telecomunicação, que passa por um completo processo de transformação industrial, convertendo-se em ondas e pulsos eletromagnéticos.

762. Dispõe a Lei Kandir:
"Art. 20. Para a compensação a que se refere o artigo anterior, é assegurado ao sujeito passivo o direito de creditar-se do imposto anteriormente cobrado em operações de que tenha resultado a entrada de mercadoria, real ou simbólica, no estabelecimento, inclusive a destinada ao seu uso ou consumo ou ao ativo permanente, ou o recebimento de serviços de transporte interestadual e intermunicipal ou de comunicação.
§ 1º. Não dão direito a crédito as entradas de mercadorias ou utilização de serviços resultantes de operações ou prestações isentas ou não tributadas, ou que se refiram a mercadorias ou serviços alheios à atividade do estabelecimento."

763. STJ, Segunda Turma, REsp nº 1.175.166/MG, Relator Min. HERMAN BENJAMIN, *DJe* 26.03.2010.

passa a se denominar insumo (que, em verdade, é a categoria à qual a espécie produto intermediário sempre pertenceu), abarcando outras atividades tributadas pelo ICMS que não a industrial, a saber: as prestações de serviços de transporte e comunicação, assim como (em que pese, neste caso, a jurisprudência ainda não ter se pronunciado de forma clara) o comércio de bens em geral.

A linha divisória entre o reconhecimento ou não do direito ao crédito sobre insumos reside na distinção entre estes e os intitulados "bens de uso e consumo", que, por essa razão, serão analisados na sequência.

12.3.2 BENS DE USO E CONSUMO

12.3.2.1 BREVE HISTÓRICO NORMATIVO

No bojo do Convênio ICM nº 66/88, havia vedação expressa ao creditamento sobre os bens destinados ao consumo do estabelecimento.[764] Apesar de a LC nº 87/96 ter autorizado expressamente o crédito sobre essa categoria de materiais a partir de 1º de janeiro de 1998 (ou seja, um ano e meio após sua publicação), desde a sua edição o referido *dies a quo* vem sendo sucessivamente dilargado por diversas leis complementares, consoante explicitado no quadro a seguir:

Diploma normativo	Data de publicação	Data de início do aproveitamento do crédito sobre bens de uso e consumo
LC nº 87 (texto original)	13.09.1996	01.01.1998
LC nº 92	23.12.1997	01.01.2000
LC nº 99	20.12.1999	01.01.2003
LC nº 114	16.12.2002	01.01.2007
LC nº 122	12.12.2006	01.01.2011
LC nº 138	29.12.2010	01.01.2020

---

764. Art. 31, II, do Convênio ICM nº 66/88.

As sucessivas postergações têm sido objeto de candentes críticas doutrinárias. De fato, além de atentarem contra a letra original da lei – que concede direito ao crédito sobre mercadorias destinadas ao uso e consumo do estabelecimento – as modificações têm sido perpetradas poucos dias antes do advento do termo legal. Isso surpreende o contribuinte que, decerto, já contava com os créditos de ICMS aos quais passaria a fazer jus na competência seguinte. Tanto é que diversas empresas têm arguido judicialmente a impossibilidade de aplicação das normas que postergam o direito ao aproveitamento dos créditos antes de decorridos 90 (noventa) dias de sua publicação, com fulcro no princípio da espera nonagesimal, aplicável ao ICMS desde a EC nº 42/2003.[765]

Em que pese o tratamento do tema tanto pelo Convênio ICM nº 66/88 como pela LC nº 87/96, o fato é que a legislação nunca conceituou os bens destinados ao uso e consumo. Entretanto, no âmbito infralegal, a Decisão CAT nº 1/2001, do Estado de São Paulo, definiu-os por exclusão como toda mercadoria que:

(a) não se destine à revenda;

(b) não integre o ativo imobilizado da empresa;

(c) não se incorpore ao produto final; e

(d) não seja consumida no processo de produção.

Dessarte, pode-se afirmar, à luz das normas vigentes, que os bens de uso e consumo são todos aqueles não caracterizáveis como mercadorias para revenda, matérias-primas, produtos intermediários ou bens do ativo imobilizado.

---

765. Até o advento da EC nº 42/2003 apenas as contribuições sociais previstas no art. 195 da CR/88 sujeitavam-se à espera nonagesimal. Os demais tributos eram submetidos ao princípio da anterioridade anual, que permitia manobras como a publicação de leis tributárias em 31 de dezembro para cobrança no dia imediatamente subsequente. A EC nº 42/03 corrigiu o problema, cumulando a noventena com a anterioridade anual. A sujeição da LC 122/2006 à noventena na parte em que posterga o crédito sobre bens de uso e consumo será analisada pelo STF, que já reconheceu a repercussão geral do tema no bojo do RE nº 603.917/SC (STF, Plenário Virtual, Relatora Min. ROSA WEBER, repercussão geral reconhecida em 08.04.2011).

A NÃO-CUMULATIVIDADE DOS TRIBUTOS

Sendo certo que não há maiores dúvidas quanto à definição de matérias-primas, bens do ativo imobilizado (analisados no tópico subsequente) e mercadorias destinadas à revenda, pode-se concluir que os materiais de uso e consumo serão todos aqueles utilizados pela empresa na consecução de suas atividades que não se enquadrem como bens intermediários. Assim, quanto mais amplo for o conceito de produto intermediário, mais restrito será o de bens de uso e consumo – sendo a recíproca igualmente verdadeira.

A nosso sentir, bens de uso e consumo são aqueles utilizados pelas empresas na qualidade de consumidoras finais, que não se incorporam ao patrimônio do contribuinte por mais de 12 meses. Dessarte, o material de escritório, a alimentação servida aos empregados e visitantes, produtos de limpeza (salvo aqueles utilizados na linha de produção para manutenção das condições de higiene do bem fabricado), enfim, tudo aquilo que é utilizado pelo empresário que não esteja diretamente ligado ao seu processo produtivo é destinado ao uso e consumo.

O que a Lei Kandir pretendeu, a nosso sentir, foi conferir um verdadeiro benefício fiscal para os contribuintes, eliminando um dos problemas da tributação sobre o valor acrescido que é exatamente a cumulatividade residual, decorrente em grande parte de produtos adquiridos pelas empresas na qualidade de consumidoras finais.

No entanto, os Fiscos estaduais têm buscado ampliar o conceito de bens de uso e consumo por meio da restrição da definição de produtos intermediários, sustentando que a utilização direta no processo produtivo (elemento qualificador dos produtos intermediários) pressupõe:

(a) atividade industrial – o que é um erro, haja vista ser o ICMS devido também por comerciantes e prestadores de serviço de transporte e comunicação; e

(b) contato físico com o produto fabricado – premissa igualmente equivocada, haja vista que essa restrição não possui fundamento legal, porquanto a única lei definidora de produtos intermediários na história do País (Lei nº 4.153/62, do extinto Imposto de Consumo) os definiu como aqueles que, "sendo consumidos total ou parcialmente no processo de fabricação [do produto final], sejam utilizados na sua composição, elaboração, preparo, obtenção e confecção, inclusive na fase de apresto e acabamento" (art. 33), não havendo, portanto, qualquer referência ao aludido contato físico. Ademais, tal requisito é incompatível com um tributo incidente sobre as atividades comerciais (que nada fabricam) e de prestação de serviços (intangíveis por natureza), pelo que a correta compreensão de produto intermediário passa pelo seu emprego diretamente na atividade empresarial, com caráter de essencialidade a esta.

Portanto, pode-se concluir que os bens de uso e consumo são efetivamente definidos por exclusão, sendo todos aqueles não integrantes do ativo permanente ou estoque comercial da empresa e, ao mesmo tempo, que não se revelem essenciais ao processo empresarial, qualificando-se mais como produtos para consumo final pelo contribuinte do que insumos propriamente ditos. Essa definição, todavia, encontra divergências na jurisprudência, que ora pende para a tese dos Fiscos, ora resguarda a não-cumulatividade ao acolher um conceito mais amplo de produto intermediário – e, consequentemente, mais restrito de material de uso e consumo. É ver.

12.3.2.2 OS JULGADOS DO STJ

Os bens de uso e consumo foram tratados, na jurisprudência, principalmente em julgados referentes ao direito ao crédito sobre combustíveis e energia elétrica.

Um importante caso sobre o tema, analisado pelo STJ à luz do Convênio ICM nº 66/88, envolvia uma empresa comercial que possuía uma pequena frota para transporte de mercadorias próprias. Seu pleito, acolhido pela Corte de origem, residia no direito de abater do ICMS a pagar os créditos do

A NÃO-CUMULATIVIDADE
DOS TRIBUTOS

imposto referentes ao combustível utilizado em seus automóveis. Entretanto, como o óleo diesel e a gasolina não eram consumidos em processo industrial, pugnou o STJ pela inexistência do direito ao crédito.[766] Trata-se, como se vê, de hipótese na qual foi aplicado o conceito restritivo de bem intermediário, com o que não concordamos.

Lado outro, à luz da LC nº 87/96, o STJ reconheceu o direito ao crédito sobre o óleo diesel utilizado para transporte interno do ferro-gusa entre setores da usina siderúrgica. Segundo o Fisco, como o consumo do óleo diesel não ocorria na produção, mas sim em uma atividade lateral, seria inviável qualificá-lo como insumo para fins de creditamento do ICMS. Todavia, o STJ reconheceu o crédito, embora somente a partir de 01.01.1998, data originária insculpida na LC nº 87/96 para que o ICMS incidente sobre bens de uso e consumo fosse aproveitado pelos contribuintes. A decisão aqui apresenta certa confusão, pois se existe direito ao crédito, ele deveria ser reconhecido desde a vigência da LC nº 87/96 e não a partir da data em que o creditamento sobre bens de uso e consumo seria admitido. Afinal, tal prazo foi postergado diversas vezes, nunca tendo advindo o termo inicial para o início do creditamento (que, atualmente, está diferido para 01.01.2020, por força da LC nº 138/2010).[767]

Já em decisões mais claras sobre a matéria, inclusive citadas anteriormente neste trabalho (Item 12.3.1.4.1.1, *supra*), o STJ reconheceu que, desde a publicação da LC nº 87/96, todo insumo que não seja alheio à atividade do estabelecimento gera crédito aproveitável, restringindo corretamente o conceito de bens de uso e consumo, de modo a relegá-los aos produtos utilizados pelas empresas na qualidade de consumidores finais, não abarcando o material consumido no processo produtivo. Nessas oportunidades, afirmou o STJ taxativamente que "a LC 87/1996 ampliou a possibilidade de creditamento, pois fez

---

766. STJ, Primeira Turma, REsp nº 919.363/DF, Relator Min. LUIZ FUX, *DJe* 07.08.2008.
767. STJ, Segunda Turma, REsp nº 850.362/MG, Relatora Ministra ELIANA CALMON, *DJ* 02.03.2007, p. 285.

referência apenas à vinculação dos insumos à atividade do estabelecimento, mas não à necessidade de que eles integrem o produto final (art. 20, § 1º)",[768] e ainda que "a partir da vigência da LC 87/96, os produtos intermediários e insumos imprescindíveis à atividade empresarial do contribuinte ensejam direito de crédito, em razão do princípio da não cumulatividade".[769]

Por outro lado, o STJ tem negado às empresas o direito ao crédito de ICMS sobre a energia elétrica por elas utilizada. Para o Tribunal, a energia empregada no comércio é sempre destinada ao uso e consumo do estabelecimento.[770] Nessa linha de entendimento, o setor comercial fez jus ao crédito sobre a energia elétrica apenas no período em que o legislador complementar assim o previu de forma expressa e sem qualquer restrição (que ocorreu entre a publicação da LC nº 87/96 e a sua modificação pela LC nº 102/2000). Trata-se, a nosso sentir, de um equívoco, porquanto a energia elétrica é insumo imprescindível a qualquer atividade empresarial – industrial, comercial ou de prestação de serviços – assim como também o são os serviços de comunicação e os combustíveis. Neste particular, o posicionamento do STJ é influenciado pela redação conferida ao art. 33, II, da LC nº 87/96 pela LC nº 102/2000, de acordo com a qual somente a energia consumida em processo de industrialização, para viabilizar a exportação de bens/serviços e para produzir mais energia elétrica (hipótese somente aplicável às geradoras de energia) gera direito ao crédito do ICMS. Todavia, em nossa opinião, esse dispositivo deve ser interpretado em conjunto com o art. 20, *caput* e § 1º da LC

---

768. STJ, Segunda Turma, REsp nº 1.175.166/MG, Relator Min. HERMAN BENJAMIN, *DJe* 26.03.2010.

769. STJ, Segunda Turma, REsp nº 1.090.156/SC, Relatora Min. ELIANA CALMON, *DJe* 20.08.2010.

770. STJ, Primeira Turma, REsp nº 623.583/RJ, Relatora Min. DENISE ARRUDA, DJ 02.08.2007, p. 332; STJ, Segunda Turma, AgRg no Ag nº 623.105/RJ, Relator Min. CASTRO MEIRA, DJ 21.03.2005, p. 330; STJ, Primeira Seção, ERESP nº 899.485/RS, Relator Min. HUMBERTO MARTINS, *DJe* 15.09.2008; STJ, Primeira Turma, RMS 28248/GO, Relatora Min. Denise Arruda, *DJe* 02.02.2010.

nº 87/96,[771] que resguarda o crédito sobre insumos (como o próprio STJ já reconheceu em outras oportunidades), sendo certo que o art. 33, II, da LC nº 87/96, com a redação que lhe foi conferida pela LC nº 102/2000, traria hipóteses nas quais, mesmo não sendo insumos, a energia também ensejaria o creditamento. Essa interpretação, conforme a Constituição de 1988 e o princípio da não-cumulatividade (apesar de contrária à letra do art. 33, II, da Lei Kandir),[772] traria maior coerência à jurisprudência sobre a matéria.

O STJ tem, ainda, sistematicamente negado o creditamento sobre óleos lubrificantes utilizados em máquinas industriais,[773] assim como sobre produtos de higiene utilizados para evitar a contaminação das mercadorias produzidas.[774] Apesar de ser difícil conceber uma empresa cujas máquinas possam funcionar sem lubrificação ou cujos produtos possam ser fabricados sem os cuidados necessários com a limpeza, a Corte Superior tem classificado como destinadas ao uso e consumo essas mercadorias, consideradas acessórias e, via de

---

771. Confira-se a LC n° 87/96:
"Art. 20. Para a compensação a que se refere o artigo anterior, é assegurado ao sujeito passivo o direito de creditar-se do imposto anteriormente cobrado em operações de que tenha resultado a entrada de mercadoria, real ou simbólica, no estabelecimento, inclusive a destinada ao seu uso ou consumo ou ao ativo permanente, ou o recebimento de serviços de transporte interestadual e intermunicipal ou de comunicação.
§ 1º. Não dão direito a crédito as entradas de mercadorias ou utilização de serviços resultantes de operações ou prestações isentas ou não tributadas, ou que se refiram a mercadorias ou serviços alheios à atividade do estabelecimento."

772. LC n° 87/96, com a redação das LCs n°s 102/2000 (alíneas a a c) e 138/10 (alínea d):
"Art. 33. Na aplicação do art. 20 observar-se-á o seguinte:
II – somente dará direito a crédito a entrada de energia elétrica no estabelecimento:
a) quando for objeto de operação de saída de energia elétrica;
b) quando consumida no processo de industrialização;
c) quando seu consumo resultar em operação de saída ou prestação para o exterior, na proporção destas sobre as saídas ou prestações totais; e
d) a partir de 1° de janeiro de 2020 nas demais hipóteses;".

773. STJ, Primeira Turma, AgRg no REsp nº 826.689/RJ, Relator Min. FRANCISCO FALCÃO, DJ 22.06.2006, p. 193; STJ, Segunda Turma, AgRg no AI nº 1.337.427/MG, Relator Min. Herman Benjamin, DJe 22.11.2010.

774. STJ, Segunda Turma, REsp nº 474.770/SP, Relatora Min. ELIANA CALMON, DJ 11.10.2004, p. 268.

consequência, não geradoras de créditos de ICMS. Todavia, de forma contraditória – mas demonstrando uma importante evolução, passível de ser estendida ao ICMS – o STJ reconheceu o direito ao crédito de PIS/Cofins sobre as despesas de uma produtora de alimentos com material de limpeza, necessário à manutenção das condições de higiene da indústria e, consequentemente, à boa qualidade do produto fabricado.[775] Assim, entendemos que há espaço para uma evolução jurisprudencial sobre a matéria, de resto necessária.

Ante o exposto, pode-se afirmar que, consoante a posição mais restritiva da jurisprudência, são bens de uso e consumo as mercadorias consumidas em estabelecimentos comerciais ou de prestação de serviços e também aquelas utilizadas de forma indireta no processo produtivo das indústrias, como graxas, óleos lubrificantes e materiais de limpeza.

Por outro lado, em posicionamento mais recente e ampliativo, o STJ tem reconhecido o direito ao crédito sobre insumos consumidos na atividade empresarial, o que relega o conceito de bens de uso e consumo àqueles produtos utilizados pelo contribuinte na qualidade de consumidor final, interpretação esta que, a nosso ver, se coaduna mais com a não-cumulatividade tributária.

12.3.2.3 DEFINIÇÃO

Mercadorias destinadas ao uso e consumo são aquelas consumidas em intervalo de tempo inferior a 1 (um) ano e sem as quais a consecução da atividade-fim do contribuinte seria perfeitamente possível. Noutras palavras, a ausência do material destinado ao uso e consumo não impede a produção do bem, a prestação do serviço tributado ou a compra e venda da mercadoria.

Trata-se de uma definição feita por exclusão. Afinal, se os bens de uso e consumo não são matérias-primas, produtos intermediários ou bens do ativo imobilizado, não podem:

---

775. STJ, Segunda Turma, REsp n° 1.246.317/MG, Relator Min. MAURO CAMPBELL MARQUES, *DJe* 08.06.2016.

(a) ser essenciais ao processo produtivo;

(b) incorporar-se ao patrimônio da empresa por um ano ou mais.

A pedra de toque do conceito, ressalte-se, reside em torno do conceito de *essencialidade* ao processo empresarial. Quanto mais restritivo for, maior será o rol de bens de uso e consumo, impassíveis de creditamento até 1º de janeiro de 2020.

12.3.3 BENS DESTINADOS AO ATIVO PERMANENTE

12.3.3.1 HISTÓRICO NORMATIVO

Consoante já mencionado, o Decreto-lei nº 406/68 não possuía disposições aprofundadas acerca da não-cumulatividade. Como lembra A. J. COSTA,[776] à época competia aos Estados-membros a edição de regras para a implementação da não-cumulatividade, sendo que todos os entes federados se espelharam na legislação do IPI para tanto. Como nesse imposto o crédito sobre bens do ativo sempre foi proibido, essa mesma vedação foi plasmada nas leis estaduais sobre o ICM à época do Decreto-leinº 406/68.

A referida vedação ao crédito foi mantida com a edição do Convênio ICM nº 66/88, que continuou proibindo o desconto de créditos do imposto estadual sobre a entrada de bens destinados "à integração no ativo fixo do estabelecimento".[777]

A autorização para creditamento do ICMS na aquisição de bens para o ativo fixo somente adveio com a LC nº 87/96, que permitiu de forma ampla o direito ao crédito.[778]

---

776. COSTA, Alcides Jorge. *ICM na Constituição e na Lei Complementar*. São Paulo: Resenha Tributária, 1978, p. 156.

777. Art. 31, IV, do Convênio ICM nº 66/88.

778. A autorização para creditamento do ICMS suportado na aquisição de bens para o ativo permanente, constante do art. 33, III, da LC nº 87/96, foi pro futuro, não operando efeitos retroativos.

Todavia, dispunha a LC nº 87/96 que em caso de alienação do bem integrante do ativo antes de decorridos cinco anos de sua aquisição, o contribuinte deveria estornar o crédito aproveitado no momento do ingresso do ativo em seu estabelecimento. O estorno era da ordem de 20% (vinte por cento) por ano ou fração de ano que faltasse para completar o lustro.[779]

Outrossim, na hipótese de os bens do ativo serem utilizados para a produção de mercadorias ou prestação de serviços isentos ou não tributados, o crédito inicialmente escriturado deveria ser parcialmente estornado.[780] O cálculo do estorno era simples: dividia-se o valor do crédito aproveitado à vista por sessenta.[781] Sobre a fração de 1/60 aplicava-se a relação entre as saídas isentas e não tributadas e as saídas totais no período. Assim, *v.g.*, se apenas 50% das operações do contribuinte tivessem sido tributadas, ele teria que estornar, no mês, metade do crédito correspondente a 1/60 do valor já aproveitado no momento de ingresso do ativo em seu estabelecimento.[782] As exportações eram equiparadas a operações tributadas, não entrando no cômputo do fator de estorno.[783] Após decorrido o prazo de 5 (cinco) anos da entrada do bem no ativo do estabelecimento, o saldo remanescente do crédito seria cancelado, interrompendo-se por conseguinte os estornos.[784]

Com a LC nº 102/2000, o tratamento fiscal conferido aos bens do ativo fixo sofreu modificações. Ao invés de creditamento à vista com eventuais estornos *a posteriori*, o crédito passou a ser fracionadamente apropriado à razão de 1/48 por

---

779. Art. 21, §1º, da LC nº 87/96, redação originária.

780. Art. 20, §5º, c/c art. 21, §§4º, 5º, 6º e 7º da LC nº 87/96, redação originária.

781. Afinal, após 60 (sessenta) meses, o contribuinte já poderia até mesmo alienar o bem do ativo sem estornar qualquer valor de ICMS.

782. Os cálculos aqui referidos seriam todos feitos no Controle de Ingressos do Ativo Permanente (Livro CIAP), por força da determinação constante do art. 20, §5º c/c art. 21, §7º da LC nº 87/96 (redação originária).

783. Art. 21, §5º, da LC nº 87/96, redação originária.

784. Art. 21, §8º, da LC nº 87/96, redação originária.

mês.[785] Essa fração deve, ainda, ser multiplicada pelo resultado da divisão entre as operações e prestações tributadas e o total de operações e prestações do período. Equiparam-se às tributadas as saídas tanto para exportação quanto as de papel destinado à impressão de livros, jornais e periódicos.[786] Portanto, na atual sistemática, se o bem do ativo permanente for alienado antes de transcorrido o quadriênio dentro do qual se dá o creditamento, não será necessário nenhum estorno – apenas cessará o direito do contribuinte de continuar aproveitando os créditos. Outrossim, ao cabo dos quatro anos eventual saldo remanescente do crédito (em razão dos estornos realizados pelas saídas não tributadas) será cancelado.

12.3.3.2 O CONCEITO DE ATIVO PERMANENTE

O Convênio ICM nº 66/88 vedava os créditos sobre as entradas destinadas ao "ativo fixo". Já a LC nº 87/96, com suas alterações posteriores, autorizou o creditamento sobre as mercadorias integrantes do "ativo permanente".

Esses conceitos utilizados pela legislação são oriundos da ciência da contabilidade e foram positivados no direito pátrio por meio da Lei de Sociedades por Ações.[787] Confira-se:

> Art. 178. No balanço, as contas serão classificadas segundo os elementos do patrimônio que registrem, e agrupadas de modo a facilitar o conhecimento e a análise da situação financeira da companhia.
>
> § 1º. No ativo, as contas serão dispostas em ordem decrescente de grau de liquidez dos elementos nelas registrados, nos seguintes grupos:
>
> I – ativo circulante; e
>
> II – *ativo não circulante, composto por ativo realizável a longo prazo, investimentos, imobilizado e intangível.* (destaques nossos)

---

785. Art. 20, §5º, da LC nº 87/96, redação atual.

786. Art. 20, §5º, III da LC nº 87/96, cuja redação atual decorre da LC nº 120/2005, que passou a considerar tributadas, para efeitos do cálculo, as saídas de papel imune por força do art. 150, VI, d, da CR/88.

787. Lei nº 6.404/76, com as modificações das Leis nºs 11.638/2007 e 11.941/2009.

A conta do ativo, portanto, abriga diversas rubricas, classificadas pelo grau de liquidez. A primeira delas é a do ativo circulante, que corresponde aos direitos "realizáveis no curso do exercício social subsequente" e às "aplicações de recursos em despesas do exercício seguinte".[788] A segunda é a do ativo não circulante, que admite quatro subespécies:

(a) ativo realizável a longo prazo;

(b) investimentos;

(c) ativo imobilizado;

(d) intangível.

O ativo realizável a longo prazo corresponde, em síntese, a direitos realizáveis após o término do exercício financeiro seguinte.[789]

A conta de investimentos compreende as "participações permanentes em outras sociedades e os direitos de qualquer natureza, não classificáveis no ativo circulante, e que não se destinem à manutenção da atividade da companhia ou da empresa".[790]

Ao ativo imobilizado pertencem "os direitos que tenham por objeto bens corpóreos destinados à manutenção das atividades da companhia ou da empresa ou exercidos com essa finalidade, inclusive os decorrentes de operações que transfiram à companhia os benefícios, riscos e controle desses bens".[791] Assim, todo bem corpóreo destinado à manutenção das atividades da empresa (inclusive os que estão na posse da companhia por força de *leasing*) são classificados na conta do ativo imobilizado.

---

788. Art. 179, I, da Lei nº 6.404/76.

789. O ativo realizável a longo prazo abarca também os direitos "derivados de vendas, adiantamentos ou empréstimos a sociedades coligadas ou controladas, diretores, acionistas ou participantes no lucro da companhia, que não constituírem negócios usuais na exploração do objeto da companhia" (art. 179, II, da Lei nº 6.404/76).

790. Art. 179, III, da Lei nº 6.404/76.

791. Art. 179, IV, da Lei nº 6.404/76.

A NÃO-CUMULATIVIDADE DOS TRIBUTOS

No intangível estão registrados "os direitos que tenham por objeto bens incorpóreos destinados à manutenção da companhia ou exercidos com essa finalidade, inclusive o fundo de comércio adquirido".[792]

O Regulamento do Imposto de Renda,[793] ao detalhar os requisitos para depreciação do *ativo permanente*, estipula como condição para que o bem integre essa categoria o critério da incorporação ao patrimônio da empresa por 12 (doze) meses ou mais. Veja-se:

> Art. 301. *O custo de aquisição de bens do ativo permanente não poderá ser deduzido como despesa operacional, salvo se o bem adquirido tiver* valor unitário não superior a trezentos e vinte e seis reais e sessenta e um centavos, ou *prazo de vida útil que não ultrapasse um ano* (Decreto-Lei nº 1.598, de 1977, art. 15, Lei nº 8.218, de 1991, art. 20, Lei nº 8.383, de 1991, art. 3º, inciso II, e Lei nº 9.249, de 1995, art. 30).
>
> § 1º. Nas aquisições de bens, cujo valor unitário esteja dentro do limite a que se refere este artigo, a exceção contida no mesmo não contempla a hipótese onde a atividade exercida exija utilização de um conjunto desses bens.
>
> § 2º. Salvo disposições especiais, *o custo dos bens adquiridos ou das melhorias realizadas, cuja vida útil ultrapasse o período de um ano, deverá ser ativado para ser depreciado ou amortizado* (Lei nº 4.506, de 1964, art. 45, § 1º). (destaques nossos)

Além de estabelecer o critério temporal, o RIR determina que tanto os bens adquiridos como as *melhorias realizadas* cuja vida útil ultrapasse um ano deverão ser ativados para fins de depreciação ou amortização.

A Receita Federal do Brasil, em instrução e parecer normativos emitidos sobre o tema, detalha o conceito *sub examine*. Confira-se, inicialmente, a IN/SRF nº 71/78:

---

792. Art. 179, VI, da Lei nº 6.404/76.

793. Decreto nº 3.000/99.

> No ativo imobilizado, serão classificados os direitos que tenham por objeto bens destinados à manutenção das atividades da pessoa jurídica, ou os exercidos com essa finalidade, inclusive os de propriedade industrial e comercial.[794]

O mesmo caminho é trilhado pelo PN nº 2/84, ao tratar das partes e peças de reposição (que os contribuintes intentavam, equivocadamente, classificar como bens intermediários):

> As contas que registrem recursos aplicados na aquisição de partes e peças, máquinas e equipamentos de reposição de bens do ativo imobilizado, quando referidas partes e peças tiverem vida útil superior a um ano, devem ser classificadas no ativo imobilizado.[795]

É interessante registrar que o termo "ativo fixo" utilizado pelo Convênio ICM nº 66/88 nunca constou da Lei de Sociedades por Ações, mas desde sempre foi interpretado como sinônimo de ativo permanente. Por outro lado, a nomenclatura "ativo permanente", utilizada na LC nº 87/96 e no próprio RIR, não mais subsiste na Lei de S/As por força da última alteração nesta realizada pela Lei nº 11.941/2009.[796] De qualquer forma, isso não impacta o direito ao creditamento do ICMS sobre os bens do ativo permanente (ou fixo), eis que seu conceito está claramente inserido no de ativo imobilizado (atualmente utilizado pela Lei de S/As) e, também, no de ativo permanente (gênero do qual o imobilizado era espécie antes da última modificação da legislação societária) definido no RIR.

---

794. TEBECHRANI, Alberto. *Novo Regulamento do Imposto de Renda*, v. I. São Paulo: Resenha Gráfica, 1999, p. 690.

795. Idem, p. 691.

796. Originariamente, as contas do ativo eram divididas em: circulante, realizável a longo prazo e permanente. Esta se dividia em subcontas de investimentos, ativo imobilizado e ativo diferido. Com o advento da Lei nº 11.638/2007, incluiu-se mais uma subconta no ativo permanente, a de intangíveis. Contudo, a Lei nº 11.941/2009 modificou toda essa formatação, consoante se viu anteriormente. Assim, hoje têm-se duas grandes contas do ativo: circulante e não circulante. Dentro do não circulante encontramos as subcontas do ativo realizável a longo prazo (que era uma conta apartada do ativo permanente), de investimentos, do imobilizado e do intangível (sendo que estas três compunham o ativo permanente).

12.3.3.3 O CANCELAMENTO DOS CRÉDITOS REMANESCENTES APÓS O DECURSO DE QUATRO (LC Nº 102/2000) OU CINCO ANOS (LC Nº 87/96)

Tanto na redação originária da LC nº 87/96 como na atual, veiculada pela LC nº 102/00, uma vez findo o período fixado em lei (5 ou 4 anos), os créditos remanescentes e não aproveitados de bens do ativo serão cancelados. Veja-se a LC nº 87/96:

(a) originária:

> Art. 20. (...).
>
> § 5º. Além do lançamento em conjunto com os demais créditos, para efeito da compensação prevista neste artigo e no anterior, os créditos resultantes de operações de que decorra entrada de mercadorias destinadas ao ativo permanente serão objeto de outro lançamento, em livro próprio ou de outra forma que a legislação determinar, para aplicação do disposto no art. 21, §§ 5º, 6º e 7º.
>
> (...)
>
> § 8º. *Ao fim do quinto ano contado da data do lançamento a que se refere o § 5º do art. 20, o saldo remanescente do crédito será cancelado de modo a não mais ocasionar estornos.* (destaques nossos)

(b) modificada pela LC nº 102/2000:

> Art. 20. (...).
>
> (...).
>
> § 5º. Para efeito do disposto no *caput* deste artigo, relativamente aos créditos decorrentes de entrada de mercadorias no estabelecimento destinadas ao ativo permanente, deverá ser observado:
>
> I – a apropriação será feita à razão de um quarenta e oito avos por mês, devendo a primeira fração ser apropriada no mês em que ocorrer a entrada no estabelecimento;
>
> (...)
>
> VII – *ao final do quadragésimo oitavo mês contado da data da entrada do bem no estabelecimento, o saldo remanescente do crédito será cancelado.* (destaques nossos)

A regra tem duas funções. Primeiramente, impõe um limite temporal ao registro do crédito. Se o contribuinte não fizer uso da faculdade conferida pela legislação, uma vez decorrido o prazo legal (atualmente de quatro anos), decairá do direito de escriturar os créditos em sua conta gráfica.

Outrossim, tendo em vista que existe norma determinando o estorno proporcional dos créditos de ICMS sobre bens do ativo na proporção das saídas isentas e não tributadas do período,[797] pode-se entender que o cancelamento determinado pela LC nº 87/96 em razão do decurso do tempo impede eventual pleito do contribuinte de escriturar, *a posteriori*, créditos que no passado foram estornados. Assim, o limite temporal se presta a impedir que o contribuinte aproveite na integralidade os créditos de ICMS sobre os bens do ativo imobilizado, pois durante o lapso de 48 meses (ou 60 meses, consoante a norma antiga) não será possível, em regra, o aproveitamento total dos créditos, haja vista o dever de estorno proporcional ao porcentual de saídas isentas ou não tributadas em cada mês.

Apesar de a norma em comento laborar em desfavor de um direito ao crédito mais amplo, o fato é que a legitimação do crédito físico pelo STF impede questionamentos acerca da sua constitucionalidade, posto que, em se tratando de bens do ativo permanente, a liberdade do legislador quanto ao creditamento é ampla.

---

797. LC nº 87/96, redação original:
"Art. 21. (...).
§ 4º. Em qualquer período de apuração do imposto, se bens do ativo permanente forem utilizados para produção de mercadorias cuja saída resulte de operações isentas ou não tributadas ou para prestação de serviços isentos ou não tributados, haverá estorno dos créditos escriturados (...)."
LC nº 87/96, modificada pela LC nº 102/2000:
"Art. 20. (...).
§5º. (...).
II – em cada período de apuração do imposto, não será admitido o creditamento de que trata o inciso I, em relação à proporção das operações de saídas ou prestações isentas ou não tributadas sobre o total das operações de saídas ou prestações efetuadas no mesmo período;"

12.3.3.4 A ALIENAÇÃO DO ATIVO ANTES DE DECORRIDO O PRAZO LEGAL E O ESTORNO DOS CRÉDITOS REMANESCENTES

Outra regra que ocasiona cumulatividade do ICMS sobre os bens destinados ao ativo permanente do estabelecimento é a aplicável na hipótese de alienação do ativo antes do prazo de quatro anos (necessário para aproveitamento dos créditos à razão de 1/48 por mês). O mesmo problema existia, ainda que de forma distinta, para os bens adquiridos para o imobilizado sob a égide da redação originária da LC nº 87/96. Nesse caso, quando da venda do ativo se fazia necessário o estorno de 20% (vinte por cento) do crédito de ICMS por ano faltante para completar um quinquênio contado da entrada do bem no estabelecimento.

Tais disposições são combatidas pela doutrina, que afirma existir violação à não-cumulatividade.[798] Entrementes, em atenção à corrente vencedora do crédito físico no STF, os argumentos constitucionais contra essa vedação perdem força.

12.3.3.5 BENS DO ATIVO CEDIDOS EM COMODATO: POSSIBILIDADE DE MANUTENÇÃO DO CRÉDITO

Questão importante que tem gerado recentes litígios entre Fiscos estaduais e contribuintes é a da possibilidade de manutenção dos créditos de ICMS quando o bem é cedido em comodato a terceiros, no intuito de viabilizar a atividade empresarial do comodante.

Para melhor ilustrar o problema, analisar-se-á um caso concreto julgado pelo STJ: uma empresa do ramo de alimentos tinha como prática ceder em comodato, aos seus revendedores, *freezers* para acondicionamento dos produtos por ela fabricados, pintados com sua logomarca. Em que pese não ter o bem diretamente sob sua posse, a fabricante continuou

---

798. *Inter alii*, confira-se: MATTOS, Aroldo Gomes de. *ICMS – Comentários à Legislação Nacional*. São Paulo: Dialética, 2006, pp. 306-7.

se aproveitando dos créditos de ICMS referentes aos *freezers* cedidos aos seus parceiros comerciais. Seu fundamento para exercer tal direito residia no argumento de que a cessão em comodato não importa em *alienação* do bem integrante do ativo imobilizado, que ensejaria, nos termos da LC nº 87/96, o estorno em questão. Todavia, o Fisco não entendeu dessa forma, lavrando auto de infração ao fundamento de que a saída em comodato é não tributada e, por tal razão, enseja o estorno do crédito da operação anterior, consoante determina não só a LC nº 87/96 como também a própria Constituição da República em matéria de ICMS.

Tendo perdido em primeira e segunda instâncias, a empresa não se resignou e levou a matéria ao Superior Tribunal de Justiça no qual, por maioria de votos, fez valer o seu direito, anulando o auto de infração.[799]

Neste caso, temos que o contribuinte estava com carradas de razão. A saída em comodato não importa em alienação do ativo, que impediria o comodante de continuar aproveitando os créditos sobre o bem. Em verdade, o ativo continua sendo de sua propriedade e, ademais, utilizado em prol da sua atividade empresarial (no caso, a venda de produtos alimentícios, muitos dos quais necessitam de refrigeração constante). Dessa forma, seria indevido impedir-se o aproveitamento dos créditos em questão. Tampouco se poderia invocar a regra de estorno dos créditos ao argumento de que a cessão em comodato é saída não tributada. Afinal, a *operação de circulação jurídica* pressupõe translação da propriedade da mercadoria mediante celebração de negócio jurídico válido. A saída em comodato não é, portanto, saída não tributada, pois *não é sequer opera*ção de circulação jurídica, eis que a propriedade do ativo remanesce com o comodante.

Após o precedente acima, da Primeira Turma do STJ, outros arestos no mesmo sentido foram prolatados naquele

---

[799]. STJ, Primeira Turma, REsp nº 791.491/MG, Relator p/ acórdão Min. LUIZ FUX, *DJ* 07.11.2006, p. 252.

A NÃO-CUMULATIVIDADE DOS TRIBUTOS

Tribunal, desta vez pela Segunda Turma,[800] consolidando o entendimento sobre a questão. Mais recentemente, já se encontra inclusive decisão monocrática sobre o tema, ao fundamento de que a matéria está efetivamente pacificada.[801]

Na esfera administrativa, o Conselho de Contribuintes de Minas Gerais também solucionou a questão em favor dos contribuintes, evitando com isso que a lide desaguasse no Judiciário. Uma fabricante de automóveis havia celebrado contrato de comodato com diversos fornecedores de autopeças, cedendo-lhes ferramentas e moldes para utilização na produção das peças. O Fisco mineiro glosou tais créditos, porém o auto de infração foi julgado improcedente. As razões de decidir merecem transcrição, pela propriedade com que abordam o tema:

> Cabe aqui analisar se as saídas não tributadas ou isentas que impedem a manutenção do crédito do ICMS são aquelas definitivas, decorrentes de negócios jurídicos ou, ainda que meras saídas físicas, mas com transferência de titularidade, assim tratada diante da autonomia dos estabelecimentos, ou de modo diverso, quaisquer saídas sem tributação ensejam o imediato estorno dos créditos pelas entradas das mercadorias.
>
> (...) Não é a mera saída física da mercadoria, em operação isenta ou não tributada, que determina o estorno do crédito relativo à sua aquisição, mas sim a saída definitiva do estabelecimento.
>
> (...) A melhor interpretação para as normas relativas a matéria é de que o legislador constituinte ao prever a anulação do crédito de ICMS quando da saída de mercadoria beneficiada pela isenção ou não incidência, referiu-se unicamente às saídas com tradição de propriedade, porquanto, somente assim, continuaria o ciclo de circulação da mercadoria.
>
> Registre-se que o comodato é um empréstimo para uso temporário, a título gratuito, de bem infungível, que deverá ser

---

800. STJ, Segunda Turma, RMS nº 24.911/RJ, Relator Min. MAURO CAMPBELL MARQUES, *DJe* 06.08.2012 e STJ, Segunda Turma, REsp nº 1.307.876/SP, Relator Min. HERMAN BENJAMIN, *DJe* 15.02.2013.

801. Trata-se da decisão prolatada pelo Min. HERMAN BENJAMIN nos autos do AgRg no AgRg no AREsp nº 649.774/BA (Segunda Turma, *DJe* 13.12.2016), na qual restou reconhecido o direito de operadora de telefonia celular de se creditar do ICMS relativo aos aparelhos celulares por ela cedidos em comodato aos seus clientes.

devolvido, após o uso ou dentro de prazo predeterminado, mediante contrato.

Assim, as peças e moldes de propriedade da Recorrida, que foram cedidos aos seus fornecedores a título de comodato, pertencem, na verdade, ao seu ativo imobilizado, o qual, ao tempo do período fiscalizado, gerava direito amplo e irrestrito ao crédito.

Resta configurado, portanto, que a utilização dos bens na hipótese presente dos autos não os caracteriza como alheios à atividade da empresa, também não se exigindo o estorno do crédito em razão da saída em comodato, devendo-se excluir as exigências pertinentes a tal estorno de crédito.[802]

Dessa forma, resta claro que, mesmo cedido em comodato, o bem continua a integrar o ativo imobilizado do comodante. E, sendo empregado em fins *não alheios* à atividade empresarial, o creditamento de ICMS continua sendo legítimo.

12.3.4 BENS ALHEIOS À ATIVIDADE-FIM DO CONTRIBUINTE

12.3.4.1 A REGRA GERAL

Existe vedação expressa, plasmada no art. 20, §1º, da LC nº 87/96, ao creditamento do ICMS relativo a mercadorias ou serviços "alheios à atividade do estabelecimento".[803]

A regra encontra ressonância nos IVAs de todo o mundo. Afinal, a aquisição de bens e serviços não utilizados na atividade do contribuinte não pode, de fato, gerar créditos do ICMS. A premissa da não-cumulatividade é abater do imposto recolhido em cada etapa o valor do imposto pago na etapa anterior. Se o bem adquirido será empregado em outras atividades – que não geram tributo a pagar – não se pode autorizar o creditamento, pois o adquirente terá feito a compra na qualidade de consumidor final.

---

802. Conselho de Contribuintes do Estado de Minas Gerais, PTA/AI nº 01.000154669-55, Acórdão nº 3.424/09/CE, *DOE* 18.06.2009.

803. Art. 20, §1º, da LC nº 87/96.

A NÃO-CUMULATIVIDADE DOS TRIBUTOS

A jurisprudência do STJ tem sido bastante restritiva em relação ao conceito de bem alheio à atividade do estabelecimento. A interpretação do citado art. 20, §1º, da LC nº 87/96 está sendo feita – erroneamente, em nossa opinião – como se o dispositivo exigisse a utilização do bem na atividade-fim da empresa, ou seja, na linha de produção industrial ou nas máquinas que permitem a prestação dos serviços de transporte e comunicação. Bens que compõem a parte administrativa, tais como mesas, cadeiras, divisórias, computadores, seriam *alheios* à atividade industrial, comercial ou de prestação de serviços, impedindo o aproveitamento dos créditos.

Como exemplo dessa orientação jurisprudencial restritiva, cite-se o caso de uma empresa fabricante de bebidas que pleiteava o crédito sobre equipamentos de informática utilizados em seu estabelecimento. O STJ negou o pedido ao argumento de que "os equipamentos de informática não se constituem em matéria-prima, insumos ou máquinas que sejam utilizados no processo de industrialização e tampouco integram o produto final, o que afasta o direito ao creditamento do ICMS".[804] A nosso sentir, contudo, a razão assistia ao contribuinte. Computadores são bens fundamentais para o funcionamento de todo e qualquer estabelecimento. Ainda que não empregados na linha de produção, sua utilização na área administrativa e financeira é fundamental para que a atividade empresarial tenha seu curso regular. Nesse sendeiro, não é lícito restringir o direito do contribuinte, sob pena de ferimento à LC nº 87/96, que somente impede o creditamento quando o bem for empregado em fim *alheio* ao do estabelecimento.

Todavia, enquanto a jurisprudência atual se mantém, os Fiscos estaduais encontram respaldo para restringir o direito a créditos que, pela LC nº 87/96, deveriam ser assegurados. A título de exemplo, a Decisão Normativa CAT nº 2/2000, do Estado de São Paulo, afirma que os equipamentos de escritório, "não obstante

---

804. STJ, Segunda Turma, REsp nº 740.285/RJ, Relator Min. CASTRO MEIRA, *DJ* 20.02.2006, p. 308.

possam até ser conceituados contabilmente como ativo permanente, em nada colaboram na industrialização e/ou comercialização de mercadorias com saídas tributadas, como condição indispensável para fins de lançamento do imposto a que tem direito o contribuinte". A seu turno, a Instrução Normativa nº 1/98, do Estado de Minas Gerais, também classifica como alheios à atividade do estabelecimento as mercadorias e serviços que não são utilizados "na área de produção industrial, agropecuária, extrativa, de comercialização, ou de prestação de serviços".[805]

As mencionadas orientações fiscais são, para nós, incorretas. O conceito de bens *alheios* à atividade empresarial abarca apenas aqueles que passam ao largo de serem úteis, ainda que de forma indireta, ao processo de produção, comercialização ou prestação do serviço. Se há alguma utilidade para a atividade empresarial, direta ou indireta, a vedação ao crédito é ilegal. Tratando da mesma questão, porém de forma correta, a Diretiva 2006/112/CE do IVA-europeu exclui do direito à dedução do imposto apenas as despesas desprovidas de caráter estritamente profissional, tais como as "sumptuárias, recreativas ou de representação".[806]

Os tópicos a seguir retratam os principais questionamentos relativos à restrição ao crédito sobre bens alheios à atividade da empresa.

12.3.4.2 CRÉDITO SOBRE MATERIAIS UTILIZADOS NA CONSTRUÇÃO DE IMÓVEIS

É comum que empresas adquiram materiais para emprego na construção de imóveis utilizados em sua atividade. Quando tais aquisições não se destinam à mera conservação do bem, a regra predicada pela Receita Federal do Brasil (com fulcro no art. 301 do RIR) é a contabilização dessas despesas como ativo permanente, o que tem sido inclusive validado

---

805. Art. 1º, II, c da IN DLT/SRE nº 1/98.
806. Art. 176 da Diretiva 2006/112/CE.

pelo Conselho Administrativo de Recursos Fiscais.[807] Assim, os dispêndios com materiais, mão de obra, transporte e outros gastos relacionados com a obra são ativados e, via de consequência, paulatinamente amortizados na apuração do IRPJ.

Portanto, é lícito afirmar – seguindo as regras da própria RFB – que as aquisições de matéria-prima, quando feitas por contribuinte do ICMS para integração em seus imóveis, destinam-se ao ativo imobilizado do estabelecimento.[808] As questões que se colocam nesse caso, todavia, são:

(a) a aquisição de materiais pela empresa para a construção do seu próprio imóvel gera créditos compensáveis do ICMS?

(b) caso a resposta à questão acima seja positiva, qual o conceito de imóvel *alheio* à atividade do estabelecimento, que não admite o creditamento dos bens utilizados em sua construção?

Quanto à primeira indagação, o Estado de São Paulo, por meio da Decisão Normativa CAT nº 2/2000,[809] sustenta que o

---

807. Primeiro Conselho de Contribuintes Federal, PTA nº 13709.003955/92-76, Acórdão nº 108-08333, j. em 19.05.2005; Primeiro Conselho de Contribuintes Federal, PTA nº 13163.000049/97-66, Acórdão nº 103-19276, j. em 18.03.1998.

808. Para fins de creditamento do ICMS o que importa são apenas as aquisições de materiais utilizados na construção e eventuais contratações de transporte interestadual e intermunicipal. Isso porque a mão de obra e o transporte intramunicipal não são gravados pelo ICMS, não gerando, por conseguinte, créditos do imposto.

809. Decisão Normativa CAT nº 2/2000:
"15. (...) O princípio da não-cumulatividade há de ser entendido somente em relação às operações com mercadorias e prestações de serviços, e nunca nas operações com imóveis, uma vez que estas sujeitam-se ao ITBI. O que existe, na verdade, é a venda de um bem, que não se confunde com o conceito de mercadoria, conforme se verá mais adiante. Então, aquele princípio só pode estar inserido no contexto das operações e prestações sujeitas ao ICMS. E as operações com imóveis jamais terão tal tributação, porque, como dito, estão jungidos a outro tributo. A mesma assertiva vale também para os bens imóveis construídos por meio de pré-moldados. Sempre serão bens imóveis qualquer que seja a forma de construí-los (por administração, por empreitada ou subempreitada, por incorporação, por empreitada mista etc).
16. Ou seja, aquele princípio não deve ser interpretado de forma global envolvendo diversos tributos, mas sim, e tão somente, no âmbito das operações sujeitas ao Im-

imóvel é uma "não mercadoria", razão pela qual é indevido o creditamento sobre materiais de construção adquiridos para imobilização. Prosseguindo, afirma que as operações de compra e venda de imóveis se sujeitam ao ITBI e não ao ICMS, razão pela qual não seria possível aproveitar créditos deste último imposto sobre aquisições destinadas à construção.

Em nossa opinião, tal entendimento é equivocado. O pressuposto para a incidência do ICMS é a aquisição de mercadorias e serviços que tenham sido tributados na etapa antecedente. Os produtos utilizados no processo de construção (tintas, cimento, aço, *inter alii*), quando adquiridos pela empresa-contribuinte, vêm acobertados por nota fiscal com destaque do imposto recolhido pelo alienante. Assim, é incorreto falar que se tratam de "não mercadorias" pelo fato de sua destinação final ser a integração ao imóvel do contribuinte. O que importa para a presente análise é que, no momento de sua aquisição, o material de construção é, sem dúvida, uma mercadoria, tanto que o ICMS é recolhido pelo vendedor – do contrário, não o seria. Sendo assim, pode-se concluir que a compra de materiais tributados pelo ICMS para utilização em obra no estabelecimento do contribuinte pode, a princípio, gerar créditos aproveitáveis do imposto, eis que se destina ao ativo imobilizado da empresa.

Cumpre, agora, responder à segunda indagação: o imóvel onde se realizam as atividades industriais, comerciais ou de prestação de serviços do contribuinte do ICMS pode ser considerado bem do ativo destinado à sua atividade, não se enquadrando na vedação do §1º do art. 20 da LC nº 87/96 (que proíbe o creditamento sobre bens *alheios* à atividade do estabelecimento)?

As autoridades administrativas e o próprio STJ consideram que os bens imóveis são *sempre* alheios à atividade da empresa, independentemente de sua utilização. Mesmo no

---

posto sobre Circulação de Mercadorias e Serviços (ICMS).
(...)
21. (...) Bem Imóvel é uma não mercadoria, não obstante fazer parte do Ativo Permanente. O direito ao crédito aludido no artigo 20 da LC 87/96, é legítimo quando decorrente de aquisição ou entrada de mercadoria 'destinada (...) ao Ativo Permanente', observadas, logicamente, as demais regras previstas nesta lei."

caso de galpões que abrigam máquinas industriais[810] ou de prédios onde funcionam estabelecimentos comerciais[811] o crédito do ICMS tem sido reiteradamente negado ao adquirente dos materiais empregados na obra.

Entretanto, não nos parece que tal entendimento seja correto. Afinal, se o ativo em questão é essencial para a atividade da empresa, a conclusão é pelo direito ao creditamento do ICMS. Não é crível que uma indústria possa funcionar a céu aberto. Da mesma forma, um estabelecimento comercial não pode funcionar na rua. Assim, sustentar-se que o imóvel é *alheio* à atividade do contribuinte equivale a olvidar-se da realidade dos fatos.

Dessarte, com espeque no art. 20, *caput*, e §§1º e 5º da LC nº 87/96, temos como legítimo o creditamento do ICMS sobre a aquisição de materiais de construção empregados no imóvel do estabelecimento comercial, industrial ou de prestação de serviços. Outra interpretação significa menoscabo à letra da própria LC nº 87/96, que merece uma releitura por parte de nossas Cortes nesse ponto.

Entrementes, uma observação é importante: somente quando o material for diretamente adquirido pelo contribuinte haverá o direito ao crédito do ICMS. Quando se tratar de obra por empreitada global, em que todas as aquisições são de responsabilidade do empreiteiro (que não é contribuinte do imposto),[812] o titular do imóvel não poderá pleitear os créditos de ICMS sobre os materiais, pois não terá realizado aquisições tributadas.

---

810. Secretaria da Fazenda do Estado de Minas Gerais, Resposta à Consulta de Contribuinte nº 233/2007.

811. O STJ nega às empresas do setor hipermercadista o crédito sobre bens empregados na construção do prédio onde funciona o próprio hipermercado (STJ, Primeira Turma, REsp nº 860.701/MG, Relator Min. FRANCISCO FALCÃO, *DJ* 17.05.2007, p. 215; STJ, Primeira Turma, REsp nº 1.077.242/MG, Relatora Min. DENISE ARRUDA, *DJe* 12.02.2009).

812. Em diversas ocasiões o STJ já esclareceu, com acerto, que a empresa dedicada à construção civil não faz jus aos créditos de ICMS sobre os materiais por ela adquiridos para integração às suas obras, pois não é contribuinte do imposto. Inexistindo saída tributada, é impossível falar-se em crédito sobre as entradas. Interplures, cite-se: STJ, Primeira Turma, RMS nº 20.454/RJ, Rel. Ministro LUIZ FUX, *DJ* 31.05.2007 p. 320.

12.3.4.3 VEÍCULOS DESTINADOS AO TRANSPORTE PESSOAL

A LC nº 87/96 traz presunção *juris tantum* de que os veículos de transporte pessoal são alheios à atividade do estabelecimento, razão pela qual inexistiria direito ao crédito de ICMS sobre a aquisição desses bens.[813]

A *ratio* da presunção criada pela LC nº 87/96 reside no fato de que os automóveis das empresas destinados a uso pessoal são, em regra, concedidos como *fringe benefits*, ou seja, integrantes da própria remuneração dos empregados, que se valem dos carros não apenas para fins de trabalho, mas, também, para sua vida privada.

De lege ferenda, contudo, entendemos que a adoção de um critério de aproveitamento proporcional do crédito sobre automóveis para transporte pessoal seria mais adequado. Afinal, se o bem pertence à empresa é razoável presumir-se que *em algum momento* o automóvel será utilizado no transporte do empregado para o trabalho. A legislação poderia arbitrar um porcentual de utilização (*v.g.*, cinquenta por cento) para concessão parcial do direito ao crédito. Seria uma política mais consentânea com a intenção manifestada da LC nº 87/96 de conceder créditos sobre bens destinados ao ativo permanente.

De todo modo, a legislação abre ensanchas para a prova em contrário, o que já é salutar, em que pese ser de difícil comprovação.

12.3.5 CRÉDITO SOBRE SERVIÇOS DE TRANSPORTE

12.3.5.1 INTROITO

Especificamente quanto aos serviços transporte interestadual e intermunicipal, o Convênio ICM nº 66/88 restringia o direito ao crédito às hipóteses em que o estabelecimento tomador os utilizasse:

---

813. Art. 20, §2º, da LC nº 87/96.

(a) na execução de atividades da mesma natureza;

(b) em prol da comercialização de mercadorias;

(c) na produção, extração, industrialização ou geração, inclusive de energia.

De fato, à luz do Convênio ICM nº 66/88, o STJ analisou diversas vezes a possibilidade de creditamento dos serviços de transporte,[814] tendo-o admitido sempre que o contribuinte provasse a sua utilização na produção, comercialização ou industrialização, assim como na execução de atividades da mesma natureza.[815] À míngua dessa prova, o STJ não reconhecia o direito ao crédito.[816]

Posteriormente, a LC nº 87/96 retirou as restrições do Convênio ICM nº 66/88, passando, então, a autorizar o crédito sobre os serviços de transporte desde que seu uso não se destinasse a fim alheio à atividade do estabelecimento, situação que assim remanesce até os dias atuais.[817]

12.3.5.2 A INEXISTÊNCIA DO DIREITO AO CRÉDITO SOBRE O FRETE DE PRODUTOS ALHEIOS À ATIVIDADE DO ESTABELECIMENTO OU DESTINADOS AO SEU USO E CONSUMO

Tendo o creditamento se tornado a regra geral em matéria de serviços de transporte a partir da edição da Lei Kandir, vale notar que, por força do §1º do seu art. 20, o contribuinte passou a ter a obrigação de provar que os aludidos serviços

---

814. Em se tratando de creditamento do ICMS, todas as referências a serviço de transporte restringem-se às modalidades interestadual e intermunicipal dessa atividade, porquanto o transporte estritamente municipal não é alcançado pelo ICMS e sim pelo ISSQN.

815. STJ, Segunda Turma, REsp nº 523.520/RS, Relator Min. JOÃO OTÁVIO DE NORONHA, *DJ* 06.02.2007, p. 280.

816. STJ, Primeira Turma, REsp nº 735.894/RS, Relatora Min. DENISE ARRUDA, *DJe* 24.04.2008.

817. Art. 20, *caput* e §1º da LC nº 87/96.

eram utilizados na atividade precípua do seu estabelecimento e não em fins alheios àquela. Essa determinação foi seguida à risca pela jurisprudência da Corte Superior de Justiça.[818]

Temos que esse entendimento é correto: afinal, se não há crédito sobre o produto transportado, por ser alheio à atividade do contribuinte, tampouco o ICMS sobre o transporte poderá ser abatido do ICMS a pagar pelo estabelecimento contratante. Da mesma forma, inexiste direito ao crédito sobre o frete quando os bens transportados forem destinados ao uso e consumo do estabelecimento. O acessório segue o principal: regra básica de hermenêutica, aplicável ao caso em tela.

12.3.5.3 O NECESSÁRIO CREDITAMENTO SOBRE O FRETE DE PRODUTOS NÃO TRIBUTADOS

Outra situação – que não se confunde com o transporte de bens alheios à atividade do estabelecimento ou destinados ao seu uso e consumo – é a do frete sobre bens não tributados pelo ICMS.

Tal ocorre, por exemplo, quando se transportam mercadorias entre estabelecimentos sitos em cidades ou Estados distintos, porém pertencentes a um mesmo titular, assim como no transporte interestadual de combustíveis e lubrificantes imunes do ICMS porque destinados a outra unidade da federação. Na primeira hipótese, a operação foge ao âmbito de aplicação da regra-matriz do imposto (não há operação de circulação jurídica, conforme reconhecido pela Súmula nº 166/STJ), ao passo que, na segunda, existe imunidade de ICMS dos combustíveis e lubrificantes quando vendidos a adquirente estabelecido em outro Estado.[819]

Nesses casos, apregoam os Fiscos o não aproveitamento do ICMS-frete pelo simples fato de o bem transportado não se sujeitar ao imposto estadual. No entanto, a correta exegese da LC nº

---

818. STJ, Segunda Turma, RMS nº 19.176/SC, Relatora Min. ELIANA CALMON, *DJ* 12.09.2005, p. 259; STJ, Segunda Turma, REsp nº 621.557/RS, Relatora Min. ELIANA CALMON, *DJ* 19.09.2005, p. 271.

819. Art. 155, §2º, X, da CR/88.

87/96 denota que o creditamento é devido desde que o transporte não seja de bens *alheios* à atividade do estabelecimento destinatário ou destinados ao seu uso e consumo.[820] O fato de a mercadoria transportada não sofrer a incidência do ICMS é indiferente para o crédito sobre o frete tributado pelo imposto estadual.

Dessarte, o entendimento pugnado por alguns Fiscos estaduais que insistem em negar o crédito do ICMS sobre o frete de mercadoria não tributada é insustentável em face do simples cotejo com as regras da LC nº 87/96.

12.3.6 OS CRÉDITOS SOBRE SERVIÇOS DE COMUNICAÇÃO

12.3.6.1 HISTÓRICO NORMATIVO

Da mesma forma que fazia em relação aos créditos de serviços de transporte contratados pelas empresas, o Convênio ICM nº 66/88 restringia o direito ao crédito sobre os serviços de comunicação utilizados pelo contribuinte, exceto quando o consumo se desse:

(a) na execução de atividades da mesma natureza;

(b) em prol da comercialização de mercadorias;

(c) na produção, extração, industrialização ou geração, inclusive de energia.

A LC nº 87/96 retirou as restrições do Convênio ICM nº 66/88, passando, então, a autorizar o crédito sobre os serviços de comunicação desde que seu uso não se destinasse a fim alheio à atividade do estabelecimento.[821] Até este ponto, o regime jurídico relativo ao creditamento do ICMS sobre serviços de transporte – tratados no item precedente – era, em tudo, idêntico ao aplicável aos serviços de comunicação.

---

820. Art. 20 da LC nº 87/96.

821. Art. 20, *caput* e §1º, da LC nº 87/96.

No entanto, posteriormente a LC nº 102/2000 trouxe condicionantes específicas para os serviços de comunicação, que passaram a gerar créditos de ICMS somente quando utilizados:

(a) na prestação de outros serviços de comunicação;

(b) na exportação de mercadorias ou serviços, proporcionalmente aos porcentuais exportados;

(c) a partir de 1° de janeiro de 2020, nas demais hipóteses (modificação esta trazida pela LC nº 138/2010, que diferiu novamente o início do aproveitamento dos créditos relativos aos bens de uso e consumo).[822]

O objetivo declarado da LC nº 102/2000 foi restringir o direito ao creditamento pelos contribuintes, de modo a maximizar a arrecadação do ICMS em um momento de penúria financeira dos entes federados.

Todavia, a interpretação sistemática da LC nº 87/96 – que prevê o direito ao crédito sobre todos os bens não alheios à atividade do contribuinte em seu art. 20, §1º – conduz à conclusão de que as restrições plasmadas pela LC nº 102/2000 não podem invadir o *minimum minimorum* da não-cumulatividade, que reside na garantia do crédito sobre os insumos essenciais à atividade do estabelecimento.

Dessarte, pode-se afirmar, em um primeiro momento, que por força das disposições da LC nº 102/2000 os serviços de comunicação deixaram de gerar créditos quando empregados no processo industrial, comercial ou de prestação de serviços de transporte (a única exceção, portanto, é o seu emprego na

---

822. Veja-se a LC n° 87/96, com a redação das LCs n°s 102/2000 (alíneas a e b) e 138/2010 (alínea c):
"Art. 33. (...).
IV – somente dará direito a crédito o recebimento de serviços de comunicação utilizados pelo estabelecimento:
a) ao qual tenham sido prestados na execução de serviços da mesma natureza;
b) quando sua utilização resultar em operação de saída ou prestação para o exterior, na proporção desta sobre as saídas ou prestações totais; e
c) a partir de 1º de janeiro de 2020 nas demais hipóteses."

prestação dos serviços de comunicação, cujo creditamento é expressamente assegurado pela LC nº 102/2000).

Contudo, essa vedação não subsiste caso o contribuinte demonstre que o serviço de comunicação constitui insumo essencial ao seu processo produtivo. Assim, nas grandes indústrias, dentro das quais é necessária a utilização de rádio e celulares para comunicação dentro da área operacional, o crédito do serviço de comunicação é insumo, sendo impassível de restrição por lei. Da mesma forma, empresas transportadoras que se valem dos serviços de comunicação para monitorar seus caminhões e orientá-los pelas estradas também possuem direito ao creditamento com esforço no art. 20, §1º, da LC nº 87/96. Outrossim, uma drogaria que se dedica a fazer vendas por telefone, fornecendo aos usuários um número 0800 (para que liguem a cobrar, sendo o custo da chamada arcado pelo comerciante) também possui inquestionável direito ao crédito do ICMS-comunicação incidente sobre os serviços por ela contratados da operadora telefônica.

Assim, apesar de terem sido consideradas válidas pelo STF,[823] as restrições à não-cumulatividade trazidas pela LC nº 102/2000 nunca poderão ferir o mínimo constitucional do direito ao crédito. A redação do art. 20, §1º, da LC nº 87/96 – que não foi revogada pela multicitada LC nº 102/2000 – é a prova cabal de que, não sendo alheio às atividades empresariais, o serviço de comunicação se caracteriza como insumo e, dessarte, gera para o adquirente o direito a se creditar do ICMS incidente na operação.

12.3.6.2 A JURISPRUDÊNCIA

Tal como ocorreu com os serviços de transporte, com a retirada das restrições constantes do Convênio ICM nº 66/88 pela LC nº 87/96, em sua redação originária, o creditamento também se tornou a regra geral para os serviços de comunicação, bastando ao contribuinte provar – caso fosse autuado – que sua

---

823. STF, Pleno, ADI-MC n° 2.325/DF, Relator Min. MARCO AURÉLIO, *DJ* 06.10.2006, p. 32. Para maiores detalhes, vide o tópico sobre as distinções entre crédito físico e crédito financeiro desta obra: Título II, Capítulo VII, item 7.15.

utilização não teria sido para fins alheios à atividade empresarial. Nesta época, não houve maiores digressões jurisprudenciais sobre o tema, sendo que as decisões do STJ simplesmente acompanharam a então novel redação da Lei Kandir.

Já a partir da LC nº 102/2000, o crédito sobre serviços de comunicação passou a ser admitido apenas quando o consumo se desse para a prestação do próprio serviço ou para viabilizar a exportação de mercadorias e/ou serviços, como visto acima. O STJ refletiu a mudança legislativa em sua jurisprudência, afirmando que o contribuinte teria direito ao crédito de ICMS apenas se comprovasse "ter utilizado serviços de comunicação na 'execução de serviços da mesma natureza'",[824] ressalvada a hipótese de exportação, que não gerou maiores questionamentos.

Todavia, as decisões da Corte Superior de Justiça nunca analisaram de forma sistemática a Lei Kandir, interpretando o seu art. 20, §1º (que assegura o crédito sobre insumos) c/c o art. 33, IV (que restringe o crédito relativo aos serviços de comunicação). Afinal, caso seja negado o crédito do ICMS sobre os serviços de comunicação utilizados por uma empresa transportadora para orientar seus caminhões em rota – o que é extremamente usual hodiernamente – estar-se-á vedando o creditamento sobre um serviço essencial para as atividades da empresa, o que colide até mesmo com as interpretações mais restritivas em matéria de não-cumulatividade do ICMS. Portanto, o tema está a merecer maior atenção por parte tanto dos contribuintes como dos julgadores. A constitucionalidade da LC nº 102/2000, de resto reconhecida pelo STF, não pode ser tida como um convite à negativa da não-cumulatividade do ICMS nos casos concretos.

12.3.6.3 CONCLUSÕES

A nosso sentir, a restrição ao crédito sobre os serviços de comunicação, tal como plasmada pela LC nº 102/2000 e apesar de validada na ADI-MC nº 2.325/DF, deve sempre respeitar o

---

824. STJ, Primeira Seção, EREsp nº 899.485/RS, Relator Min. HUMBERTO MARTINS, *DJe* 15.09.2008.

crédito sobre os serviços utilizados como insumos à atividade empresarial. Interpretação diversa feriria o núcleo mínimo da não-cumulatividade predicado pelo Supremo Tribunal Federal. Afinal, hodiernamente é quase impossível que algum setor da economia opere sem a utilização dos serviços de comunicação, que se tornaram, portanto, insumo imprescindível à atividade empresarial. A grande questão para se reconhecer ou não o crédito em tela residirá no grau de essencialidade do serviço à atividade: quanto mais ligado ao processo industrial, mercantil ou de prestação de serviços, maior será a garantia do contribuinte para se aproveitar do ICMS incidente sobre os serviços de comunicação por ele consumidos.

12.3.7 OS CRÉDITOS SOBRE A ENERGIA ELÉTRICA CONSUMIDA PELO ESTABELECIMENTO EMPRESARIAL

12.3.7.1 HISTÓRICO NORMATIVO

O Convênio ICM n° 66/88 trazia vedação ao crédito sobre os bens destinados ao consumo do estabelecimento e sobre aqueles que, utilizados no processo industrial, não fossem nele consumidos ou não se integrassem ao produto final como elemento essencial à sua composição.[825] Noutro giro verbal:

(a) o Convênio ICM n° 66/88 vedava o crédito sobre mercadorias destinadas ao uso e consumo do estabelecimento; e

(b) admitia o crédito sobre matérias-primas e insumos consumidos no processo industrial.

---

825. É ver a dicção do Convênio ICM n° 66/88:
"Art. 31 Não implicará crédito para compensação com o montante do imposto devido nas operações ou prestações seguintes:
II – a entrada de bens destinados a consumo (...) do estabelecimento;
III – a entrada de mercadorias ou produtos que, utilizados no processo industrial, não sejam nele consumidos ou não integrem o produto final na condição de elemento indispensável a sua composição;"

Inexistindo previsão específica sobre o crédito relativo à energia elétrica, a única modalidade de creditamento, admitida à época, era a realizada pelas indústrias e, mesmo assim, apenas no que tange à energia consumida na operação fabril.

Com o advento da LC nº 87/96, foi autorizado expressamente o creditamento da energia usada ou consumida no estabelecimento do contribuinte, em dois dispositivos que merecem transcrição.

O primeiro é o relativo ao crédito sobre insumos em geral, plasmado no multicitado art. 20, §1º, da LC nº 87/96, *in verbis*:

> Art. 20. (...).
> § 1º. Não dão direito a crédito as entradas (...) que se refiram a mercadorias ou serviços alheios à atividade do estabelecimento.

A contrario sensu, portanto, toda mercadoria ou serviço "não alheio" à atividade do estabelecimento geraria crédito do ICMS, salvo em se tratando de bem de uso e consumo que, como visto anteriormente, tem seu crédito restringido pela LC nº 87/96 e outras tantas que têm postergado o início do direito ao seu aproveitamento. Por bem de uso e consumo compreendemos aquele "não essencial" à atividade da empresa. Logo, é possível que um bem consumido se "não alheio" à atividade empresarial, mas, ao mesmo tempo, "não essencial" a esta, pelo que inexistirá para o contribuinte o direito ao creditamento, por se caracterizar como mercadoria de uso e consumo. Portanto, a pedra de toque para a distinção entre o insumo gerador de crédito e o bem de consumo é exatamente o conceito de *essencialidade* ao processo empresarial, como de resto já ponderamos no item 12.3.2, *supra*.

Todavia, o creditamento sobre a energia elétrica foi expressamente autorizado pela Lei Kandir em sua redação original, nos seguintes termos:

> Art. 33. Na aplicação do art. 20 observar-se-á o seguinte:

II – a energia elétrica usada ou consumida no estabelecimento dará direito de crédito a partir da data da entrada desta Lei Complementar em vigor. (...)

Nesse contexto, todo estabelecimento contribuinte do ICMS (industrial, comercial ou prestador de serviços) passou a fazer jus ao creditamento do imposto incidente na aquisição da energia elétrica, salvo nas hipóteses desta ser utilizada em fins alheios à atividade empresarial, em atenção ao art. 20, § 1º, da Lei Kandir.

Posteriormente, a Lei Complementar nº 102/2000 alterou o dispositivo acima transcrito, que passou a ostentar a seguinte redação:

Art. 33. (...).

II – somente dará direito a crédito a entrada de energia elétrica no estabelecimento:

a) quando for objeto de operação de saída de energia elétrica

b) quando consumida no processo de industrialização;

c) quando seu consumo resultar em operação de saída ou prestação para o exterior, na proporção destas sobre as saídas ou prestações totais; e

d) a partir de 1º de janeiro de 2003, nas demais hipóteses.

A alínea *d* foi por fim alterada pela Lei Complementar nº 138/2010, que adiou o prazo ali previsto para 01.01.2020.

Diante deste quadro, advém a seguinte indagação: a energia somente poderá gerar crédito nas hipóteses expressamente referidas no art. 33, II, da Lei Kandir ou, além destes casos, deverá também ser resguardado o direito ao creditamento sobre a energia utilizada como insumo essencial às atividades do contribuinte, em atenção ao art. 20, § 1º, da LC nº 87/96, cuja redação permanece incólume?

Consoante propõe SANTIAGO,[826] aqui advém a necessidade de interpretação dos textos normativos conforme à

---

826. SANTIAGO, Igor Mauler. Empresas de Telefonia Fixa e Móvel. Direito ao Creditamento do ICMS Incidente sobre a Energia Utilizada na Prestação dos Serviços

Constituição, expediente assim definido pelo Min. GILMAR MENDES:[827]

> Axioma incorporado do Direito americano recomenda que, em caso de dúvida, deve-se resolver pela legitimidade da lei, em homenagem ao princípio da presunção da constitucionalidade. Da mesma forma, no caso de dupla interpretação da lei, há de se preferir aquela que lhe assegura validade e eficácia.
>
> "The court, if possible – ensinava Cooley – must give the statute such a construction as will enable it to have effect."
>
> (...)
>
> A afirmação da constitucionalidade da lei, com uma determinada interpretação, ou a declaração de que certas aplicações não se mostram compatíveis com a ordem constitucional equivale, em outros termos, à declaração de inconstitucionalidade de outras possibilidades de interpretação (Auslegungsmöglichkeiten) ou de outras possíveis aplicações (Anwendunsgfälle).
>
> Nesse sentido, explica Ipsen que:
>
> "Técnica racional de regulamentação parece sugerir que um mesmo texto expressa um complexo de normas. Se uma dessas – se se quer assim – subnormas é inconstitucional, o texto legal subsiste incólume à declaração de nulidade, uma vez que contempla, igualmente, normas compatíveis com a Constituição. (...)"
>
> Em outros termos, a expressão literal da lei resta íntegra, mas determinadas aplicações (Anwendungsfälle), ou algumas possibilidades de interpretação (Auslegungsmöglichkeiten), ou, como pretende Ipsen, determinadas subnormas devem ter a sua nulidade declarada.
>
> (...)
>
> Evidentemente, a interpretação conforme à Constituição encontra limites na própria expressão literal do texto (Gesetzwortlaut) e no escopo visado pelo legislador (Zweck). Há de se respeitar o significado possível da proposição normativa, não se admitindo uma interpretação que viole a estrutura verbal do preceito.

---

de Comunicação. MOREIRA, André Mendes; RABELO FILHO, Antonio Reinaldo; CORREIA, Armênio Lopes (coord.). *Direito das Telecomunicações e Tributação*. São Paulo: Quartier Latin, 2006, p. 218.

827. MENDES, Gilmar Ferreira. *Controle de Constitucionalidade. Aspectos Jurídicos e Políticos*. São Paulo: Saraiva, 1990, pp. 284-9.

(...)

A interpretação em conformidade com a Constituição como princípio de conservação da lei, tal como preconizado pelos clássicos americanos, é amplamente conhecida no Direito brasileiro. O Supremo Tribunal Federal, em reiterados pronunciamentos, tem-se valido desse recurso.

E conclui SANTIAGO, tratando especificamente do crédito da energia elétrica utilizada na prestação dos serviços de comunicação, mas em fundamentos integralmente aplicáveis para o consumo de energia em qualquer processo empresarial no qual seja insumo necessário:[828]

> O caso é de aplicação do instituto. Deveras, a interpretação literal do art. 33, II, da Lei Complementar nº 87/96 (e notadamente de sua alínea d), da qual resultariam vedados os créditos pela energia elétrica empregada como insumo essencial para a prestação de serviços tributados pelo ICMS (como o de telecomunicação), contraria frontalmente o princípio da não-cumulatividade, mesmo que entendido em sua formulação mais estreita (do crédito físico).
>
> Ademais, a exegese proposta (...) não violenta o texto da lei, pois que apenas restringe o conteúdo de sentido máximo de um dispositivo seu (o art. 33, II) em prol de outro (o art. 20), em interpretação sistemática que o compatibiliza com o texto constitucional e evita a declaração de sua invalidade, que doutro modo seria inevitável.

Dessarte, a interpretação sistemática do art. 20, § 1º c/c art. 33, II da atual redação da Lei Kandir leva à inexorável conclusão de que o crédito do ICMS incidente sobre a energia elétrica consumida pelos estabelecimentos empresariais será assegurado sempre que:

(a) for insumo essencial à atividade comercial, industrial ou de prestação do serviço tributado pelo ICMS;

---

[828]. SANTIAGO, Igor Mauler. Empresas de Telefonia Fixa e Móvel. Direito ao Creditamento do ICMS Incidente sobre a Energia Utilizada na Prestação dos Serviços de Comunicação. MOREIRA, André Mendes; RABELO FILHO, Antonio Reinaldo; CORREIA, Armênio Lopes (coord.). *Direito das Telecomunicações e Tributação.* São Paulo: Quartier Latin, 2006, p. 219.

(b) for consumida por geradoras de energia elétrica, em processo de industrialização ou para fins de produção de bens e serviços exportados, *mesmo que, nessas hipóteses, não constitua insumo essencial à atividade.*

Interpretação diversa conduziria à maculação da não-cumulatividade tributária, cujo núcleo mínimo assegurado pelo STF não permite a vedação do crédito sobre insumos essenciais à atividade empresarial.

Inobstante, como se verá em seguir, a jurisprudência ainda não se apercebeu dos riscos de se negar o crédito de insumo tão relevante à maior parte dos contribuintes do ICMS, estando a merecer uma reanálise por parte dos Tribunais.

12.3.7.2 A JURISPRUDÊNCIA

Em sede de recurso especial representativo de controvérsia ("repetitivo"), o Superior Tribunal de Justiça negou a um hipermercado o crédito de ICMS incidente sobre a energia elétrica por ele consumida, ao fundamento de que, a partir da edição da LC n° 102/2000, apenas a utilização do aludido insumo em processo industrial permitiria o abatimento do imposto a pagar pelo estabelecimento. Vale conferir a ementa do *decisum*, autoexplicativa:

> PROCESSO CIVIL. RECURSO ESPECIAL REPRESENTATIVO DE CONTROVÉRSIA. ARTIGO 543-C, DO CPC/73. TRIBUTÁRIO. ICMS. CREDITAMENTO (PRINCÍPIO DA NÃO-CUMULATIVIDADE). AQUISIÇÃO DE ENERGIA ELÉTRICA CONSUMIDA NO ESTABELECIMENTO COMERCIAL (SUPERMERCADO). ATIVIDADES DE PANIFICAÇÃO E CONGELAMENTO DE ALIMENTOS. ARTIGO 33, II, 'B', DA LEI COMPLEMENTAR 87/96. ARTIGO 46, PARÁGRAFO ÚNICO, DO CTN. DECRETO 4.544/2002 (REGULAMENTO DO IPI). PROCESSO DE INDUSTRIALIZAÇÃO. NÃO CARACTERIZAÇÃO. CREDITAMENTO DO ICMS. IMPOSSIBILIDADE.[829]

---

829. STJ, Primeira Seção, REsp n° 1.117.139/RJ, Relator Min. LUIZ FUX, *DJe* 18.02.2010.

A NÃO-CUMULATIVIDADE DOS TRIBUTOS

Vale notar que o pleito em tela versava apenas sobre a energia consumida pelo estabelecimento nas atividades de panificação e congelamento de alimentos, que, no entender do contribuinte, gerava o direito ao abatimento por ser consumida em processo industrial.

No entanto, arrimados no Regulamento do IPI, os Ministros sustentaram que a utilização da energia para produção de pães e congelamento de alimentos não equivalia ao seu consumo "em processo industrial". Vejam-se, neste particular, as razões do STJ:

> 11. A tese genérica de que o contribuinte tem direito ao creditamento de ICMS se comprovar ter utilizado a energia elétrica 'no processo de industrialização", *ex vi* do disposto no artigo 33, II, 'b', da Lei Complementar 87/96, foi consagrada pela Primeira Seção, no âmbito de embargos de divergência interpostos por estabelecimento industrial (EREsp n° 899.485/RS, Relator Min. HUMBERTO MARTINS, julgado em 13.08.2008, *DJe* 15.09.2008).
>
> 12. O parágrafo único, do artigo 46, do CTN, ao versar sobre o IPI, considera industrializado o produto que tenha sido submetido a qualquer operação que lhe modifique a natureza ou a finalidade, ou o aperfeiçoe para o consumo.
>
> 13. Nada obstante, as normas previstas no Regulamento do IPI (Decreto n° 4.544/2002) afastam a caracterização das atividades de panificação e congelamento de alimentos como industriais.
>
> (...)
>
> 16. O aludido regulamento, por seu turno, enumera as operações que não são consideradas industrialização, entre as quais consta: 'I – o preparo de produtos alimentares, não acondicionados em embalagem de apresentação: a) na residência do preparador ou em restaurantes, bares, sorveterias, confeitarias, padarias, quitandas e semelhantes, desde que os produtos se destinem a venda direta a consumidor.[830]

Em outras palavras, pelo fato de o RIPI não sujeitar à incidência do imposto federal as atividades de panificação e congelamento de alimentos o STJ houve por bem negar o direito

---

830. STJ, Primeira Seção, REsp n° 1.117.139/RJ, Relator Min. LUIZ FUX, *DJe* 18.02.2010.

ao crédito do ICMS sobre a energia elétrica consumida nessas atividades, sustentando que – à míngua da tributação pelo IPI – elas não se caracterizam como processos industriais.

O equívoco, *data maxima venia*, é duplo.

A uma porque, sendo insumo imprescindível às atividades de panificação e venda de produtos congelados, o direito ao crédito do ICMS sobre a energia elétrica consumida pelos hipermercados é inquestionável, fundando-se na interpretação sistemática e conforme a Constituição do art. 20, § 1º c/c art. 33, II da LC nº 87/96.

A duas porque o RIPI excepciona da incidência do imposto federal apenas os estabelecimentos que fabriquem alimentos para venda direta ao consumidor final. Trata-se de claro benefício fiscal, cujo intuito é não onerar as empresas que, apesar de exercerem atividade industrial – cuja definição é ampla consoante o Código Tributário Nacional[831] – a fazem em prol do consumidor, não revendendo seus produtos para outros estabelecimentos mercantis. Uma empresa que se dedique à mesma atividade – panificação ou congelamento de alimentos – e que forneça suas mercadorias para varejistas terá que pagar o IPI, por exercer atividade claramente industrial.

Dessarte, entendemos que está a merecer revisão o posicionamento do STJ em relação ao direito de crédito do ICMS sobre a energia elétrica consumida pelas empresas, industriais ou não. De se notar, outrossim, que a mesma matéria teve repercussão geral reconhecida pelo STF,[832] razão pela qual a Corte Suprema também deverá se manifestar sobre o tema.

12.3.7.3 CONCLUSÕES

A temática da energia elétrica, sem dúvida o mais relevante insumo empresarial do século XXI, merece profunda

---

831. Reza o CTN:
"Art. 46. (...).
Parágrafo único. Para os efeitos deste imposto, considera-se industrializado o produto que tenha sido submetido a qualquer operação que lhe modifique a natureza ou a finalidade, ou o aperfeiçoe para o consumo."

832. STF, Pleno, RE nº 588.954/SC, Relator Min. GILMAR MENDES.

reflexão. A negativa do crédito em casos nos quais ela é claramente um insumo, imprescindível às atividades dos contribuintes, fere o núcleo intocável da não-cumulatividade tributária, podendo gerar situações absurdas, como, por exemplo, a impossibilidade de uma empresa de metrô e ônibus urbanos creditar-se do ICMS referente à energia consumida para fazer movimentar as suas composições elétricas.

Sendo insumo, o direito ao creditamento é patente; não o sendo, mesmo assim será possível o aproveitamento dos créditos de ICMS-energia elétrica nas hipóteses referidas no art. 33, II, da LC nº 87/96, modificada pela LC nº 102/2000. Essa é, a nosso sentir, a única interpretação possível e consentânea com a CR/88 das disposições normativas em análise.

12.4 A GUERRA FISCAL DO ICMS: O ESTORNO DOS CRÉDITOS INCENTIVADOS E O ART. 8º DA LEI COMPLEMENTAR Nº 24/75

Com o intuito de evitar a guerra fiscal, a CR/88 atribui à lei complementar a função de "regular a forma como, mediante deliberação dos Estados e do Distrito Federal, isenções, incentivos e benefícios fiscais serão concedidos e revogados".[833]

A norma referida pela Lei Maior existe há mais de 40 anos: trata-se da Lei Complementar nº 24/75, que criou o Conselho Nacional de Política Fazendária (CONFAZ), órgão presidido por autoridade do Governo Federal e integrado por representantes dos 26 Estados da Federação e do Distrito Federal.

Atendendo ao mandamento constitucional, a LC nº 24/75 estabeleceu que os incentivos fiscais que acarretem a redução ou eliminação do ônus do ICMS – dentre eles, os créditos presumidos, que constituem o mecanismo mais utilizado no bojo da guerra fiscal – só poderão ser concedidos por meio de convênios celebrados e ratificados pelos estados e pelo Distrito

---

833. Art. 155, §2º, XII, g, da CR/88.

Federal. Cumpre ressaltar que o requisito consubstanciado no art. 2º, § 2º, da LC nº 24/75, a saber, a exigência de unanimidade no processo de votação do Convênio, é um reflexo do Pacto Federativo, visto que nenhum dos entes estatais será constrangido a aceitar quaisquer medidas com as quais não tenha assentido previamente.

Deste modo, os Convênios desempenham relevante papel na manutenção da Federação, porquanto constituem óbice à concessão unilateral de benesses por parte de determinados estados, em detrimento das demais pessoas políticas que compõem o Estado brasileiro.

Dessarte, os diplomas normativos que concedem benefícios fiscais sem prévia ratificação de Convênio do CONFAZ nascem eivados de inconstitucionalidade, porquanto formulados em desrespeito ao comando previsto no art. 155, § 2º, XII, "g", da Constituição Federal, c/c os ditames da LC nº 24/75, sendo, neste ponto, pacífica a jurisprudência do Supremo Tribunal Federal.[834]

Em caso de instituição de benefícios com inobservância das condições estipuladas na LC nº 24/75, seu art. 8°, I, determina "a nulidade do ato e a ineficácia do crédito fiscal atribuído ao estabelecimento recebedor da mercadoria". Assim, o Estado destinatário – de acordo com a dicção do aludido diploma legal – teria o condão de glosar parte do crédito destacado na nota fiscal de aquisição, impedindo o aproveitamento pelo adquirente situado em seu território. Portanto, em uma venda de uma indústria de SP para um estabelecimento comercial em MG – logo, sujeita à alíquota interestadual de 12% – que tenha sido objeto de um crédito presumido inconstitucional de 4% na origem (SP), Minas Gerais poderia glosar da escrita fiscal do comerciante-adquirente esse exato porcentual, reduzindo para 8% o ICMS a ser efetivamente creditado em razão dessa aquisição.

---

834. *Inter alii*, cite-se: STF, Pleno, ADI nº 2.866/RN, Relator Min. GILMAR MENDES, *DJe* 05.08.2010; STF, Pleno, ADI nº 3.809/ES, Relator Min. EROS GRAU, *DJe* 13.09.2007.

A NÃO-CUMULATIVIDADE DOS TRIBUTOS

Mas não é só. O mesmo artigo da LC nº 24/75 prevê, em seu inciso II, que o Estado de origem terá o dever de cobrar do vendedor situado em seu território o ICMS que lhe foi indevidamente dispensado. É ver:

> Art. 8º. A inobservância dos dispositivos desta Lei acarretará, cumulativamente:
>
> (...)
>
> II – a exigibilidade do imposto não pago ou devolvido e a ineficácia da lei ou ato que conceda remissão do débito correspondente.

Em outras palavras, além de autorizar que o Estado de destino glose o crédito destacado em nota fiscal na proporção do benefício fiscal inválido concedido pelo Estado de origem, a LC nº 24/75 determina que este último cobre o imposto dispensado do contribuinte beneficiado pelo incentivo.

A situação causa estranheza porquanto não se pode exigir ao mesmo tempo a cobrança (pelo Estado de origem) do ICMS dispensado pela lei inconstitucional e, simultaneamente, determinar-se a glosa desse mesmo crédito pelo Estado de destino. Tratam-se de medidas antagônicas que, se praticadas *cumulativamente* (sendo esta a determinação da LC nº 24/75) majorarão indevidamente a arrecadação tributária no Estado de destino sem a redução da carga incidente na origem.

Não bastassem essas primeiras impressões, a aplicação irrestrita do art. 8º, I, da LC nº 24/75 (que permite ao Estado de destino glosar os créditos presumidos concedidos indevidamente pelo Estado de origem) não nos parece consentânea com as normas jurídicas vigentes. Afinal, compete privativamente ao Poder Judiciário julgar a constitucionalidade ou não das leis. Delegar-se essa função aos Estados, sobremais para avaliar a validade das normas de outras unidades da federação, viola não somente o princípio constitucional da separação dos poderes, mas também o pacto federativo. Outrossim, tal conduta gera ainda desequilíbrio na repartição de receitas do ICMS. Afinal, com a glosa do crédito pelo Estado de destino, este se apropria de valor do imposto devido ao Estado de origem (sendo irrelevante se este o dispensou ou não).

Ademais, os Governadores de Estado são partes legítimas para a propositura de Ações Diretas de Inconstitucionalidade contra leis ou decretos que firam a Constituição. Assim, diante de um benefício fiscal inválido concedido por outro Estado da Federação, não pode o Estado prejudicado transferir o ônus da guerra fiscal para os adquirentes de mercadorias incentivadas, prejudicando seu direito ao creditamento sobre o valor integral do ICMS destacado no documento fiscal de aquisição. Portanto, se o fornecedor situado em outra unidade da federação faz uso de incentivo concedido de modo indevido, compete ao Estado-membro atingido pela norma inconstitucional arguir sua invalidade perante o Supremo Tribunal Federal e, se assim desejar, editar normas internas arrimadas no pronunciamento do STF que permitam, respeitando-se as garantias constitucionais, o não reconhecimento dos créditos incentivados conferidos por outros Estados à margem da lei. Atribuir-se ao adquirente o *munus* de fiscalizar os seus fornecedores sitos em outras unidades federadas – averiguando se algum deles se vale de créditos presumidos inconstitucionais – equivale a transferir ao contribuinte o papel que compete ao Estado-Administração, detentor do monopólio de fiscalizar e cobrar tributos devidos e não pagos.

A nosso ver, portanto, a disposição constante do art. 8º, I, da LC nº 24/75 (possibilidade de glosa unilateral do crédito pelo Estado destinatário da mercadoria incentivada na origem) não foi recepcionada pela CR/88, que, ademais, somente admite o estorno dos créditos de ICMS nas hipóteses de isenção ou não incidência.[835]

De qualquer forma, mesmo para aqueles que consideram válido o art. 8º, I, da LC nº 24/75 – com os quais não concordamos

---

835. Nesse sentido, cite-se: MELO, José Eduardo Soares de. ICMS – Fato Gerador – Local da Ocorrência. Incentivos Fiscais e Créditos. ROCHA, Valdir de Oliveira (coord.). *Grandes Questões Atuais do Direito Tributário*, 11º v. São Paulo: Dialética, 2007, pp. 237-8.

– algumas considerações se apropositam. O estorno dos créditos autorizado pelo citado dispositivo dependeria, necessariamente, da edição de ato normativo do governo estadual, com ampla publicidade para todos os agentes econômicos e respeito ao princípio da não surpresa. A resolução, portaria ou qualquer outra norma de caráter inferior deveria indicar quais mercadorias e serviços teriam – a partir de uma data futura fixada no ato governamental – os créditos glosados e em que medida esse estorno se dará (se integralmente ou apenas em parte).

De fato, a exigência do ato estatal prévio para aplicação do art. 8º, I, da LC nº 24/75 – caso se entenda pela sua validade, repita-se – alinha-se com a jurisprudência do STJ que exige a publicação da declaração de inidoneidade do contribuinte-alienante para desconsiderar os créditos oriundos das compras de suas mercadorias – resguardando, com isso, o direito ao creditamento sobre as aquisições feitas quando o vendedor já era inidôneo, porém o fato ainda não havia sido oficialmente tornado público.[836] O princípio da não surpresa, do qual decorrem a anterioridade anual e a espera nonagesimal, respalda ainda a necessidade de se conferir um prazo mínimo para a adequação das atividades dos compradores às novas regras.

Contudo, o fato é que – mesmo diante dessas balizas – não se pode concordar com a atribuição aos Estados da função de declarar inconstitucionais atos normativos editados por outras unidades da federação. A jurisprudência é pacífica no sentido de que o ICMS destacado em nota fiscal constitui crédito oponível ao Fisco, ainda que o vendedor da mercadoria não tenha recolhido o imposto que fez constar em nota. Nessa toada, à míngua de operação isenta ou não tributada, inexiste razão jurídica a amparar a glosa de crédito com fulcro no art. 8º, I da LC nº 24/75, que é, dessarte, inconstitucional.

---

836. STJ, Primeira Seção, Rcl nº 37.081/SP, Relator Min. GURGEL DE FARIA, *DJe* 23.04.2019; STJ, Primeira Turma, REsp nº 623.335/PR, Relatora Min. DENISE ARRUDA, DJ 10.09.2007, p. 187; STJ, Segunda Turma, REsp nº 470.633/MG, Relatora Min. ELIANA CALMON, *DJ* 11.10.2004, p. 268.

Como já sustentou o STF em julgamento histórico, "inconstitucionalidades não se compensam".[837] Assim, caso um Estado erija benefício fiscal em desacordo com o CONFAZ, cabe ao ente da federação prejudicado recorrer ao Poder Judiciário, que declarará inválida a norma em desacordo com a Lei Maior. Tal como não é dado ao cidadão fazer justiça com as próprias mãos, não pode o Estado olvidar-se de que o poder de legislar ou editar normas infralegais não pode ser usado de modo indevido para combater inconstitucionalidades criadas por outras unidades da federação.

No ano de 2011, acolhendo a tese aqui exposta – defendida pela doutrina majoritária[838] – ambas as Turmas da Seção de Direito Público do STJ pugnaram pela impossibilidade de o Estado destinatário glosar os créditos destacados em notas fiscais de aquisição de mercadorias por contribuintes situados em sua jurisdição. De acordo com os julgados, o princípio da não-cumulatividade assegura ao adquirente a compensação do ICMS destacado na nota fiscal de aquisição. Sendo assim, existindo ou não benefício inconstitucional na origem, o direito ao creditamento é inatacável. Por todas, confira-se a ementa abaixo:

> TRIBUTÁRIO. ICMS. GUERRA FISCAL. BENEFÍCIO CONCEDIDO SEM CONVÊNIO INTERESTADUAL. NULIDADE. ART. 8º, I, DA LC 24/1975. INEXISTÊNCIA DE ADIN. RECONHECIMENTO DO CRÉDITO.
>
> 1. É conhecida a jurisprudência do egrégio STF pela inconstitucionalidade de normas estaduais que admitem benefícios sem convênio autorizativo. Os créditos presumidos ou fictícios assim concedidos são nulos, nos termos do art. 8º, I, da LC 24/1975.
>
> 2. A Segunda Turma reconheceu a impossibilidade de aproveitamento desses créditos, ao julgar o AgRg no Ag 1.243.662/MG (Rel. Min. Eliana Calmon, j. 1º.03.2011).

---

837. STF, Pleno, ADI nº 2.377/DF, Relator Min. SEPÚLVEDA PERTENCE, DJ 07.11.2003, p. 81.

838. Destacamos, dentre as obras sobre o assunto, a seguinte: VOGAS, Rosiris de Paula Cerizze. *Limites Constitucionais à Glosa de Créditos de ICMS em um Cenário de Guerra Fiscal*. Belo Horizonte: Del Rey, 2011.

3. Entretanto, o colegiado reviu esse entendimento para impor a observância do crédito fictício pelo Estado de destino, acolhendo a tese de que a inconstitucionalidade deve ser previamente declarada em ADIn específica, relativa à lei do Estado de origem (RMS 31.714/MT, j. 3.5.2011, rel. Min. Castro Meira).

4. Recurso Ordinário provido.[839]

A jurisprudência do STJ é, portanto, auspiciosa. Espera-se, agora, que o STF trilhe o mesmo caminho, haja vista que a repercussão geral da matéria foi reconhecida no bojo do RE nº 628.075/RS, de relatoria do Min. EDSON FACHIN, atualmente aguardando julgamento pelo Plenário da Corte Suprema.

---

839. STJ, Segunda Turma, RMS nº 32.453/MT, Relator Min. HERMAN BENJAMIN, *DJe* 10.06.2011. No mesmo sentido, da Primeira Turma do STJ: EDcl no RMS nº 32.397/MT, Relator Min. BENEDITO GONÇALVES, *DJe* 09.03.2012.

XIII
PIS/COFINS INCIDENTES SOBRE A RECEITA BRUTA

13.1 INTROITO

O mecanismo de apuração do *quantum debeatur* do PIS e da Cofins não-cumulativos é distinto daquele aplicado ao IPI e ao ICMS.[840] A não-cumulatividade das contribuições em tela consiste em mera técnica de quantificação do montante devido, não havendo, portanto, translação jurídica do ônus fiscal ao contribuinte *de facto*. Afinal, o PIS e a Cofins não são tributos plurifásicos,[841] mas sim contribuições que gravam a receita bruta das empresas. A não-cumulatividade dessas exações implica tão somente a possibilidade de deduzir, do valor a pagar, créditos calculados sobre as despesas incorridas no período apuração. Não há *abatimento do tributo pago em operações anteriores*,

---

840. TORRES, Ricardo Lobo. A Não-Cumulatividade no PIS/Cofins. PEIXOTO, Marcelo Magalhães e FISCHER, Octavio Campos (coord.). *PIS-Cofins – Questões Atuais e Polêmicas*. São Paulo: Quartier Latin, 2005, p. 72.

841. Entendemos como plurifásicos os tributos que gravam diversas etapas do processo de produção/circulação de bens e riquezas, não sendo possível estender tal qualificação a contribuintes incidentes sobre um fato isolado, não encadeado em um processo, como é o caso da receita bruta. Para maiores detalhes, vide Título I, Capítulos III e V.

como ocorre no IPI e no ICMS. Assim, eventuais referências nos tópicos seguintes às "etapas" ou às "operações" anteriores do PIS/Cofins são feitas tão somente para fins didáticos.

Outrossim, a não-cumulatividade das contribuições sociais é norma de eficácia limitada de princípio institutivo facultativo, conforme visto anteriormente.[842] Trata-se de outra elementar diferença em relação ao IPI e ao ICMS. Nestes dois impostos, a eficácia da não-cumulatividade é plena, sendo mandatoriamente observada pelas suas leis de regência. Já o legislador do PIS/Cofins possui liberdade para implementar, se e quando quiser, a não-cumulatividade dessas contribuições.[843]

13.2 ESCORÇO LEGISLATIVO DO PIS E DA COFINS

As sucessivas modificações das leis do PIS e da Cofins impõem a realização de uma resenha histórico-legislativa para se delinear a regra-matriz de incidência dessas contribuições. Em sequência, será então possível proceder ao exame de sua não-cumulatividade.

A primeira dessas contribuições foi instituída pela Lei Complementar nº 7/70, com o escopo de financiar o Programa de Integração Social (PIS), destinado a "promover a integração do empregado na vida e no desenvolvimento das empresas".[844] Os valores arrecadados eram depositados em conta individualizada do trabalhador e, quando do seu casamento, aposentadoria, invalidez, morte ou na aquisição de casa própria podiam ser levantados, pelo interessado ou seus sucessores.

A alíquota inicial da contribuição para o PIS era de 0,15%, porém a própria LC nº 7/70 já previa aumentos anuais

---

842. Título II, Capítulo VIII, item 8.2.

843. O legislador federal deverá, todavia, respeitar o conteúdo mínimo da não-cumulatividade plasmado na Constituição (vide Título II, Capítulo X).

844. LC nº 7/70, art. 1º.

sucessivos, tendo atingido a marca de 0,75% em 1976.[845] Sua base de cálculo era o faturamento do sexto mês anterior ao da ocorrência do fato gerador.

Análoga ao PIS, a contribuição para o Programa de Formação do Patrimônio do Servidor Público (PASEP) foi instituída pela Lei Complementar nº 8/70. A contribuição para o PASEP é devida pela União, Estados, Distrito Federal e Municípios, suas autarquias, fundações, sociedades de economia mista e empresas públicas. Visa a custear benefícios para o servidor público, como o auxílio para compra de casa própria e pagamento de valores quando do casamento, aposentadoria ou morte do funcionário. Sua base de cálculo é a receita das referidas pessoas jurídicas, com alíquotas variáveis previstas na LC nº 8/70.

O esteio constitucional das fontes de financiamento do PIS e do PASEP era o art. 165, V, da CR/67-69, no qual se previa a instituição de contribuição que visasse a integrar o empregado "na vida e no desenvolvimento das empresas". Os dois referidos programas sociais foram unificados pela Lei Complementar nº 26/75.[846]

A sistemática das LCs nºs 7/70 e 8/70 – que foram expressamente recepcionadas pela Constituição de 1988[847]

---

845. Segundo a Lei Complementar nº 7/70, a alíquota do PIS seria de 0,15% em 1971, 0,25% em 1972, 0,4% em 1973 e 0,5% a partir de 1974. A Lei Complementar nº 17/73 criou adicional de PIS à razão de 0,125% em 1975 e de 0,25% a partir de 1976. Deixa-se de considerar aqui – por irrelevante para o tema em discussão – o PIS-repique, equivalente a 5% do imposto de renda devido, instituído pelo art. 3º, a, e §§ 1º a 3º da Lei Complementar nº 7/70. Tal incidência foi suprimida pela Lei nº 9.715/98, referida adiante no texto.

846. A LC nº 26/75 também criou o abono anual do PIS/PASEP. Os participantes cadastrados nos programas há pelo menos 5 (cinco) anos, que percebiam remuneração igual ou inferior a 5 (cinco) vezes o salário-mínimo vigente, faziam jus ao recebimento, no mês de seu aniversário, de um salário-mínimo do governo federal (LC nº 26/75, art. 3º, §3º). Com a Constituição de 1988, o benefício passou a ser pago tão somente aos trabalhadores que percebessem até 2 (dois) salários-mínimos mensais (art. 239, §3º).

847. Art. 239 da CR/88.

– subsistiu até o advento Lei nº 9.715/98.[848] Esta unificou as contribuições para o PIS-PASEP, reduzindo suas alíquotas para 0,65%, assim como definiu nova base de cálculo para o PIS: o faturamento do mês da ocorrência do fato gerador (em substituição ao faturamento do sexto mês anterior ao da ocorrência do fato gerador). O mesmo sistema foi mantido pela Lei nº 10.637/2002, instituidora do PIS/PASEP não-cumulativos.

Nos tópicos seguintes, sempre que houver referência à contribuição para PIS, deve-se entender também abarcada a contribuição para o PASEP, dada a unicidade do regime jurídico regente de ambas.

Já a contribuição para o Fundo de Investimento Social (FINSOCIAL), antecessora da Contribuição para Financiamento da Seguridade Social (Cofins), foi criada pelo Decreto-lei nº 1.940/82. Sua base de cálculo era a "receita bruta das vendas de mercadorias e serviços, com a dedução das vendas canceladas, das devolvidas e dos descontos incondicionais".[849]

A Cofins propriamente dita foi instituída pela Lei Complementar nº 70/91, à alíquota de 2%.[850] Sua base de cálculo era "o faturamento mensal, assim considerado a receita bruta das vendas de mercadorias, de mercadorias e serviços e de serviço de qualquer natureza".[851] A Cofins se fundava na

---

848. A Lei nº 9.715/98 resultou da conversão da MP nº 1.212, inicialmente editada em 1995.

849. Sua alíquota era, inicialmente, de 0,5% (que foi sucessivamente elevada, após a promulgação da Constituição de 1988, para 1% pelo art. 7º da Lei nº 7.787/89; para 1,2% pelo art. 1º da Lei nº 7.894/89; e, finalmente, para 2% pelo art. 1º da Lei nº 8.147/90. Entretanto, o STF declarou, nos autos do RE nº 150.764/PE, a inconstitucionalidade, para as empresas comerciais, das majorações de alíquotas da contribuição para o FINSOCIAL, oriundas de leis posteriores ao advento da CR/88. Em face dessa decisão, todos os recolhimentos feitos pelos comerciantes em alíquotas superiores à de 0,5% foram considerados indevidos).
Os recursos do FINSOCIAL tinham a finalidade de "custear investimentos de caráter assistencial em alimentação, habitação popular, saúde, educação, justiça e amparo ao pequeno agricultor" (art. 1º).

850. LC nº 70/91, art. 2º, *caput*.

851. Idem.

redação original do art. 195, I, da CR/88, que permitia a cobrança de contribuição sobre o *faturamento* das empresas.

A unificação dos regimes do PIS e da Cofins foi feita pela Lei nº 9.718/98. O diploma, além de regulamentar a cobrança de ambas as contribuições, majorou a alíquota da Cofins para 3% (nada dispondo sobre a do PIS, que continuou sendo de 0,65% por força da Lei nº 9.715/98). Predicou ainda a Lei nº 9.718/98 a incidência do PIS/Cofins sobre o faturamento das empresas, tal como autorizado pela CR/88 (art. 195, I). Entretanto, ao conceituar faturamento, equiparou-o à receita bruta, que definiu como "a totalidade das receitas auferidas pela pessoa jurídica, sendo irrelevantes o tipo de atividade por ela exercida e a classificação contábil adotada para as receitas".[852]

Dessarte, apesar de referir-se inicialmente à incidência sobre o faturamento, em verdade a Lei nº 9.718/98 determinou a cobrança do PIS/Cofins sobre a receita bruta, no que contrariou a autorização constitucional então em vigor. À época, como mencionado, a CR/88 permitia a instituição de contribuição apenas sobre o faturamento (entendido como o produto da venda de bens ou serviços) e não sobre a totalidade das receitas da pessoa jurídica. Tanto é verdade que a Constituição foi modificada logo após a edição da Lei nº 9.718/98: a EC nº 20/98[853] acresceu, ao lado do termo faturamento, a expressão "receita", permitindo a criação de contribuições sobre essa nova base de cálculo.

Contudo, por ter sido editada antes da EC nº 20/98, a Lei nº 9.718/98 padecia de inconstitucionalidade no ponto em que ampliava a base de cálculo do PIS/Cofins. Afinal, como dito, a redação originária da Constituição (em vigor quando da publicação da referida lei) outorgava competência tão somente para a criação de contribuição sobre o faturamento. Dessarte, para que a contribuição sobre a receita instituída antes da EC nº 20/98 fosse

---

852. Art. 3º, §1º, da Lei nº 9.718/98 [dispositivo posteriormente revogado pela Lei nº 11.941/2009, conforme constará em breve].

853. Publicada em 16 de dezembro daquele ano, vinte dias após a Lei nº 9.718/98.

válida, seria necessária a sua veiculação por lei complementar, pois, não estando prevista no art. 195 da CR/88, seria tributo instituído com fincas na competência residual da União.[854]

Perfilhando esse entendimento, o STF declarou inconstitucional[855] o alargamento da base de cálculo do PIS/Cofins operado pelo art. 3º, §1º, da Lei nº 9.718/98, que determinava a incidência das aludidas contribuições sobre "a totalidade das receitas auferidas pela pessoa jurídica". Com isso, o PIS e a Cofins voltaram a incidir sobre o faturamento, entendido como o produto da venda dos bens e serviços da empresa.[856] Já os demais dispositivos da Lei nº 9.718/98 foram integralmente validados pela Suprema Corte, possibilitando que o referido diploma continuasse a reger o PIS e a Cofins, exceto no que tange à sua base de cálculo.[857] Posteriormente, a Lei nº 11.941/2009 (em seu art. 79, XII) revogou expressamente o art. 3º, §1º, da Lei nº 9.718/98, estendendo desde então a todos os contribuintes – inclusive aos que não ajuizaram medidas judiciais contra o indevido alargamento de base de cálculo do PIS/Cofins – o direito de cálculo dessas contribuições sobre o faturamento e não mais sobre a integralidade de suas receitas.

A efetiva instituição das contribuições em tela sobre a receita bruta, tal como autorizado pela atual redação da CR/88,[858] ocorreu por meio das Leis nºs 10.637/2002 para o PIS e 10.833/2003 para a Cofins.[859] Tais diplomas também trouxeram a forma de cobrança não-cumulativa do PIS/Cofins.

---

854. Art. 195, §4º c/c art. 154, I, da CR/88.

855. STF, Plenário, RE nº 390.840/MG, Relator Min. MARCO AURÉLIO, DJ 15.08.2006, p. 25.

856. Declarada a inconstitucionalidade da incidência do PIS/Cofins sobre a receita prevista na Lei nº 9.718/98, voltaram a vigorar as LCs nºs 7/70 e 70/91 nas partes em que dispunham sobre a base de cálculo das referidas contribuições.

857. Vide nota de rodapé anterior.

858. Art. 195, I, b, da CR/88, com a redação da EC nº 20/98.

859. A base de cálculo do PIS e da Cofins não-cumulativos corresponde ao "total das receitas auferidas pela pessoa jurídica, independentemente de sua denominação ou classificação contábil" (art. 1º, *caput*, das Leis nºs 10.637/2002 e 10.833/2003).

A NÃO-CUMULATIVIDADE DOS TRIBUTOS

Todavia, alguns contribuintes permaneceram, por expresso desígnio da nova legislação, sob a égide do regime cumulativo veiculado pela Lei nº 9.718/98.

A sistemática não-cumulativa predica a utilização de alíquotas mais elevadas para cálculo das contribuições (7,6% para a Cofins e 1,65% para o PIS), mas em contrapartida reconhece o direito a créditos sobre algumas modalidades de despesas.

Por fim, a Lei nº 12.973/2014, resultado da conversão da Medida Provisória nº 627/2013, alterou a redação do art. 3º, *caput*, da Lei nº 9.715/98, determinando que o faturamento compreende o conceito de "receita bruta" previsto no art. 12 do Decreto-lei nº 1.598/77. Por sua vez, esse dispositivo também teve sua redação alterada para abarcar, além das receitas provenientes da venda de bens e serviços (incs. I e II), o resultado auferido nas operações de conta alheia (inc. III) e "as receitas da atividade ou objeto principal da pessoa jurídica não compreendidas nos incisos I a III". Vê-se, com isso, que o legislador ordinário, ao modificar o conceito de receita bruta, buscou alargar o conceito de faturamento, abarcando todas as receitas provenientes do exercício da atividade econômica típica da empresa, além do resultado auferido nas operações de conta alheia, tudo isso para ampliar a base de cálculo do PIS e da Cofins no regime cumulativo.

Dessarte, atualmente coexistem duas formas distintas de apuração das contribuições em comento:

(a) regime cumulativo, veiculado pela Lei nº 9.718/98, com incidência sobre o faturamento mensal (entendido como o produto da venda de bens nas operações de conta própria, o preço da prestação de serviços em geral; o resultado auferido nas operações de conta alheia e as demais receitas da atividade ou objeto principal da pessoa jurídica) e alíquotas de 0,65% (PIS) e 3% (Cofins);

(b) regime não-cumulativo, instituído:

(b.1) para o PIS, pela Lei nº 10.637/2002, tributando a totalidade das receitas auferidas no mês à alíquota de 1,65%, com possibilidade de abatimento de créditos calculados sobre as despesas incorridas no mesmo período;

(b.2) para a Cofins, pela Lei nº 10.833/2003, também incidindo sobre a receita bruta mensal, porém com alíquota de 7,6% e, igualmente, direito ao desconto de créditos sobre as despesas do mês.

13.3 A REGRA-MATRIZ DE INCIDÊNCIA DO PIS/COFINS NÃO-CUMULATIVOS

Com base na resenha legislativa feita alhures, pode-se agora delinear a regra-matriz do PIS e da Cofins não-cumulativos da seguinte forma:

Hipótese de incidência	Consequência jurídica
Aspecto material: auferimento de receita bruta pela pessoa jurídica; **Aspecto temporal:** momento do auferimento da receita; **Aspecto espacial:** em qualquer lugar do território nacional; **Aspecto pessoal:** pessoa jurídica que aufira receita tributável.	**Sujeito ativo:** União Federal; **Sujeito passivo:** pessoa jurídica que aufere a receita tributável; **Base de cálculo:** total das receitas auferidas pela pessoa jurídica, independentemente de sua classificação contábil;[859] **Alíquota:** 1,65% para o PIS e 7,6% para a Cofins; **Quanto pagar:** valor da alíquota aplicado sobre a receita do mês, deduzidos os créditos calculados sobre as despesas previstas em lei e incorridas no mesmo período; **Como e onde pagar:** previsto em normas editadas pelo Poder Executivo Federal.

---

860. Há, contudo, algumas exceções taxativamente previstas na legislação relativa a ingressos que não são computados na base de cálculo do PIS/COFINS, a saber:
(a) receitas decorrentes de saídas isentas do PIS/COFINS ou sujeitas à alíquota zero;
(b) receitas decorrentes de vendas do de bens do ativo não circulante, classificado como investimento, imobilizado ou intangível (receitas não operacionais);

A NÃO-CUMULATIVIDADE
DOS TRIBUTOS

Assentadas essas premissas, passemos adiante.

13.4 A NÃO-CUMULATIVIDADE DO PIS/COFINS

13.4.1 NOTAS GERAIS

13.4.1.1 A NATUREZA ESCRITURAL DOS CRÉDITOS DE PIS/COFINS

Já vimos que o ICMS e o IPI são apurados por meio de lançamentos a débito e a crédito escriturados em conta gráfica que, por serem meramente contábeis, não tornam o contribuinte credor da Fazenda Pública, consistindo em simples mecanismo para se chegar ao *quantum debeatur*.

(c) receitas auferidas pelo revendedor na revenda de mercadorias em relação às quais as contribuições são recolhidas pelo vendedor no regime de substituição tributária (caso, por exemplo, dos fabricantes de veículos automotores, que recolhem, como substitutos tributários, o PIS/COFINS sobre os automóveis que fornecem a seus revendedores, os quais, portanto, estão desonerados de pagar as contribuições sobre as receitas oriundas das vendas de veículos);
(d) receitas referentes a vendas canceladas e descontos incondicionais concedidos;
(e) receitas referentes a reversões de provisões e recuperações de créditos baixados como perda que não representem ingresso de novas receitas;
(f) receitas decorrentes de resultados positivos na avaliação de investimentos pelo valor do patrimônio líquido e de lucros e dividendos derivados de participações societárias que tenham sido computados como receita;
(g) receitas decorrentes de venda dos créditos acumulados de ICMS-exportação (autorizada pelo art. 25, §1º, II da LC nº 87/96);
(h) receitas financeiras resultantes do ajuste a valor presente, referentes a receitas excluídas da ba-se de cálculo do PIS/COFINS;
(i) receitas relativas aos ganhos decorrentes de avaliação do ativo e passivo com base no valor justo;
(j) receitas de subvenções para investimento, inclusive mediante isenção ou redução de impostos, concedidas como estímulo à implantação ou expansão de empreendimentos econômicos e de doações feitas pelo poder público;
(k) reconhecidas pela construção, recuperação, reforma, ampliação ou melhoramento da infraestrutura, cuja contrapartida seja ativo intangível representativo de direito de exploração, no caso de contratos de concessão de serviços públicos;
(l) receitas relativas ao valor do imposto que deixar de ser pago em virtude das isenções e reduções de que tratam as alíneas "a", "b", "c" e "e" do § 1o do art. 19 do Decreto-Lei nº 1.598, de 26 de dezembro de 1977;
(m) receitas relativas ao prêmio na emissão de debêntures.

A não-cumulatividade do PIS/Cofins parte da mesma premissa: os créditos das referidas contribuições são meramente escriturais e, portanto, não geram dívida do Poder Público para com o contribuinte. Seu fim é puramente contábil, para nada mais se prestando além do cálculo do valor devido, salvo se a lei dispuser em contrário (como ocorre com os exportadores, cujo saldo credor pode ser até mesmo ressarcido em dinheiro.[861] A legislação, confirmando o que se está a expor, predica que o montante dos créditos de PIS/Cofins "não constitui receita bruta da pessoa jurídica, servindo somente para dedução do valor devido da contribuição".[862]

13.4.1.2 APURAÇÃO IMPOSTO-CONTRA-IMPOSTO, POR PERÍODO DE TEMPO, COM TRANSPORTE DE SALDO CREDOR PARA COMPETÊNCIAS POSTERIORES

A forma de apuração do PIS/Cofins é a imposto-contra-imposto, dotada, contudo, de certas peculiaridades. Os débitos são calculados pela aplicação da alíquota sobre as receitas,[863] ao passo que os créditos se obtêm não mediante a compensação das contribuições pagas na etapa antecedente, mas sim pela multiplicação das despesas pela mesma alíquota.[864] Portanto, o PIS e a Cofins possuem uma forma de apuração sui-generis, que envolve o cálculo do crédito sobre a base a o do débito sobre o imposto. Assim, calcula-se primeiramente o tributo devido para, em um segundo momento, deduzir os créditos compensáveis, obtendo-se, ao cabo dessa operação – que é realizada em conta gráfica – o *quantum* a pagar.[865]

---

861. Vide item 13.4.1.3, infra.

862. Lei nº 10.833/2003, art. 3º, §10. A disposição é aplicável ao PIS por força do art. 15, II também da Lei nº 10.833/2003.

863. Art. 2º, *caput*, das Leis nºs 10.637/2002 e 10.833/2003.

864. Art. 3º das Leis nºs 10.637/2002 e 10.833/2003.

865. Diferente seria se as despesas fossem deduzidas das receitas, multiplicando-se o resultado pela alíquota das contribuições. Nesse caso, ter-se-ia o método de apuração base-contra-base que, entretanto, não foi o escolhido pelo legislador. Para

Outrossim, o PIS e a Cofins são apurados por competência mensal.[866] Caso haja acúmulo de créditos no mês, o saldo credor é transportado para os períodos subsequentes,[867] até que surjam débitos a compensar. Todavia, se os créditos acumulados forem oriundos de despesas incorridas com o fito de exportar bens ou serviços, o exportador poderá compensá-los com outros tributos federais ou, até mesmo, pedir ressarcimento em dinheiro à Receita Federal do Brasil (RFB). É o que se verá a seguir.

13.4.1.3 O DIREITO DO EXPORTADOR DE COMPENSAR OS CRÉDITOS DE PIS/COFINS COM DÉBITOS DE OUTROS TRIBUTOS FEDERAIS OU DE PEDIR O RESSARCIMENTO EM ESPÉCIE

As receitas oriundas da exportação de produtos e serviços são imunes de contribuições sociais e de intervenção no domínio econômico.[868] Essa disposição constitucional foi também incorporada pela legislação do PIS e da Cofins,[869] os quais, dessarte, não incidem sobre receitas decorrentes de:

(a) exportação de mercadorias para o exterior (inclusive vendas a empresa comercial exportadora com fim específico de exportação);

(b) prestação de serviços para pessoa física ou jurídica domiciliada no exterior, com pagamento em moeda conversível.

Mesmo não havendo incidência de PIS/Cofins sobre as receitas de exportação, a pessoa jurídica sujeita ao regime

---

maiores detalhes sobre os métodos de apuração dos tributos não-cumulativos, vide Título I, Capítulo III, item 3.3.1.

866. Art. 1º, *caput*, das Leis nºs 10.637/2002 e 10.833/2003.

867. Art. 3º, §4º, das Leis nºs 10.637/2002 e 10.833/2003.

868. Art. 149, §2º, I, da CR/88.

869. Art. 5º da Lei nº 10.637/2002 e art. 6º da Lei nº 10.833/2003.

não-cumulativo dessas contribuições fará jus a créditos calculados sobre suas despesas, para abatimento dos débitos de PIS/Cofins oriundos das vendas no mercado interno. Entretanto, se houver acúmulo de saldo credor – situação comum entre as empresas predominantemente exportadoras, cujas vendas internas são nulas ou residuais – os créditos decorrentes de exportação poderão ser compensados com outros tributos e contribuições administrados pela RFB, na forma do art. 74 da Lei nº 9.430/96 [dispositivo com redação dada pela Lei nº 10.637/2002].

Caso a existência de saldo credor perdure por um trimestre completo (significando, com isso, que nem mesmo a compensação com o IRPJ e a CSLL devidos foi suficiente para a utilização integral dos créditos acumulados), o exportador poderá requerer o ressarcimento em dinheiro à União Federal.[870]

Trata-se de norma idêntica à existente para o IPI[871] e semelhante à do ICMS[872] (nesse último imposto, entretanto, inexiste previsão de ressarcimento em dinheiro, sendo possível apenas a transferência para terceiros do saldo credor acumulado em decorrência de exportação).[873]

A *ratio essendi* das regras que prescrevem formas de utilização dos créditos acumulados pelos exportadores é evitar a perda parcial de eficácia da imunidade das exportações de bens e serviços. Afinal, o acúmulo de créditos sem possibilidade de realização labora em desfavor da regra imunizante, cujo escopo é evitar o aumento do custo dos bens e serviços nacionais destinados ao mercado externo.

São acertadas, portanto, as normas que asseguram a manutenção e utilização do saldo credor de PIS/Cofins acumulado pelo exportador,[874] posto que consentâneas com a

---

870. Art. 5º, §2º, da Lei nº 10.637/2002 e art. 6º, §2º, da Lei nº 10.833/2003.

871. Vide item 11.4.3.5.

872. Vide Capítulo XII, item 12.2.6.

873. LC nº 87/96, art. 25, §1º, II.

874. Em suma, a legislação garante:

imunidade das receitas de exportação insculpida na Constituição da República.[875]

13.4.1.4 O ADQUIRENTE DE PRODUTOS E SERVIÇOS TRIBUTADOS NO REGIME CUMULATIVO (ALÍQUOTA DE 3,65%) FAZ JUS AO CRÉDITO INTEGRAL (ALÍQUOTA DE 9,25%) SOBRE AS SUAS DESPESAS

Os créditos de PIS/Cofins são calculados sobre as despesas incorridas pelo contribuinte, o que permite, em certos casos, que o crédito seja maior que o valor de PIS/Cofins pago na etapa antecedente.

Para melhor ilustrar o ponto, tome-se como exemplo uma fábrica que se sujeita ao PIS/Cofins cumulativos, cuja alíquota é de 3,65%;[876] e, ainda, um comerciante que recolhe essas contribuições no regime não-cumulativo, a 9,25%.[877] Quando esse empresário adquire da referida fábrica produtos para revenda,[878] tem-se a seguinte situação:

(a) a fábrica recolhe 3,65% de PIS/Cofins sobre o valor da venda;

(b) o empresário-adquirente credita-se de 9,25% sobre esse mesmo montante.

Como o cálculo do crédito é feito sobre as despesas e não sobre o PIS/Cofins pago nas etapas pretéritas, é perfeitamente possível a ocorrência da situação acima descrita.

(a) a manutenção dos créditos de PIS/Cofins por parte do exportador (cujas receitas são imunes dessas contribuições); e
(b) a efetiva utilização de tais créditos, mediante:
(b.1) compensação com outros tributos administrados pela RFB (IRPJ e CSLL); ou
(b.2) ressarcimento do exportador em dinheiro.

875. Art. 149, §2º, I, da CR/88.

876. 3% da Cofins mais 0,65% da contribuição para o PIS.

877. 7,6% da Cofins mais 1,65% da contribuição para o PIS.

878. A aquisição de bens para revenda gera créditos de PIS/Cofins.

De fato, se houve incidência de PIS/Cofins na venda do bem ou serviço, ainda que em valor ínfimo, assiste ao adquirente o direito de se creditar regularmente. O valor superior do crédito em relação ao débito da etapa anterior não pode ser restringido pela lei – como de fato não o foi – sob pena de ferimento à não-cumulatividade.

A exigência de estorno dos créditos por parte do contribuinte-adquirente só é permitida pelo princípio da não-cumulatividade na hipótese de ausência de tributação das mercadorias e serviços adquiridos, salvo em se tratando de isenção concedida na etapa pretérita, quando o crédito do adquirente deverá ser preservado.

É o que se demonstrará a seguir.

13.4.1.5 A EXIGÊNCIA DE DUAS "ETAPAS"[879] TRIBUTADAS E AS BENESSES DA NÃO-CUMULATIVIDADE LEGAL DO PIS/COFINS

Pela análise da jurisprudência do Supremo Tribunal Federal já se concluiu que a não-cumulatividade exige ao menos dois estádios tributados para sua operacionalização. Assim, a não incidência em um dos elos da cadeia produtiva, sob a ótica do PIS/Cofins, impede o cálculo de créditos:

(a) sobre as despesas incorridas com as aquisições de bens e serviços não tributados pelo contribuinte que aufere receitas tributadas;

(b) sobre as despesas incorridas com as aquisições de bens e serviços tributados pelo contribuinte que aufere receitas não tributadas.

Nos casos da alínea *a* (aquisições não tributadas e saídas tributadas), as leis do PIS/Cofins efetivamente vedam o desconto do crédito, exceto se a aquisição for isenta.[880]

---

879. A referência entre aspas deve-se ao fato de não considerarmos o PIS e a Cofins tributos plurifásicos, consoante visto, com maior vagar, no Título I, Capítulo V, item 5.2.

880. Sobre a discussão acerca da possibilidade de apuração de créditos sobre o frete

A NÃO-CUMULATIVIDADE DOS TRIBUTOS

Todavia, na situação descrita na alínea b (aquisições tributadas e saídas não tributadas) existe norma assegurando expressamente o crédito sobre as despesas incorridas pelo contribuinte não sujeito ao PIS/Cofins.

É ver.

13.4.1.5.1 A vedação do crédito sobre aquisições não tributadas pelo PIS/COFINS

Prescreve a legislação que as aquisições não sujeitas ao PIS/Cofins impedem a tomada de créditos pelo adquirente.[881] Contudo, o comprador poderá se creditar dos bens ou serviços isentos dessas contribuições, exceto se aqueles forem revendidos ou utilizados como insumo em produtos ou serviços também isentos, não tributados ou sujeitos à alíquota zero.

As normas do PIS/Cofins seguem, portanto, a regra geral dos tributos não-cumulativos, vedando o crédito para o adquirente de bens ou serviços não alcançados pelas referidas exações. Todavia, resguarda a legislação expressamente o crédito sobre a aquisição de produtos ou serviços isentos, apenas vedando o creditamento quando:

(a) a revenda do bem isento for também isenta, não tributada ou sujeita à alíquota zero;

(b) o bem isento for utilizado como insumo em produtos ou serviços sem tributação.

As normas em comento são, a nosso sentir, válidas à luz da CR/88, porquanto resguardam o direito ao crédito nas hipóteses de aquisição de produtos isentos utilizados no fabrico de bens tributados. Com isso, a isenção não se transmuta em mero diferimento, pois o contribuinte-adquirente das mercadorias isentas se creditará das despesas incorridas nessas aquisições.

---

suportado pelo adquirente na aquisição de insumos não tributados, ver item 13.4.5.2.

881. Art. 3º, §2º, II, das Leis nºs 10.637/2002 e 10.833/2003.

Entrementes, é correta, em qualquer hipótese, a vedação do crédito para o adquirente de produto isento que seja revendido ou utilizado como insumo em operação sujeita à alíquota zero ou não tributada. Afinal, nesse caso inexistirá operação posterior sujeita ao PIS/Cofins, que é pressuposto constitucional para o creditamento.

Como não poderia deixar de ser, o posicionamento da Receita Federal do Brasil segue à risca o disposto na legislação, assegurando o crédito de PIS/Cofins sobre despesas incorridas na aquisição de insumos isentos, salvo na hipótese destes serem utilizados na produção de bens não tributados.[882]

13.4.1.5.2 Direito aos créditos do PIS/COFINS quando as saídas forem abrigadas pela isenção, suspensão, alíquota zero ou não incidência

Situação inversa à tratada no item precedente consiste nas aquisições gravadas pelo PIS/Cofins seguidas de vendas não tributadas. Nesses casos, salvo se a saída for isenta, não há garantia de manutenção dos créditos com base no princípio da não-cumulatividade.

Contudo, a Lei nº 11.033/2004 trouxe em seu bojo dispositivo assecuratório do crédito aos contribuintes do PIS/Cofins cujas vendas sejam efetuadas com isenção, suspensão, alíquota zero ou não incidência das aludidas contribuições.[883] Em qualquer dessas hipóteses, a pessoa jurídica faz jus ao crédito de 9,25% sobre as suas despesas.

---

882. Confira-se, para tanto, a seguinte resposta da RFB a consulta formulada por contribuinte (a manifestação tratou tanto de PIS como de Cofins, mas, visando a evitar repetições desnecessárias, transcrevemos apenas a parte relativa a esta última contribuição):
"CONTRIBUIÇÃO PARA O FINANCIAMENTO DA SEGURIDADE SOCIAL – COFINS. AQUISIÇÃO DE INSUMO COM ALÍQUOTA REDUZIDA A ZERO IMPOSSIBILIDADE DO DIREITO A CRÉDITO.
Não dará direito a crédito para fins de determinação da Cofins, o valor da aquisição de bens ou serviços não sujeitos ao pagamento dessa contribuição, utilizados como insumo, à exceção dos adquiridos com isenção, quando da saída tributada dos produtos." (RFB, 5ª Região Fiscal, Solução de Consulta nº 28, 18.08.2009).

883. Art. 17 da Lei nº 11.033/2004.

À míngua do dispositivo legal em tela, os créditos seriam calculados apenas na proporção das saídas isentas, pelas razões já citadas ao longo desta obra, a saber:

(a) o direito aos créditos de PIS/Cofins pelo vendedor de produtos ou serviços isentos é *conditio sine qua non* para a eficácia da norma isencional;

(b) o STF visualiza a isenção como dispensa legal de tributo devido. Assim, para haver isenção deve haver primeiramente a incidência da norma de tributação. Portanto, a isenção é equiparável ao pagamento do próprio tributo devido, gerando direito ao crédito tanto na etapa precedente como na subsequente.

13.4.2 OS CONTRIBUINTES SUJEITOS À NÃO-CUMULATIVIDADE E AS EXCEÇÕES À REGRA

13.4.2.1 AS DISPOSIÇÕES LEGAIS

Estão sujeitas ao PIS/Cofins não-cumulativos as pessoas jurídicas que calculam o IRPJ pelo Lucro Real. Assim, os contribuintes que apuram o IRPJ com base no Lucro Presumido ou Arbitrado e os optantes do SIMPLES permaneceram na sistemática cumulativa, tal como as seguintes categorias de empresas que foram excepcionadas do novel regime pela legislação:[884]

(a) bancos comerciais, bancos de investimentos, bancos de desenvolvimento, caixas econômicas, sociedades de crédito, financiamento e investimento, sociedades de crédito imobiliário, sociedades corretoras, distribuidoras de títulos e valores mobiliários, empresas de arrendamento mercantil e cooperativas de crédito;

(b) empresas de seguros privados;

(c) entidades de previdência privada, abertas e fechadas;

---

884. Art. 8º da Lei nº 10.637/2002 c/c art. 15, V, da Lei nº 10.833/2003 e art. 10º da Lei nº 10.833/2003.

(d) empresas de capitalização;

(e) empresas de securitização de créditos imobiliários, financeiros e agrícolas;

(f) operadoras de planos de saúde;

(g) pessoas jurídicas imunes a impostos;[885]

(h) órgãos públicos, autarquias e fundações públicas estaduais, federais ou municipais;

(i) fundações de ensino e pesquisa cuja criação tenha sido autorizada por lei;

(j) sociedades cooperativas;

(k) pessoas jurídicas integrantes do Mercado Atacadista de Energia (MAE) que tenham optado pelo regime especial de apuração do PIS/Cofins;[886]

(l) parques temáticos.

Em todos esses casos, as pessoas jurídicas continuaram a ser regidas pela sistemática cumulativa do PIS/Cofins, com alíquota global de 3,65% e incidência sobre o faturamento,[887] sem possibilidade de desconto de créditos (regime da Lei nº 9.718/98).

Entretanto, além de excepcionar os contribuintes *supra* do novel regime, as Leis nºs 10.637/2002 e 10.833/2003 também mantiveram sob a égide da Lei nº 9.718/98 as seguintes *receitas*:

(a) sujeitas à substituição tributária do PIS/Cofins;

---

885. As pessoas jurídicas que gozam de isenção de impostos, tais como associações civis sem fins lucrativos, sujeitam-se ao PIS/Cofins não-cumulativos quando auferirem receitas não derivadas de suas atividades próprias. De fato, como a lei sujeita ao PIS/Cofins cumulativos apenas os entes imunes, as entidades isentas não estão abarcadas pelo comando normativo. A 9ª Região Fiscal Receita Federal do Brasil, inclusive, já externou esse entendimento na Solução de Consulta nº 18/2005.

886. O regime especial é facultado pelo art. 47 da Lei nº 10.637/2002.

887. Muito embora o art. 52 da Lei nº 12.973/2014 tenha novamente equiparado o conceito de faturamento ao de receita bruta.

(b) de venda de veículos usados adquiridos para revenda ou recebidos na troca por outro veículo (quando auferidas por empresas revendedoras de automóveis);

(c) decorrentes da prestação de serviço de telecomunicações;

(d) decorrentes da prestação de serviços das empresas jornalísticas e de rádio e TV abertas;

(e) decorrentes das vendas de jornais e periódicos;

(f) relativas a contratos com prazo superior a 1 (um) ano firmados anteriormente a 31 de outubro de 2003[888] de:

(f.1) administradoras de planos de consórcios de bens móveis e imóveis autorizadas a funcionar pelo Banco Central;

(f.2) construção por empreitada;

(f.3) fornecimento, a preço predeterminado,[889] de bens ou serviços;

(g) relativas a contratos de construção por empreitada ou de fornecimento, a preço predeterminado, de bens ou serviços contratados com pessoa jurídica de direito público, empresa pública, sociedade de economia mista ou suas subsidiárias, bem como os contratos

---

888. Data de publicação da Medida Provisória nº 135, que instituiu a Cofins não-cumulativa.

889. A Receita Federal do Brasil entende que o contrato sujeito a preço predeterminado não pode conter cláusula de reajuste periódico dos valores. Do contrário, na primeira correção o preço deixaria de ser predeterminado, passando as receitas oriundas do contrato a se sujeitarem ao PIS/Cofins não-cumulativos. Esse entendimento foi externado por meio da Instrução Normativa nº 468/04.
Este entendimento é, a nosso sentir, injurídico. Afinal, o reajuste anual de valores pelos índices inflacionários não torna indeterminado o preço contratual. Ao revés, a preservação do valor da moeda apenas mantém o preço nos mesmos parâmetros em que inicialmente pactuado pelas partes. Ilegal, neste ponto, a IN/RFB nº 468/2004, como também apregoam SACHA CALMON e MISABEL DERZI (COÊLHO, Sacha Calmon Navarro e DERZI, Misabel Abreu Machado. PIS/Cofins. Regime de Crédito. Contratos de Longo Prazo. Instrução Normativa nº 468/04 da SRF. Ilegalidade. *Revista Dialética de Direito Tributário*, nº 114. São Paulo: Dialética, mar./2005, pp. 121-37).

posteriormente firmados decorrentes de propostas apresentadas, em processo licitatório, até aquela data;

(h) decorrentes de prestação de serviços de transporte coletivo rodoviário, metroviário, ferroviário e aquaviário de passageiros;

(i) decorrentes de serviços prestados por hospital, pronto-socorro, clínica médica, odontológica, fisioterápica e fonoaudiológica;

(j) decorrentes de serviços prestados por laboratório de anatomia patológica, citológica ou de análises clínicas;

(k) decorrentes de diálise, raios X, radiodiagnóstico e radioterapia, quimioterapia e de banco de sangue;

(l) decorrentes de prestação de serviços de educação infantil, ensinos fundamental e médio e educação superior;

(m) decorrentes de venda de mercadorias realizadas por *free-shops*;

(n) decorrentes de prestação de serviço de transporte coletivo de passageiros, efetuado por empresas regulares de linhas aéreas domésticas, e as decorrentes da prestação de serviço de transporte de pessoas por empresas de táxi aéreo;

(o) decorrentes da edição de periódicos e de informações neles contidas, que sejam relativas aos assinantes dos serviços públicos de telefonia;

(p) decorrentes de prestação de serviços com aeronaves de uso agrícola inscritas no Registro Aeronáutico Brasileiro (RAB);

(q) decorrentes de prestação de serviços das empresas de *call center*, telemarketing, telecobrança e de teleatendimento em geral;

(r) decorrentes da execução por administração, empreitada ou subempreitada de obras de construção civil;

(s) decorrentes de serviços de hotelaria e de organização de feiras e eventos;

(t) decorrentes da prestação de serviços postais e telegráficos prestados pela Empresa Brasileira de Correios e Telégrafos;

(u) decorrentes de prestação de serviços públicos de concessionárias operadoras de rodovias;

(v) decorrentes da prestação de serviços das agências de viagem e de viagens e turismo;

(w) decorrentes das atividades de desenvolvimento de software e o seu licenciamento ou cessão de direito de uso, bem como de análise, programação, instalação, configuração, assessoria, consultoria, suporte técnico e manutenção ou atualização de software, compreendidas ainda como softwares as páginas eletrônicas (salvo a comercialização, licenciamento ou cessão de direito de uso de software importado, cujas receitas se sujeitam ao PIS/Cofins não-cumulativos);

(x) relativas às atividades de revenda de imóveis, desmembramento ou loteamento de terrenos, incorporação imobiliária e construção de prédio destinado à venda, quando decorrentes de contratos de longo prazo firmados antes de 31 de outubro de 2003;

(y) decorrentes de operações de comercialização de pedra britada, de areia para construção civil e de areia de brita;

(z) decorrentes da alienação de participações societárias.

O número de exceções impressiona, todavia não surpreende. É que as alíquotas do PIS/Cofins não-cumulativos foram mal calibradas, resultando em aumento da carga fiscal. Assim, a sistemática cumulativa tornou-se mais atrativa para a maior parte dos contribuintes, posto que menos onerosa.[890]

Não bastasse o fato de o novel regime ter resultado em elevação do PIS e da Cofins devidos, o principal critério de

---

[890]. A onerosidade do novel regime atingiu principalmente os prestadores de serviço, cuja maior despesa – mão de obra – não gera créditos de PIS/Cofins. Confira-se, para tanto, o item 13.4.8, infra.

441

subsunção do contribuinte ao sistema não-cumulativo – apuração do IRPJ com base no Lucro Real – é anti-isonômico, implicando a desequiparação de empresas em idêntica situação e, consequentemente, gerando desequilíbrio concorrencial.

É o que se demonstrará a seguir.

13.4.2.2 A APURAÇÃO DO IRPJ PELO LUCRO REAL COMO CRITÉRIO PARA SUJEIÇÃO À NÃO--CUMULATIVIDADE DO PIS/COFINS: VIOLAÇÃO AO PRINCÍPIO DA ISONOMIA

A Constituição de 1988 permite que o legislador federal defina "os setores de atividade econômica" para os quais o PIS e a Cofins serão não-cumulativos.[891] O comando deixa claro que os regimes cumulativo e não-cumulativo deverão coexistir, devendo o legislador eleger "setores" da economia para subsunção à não-cumulatividade.

Cumprindo o disposto na Constituição, as Leis nºs 10.637/2002 e 10.833/2003 mantiveram diversas modalidades de empresas na sistemática cumulativa.[892] Tais contribuintes foram obviamente beneficiados, pois o pagamento das contribuições na forma cumulativa é mais vantajoso, haja vista as elevadas alíquotas do novel regime.

Até este ponto nenhuma inconstitucionalidade haveria, pois, desde que todo um "setor da atividade econômica" (fator de discrímen pugnado pela Constituição) seja submetido ao PIS/Cofins cumulativos, não se poderá falar em ferimento à isonomia. Afinal, nesse cenário, todas as empresas que concorrem entre si, vendendo mercadorias idênticas ou prestando serviços análogos, estarão sujeitas à mesma forma de apuração do PIS/Cofins.

Entrementes, contrariando o critério determinado pela CR/88, a legislação elegeu também o regime de apuração do

---

891. Art. 195, §12, da CR/88.

892. Vide item precedente.

IRPJ como elemento para subsunção ou não da pessoa jurídica à não-cumulatividade do PIS/Cofins. Os contribuintes que calculam o IRPJ com base no Lucro Real foram sujeitos à não-cumulatividade; já os que adotam a sistemática do Lucro Presumido ou Arbitrado e os optantes pelo SIMPLES permaneceram no regime cumulativo.

Ao proceder dessa forma o legislador incorreu, a nosso sentir, em inconstitucionalidade. O princípio da isonomia assegura que contribuintes em situações idênticas não poderão ser diferenciados pela tributação.[893] Ora, a escolha do regime de apuração do IRPJ leva em consideração inúmeros fatores. Empresas cujas despesas sejam elevadas em relação ao seu faturamento preferem o Lucro Real, mesmo não sendo obrigadas a tanto;[894] já aquelas com altas margens de lucro optam, se puderem, pelo Lucro Presumido. Trata-se de uma escolha empresarial, resguardada pela liberdade que o contribuinte possui de estruturar os seus negócios da forma mais benéfica que lhe for possível, desde que aja dentro da lei.

Para clarificar o que se está a expor, tome-se como exemplo um prestador de serviços de manutenção e limpeza. Como sua atividade não foi excepcionada do novel regime do PIS/Cofins, ele se sujeitará:

(a) ao regime não-cumulativo, se optar pelo Lucro Real; ou

(b) ao regime cumulativo, se for optante pelo Lucro Presumido.

Pois bem. Imagine-se que essa empresa possua elevadas despesas mensais, pelo que apura o IRPJ com base no Lucro

---

893. CR/88, art. 150, II.

894. São obrigadas à apuração do IRPJ pelo Lucro Real, dentre outras, as empresas cuja receita seja igual ou superior a quarenta e oito milhões de reais por ano (art. 14, I, da Lei nº 9.718/98, modificado pela Lei nº 10.833/2003). Entretanto, qualquer empresa pode optar por essa forma de apuração. Assim, o cálculo do Imposto de Renda da Pessoa Jurídica pelo Lucro Real, isoladamente considerado, não é indicativo de capacidade econômica. Muitas empresas de médio e até de pequeno porte preferem se sujeitar a esse regime, pois têm despesas elevadas e baixas margens de lucro.

Real (sujeitando-se, com isso, à não-cumulatividade do PIS/Cofins). A sua concorrente, contudo, possui uma lucratividade maior em decorrência de contratos mais bem negociados e, por essa razão, opta pelo regime do Lucro Presumido (pagando, por conseguinte, o PIS/Cofins no regime cumulativo). Nesse caso, ter-se-ão duas pessoas jurídicas, do mesmo segmento e concorrentes entre si, sujeitas a regimes diversos de pagamento do PIS/Cofins, sendo um mais benéfico que o outro, desequilibrando a concorrência e ferindo a igualdade tributária.

Em hipóteses como essa, vislumbra-se com clareza o equívoco incorrido pelo legislador, que violou a isonomia ao se arrimar no critério de apuração do IRPJ como fator de discrímen para sujeição ao PIS/Cofins não-cumulativos.[895] O tema já foi submetido ao STF, que reconheceu a sua repercussão geral, porém ainda não julgou o *meritum causae*.[896]

---

895. Compartilhando desse entendimento, cite-se: GOSSON, Grace Christine de Oliveira. Cofins na Prestação de Serviços: Violação do Princípio Constitucional da Isonomia. PEIXOTO, Marcelo Magalhães e FISCHER, Octavio Campos (coord.). *PIS-Cofins – Questões Atuais e Polêmicas*. São Paulo: Quartier Latin, 2005, pp. 469-70; VERGUEIRO, Guilherme Von Müller Lessa. A Inconstitucionalidade da Cofins: Ofensa à Isonomia. PEIXOTO, Marcelo Magalhães e FISCHER, Octavio Campos (coord.). *PIS-Cofins – Questões Atuais e Polêmicas*. São Paulo: Quartier Latin, 2005, pp. 395-410.

896. STF, Plenário Virtual, RE n° 570.122/RS, Relator Min. MARCO AURÉLIO, repercussão geral reconhecida em 23.02.2008.
Vale notar, entretanto, que os Tribunais Regionais Federais não têm reconhecido a inconstitucionalidade apontada. Por todos, confira-se o excerto de ementa abaixo:
"4. A diferenciação de regime tributário entre as pessoas jurídicas sujeitas à apuração do imposto de renda com base no lucro presumido ou arbitrado e as pessoas jurídicas sujeitas à apuração do imposto de renda com base no lucro real está baseada em critério de discriminação razoável e adequado aos fins a que se destina, uma vez que as duas categorias de contribuintes estão em situações jurídicas distintas segundo os propósitos que determinam a regra em questão.
5. A submissão ao regime do lucro real dá-se por mera vontade do contribuinte, de sorte que a sua sujeição ao regime não-cumulativo do PIS e da Cofins será consequência da sua opção, após avaliar qual o regime tributário que lhe é mais favorável ou conveniente.
6. Vê-se ainda que a aplicação da alíquota majorada é, de certa forma, compensada pelas exclusões da base de cálculo da exação, consoante o regime da não-cumulatividade." (TRF da 5a Região, Segunda Turma, AMS n° 0019916-52.2004.4.05.8100, Relator Juiz Federal Convocado Leonardo Resende Martins, *DJ* 23.10.2009).
Nesse mesmo sentido, mencione-se, ainda: TRF da 2ª Região, AMS n° 2005.51.01.025581-0/RJ, Terceira Turma Especializada, Relatora Juíza Federal Convocada SANDRA CHALU BARBOSA, DEJF 21.01.2011; TRF da 3ª Região, AC n° 0008701-17.2007.4.03.6100/

13.4.3 A MONOFASIA DO PIS/COFINS E A NÃO-CUMULATIVIDADE TRIBUTÁRIA

13.4.3.1 O REGIME MONOFÁSICO DAS CONTRIBUIÇÕES

Determinados contribuintes do PIS/Cofins sujeitam-se a um regime diferenciado de apuração, no qual há incidência única no início da cadeia produtiva em alíquotas superiores às usuais.

O contribuinte monofásico é, em regra, o produtor ou o importador do bem. Os demais agentes da cadeia produtiva (distribuidores, atacadistas e varejistas) são tributados à alíquota zero (afinal, todo o PIS/Cofins devido é pago anteriormente). O fluxograma abaixo ilustra o instituto em comento:

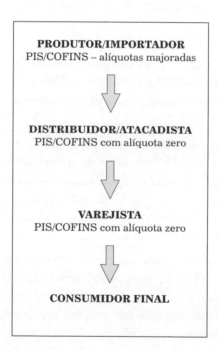

SP, Terceira Turma, Relatora Des. Federal CECÍLIA MARIA PIEDRA MARCONDES, DEJF 12.03.2012, p. 1122; TRF da 3ª Região, Sexta Turma, AMS nº 0008815-82.2009.4.03.6100, Relatora Desembargadora Federal CONSUELO YOSHIDA, e-DJF3 19.07.2012; TRF da 2ª Região, Terceira Turma Especializada, AC nº 0008315-09.2004.4.02.5101, Relator Desembargador Federal LUIZ MATTOS, *E-DJF2R* 21.08.2013.

A monofasia do PIS/Cofins aplica-se aos *produtores/importadores* dos seguintes produtos:

(a) derivados de petróleo, tais como gás liquefeito de petróleo (GLP), querosene de aviação, gasolina e suas correntes, óleo diesel e suas correntes;

(b) medicamentos e produtos de perfumaria especificados pela legislação;[897]

(c) máquinas, veículos e autopeças especificados pela legislação;[898]

(d) pneus novos e câmaras de ar de borracha;

(e) embalagens para água, refrigerantes e cervejas;

(f) água, refrigerantes e cervejas.

Já o distribuidor de álcool para fins carburantes se sujeita ao pagamento do PIS/Cofins monofásico,[899] excepcionando a regra geral que impõe essa responsabilidade ao produtor ou importador.

As alíquotas do PIS/Cofins monofásicos podem ser *ad valorem* (em porcentuais, forma mais usual) ou específicas (por unidade de medida, adotada para alguns derivados de petróleo e embalagens para água, refrigerantes e cervejas, assim como para a produção ou importação da própria água, dos refrigerantes e das cervejas).

Vale gizar que a monofasia se coaduna tanto com a cumulatividade como com a não-cumulatividade das contribuições em tela. Compete apenas ao legislador sujeitar os contribuintes do PIS/Cofins-monofásico a uma ou outra das referidas formas de apuração.

---

897. Lei nº 10.147, de 21 de dezembro de 2000.

898. Lei nº 10.485, de 3 de julho de 2002.

899. Art. 5º da Lei nº 9.718/98.

Vejamos este último ponto com maior detalhamento no item a seguir.

13.4.3.2 A SUJEIÇÃO DOS CONTRIBUINTES MONOFÁSICOS À NÃO-CUMULATIVIDADE DO PIS/COFINS

Quando a não-cumulatividade do PIS/Cofins entrou em vigor, os contribuintes sujeitos à monofasia (produtores e importadores) foram mantidos na sistemática cumulativa. Dessa forma, essa categoria de empresas não adquiriu o direito – concedido a todos os que foram sujeitos à não-cumulatividade – de descontar créditos sobre suas aquisições.

Entretanto, quando o PIS e a Cofins incidentes na importação foram criados pela Lei nº 10.865/2004, a carga tributária sobre todos os contribuintes sujeitos ao regime cumulativo foi majorada. Isso porque as contribuições devidas na importação só geram créditos se a pessoa jurídica estiver sujeita à apuração não-cumulativa do PIS/Cofins.

Assim, para que o PIS/Cofins-importação fosse melhor absorvido pelos contribuintes monofásicos (sujeitos até então à cumulatividade),[900] a Lei nº 10.865/2004 revogou o dispositivo que excepcionava a monofasia do regime não-cumulativo.[901] Essa medida resultou na subsunção dos contribuintes monofásicos

---

900. Afinal, as alíquotas do PIS/Cofins-monofásico são substancialmente maiores do que as alíquotas regulares dessas contribuições.

901. O art. 1º, §3º, IV, das Leis nºs 10.637/2002 e 10.833/2003 excluía da não-cumulatividade os contribuintes do PIS/Cofins-monofásico. Tal dispositivo foi alterado pelos arts. 21 e 37 da Lei nº 10.865/2004, que incluiu esses contribuintes, com efeitos a partir de 1º de agosto de 2004, no regime não-cumulativo. Nesse primeiro momento, ficaram de fora da nova sistemática de tributação apenas os revendedores de álcool para fins carburantes e os produtores/importadores de água, refrigerantes e cervejas. Estes últimos, contudo, foram expressamente incluídos na não-cumulatividade pela Lei nº 10.925/2004 (cujo art. 16, II, a revogou o art. 56 da Lei nº 10.833/2003, com a redação da Lei nº 10.865/2004, que mantinha fora da não-cumulatividade os produtores/importadores de água, refrigerantes e cervejas). Posteriormente, o inciso IV do art. 1º, §3º, das Leis nºs 10.637/2002 e 10.833/2003 foi revogado, incluindo as receitas de venda de álcool para fins carburantes no regime do PIS/Cofins não-cumulativo.

às regras da não-cumulatividade, desde que apurassem o seu IRPJ pelo Lucro Real e não se enquadrassem em nenhuma das demais exceções ao novel regime previstas na legislação.

Com essa modificação, as pessoas jurídicas obrigadas ao recolhimento monofásico do PIS/Cofins foram autorizadas a descontar não somente os créditos previstos no art. 3º das Leis nºs 10.637/2002 e 10.833/2003,[902] mas também os relativos às contribuições pagas na importação.

Por outro lado, os distribuidores, atacadistas e varejistas que adquirem bens tributados no sistema monofásico – e que têm, portanto, as vendas desses produtos gravadas à alíquota zero do PIS/Cofins – foram proibidos de creditarem-se do PIS/Cofins monofásico recolhido na etapa anterior.[903] Obviamente, se esses distribuidores, atacadistas ou varejistas auferirem receitas com a venda de produtos sujeitos à apuração regular (não monofásica) do PIS/Cofins, poderão se creditar normalmente, bastando proporcionalizar suas despesas, consoante reconhece a própria RFB.[904]

13.4.4 EMPRESAS SUJEITAS AO REGIME MISTO (CUMULATIVO E NÃO-CUMULATIVO): APURAÇÃO DIRETA OU PROPORCIONAL DOS CRÉDITOS

Como visto, a legislação excepciona da não-cumulatividade certas categorias de pessoas jurídicas e também certas espécies de receitas. Como uma empresa pode auferir receitas de origens distintas, é possível a sua sujeição ao pagamento do PIS/Cofins em ambos os sistemas (cumulativo e não-cumulativo). Caso isso ocorra, seu direito ao crédito somente poderá ser exercido:

---

902. Tais créditos são especificados, um a um, no item 13.4.5, infra.

903. Art. 3º, I, b, das Leis nºs 10.637/2002 e 10.833/2003.

904. Solução de Consulta nº 351/07, da 9ª Região Fiscal, *DOU* de 28.09.2007 e Solução de Consulta nº 24/2010, da 5ª Região Fiscal, *DOU* de 07.05.2010.

A NÃO-CUMULATIVIDADE DOS TRIBUTOS

(a) sobre as despesas incorridas no auferimento de receitas tributadas pelo PIS/Cofins não-cumulativos; ou, alternativamente,

(b) na proporção dos seus débitos de PIS/Cofins não-cumulativos.

Por exemplo: uma pessoa jurídica que tenha faturamento mensal de R$ 1.000.000,00, sendo R$ 900.000,00 tributados pelo sistema cumulativo (alíquota global de 3,65%) e R$ 100.000,00 pelo não-cumulativo (alíquota global de 9,25%), não poderá simplesmente aplicar 9,25% sobre o total das suas despesas e aproveitar a integralidade dos créditos obtidos com esse cálculo. Afinal, caso isso fosse possível, estar-se-ia conferindo créditos fictícios de PIS/Cofins ao contribuinte, o que anularia os débitos do regime não-cumulativo.

Dessarte, se apenas parte da receita do contribuinte é gravada pelo PIS/Cofins não-cumulativos, a legislação lhe confere o direito de escolha entre os métodos da apropriação direta (alínea *a*, supra) e do rateio proporcional (alínea *b*, supra)[905] para cálculo de seus créditos. Vejamo-los.

A *apropriação direta* dos créditos da pessoa jurídica exige a identificação das despesas vinculadas à obtenção de receitas sujeitas à não-cumulatividade do PIS/Cofins. Os créditos serão integralmente aproveitados pelo contribuinte, porém seu cálculo recairá apenas sobre as despesas que geraram as receitas gravadas à alíquota de 9,25%. Para que a apropriação direta seja possível, o contribuinte deverá possuir um sistema de contabilidade de custos integrado com a sua escrituração contábil. Somente dessa forma será viável a vinculação das despesas às receitas tributadas no sistema não-cumulativo. Trata-se de um processo complexo e oneroso e, por essa razão, não tem sido utilizado pelos contribuintes sujeitos ao regime misto (cumulativo e não-cumulativo) para cálculo de seus créditos.

---

905. Art. 3º, §§7º e 8º das Leis nºs 10.637/2002 e 10.833/2003.

O método do *rateio proporcional* é o mais usual, exatamente por sua simplicidade. Nesse sistema calcula-se o porcentual das despesas que serão objeto de creditamento, por meio da seguinte operação aritmética:[906]

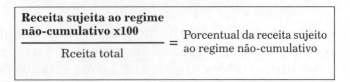

Ou seja: se 10% da receita do contribuinte se sujeita ao regime não-cumulativo, ele poderá, pelo rateio proporcional, calcular créditos sobre 10% do total de suas despesas.

Todavia, uma observação é importante sobre esse método: os créditos não poderão ser calculados sobre despesas relacionadas *exclusivamente* com a obtenção de receitas tributadas na sistemática cumulativa. O tema já foi, inclusive, objeto de soluções de consulta da Receita Federal do Brasil, das quais transcrevemos a seguinte ementa:

> Contribuição para o Financiamento da Seguridade Social – Cofins.
>
> INCIDÊNCIA NÃO-CUMULATIVA. RATEIO PROPORCIONAL. CRÉDITOS.
>
> A pessoa jurídica que esteja sujeita à incidência não-cumulativa da Cofins, em relação apenas a parte de suas receitas, e que adotou o método de rateio proporcional deverá aplicar a relação percentual entre a receita sujeita à cobrança não-cumulativa e a receita total apenas sobre os custos, despesas e encargos que, relacionados na lista taxativa, sejam comuns tanto às receitas sujeitas à cobrança não-cumulativa quanto àquelas sujeitas à incidência cumulativa, e não sobre o valor total destes custos, encargos e despesas. O valor do rateio assim obtido, deverá ser adicionado ao valor integral dos custos, encargos e despesas referidos na lista taxativa, vinculados exclusivamente à receita

---

906. PERES, Adriana Manni; ALMEIDA, Cristina Beatriz de Sousa; VIANA, Ivo Ribeiro; DINIZ, Marianita Ribeiro. *Como Utilizar Créditos Fiscais do IPI, PIS/Cofins e ICMS/SP*. São Paulo: IOB Thomson, 2005, p. 205.

sujeita à incidência não-cumulativa da contribuição, obtendo-se, deste modo, a base de cálculo sobre a qual serão aplicadas as alíquotas pertinentes, resultando no valor do crédito passível de ser deduzido. Desta forma, os custos, despesas e encargos vinculados exclusivamente às receitas submetidas ao regime cumulativo não serão computados para fins de rateio, nem integrarão a base de cálculo do crédito a que faz jus a pessoa jurídica.[907]

Por fim, vale gizar que a opção por um dos métodos anteriormente descritos (apropriação direta ou rateio proporcional) é válida para todo o ano-calendário, somente podendo ser alterada no exercício subsequente.[908]

13.4.5 AS ESPÉCIES DE CRÉDITOS DO PIS/COFINS

A legislação prevê, em rol taxativo,[909] as despesas sobre as quais se permite o cálculo de créditos do PIS/Cofins, aos quais o contribuinte somente fará jus se:

(a) os bens e serviços forem adquiridos de pessoa jurídica domiciliada no Brasil;[910] e

(b) os custos e despesas incorridos forem pagos a pessoa jurídica domiciliada no País.[911]

Esclarece ainda a legislação que somente as despesas incorridas após o início da vigência da sistemática não-cumulativa do PIS/Cofins permitirão o desconto de créditos.[912] A única exceção é o creditamento presumido sobre o estoque

---

907. Receita Federal do Brasil, 7a Região Fiscal, Solução de Consulta n° 590, 01.12.2004. No mesmo sentido, ver Receita Federal do Brasil, 9ª Região Fiscal, Solução de Consulta n° 1, 09.01.2013.

908. Art. 3°, §9°, das Leis n°s 10.637/2002 e 10.833/2003.

909. Art. 3° das Leis n°s 10.637/2002 e 10.833/2003.

910. Art. 3°, §3°, I, das Leis n°s 10.637/2002 e 10.833/2003.

911. Art. 3°, §3°, II, das Leis n°s 10.637/2002 e 10.833/2003.

912. Art. 3°, §3°, III, das Leis n°s 10.637/2002 e 10.833/2003.

de mercadorias existente na data de início de aplicação das regras da não-cumulatividade do PIS/Cofins.

Assentadas essas premissas, passemos à análise das espécies de créditos do PIS/Cofins.

13.4.5.1 OS CRÉDITOS DE BENS ADQUIRIDOS PARA REVENDA

Podem ser descontados créditos calculados à alíquota de 9,25%[913] sobre a aquisição de bens para revenda, exceto em relação a:

(a) produtos sujeitos à substituição tributária do PIS/Cofins;

(b) álcool para fins carburantes;

(c) produtos sujeitos à tributação monofásica do PIS/Cofins (álcool, para qualquer finalidade, quando revendido por produtor, importador ou distribuidor;[914] veículos automotores; cerveja; itens de perfumaria, dentre outros).[915]

Os créditos serão calculados sobre o valor dos bens adquiridos no mês.[916]

Dúvida que assola os contribuintes é a inclusão (ou não) dos valores de ICMS e IPI no custo de aquisição das mercadorias (base de cálculo dos créditos de PIS/Cofins).

No caso do ICMS, como este integra o preço do produto, seu valor deverá ser computado para fins de creditamento do PIS/Cofins. Trata-se de consequência do "cálculo por dentro" do referido imposto, que é destacado em nota fiscal apenas

---

913. 7,6% relativos à Cofins e 1,65% do PIS.
914. Art. 2º, §1º-A, das Leis nºs 10.637/2002 e 10.833/2003.
915. Art. 2º, §1º, das Leis nºs 10.637/2002 e 10.833/2003.
916. Art. 3º, §1º, I, das Leis nºs 10.637/2002 e 10.833/2003.

A NÃO-CUMULATIVIDADE
DOS TRIBUTOS

para fins de controle,[917] com exceção do ICMS na modalidade substituição tributária.[918]

---

917. Sobre o cálculo "por dentro" do ICMS, confira-se o Título II, Capítulo VII, item 7.20. Inobstante, vale salientar que o STF irá decidir pela legitimidade (ou não) da inclusão do ICMS na base de cálculo do PIS/Cofins nos autos da Ação Declaratória de Constitucionalidade n° 18 (Relator Min. CELSO DE MELLO). O argumento pela exclusão é de que o ICMS recebido no bojo das vendas de mercadorias e prestações de serviços tributados não corresponde à receita do empresário, que age como mero agente arrecadador do Estado. O contribuinte de jure repassa juridicamente o ônus do imposto ao contribuinte de fato, que é o verdadeiro pagante do ICMS, fazendo a recolha do montante que lhe é pago por este às burras estatais. Em 2014, o STF julgou procedente, fora da sistemática da repercussão geral, o RE n° 240.785/MG, decidindo pela inconstitucionalidade da inclusão do ICMS na base de cálculo da Cofins. Pende de julgamento, também, o RE n° 574.706/PR, com repercussão geral reconhecida, no qual também se discute a constitucionalidade da inclusão do ICMS na base de cálculo do PIS/Cofins. Destaca-se, por fim, que a Lei n° 12.973/2014, que modificou o conceito de "receita bruta", previsto no art. 12 do Decreto-Lei n° 1.598/77, também explicitou, ao adicionar o §5° ao referido dispositivo, que "na receita bruta incluem-se os tributos sobre ela incidentes", excetuando, no §4°, "os tributos não cumulativos cobrados, destacadamente, do comprador ou contratante pelo vendedor dos bens ou pelo prestador dos serviços na condição de mero depositário". Desta forma, diante na alteração legislativa, os contribuintes que sustentam a inconstitucionalidade da inclusão do ICMS na base de cálculo do PIS/Cofins terão que ingressar novamente em juízo para pleitear o reconhecimento da inconstitucionalidade do §5°, do art. 12, do Decreto-Lei n° 1.598/77, incluído pela Lei n° 12.973/2014.

918. Neste sentido, já afirmou o CARF que "o ICMS-substituição tributária não integra o valor das aquisições de mercadorias para revenda, para fins de cálculo do crédito a ser descontado do PIS/PASEP e da Cofins, por não constituir custo de aquisição, mas uma antecipação do imposto devido pelo contribuinte substituído, na saída das mercadorias." (Conselho Administrativo de Recursos Fiscais, Terceira Seção, Quarta Câmara, Primeira Turma Ordinária, Processo n° 10435.720387/201391, Acórdão n° 3401-002.855, Relator ELOY EROS DA SILVA NOGUEIRA, j. em 27.01.2015).
No mesmo sentido, já dispôs a Coordenação-Geral de Tributação da Receita Federal do Brasil:
"ICMS. SUBSTITUIÇÃO TRIBUTÁRIA. CRÉDITOS. NÃO CUMULATIVIDADE. No regime de apuração não cumulativa, o valor do ICMS, incidente na aquisição, integra a base de cálculo da Cofins para fins de crédito, faz parte do custo de aquisição do bem ou serviço, nos termos do inciso II do § 3° do art. 8° da Instrução Normativa SRF n° 404, de 2004. A pessoa jurídica poderá descontar créditos, inclusive de ICMS, calculados com base no custo de aquisição de mercadoria adquirida para revenda, inciso I do art. 3° da Lei n° 10.833, de 2003. O ICMS substituição tributária (ICMS-ST), pago pelo adquirente na condição de substituto, não integra o valor das aquisições de mercadorias para revenda, por não constituir custo de aquisição, mas uma antecipação do imposto devido pelo contribuinte substituído na operação de saída da mercadoria. Sobre a parcela do ICMS-ST, não poderá a pessoa jurídica descontar créditos de Cofins. [...]" (Receita Federal do Brasil, COSIT, Solução de Consulta n° 106, *DOU* 10.06.2014).

Já o IPI é calculado "por fora". Seu valor é, inclusive, cobrado em apartado no documento fiscal (não sendo destacado "apenas para fins de controle", como no caso do ICMS). Assim, no caso do IPI, duas situações são possíveis:

(a) quando o adquirente da mercadoria for contribuinte do IPI e repassar o ônus do imposto ao próximo agente da cadeia de produção (destacando-o em nota fiscal de venda), inexistirá direito ao creditamento de PIS/Cofins. Afinal, o IPI não integrará o valor do bem adquirido no mês;

(b) caso o adquirente seja contribuinte *de facto* do IPI, caracterizando-se como consumidor final para o referido imposto, a situação é distinta. Nesse caso, o ônus será efetivamente suportado pelo adquirente da mercadoria. Como o imposto não poderá ser juridicamente trasladado ao próximo elo da cadeia produtiva, passará a integrar o valor pago pela mercadoria, gerando créditos de PIS/Cofins.[919]

13.4.5.2 BENS E SERVIÇOS UTILIZADOS COMO INSUMOS

13.4.5.2.1 Base normativa

Este é, decerto, um dos mais palpitantes temas relativos à não-cumulatividade do PIS/Cofins, pelo que merece análise acurada. Segundo as leis de regência, é permitido o crédito das contribuições sobre a compra de insumos para utilização:[920]

(a) na produção ou fabricação de bens ou produtos destinados à venda; e

(b) na prestação de serviços.

---

919. Nesse sentido dispõe o art. 8º, I, a e §3º da IN/RFB nº 404/2004.
920. Art. 3º, §2º, das Leis nºs 10.637/2002 e 10.833/2003.

A NÃO-CUMULATIVIDADE
DOS TRIBUTOS

Para chegar-se ao montante do crédito, aplica-se a alíquota de 9,25% sobre o valor dos insumos adquiridos no mês,[921] inclusive os custos com o frete suportados pelo adquirente.[922]

Trata-se da primeira oportunidade em que a legislação brasileira expressamente predica o crédito sobre insumos, vocábulo de sentido bastante amplo e que, por essa razão, reflete com acerto o extenso rol das atividades abarcadas pelo PIS/Cofins. Afinal, como essas contribuições incidem sobre a receita, todo tipo de pessoa jurídica (industrial, comercial ou prestadora de serviço) se sujeita ao seu pagamento.

O termo "insumo" é definido pelos dicionários como "neologismo com que se traduz a expressão inglesa *input*, que designa todas as despesas e investimentos que contribuem para a obtenção de determinado resultado, mercadoria ou produto até o acabamento ou consumo final".[923] De acordo com a mesma fonte, "insumo (*input*) é tudo aquilo que entra; produto (*output*) é tudo aquilo que sai".

A Receita Federal inicialmente regulamentou o dispositivo de lei por meio da Instrução Normativa nº 247/2002 (posteriormente modificada pela IN RFB nº 1.911/2019), relativa à

---

921. Art. 3º, §1º, I das Leis nºs 10.637/2002 e 10.833/2003.

922. Ver, v.g., Solução de Consulta nº 197/11, da 8ª Região Fiscal, DOU 30.09.2011 e Solução de Consulta nº 70/13, da 9ª Região Fiscal, DOU 10.06.2013. O CARF, no entanto, tem divergido sobre se os custos com o frete na aquisição de insumos isentos, tributados à alíquota zero ou não tributados também geram créditos de PIS/Cofins não cumulativos. Isso porque, embora o custo refira-se à aquisição de bens e serviços que não gerariam o crédito, os serviços de frete são tributados. No sentido da impossibilidade de creditamento, ver Conselho Administrativo de Recursos Fiscais, Terceira Seção, Terceira Câmara, Primeira Turma Ordinária, Processo n. 10650.901317/2012-14, Acórdão nº 3301-002.248, Relator JOSE ADAO VITORINO DE MORAIS, j. em 25.03.2014. No sentido oposto, ver Conselho Administrativo de Recursos Fiscais, Terceira Seção, Terceira Câmara, Segunda Turma Ordinária, Processo n. 11080.721849/2010-74, Acórdão n. 3302-002.781, Relatora MARIA DA CONCEICAO ARNALDO JACO, j. em 11.12.2014 e Conselho Administrativo de Recursos Fiscais, Terceira Seção, Quarta Câmara, Terceira Turma Ordinária, Processo n. 13971.005212/2009-94, Acórdão n. 3403-003.164, Relator ALEXANDRE KERN, j. em 20.08.2014.

923. MICHAELIS: *Moderno Dicionário da Língua Portuguesa*. São Paulo: Melhoramentos, 2005, p. 1.164.

contribuição para o PIS (que foi tornada não-cumulativa pela Lei nº 10.637/2002, antes do mesmo ocorrer com a Cofins, por meio da Lei nº 10.833/2003). De acordo com essa primeira norma sobre o tema, ao contribuinte era assegurado o crédito sobre valores despendidos com a aquisição de "bens e serviços utilizados como insumos na fabricação de produtos destinados à venda ou na prestação de serviços, inclusive combustíveis e lubrificantes".

Da sua leitura, extraem-se duas conclusões. A primeira é que não havia uma definição clara de *insumos* no âmbito dessa IN primeva. A segunda é que a norma reconhece o direito ao crédito tanto sobre insumos utilizados na indústria ("fabricação de produtos destinados à venda") como na prestação de serviços. Trata-se, neste caso, de uma importante evolução, que em matéria de ICMS (imposto devido por prestadores de serviço nas modalidades comunicação e transporte interestadual e intermunicipal) somente adveio após a Lei Kandir e, mesmo assim, por força de precedentes do Superior Tribunal de Justiça,[924] já que as Administrações Públicas estaduais se recusam a reconhecer o direito ao crédito sobre insumos por parte dos prestadores de serviço, restringindo o seu aproveitamento ao segmento industrial.

Entretanto, foi somente com o advento da Instrução Normativa nº 404/2004 (regulamentadora da Cofins não-cumulativa) que, finalmente, a Receita Federal do Brasil delimitou o conceito de *insumo* para fins de creditamento do PIS/Cofins. Em disposições expressamente aplicáveis também à IN nº 247/2002 (PIS), o novel ato infralegal assim dispôs:

> Dos Créditos a Descontar
>
> Art. 8º. Do valor apurado na forma do art. 7º, a pessoa jurídica pode descontar créditos, determinados mediante a aplicação da mesma alíquota, sobre os valores:
>
> I – das aquisições efetuadas no mês:

---

924. Confira-se, para tanto, o Capítulo XII, item 12.3.1.4.1.1.

A NÃO-CUMULATIVIDADE
DOS TRIBUTOS

(...)

b) de bens e serviços, inclusive combustíveis e lubrificantes, utilizados como insumos:

b.1) na produção ou fabricação de bens ou produtos destinados à venda; ou

b.2) na prestação de serviços;

(...)

§ 4º. Para os efeitos da alínea 'b' do inciso I do *caput*, entende-se como insumos:

I – utilizados na fabricação ou produção de bens destinados à venda:

a) a matéria-prima, o produto intermediário, o material de embalagem e quaisquer outros bens que sofram alterações, tais como o desgaste, o dano ou a perda de propriedades físicas ou químicas, em função da ação diretamente exercida sobre o produto em fabricação, desde que não estejam incluídas no ativo imobilizado;

b) os serviços prestados por pessoa jurídica domiciliada no País, aplicados ou consumidos na produção ou fabricação do produto;

II – utilizados na prestação de serviços:

a) os bens aplicados ou consumidos na prestação de serviços, desde que não estejam incluídos no ativo imobilizado; e

b) os serviços prestados por pessoa jurídica domiciliada no País, aplicados ou consumidos na prestação do serviço.

Da leitura do texto normativo, pode-se asseverar que o conceito de insumo da Receita Federal, *no que tange à atividade industrial*, abarca:

(a) as matérias-primas;

(b) os produtos intermediários;

(c) os materiais de embalagem; e

(d) quaisquer outros bens que sofram alterações, tais como o desgaste, o dano ou a perda de propriedades físicas ou químicas, em função de contato direto com o produto em industrialização.

Note-se que a RFB utilizou, para fins de creditamento do PIS/Cofins, os mesmos conceitos aplicados para o cálculo dos créditos de IPI. Matérias-primas, produtos intermediários e materiais de embalagem são insumos geradores de crédito nos termos da legislação do imposto federal sobre produtos industrializados. Outros bens que sofram alterações no processo produtivo "em função de contato direto com o produto em industrialização" acabam se confundindo com os intermediários, não consistindo necessariamente em uma inovação das normas do PIS/Cofins.

Aliás, a ação direta sobre o produto em fabricação foi exigência posta, por primeira vez, pelo Parecer Normativo CST nº 181/74 para caracterização dos produtos intermediários em matéria de IPI, como de resto já analisamos no Capítulo XI desta obra. Uma das consequências da adoção desse critério é, por exemplo, a constante negativa por parte da Receita Federal do Brasil do reconhecimento de créditos de PIS/Cofins sobre a aquisição de equipamentos de proteção individual (os EPIs), fundamentais nas indústrias e inclusive exigidos legalmente no País,[925] assim como sobre as despesas com serviços de telecomunicação,[926] essenciais a qualquer atividade econômica.

---

925. Vale conferir as seguintes ementas de Solução de Divergência da COSIT:
"Os valores das despesas realizadas com a aquisição de equipamentos de proteção individual (EPI) tais como: respiradores; óculos; luvas; botas; aventais; capas; calças e camisas de brim e etc., utilizados por empregados na execução dos serviços prestados de dedetização, desratização e lavação de carpetes e forrações, não geram direito à apuração de créditos a serem descontados da Cofins, porque não se enquadram na categoria de insumos aplicados ou consumidos diretamente nos serviços prestados." (Receita Federal do Brasil, COSIT, Solução de Divergência n° 09, *DOU* 10.05.2011);
"Os valores das despesas realizadas com a aquisição de equipamentos de proteção individual (EPI) tais como calçados, roupas protetoras e cremes protetores, não geram direito à apuração de créditos a serem descontados da Cofins, porque não se enquadram na categoria de insumos aplicados ou consumidos diretamente nos serviços prestados." (Receita Federal do Brasil, COSIT, Solução de Consulta nº 99, *DOU* 16.04.2015);
"As despesas com aquisição de equipamentos de proteção para empregados não geram direito a crédito do regime de apuração não cumulativa da Contribuição para o PIS/Pasep, por não se enquadrarem no conceito de insumo aplicado ou consumido na prestação de serviços." (Receita Federal do Brasil, COSIT, Solução de Consulta nº 106, *DOU* 05.05.2015)
926. É ver:

A NÃO-CUMULATIVIDADE
DOS TRIBUTOS

Resta claro, portanto, que a IN RFB nº 404/2004, ao predicar os insumos creditáveis em relação ao PIS/Cofins, adotou as mesmas premissas da legislação do IPI, cujo fato gerador é mais restrito, porquanto se trata de tributo devido pelas indústrias e não por todos os contribuintes que auferem receitas em suas atividades, como é o caso das contribuições sociais em análise. A nosso sentir, restringir-se o crédito sobre insumos às hipóteses admitidas pela legislação do IPI significa ignorar a amplitude do fato gerador das citadas contribuições sociais quando comparadas com o imposto sobre produtos industrializados.

Em relação à prestação de serviços, a IN/RFB nº 404/2004 considera insumos:

(a) os bens aplicados ou consumidos na prestação de serviços, desde que não estejam incluídos no ativo imobilizado; e

(b) os serviços prestados por pessoa jurídica domiciliada no País, aplicados ou consumidos na prestação do serviço.

Trata-se de definição que poderia servir de exemplo para os mais diversos Regulamentos do ICMS do País, que restringem sobremaneira os créditos dos prestadores de serviços de comunicação e de transporte interestadual e intermunicipal. Contudo, apesar da inexistência de condicionantes no texto da IN nº 404/2004, as soluções de consulta da Receita Federal do Brasil em matéria de creditamento sobre insumos utilizados pelos prestadores de serviço têm sido bastante contidas no reconhecimento do direito dos contribuintes. A título de exemplo, a RFB não reconhece o direito ao crédito de PIS/Cofins sobre gastos com passagem e hospedagem dos funcionários das empresas, sustentando serem estes insumos *indiretos*, sendo certo que apenas os *diretos* autorizariam o creditamento à luz

---

"As despesas realizadas com serviços de telefonia para a execução de serviços contratados, por mais necessários que sejam, não geram direito à apuração de créditos a serem descontados da Cofins, por não se enquadrarem na definição legal de insumos aplicados ou consumidos diretamente nos serviços prestados." (Receita Federal do Brasil, COSIT, Solução de Divergência n° 10, *DOU* 10.05.2011).

da IN n° 404/04.[927] Dessarte, mesmo no âmbito dos prestadores de serviço, as equivocadas restrições decorrentes da utilização das premissas do IPI como parâmetro para o creditamento (que fundamentam a distinção entre consumo *direto* e *indireto* no processo produtivo) se fazem presentes.

Ora, incidindo os tributos em análise sobre a receita bruta, o correto seria admitir-se que todos os custos e despesas necessários à atividade empresarial fossem passíveis de creditamento, na qualidade de insumos. A aplicação analógica das regras do IPI, como pretende a RFB, parece-nos equivocada, porquanto o recurso a esse método interpretativo pressupõe a existência de similitude entre as situações e a ausência de elemento diferenciador relevante entre ambas – o que inocorre no caso do IPI ao ser contrastado com o PIS/Cofins. A nosso sentir, a analogia somente seria possível se o intérprete se valesse das regras do IRPJ relativas aos custos e despesas dedutíveis para pautar aquelas que seriam creditáveis no âmbito do PIS/Cofins.

De fato, a identidade entre PIS/Cofins e IRPJ é muito maior que a das citadas contribuições com o IPI. Outrossim, a própria legislação do PIS/Cofins faz referência ao cálculo de créditos sobre *despesas* e *custos* incorridos na aquisição de insumos, termos esses (despesa e custo) que são definidos pelas normas do IRPJ. Confira-se, inicialmente, o que dispõem as Leis n°s 10.637/2002 e 10.833/2003 sobre a matéria:

> Art. 3°. (...).
>
> § 3°. O direito ao crédito aplica-se, exclusivamente, em relação:

---

927. Existem diversas soluções de consulta nesse sentido. Abaixo transcreve-se a ementa da que propõe a duvidosa classificação dos insumos em diretos e indiretos, com o fito de negar o crédito para as despesas incorridas com estes últimos:
"NÃO-CUMULATIVIDADE. INSUMOS NA PRESTAÇÃO DE SERVIÇOS. DESPESAS COM HOSPEDAGEM E VIAGENS.
Para efeito de cálculo dos créditos da Cofins não-cumulativa, somente são considerados insumos, utilizados na prestação de serviços, os bens e os serviços aplicados ou consumidos diretamente no respectivo serviço prestado. Excluem-se, portanto, desse conceito, as despesas que se reflitam indiretamente na prestação do serviço, como, por exemplo, as despesas com hospedagem e viagens." (Receita Federal do Brasil, 8ª Região Fiscal, Solução de Consulta n° 346, j. em 05.10.2009).

A NÃO-CUMULATIVIDADE
DOS TRIBUTOS

> I – aos bens e serviços adquiridos de pessoa jurídica domiciliada no País;
>
> II – aos custos e despesas incorridos, pagos ou creditados a pessoa jurídica domiciliada no País;
>
> III – aos bens e serviços adquiridos e aos custos e despesas incorridos a partir do mês em que se iniciar a aplicação do disposto nesta lei.

O pagamento de valores a pessoa jurídica domiciliada no País é pressuposto para o creditamento do PIS/Cofins, porquanto este direito somente surge quando se tem a incidência das contribuições sobre os valores pagos a terceiros.

Inobstante, o que se pretende destacar no dispositivo transcrito é a expressa referência ao direito de crédito de PIS/Cofins sobre os *custos* e *despesas* incorridos pelo contribuinte dessas exações. Tais nomenclaturas são utilizadas pela legislação do IRPJ, que as elenca e classifica dentre os valores que serão dedutíveis da base de cálculo do IR a pagar. Confira-se, para tanto, o atual Regulamento do Imposto de Renda (Decreto nº 3.000/99):

> Custo dos Bens ou Serviços
>
> Art. 290. O custo de produção dos bens ou serviços vendidos compreenderá, obrigatoriamente:
>
> I – o custo de aquisição de matérias-primas e quaisquer outros bens ou serviços aplicados ou consumidos na produção, observado o disposto no artigo anterior;
>
> II – o custo do pessoal aplicado na produção, inclusive de supervisão direta, manutenção e guarda das instalações de produção;
>
> III – os custos de locação, manutenção e reparo e os encargos de depreciação dos bens aplicados na produção;
>
> IV – os encargos de amortização diretamente relacionados com a produção;
>
> V – os encargos de exaustão dos recursos naturais utilizados na produção.
>
> Parágrafo único. A aquisição de bens de consumo eventual, cujo valor não exceda a cinco por cento do custo total dos produtos

461

vendidos no período de apuração anterior, poderá ser registrada diretamente como custo.

Despesas Necessárias[928]

Art. 299. São operacionais as despesas não computadas nos custos, necessárias à atividade da empresa e à manutenção da respectiva fonte produtora.

§ 1°. São necessárias as despesas pagas ou incorridas para a realização das transações ou operações exigidas pela atividade da empresa.

§ 2°. As despesas operacionais admitidas são as usuais ou normais no tipo de transações, operações ou atividades da empresa.

§ 3°. O disposto neste artigo aplica-se também às gratificações pagas aos empregados, seja qual for a designação que tiverem.

O RIR é bastante abrangente, com razão. Aquilo que não for classificado como custo o será como despesa operacional, sendo dedutível da base de cálculo do IRPJ a teor do art. 299, *caput*, desde que seja *necessário e usual à atividade da empresa*.

Portanto, a *essencialidade* do custo/despesa é o fator preponderante para sua dedução da base de cálculo do IRPJ. Nessa linha, os dispêndios com insumos *usuais e necessários* à consecução das finalidades empresariais, igualmente, devem gerar créditos compensáveis de PIS/Cofins por interpretação analógica com o IRPJ, o tributo federal que mais identidade guarda com as contribuições em tela. A analogia com o IPI, sobre ser equivocada, viola a não-cumulatividade do PIS/Cofins tal como plasmada nas leis de regência das contribuições.

13.4.5.2.2 O posicionamento do CARF

A jurisprudência administrativa, desde cedo, demonstrou certo desconforto com as restrições ao crédito de insumos erigidas pela Receita Federal do Brasil.

---

928. A Lei n° 12.973/2014 excluiu do conceito de custo dos bens ou serviços os encargos de depreciação, amortização e exaustão gerados por bem objeto de arrendamento mercantil, na pessoa jurídica arrendatária.

A NÃO-CUMULATIVIDADE DOS TRIBUTOS

Na primeira fase das discussões, chegaram a ser prolatadas no âmbito do Conselho Administrativo de Recursos Fiscais decisões que determinavam a aplicação das regras do IRPJ para definição dos custos e despesas creditáveis. Dentre essas, confira-se a seguinte:

> REGIME NÃO CUMULATIVO – INSUMOS – MATERIAIS PARA MANUTENÇÃO DE MÁQUINAS – O conceito de insumo dentro da sistemática de apuração de créditos pela não cumulatividade de PIS e Cofins deve ser entendido como todo e qualquer custo ou despesa necessária a atividade da empresa, nos termos da legislação do IRPJ, não devendo ser utilizado o conceito trazido pela legislação do IPI, uma vez que a materialidade de tal tributo é distinta da materialidade das contribuições em apreço.[929]

Em um segundo momento, o CARF passou a afastar tanto a analogia com o IPI – predicada pela RFB – quanto aquela com o IRPJ – defendida pelos contribuintes – tendo adotado posicionamento intermediário entre as duas posições conflitantes. Segundo esse posicionamento do CARF, o conceito de insumo, para fins de apuração de créditos de PIS e Cofins, não é limitado à matéria-prima, produto intermediário e material de embalagem, mas também não se alarga a ponto de abarcar todas as despesas necessárias à atividade da empresa. No lugar, segue-se o critério da pertinência e dependência (ou essencialidade) em relação ao processo produtivo. Diversas foram as decisões neste sentido, valendo citar, como exemplo, as seguintes:

> NÃO-CUMULATIVIDADE. CRÉDITOS. INSUMOS. CONCEITO. ASSEPSIA DE EMBALAGENS. CREDITAMENTO. Insumos, para fins de creditamento das contribuições sociais não cumulativas, são todos aqueles bens e serviços pertinentes e essenciais ao processo produtivo, cuja subtração obsta a atividade produtiva ou implica substancial perda de qualidade do serviço ou do produto final resultante. Tratando-se de produção de alimentos, os gastos com bens e serviços utilizados na limpeza ou assepsia das embalagens para os produtos finais dão direito ao creditamento das contribuições não cumulativas, por guardarem

---

929. Conselho Administrativo de Recursos Fiscais, Segunda Seção, Segunda Turma, Processo nº 11020.001952/2006-22, Acórdão nº 3202-00.226, Relator GILBERTO DE CASTRO MOREIRA JUNIOR, j. em 08.12.2010.

relação de essencialidade e pertinência com o processo produtivo. INSUMOS. CREDITAMENTO. EMBALAGENS. TRANSPORTE. POSSIBILIDADE. O custo com embalagens utilizadas para o transporte ou para embalar o produto para apresentação deve ser considerado para o cálculo do crédito no sistema não cumulativo de PIS e Cofins quando pertinente e essencial ao processo produtivo.[930]

CRÉDITO SOBRE DISPÊNDIOS PREVISTOS NO ART. 3º, II, DA LEI 10.833/2003. CONCEITO DE INSUMOS. RELAÇÃO DE PERTINÊNCIA E DEPENDÊNCIA COM O PROCESSO DE PRODUÇÃO E FABRICAÇÃO DE BENS OU PRESTAÇÃO DE SERVIÇOS. DESCONTO DE CRÉDITOS, REFLEXOS NO CÁLCULO DO CRÉDITO PRESUMIDO DO ESTOQUE DE ABERTURA. No regime de apuração não-cumulativa das contribuições ao PIS e à Cofins, o desconto de créditos das aquisições de bens e direitos utilizados como insumo na produção ou fabricação de bens destinados a venda (art. 3º, II, das Leis nºs 10.637/02 e 10.833/03), está condicionado a relação de pertinência e dependência do insumo ao processo produtivo ou de fabricação do bem ou prestação de serviços pelo contribuinte, analisada em cada caso em concreto, não sendo aplicável o conceito restrito das IN's 247/02 e 404/04, que equiparou o insumo aos produtos intermediários no âmbito do IPI e nem o conceito mais elástico de despesa necessária previsto para o IRPJ. Referidos insumos que estiverem no estoque, são passíveis de desconto de crédito presumido no estoque de abertura na migração para o sistema não cumulativo, nos termos dos arts. 12 c/c 15, da Lei nº 10.833/03.[931]

Embora rejeite a necessidade de aplicação direta sobre o *produto*, o CARF ainda tem posicionamento oscilante em relação à necessidade de que o bem ou serviço seja aplicado diretamente no *processo produtivo* para ser considerado insumo, ora endossando,[932] ora dispensando[933] tal exigência.

---

930. Conselho Administrativo de Recursos Fiscais, Terceira Seção, Quarta Câmara, Segunda Turma Ordinária, Processo nº 13854.000059/2005-11, Acórdão nº 3402-002.793, Relatora MARIA APARECIDA MARTINS DE PAULA, j. em 09.12.2015.

931. Conselho Administrativo de Recursos Fiscais, Terceira Seção, Quarta Câmara, Segunda Turma Ordinária, Processo nº 10840.003063/200411, Acórdão nº 3402-002.565, Relator JOÃO CARLOS CASSULI JÚNIOR, j. em 10.12.2014.

932. Ver, v.g., Conselho Administrativo de Recursos Fiscais, Terceira Seção, Terceira Câmara, Primeira Turma Ordinária, Processo n. 11065.720514/2012-99, Acórdão n. 3301-002.883, Relator LUIZ AUGUSTO DO COUTO CHAGAS, j. em 16.03.2016.

933. Ver, v.g., Conselho Administrativo de Recursos Fiscais, Terceira Seção, Terceira Câmara, Segunda Turma Ordinária, Processo n. 10783.724592/2011-11, Acórdão

A NÃO-CUMULATIVIDADE
DOS TRIBUTOS

Essas oscilações têm causado variações no reconhecimento de determinados créditos. Por exemplo, no Acórdão nº 3401-002.857,[934] o órgão reconheceu o direito ao crédito de PIS/Cofins sobre despesas que, ainda que aplicadas indiretamente no processo produtivo, são consideradas essenciais, o que levou a entendimento favorável ao crédito relativo a despesas com os equipamentos de proteção individual. Já no Acórdão n. 3403-001.944,[935] o CARF rejeitou o argumento do contribuinte de que o conceito de insumos abrangeria inclusive as despesas indiretamente relacionadas com o processo produtivo, o que levou à manutenção da glosa de créditos sobre o EPI.

Portanto, o CARF tem-se mostrado sólido no sentido de rejeitar a analogia entre o PIS/Cofins e a tributação dos produtos industrializados, assim como da renda, mas não apresenta a mesma rigidez de posicionamento em relação à necessidade ou não de aplicação direta do bem ou serviço sobre o processo produtivo para que seja reconhecido como insumo.

Mais recentemente, o órgão administrativo passou a aplicar o entendimento consolidado pelo STJ em sede de recurso representativo de controvérsia, que será analisado no subtópico a seguir. De toda sorte, confira-se ementa de aresto que retrata o estado da arte da jurisprudência administrativa no atual momento:

> PIS/Cofins NÃOCUMULATIVO. ATIVIDADE DE MINERAÇÃO. HIPÓTESES DE CRÉDITO. INSUMOS.
>
> O conceito de insumo na legislação referente à Contribuição para o PIS/Pasep e à COFINS não guarda correspondência com o extraído da legislação do IPI (demasiadamente restritivo) ou do IR (excessivamente alargado). Em atendimento ao comando legal, o insumo deve ser necessário ao processo produtivo/fabril

---

n. 3302-003.014, Relatora LENISA RODRIGUES PRADO, j. em 26.01.2016.

934. Conselho Administrativo de Recursos Fiscais, Terceira Seção de Julgamento, Quarta Câmara, Primeira Turma Ordinária, Processo nº 10660.722805/2013-11, Acórdão nº 3401002.857, Relator BERNARDO LEITE DE QUEIROZ LIMA, j. em 27.01.2015.

935. Conselho Administrativo de Recursos Fiscais, Terceira Seção de Julgamento, Quarta Câmara, Terceira Turma Ordinária, Processo n. 10950.003064/2006-81, Acórdão n. 3403-001.944, Relator ROSALDO TREVISAN, j. em 19.03.2013.

e "aferido à luz dos critérios da essencialidade ou relevância, vale dizer, considerandose a imprescindibilidade ou a importância de determinado item – bem ou serviço – para o desenvolvimento da atividade econômica desempenhada pelo contribuinte." (REsp nº 1.221.170/PR).

NÃO-CUMULATIVIDADE. INSUMOS. CRÉDITOS. CONCEITO. COMBUSTÍVEIS. ÓLEO DIESEL LUBRIFICANTES. GRAXAS.

Os gastos com combustíveis, óleo diesel, lubrificantes e graxas geram créditos a serem utilizados na apuração do PIS e da Cofins, nos termos do inc. III, do § 1º, do art. 3º das Leis nºs 10.637/2002 e 10.833/2003.[936]

Isto posto, cumpre então analisar o teor do posicionamento do Superior Tribunal de Justiça em sede de recurso repetitivo, que passou a ser a pedra de toque da interpretação do conceito de insumo para fins de creditamento do PIS/Cofins.

13.4.5.2.3 O entendimento do STJ

13.4.5.2.3.1 Os primeiros precedentes

No bojo de um recurso especial que não discutia o direito ao crédito sobre insumos, mas sim a natureza de determinados custos das empresas hospitalares (o que impactaria a forma de cálculo do PIS/Cofins), averbou o STJ que "as entidades hospitalares e as clínicas médicas não têm como atividade básica a venda de medicamentos no atacado ou no varejo, sendo sua atividade precípua a prestação de serviços de natureza médico-hospitalar a terceiros. Destarte, os medicamentos utilizados pela recorrente são insumos imprescindíveis para o desempenho de suas atividades e, por essa razão, integram o seu custo".[937]

Já no julgamento do REsp nº 1.235.979/RS,[938] oportunidade em que de fato se discutia o direito de crédito sobre in-

---

936. Conselho Administrativo de Recursos Fiscais, Terceira Seção, Segunda Câmara, Primeira Turma Ordinária, Processo nº 10680.901883/2012-61, Acórdão nº 3201-004.613, Relator Conselheiro CHARLES MAYER DE CASTRO SOUZA, j. em 30.01.2019.

937. STJ, Primeira Turma, REsp n° 1.133.895/RN, Relator Min. BENEDITO GONÇALVES, DJe 17.03.2010.

938. STJ, Primeira Seção, REsp nº 1.221.170/PR, Relator Min. NAPOLEÃO NUNES

sumos, a Segunda Turma do STJ reconheceu a dedução dos "custos com peças, combustíveis e lubrificantes utilizados por empresa que, conjugada com a venda de mercadorias, exerce também a atividade de prestação de serviços de transporte da própria mercadoria que revende". Entretanto, não pronunciou explicitamente a ilegalidade das Instruções Normativas nº 247/2002 e nº 404/2004.

Ao decidir o REsp nº 1.246.317/MG,[939] a Segunda Turma do STJ manifestou-se explicitamente pela ilegalidade das referidas instruções normativas, no ponto em que restringem o conceito de insumo. Na ocasião, a Corte adotou o entendimento majoritário do CARF no sentido de que o conceito em questão, para os fins da legislação do PIS/Cofins, não se limita ao critério utilizado na legislação do IPI, mas também não é amplo como os conceitos de custos e despesas, adotados na legislação do Imposto de Renda. Assim, decidiu-se que o crédito deve abarcar aquelas despesas sobre bens e serviços que, mesmo empregados de forma indireta no desenvolvimento da atividade da empresa, são imprescindíveis ao desenvolvimento do processo produtivo ou da prestação de serviços do contribuinte.

Por outro lado, algumas decisões do STJ se inclinaram pela adoção do critério restritivo cunhado pela Receita Federal do Brasil, exigindo a incorporação física do insumo ao produto final para que a correspondente despesa possa gerar créditos de PIS/Cofins no regime não cumulativo.[940]

13.4.5.2.3.2 O recurso repetitivo

Em julgamento concluído aos 22 de fevereiro de 2018, a Primeira Seção do STJ decidiu que o critério para aferir se

---

MAIA FILHO.

939. STJ, Segunda Turma, REsp nº 1.246.317/MG, Relator Min. MAURO CAMPBELL MARQUES, *DJe* 29.06.2015.

940. STJ, Segunda Turma, AgRg no REsp nº 1.442.378/RS, Relator Min. HERMAN BENJAMIN, *DJe* 05/08/2015; STJ, REsp nº 1.128.018/RS, Relator Min. SÉRGIO KUKINA, *DJe* 04.12.2013; STJ, Segunda Turma, AgRg no REsp: nº 1.429.759/SC 2014/0007426-6, Relator Min. HERMAN BENJAMIN, *DJe* 18.06.2014.

um insumo é gerador de crédito do PIS/Cofins é a sua essencialidade ou relevância, é dizer, "a imprescindibilidade [essencialidade] ou a importância [relevância] de determinado item – bem ou serviço – para o desenvolvimento da atividade econômica desempenhada pelo contribuinte".[941]

Três correntes de entendimento se alternaram na votação, na qual se discutiu, em essência, o conceito do vocábulo "insumos" plasmado na legislação do PIS/Cofins e sua validade diante de instruções normativas da RFB que buscaram restringi-lo.[942] Pela ordem decrescente da amplitude do direito ao crédito, os posicionamentos podem ser sumariados da seguinte forma:

(a) corrente ampliativa: o conceito de despesas passíveis de serem consideradas insumos para fins de PIS/Cofins seria análogo ao de despesas dedutíveis para fins de Imposto de Renda das Pessoas Jurídicas. Logo, qualquer dispêndio que fosse usual e necessário (regra aplicável ao IRPJ) seria igualmente creditável para fins de PIS/Cofins, desde que sobre a despesa tivesse havido a incidência das referidas contribuições;

(b) corrente intermediária: deveria haver análise casuística da essencialidade ou relevância do insumo, tendo em vista apenas o processo produtivo em si – e não a atividade empresarial holisticamente considerada. Despesas com publicidade, por exemplo, não seriam dedutíveis, mas equipamentos de proteção individual legalmente exigidos e material de limpeza da área industrial, v.g., gerariam crédito, mesmo inexistindo consumo em contato físico com o produto final. Por se tratar de questão fática, perícia técnica deveria atestar a essencialidade ou relevância do insumo;

(c) corrente restritiva: seriam válidas as restrições ao crédito de PIS/Cofins veiculadas pelas INs SRF nº 257/2002 e 404/2004. A não- cumulatividade das contribuições sociais

---

941. STJ, Primeira Seção, REsp nº 1.221.170/PR, Relator Min. Napoleão Nunes Maia Filho, *DJe* 24.04.2018.

942. Vide item 4.1.2.2.4.

deveria seguir as regras já estabelecidas para o IPI e o ICMS, que validam o crédito apenas sobre os bens consumidos de forma imediata no processo industrial.

A corrente vencedora foi a intermediária (alínea "b"). Apesar de a ampliativa ser a que mais atende à neutralidade, sendo a análise estritamente infraconstitucional, a adoção da tese arquimediana observou a competência do STJ. Afinal, a redação da lei não permite concluir-se, como pretendia a corrente ampliativa (defendida inicialmente pelo Relator, Min. Napoleão Nunes Maia Filho, que posteriormente se vinculou à teoria intermediária), que "bens e serviços utilizados como insumo na produção de bens destinados à venda" compreenderiam não apenas o que fosse utilizável no processo industrial, mas também outras despesas, tais como, por exemplo, as de marketing. Para se chegar à conclusão ampliativa, faz-se mister partir da não-cumulatividade esculpida na Constituição, cuja guarda compete exclusivamente ao STF.

A análise originária do Ministro Relator, antes de aderir à corrente média, se embasava na própria definição de não cumulatividade e sua finalidade maior, que é a neutralidade. Seu raciocínio ia, contudo, além do sentido máximo atribuível ao enunciado definitório de insumo constante da legislação ordinária – o que somente seria possível se o dispositivo estivesse sendo interpretado conforme a Constituição, papel que o STJ não poderia exercer.

Em momento inicial, o Min. Napoleão Nunes Maia Filho demonstrou sua irresignação com as instruções normativas da Receita Federal, que restringiram o conceito legal de insumo ao exigir o consumo imediato no processo industrial, afirmando que "o conceito de insumo" pressuporia "identificar a totalidade do que condiciona necessariamente a produção dos bens e serviços que a unidade de produção produz ou fornece". Exemplificando com um bolo doméstico, o Ministro relator qualificou como insumos ovos, farinha de trigo e fermento – na qualidade de matérias-primas –, mas destacou também que "o calor ou a energia do forno, do fogão à lenha ou a gás ou, quem sabe, de um forno elétrico" seriam essenciais para assá-lo, tornando-o "comestível e saboroso". Classificando o próprio exemplo ofertado como "banal", assevera o Min. Napoleão que "tudo o que entra na confecção de um bem (no caso, o bolo) deve ser entendido como sendo insumo da sua produção, quando sem aquele componente o produto não existiria".

Prosseguindo, o Min. relator ampliou consideravelmente o escopo do seu raciocínio, recorrendo ao fundamento da neutralidade (de modo implícito) para sustentar que despesas e custos gerais, sejam quais forem, deveriam gerar créditos compensáveis de PIS/Cofins – indo além, portanto, da simples consideração de que as restrições das instruções normativas federais seriam ilegítimas. Focando na ideia de que "a incidência em cascata, sucessiva ou sequencial tende a inviabilizar, em razão do aumento vertiginoso do custo, qualquer mercadoria", ocasionando a inibição dos "processos produtivos de que resultam produtos mais abundantes, melhores e mais aprimorados ou sofisticados", o relator concluiu que a cumulatividade leva, "no médio prazo, à paralisação da evolução econômica".

Ao final, asseverou que o direito ao crédito no IPI e no ICMS "vincula-se ao *quantum* recolhido nas operações anteriores porque os fatos geradores desses impostos são, respectivamente, a industrialização e a circulação comercial de mercadorias". Contudo, para a contribuição ao PIS e a Cofins, "o creditamento consiste em verdadeiro ou autêntico desconto, pois essas contribuições têm por fato gerador o próprio faturamento da empresa ou da entidade a ela equiparada". A base de incidência mais ampla do PIS/Cofins, portanto, seria "a pedra-de-toque para afastar a confusão que comumente havia entre o creditamento do IPI e o creditamento do PIS/Cofins". Conforme o relator, no caso do IPI, "o tributo incide sobre o produto, então o crédito efetivamente decorre dos insumos". Já nas contribuições sociais, "o tributo incide sobre o faturamento, então o crédito deve decorrer – e somente pode decorrer – das despesas, sendo essa conclusão de clareza ofuscante ou brilhante como a do sol nordestino".

A NÃO-CUMULATIVIDADE
DOS TRIBUTOS

Contudo, em momento subsequente, o relator abandonou esse entendimento ampliativo da não-cumulatividade – e correto, porém sob o prisma constitucional – para adotar o ponto de vista intermediário da Ministra Regina Helena Costa, que prevaleceu por maioria, com a aderência dos Ministros Mauro Campbell Marques, Assusete Magalhães e Gurgel de Faria (vencidos os Ministros Og Fernandes, Benedito Gonçalves e Sérgio Kukina).

A Ministra Regina iniciou sua exposição remetendo-se a julgado anterior da Segunda Turma do STJ, datado de 19 de maio de 2015, no qual fora reconhecida a empresa do ramo de alimentos o direito ao crédito da contribuição ao PIS e da Cofins incidentes sobre a aquisição de material de limpeza da sua área industrial.[943] Nesse aresto, foi afastada a proposta de aplicar ao crédito do PIS/Cofins a lógica das despesas dedutíveis do IRPJ – o que permitiria o abatimento de todo o gasto "usual e necessário" para a atividade empresarial – da mesma forma que também se concluiu pela impossibilidade de se adotar a tese do "crédito físico" do IPI, dado o âmbito de incidência mais restrito desse tributo relativamente ao PIS/Cofins. Ao cabo, pugnou o acórdão da Segunda Turma pela consideração como insumos de "todos aqueles bens e serviços pertinentes ao, ou que viabilizam o processo produtivo e a prestação de serviços", desde que sua subtração implicasse "a impossibilidade mesma da prestação do serviço ou da produção, isto é, cuja subtração obsta a atividade da empresa, ou implica em (sic) substancial perda de qualidade do produto ou serviço daí resultantes". À luz desse entendimento, o crédito dedutível do PIS/Cofins seria definido com base no critério da "essencialidade" ou "pertinência" à produção. Por essencial, compreende-se o item que, se faltar ao processo, impede a sua consecução; pertinente é aquele cuja ausência prejudica de forma sensível a qualidade do produto resultante.

---

943. STJ, Segunda Turma, REsp nº 1.246.317/MG, Relator Min. MAURO CAMPBELL MARQUES, DJe 29.06.2015.

Prosseguindo, a Min. Regina H. Costa propôs sutil mudança na corrente defendida por esse julgado pretérito. Segundo ela, para além do indiscutível critério da "essencialidade", insumos seriam também aqueles considerados "relevantes" (e não "pertinentes") ao processo de produção ou prestação de serviços. "Relevância" refere-se a item utilizado na produção ou prestação, podendo ser dispensável para a obtenção do resultado final, mas nem por isso com perda da característica de insumo.

De modo a aclarar seu raciocínio, a Ministra citou dois exemplos de insumos "relevantes": a água no processo de fabricação de fogos de artifício e o equipamento de proteção individual. Em ambos os casos, não se pode afirmar que os insumos seriam "pertinentes", pois, segundo esse critério, deveria haver perda relevante de qualidade do produto ou serviço pela ausência do insumo; mas a medida de "relevância", por ser mais abrangente, abarcaria os referidos itens, permitindo ao contribuinte o aproveitamento de maior número de créditos de PIS/Cofins. A dificuldade desse método reside em seu particularismo. Para cada caso concreto, deve haver análise casuística da "essencialidade ou da relevância daqueles elementos na cadeia produtiva", o que é "dependente de instrução probatória".

A distinção pretendida entre "pertinência" e "relevância" foi objeto de críticas do Min. Mauro Campbell Marques, que, não obstante, acompanhou o voto da Min. Regina H. Costa. Isso porque fora o Min. Campbell quem concebera a tese da "essencialidade ou pertinência" no aresto anteriormente julgado pela Segunda Turma da Corte. Nas palavras do Min. Campbell, o que a Min. Regina H. Costa denomina de "essencialidade ou relevância" seria, em verdade, equivalente à sua tese da "essencialidade ou pertinência".[944]

Divergências terminológicas à parte, o voto da Ministra Regina Helena Costa foi adotado pela maioria da Primeira Seção. O tema recebeu o nº 779 dos recursos repetitivos, nele

---

944. STJ, Segunda Turma, REsp nº 1.246.317/MG, Relator Min. MAURO CAMPBELL MARQUES, *DJe* 29.06.2015.

constando o verbete de que "é ilegal a disciplina de creditamento prevista nas Instruções Normativas da SRF 247/2002 e 404/2004, porquanto compromete a eficácia do sistema de não cumulatividade da contribuição ao PIS e à Cofins". Logo, o conceito de insumo "deve ser aferido à luz dos critérios de essencialidade ou relevância, ou seja, considerando-se a imprescindibilidade ou a importância de determinado item – bem ou serviço – para o desenvolvimento da atividade econômica".

Não obstante, seja valendo-se da pertinência ou da relevância, o problema da análise casuística, a ser feita em laudos periciais individualizados por processo, não foi solucionado.

Entretanto, é de se registrar que, à luz do texto da lei – único passível de avaliação pelo STJ, dada sua competência funcional –, a solução encontrada foi coerente. Rememore-se que o STJ estava avaliando tão somente se as Instruções Normativas nº 247/2002 e 404/2004 eram incompatíveis com as Leis nº 10.637/2002 e 10.833/2003 – nada além disso.

13.4.5.3 ENERGIA TÉRMICA E ELÉTRICA

Ab initio, cumpre notar que a energia consiste em insumo essencial à maior parte das atividades empresariais da atualidade. Portanto, seguindo esse raciocínio, ainda que não houvesse previsão expressa a esse respeito, o creditamento de PIS/Cofins sobre o custo da energia *utilizada no setor operacional* já estaria assegurado pelo direito ao crédito sobre insumos, visto no item precedente (ressalvando, contudo, a jurisprudência contrária do STJ, que se recusa a qualificar a energia elétrica como insumo para fins de creditamento do IPI e que é, teoricamente, aplicável ao PIS/Cofins).[945]

De todo modo, o legislador houve por bem assegurar expressamente o crédito de PIS/Cofins sobre os dispêndios com energia elétrica ou térmica, inclusive sob a forma de

---

945. Vide Capítulo XI, item 11.4.3.2.2.4.

vapor, consumida nos estabelecimentos das pessoas jurídicas.[946] O crédito se calcula pela aplicação da alíquota de 9,25% sobre o valor gasto no mês[947]

A amplitude do direito concedido pela lei – que ampliou o crédito para além da energia-insumo, utilizada na área-fim dos estabelecimentos – tem sido sistematicamente confirmada pela Receita Federal do Brasil.[948] Contudo, mais recentemente a COSIT rejeitou o reconhecimento de créditos sobre a energia elétrica consumida em imóveis locados para alojamento de trabalhadores em localidades onde a pessoa jurídica não tenha sede ou filial.[949]

Outro aspecto relevante do tema são os encargos decorrentes do atraso no pagamento das contas de energia elétrica. O CARF já negou a possibilidade de creditamento sobre multa e juros de mora,[950] mas, em decisão mais recente, reconheceu a legitimidade do crédito apurado com base no art. 3º, inc. III, das Leis nº 10.637/2002 e nº 10.833/2003 sobre os custos com taxa de religamento e com parcelamento da energia elétrica.[951]

---

946. Art. 3º, IX, da Lei nº 10.637/2002 e art. 3º, III, da Lei nº 10.833/2003.

947. Art. 3º, §1º, II, das Leis nºs 10.637/2002 e 10.833/2003.

948. Confira-se a Solução de Consulta nº 95, da 8ª Região Fiscal (DOU de 05.06.2003): "ENERGIA ELÉTRICA CONSUMIDA NOS ESTABELECIMENTOS DA PESSOA JURÍDICA. A partir de 1º de fevereiro de 2003, pode ser descontado, do valor da contraprestação para o PIS/PASEP, crédito calculado em relação à energia elétrica consumida em todas as dependências do(s) estabelecimento(s) utilizado(s) pela pessoa jurídica em sua atividade." (PERES, Adriana Manni; ALMEIDA, Cristina Beatriz de Sousa; VIANA, Ivo Ribeiro; DINIZ, Marianita Ribeiro. *Como Utilizar Créditos Fiscais do IPI, PIS/Cofins e ICMS/SP*. São Paulo: IOB Thomson, 2005, p. 186).

949. Solução de Consulta COSIT nº 1/16 (*DOU* de 02.02.2016).

950. Conselho Administrativo de Recursos Fiscais, Terceira Seção, Terceira Câmara, Primeira Turma Ordinária, Processo n. 13981.000079/2005-37, Acórdão n. 3301-002.411, Relator ANDRADA MARCIO CANUTO NATAL, j. em 14.10.2014.

951. "[...] COFINS. REGIME DA NÃO-CUMULATIVIDADE. DESCONTO DE CRÉDITOS CALCULADOS A PARTIR DOS CUSTOS COM ELETRICIDADE. TAXA DE RELIGAÇÃO E PARCELAMENTO. POSSIBILIDADE. A taxa de religação e o parcelamento de energia elétrica se enquadram na hipótese de creditamento objeto do regime da não-cumulatividade da Cofins previsto no inciso III do artigo

13.4.5.4 ALUGUÉIS DE PRÉDIOS, MÁQUINAS E EQUIPAMENTOS

O aluguel de prédios, máquinas e equipamentos gera créditos de PIS/Cofins,[952] desde que:[953]

(a) o locador seja pessoa jurídica;[954]

(b) os prédios, máquinas e equipamentos sejam utilizados nas atividades da empresa (não importando, contudo, se o uso é para fins administrativos ou operacionais).

Baseando-se na norma em comento, a Receita Federal já reconheceu a possibilidade de se descontar créditos de PIS/Cofins sobre dispêndios com:

(a) terreno alugado no qual a empresa tenha construído edificação utilizada em suas atividades;[955]

(b) locação de veículos utilizados para transporte de engenheiros e funcionários de empresa de engenharia para execução de serviços nas obras contratadas.[956]

Contudo, há alguns posicionamentos restritivos ao crédito das despesas com aluguel. Por exemplo, o COSIT manifestou seu entendimento pela impossibilidade de creditamento em relação a imóveis locados para alojamento de trabalhadores.[957]

3º da Lei nº 10.833 de 2003, inerente a custos com energia elétrica." (Conselho Administrativo de Recursos Fiscais, Terceira Seção, Segunda Turma Especial, Processo n. 13971.001497/2005-61, Acórdão n. 3802-004.256, Relator FRANCISCO JOSE BARROSO RIOS, j. em 19.03.2015).

952. Calculados sobre os alugueres pagos no mês (art. 3º, §1º, II das Leis nºs 10.637/2002 e 10.833/2003).

953. Art. 3º, IV, das Leis nºs 10.637/2002 e 10.833/2003.

954. A exigência é justificada, pois a pessoa física não é contribuinte do PIS/Cofins.

955. Solução de Consulta nº 217/2002, 9ª Região Fiscal, *DOU* 09.01.2003.

956. Solução de Consulta nº 206/2004, 9ª Região Fiscal, *DOU* 10.08.2004.

957. Solução de Consulta COSIT nº 2/16, *DOU* 03.03.2016.

Já o CARF proferiu decisão[958] em que não reconheceu o crédito decorrente das despesas com aluguel de propriedade rural, ao argumento de que, mencionando a lei apenas o aluguel de prédios, o imóvel rural não entraria nesta definição. Trata-se de precedente, até o momento, isolado e, a nosso ver, equivocado. Isso porque o vocábulo "prédio" não pode ser interpretado em acepção restrita, uma vez que pode se referir tanto ao prédio urbano quanto ao prédio rústico, definição essa expressamente prevista na Lei nº 4.504/64, o "Estatuto da Terra", *verbis*:

> Art. 4º Para os efeitos desta Lei, definem-se:
>
> I – 'Imóvel Rural', o prédio rústico, de área contínua qualquer que seja a sua localização que se destina à exploração extrativa agrícola, pecuária ou agroindustrial, quer através de planos públicos de valorização, quer através de iniciativa privada;

Além disso, não há razão para se fazer tal distinção entre o imóvel urbano e o imóvel rural no regime não cumulativo do PIS/Cofins, já que ambos podem contribuir igualmente para a geração de receitas tributáveis.

É importante ressaltar, por fim, que a Receita Federal entende pela inexistência de crédito decorrente de despesas com aluguel antes do início da fase operacional da empresa.[959]

13.4.5.5 *LEASING* (ARRENDAMENTO MERCANTIL)

O pagamento das prestações de arrendamento mercantil celebrado com pessoa jurídica – exceto as optantes pelos SIMPLES – gera créditos de PIS/Cofins,[960] calculados sobre os valores pagos no mês.[961]

---

958. Conselho Administrativo de Recursos Fiscais, Terceira Seção, Quarta Câmara, Primeira Turma Ordinária, Processo n. 13888.000276/200433, Acórdão n. 3401-002.871, Relator ELOY EROS DA SILVA NOGUEIRA, j. em 29.01.2015.

959. Solução de Consulta nº 283/2009, 8ª Região Fiscal, *DOU* 16.09.2009.

960. Art. 3º, V, das Leis nºs 10.637/2002 e 10.833/2003.

961. Art. 3º, §1º, II, das Leis nºs 10.637/2002 e 10.833/2003.

13.4.5.6 BENS DO ATIVO IMOBILIZADO

É permitido o desconto de créditos sobre a depreciação das máquinas, equipamentos e outros bens integrantes do ativo imobilizado da empresa que tenham sido adquiridos pela pessoa jurídica ou fabricados para locação a terceiros, quando forem utilizados:[962]

(a) na produção de bens destinados à venda; ou

(b) na prestação de serviços.

Neste caso, somente serão considerados os ativos utilizados na produção de bens para comercialização ou na prestação de serviços.

O crédito será calculado mediante aplicação da alíquota de 9,25% sobre o valor dos encargos de depreciação do bem incorridos no mês.[963] Opcionalmente, o contribuinte poderá se creditar ao longo de quatro anos, à razão de 1/48 por mês, tomando-se como base o valor de aquisição do bem.[964] Contudo, a Receita Federal já manifestou o entendimento de que essa forma de cálculo só pode ser aplicada às máquinas e aos equipamentos, deixando de fora os outros bens integrantes do ativo imobilizado, como, por exemplo, os veículos.[965]

13.4.5.7 EDIFICAÇÕES E BENFEITORIAS EM IMÓVEIS

A depreciação das edificações e benfeitorias realizadas pela pessoa jurídica, em imóveis próprios ou de terceiros, também gera créditos de PIS/Cofins, calculados à alíquota de 9,25% sobre a depreciação ou amortização incorrida no mês.[966]

---

962. Art. 3º, VI, das Leis nºs 10.637/2002 e 10.833/2003.

963. Art. 3º, §1º, III, das Leis nºs 10.637/2002 e 10.833/2003.

964. Art. 3º, §14º, c/c art. 15, II, da Lei nº 10.833/2003.

965. Solução de Consulta nº 43/2013, da 1ª Região Fiscal, *DOU* 30.09.2013.

966. Art. 3º, §1º, III, das Leis nºs 10.637/2002 e 10.833/2003.

13.4.5.8 BENS RECEBIDOS EM DEVOLUÇÃO

Regra comum aos tributos não-cumulativos é a que predica o estorno dos débitos – via lançamento de créditos – quando há devolução de produtos ao estabelecimento de origem.

A legislação do PIS/Cofins segue essa orientação, autorizando o desconto de créditos sobre bens recebidos em retorno, erigindo, todavia, dois requisitos para tanto:[967]

(a) a receita da venda deve ter integrado o faturamento do mês da devolução ou de mês anterior; e

(b) a receita deve ter sido tributada.

O crédito corresponderá à aplicação da alíquota sobre o valor dos bens devolvidos no mês.[968]

13.4.5.9 ARMAZENAGEM DE MERCADORIA E FRETE NA OPERAÇÃO DE VENDA

Quando da aquisição de mercadorias para revenda o contribuinte faz jus ao crédito de PIS/Cofins, como já foi visto. O mesmo ocorre na compra de insumos empregados na produção de bens ou prestação de serviços. Custos acessórios a essas atividades, como os decorrentes da armazenagem das mercadorias adquiridas ou produzidas (que aguardam venda ou revenda), assim como do frete na operação de venda, podem ser objeto de creditamento. A única exigência feita pela legislação do PIS/Cofins para tomada do crédito sobre esse tipo de despesa é que o seu ônus (vale dizer, o custo da armazenagem e do frete) seja suportado pelo contribuinte-vendedor (venda CIF), não havendo sua transferência ao comprador da mercadoria (venda FOB).[969]

No julgamento do REsp nº 1.215.773/RS,[970] o STJ reconheceu, também, a viabilidade de desconto de créditos

---

967. Art. 3º, VIII, da Lei nº 10.833/2003.

968. Art. 3º, §1º, IV, das Leis nºs 10.637/2002 e 10.833/2003.

969. Art. 3º, IX c/c art. 15, II, da Lei nº 10.833/2003.

970. STJ, Primeira Seção, REsp 1215773/RS, Relator Min. BENEDITO GONÇALVES,

apurados sobre os fretes suportados pelo revendedor em operação que se vincula à venda. Na ocasião, tratou-se de hipótese em que uma concessionária de veículos suportava o ônus do frete da fábrica à loja na aquisição de veículos em consignação para revenda ao consumidor final. Com isso, abriu-se precedente que possibilita que outras operações de revenda em que o produto é encomendado diretamente da fábrica beneficiem-se de créditos sobre o frete.

O CARF, por outro lado, tem decisões[971] afirmando que somente o frete na operação de venda diretamente ao adquirente gera o crédito mencionado no inc. IX, do art. 3º, da Lei nº 10.833/2003.

13.4.5.10 VALE-TRANSPORTE, VALE-ALIMENTAÇÃO OU REFEIÇÃO, UNIFORMES E FARDAMENTOS FORNECIDOS POR EMPRESA PRESTADORA DE SERVIÇOS DE CONSERVAÇÃO, LIMPEZA E MANUTENÇÃO AOS SEUS EMPREGADOS

A casuística da legislação do PIS/Cofins chega ao extremo quando assegura créditos sobre vale-transporte, vale-refeição ou vale-alimentação, fardamento ou uniforme fornecidos aos empregados por pessoa jurídica que explore as atividades de prestação de serviços de limpeza, conservação e manutenção.[972]

A norma é clara. Porém, a razão de sua positivação – carga tributária excessiva que a não-cumulatividade do PIS/Cofins gerou para os prestadores de serviço – merece maior atenção das autoridades.

Relator p/ Acórdão Min. CESAR ASFOR ROCHA, DJe 18.09.2012.

971. Ver, v.g., Conselho Administrativo de Recursos Fiscais, Terceira Seção, Primeira Turma Especial, Processo n. 13053.000315/2007-68, Acórdão n. 3801-005.283, Relator PAULO ANTONIO CALIENDO VELLOSO DA SILVEIRA, j. em 18.03.2015 e Conselho Administrativo de Recursos Fiscais, Terceira Seção, Primeira Turma Especial, Processo n. 10925.002201/2009-10, Acórdão n. 3801-003.756, Relator FLAVIO DE CASTRO PONTES, j. em 23.07.2014.

972. Art. 3º, X, das Leis nºs 10.637/2002 e 10.833/2003.

13.4.5.11 BENS INCORPORADOS AO ATIVO INTANGÍVEL, ADQUIRIDOS PARA UTILIZAÇÃO NA PRODUÇÃO DE BENS DESTINADOS A VENDA OU NA PRESTAÇÃO DE SERVIÇOS

Até a edição da Lei nº 11.638/2007, responsável pela convergência da contabilidade brasileira com os padrões internacionais, a redação do art. 178, §1º, da Lei nº 6.404/76 não diferenciava o ativo intangível do ativo imobilizado, sendo que aquele fazia parte deste. Atualmente, ambos fazem parte do ativo não circulante, mas constituindo contas distintas.[973]

Sabe-se, contudo, que a Medida Provisória nº 449/2008, posteriormente convertida na Lei nº 11.941/2009, instituiu o Regime Tributário de Transição (RTT), que neutralizou os efeitos fiscais das modificações nos padrões contábeis. Posteriormente, a Lei nº 12.973/2014 extinguiu o RTT, regulamentando os efeitos fiscais da chamada "nova contabilidade". Nesse passo, essa lei modificou as Leis nº 10.637/2002 e nº 10.833/2003, inserindo o inciso XI no art. 3º e prevendo a possibilidade de apuração de créditos de PIS/Cofins no regime não-cumulativo calculados sobre os encargos de amortização[974] de bens incorporados ao ativo intangível, desde que tenham sido adquiridos para utilização na produção de bens destinados a venda ou na prestação de serviços.

Não obstante, pensamos que, justamente por já fazer parte anteriormente do ativo imobilizado e tendo em vista que as modificações perpetradas pela Lei nº 11.638/2007 não surtiram efeitos fiscais em razão do RTT, os bens hoje classificados sobre o ativo intangível sempre tiveram direito de crédito no regime não-cumulativo do PIS/Cofins calculados sobre os encargos de suas amortizações. Corroboram este entendimento a Solução de Consulta nº 78/2012 da RFB[975] que dispõe sobre a possibili-

---

973. Art. 178, §1º, II, da Lei nº 6.404/76.
974. Art. 3º, §1º, inc. III, das Leis nº 10.637/2002 e nº 10.833/2003.
975. Solução de Consulta nº 78/12, da 8ª Região Fiscal, *DOU* 25.04.2012.

dade de creditamento sobre a amortização *software* adquirido e registrado no ativo imobilizado antes da criação específica do intangível, com fundamento no inciso VI do art. 3º.

13.4.5.12 IMÓVEIS PRONTOS E EM CONSTRUÇÃO: FORMA DE CREDITAMENTO

A pessoa jurídica que adquirir imóvel para revenda, promover desmembramento ou loteamento de terrenos, incorporação imobiliária ou construção de prédio destinado a venda, fará jus a créditos de PIS/Cofins calculados sobre o custo da unidade construída ou em construção.[976] Neste último caso, tomar-se-á como custo o valor orçado total da obra em andamento[977] (o crédito será presumido, ou melhor, antecipado).

O desconto efetivo do crédito é permitido a partir da venda da unidade imobiliária[978] e na proporção do auferimento da receita relativa a essa alienação.[979]

No caso de devolução de unidades imobiliárias em decorrência de cancelamento do negócio deverá haver o estorno dos créditos aproveitados.[980]

13.4.5.13 CRÉDITOS PRESUMIDOS SOBRE O ESTOQUE DE ABERTURA

13.4.5.13.1 A previsão legal

Para mitigar os efeitos das novéis alíquotas do PIS/Cofins, a legislação previu a concessão de créditos presumidos sobre o estoque existente na data de início da efetiva cobrança das

---

976. Art. 4º da Lei nº 10.833/2003.

977. Nesta hipótese, como a tributação se dará sobre um valor estimado, ao fim da obra, serão necessários ajustes na tributação, para que esta recaia sobre a receita efetivamente auferida, que serão realizados na forma do art. 4º, §5º, da Lei nº 10.833/2003.

978. Art. 4º, *caput*, in fine da Lei nº 10.833/2003.

979. Art. 4º, §3º, da Lei nº 10.833/2003.

980. Art. 4º, §9º, da Lei nº 10.833/2003.

contribuições no regime não-cumulativo.[981] O cálculo dos créditos foi feito com as alíquotas do regime cumulativo (3,65%), sendo que seu aproveitamento foi diferido em doze parcelas mensais, iguais e sucessivas.[982]

Apesar de ter sido criada como norma de transição, a regra ainda permanece válida e, portanto, é aplicável às empresas que, estando atualmente sujeitas ao PIS/Cofins cumulativos, tornem-se posteriormente contribuintes do sistema não-cumulativo. Isso pode ocorrer, *v.g.*, nos casos de pessoas jurídicas tributadas com base no Lucro Presumido que, em determinado ano-calendário, passem a se sujeitar ao Lucro Real. A mudança no critério de apuração do IRPJ as sujeitará à alíquota de 9,25% do PIS/Cofins,[983] assegurando-lhes, todavia, direito ao crédito sobre o estoque existente na data de mudança do regime de tributação.[984] Neste caso, o crédito presumido poderá ser aproveitado à vista, pois a lei não prevê a necessidade de parcelamento.

Apesar de a legislação considerar os créditos sobre estoque de abertura como *presumidos* – termo que remete a uma benesse concedida pelo Fisco e que poderia, inclusive, ser revogada pelo legislador a qualquer momento – existe uma corrente de acordo com a qual o princípio da não-cumulatividade asseguraria o creditamento a uma alíquota superior à prevista em lei.

Vejamos esse tema a seguir.

13.4.5.13.2 A discussão judicial acerca da alíquota aplicável aos créditos sobre o estoque de abertura

Como a alíquota do regime não-cumulativo gera débitos da ordem de 9,25% sobre as receitas, alguns contribuintes passaram a sustentar que o crédito presumido sobre o estoque de

---

981. Art. 12 da Lei nº 10.833/2003.

982. Art. 12, §2º, da Lei nº 10.833/2003.

983. O PIS/Cofins não-cumulativos são devidos pelas empresas sujeitas à apuração do IRPJ pelo Lucro Real, salvo se as suas atividades ou receitas estiverem excepcionadas do regime da não-cumulatividade.

984. Art. 12, §5º c/c art. 16, parágrafo único, da Lei nº 10.833/2003.

A NÃO-CUMULATIVIDADE DOS TRIBUTOS

abertura deveria ser calculado com essas novas alíquotas (e não a 3,65%, como predica a legislação). Para os adeptos dessa tese, como o débito é calculado a 9,25%, o crédito deve sê-lo nesse mesmo montante, inclusive sobre o estoque de abertura.

A nosso sentir, tal entendimento não merece prosperar. Afinal, o legislador é livre para, a partir de uma data previamente fixada, modificar o regime de tributação, transferindo o contribuinte do sistema cumulativo para o não-cumulativo. O direito ao desconto de créditos somente surgirá com as despesas incorridas após o início da vigência do novo regime. A data de cobrança das novas contribuições para o PIS/Cofins consiste em um marco jurídico, a partir do qual o contribuinte passa a se subsumir às novas regras. Contudo, as despesas incorridas no passado – dentre elas as que permitiram a formação do estoque de abertura – não geram, *a priori*, direito ao crédito.

Por essa razão, as Leis nºs 10.637/2002 e 10.833/2003 classificaram como *presumido* o crédito sobre o estoque de abertura. De fato, essa é a sua natureza. Trata-se de um favor concedido pelo legislador no intuito de minimizar os impactos da alteração do regime de tributação, que importou na majoração de alíquotas do PIS/Cofins.

Não há direito adquirido contra a tributação. Se a lei mudou, o novel regime deve ser aplicado a partir da data de sua vigência inicial. Regras de transição como a *sub examine* são desejáveis, mas não consistem em direito subjetivo do contribuinte.

Nesse sendeiro, temos que não existe fundamento para se pleitear a aplicação de alíquotas superiores às previstas na lei (3,65%) para cálculo do crédito presumido em comento. Confirmando esse posicionamento, o STJ decidiu ser ilegal a aplicação da alíquota de 7,6% sobre os estoques que foram objeto de recolhimento de Cofins à alíquota de 3%[985] – conclusão obviamente extensível à contribuição para o PIS.

---

985. STJ, Primeira Turma, REsp nº 1.005.598/RS, Relator Min. JOSÉ DELGADO, *DJe* 23.06.2008. No mesmo sentido: STJ, Primeira Turma, REsp nº 1.071.061/RS, Relator Min. FRANCISCO FALCÃO, *DJe* 01.10.2008; STJ, Primeira Turma, REsp nº 1.115.312/RS, Rel. Ministro BENEDITO GONÇALVES, *DJe* 23.09.2009; STJ, Segunda Turma, REsp nº 999.458/RS, Relatora Min. ELIANA CALMON, *DJe* 04.11.2009; STJ, Primeira

O Supremo Tribunal Federal ainda não apreciou a matéria.[986] Entrementes, a nosso sentir, a tendência é a manutenção do posicionamento do STJ, pelas razões vistas acima.

13.4.5.13.3 O estoque de abertura dos contribuintes sujeitos à apuração monofásica do PIS/COFINS que passaram, a partir da lei nº 10.865/2004, ao regime não-cumulativo

A partir de 1º de agosto de 2004, por força da Lei nº 10.865/2004,[987] os contribuintes do PIS/Cofins-monofásico (produtores e importadores) passaram a se sujeitar ao regime não-cumulativo dessas contribuições.[988] Em razão disso, estendeu-se a eles o direito ao creditamento sobre o estoque de abertura.[989]

O crédito, nesse caso, foi calculado com alíquota de 9,25%,[990] sendo apropriado de forma parcelada ao longo de doze meses,[991] Todavia, ressalvou a legislação que, no caso de aquisições isentas, não tributadas ou sujeitas à alíquota zero, o contribuinte não faria jus ao crédito *sub examine*.

Turma, AgRg no REsp nº 1.110.181/RS, Relator Min. BENEDITO GONÇALVES, *DJe* 18.02.2010; STJ, Segunda Turma, AgRg no REsp nº 1.129.373/RS, Relator Min. HUMBERTO MARTINS, *DJe* 27.04.2010; STJ, Segunda Turma, AgRg no REsp nº 1.151.072/SC, Rel. Ministro MAURO CAMPBELL MARQUES, *DJe* 01.09.2010; STJ, Segunda Turma, AgRg no REsp nº 1.138.289/RS, Rel. Ministro CASTRO MEIRA, *DJe* 08.09.2010; STJ, Segunda Turma, AgRg no Ag nº 1.338.376/RS, Rel. Ministro HERMAN BENJAMIN, *DJe* 04.02.2011; STJ, Primeira Turma, REsp nº 1.098.411/RS, Rel. Ministro LUIZ FUX, *DJe* 28.02.2011; e STJ, Primeira Turma, AgRg no Ag nº 1.353.277/PR, Relator Min. NAPOLEÃO NUNES MAIA FILHO, *DJe* 13.10.2015.

986. A Suprema Corte, contudo, já reconheceu repercussão geral ao tema: STF, Plenário Virtual, RE nº 587.108/RS, Relator Min. RICARDO LEWANDOWSKI.

987. Vale lembrar que os produtores/importadores de água, refrigerantes e cervejas somente passaram ao regime não-cumulativo a partir de 1º de novembro de 2004, por força da Lei nº 10.925/2004. Dessarte, a data a ser considerada para fins de cálculo do crédito do estoque de abertura é a aqui referida e não a de 1º de agosto de 2004.

988. Sobre monofasia do PIS/Cofins e não-cumulatividade vide item 13.4.3, supra.

989. Art. 11, §5º, da Lei nº 10.637/2002 c/c art. 12, §7º, da Lei nº 10.833/2003.

990. Art. 11, §7º, da Lei nº 10.637/2002 c/c art. 12, §9º, da Lei nº 10.833/2003.

991. Art. 11, §2º, da Lei nº 10.637/2002 c/c art. 12, §2º, da Lei nº 10.833/2003.

13.4.5.14 O CRÉDITO PRESUMIDO NAS SUBCONTRATAÇÕES FEITAS PELAS EMPRESAS DE TRANSPORTE DE CARGAS

As empresas de transporte de cargas submetem-se ao regime não-cumulativo do PIS/Cofins (ao contrário do setor de transporte de passageiros, que permaneceu sujeito à sistemática cumulativa).

Nesse setor é usual que haja subcontratação de outros transportadores para levar o bem até o destino final. Se o subcontratado for pessoa jurídica, a contratante fará jus ao crédito, por se tratar de despesa com insumo.[992] Entretanto, parte considerável dos subcontratados para transporte de cargas é de pessoas físicas (motoristas autônomos), cujos serviços não geram créditos de PIS/Cofins.[993] Por força dessa peculiaridade, o setor sofreu substancial aumento da tributação com a mudança para o regime não-cumulativo.

Em atenção a esse dado, a legislação criou um crédito presumido a ser calculado sobre o valor pago às pessoas físicas subcontratadas por empresas de transporte de carga, equivalente a 75% daquele ao qual a empresa faria jus se tivesse subcontratado uma pessoa jurídica para realização da mesma atividade.[994]

Outrossim, a lei dispõe que as subcontratações de pessoas jurídicas optantes pelo SIMPLES também geram créditos de PIS/Cofins[995] – direito que, em nossa opinião, decorre do próprio princípio da não-cumulatividade, mas que foi objeto de controvérsias no âmbito do SIMPLES, até que o entendimento fosse, ao cabo, pacificado em favor dos contribuintes.[996]

---

992. Art. 3º, II, das Leis nºs 10.637/2002 e 10.833/2003.

993. Como já visto, as despesas com a contratação de mão de obra de pessoas físicas não geram créditos de PIS/Cofins (art. 3º, §2º, I, das Leis nºs 10.637/2002 e 10.833/2003).

994. Art. 3º, §§19, I e 20 c/c art. 15, II, da Lei nº 10.833/2003.

995. Art. 3º, §19, II, da Lei nº 10.833/2003.

996. Vide Capítulo XV, item 15.1.2.

13.4.6 O ESTORNO DE CRÉDITOS

Tal como predicam as normas do ICMS[997] e do IPI,[998] é devido o estorno de créditos do PIS/Cofins relativo a bens adquiridos para revenda ou utilizados como insumos na prestação de serviços e na produção ou fabricação de bens destinados à venda, que tenham sido furtados ou roubados, inutilizados ou deteriorados, destruídos em sinistro ou, ainda, empregados em outros produtos que tenham tido a mesma destinação.[999]

Trata-se de consectário lógico da exigência de duas operações tributadas em sequência para que se faça jus ao crédito dos tributos não-cumulativos, por nós criticada anteriormente, porém respaldada pelas Cortes Superiores.[1000]

13.4.7 CRÉDITOS EXPRESSAMENTE VEDADOS PELA LEGISLAÇÃO

Apesar de as despesas geradoras de créditos de PIS/Cofins serem enumeradas em rol *numerus clausus*, o legislador houve por bem explicitar duas situações em que o creditamento é proibido:[1001]

(a) na aquisição de bens ou serviços não sujeitos ao pagamento da contribuição, inclusive no caso de isenção, este último quando revendidos ou utilizados como insumo em produtos ou serviços sujeitos à alíquota zero, isentos ou não alcançados pela contribuição; e

(b) sobre as despesas com mão de obra paga a pessoa física.

O impedimento constante da alínea *a* já foi tratado no item 13.4.1.5, *supra*, ao qual remetemos o leitor.

---

997. Art. 21, IV, da LC nº 87/96.

998. Art. 254, IV, do RIPI.

999. Art. 3º, §13, e art. 15, II, da Lei nº 10.833/2003.

1000. Confira-se: Título II, Capítulo VII, item 7.11.

1001. Art. 3º, §2º, I e II das Leis nºs 10.637/2002 e 10.833/2003.

Já a vedação constante da alínea *b* funda-se no fato de apenas as pessoas jurídicas serem contribuintes do PIS/Cofins, o que gera a não incidência das contribuições sobre as receitas auferidas pelas pessoas físicas.[1002] A impossibilidade de cômputo desses créditos atinge em especial os prestadores de serviço, que foram os maiores penalizados pela novel sistemática de apuração do PIS/Cofins, consoante se verá no próximo tópico.

13.4.8 AS VICISSITUDES DA NÃO-CUMULATIVIDADE DO PIS/COFINS PARA OS PRESTADORES DE SERVIÇO: UMA PROPOSTA *DE LEGE FERENDA*

13.4.8.1 A PROPOSTA

A experiência no Brasil e noutras plagas demonstra que a não-cumulatividade pode, se mal implementada, gerar um aumento intolerável da carga tributária sobre os prestadores de serviço. Expliquemos.

A alíquota de um tributo não-cumulativo é, por definição, superior à do cumulativo.[1003] Os abatimentos de créditos, típicos do regime não-cumulativo, geram a necessidade de elevação da alíquota para se manter a arrecadação fiscal.

O principal insumo dos prestadores de serviço – a mão de obra dos seus funcionários – não gera, contudo, créditos de exações não-cumulativas, inclusive do PIS/Cofins. Ademais, a curta extensão do ciclo produtivo no setor de serviços – em comparação

---

1002. A mão de obra contratada de pessoa jurídica gera créditos de PIS/Cofins, por força de autorização legal expressa. Predica o art. 3º, II, das Leis nºs 10.637/2002 e 10.833/2003 o cômputo de créditos sobre "serviços utilizados como insumo na prestação de serviços e na produção ou fabricação de bens ou produtos destinados à venda" – partindo da premissa, contudo, que tais serviços são prestados por empresas.

1003. Quando a Emenda Constitucional nº 18/65 foi editada, o antigo Imposto sobre Vendas e Consignações (IVC), tributo cumulativo e incidente em cascata, foi substituído pelo ICM, criado à imagem dos impostos europeus sobre o valor acrescido. Apesar da salutar modificação, a alíquota passou de 5% no IVC para 18% no ICM – ou seja, mais que triplicou. Todavia, por ser restrito às operações com circulação de mercadorias – não abarcando os prestadores de serviço – o ICM, passado o impacto negativo inicial da mudança de alíquotas, revelou-se um imposto mais adequado à economia do que o avelhantado IVC.

com as indústrias, *v.g.* – restringe, sobremaneira, a possibilidade de aproveitamento e transferência de créditos escriturais.

Dessarte, considerando-se tanto o seu curto ciclo produtivo como a impossibilidade de desconto de créditos sobre despesas com mão de obra, temos que os prestadores de serviço submetidos à incidência não-cumulativa do PIS/Cofins deveriam sujeitar-se a alíquotas inferiores às atualmente vigentes.

A análise dos fatos a seguir corrobora o que se está a propor.

13.4.8.2 A JUSTIFICATIVA

Quando a contribuição para o PIS e a Cofins foram sujeitas à sistemática não-cumulativa, as alíquotas saltaram de 0,65% para 1,65% (PIS) e de 3% para 7,6% (Cofins).

Como todos os segmentos da economia foram atingidos, aqueles que se utilizam de mão de obra com maior intensidade (como as empresas de *call center*, os estabelecimentos de ensino, os hospitais e prestadores de serviço em geral) pleitearam, junto ao Congresso Nacional, a sua exclusão do novel regime, o que resultou em uma lista de mais de vinte exceções à sistemática não-cumulativa do PIS/Cofins. Dessarte, a permanência no regime cumulativo, antes de ser uma penalização, foi um benefício para os prestadores de serviço.

Contudo, somente os segmentos que se organizaram e conseguiram fazer valer sua vontade junto ao Legislativo foram beneficiados. Diversas outras empresas do ramo de serviços – tais como as de conservação e limpeza – continuaram sujeitas à não-cumulatividade, o que tem gerado desequilíbrio no mercado. O aumento da carga para esses prestadores foi tão acima do razoável que alguns contribuintes ingressaram em juízo para serem excluídos do sistema não-cumulativo do PIS/Cofins com fulcro no princípio do não confisco.[1004]

1004. Confira-se o seguinte acórdão do Tribunal Regional Federal da 4ª Região, que deferiu o pleito de empresa prestadora de serviços:
"TRIBUTÁRIO. PIS. COFINS. REGIME NÃO-CUMULATIVO. PRESTADORA DE SERVIÇOS. DUPLICAÇÃO DA CARGA TRIBUTÁRIA. PRINCÍPIOS DA RAZOABILIDADE, DA CAPACIDADE CONTRIBUTIVA, DA ISONOMIA E DA LIVRE CONCORRÊNCIA.

A NÃO-CUMULATIVIDADE
DOS TRIBUTOS

A diferenciação de alíquotas por categorias de contribuintes – que, de resto, é predicada pela própria Constituição[1005] – seria uma solução simples que restauraria a isonomia e o respeito à capacidade contributiva, reduzindo, ademais, a sonegação. Outrossim, a estipulação prévia de alíquotas distintas por atividade evitaria que a legislação do PIS/Cofins continuasse sofrendo modificações casuísticas,[1006] que dificultam a aplicação e a própria compreensão das normas em vigor sobre o tema.

(...)
No caso específico da Autora, que tem por objetivo social principal a prestação de serviços, a submissão ao novo regime não-cumulativo implicou um aumento de mais de 100% no ônus tributário decorrente da incidência do PIS e da Cofins. Isso porque, como empresa prestadora de serviços, os créditos que pode apurar não são significativos.
O acréscimo do ônus tributário, não corresponde a aumento da capacidade contributiva da Autora, que não teve alteração.
(...)
Direito da autora de permanecer recolhendo as contribuições pelo regime comum (cumulativo) relativamente às suas receitas provindas da prestação de serviços e de compensar os valores pagos a maior." (TRF da 4ª Região, Segunda Turma, AC nº 2004.71.08.010633-8/RS, Relator Des. Federal LEANDRO PAULSEN, DJ 26.04.2007). Em sentido diverso, ver TRF da 3ª Região, Quarta Turma, Apelação Cível nº 0009552-61.2004.4.03.6100/SP, Relator Juiz Federal Convocado LEONEL FERREIRA, e-DJF3 16.11.2010 e TRF da 3ª Região, Terceira Turma, Apelação Cível nº 0001100-68.2005.4.03.6119/SP, Relator Juiz Federal Convocado SOUZA RIBEIRO, e-DJF3 12.05.2009.

1005. CR/88:
"Art. 195. (...).
(...)
§ 9º. As contribuições sociais previstas no inciso I do *caput* deste artigo [sobre folha de salários, receita ou faturamento e lucro] poderão ter alíquotas ou bases de cálculo diferenciadas, em razão da atividade econômica, da utilização intensiva de mão de obra, do porte da empresa ou da condição estrutural do mercado de trabalho. (...)."

1006. Dentre essas, cite-se a operada pela Lei nº 11.898/2009, que autorizou o crédito sobre uniformes e vales alimentação e transporte fornecidos pelo prestador de serviços de limpeza ao empregado.

XIV
PIS/COFINS INCIDENTES SOBRE A IMPORTAÇÃO DE BENS E SERVIÇOS

14.1 A REGRA-MATRIZ DE INCIDÊNCIA DO PIS/COFINS-IMPORTAÇÃO

A Emenda Constitucional nº 42/2003 autorizou a criação de contribuições sociais e de intervenção no domínio econômico sobre a importação de bens e serviços do exterior. Trata-se de medida de isonomia, pois se os bens e serviços produzidos no Brasil sujeitam-se a essas contribuições, nada mais justo que também submeter os produtos e serviços estrangeiros ao seu pagamento.

Assim, com esforço no art. 149, §2º e no art. 195, IV, da CR/88 (nesta acrescidos pela aludida EC nº 42/2003)[1007] foi

---

1007. CR/88, modificada pela EC nº 42/2003:
"Art. 149. Compete exclusivamente à União instituir contribuições sociais (...).
(...)
§ 2º. As contribuições sociais e de intervenção no domínio econômico de que trata o caput deste artigo:
(...)
II – incidirão também sobre a importação de produtos estrangeiros ou serviços;
(...)
Art. 195. A seguridade social será financiada por toda a sociedade, de forma direta e

editada a Lei nº 10.865/2004, instituidora do PIS/Cofins sobre a importação de bens e serviços do exterior.[1008]

O fato gerador do PIS/Cofins-importação é:

(a) a entrada de bens estrangeiros no território nacional; ou

(b) o pagamento, o crédito, a entrega, o emprego ou a remessa de valores a residentes ou domiciliados no exterior como contraprestação por serviço prestado.

No que se refere à importação de serviços, a lei exige, para a incidência do PIS/Cofins, que aqueles sejam executados no País pela empresa estrangeira ou, se prestados no exterior, ao menos que seu resultado seja verificável no Brasil. Assim, serviços contratados por empresas brasileiras que são prestados no exterior e têm resultados exclusivamente auferidos no estrangeiro refogem ao espectro de incidência das exações em comento.

O contribuinte da exação é:

(a) na importação de bens, a pessoa física ou jurídica importadora, sendo certo que:

(a.1) a legislação equipara ao importador o destinatário de remessa postal internacional indicado pelo

---

indireta, nos termos da lei, mediante recursos provenientes dos orçamentos da União, dos Estados, do Distrito Federal e dos Municípios, e das seguintes contribuições sociais: (...)
IV – do importador de bens ou serviços do exterior, ou de quem a lei a ele equiparar."

1008. A exposição de motivos constante da MP nº 164/2004, que originou a Lei nº 10.865/2004, confirma a intenção do legislador de equiparar a tributação dos bens importados aos nacionais:
"As contribuições ora instituídas dão tratamento isonômico entre a tributação dos bens produzidos e serviços prestados no País, que sofrem a incidência da Contribuição para o PIS-Pasep e da Contribuição para o Financiamento da Seguridade Social (Cofins), e os bens e serviços importados de residentes ou domiciliados no exterior, que passam a ser tributados às mesmas alíquotas dessas contribuições."

remetente e o adquirente de mercadoria entrepostada (art. 5º, I e parágrafo único da Lei nº 10.865/2004); e

(a.2) a EC n° 33/2001 permitiu a equiparação legal da pessoa física importadora à jurídica, ao inserir na Constituição o § 3° do art. 149, de acordo com o qual "a pessoa natural destinatária das operações de importação poderá ser equiparada a pessoa jurídica, na forma da lei".

(b) na contratação de serviços de prestadores situados no exterior:

(b.1) em regra, a pessoa física ou jurídica contratante dos serviços;

(b.2) excepcionalmente o beneficiário dos serviços, caso o contratante também seja residente ou domiciliado no exterior.

A base de cálculo do PIS/Cofins sobre a importação de *serviços* é o valor efetivamente pago ao prestador estrangeiro, acrescido do ISSQN e das próprias contribuições.

Já a base imponível na importação de bens é, consoante determina a Constituição,[1009] o valor aduaneiro. Este é definido pelo Regulamento Aduaneiro, baseado no Acordo Geral de Tarifas e Comércio (GATT), como o valor da mercadoria importada acrescido dos custos de transporte, carga, descarga, manuseio e seguro.[1010] Contudo, a Lei nº 10.865/2004 dispôs, inicialmente, que também integram o valor aduaneiro o ICMS e o próprio PIS/Cofins-importação. Ao fazê-lo, incorreu em inconstitucionalidade, posto que o legislador não pode modificar os conceitos de direito privado utilizados pela Lei Maior para fins de definição de competências tributárias, consoante predica o art. 110 do CTN.[1011]

1009. CR/88, art. 149, §2º, III, a.

1010. Art. 77 do Regulamento Aduaneiro (Decreto nº 6.759/2009).

1011. A EC nº 42/2003 não deixou ao arbítrio do legislador ordinário definir a base

Tal inconstitucionalidade foi devidamente reconhecida pelo STF[1012] sob o regime da repercussão geral,[1013] em decisão na qual não se autorizou a modulação de efeitos pleiteada pela Fazenda Nacional,[1014] o que motivou a alteração do inciso I do art. 7º da Lei nº 10.865/2004 pela Lei nº 12.865/2013, excluindo-se a menção ao valor do ICMS e das próprias contribuições como parte do valor aduaneiro para fins de incidência do PIS/Cofins importação.

Para compensar o déficit arrecadatório decorrente desta modificação, a União, por meio da Lei nº 13.137/2015, majorou as alíquotas das contribuições incidentes sobre a importação de bens estrangeiros, que eram de 7,6% para a Cofins e de 1,65% para o

---

de cálculo do PIS/Cofins-importação, enunciando-a rigidamente ao delimitar a sua hipótese de incidência. Assim, estabeleceu:
"Art. 149. Compete exclusivamente à União instituir contribuições sociais (...);
(...)
§2º. As contribuições sociais (...) de que trata o *caput* deste artigo:
(...)
III – poderão ter alíquotas:
a) *ad valorem, tendo por base* o faturamento, a receita bruta ou o valor da operação e, *no caso de importação, o valor aduaneiro;*" (destaques nossos)
Contudo, a base de cálculo do PIS/Cofins-importação extrapolou os limites estabelecidos pela CR/88 (modificada pela EC nº 42/2003), fazendo com que a incidência se desse sobre valores outros que não se incluem no conceito de "valor aduaneiro". Confira-se:
"Art. 7º. A base de cálculo será:
I – o *valor aduaneiro*, assim entendido, para os efeitos desta Lei, o valor que servir ou que serviria de base para o cálculo do imposto de importação, *acrescido do* valor do Imposto sobre Operações Relativas à Circulação de Mercadorias e sobre Prestação de Serviços de Transporte Interestadual e Intermunicipal e de Comunicação – ICMS incidente no desembaraço aduaneiro e do *valor das próprias contribuições*, na hipótese do inciso I do caput do art. 3º desta Lei;" (destaques nossos)
Ao acrescentar à base de cálculo o valor do ICMS incidente no desembaraço aduaneiro, esse dispositivo legal também incluiu, nessa mesma base, de forma indireta, o valor do imposto de importação, do imposto sobre produtos industrializados, do IOF, de "quaisquer outros impostos, taxas, contribuições e despesas aduaneiras", bem como das próprias contribuições para o PIS/PASEP e Cofins. Tal disposição vai além do conceito de valor aduaneiro (que encontra guarida no Acordo GATT de 1994, assinado pelo Brasil, assim como em nosso Regulamento Aduaneiro). O conceito vigente no ordenamento jurídico de valor aduaneiro inclui, além do custo da mercadoria importada, tão somente as despesas com carga, descarga, manuseio e seguro (sem inclusão de quaisquer tributos).

1012. STF, Tribunal Pleno, RE nº 559.937/RS, Relator Min. ELLEN GRACIE, Relator p/ Acórdão Min. DIAS TOFFOLI, *DJe* 17.10.2013.

1013. Art. 543-B do CPC/73, atualmente regido pelos arts. 1.036 e ss. do CPC/2015.

1014. STF, Tribunal Pleno, RE nº 559.937 ED/RS, Relator Min. DIAS TOFFOLI, *DJe* 14.10.2014.

A NÃO-CUMULATIVIDADE DOS TRIBUTOS

PIS, para 9,65% para a Cofins e 2,1% para o PIS, podendo ainda, em casos especiais, ser diferenciadas em razão do produto.

No caso da importação dos serviços, como não houve decisão análoga à mencionada acima que exclua os valores do ISSQN e das próprias contribuições da base de cálculo, remanescem as alíquotas de 7,6% para a Cofins e de 1,65% para o PIS fixadas pela Lei nº 10.865/2004.

Com espeque no art. 195, §12 da CR/88, o legislador atribuiu às contribuições em tela a nota da não-cumulatividade, permitindo que elas sejam abatidas do PIS/Cofins não-cumulativos devido pelo importador nas vendas internas. Entretanto, caso o importador se sujeite à cumulatividade do PIS/Cofins-receita, o abatimento em questão é vedado.[1015]

Com base no exposto, é possível bosquejar a regra-matriz de incidência da contribuição para o PIS e da Cofins incidentes na importação:

Hipótese de incidência	Consequência jurídica
Aspecto material: importação de bens e contratação de serviços de empresas estrangeiras cujo resultado seja verificável no Brasil; **Aspecto temporal:** momento do desembaraço aduaneiro na importação de bens ou da remessa dos valores ao estrangeiro na importação de serviços; **Aspecto espacial:** qualquer local do território nacional; **Aspecto pessoal:** importador do bem ou serviço, pessoa física ou jurídica.	**Sujeito ativo:** União Federal; **Sujeito passivo:** pessoa física ou jurídica importadora das mercadorias e serviços; **Base de cálculo:** valor aduaneiro do bem importado ou valor pago pelo serviço a empresa estrangeira, acrescido do ISSQN e do próprio PIS/Cofins-importação; **Alíquota:** 2,01% para o PIS e 9,65% para a Cofins, no caso da importação de bens, em regra, podendo ser diferenciada para produtos específicos; e 1,65% para o PIS e 7,6% para a Cofins, no caso da importação de serviços; **Quanto pagar:** valor da alíquota aplicado sobre a base de cálculo; **Como e onde pagar:** previsto em normas editadas pelo Poder Executivo Federal.

1015. Dessarte, para as empresas obrigadas ao pagamento do PIS/Cofins na sistemática cumulativa, as contribuições em comento são novos tributos que majoram a tributação das importações de bens e serviços.

Esquadrinhadas as características essenciais do PIS/Cofins-importação, passemos agora ao deslinde das nuanças da não-cumulatividade aplicada a essas exações.

14.2 A NÃO-CUMULATIVIDADE DO PIS/COFINS IMPORTAÇÃO

14.2.1 O ABATIMENTO DO PIS/COFINS-IMPORTAÇÃO SOMENTE É PERMITIDO AOS CONTRIBUINTES SUJEITOS À NÃO-CUMULATIVIDADE DO PIS/COFINS: RESTRIÇÃO QUE FERE A ISONOMIA

Consoante prescreve a legislação, o desconto de créditos do PIS/Cofins-importação é limitado às pessoas jurídicas que apuram as contribuições no sistema não-cumulativo.

Trata-se de restrição compreensível. Afinal, o sistema débito-crédito não se coaduna com a cumulatividade do PIS/Cofins, sob pena de desnaturá-la, transformando-a em sua antípoda, que é a não-cumulatividade.[1016]

Entretanto, o importador sujeito à não-cumulatividade do PIS/Cofins terá vantagens tributárias sobre aquele que apura essas contribuições no sistema cumulativo. Um simples cálculo demonstra o fato. Tome-se uma importação de mercadoria no valor de R$ 100,00, que é revendida internamente por R$ 200,00. O importador submetido ao PIS/Cofins não-cumulativo pagará:

(a) R$ 11,66 a título de PIS/Cofins-importação;

(b) R$ 18,50 a título de PIS/Cofins não-cumulativos.

1016. No mesmo sentido: PEREIRA, João Luis de Souza. PIS/Cofins na Importação: Necessidade de Alíquotas Variáveis em Homenagem ao Princípio da Capacidade Contributiva. GAUDÊNCIO, Samuel Carvalho e PEIXOTO, Marcelo Magalhães (coord). *Fundamentos do PIS e da Cofins e o Regimento Jurídico da Não-Cumulatividade*. São Paulo: MP Editora, 2007, p. 303.

A NÃO-CUMULATIVIDADE
DOS TRIBUTOS

Todavia, como no caso é possível a compensação do PIS/Cofins com o PIS/Cofins-importação, o valor final a recolher ao erário será de R$ 6,84.

Já o importador sujeito ao PIS/Cofins cumulativo pagará:

(a) R$ 11,66 a título de PIS/Cofins-importação;

(b) R$ 3,65 a título de PIS/Cofins cumulativo.

Como, nessa hipótese, não é permitido o desconto dos créditos das contribuições recolhidas na importação a carga fiscal será de R$ 8,01.

Ora, não é possível conferir-se tratamento tributário diferenciado para empresas que se dedicam à mesma atividade, salvo se for para atender ao princípio da capacidade contributiva. Entretanto, a sujeição ao regime cumulativo ou não-cumulativo do PIS/Cofins não pode ser invocada como fator de discrímen para efetivação do princípio da capacidade contributiva. Pode-se, portanto, afirmar que a proibição de creditamento do PIS/Cofins-importação para as empresas do regime cumulativo do PIS/Cofins consiste em elemento desequiparador de contribuintes que se encontram em situações semelhantes.[1017]

De fato, o PIS/Cofins-importação consiste, para as pessoas jurídicas sujeitas à apuração não-cumulativa do PIS/Cofins, em uma antecipação destas contribuições, que seriam devidas apenas na ocasião do auferimento de receita pela venda interna das mercadorias importadas. Já para os contribuintes do sistema cumulativo, trata-se de um custo adicional às importações, que se refletirá no preço de seus produtos ou serviços oferecidos no mercado brasileiro.

Patente, no caso, a afronta à isonomia, que conduz à inconstitucionalidade do PIS/Cofins-importação exigido de

---

1017. Nesse sentido: MARTINS, Ives Gandra da Silva e SOUZA, Fátima Fernandes Rodrigues de. PIS/PASEP e Cofins Importação: Inconstitucionalidades. PEIXOTO, Marcelo Magalhães e FISCHER, Octavio Campos (coord.). *PIS-Cofins – Questões Atuais e Polêmicas*. São Paulo: Quartier Latin, 2005, p. 165.

contribuintes sujeitos à cumulatividade do PIS/Cofins. Para que a cobrança em comento se tornasse legítima, seria necessário o estabelecimento de alíquotas reduzidas do PIS/Cofins--importação para os contribuintes do PIS/Cofins cumulativos. Tal medida restauraria o primado da igualdade, atualmente quebrantado pela cobrança indiscriminada da alíquota de 11,66% (para a importação de bens) e 9,25% (para a importação de serviços) tanto daqueles que podem como dos que não podem compensar as contribuições pagas na importação.

14.2.2 OS CRÉDITOS DO PIS/COFINS-IMPORTAÇÃO

14.2.2.1 ORIGEM DOS CRÉDITOS

As pessoas jurídicas sujeitas à não-cumulatividade do PIS/Cofins poderão creditar-se dessas contribuições quando incidentes na importação de bens e serviços, nas seguintes hipóteses:

(a) aquisição de bens para revenda;

(b) aquisição de bens e serviços utilizados como insumos:

(b.1) na prestação de serviços; e

(b.2) na produção ou fabricação de bens ou produtos destinados à venda;

(c) energia elétrica consumida nos estabelecimentos da pessoa jurídica;

(d) aluguéis e contraprestações de arrendamento mercantil de prédios, máquinas e equipamentos, embarcações e aeronaves, utilizados na atividade da empresa;

(e) máquinas, equipamentos e outros bens incorporados ao ativo imobilizado,[1018] adquiridos para locação

---

[1018]. Muito embora a Lei nº 12.973/2014 tenha se omitido em estender explicitamente o direito de crédito aos bens destinados ao ativo intangível (que não mais fazem parte do ativo imobilizado a partir da Lei nº 11.638/2007), como o fez ao

a terceiros ou para utilização na produção de bens destinados à venda ou na prestação de serviços, com exceção do bem objeto de arrendamento mercantil, na pessoa jurídica arrendatária.[1019]

14.2.2.2 O CÁLCULO DO CRÉDITO

O crédito é calculado pela aplicação das alíquotas do PIS/Cofins importação (11,66% para a importação de bens e 9.25% para a importação de serviços) sobre a respectiva base de cálculo, acrescida do IPI sempre que este for integrante do valor de aquisição do produto (é dizer, se o importador não puder se recuperar, via lançamento a crédito em sua conta gráfica, do IPI que gravou o bem importado).[1020]

No caso de importações de bens para o ativo imobilizado, o crédito será apurado mediante a aplicação da alíquota do PIS/Cofins não-cumulativos sobre o valor da depreciação ou amortização contabilizada mensalmente. Todavia, no caso das máquinas e equipamentos destinados ao ativo imobilizado, faculta-se ao contribuinte optar pelo creditamento em quatro anos, à razão de 1/48 por mês, calculado sobre o valor de aquisição do ativo.[1021]

Podem ser considerados integrantes do custo ou aquisição dos bens destinados ao ativo imobilizado os valores decorrentes do ajuste a valor presente, mas não serão computados os ganhos e perdas decorrentes de avaliação de ativo com base no valor justo.[1022]

---

modificar as Leis nº 10.637/2002 e nº 10.833/2003 (confira-se: tópico nº 13.4.5.11), sabe-se que a mera mudança de nome dessa conta não tem o condão de inviabilizar o exercício do direito ao crédito aqui previsto, sendo certo que os bens adquiridos para o ativo intangível continuam a se beneficiar da geração de crédito no PIS/Cofins importação na sistemática da não cumulatividade, mesmo não sendo mais registrados no ativo imobilizado, mas sim em conta própria.

1019. Art. 15, § 14, da Lei nº 10.865/2004, incluído pela Lei nº 12.973/2014.

1020. Art. 15, §3º, da Lei nº 10.865/2004.

1021. Art. 15, §§4º e 5º da Lei nº 10.865/2004.

1022. Art. 15, §13, da Lei nº 10.865/2004, incluído pela Lei nº 12.973/2014. O ajuste a valor presente de que trata o dispositivo é aquele disciplinado no art. 184, inc. III,

14.2.2.3 O TRANSPORTE DO SALDO CREDOR PARA OS PERÍODOS SUBSEQUENTES

Como é regra nas exações não-cumulativas, o crédito de PIS/Cofins-importação não aproveitado em determinado mês poderá sê-lo nas competências subsequentes.[1023]

14.2.2.4 IMPORTAÇÕES ISENTAS E DIREITO AO CRÉDITO

As importações efetuadas ao abrigo de isenção do PIS/Cofins-importação geram créditos para o contribuinte. As únicas ressalvas feitas pela legislação referem-se:

(a) à importação de produtos ou insumos isentos para serem revendidos ou utilizados na produção de bens sujeitos à alíquota zero, isentos ou não tributados;[1024]

(b) à importação de bens sob o regime aduaneiro especial de *drawback*, na modalidade de isenção.[1025]

14.2.2.5 IMPORTAÇÕES POR CONTA E ORDEM DE TERCEIROS

Nas importações por conta e ordem de terceiros, os créditos do PIS/Cofins-importação serão aproveitados pelo encomendante e não pela empresa importadora.[1026]

Nesse tipo de operação, a importadora promove o despacho aduaneiro em nome próprio. Todavia, as mercadorias estrangeiras são, em verdade, adquiridas pela "encomendante",

---

da Lei nº 6.404/76 (LSA) [dispositivo com redação dada pela Lei nº 11.941/2009] e, contabilmente, no Pronunciamento do Comitê de Pronunciamentos Contábeis nº 12. Já a avaliação a valor justo é disciplinada nos arts. 182, §3º, e 183, da LSA e, contabilmente, no CPC nº 46.

1023. Art. 15, §2º, da Lei nº 10.865/2004.

1024. Art. 16, §1º, da Lei nº 10.865/2004 [§1º incluído pela Lei nº 11.945/2009.].

1025. Art. 16, §2º c/c art. 9º, II, f, da Lei nº 10.865/2004.

1026. Art. 18 da Lei nº 10.865/2004.

que é a compradora *de facto*.[1027] Assim, a importadora por conta e ordem de terceiros, embora possa cuidar de todos os detalhes da operação – até mesmo da negociação comercial e, eventualmente, da realização de pagamentos[1028] – age sempre como mandatária da adquirente, que dispõe da capacidade econômica e dos recursos para viabilizar a transação internacional.

Dessarte, a regra que prescreve o aproveitamento dos créditos de PIS/Cofins-importação pela "encomendante" na importação por conta e ordem de terceiros é salutar, pois a importadora, em que pese possuir amplos poderes, não age em nome próprio nessa hipótese, figurando como mera prestadora de serviços, no mais das vezes sem capacidade econômica para suportar a aquisição realizada pelo adquirente *de facto*.

Fazemos apenas um reparo na terminologia eleita pelo legislador do PIS/Cofins-importação: melhor teria sido referir-se a "adquirente" no lugar de "encomendante" para definição do titular dos créditos das contribuições na importação por conta e ordem de terceiros. Afinal, nesse tipo de operação existem três partes envolvidas: o adquirente (e não o encomendante), o importador e o alienante. O termo "encomendante" remete à importação por encomenda, que não se confunde com a importação por conta e ordem. Nas importações por encomenda, os partícipes são: o encomendante predeterminado, o importador e o alienante. A aquisição do bem no estrangeiro é feita diretamente pelo importador, que deve possuir disponibilidade financeira para tanto (ao contrário da importação por conta e ordem de terceiro). No momento em que o bem adentra em território nacional, o importador o revende ao encomendante predeterminado. Assim, para todos os efeitos legais, o

---

1027. Art. 2º, §§ 1º e 2º da IN RFB nº 1.861/2018 c/c art. 41, § 2º da IN RFB nº 1.911/2109.

1028. O pagamento da importação por conta e ordem pode ser feito pela encomendante ou pela importadora, conforme opção facultada pelo Regulamento do Mercado de Câmbio e Capitais Internacionais (Título 1, Capítulo 12, Seção 2) do Banco Central do Brasil. De todo modo, mesmo quando o pagamento for feito pela importadora ele o será, em regra, com dinheiro da encomendante, que é a verdadeira adquirente e detentora da capacidade financeira para realização do negócio.

importador é efetivamente aquele que traz as mercadorias do exterior, aplicando-se, nessa hipótese, a regra geral da Lei nº 10.865/2004: os créditos de PIS/Cofins são de titularidade da pessoa jurídica que promove a importação.

XV
TEMAS COMUNS À NÃO-CUMULATIVIDADE DO IPI, ICMS E PIS/COFINS

15.1 OPERAÇÕES COM EMPRESAS SUJEITAS AO SIMPLES NACIONAL

15.1.1 A REGRA GERAL: VEDAÇÃO DE APROVEITAMENTO E TRANSFERÊNCIA DE CRÉDITOS PELAS EMPRESAS OPTANTES DO SIMPLES

O "Regime Especial Unificado de Arrecadação de Tributos e Contribuições devidos pelas Microempresas e Empresas de Pequeno Porte" (SIMPLES Nacional), instituído pela Lei Complementar nº 123/2006, consiste em um método alternativo de pagamento de tributos federais (IRPJ, CSLL, IPI, PIS/Cofins e Contribuição Previdenciária Patronal), do ICMS e do ISSQN. Seu antecessor era o SIMPLES Federal, veiculado pela revogada Lei nº 9.317/96, cuja diferença fundamental para o SIMPLES Nacional reside na amplitude que este último possui, porquanto abarca, além dos tributos federais, o ICMS e o ISSQN.[1029]

1029. Sob a égide da Lei nº 9.317/96 [posteriormente revogada pela LC nº 123/2006] era possível que o ICMS e o ISSQN fossem incluídos no SIMPLES Federal.

Podem optar pelo SIMPLES Nacional as microempresas ou empresas de pequeno porte que atendam às condições estipuladas pela legislação.[1030] Feita a opção, o contribuinte passa a se sujeitar às regras do sistema favorecido de tributação, dentre as quais destacamos a insculpida no art. 23 da LC nº 123/2006, que assim dispõe em seu *caput*:

> Art. 23. As microempresas e as empresas de pequeno porte optantes pelo SIMPLES Nacional não farão jus à apropriação nem transferirão créditos relativos a impostos ou contribuições abrangidos pelo SIMPLES Nacional.

A regra já existia no vetusto SIMPLES Federal, no qual era vedada a apropriação ou transferência de créditos relativos ao IPI e ao ICMS pela empresa optante.[1031] Atualmente, como se infere do dispositivo, a proibição se estende também aos créditos das *contribuições* abrangidas pelo SIMPLES Nacional.

A norma em comento tem sido duramente combatida, principalmente na parte em que proíbe a transferência de créditos para os terceiros que celebram negócios com as empresas optantes pelo SIMPLES. De fato, essa proibição quebranta a não-cumulatividade, pois as empresas do SIMPLES efetivamente

---

Todavia, tal medida dependia da autorização dos Estados e dos Municípios, por meio de convênios firmados com a União Federal. Dadas as dificuldades ínsitas às negociações políticas, o SIMPLES Federal acabou fazendo jus ao nome e se restringindo, na maior parte dos casos, apenas aos tributos de competência da própria União.

1030. A LC nº 123/2006, com a redação que lhe foi conferida pela LC nº 139/2011, define a microempresa como o empresário, a pessoa jurídica, ou a ela equiparada, que aufira, em cada ano-calendário, receita bruta igual ou inferior a R$ 360.000,00 (trezentos e sessenta mil reais). Já a empresa de pequeno porte é conceituada como o empresário, a pessoa jurídica, ou a ela equiparada, que aufira, em cada ano-calendário, receita bruta superior a R$ 360.000,00 (trezentos e sessenta mil reais) e igual ou inferior a R$ 3.600.000,00 (três milhões e seiscentos mil reais).

1031. Vale lembrar que a inclusão do ICMS no SIMPLES Federal (Lei nº 9.317/96) não era automática. Dependia de convênio entre a União e o Estado (art. 4º, §4º c/c art. 5º, §5º da Lei nº 9.317/96). Assim, a vedação de transferência e apropriação de créditos de ICMS por empresa optante do SIMPLES Federal somente se aplicava quando o ICMS estivesse incluído no sistema favorecido de tributação. [Nota: a Lei nº 9.317/96 foi revogada pela LC 123/2006.].

A NÃO-CUMULATIVIDADE DOS TRIBUTOS

pagam IPI, ICMS e PIS/Cofins, porém em valores reduzidos. Assim, negar-se o crédito dessas exações ao adquirente de bens e serviços fornecidos pelas pessoas jurídicas optantes equivale a impedir o abatimento do tributo pago na etapa anterior, o que viola frontalmente a não-cumulatividade (desde que, obviamente, o adquirente também seja contribuinte dos referidos tributos, não adquirindo as mercadorias e serviços das empresas do SIMPLES na qualidade de consumidor final).[1032]

Por outro lado, negar-se às empresas optantes o direito ao aproveitamento de créditos de IPI, ICMS e PIS/Cofins sobre suas próprias aquisições é perfeitamente admissível, pois se trata de um regime de tributação opcional, ao qual a empresa pode ou não aderir. Caso o contribuinte faça essa opção, pagará menos tributos, porém não terá direito ao crédito das exações não-cumulativas. A escolha é livre e, sendo assim, o Fisco pode estipular condições para a adesão ao SIMPLES.

Assim, pode-se afirmar que:

(a) é constitucional a restrição ao direito de crédito da empresa optante pelo SIMPLES Nacional em relação às suas aquisições tributadas, pois se trata de regime facultativo, razão pela qual a saída da sistemática débito-crédito somente ocorrerá mediante opção do contribuinte;

(b) é inválida, por ferimento à não-cumulatividade, a vedação ao creditamento do IPI, ICMS e PIS/Cofins por parte dos terceiros adquirentes de bens e serviços das empresas do SIMPLES, desde que estes sejam contribuintes dessas exações e, ao mesmo tempo, não se caracterizem como consumidores finais das mercadorias e serviços adquiridos.

1032. Nessa linha, veja-se também: MARINS, James e BERTOLDI, Marcelo M. *Simples Nacional – Estatuto da Microempresa e da Empresa de Pequeno Porte Comentado*. São Paulo: Revista dos Tribunais, 2007, p. 155.

A última vedação mencionada afetou sobremaneira as empresas optantes, que perderam importante diferencial competitivo nas vendas para contribuintes sujeitos à sistemática débito-crédito do IPI, ICMS e PIS/Cofins. Afinal, aqueles podem se creditar dessas exações quando fazem aquisições de empresas não optantes, mas, ao fazê-las de pessoas jurídicas inscritas no SIMPLES, arcam juridicamente com o ônus desses tributos à míngua do direito ao crédito sobre o valor pago pelas empresas optantes.

Constatado o problema criado pela norma *sub examine*, tanto o legislador como o próprio Poder Executivo buscaram criar saídas para evitar a cumulatividade do IPI, ICMS e PIS/Cofins, como se verá nos tópicos seguintes.

15.1.2 OS CRÉDITOS DE PIS/COFINS

Com o intuito de solucionar o problema da vedação ao creditamento de PIS/Cofins para os adquirentes de bens e serviços de empresas inscritas no SIMPLES, a Receita Federal editou o Ato Declaratório Interpretativo nº 15/2007, que autorizou aqueles contribuintes a se creditarem (à alíquota de 9,25%) das despesas incorridas com tais aquisições.

Louvável a atitude da Receita Federal, restabelecendo a isonomia concorrencial em matéria de PIS/Cofins para as empresas optantes pelo SIMPLES. Todavia, vale notar que a RFB nada mais fez do que preservar o mandamento constitucional da não-cumulatividade, vale dizer, o ADI em questão não institui benefício fiscal, apenas aclara – em linha com a Constituição – a existência de um direito fundado em normas superiores.

15.1.3 A NÃO-CUMULATIVIDADE DO ICMS

No que tange ao ICMS, o próprio legislador se encarregou de mitigar os efeitos cumulativos trazidos pelo art. 23 da LC nº 123/2006. A Lei Complementar nº 128/2008 permitiu, a partir de 1º de janeiro de 2009, que as aquisições feitas de empresas optantes pelo SIMPLES passassem a gerar créditos de ICMS. A autorização, contudo, restringiu-se às pessoas jurídicas que adquirem mercadorias de empresas do SIMPLES para fins de comercialização ou industrialização. Assim, apesar de ter representado um avanço, a norma não assegurou o direito ao crédito na aquisição de serviços tributados pelo ICMS e de mercadorias compradas para permitir a prestação de serviços gravados pelo imposto estadual.[1033]

O valor do crédito de ICMS a ser aproveitado pelo adquirente será o efetivamente pago pelo contribuinte do SIMPLES e destacado em documento fiscal.[1034] Nesse caso, por óbvio, haverá uma substancial diferença entre os créditos de ICMS oriundos de aquisições de empresas não optantes (dado que a alíquota do imposto gira em torno de 18%) e de pessoas jurídicas optantes pelo SIMPLES (que pagam entre 1% e 4% de ICMS sobre o valor da mercadoria).

De qualquer modo, ainda que a LC nº 128/2008 tenha mitigado a inconstitucional cumulatividade imprimida ao ICMS pelo art. 23 da LC nº 123/2006, a solução não adveio por completo. Foram ignorados os adquirentes de mercadorias destinadas à utilização na prestação de serviços gravados pelo ICMS (eis que o creditamento somente é facultado aos que adquirem bens para *comercialização* ou *industrialização*), assim como a aquisição de *serviços tributados pelo ICMS* das empresas do SIMPLES, pois somente a compra de *mercadorias* permite o desconto dos créditos nos termos da novel legislação.

Não obstante, vale repisar que a restrição inserta no *caput* do art. 23 ao creditamento por parte de empresas não optantes que celebrem negócios jurídicos com contribuintes do SIMPLES é inconstitucional. Como já dito, vedar-se a apropriação de créditos pela pessoa jurídica optante é uma

---

1033. Art. 23, §1º, da LC nº 123/2006.

1034. Conforme estipulado pelo Comitê Gestor do SIMPLES Nacional por meio da Resolução nº 53/2008, o valor do crédito deverá ser inserido pela empresa optante no campo "informações complementares" da nota fiscal.

faculdade da lei, pois o regime não é obrigatório. Contudo, os terceiros que comerciam com as empresas do SIMPLES não podem ter seu direito ao crédito atingido, pois essa vedação atenta contra a não-cumulatividade tributária.

15.1.4 A PROBLEMÁTICA DO IPI

Neste ponto, vale lembrar que o art. 23 da LC nº 123/2006 manteve (e ampliou para o PIS/Cofins) a regra vigente desde a Lei nº 9.317/96, que proibia a apropriação e a transferência de créditos de IPI e ICMS por empresa inscrita no SIMPLES.

Sob o pálio da legislação pretérita, entendeu a Corte Superior de Justiça pela legitimidade da restrição ao aproveitamento de créditos do IPI pelas empresas optantes.[1035] Tal entendimento é correto, pois o SIMPLES é um regime especial de tributação ao qual as empresas podem ou não aderir. Caso adiram, sabem de antemão que, dentre as consequências do seu ato, está a restrição ao aproveitamento de créditos de IPI.

Entretanto, o STJ também sustentou a impossibilidade de creditamento do IPI pelos terceiros não optantes que adquirem mercadorias de empresas do SIMPLES, com o que não concordamos.[1036] Afinal, é neste ponto que reside a ilegitimidade do *caput* do art. 23 da LC nº 123/2006 (e residia a do art. 5º, §5º ,da Lei nº 9.317/96), pois não se pode tolher o direito assegurado pela Constituição e pelo CTN de abatimento do IPI pago nas operações anteriores. O recolhimento do IPI por qualquer contribuinte, optante ou não por regime especial, deve, obrigatoriamente, gerar créditos aproveitáveis para o adquirente de suas mercadorias (desde que este também seja contribuinte do IPI, do contrário arcará com o ônus do imposto na qualidade

---

1035. STJ, Primeira Turma, EDcl no Ag. nº 940.592/PR, Relatora Min. DENISE ARRUDA, *DJ* 17.12.2007, p. 143; STJ, Segunda Turma, REsp nº 843.291/PR, Relatora Min. ELIANA CALMON, *DJe* 07.04.2008.

1036. STJ, Primeira Turma, AgRg no REsp nº 1.066.597/PR, Relator Min. FRANCISCO FALCÃO, *DJe* 29.10.2008.

de contribuinte *de facto*). Trata-se de premissa basilar da não-cumulatividade tributária, integrante de seu núcleo mínimo resguardado pelo Supremo Tribunal Federal.[1037]

15.2 RESTITUIÇÃO DO INDÉBITO *VERSUS* CREDITAMENTO ESCRITURAL: PRAZOS PRESCRICIONAIS

15.2.1 O CTN E A REPETIÇÃO DO INDÉBITO NOS TRIBUTOS SUJEITOS A LANÇAMENTO POR HOMOLOGAÇÃO

Uma vez pago indevidamente o tributo, exsurge para o contribuinte o direito de repetir o indébito ou, se a lei assim permitir, pleitear a compensação do montante pago a maior. O pedido pode ser feito administrativamente ou em juízo.

O fundamento constitucional do direito à restituição do tributo indevidamente pago radica no direito de propriedade insculpido no art. 5º, XXII, da CR/88. Essa garantia fundamental veda a apropriação ou confisco de bens dos cidadãos sem causa jurídica.

No plano infraconstitucional, o CTN regulamenta o tema em seus arts. 165 a 169. O art. 168, *caput*, cura do prazo para se pleitear a devolução dos tributos indevidamente pagos, que é de 05 anos contados:

(a) da data da extinção do crédito tributário, quando o pagamento a maior pelo sujeito passivo tenha decorrido de erro de fato ou de direito;

1037. Nesse sendeiro, PAULSEN alerta que "já há decisões no sentido de que não se justifica a vedação" (de apropriação de créditos pela empresa que adquire produtos da optante pelo SIMPLES), "na medida em que violaria a não-cumulatividade", citando precedente em matéria de IPI do TRF da 4a Região: Segunda Turma, AMS nº 2001.72.05.005081-2/SC, Relator p/ acórdão Des. Federal VILSON DARÓS, DJ 02.07.2003, pp. 570-9. (PAULSEN, Leandro. *Direito Tributário, Constituição e Código Tributário à Luz da Doutrina e da Jurisprudência*, 13a ed. Porto Alegre: Livraria do Advogado; ESMAFE, 2011, p. 311).

(b) da data em que se tornar definitiva a decisão administrativa ou que transitar em julgado decisão judicial que tenha anulado, reformado, revogado ou rescindido o auto de infração/decisão condenatória.

Quando se estipula que o prazo para repetição do indébito expira em 05 anos contados da extinção do crédito tributário nas hipóteses de pagamento indevido pelo sujeito passivo (alínea *a*, *supra*), faz-se necessário analisar o art. 156 do CTN, cujos incisos I e VII predicam, respectivamente, serem causas *extintivas* do crédito tributário:

(a) o pagamento; e

(b) o pagamento antecipado e a homologação do pagamento nos termos do art. 150, §§1º a 4º.

Nos tributos lançados de ofício (IPTU e IPVA, *v.g.*), o pagamento extinguirá o crédito tributário, nos termos do art. 156, I, CTN. Assim, o prazo para propositura de eventual ação de repetição de indébito inicia-se a partir da data de recolha dos valores ao erário.

Já nos tributos sujeitos a lançamento por homologação (IPI, ICMS, PIS/Cofins, *et caterva*), a extinção do crédito tributário se dará com o pagamento antecipado e a homologação do pagamento, nos termos do art. 156, VII, do CTN. Nessa hipótese, duas interpretações são possíveis:

(a) feito o pagamento, o crédito se extingue e o prazo de cinco anos passa a correr;

(b) ainda que pago o tributo, a extinção do crédito somente ocorre com a homologação do pagamento, que se dá – tacitamente – cinco anos após a ocorrência do fato gerador (art. 150, §4º, do CTN). Assim, o *dies a quo* para contagem do prazo prescricional em questão seria a data da homologação tácita do pagamento.[1038]

1038. A homologação expressa quase não existe. Todavia, se ocorrer, consistirá no

Inicialmente, o Superior Tribunal de Justiça entendia que o referido prazo de 5 anos (para pleitear-se a repetição/compensação nos tributos sujeitos a lançamento por homologação) se iniciava na data do pagamento antecipado.[1039]

Posteriormente, contudo, o STJ pacificou entendimento em sentido diverso,[1040] prevalecendo, a partir de então, a tese de que o prazo prescricional para a propositura da ação de repetição/compensação do indébito é de 10 anos nos tributos sujeitos a lançamento por homologação. O decênio é resultante dos 5 anos contados da extinção do crédito tributário, que se dá (por força da homologação tácita) 5 anos após a ocorrência do fato gerador do tributo.

Com a edição da Lei Complementar nº 118/2005, a regra posta no CTN acerca do prazo para repetição do indébito nos tributos sujeitos a lançamento por homologação foi "interpretada" pelo legislador da seguinte forma:

> Art. 3º. Para efeito de interpretação do inciso I do art. 168 da Lei nº 5.172, de 25 de outubro de 1966 – Código Tributário Nacional, a extinção do crédito tributário ocorre, no caso de tributo sujeito a lançamento por homologação, no momento do pagamento antecipado de que trata o §1º do art. 150 da referida Lei.

O dispositivo objetivou modificar o entendimento do STJ acerca da contagem do prazo prescricional para a propositura da ação de repetição/compensação do indébito. Ao argumento de se tratar de norma interpretativa (que, portanto, retroagiria para atingir fatos geradores pretéritos),[1041] o legislador complementar dispôs que o prazo de 5 anos contar-se-ia do

---

dies a quo para a contagem do prazo prescricional de compensação/repetição do indébito.

1039. STJ, Primeira Turma, REsp nº 44.265/RS, Relator Min. DEMÓCRITO REINALDO, DJ 27.06.1994, p. 16.913.

1040. STJ, Primeira Seção, EREsp nº 42.720/RS, Relator Min. HUMBERTO GOMES DE BARROS, DJ 17.04.1995, p. 9.551.

1041. A retroatividade da lei tributária interpretativa é predicada pelo art. 106, I, do CTN.

pagamento antecipado (e não da homologação do pagamento, como havia sido assentado pelo STJ ao interpretar o CTN).

Contra a regra adveio forte reação por parte da doutrina.[1042] Afinal, nada havia a ser interpretado. A jurisprudência se encontrava há muito pacificada no sentido de que o prazo prescricional para propositura da ação de repetição de indébito nos tributos sujeitos a lançamento por homologação contava-se da homologação do pagamento, ou seja: a regra era a do prazo decenal (conhecida como a tese dos "cinco mais cinco").

Sensibilizado, o Superior Tribunal de Justiça, por sua Corte Especial, decidiu que a norma veiculada pela LC nº 118/2005 não era interpretativa. A hermenêutica do CTN, na parte atingida pela referida lei complementar, já havia sido realizada pelo Poder Judiciário, ao qual incumbe a interpretação das leis. Portanto, o comando inserto no art. 3º da LC nº 118/2005 consistia em modificação legislativa. Dessarte, o novel dispositivo somente produziria efeitos para os fatos geradores ocorridos após o início de sua vigência, iniciada em 9 de junho de 2005.[1043]

Assim, atualmente a regra que vigora para os pleitos de restituição/compensação do indébito tributário nos tributos sujeitos a lançamento por homologação é:

(a) prazo decenal para fatos geradores ocorridos antes de 9 de junho de 2005;

(b) prazo quinquenal para fatos geradores ocorridos após 9 de junho de 2005 (sendo que o *dies a quo* é a data do pagamento e não a de ocorrência do fato tributável).

1042. *Inter alii*, sugerimos a leitura do seguinte texto: COÊLHO, Sacha Calmon Navarro e LOBATO, Valter. Reflexões Sobre o Art. 3º da Lei Complementar 118. Segurança Jurídica e a Boa-fé como Valores Constitucionais. As Leis Interpretativas no Direito Tributário Brasileiro. *Revista Dialética de Direito Tributário*, nº 117. São Paulo: Dialética, jun./2005, pp.108-23.

1043. STJ, Corte Especial, AI nos EREsp nº 644.736/PE, Relator Min. TEORI ZAVASCKI, *DJ* 27.08.2007, p. 170.

Pois bem. Sendo o IPI, o ICMS e o PIS/Cofins tributos sujeitos a lançamento por homologação, o prazo para ações que busquem a restituição/compensação do indébito dessas exações se sujeita às regras acima. Todavia, nenhuma delas é aplicável quando se trata do pleito de escrituração de créditos dos tributos não-cumulativos, como se verá a seguir.

15.2.2 O DECRETO Nº 20.910/32 E O CREDITAMENTO ESCRITURAL DE IPI, ICMS E PIS/COFINS NÃO-CUMULATIVOS

Nas hipóteses em que o pedido do contribuinte restringe-se à escrituração de créditos de exações não-cumulativas cujo reconhecimento é negado pelo Fisco a regra do CTN é afastada. Isso porque o direito ao crédito, decorrente do princípio da não-cumulatividade, não se confunde com o direito à compensação ou restituição do tributo pago a maior.

Tendo em vista a ausência de disposições do CTN sobre esse tema, o Superior Tribunal de Justiça tem aplicado o Decreto nº 20.910/32 para contagem do prazo prescricional das ações de reconhecimento do direito a créditos escriturais de tributos não-cumulativos.[1044] O referido decreto prevê a prescrição quinquenal de todas as dívidas passivas da União, Estados e Municípios, assim como de todo direito ou ação contra a Fazenda Federal, Estadual ou Municipal, seja qual for a sua natureza.

A solução adotada pelo STJ é correta. Afinal, a escrituração de créditos de impostos não-cumulativos é inconfundível com o pleito de repetição do indébito fiscal, esse sim regulamentado pelo Código Tributário Nacional. Tanto é que o art. 166 do CTN é inaplicável aos casos em que o contribuinte pugna pelo reconhecimento de créditos escriturais.[1045] Noutro

---

1044. STJ, Primeira Turma, REsp nº 866.697/MG, Relatora Min. DENISE ARRUDA, *DJe* 23.04.2008; STJ, Segunda Turma, REsp nº 746.440/MG, Relator Min. HUMBERTO MARTINS, *DJ* 04.05.2007, p. 426.

1045. STJ, Segunda Turma, AgRg no Ag nº 1.022.174/SP, Relator Min. HERMAN

giro verbal, a compensação do indébito não se confunde com a compensação em conta gráfica das exações não-cumulativas. Dessarte, à míngua de regramento pelo Código Tributário, é acertada a utilização do Decreto nº 20.910/32 para regular a prescrição das ações de reconhecimento de créditos escriturais do IPI, ICMS e PIS/Cofins não-cumulativos.[1046]

15.3 LUSTRO DECADENCIAL PARA ESCRITURAÇÃO, EM CONTA GRÁFICA, DE CRÉDITOS DE IPI, ICMS E PIS/COFINS

O ICMS possui regra própria que estipula o prazo de 5 (cinco) anos para a escrituração pelo contribuinte dos créditos do imposto, contados da data de emissão da nota fiscal que suporta esse creditamento.[1047]

Já as leis de regência do IPI e do PIS/Cofins não possuem tal previsão. Todavia, como o ordenamento jurídico não abriga direitos imprescritíveis, aplica-se analogicamente à hipótese o já referido Decreto nº 20.910/32. Assim, é de 5 (cinco) anos o prazo para escrituração dos créditos decorrentes dessas exações, sob pena de decadência do direito do contribuinte. O *dies a quo* para a contagem do lustro decadencial, no caso do IPI, será a data de emissão da nota fiscal, tal como no ICMS. Já para o PIS/Cofins será a data em que o contribuinte incorreu na despesa geradora do crédito que pretenda aproveitar.

Trata-se, como se infere, do mesmo prazo que o contribuinte possui para aforar ação visando a resguardar seu direito à escrituração de créditos não reconhecidos pelo Fisco.

BENJAMIN, *DJe* 19.03.2009.

1046. A legislação regente do PIS/Cofins não-cumulativos (art. 15, II c/c art. 3º, §10º, da Lei nº 10.833/2003) deixa claro que os créditos dessas contribuições – utilizados para fins de apuração do quantum debeatur – são meramente escriturais, assim como o são os créditos de IPI e ICMS, que possuem a mesma finalidade.

1047. Art. 23, parágrafo único, da LC nº 87/96.

A NÃO-CUMULATIVIDADE
DOS TRIBUTOS

15.4 A CORREÇÃO MONETÁRIA DOS CRÉDITOS ESCRITURAIS[1048]

Como já visto à saciedade, o IPI, o ICMS e o PIS/Cofins devem ser apurados pelo sistema de conta gráfica, lançando-se créditos e débitos para, ao cabo, obter-se o *quantum debeatur* a ser recolhido às burras estatais. Todavia, é possível que em determinada competência o contribuinte apure mais créditos do que débitos a compensar, podendo transportar o saldo credor para os períodos subsequentes. Em situações como tais, exsurge a seguinte indagação: os créditos não aproveitados na competência em que lançados devem ser monetariamente corrigidos quando transferidos para os períodos seguintes?[1049]

Temos que sim. Afinal, a atualização monetária nada mais é que a manutenção do poder de compra da moeda. Especialmente em períodos inflacionários, a ausência de correção poderá levar à perda de significativa parcela do crédito – o que contraria a não-cumulatividade.

Em que pese a acaciana simplicidade da questão, o STF entendeu de forma diversa, tendo assentado que a correção

---

1048. A problemática acerca da correção monetária dos créditos de IPI e ICMS não se confunde com o tema da atualização do indébito tributário oriundo de pagamento a maior ou indevido de tributo.
Em se tratando de repetição de indébito do ICMS ou IPI, a jurisprudência da Corte Suprema remete a questão da atualização dos valores à legislação infraconstitucional. Pugna o STF, no entanto, pela ampliação (por analogia) das hipóteses em que a correção seria devida, quando tal medida se afigure possível em face das leis estaduais e federais: STF, Segunda Turma, RE nº 84.353/SP, Relator Min. MOREIRA ALVES, *DJ* 26.04.1976.
No caso, a legislação paulista previa a correção monetária na ação de repetição de indébito quando o contribuinte depositasse judicialmente os valores. Entretanto, caso pagasse o imposto e ajuizasse a repetitória, a lei estadual era omissa quanto à correção. Utilizando-se da analogia, estendeu o STF a regra que predicava a atualização do indébito também para as hipóteses nas quais o contribuinte optasse pelo solve et repete. No mesmo sentido, inter alii: STF, Primeira Turma, RE nº 81.456/SP, Relator Min. ANTONIO NEDER, DJ 13.03.1981, p. 11.731; STF, Segunda Turma, RE nº 86.327/SP, Relator Min. MOREIRA ALVES, *DJ* 17.03.1978, p. 1.417.

1049. A competência (período de apuração) é em regra mensal nos tributos não-cumulativos, mas pode ser quinzenal ou até mesmo decendial, como ocorre com o IPI em alguns casos.

monetária dos créditos escriturais não integra o núcleo constitucional da não-cumulatividade. Assim, trata-se de matéria que fica ao inteiro alvedrio do legislador infraconstitucional – portanto, salvo disposição em contrário, não haverá direito à correção dos créditos escriturais desses impostos. Tal entendimento tem como fundamento a natureza meramente contábil dos créditos lançados na conta gráfica do contribuinte. Como aqueles se prestam tão somente para fins de apuração do *quantum debeatur*, não representando um direito oponível ao Fisco, não haveria razão para assegurar-se ao contribuinte a sua correção com fundamento no princípio da não-cumulatividade – posicionamento do qual discordamos veementemente.[1050]

A exceção à regra, ainda de acordo com o Supremo Tribunal Federal, ocorre apenas nas hipóteses em que o contribuinte deixa de aproveitar o crédito por força de óbice criado pelo próprio Estado. Em tais situações, o Tribunal assegura a correção monetária dos créditos escriturais, ao fundamento de evitar o locupletamento ilícito estatal. Resguarda-se, assim, a não-cumulatividade contra fato criado pelo próprio Fisco (em clássica utilização da máxima *venire contra factum proprium non potest*).

1050. Os acórdãos a seguir mencionados tratam da correção de créditos do ICMS, já sob a luz da Constituição de 1988. Neles, o STF reafirma que as questões atinentes à atualização monetária de tributos são matéria infraconstitucional. Outrossim, denotam ser impossível extrair-se do princípio da não-cumulatividade o direito à correção monetária dos créditos escriturais: STF, Primeira Turma, AI-AgR nº 181.138/RS, Relator Min. MOREIRA ALVES, *DJ* 18.04.1997, p. 13.775; STF, Segunda Turma, RE nº 213.583/RS, Relator Min. MAURÍCIO CORREA, DJ 14.04.2000, p. 54; STF, Pleno, Embargos de Divergência no RE nº 213.583/RS, Relator Min. CEZAR PELUSO, *DJ* 06.06.2008, p. 93.
Digno de registro, todavia, o voto vencido do Min. MARCO AURÉLIO, que pugnou pela rediscussão da matéria no âmbito da Corte, in verbis:
"(...) Peço vênia para admitir a rediscussão do tema, tendo em conta até mesmo o que não consigo conceber: o enriquecimento sem causa por parte do Estado.
Quando, ante o princípio da não-cumulatividade, ao término do mês de apuração do que devido a título de ICMS, o contribuinte tem crédito, o transporte – principalmente em época de inflação (...) – para o mês seguinte, com a perda do poder aquisitivo da moeda, implica transgressão ao princípio, implica enriquecimento sem causa do próprio Estado, implica majoração, portanto, do tributo. É um tema que, a meu ver, merece reflexão maior." (STF, Pleno, Embargos de Divergência no RE nº 213.583/RS, Relator Min. CEZAR PELUSO, *DJ* 06.06.2008, p. 93).

A NÃO-CUMULATIVIDADE
DOS TRIBUTOS

O STJ, como não poderia deixar de ser, perfilha o entendimento da Suprema Corte.[1051] Assim, pode-se afirmar – com base na jurisprudência remansosa de nossos Tribunais Superiores e ressalvando nosso posicionamento em sentido contrário – que não há direito à correção monetária dos créditos escriturais do IPI, do ICMS e do PIS/Cofins não-cumulativos. Todavia, se houver óbice estatal ao creditamento, os créditos de IPI e do PIS/Cofins não-cumulativos sofrerão a incidência da SELIC.[1052] Já os relativos ao ICMS serão corrigidos pelos índices previstos nas leis estaduais para a atualização dos créditos do próprio Fisco, consoante predica a orientação pretoriana.

1051. O STJ consolidou seu entendimento sobre a matéria na Súmula nº 411 (DJe 16.12.2009), pela qual "é devida a correção monetária ao creditamento do IPI quando do há oposição ao seu aproveitamento decorrente de resistência ilegítima do Fisco". Os fundamentos que levaram à edição do enunciado sumular são integralmente aplicáveis ao ICMS e ao PIS/Cofins.

1052. Art. 13 da Lei nº 9.065/95 c/c art. 39, §4º, da Lei nº 9.250/95.
As leis em comento não são específicas para a correção monetária dos créditos escriturais. Em verdade, elas regem a atualização dos débitos de tributos federais e, também, do indébito decorrente do seu pagamento a maior. Todavia, consoante predicam o STF e o STJ, os aludidos diplomas legais fundamentam a atualização dos créditos escriturais de IPI e PIS/Cofins não-cumulativos sempre que o Fisco não reconhecer a legitimidade desses créditos, erigindo óbices para a sua escrituração.

CONCLUSÕES

Ao longo do trabalho, foram abordados diferentes temas que se amalgamam em torno de um só núcleo e, em conjunto, conceituam a não-cumulatividade tributária.

O Título I, que compreende os Capítulos I a VI, cuidou de estremar os institutos da tributação indireta e da não-cumulatividade, apontando ao cabo a natureza principiológica deste último.

Foi visto nos Capítulos I e II que tributo indireto, para o ordenamento jurídico pátrio, é aquele criado para trasladar juridicamente o ônus fiscal ao elo seguinte da cadeia produtiva. O principal elemento tipificador da exação indireta é a existência de dois contribuintes (*de jure* e *de facto*) que deverão estar conectados por um negócio jurídico, o qual possibilitará a referida translação do *munus* tributário, sendo o destaque da exação em documento fiscal um indício da sua natureza indireta, porém não uma de suas características essenciais.

Já os requisitos da não-cumulatividade foram assentados no Capítulo III, a saber:

(a) plurifasia necessária, que implica a incidência sobre negócios jurídicos encadeados que viabilizem a circulação de bens e serviços;

(b) direito ao crédito do tributo recolhido em operações ou prestações anteriores (método imposto-contra-imposto, adotado pela Constituição de 1988 para o IPI e o ICMS e pela legislação ordinária para o PIS/Cofins).

No Capítulo IV foram confrontados os conceitos de tributação indireta e não-cumulatividade, chegando-se às seguintes conclusões:

(a) a não-cumulatividade provavelmente estará presente em boa parte das exações indiretas, mas não é imprescindível a estas. A incidência indireta pode ser monofásica ou plurifásica. Se for monofásica, não haverá condições para que a não-cumulatividade opere, ao passo que, sendo plurifásica, poderá ser cumulativa ou não;

(b) por outro lado, *a priori* todo tributo não-cumulativo é também indireto, desde que incida sobre operações de circulação de riquezas. Entretanto, se a não-cumulatividade for aplicada a gravames que incidam sobre outras materialidades (como a receita, no caso do PIS/Cofins) não se poderá concluir da mesma forma. Nesse caso, a não-cumulatividade estará sendo utilizada em função diversa daquela para a qual foi concebida, não tendo o condão de tornar indireta, *per se*, a exação.

No Capítulo V, foi proposta a seguinte classificação das exações não-cumulativas no Brasil:

(a) tributos não-cumulativos *stricto sensu*: ICMS e IPI. Nestes, a não-cumulatividade opera em sua função precípua, possibilitando a translação do ônus fiscal ao contribuinte *de facto* e tornando indireta a exação;

(b) tributos não-cumulativos *lato sensu*: PIS/Cofins. Como essas contribuições não são plurifásicas (pois não gravam negócios jurídicos encadeados ao longo do processo de produção do bem ou prestação do serviço), a não-cumulatividade não as torna indiretas.

À luz dessa divisão, afirmou-se ainda que os impostos e contribuições residuais devem observar a não-cumulatividade somente quando forem plurifásicos. Assim, um tributo residual que grave a propriedade de aeronaves e embarcações, *v.g.*, será monofásico, tornando impossível a sua conciliação com a não-cumulatividade tributária e, via de consequência, ilegítima a exigência de compensação do tributo pago nas etapas anteriores, que inexistirão.

Por fim, no Capítulo VI demonstrou-se que a não-cumulatividade possui natureza de princípio, ainda que, dentre os seus pares, seja aquele que mais se aproxime de uma regra, por enunciar uma conduta (abatimento do tributo pago nas etapas anteriores) de forma objetiva.

No Título II, que compreende os Capítulos VII a X, as normas constitucionais da não-cumulatividade foram analisadas à luz da doutrina e da jurisprudência do Supremo Tribunal Federal. Restou assentado que, para o IPI e o ICMS, a não-cumulatividade possui eficácia plena; já para o PIS/Cofins sua eficácia é limitada, sendo norma de princípio institutivo facultativo (significando que compete ao legislador decidir se irá ou não adotá-la).

No que tange ao conteúdo material da não-cumulatividade, concluiu-se que a tendência atual da Suprema Corte é a exigência de ao menos duas etapas gravadas pelo tributo, sob pena de estorno dos créditos dos estádios anteriores e, igualmente, vedação de transporte de créditos para os estádios subsequentes. Outrossim, restou demonstrado que a jurisprudência construiu a teoria do crédito físico sob a égide do Imposto de Consumo, tendo-a transplantado sucessivamente para o IPI, ICM/ICMS e PIS/Cofins sem maiores reflexões, sendo necessária, portanto, uma reavaliação do tema por parte dos Tribunais. Afinal, havendo ampliação da hipótese de incidência do tributo, os bens e serviços geradores de crédito devem ser igualmente reavaliados.

O tratamento infralegal da não-cumulatividade foi analisado no Título III, que abarca os Capítulos XI a XV.

No Capítulo XI o regramento da não-cumulatividade do IPI foi esmiuçado, tendo sido visto que:

(a) a legislação do IPI veda a apropriação de créditos sobre bens do ativo imobilizado, autorizando-a apenas em relação a matérias-primas, produtos intermediários e materiais de embalagem;

(b) o conceito de produto intermediário foi definido por primeira vez para o IPI. Entrementes, o consumo imediato e integral do bem para sua caracterização como intermediário nunca foi previsto em lei, tendo constado tão somente do RIPI/72 e sido extirpado da normatização do imposto federal já no regulamento seguinte (RIPI/79). Contudo, até hoje a jurisprudência se pauta por esses dois requisitos para caracterização do bem intermediário, em que pese não exigir (com acerto) o contato direto com o produto final e tampouco a inutilização, após um único uso, do produto intermediário.

No Capítulo XII, a problemática da não-cumulatividade do ICMS foi abordada, tendo-se concluído que:

(a) atualmente, os créditos básicos do ICMS são os provenientes de mercadorias adquiridas para revenda, bens do ativo imobilizado, matérias-primas e produtos intermediários;

(b) são matérias-primas as que se agregam fisicamente ao produto final, ao passo que os bens intermediários são os consumidos no processo de produção ou prestação do serviço. Todavia, bens cuja durabilidade seja superior a um ano são legalmente considerados (pelas normas do Imposto de Renda) integrantes do ativo imobilizado do contribuinte;

(c) a aquisição de bens alheios à atividade do estabelecimento não enseja o creditamento, por expressa vedação legal. Contudo, bem alheio é aquele totalmente estranho às atividades empresariais. Se determinada mercadoria possui uso indireto no processo produtivo ou de prestação do serviço, o direito ao crédito deverá ser assegurado. Todavia, a jurisprudência do STJ tem restringido sobremaneira o crédito em tais hipóteses – indevidamente, a nosso sentir – exigindo a aplicação direta do bem na produção ou prestação do serviço;

(d) nos casos de ativo imobilizado cedido em comodato para parceiros comerciais, o comodante faz jus ao aproveitamento dos créditos de ICMS sobre os bens cedidos (desde que o uso conferido ao ativo pelo comodatário seja relacionado com as atividades de ambas as empresas);

(e) o transporte interestadual ou intermunicipal de mercadorias não tributadas gera crédito aproveitável pelo contratante do serviço, desde que os bens transportados sejam vinculados à sua atividade empresarial;

(f) os prestadores de serviço de comunicação possuem direito inatacável aos créditos de ICMS sobre a energia elétrica consumida em suas áreas operacionais, pois a comunicação é viabilizada pela própria energia transformada em pulsos ou ondas eletromagnéticas, tratando-se de insumo imprescindível ao funcionamento das centrais telefônicas;

(g) a exigência de nota fiscal para aproveitamento dos créditos de ICMS não é definitiva, podendo ser substituída por prova, feita pelo contribuinte em processo administrativo ou judicial, de que a operação ou prestação efetivamente ocorreu. Outrossim, meros erros formais não tornam inidôneo o documento fiscal, devendo ser oportunizado ao contribuinte o direito de retificá-lo.

No Capítulo XIII, foi analisada a não-cumulatividade do PIS/Cofins incidente sobre a receita bruta das empresas, cujas principais notas são:

(a) apuração em conta gráfica por período de tempo, tal como o ICMS e o IPI;

(b) garantia de crédito sobre despesas com matérias-primas, produtos intermediários, bens do ativo e insumos (neste último caso, trata-se da primeira vez que a legislação pátria assegura o creditamento sobre item de tamanha amplitude, que abarca todos os bens necessários à produção ou prestação de serviço, de forma direta ou indireta).

Outrossim, foi apontada violação à isonomia decorrente da sujeição dos contribuintes que apuram o IRPJ com base no Lucro Real ao regime não-cumulativo do PIS/Cofins, sendo que os optantes pelo Lucro Presumido ou Arbitrado permanecem sujeitos à sistemática cumulativa, mais benéfica por força de suas reduzidas alíquotas. Concluiu-se que o fator de discrímen eleito pela legislação é inadequado, pois sujeita empresas em idêntica situação – muitas vezes concorrentes entre si – a formas distintas de tributação.

As vicissitudes do regime não-cumulativo do PIS/Cofins aplicado aos prestadores de serviço foram também abordadas. Afinal, o setor de serviços possui ciclo produtivo mais curto e poucos créditos aproveitáveis, já que as despesas com mão de obra de pessoas físicas – principal insumo desse segmento – não geram créditos compensáveis. À vista desse cenário propôs-se, *de lege ferenda*, a atribuição de alíquotas minoradas do PIS e da Cofins não-cumulativos aos prestadores de serviço, com o intuito de restabelecer o primado da capacidade contributiva.

No Capítulo XIV, foram bosquejadas as nuanças do PIS e da Cofins devidos na importação de bens e serviços, apontando-se a inconstitucionalidade dessas exações quando exigidas de contribuintes sujeitos à sistemática cumulativa do PIS/Cofins, que não podem se creditar do valor das contribuições pagas na importação, ao contrário do que ocorre com as pessoas jurídicas sujeitas à não-cumulatividade, razão pela qual se encontram em situação mais desfavorável quando adquirem bens e/ou serviços do estrangeiro, o que fere a igualdade.

A NÃO-CUMULATIVIDADE
DOS TRIBUTOS

Por fim, no Capítulo XV, foi assentado para o IPI, ICMS e PIS/Cofins que:

(a) a lei não pode vedar creditamento dessas exações pelos adquirentes de produtos das empresas optantes pelo SIMPLES. Afinal, sendo o imposto pago pela pessoa jurídica inscrita no SIMPLES, o crédito é devido na etapa subsequente. Por outro lado, é legítimo impedir-se o creditamento do IPI, ICMS e PIS/Cofins pela pessoa jurídica optante, pois o SIMPLES é regime especial, ao qual o contribuinte pode ou não aderir – se o fizer, deverá cumprir as regras postas em lei, dentre as quais está a vedação ao creditamento das exações não-cumulativas;

(b) o direito ao ajuizamento de ações pleiteando a escrituração de créditos prescreve em cinco anos contados da emissão do documento fiscal que ampara o creditamento, nos termos do Decreto nº 20.910/32;

(c) a legislação não prevê a correção monetária dos créditos escriturais de IPI, ICMS e PIS/Cofins, no que agride o direito de propriedade dos contribuintes, com o beneplácito da jurisprudência.

REFERÊNCIAS[1053]

ALEXY, Robert. *Teoria da Argumentação Jurídica: a Teoria do Discurso Racional como Teoria da Justificação Jurídica*, 2ª ed. Trad. por SILVA, Zilda Hutchinson Schild. São Paulo: Landy, 2001.

ALEXY, Robert. *Teoria de los Derechos Fundamentales*. Madrid: Centro de Estudios Constitucionales, 1993.

ALLIX, Edgard e LECERCLÉ, Marcel. *L'Impôt sur Le Revenú, Impôts Cédulaires et Impôt Général. Les Nouvelles Dispositions Législatives*, v. I. Paris: Rousseau, 1926.

ALMEIDA, Cristina Beatriz de Sousa; PERES, Adriana Manni; VIANA, Ivo Ribeiro; DINIZ, Marianita Ribeiro. *Como Utilizar Créditos Fiscais do IPI, PIS/Cofins e ICMS/SP*. São Paulo: IOB Thomson, 2005.

ALVES, José Carlos Moreira. *Direito Romano*, 14ª ed. Rio de Janeiro: Forense, 2007.

ALVES, Vinícius Jucá. *O Antigo Problema dos Créditos de ICMS Acumulados por Exportadores e a Recente Decisão do STJ*. Revista Dialética de Direito Tributário, nº 194. São Paulo: Dialética, nov./2011, pp. 121-8.

1053. **Nota do editorial:** a pedido do autor, foi mantida a grafia de todas as referências (ou seja, não foi aplicado o Acordo Ortográfico).

AMARAL, Antonio Carlos Rodrigues do e YAMASHITA, Douglas. *PIS e Cofins sobre a Importação de Produtos: Ilegalidades e Inconstitucionalidades*. PEIXOTO, Marcelo Magalhães e FISCHER, Octavio Campos (coord.). PIS-Cofins – Questões Atuais e Polêmicas. São Paulo: Quartier Latin, 2005, pp. 273-86.

ATALIBA, Geraldo. *Conflitos entre ICMS, ISS e IPI*. Revista de Direito Tributário, n° 7/8, jan.-jun./1979, pp. 105-31.

ATALIBA, Geraldo. *Estudos e Pareceres de Direito Tributário*, v. I. São Paulo: Revista dos Tribunais, 1978.

ATALIBA, Geraldo. *Hipótese de Incidência Tributária*, 6ª ed. São Paulo: Malheiros, 2006.

ÁVILA, Humberto. *O "Postulado do Legislador Coerente" e a Não-Cumulatividade das Contribuições*. ROCHA, Valdir de Oliveira (org.). Grandes Questões Atuais do Direito Tributário, v. 11. São Paulo: Dialética, 2007, pp. 175-83.

ÁVILA, Humberto. *Teoria da Segurança Jurídica*, 3ª ed. São Paulo: Saraiva, 2014.

ÁVILA, Humberto. *Teoria dos Princípios – da Definição à Aplicação dos Princípios Jurídicos*, 8ª ed. São Paulo: Malheiros, 2008.

BALEEIRO, Aliomar. *Direito Tributário Brasileiro*, 11ª ed. Atualizado por MISABEL ABREU MACHADO DERZI. Rio de Janeiro: Forense, 2001.

_____. *Uma Introdução à Ciência das Finanças*, 16ª ed. Atualizado por DEJALMA DE CAMPOS. Rio de Janeiro: Forense, 2006.

BARRETO, Aires Fernandino. *ISS na Constituição e na Lei*, 3ª ed. São Paulo: Dialética, 2009.

BATISTA JR., Onofre Alves. *Princípio Constitucional da Não-Cumulatividade*. Revista Jurídica da Procuradoria Geral da Fazenda Estadual, n° 40. Belo Horizonte: Imprensa Oficial de Minas Gerais, out.-dez./2000, pp. 20-30.

BECKER, Alfredo Augusto. *Teoria Geral do Direito Tributário*, 4ª ed. São Paulo: Noeses, 2007.

BENÍCIO, Sérgio Gonini e BENÍCIO JR., Benedicto Celso. *As Principais Questões do PIS e Cofins Não-Cumulativos e sua Incidência sobre as Importações*. PEIXOTO, Marcelo Magalhães e FISCHER, Octavio Campos (coord.). PIS-Cofins – Questões Atuais e Polêmicas. São Paulo: Quartier Latin, 2005, pp. 741-66.

BERLIRI, Antonio. *Corso Istituzionale di Diritto Tributario*, t. I. Milano: Giuffrè, 1965.

BERLIRI, Antonio. *L'Imposta sul Valore Aggiunto*. Milano: Giuffrè, 1971.

BERNARDES, Flávio Couto. *Conflito de Competência no ICMS: os Convênios, o Princípio da Legalidade e a Reforma Tributária*. BERNARDES, Flávio Couto; FONSECA, Maria Juliana; SILVA, Paulo Roberto Coimbra (coord.). Tributação sobre o Consumo. São Paulo: Quartier Latin, 2008, pp. 133-49.

BERTOLDI, Marcelo M. e MARINS, James. *Simples Nacional – Estatuto da Microempresa e da Empresa de Pequeno Porte Comentado*. São Paulo: Revista dos Tribunais, 2007

BOBBIO, Norberto. *Teoria do Ordenamento Jurídico*, 10ª ed. Brasília: UnB, 1999.

BODIN, Jean-Paul; EBRILL, Liam; KEEN, Michael; SUMMERS, Victoria. *The Modern VAT*. Washington: International Monetary Fund, 2001.

BORGES, José Cassiano e REIS, Maria Lúcia Américo. *O IPI ao Alcance de Todos*. Rio de Janeiro: Revista Forense, 1999.

BORGES, José Souto Maior. *Crédito do IPI Relativo a Insumo Isento*. Revista Dialética de Direito Tributário, n° 48. São Paulo: Dialética, set./1999, pp. 159-171.

BORGES, José Souto Maior. *Isenções Tributárias*. São Paulo: Sugestões Literárias, 1969.

BOTTALLO, Eduardo. *IPI – Princípios e Estrutura*. São Paulo: Dialética, 2009.

BOTTALLO, Eduardo Domingos. *Restituição de Impostos Indiretos*. Revista de Direito Público, nº 22. São Paulo: Revista dos Tribunais, out.-dez./1972, pp. 314-327.

BOTTALLO, Eduardo Domingos e CARRAZZA, Roque Antonio. *Direito ao Crédito de ICMS pela Aquisição de Energia Elétrica Utilizada na Prestação de Serviços de Comunicação*. Revista Dialética de Direito Tributário, nº 119, ago./2005, pp. 70-9.

BOTTALLO, Eduardo Domingos e MELO, José Eduardo Soares de. *Comentários às Súmulas Tributárias do STF e do STJ*. São Paulo: Quartier Latin, 2007.

BOUCHER, Hércules. *Estudo da Mais-Valia no Direito Tributário Brasileiro*, tomo I. Rio de Janeiro: Freitas Bastos, 1964.

BRITO, Edvaldo. *ICMS: Restrições à Compensação do ICMS – Bens do Ativo e Bens Destinados a Consumo do Estabelecimento*. ROCHA, Valdir de Oliveira (coord.). O ICMS e a LC 102. São Paulo: Dialética, 2000, pp. 21-64.

CAMPOS, Eduardo Lopes de Almeida e MOREIRA, André Mendes. *Direito ao crédito presumido de IPI decorrente da entrada de insumos isentos provenientes da zona franca de Manaus*. Revista Dialética de Direito Tributário, nº 242, São Paulo: Dialética, nov./2015, pp. 21-33.

CANARIS, Claus-Wilhelm. *Pensamento Sistemático e Conceito de Sistema na Ciência do Direito*, 2ª ed. Trad. por CORDEIRO, Antonio Menezes. Lisboa: Fundação Calouste Gulbenkian, 1996.

CANOTILHO, J. J. Gomes. *Direito Constitucional e Teoria da Constituição*, 2ª ed. Coimbra: Almedina, 1998.

CANTO, Gilberto de Ulhôa. *A Repetição do Indébito*. MARTINS, Ives Gandra da Silva (coord.). Caderno de Pesquisas Tributárias, nº 8 – Repetição do Indébito. São Paulo: Resenha Tributária, 1983, pp. 1-16.

CARRAZZA, Roque Antonio. *Curso de Direito Constitucional Tributário*, 23ª ed. São Paulo: Malheiros, 2007.

CARRAZZA, Roque Antonio. *ICMS*, 10ª ed. São Paulo: Malheiros, 2005.

CARRAZZA, Roque Antonio e BOTTALLO, Eduardo Domingos. *Direito ao Crédito de ICMS pela Aquisição de Energia Elétrica Utilizada na Prestação de Serviços de Comunicação*. Revista Dialética de Direito Tributário, nº 119, ago./2005, pp. 70-9.

CARVALHO, Paulo de Barros. A Definição da Base de Cálculo como Proteção Constitucional do Contribuinte. In: ASOREY, Rubén O. (org.). *Protección Constitucional de Los Contribuyentes*. Madrid: Marcial Pons, 2000, pp. 65-70.

_____. *A Regra-matriz do ICM*. Tese de Livre-Docência. São Paulo: PUC, 1981.

_____. *Curso de Derecho Tributario*. Madrid, Barcelona, Buenos Aires: Marcial Pons, 2007.

_____. *Curso de Direito Tributário*, 17ª ed. São Paulo: Saraiva, 2005.

_____. *Direito Tributário – Fundamentos Jurídicos da Incidência*, 4ª ed. São Paulo: Saraiva, 2006.

_____. *Direito Tributário, Linguagem e Método*. São Paulo: Noeses, 2008.

_____. *Formalização da Linguagem – Proposições e Fórmulas*. Direito – Revista do Programa de Pós-Graduação em Direito, PUC/SP. São Paulo: Max Limonad, 1995, pp. 143-154.

_____. *Isenções Tributárias do IPI, em face do Princípio da Não-Cumulatividade*. Revista Dialética de Direito Tributário, nº 33. São Paulo: Dialética, jun./1998, pp. 142-66.

_____. *Teoria da Norma Tributária*. São Paulo: Lael, 1974.

CASSONE, Vittorio. *Direito Tributário*, 17ª ed. São Paulo: Atlas, 2006.

CASSONE, Vittorio. *A Não-Cumulatividade no Direito Brasileiro e no Direito Italiano*. MARTINS, Ives Gandra da Silva (coord.). Caderno de Pesquisas Tributárias nº 10 (nova série) – O Princípio da Não-Cumulatividade. São Paulo: Revista dos Tribunais/Centro de Extensão Universitária, 2004, pp. 422-46

COCIVERA, Benedeto. *Principi di Diritto Tributario*, v. I. Milano: Giuffrè, 1959.

COELHO, Carlos Nayro de Azevedo. *Uma Análise Econômica do Imposto sobre o Valor Adicionado no Brasil*. Brasília: Comissão de Financiamento da Produção, 1980.

COÊLHO, Sacha Calmon Navarro. *A Lei Complementar nº 116/03, os Profissionais Liberais e as suas Sociedades*. Revista Dialética de Direito Tributário, nº 99. São Paulo: Dialética, dez./2003, pp. 102-11.

_____. *Comentários à Constituição de 1988 – Sistema Tributário*, 6ª ed. Rio de Janeiro: Forense, 1996.

_____. *Curso de Direito Tributário Brasileiro*, 7ª ed. Rio de Janeiro: Forense, 2004.

_____. *Curso de Direito Tributário Brasileiro*, 9ª ed. Rio de Janeiro: Forense, 2007.

_____. *Liminares e Depósitos antes do Lançamento por Homologação – Decadência e Prescrição*, 2ª ed. São Paulo: Dialética, 2002.

_____. O IVA Brasileiro. In: SARAIVA FILHO, Oswaldo Othon; VASQUES, Sérgio; GUIMARÃES, Vasco Branco (org.). *IVA para o Brasil* – Contributos para a Reforma da Tributação do Consumo. São Paulo: Fórum, 2007, pp. 553-86.

_____. *Prescrição e Decadência no Direito Tributário*. Revista de Direito Tributário, nº 71. São Paulo: Malheiros, 1998, pp. 84-93.

A NÃO-CUMULATIVIDADE DOS TRIBUTOS

_____. *Teoria Geral do Tributo e da Exoneração Tributária.* São Paulo: Revista dos Tribunais, 1982.

_____; DERZI, Misabel Abreu Machado. *ICMS – Direito ao Creditamento – Princípio da Não-Cumulatividade.* Revista Dialética de Direito Tributário, nº 102. São Paulo: Dialética, mar./2004, pp. 141-56.

_____; _____. *Intributabilidade do Serviço de Transporte Prestado a Si Mesmo e o Direito aos Créditos Relativos ao Imposto Pago na Aquisição de Insumos.* Belo Horizonte, abr./2000, inédito.

_____; _____. *O Direito ao Aproveitamento dos Créditos de ICMS, PIS e Cofins Relativos a Materiais e Serviços Utilizados na Exploração, Desenvolvimento e Produção do Petróleo Bruto.* Belo Horizonte, ago./2008, inédito.

_____; _____. *O Direito do Sujeito Passivo do ICMS de Compensar o Imposto Pago a Maior, em Razão da Técnica da Substituição Tributária Progressiva.* Revista Dialética de Direito Tributário, nº 101. São Paulo: Dialética, fev./2004, pp. 115-35.

_____; _____. *PIS/Cofins. Regime de Crédito. Contratos de Longo Prazo. Instrução Normativa nº 468/04 da SRF. Ilegalidade.* Revista Dialética de Direito Tributário, nº 114. São Paulo: Dialética, mar./2005, pp. 121-37.

_____; LOBATO, Valter. *Reflexões Sobre o Art. 3º da Lei Complementar 118. Segurança Jurídica e a Boa-fé como Valores Constitucionais. As Leis Interpretativas no Direito Tributário Brasileiro.* Revista Dialética de Direito Tributário, nº 117. São Paulo: Dialética, jun./2005, pp. 108-23.

_____; MANEIRA, Eduardo. *Os Retrocessos da Lei Complementar nº 102, de 11.07.2000.* ROCHA, Valdir de Oliveira (coord.). *O ICMS e a LC 102.* São Paulo: Dialética, 2000, pp. 207-22.

CONSELHO DE IMPOSTOS DA FRANÇA. *XIX Relatório ao Presidente da República – Imposto sobre o Valor Agregado.* Trad. por DERZI, Misabel Abreu Machado e LOBATO, Valter de Souza. Revista Internacional de Direito Tributário n° 2. Belo Horizonte: Del Rey, jul.-dez./2004, pp. 395-598.

COSTA, Alcides Jorge. *ICM na Constituição e na Lei Complementar*. São Paulo: Resenha Tributária, 1978.

_____. *O Decreto-lei n° 491/1969 Não Cria Incentivos, Apenas Remove Obstáculos*. Crédito-Prêmio de IPI – Estudos e Pareceres III. Barueri: Manole, 2005, pp. 115-30.

COSTA, José Manuel Moreira Cardoso da. *Curso de Direito Fiscal*, 2ª ed. Coimbra: Almedina, 1972.

DE FOVILLE, Alfred. *La Monnaie*. Charleston: BiblioBazaar, 2008.

DENARI, Zelmo. *Curso de Direito Tributário*, 2ª ed. Rio de Janeiro: Forense, 1991.

DERZI, Misabel Abreu Machado. *A Necessidade da Instituição do IVA no Sistema Constitucional Tributário Brasileiro.* BALTHAZAR, Ubaldo César (org.). Reforma Tributária e Mercosul – a Instituição do IVA no Direito Brasileiro. Belo Horizonte: Del Rey, 1999, pp. 17-30.

_____. *Construindo o Direito Tributário na Constituição – Uma Análise da Obra do Ministro Carlos Mário Velloso*. Belo Horizonte: Del Rey, 2004.

_____. *Direito Tributário, Direito Penal e Tipo*. São Paulo: Revista dos Tribunais, 1988.

DERZI, Misabel Abreu Machado. *Modificações da Jurisprudência no Direito Tributário*. São Paulo: Noeses, 2009.

_____. *Quebras da Livre Concorrência no ICMS, no IPI e PIS-Cofins: Corporativismo, Informalidade, Ampla Cumulatividade Residual e Substituição Tributária*. Revista Internacional de Direito Tributário n° 3. Belo Horizonte: Del Rey, jan.-jun./2005, pp. 103-17.

A NÃO-CUMULATIVIDADE
DOS TRIBUTOS

_____; COÊLHO, Sacha Calmon Navarro. *ICMS – Direito ao Creditamento – Princípio da Não-Cumulatividade*. Revista Dialética de Direito Tributário, nº 102. São Paulo: Dialética, mar./2004, pp. 141-56.

_____; _____. *Intributabilidade do Serviço de Transporte Prestado a Si Mesmo e o Direito aos Créditos Relativos ao Imposto Pago na Aquisição de Insumos*. Belo Horizonte, abr./2000, inédito.

_____; _____. *O Direito ao Aproveitamento dos Créditos de ICMS, PIS e Cofins Relativos a Materiais e Serviços Utilizados na Exploração, Desenvolvimento e Produção do Petróleo Bruto*. Belo Horizonte, ago./2008, inédito.

_____; _____. *O Direito do Sujeito Passivo do ICMS de Compensar o Imposto Pago a Maior, em Razão da Técnica da Substituição Tributária Progressiva*. Revista Dialética de Direito Tributário, nº 101. São Paulo: Dialética, fev./2004, pp. 115-35.

_____; _____. *PIS/Cofins. Regime de Crédito. Contratos de Longo Prazo. Instrução Normativa nº 468/04 da SRF. Ilegalidade*. Revista Dialética de Direito Tributário, nº 114. São Paulo: Dialética, mar./2005, pp. 121-37.

_____; SANTIAGO, Igor Mauler. *A Harmonização dos IVAs no Brasil para o Desenvolvimento Produtivo*. SARAIVA FILHO, Oswaldo Othon; VASQUES, Sérgio; GUIMARÃES, Vasco Branco (org.). IVA para o Brasil – Contributos para a Reforma da Tributação do Consumo. São Paulo: Fórum, 2007, pp. 527-51.

DIAMANTE, Flávio. *ICM – Introdução à Análise da Sistemática – Uma Abordagem Estruturalista*, 2ª ed. Belo Horizonte: MAI, 1974.

DINIZ, Maria Helena. *Conflito de Normas*, 7ª ed. São Paulo: Saraiva, 2007.

DINIZ, Marianita Ribeiro; ALMEIDA, Cristina Beatriz de Sousa; PERES, Adriana Manni; VIANA, Ivo Ribeiro. *Como*

Utilizar Créditos Fiscais do IPI, PIS/Cofins e ICMS/SP. São Paulo: IOB Thomson, 2005.

DWORKIN, Ronald. *Levando os Direitos a Sério*. Trad. por BOEIRA, Nelson. São Paulo: Martins Fontes, 2002.

DUE, John F. *Indirect Taxation in Developing Economies*. Baltimore, London: Johns Hopkins, 1970.

EBRILL, Liam; KEEN, Michael; BODIN, Jean-Paul; SUMMERS, Victoria. *The Modern VAT*. Washington: International Monetary Fund, 2001.

ESTURILIO, Regiane Binhara. *A Seletividade no IPI e no ICMS*. São Paulo: Quartier Latin, 2008.

FALCÃO, Amilcar de Araújo. *Fato Gerador da Obrigação Tributária*, 2ª ed. Atualizado por GERALDO ATALIBA. São Paulo: Revista dos Tribunais, 1971.

FERIA, Rita Aguiar de Sousa e Melo de La. *The EU VAT System and the Internal Market*. Amsterdam: IBDF, 2009.

FERRAZ JR., Tercio Sampaio. *Crédito-Prêmio de IPI e Incentivo Fiscal Setorial: da Inaplicabilidade do Art. 41 do ADCT da CF/1988*. Crédito-Prêmio de IPI – Estudos e Pareceres III. Barueri: Manole, 2005, pp. 33-52.

_____. *Introdução ao Estudo do Direito – Técnica, Decisão, Dominação*, 5ª ed. São Paulo: Atlas, 2007.

FERREIRO LAPATZA, José Juan. *Curso de Derecho Financiero Español*, 12ª ed. Madrid: Marcial Pons, 1990.

_____. *Direito Tributário – Teoria Geral do Tributo*. Madrid: Marcial Pons, 2007.

FONROUGE, Carlos María Giuliani. *Conceitos de Direito Tributário*. Trad. por ATALIBA, Geraldo e GRECO, Marco Aurélio. São Paulo: Lael, 1973.

_____. *Derecho Financiero*, v. I, 8ª ed. Buenos Aires: Depalma, 2003.

GAMA, Tácio Lacerda. *Competência Tributária – Fundamentos para uma Teoria da Nulidade*. São Paulo: Noeses, 2009.

GARCÍA BELSUNCE, Horacio A. *El Concepto de Crédito en la Doctrina y en el Derecho Tributario*. Buenos Aires: Depalma, 1967.

GIANNINI, Achille Donato. *I Concetti Fondamentali del Diritto Tributario*. Torino: Torinese, 1956.

GODÓI, Marciano Seabra de. *Crítica à Jurisprudência Atual do STF em Matéria Tributária*. São Paulo: Dialética, 2011.

GOSSON, Grace Christine de Oliveira. *Cofins na Prestação de Serviços: Violação do Princípio Constitucional da Isonomia*. PEIXOTO, Marcelo Magalhães e FISCHER, Octavio Campos (coord.). PIS-Cofins – Questões Atuais e Polêmicas. São Paulo: Quartier Latin, 2005, pp. 448-70.

GRECO, Marco Aurélio. *A Não-Cumulatividade das Contribuições Cofins/PIS*. Revista de Estudos Tributários, nº 41. Porto Alegre: Síntese, jan.-fev./2005, pp. 125-40.

GRIZIOTTI, Benvenuto. *Principios de Ciencia de las Finanzas*. Buenos Aires: Depalma, 1959.

GUIMARÃES, Vasco Branco. *A Responsabilidade Civil da Administração Fiscal Emergente da Obrigação de Pagar Imposto*. Belo Horizonte: Fórum, 2007.

_____. *A Tributação do Consumo no Brasil – uma Visão Européia*. SARAIVA FILHO, Oswaldo Othon; VASQUES, Sérgio; GUIMARÃES, Vasco Branco (org.). IVA para o Brasil – Contributos para a Reforma da Tributação do Consumo. São Paulo: Fórum, 2007, pp. 37-68.

HENSEL, Albert. *Diritto Tributario*. Trad. para o italiano de Dino Jarach. Milano: Giuffrè, 1956.

HURD, Heidi M. *Interpretando as Autoridades*. MARMOR, Andrei (coord.). Direito e Interpretação. São Paulo: Martins Fontes, 2004, pp. 609-50.

JARACH, Dino. *El Hecho Imponible*, 2ª ed. Buenos Aires: Abeledo-Perrot, 1971.

KAJUS, Julie; TERRA, Ben. *A Guide to the European VAT Directives*, v. 1. Amsterdam/Hornbaek: IBFD, 2011.

KEEN, Michael; EBRILL, Liam; BODIN, Jean-Paul; SUMMERS, Victoria. *The Modern VAT*. Washington: International Monetary Fund, 2001.

KELSEN, Hans. *Teoria Pura do Direito*, 7ª ed. Trad. por MACHADO, João Baptista. São Paulo: Martins Fontes, 2006.

_____. *Teoria Geral do Direito e do Estado*, 4ª ed. Trad. por BORGES, Luís Carlos. São Paulo: Martins Fontes, 2005.

KOLOZS, Borbála. *Neutrality in VAT*. LANG, Michael; MELZ, Peter; KRISTOFFERSSON, Eleonor (coord.). Value Added Tax and Direct Taxation – Similarities and Differences. Amsterdam: IBDF, 2009, pp. 201-12.

LAFERRIÉRE, Julien e WALINE, Marcel. *Traité Élémentaire de Science et de Législation Financiéres*. Paris: Librairie generale de droit et de jurisprudence, 1952.

LECERCLÉ, Marcel e ALLIX, Edgard. *L'Impôt sur Le Revenú, Impôts Cédulaires et Impôt Général. Les Nouvelles Dispositions Législatives*, v. I. Paris: Rousseau, 1926.

LIPO, Luiz Francisco e MELO, José Eduardo Soares de. *A Não-Cumulatividade Tributária (ICMS, IPI, ISS, PIS e Cofins)*, 2ª ed. São Paulo: Dialética, 2004.

LOBATO, Valter e COÊLHO, Sacha Calmon Navarro. *Reflexões Sobre o Art. 3º da Lei Complementar 118. Segurança Jurídica e a Boa-fé como Valores Constitucionais. As Leis Interpretativas no Direito Tributário Brasileiro*. Revista Dialética de Direito Tributário, nº 117. São Paulo: Dialética, jun./2005, pp. 108-23.

LUNARDELLI, Pedro Guilherme Accorsi. *A Não-Cumulatividade do ICMS – uma Aplicação da Teoria sobre as Regras do Direito e as Regras dos Jogos*. São Paulo: Quartier Latin, 2009.

LUNARDELLI, Pedro Guilherme Accorsi. *Operações com Energia Elétrica e Serviços de Comunicação – Retorno ao Tema dos Créditos Físicos e Financeiros*. ROCHA, Valdir de Oliveira (coord.). O ICMS e a LC 102. São Paulo: Dialética, 2000, pp. 179-94.

MACHADO, Brandão. *Repetição do Indébito no Direito Tributário*. MACHADO, Brandão (coord.). Direito Tributário – Estudos em Homenagem ao Prof. Ruy Barbosa Nogueira. São Paulo: Saraiva, 1984, pp. 61-106.

MACHADO, Hugo de Brito. *Imposto Indireto, Restituição do Indébito e Imunidade Subjetiva*. Revista Dialética de Direito Tributário, nº 2. São Paulo: Dialética, nov./1995, pp. 32-5.

_____. *Repetição do Indébito Tributário*. MARTINS, Ives Gandra da Silva (coord.). Caderno de Pesquisas Tributárias, nº 8 – Repetição do Indébito. São Paulo: Resenha Tributária, 1983, pp. 231-51.

_____. *Virtudes e Defeitos da Não-Cumulatividade no Sistema Tributário Brasileiro*. MARTINS, Ives Gandra da Silva (coord.). Caderno de Pesquisas Tributárias nº 10 (nova série) – O Princípio da Não-Cumulatividade. São Paulo: Revista dos Tribunais/Centro de Extensão Universitária, 2004, pp. 68-104.

MACHADO, Raquel Cavalcanti Ramos e MACHADO SEGUNDO, Hugo de Brito. *Breves Anotações sobre a Incidência do PIS e da Cofins na Importação*. GAUDÊNCIO, Samuel Carvalho e PEIXOTO, Marcelo Magalhães (coord). Fundamentos do PIS e da Cofins e o Regimento Jurídico da Não-Cumulatividade. São Paulo: MP Editora, 2007, pp. 247-65.

MACHADO, Schubert de Farias. *A Lei Complementar 102/2000, a Autonomia dos Estabelecimentos e a Transferência de Crédito de ICMS*. ROCHA, Valdir de Oliveira (coord.). O ICMS e a LC 102. São Paulo: Dialética, 2000, pp. 225-35.

MACHADO SEGUNDO, Hugo de Brito e MACHADO, Raquel Cavalcanti Ramos. *Breves Anotações sobre a Incidência do PIS e da Cofins na Importação*. GAUDÊNCIO, Samuel Carvalho e PEIXOTO, Marcelo Magalhães (coord). Fundamentos do PIS e da Cofins e o Regimento Jurídico da Não-Cumulatividade. São Paulo: MP Editora, 2007, pp. 247-65.

MANEIRA, Eduardo. *Considerações sobre o art. 166 do CTN e a Não-cumulatividade das Contribuições ao PIS e à Cofins*. Revista Dialética de Direito Tributário, nº 124. São Paulo: Dialética, jan./2006, pp. 42-7.

MANEIRA, Eduardo. *Da Substituição Tributária Para a Frente no ICMS*. Revista Dialética de Direito Tributário, nº 95. São Paulo: Dialética, ago./2003, pp. 56-64.

MANEIRA, Eduardo. *Direito Tributário – Princípio da Não-Surpresa*. Belo Horizonte: Del Rey, 1994.

_____; COÊLHO, Sacha Calmon Navarro. *Os Retrocessos da Lei Complementar nº 102, de 11.07.2000*. ROCHA, Valdir de Oliveira (coord.). O ICMS e a LC 102. São Paulo: Dialética, 2000, pp. 207-22.

MARINS, James e BERTOLDI, Marcelo M. *Simples Nacional – Estatuto da Microempresa e da Empresa de Pequeno Porte Comentado*. São Paulo: Revista dos Tribunais, 2007.

MARION, José Carlos. *Contabilidade Básica*. 9. ed. São Paulo: Atlas, 2008.

MARTINS, Ives Gandra da Silva. *O Princípio da Não-Cumulatividade do ICM. A Imunidade Constitucional para a Exportação de Produtos Industrializados. A Interpretação Extensiva do Instituto. O Direito ao Aproveitamento dos Créditos*

Escriturais. Parecer. Estudos Outros Tributos, n° 2: IR – IPI – ICM – IMP. – EXP. – IOF. São Paulo: Resenha Tributária, mar./91, pp. 11-70.

_____. *O Princípio da Não-Cumulatividade e os Princípios da Subvenção Pública e da Neutralidade.* MACHADO, Hugo de Brito (coord.). Não-Cumulatividade Tributária. São Paulo: Dialética; Fortaleza: ICET, 2009, pp. 241-52.

_____. *O Princípio da Não-Cumulatividade – O Direito à Compensação Periódica de ICMS nas Operações Próprias e de Substituição Tributária.* Revista Dialética de Direito Tributário, n° 14. São Paulo: Dialética, nov./1996, pp. 76-87.

_____. *O Sistema Tributário na Constituição*, 6ª ed. São Paulo: Saraiva, 2007.

_____; SOUZA, Fátima Fernandes Rodrigues de. *PIS/PASEP e Cofins Importação: Inconstitucionalidades.* PEIXOTO, Marcelo Magalhães e FISCHER, Octavio Campos (coord.). PIS-Cofins – Questões Atuais e Polêmicas. São Paulo: Quartier Latin, 2005, pp. 149-73.

MATTOS, Aroldo Gomes de. *ICMS – Comentários à Legislação Nacional.* São Paulo: Dialética, 2006.

MAXIMILIANO, Carlos. *Hermenêutica e Aplicação do Direito*, 19ª ed. Rio de Janeiro: Forense, 2002.

MAYER, Otto. *Deutsches Verwaltungsrecht*, v. I, 3ª ed. Miinchen: Duncker & Humblot, 1914.

MELO, José Eduardo Soares de. *ICMS – Teoria e Prática*, 10ª ed. São Paulo: Dialética, 2008.

_____; BOTTALLO, Eduardo Domingos. *Comentários às Súmulas Tributárias do STF e do STJ.* São Paulo: Quartier Latin, 2007.

_____; LIPO, Luiz Francisco. *A Não-Cumulatividade Tributária (ICMS, IPI, ISS, PIS e Cofins)*, 2ª ed. São Paulo: Dialética, 2004.

MENDES, Gilmar Ferreira. *Controle de Constitucionalidade. Aspectos Jurídicos e Políticos*. São Paulo: Saraiva, 1990.

MENDONÇA, Christine. *A Não-Cumulatividade do ICMS*. São Paulo: Quartier Latin, 2005.

MERCIER, Jean-Yves e PLAGNET, Bernard. *Les Impôts em France*, 29ª ed. Levallois: Francis Lefebvre, 1997.

MICHAELIS: Moderno Dicionário da Língua Portuguesa. São Paulo: Melhoramentos, 2005.

MILL, John Stuart. *Principles of Political Economy*. New York: Prometheus Books, 2004.

MIRANDA, Jorge. *Teoria do Estado e da Constituição*. Rio de Janeiro: Forense, 2007.

MOREIRA, André Mendes. *A Tributação dos Serviços de Comunicação*. São Paulo: Dialética, 2006.

MOREIRA, André Mendes. *Da Compensação de Tributos Administrados pela Receita Federal – Evolução Legislativa e Modalidades*. Revista Dialética de Direito Tributário, nº 95. São Paulo: Dialética, ago./2003, pp. 7-17.

_____; CAMPOS, Eduardo Lopes de Almeida. *Direito ao crédito presumido de IPI decorrente da entrada de insumos isentos provenientes da zona franca de Manaus*. Revista Dialética de Direito Tributário, nº 242, São Paulo: Dialética, nov./2015, pp. 21-33.

MORSHBACHER, José. *Repetição do Indébito Tributário Indireto*. São Paulo: Revista dos Tribunais, 1984.

_____. *Repetição do Indébito Tributário Indireto*, 3ª ed. São Paulo: Dialética, 1998.

NABAIS, José Casalta. *Direito Fiscal*, 2ª ed. Coimbra: Almedina, 2004.

NERUDOVÁ, Danuse; SIROKY, Jan. *The Principle of Neutrality: VAT/GST v. Direct Taxation*. LANG, Michael; MELZ, Peter; KRISTOFFERSSON, Eleonor (coord.). Value Added Tax and Direct Taxation – Similarities and Differences. Amsterdam: IBDF, 2009, pp. 213-30.

NEVIANI, Tarcísio. *Repetição do Indébito*. MARTINS, Ives Gandra da Silva (coord.). Caderno de Pesquisas Tributárias, nº 8 – Repetição do Indébito. São Paulo: Resenha Tributária, 1983, p. 303-37.

NOGUEIRA, Ruy Barbosa. *Curso de Direito Tributário*, 10ª ed. São Paulo: Saraiva, 1990.

_____. *Direito Tributário Comparado*. São Paulo: Saraiva, 1971.

OCDE. *Consumption Tax Trends 2016: VAT/GST and excise rates, trends and policy issues*. Paris: OECD Publishing. Disponível em: <http://dx.doi.org/10.1787/cct-2016-en>. Acesso em: 27 out. 2017.

OGLEY, Adrian. *Principles of Value Added Tax – a European Perspective*. London: Interfisc Publishing, 1998.

OLIVEIRA, Ricardo Mariz de. *Visão Geral sobre a Cumulatividade e a Não-cumulatividade (Tributos com Incidência Única ou Múltipla), e a "Não-cumulatividade" da Cofins e da Contribuição ao PIS*. MACHADO, Hugo de Brito (coord.). São Paulo: Dialética; Fortaleza: ICET, 2009, pp. 423-48.

OLIVEIRA, Waldemar de. *Regulamento do Imposto sobre Produtos Industrializados*. São Paulo: FISCOSoft, 2008.

PALMA, Clotilde Celorico. *A Harmonização Comunitária do Imposto sobre o Valor Acrescentado:* Quo Vadis. SARAIVA FILHO, Oswaldo Othon; VASQUES, Sérgio; GUIMARÃES, Vasco Branco (org.). IVA para o Brasil – Contributos para a Reforma da Tributação do Consumo. São Paulo: Fórum, 2007, pp. 175-220.

PAULSEN, Leandro. *Direito Tributário, Constituição e Código Tributário à Luz da Doutrina e da Jurisprudência*, 13ª ed. Porto Alegre: Livraria do Advogado; ESMAFE, 2011.

PEREIRA, João Luis de Souza. *PIS/Cofins na Importação: Necessidade de Alíquotas Variáveis em Homenagem ao Princípio da Capacidade Contributiva*. GAUDÊNCIO, Samuel Carvalho e PEIXOTO, Marcelo Magalhães (coord). Fundamentos do PIS e da Cofins e o Regimento Jurídico da Não-Cumulatividade. São Paulo: MP Editora, 2007, pp. 295-309.

PERES, Adriana Manni; ALMEIDA, Cristina Beatriz de Sousa; VIANA, Ivo Ribeiro; DINIZ, Marianita Ribeiro. *Como Utilizar Créditos Fiscais do IPI, PIS/Cofins e ICMS/SP*. São Paulo: IOB Thomson, 2005.

PÉREZ DE AYALA, José Luis. *Explicación de la Técnica de los Impuestos*, 3ª ed. Madrid: Editoriales de Derecho Reunidas, 1981.

QUESNAY, François. *The Economical Table*. Honolulu: University Press of the Pacific, 2004.

RABELLO FILHO, Francisco Pinto. *Consideração do ISS como Imposto Direto ou Indireto, para Efeito de Repetição do Indébito Tributário: Breve Revisitação do Tema*. Revista Tributária e de Finanças Públicas, nº 55. São Paulo: Revista dos Tribunais, mar.-abr./2004, pp. 145-57.

RACTZ, Juliana. *A Inclusão da Energia Elétrica na Base de Cálculo do Crédito Presumido do IPI*. BRASIL JR., Vicente (coord.). IPI – Questões Atuais. Curitiba: Juruá, 2008, pp. 117-32.

RÁO, Vicente. *O Direito e a Vida dos Direitos*, 6ª ed. São Paulo: Revista dos Tribunais, 2004.

REIS, Maria Lúcia Américo e BORGES, José Cassiano. *O IPI ao Alcance de Todos*. Rio de Janeiro: Revista Forense, 1999.

RIBEIRO, José Joaquim Teixeira. *Lições de Finanças Públicas*, 5ª ed. Coimbra: Coimbra Editora, 1995.

ROSA JR., Luiz Emygdio F. da. *Manual de Direito Financeiro e Direito Tributário*, 18ª ed. Rio de Janeiro: Renovar, 2005.

ROSEN, Harvey S. *Public Finance*, 4ª ed. Chicago: Irwin, 1995.

SAINZ DE BUJANDA, Fernando. *Lecciones de Derecho Financiero*, 6ª ed. Madrid: Facultad de Derecho Universidad Complutense, 1998.

SANTIAGO, Igor Mauler e DERZI, Misabel Abreu Machado. *A Harmonização dos IVAs no Brasil para o Desenvolvimento Produtivo*. SARAIVA FILHO, Oswaldo Othon; VASQUES, Sérgio; GUIMARÃES, Vasco Branco (org.). IVA para o Brasil – Contributos para a Reforma da Tributação do Consumo. São Paulo: Fórum, 2007, pp. 527-51.

SANTIAGO, Igor Mauler. *Empresas de Telefonia Fixa e Móvel. Direito ao Creditamento do ICMS Incidente sobre a Energia Utilizada na Prestação dos Serviços de Comunicação*. MOREIRA, André Mendes; RABELO FILHO, Antonio Reinaldo; CORREIA, Armênio Lopes (coord.). Direito das Telecomunicações e Tributação. São Paulo: Quartier Latin, 2006, pp. 210-19.

SCHOUERI, Luís Eduardo. *A restituição de impostos indiretos no sistema jurídico-tributário brasileiro*. Revista de Administração de Empresas, v. 27. Rio de Janeiro: FGV, jan.-mar./1987, pp. 39-48.

SCHOUERI, Luís Eduardo. *Curso de Direito Tributário*, 7ª ed. São Paulo: Saraiva, 2017.

SELIGMAN, Edwin Robert Anderson. *The Shifting and Incidence of Taxation*, 3rd ed. New York: Columbia University Press, 1910.

SHOUP, Carl Summer. *The value Added tax and Developing Countries*. The World Bank Research Observer 3, nº 2. London: Oxford Academic, 1988. pp. 139-156.

SHOUP, Carl Summer. *O sistema tributário brasileiro*. Rio de Janeiro: Fundação Getúlio Vargas, 1965.

SILVA, José Afonso da. *Aplicabilidade das Normas Constitucionais*, 7ª ed. São Paulo: Malheiros, 2007.

SILVA, Paulo Roberto Coimbra. *A Substituição Tributária Progressiva nos Impostos Plurifásicos e Não-cumulativos*. Belo Horizonte: Del Rey, 2001.

SILVEIRA, Lindemberg da Mota. *Repetição do Indébito*. MARTINS, Ives Gandra da Silva (coord.). Caderno de Pesquisas Tributárias, nº 8 – Repetição do Indébito. São Paulo: Resenha Tributária, 1983, pp. 59-86.

SIROKY, Jan; NERUDOVÁ, Danuse. *The Principle of Neutrality: VAT/GST v. Direct Taxation*. LANG, Michael; MELZ, Peter; KRISTOFFERSSON, Eleonor (coord.). Value Added Tax and Direct Taxation – Similarities and Differences. Amsterdam: IBDF, 2009, pp. 213-30.

SMITH, Adam. *Uma Investigação sobre a Natureza e Causas da Riqueza das Nações*, 2ª ed. Trad. por LIMA, Norberto de Paula. São Paulo: Hemus, 1981, p. 475.

SPAGNOL, Werther Botelho. *As Contribuições Sociais no Direito Brasileiro*. Rio de Janeiro: Forense, 2002.

_____. *Curso de Direito Tributário*. Belo Horizonte: Del Rey, 2004.

SUMMERS, Victoria; EBRILL, Liam; KEEN, Michael; BODIN, Jean-Paul. *The Modern VAT*. Washington: International Monetary Fund, 2001.

SZKLAROWSKY, Leon Frejda. *Repetição do Indébito*. MARTINS, Ives Gandra da Silva (coord.). *Repetição do Indébito – Caderno de Pesquisas Tributárias*, nº 8. São Paulo: Resenha Tributária, 1983, pp. 18-57.

TEBECHRANI, Alberto. *Novo Regulamento do Imposto de Renda*, v. I. São Paulo: Resenha Gráfica, 1999.

TERRA, Ben; KAJUS, Julie. *A Guide to the European VAT Directives*, v. 1. Amsterdam/Hornbaek: IBFD, 2011.

TOLEDO, José Eduardo Tellini. *IPI – Incidência Tributária e Princípios Constitucionais*. São Paulo: Quartier Latin, 2006.

TORRES, Heleno Taveira. *O Regime Constitucional da Não--Cumulatividade das Contribuições sobre o Faturamento e Receita (PIS e Cofins) e a Incidência sobre Importações de Mercadorias e Serviços*. Repertório de Jurisprudência IOB: Tributário, Constitucional e Administrativo, nº 10. São Paulo: IOB, mai./2004, pp. 369-370.

_____. *O IVA na Experiência Estrangeira e a Tributação das Exportações no Direito Brasileiro*. SARAIVA FILHO, Oswaldo Othon Pontes de; VASQUES, Sérgio; GUIMARÃES, Vasco Branco (org.). IVA para o Brasil – Contributos para a Reforma da Tributação do Consumo. Belo Horizonte: Fórum, 2007, pp. 69-88.

_____. *Monofasia e Não-Cumulatividade das Contribuições ao PIS e Cofins no Setor de Petróleo (Refinarias)*. PAULSEN, Leandro (coord.). Não-cumulatividade do PIS/PASEP e da Cofins. São Paulo: IOB-Thomson, 2004, pp. 25-50.

TORRES, Ricardo Lobo. *A Não-Cumulatividade no PIS/Cofins*. PEIXOTO, Marcelo Magalhães e FISCHER, Octavio Campos (coord.). PIS-Cofins – Questões Atuais e Polêmicas. São Paulo: Quartier Latin, 2005, pp. 53-74.

TORRES, Ricardo Lobo. *É Possível a Criação do IVA no Brasil?*. SARAIVA FILHO, Oswaldo Othon Pontes de; VASQUES, Sérgio; GUIMARÃES, Vasco Branco (org.). IVA para o Brasil – Contributos para a Reforma da Tributação do Consumo. Belo Horizonte: Fórum, 2007, pp. 19-36.

_____. *Restituição dos Tributos*, 1ª ed. Rio de Janeiro: Forense, 1983.

VERGUEIRO, Guilherme Von Müller Lessa. *A Inconstitucionalidade da Cofins: Ofensa à Isonomia.* PEIXOTO, Marcelo Magalhães e FISCHER, Octavio Campos (coord.). *PIS-Cofins – Questões Atuais e Polêmicas.* São Paulo: Quartier Latin, 2005, pp. 395-410.

VIANA, Ivo Ribeiro; DINIZ, Marianita Ribeiro; ALMEIDA, Cristina Beatriz de Sousa; PERES, Adriana Manni. *Como Utilizar Créditos Fiscais do IPI, PIS/Cofins e ICMS/SP.* São Paulo: IOB Thomson, 2005.

VILLEGAS, Hector Belisario. *Curso de Finanzas, Derecho Financiero y Tributario*, 8ª ed. Buenos Aires: Astrea, 2003.

VOGAS, Rosiris de Paula Cerizze. *Limites Constitucionais à Glosa de Créditos de ICMS em um Cenário de Guerra Fiscal.* Belo Horizonte: Del Rey, 2011.

VOLKWEISS, Roque Joaquim. *Direito Tributário Nacional*, 2ª ed. Porto Alegre: Livraria do Advogado, 1998.

WALINE, Marcel e LAFERRIÉRE, Julien. *Traité Élémentaire de Science et de Législation Financiéres.* Paris: Librairie generale de droit et de jurisprudence, 1952.

WONNACOT, Ronald e WONNACOT, Paul. *Introdução à Economia.* Trad. por CRUSIUS, Yeda e CRUSIUS, Carlos Augusto. São Paulo: McGraw-Hill do Brasil, 1985.

WONNACOT, Paul e WONNACOT, Ronald. *Introdução à Economia.* Trad. por CRUSIUS, Yeda e CRUSIUS, Carlos Augusto. São Paulo: McGraw-Hill do Brasil, 1985.

XAVIER, Alberto Pinheiro. *Direito Tributário Internacional do Brasil*, 4ª ed. Rio de Janeiro: Forense, 1998.

_____. *Regime Constitucional das Isenções e Incentivos Fiscais às Exportações: o Caso do ICMS. Do Direito à Utilização*

Integral de Saldo Acumulado de Créditos de ICMS como corolário da Imunidade das Exportações. TORRES, Heleno Taveira (coord.). Tratado de Direito Constitucional Tributário: estudos em homenagem a Paulo de Barros Carvalho. São Paulo: Saraiva, 2005, pp. 597-623.

YAMASHITA, Douglas e AMARAL, Antonio Carlos Rodrigues do. *PIS e Cofins sobre a Importação de Produtos: Ilegalidades e Inconstitucionalidades*. PEIXOTO, Marcelo Magalhães e FISCHER, Octavio Campos (coord.). PIS-Cofins – Questões Atuais e Polêmicas. São Paulo: Quartier Latin, 2005, pp. 273-86.

ZANOBINI, Guido. *Corso di Diritto Amministrativo*, v. IV. Milano: Giuffrè, 1955.